■ 企业内部控制培训指定用书

企业内部控制
基本规范及
配套指引案例讲解
2023年版

企业内部控制编审委员会 ◎ 编

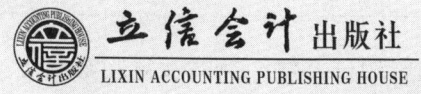

图书在版编目（CIP）数据

企业内部控制基本规范及配套指引案例讲解：2023年版/企业内部控制编审委员会编. -- 上海：立信会计出版社，2023.1

ISBN 978-7-5429-7186-9

Ⅰ.①企… Ⅱ.①企… Ⅲ.①企业内部管理—规范—中国—2023 Ⅳ.① F279.23-65

中国版本图书馆 CIP 数据核字（2022）第 218029 号

责任编辑　蔡伟莉

企业内部控制基本规范及配套指引案例讲解（2023 年版）
QIYE NEIBU KONGZHI JIBEN GUIFAN JI PEITAO ZHIYIN ANLI JIANGJIE

出版发行	立信会计出版社
地　　址	上海市中山西路 2230 号　　邮政编码　200235
电　　话	（021）64411389　　传　　真　（021）64411325
网　　址	www.lixinaph.com　　电子邮箱　lixinaph2019@126.com
网上书店	http://lixin.jd.com　　http://lxkjcbs.tmall.com
经　　销	各地新华书店
印　　刷	北京鑫海金澳胶印有限公司
开　　本	710 毫米 ×1000 毫米　1/16
印　　张	37.5
字　　数	614 千字
版　　次	2023 年 1 月第 1 版
印　　次	2023 年 1 月第 1 次
书　　号	ISBN978-7-5429-7186-9/ F
定　　价	98.00 元

如有印订差错，请与本社联系调换

修订版前言

在当今复杂的商业环境中,每个企业都面临众多的风险,这些风险包括市场风险、运营风险、法律风险和财务风险等,并且风险具有多样性和复杂性,因此,企业的风险管理意识也越来越强。正是由于这些风险的存在,作为防范风险的企业内部控制也被提到了空前的管理高度。

2008年6月28日,我国财政部、证监会、审计署、银监会、保监会[①]联合发布了《企业内部控制基本规范》(以下简称《基本规范》)。2010年4月26日,财政部等五部委联合发布了《企业内部控制配套指引》,其中包括《企业内部控制应用指引》《企业内部控制评价指引》和《企业内部控制审计指引》。该基本规范及配套指引自2011年1月1日起首先在境内外同时上市的公司施行,自2012年1月1日起扩大到在上海证券交易所、深圳证券交易所主板上市的公司施行,在此基础上,择机在中小板和创业板上市公司施行,同时,鼓励非上市大中型企业提前执行。

企业内部控制基本规范及配套指引的出台,对我国企业内部控制规范体系的建设而言,意义十分深远。一是此举标志着我国"以防范风险和控制舞弊为中心、以控制标准和评价标准为主体,结构合理、层次分明、衔接有序、方法科学、体系完备"的企业内部控制规范体系建设目标基本建成,是继我国企业会计准则、审计准则体系建成并有效实施之后的又一项重大系统工程,也是财政、审计、证券监管、银行监管、保险监管和国有资产监管部门贯彻落实习近平新时代中国特色社会主义思想、服务经济发展方

[①] 2018年3月,根据《第十三届全国人民代表大会第一次会议〈关于国务院机构改革方案的决定〉》,中国保监会和中国银监会撤销,设立中国银行保险监督管理委员会。正文不再注释。

式转变的重大举措。二是此举对防范企业风险、规范企业管理、促进企业可持续发展具有积极的推动作用。三是此举将全面提升企业经营管理水平、增强我国企业的国际竞争力,是我国应对国际金融危机的制度安排。

为了深入贯彻实施企业内部控制基本规范及配套指引,确保实施工作平稳、有序、顺利进行,当前的工作重点是要学习和掌握企业内部控制基本规范及配套指引的各项内容。为了帮助各上市公司和大中型企业能够更快、更好地理解和掌握企业内部控制基本规范及配套指引的全部内容及其精神实质,并在实务中加以应用,我们对《企业内部控制基本规范及配套指引案例讲解》作了全面修订。本书对基本规范及配套指引的每一项内容都进行了深入而又详细的剖析,并引用了大量的相关案例分析。本书可以帮助上市公司和大中型企业尽快对本单位现行的内部控制制度和规章制度进行梳理和优化,从而尽早建立健全符合本单位实际情况的内部控制体系。希望本书能成为各级、各类内部控制规范宣传、学习、培训的辅助资料,增强宣传、学习、培训的实际效果。由于撰写者水平有限,本书难免存在不足之处,恳请广大读者批评指正。

企业内部控制编审委员会

2022 年 12 月

目 录

第一部分
企业内部控制基本规范解读及案例分析

第一章 内部环境 ·· 003
一、内部环境概述 ·· 003
二、内部环境的组成部分 ································ 003
三、内部环境案例 ·· 006

第二章 风险评估 ·· 022
一、风险评估概述 ·· 022
二、风险识别 ·· 022
三、风险评估 ·· 046
四、风险应对 ·· 061
五、风险评估案例 ·· 079

第三章 控制活动 ·· 083
一、基本控制措施与方法 ································ 083

二、案例分析 ………………………………………………………… 090

第四章　信息与沟通 ……………………………………………………… 102
　　一、信息系统 ………………………………………………………… 102
　　二、沟通 ……………………………………………………………… 103
　　三、舞弊机制、举报投诉制度和举报人保护制度 ………………… 103
　　四、案例分析 ………………………………………………………… 104

第五章　内部监督 ………………………………………………………… 109
　　一、日常监督与专项监督 …………………………………………… 109
　　二、案例分析 ………………………………………………………… 114

第二部分
企业内部控制应用指引解读及案例分析

第六章　组织架构的内部控制 …………………………………………… 129
　第一节　企业内部控制应用指引——组织结构的基本内容 ………… 129
　第二节　企业内部控制应用指引——组织架构解读 ………………… 131
　　一、组织架构概述 …………………………………………………… 131
　　二、企业组织架构应当关注的风险 ………………………………… 132
　　三、企业组织架构的组织领导 ……………………………………… 133
　　四、企业组织架构的设计程序 ……………………………………… 134
　　五、企业组织架构的设计方法 ……………………………………… 135
　　六、组织架构的运行程序 …………………………………………… 138
　　七、组织架构运行中的注意事项 …………………………………… 139
　第三节　企业内部控制应用指引——组织架构的案例 ……………… 141

第七章　发展战略的内部控制 ······ 146
第一节　企业内部控制应用指引——发展战略的基本内容 ······ 146
第二节　企业内部控制应用指引——发展战略解读 ······ 148
一、企业发展战略概述 ······ 148
二、企业发展战略应关注的风险内容 ······ 149
三、企业发展战略的制定 ······ 149
四、企业发展战略的实施 ······ 152
第三节　企业内部控制应用指引——发展战略的案例 ······ 155

第八章　人力资源的内部控制 ······ 168
第一节　企业内部控制应用指引——人力资源的基本内容 ······ 168
第二节　企业内部控制应用指引——人力资源解读 ······ 170
一、人力资源概述和人力资源风险防范 ······ 170
二、人力资源的引进与开发 ······ 171
三、人力资源的使用和退出 ······ 175
第三节　企业内部控制应用指引——人力资源的案例 ······ 178

第九章　社会责任的内部控制 ······ 181
第一节　企业内部控制应用指引——社会责任的基本内容 ······ 181
第二节　企业内部控制应用指引——社会责任解读 ······ 184
一、社会责任概述 ······ 184
二、我国企业在履行社会责任中存在的风险 ······ 185
三、推动企业履行社会责任的执行 ······ 186
四、加强对企业履行社会责任的督导 ······ 189
第三节　企业内部控制应用指引——社会责任的案例 ······ 191

第十章　企业文化的内部控制 ······ 202
第一节　企业内部控制应用指引——企业文化的基本内容 ······ 202

第二节 企业内部控制应用指引——企业文化解读 ………………… 204
　一、企业文化概述 ……………………………………………………… 204
　二、企业实行企业文化管理应关注的风险 …………………………… 205
　三、企业文化的建设程序 ……………………………………………… 206
　四、企业文化建设中的注意事项 ……………………………………… 209
　五、企业文化的评估 …………………………………………………… 210
　六、企业文化评估的注意事项 ………………………………………… 212
第三节 企业内部控制应用指引——企业文化的案例 …………………… 214

第十一章 资金活动的内部控制 …………………………………………… 219
第一节 企业内部控制应用指引——资金活动的基本内容 ……………… 219
第二节 企业内部控制应用指引——资金活动解读 ……………………… 224
　一、资金活动概述 ……………………………………………………… 224
　二、筹资活动 …………………………………………………………… 225
　三、投资活动 …………………………………………………………… 228
　四、营运活动 …………………………………………………………… 232
第三节 企业内部控制应用指引——资金活动的案例 …………………… 235

第十二章 采购业务的内部控制 …………………………………………… 247
第一节 企业内部控制应用指引——采购业务的基本内容 ……………… 247
第二节 企业内部控制应用指引——采购业务解读 ……………………… 250
　一、采购业务概述 ……………………………………………………… 250
　二、采购业务内部控制的目标 ………………………………………… 250
　三、采购业务内部控制应遵循的原则 ………………………………… 251
　四、采购业务内部控制存在的风险 …………………………………… 252
　五、采购业务的执行 …………………………………………………… 253
　六、采购及付款业务的风险应对 ……………………………………… 256

七、采购业务的内部控制应注意的问题 …………………………… 258
　　第三节　企业内部控制应用指引——采购业务的案例 ………………… 259

第十三章　资产管理的内部控制 …………………………… 262
　　第一节　企业内部控制应用指引——资产管理的基本内容 …………… 262
　　第二节　企业内部控制应用指引——资产管理解读 …………………… 266
　　一、资产管理概述 ………………………………………………………… 266
　　二、存货管理 ……………………………………………………………… 267
　　三、固定资产管理 ………………………………………………………… 271
　　四、无形资产管理 ………………………………………………………… 276
　　第三节　企业内部控制应用指引——资产管理的案例 ………………… 280

第十四章　销售业务的内部控制 …………………………… 286
　　第一节　企业内部控制应用指引——销售业务的基本内容 …………… 286
　　第二节　企业内部控制应用指引——销售业务解读 …………………… 288
　　一、销售业务概述 ………………………………………………………… 288
　　二、企业销售业务中应关注的风险 ……………………………………… 289
　　三、企业销售业务流程控制 ……………………………………………… 289
　　四、销售合同签订中的控制 ……………………………………………… 290
　　五、销售货款收回中的控制 ……………………………………………… 291
　　六、销售业务中的信用管理 ……………………………………………… 292
　　七、销售折让与销售退回中的控制 ……………………………………… 293
　　第三节　企业内部控制应用指引——销售业务的案例 ………………… 294

第十五章　研究与开发的内部控制 ………………………… 300
　　第一节　企业内部控制应用指引——研究与开发的基本内容 ………… 300
　　第二节　企业内部控制应用指引——研究与开发解读 ………………… 302

  一、研究与开发概述 …………………………………………………… 302

  二、研究与开发应当关注的风险 ……………………………………… 303

  三、研究与开发的风险应对 …………………………………………… 305

 第三节 企业内部控制应用指引——研究与开发的案例 ………………… 307

第十六章 工程项目的内部控制 …………………………………………… 314

 第一节 企业内部控制应用指引——工程项目的基本内容 …………… 314

 第二节 企业内部控制应用指引——工程项目解读 …………………… 319

  一、工程项目概述 …………………………………………………… 319

  二、工程项目的主要业务控制 ………………………………………… 319

  三、工程项目成本与费用的概述 ……………………………………… 327

  四、工程项目评估的内容 ……………………………………………… 328

  五、工程项目的投资估算的内容 ……………………………………… 330

  六、建筑工程施工招标文件的编制应注意的事项及文件内容 ……… 331

  七、建设工程施工合同文件的组成及优先解释顺序 ………………… 333

 第三节 企业内部控制应用指引——工程项目的案例 ………………… 334

第十七章 担保业务的内部控制 …………………………………………… 345

 第一节 企业内部控制应用指引——担保业务的基本内容 …………… 345

 第二节 企业内部控制应用指引——担保业务解读 …………………… 348

  一、担保业务控制概述 ………………………………………………… 348

  二、企业实行担保业务应关注的风险 ………………………………… 349

  三、担保业务主要流程及其内部控制 ………………………………… 350

  四、担保业务调查评估 ………………………………………………… 351

  五、担保业务的授权审批 ……………………………………………… 353

  六、担保业务评估与审批控制 ………………………………………… 353

  七、担保业务的执行 …………………………………………………… 355

八、担保业务监测 ………………………………………………… 357
　　九、担保业务的监督检查 ………………………………………… 357
　第三节　企业内部控制应用指引——担保业务的案例 …………… 358

第十八章　业务外包的内部控制 …………………………………… 370
　第一节　企业内部控制应用指引——业务外包的基本内容 ……… 370
　第二节　企业内部控制应用指引——业务外包的解读 …………… 372
　　一、业务外包概述及背景 ………………………………………… 372
　　二、业务外包的类型 ……………………………………………… 373
　　三、业务外包的风险 ……………………………………………… 375
　　四、业务外包承包方的选择 ……………………………………… 376
　　五、业务外包的执行和实施 ……………………………………… 377
　　六、企业实施业务外包应注意的问题 …………………………… 380
　第三节　企业内部控制应用指引——业务外包的案例 …………… 381

第十九章　财务报告的内部控制 …………………………………… 385
　第一节　企业内部控制应用指引——财务报告的基本内容 ……… 385
　第二节　企业内部控制应用指引——财务报告解读 ……………… 388
　　一、财务报告内部控制的概述 …………………………………… 388
　　二、财务报告内部控制的目标 …………………………………… 389
　　三、财务报告内部控制的内容 …………………………………… 389
　第三节　企业内部控制应用指引——财务报告的案例 …………… 391

第二十章　全面预算的内部控制 …………………………………… 396
　第一节　企业内部控制应用指引——全面预算的基本内容 ……… 396
　第二节　企业内部控制应用指引——全面预算解读 ……………… 399
　　一、全面预算概述 ………………………………………………… 399

二、实行全面预算管理应当关注的风险 ·· 400
　　三、全面预算的工作组织 ·· 401
　　四、全面预算的编制程序 ·· 402
　　五、全面预算的编制方法 ·· 402
　　六、全面预算的执行控制 ·· 404
　　七、全面预算的分析控制 ·· 405
　　八、全面预算的考核控制 ·· 408
　第三节　企业内部控制应用指引——全面预算的案例 ·················· 409

第二十一章　合同管理的内部控制 ·· 420
　第一节　企业内部控制应用指引——合同管理的基本内容 ·········· 420
　第二节　企业内部控制应用指引——合同管理解读 ······················ 423
　　一、合同管理概述 ·· 423
　　二、企业实行合同管理应关注的风险 ·································· 423
　　三、企业实行合同管理的组织领导 ·································· 424
　　四、合同管理当中的合同订立 ·· 424
　　五、合同管理当中的合同履行 ·· 426
　　六、合同管理的考核 ·· 428
　　七、合同管理中的注意事项 ·· 428
　第三节　企业内部控制应用指引——合同管理的案例 ·················· 434

第二十二章　内部信息传递的内部控制 ·· 453
　第一节　企业内部控制应用指引——内部信息传递的基本内容 ·· 453
　第二节　企业内部控制应用指引——内部信息传递解读 ·············· 455
　　一、内部信息传递的理解 ·· 455
　　二、企业内部信息的主要形式 ·· 456
　　三、企业内部信息有效应具备的特点 ································ 456

四、建立信息收集、加工机制 ………………………………… 457

五、信息传递方式 ……………………………………………… 457

六、完善信息传递机制 ………………………………………… 457

七、加强信息技术的运用 ……………………………………… 458

八、建立投诉制度 ……………………………………………… 459

第三节 企业内部控制应用指引——内部信息传递的案例 ……… 459

第二十三章 信息系统的内部控制 ……………………………… 466

第一节 企业内部控制应用指引——信息系统的基本内容 ……… 466

第二节 企业内部控制应用指引——信息系统解读 ……………… 469

一、信息系统概述 ……………………………………………… 469

二、信息系统的 COBIT 模型 …………………………………… 471

三、信息技术环境下内部控制框架的构建 …………………… 475

四、信息系统的开发步骤 ……………………………………… 480

五、信息系统开发中常见的一些问题 ………………………… 483

六、信息系统安全 ……………………………………………… 484

第三节 企业内部控制应用指引——信息系统的案例 …………… 489

第三部分
企业内部控制评价指引解读及案例分析

第二十四章 企业内部控制评价 ………………………………… 495

第一节 企业内部控制评价指引基本内容 ………………………… 495

第二节 企业内部控制评价指引解读 ……………………………… 500

一、内部控制评价概述 ………………………………………… 500

二、内部控制评价的内容 ……………………………………… 502

三、内部控制评价的程序 ………………………………………… 508
四、内部控制缺陷的认定 ………………………………………… 509
五、内部控制评价报告 …………………………………………… 512
第三节 企业内部控制评价指引的案例 ………………………………… 514

第四部分
企业内部控制审计指引解读及案例分析

第二十五章 企业内部控制审计指引解读及案例分析 …………… 537
第一节 企业内部控制审计指引的基本内容 ……………………… 537
第二节 企业内部控制审计指引解读 ……………………………… 548
一、内部控制审计的含义 ………………………………………… 548
二、财务报告内部控制与非财务报告内部控制 ………………… 549
三、内部控制审计与财务报表审计的整合（整合审计）……… 550
四、内部控制审计的计划工作 …………………………………… 550
五、对企业内部审计工作的利用 ………………………………… 551
六、自上而下的审计方法 ………………………………………… 551
七、两个层面的内部控制测试 …………………………………… 552
八、内部控制测试的方法 ………………………………………… 552
九、测试运行有效性 ……………………………………………… 553
十、评价内部控制缺陷 …………………………………………… 553
十一、对内部控制缺陷的处理 …………………………………… 554
十二、取得企业签署的书面声明 ………………………………… 554
十三、内部控制审计报告的类型 ………………………………… 555
十四、对非财务报告内部控制缺陷的处理 ……………………… 556

十五、期后事项 …………………………………… 556
十六、编制审计工作底稿 …………………………… 556
第三节　企业内部控制审计指引的案例 …………… 557

附　录

**关于印发企业内部控制规范体系实施中相关问题解释
第 1 号的通知** …………………………………… 567
**关于印发企业内部控制规范体系实施中相关问题解释
第 2 号的通知** …………………………………… 577

第一部分

企业内部控制基本规范解读及案例分析

第一章

内 部 环 境

一、内部环境概述

环境是指周围的境况,如自然环境,社会环境。环境具有区域性和相对性,如企业环境、行业环境、国家环境、国际环境等。行业的境况是企业环境的决定因素,国家境况又是行业环境的决定因素。从系统论的观点看,所谓环境,就是指被研究系统之外的、对被研究系统有影响作用的一切系统的总和。管理控制系统的环境,从系统角度看,是指管理控制系统之外的、对管理控制系统有影响作用的一切系统的总和。内部控制的内部环境是指企业内部的、对内部控制有直接或间接影响的要素总和。按照《企业内部控制基本规范》(以下简称《基本规范》)的规定,企业内部控制的内部环境包括公司治理结构和议事规则、审计委员会,内部机构设置、岗位职责、业务流程,内部审计,人力资源政策,职业道德修养和专业胜任能力,企业文化、价值观和社会责任感,法治观念等。

二、内部环境的组成部分

(一)公司治理结构和议事规则

公司治理结构是股份公司制的基石,也是企业内部控制的基础。完备的公司治理有利于把握企业内部控制的正确航向,落实内部控制的实施,为企业所有者创造更多的价值。

《基本规范》第十一条规定,企业应当根据国家有关法律法规和企业章程,建立规范的公司治理结构和议事规则,明确决策、执行、监督等方面的职责权限,形成科学有效的分工和制衡机制。具体如下:

（1）股东（大）会享有法律法规和企业章程规定的合法权利，依法行使企业经营方针、筹资、投资、利润分配等重大事项的表决权。

（2）董事会对股东（大）会负责，依法行使企业的经营决策权。

（3）监事会对股东（大）会负责，监督企业董事、经理和其他高级管理人员依法履行职责。

（4）经理层负责组织实施股东（大）会、董事会决议事项，主持企业的生产经营管理工作。

《基本规范》第十二条规定，企业董事会负责内部控制的建立健全和有效实施。监事会对董事会建立与实施内部控制进行监督。经理层负责组织领导企业内部控制的日常运行。传统上由管理层具体负责建立和实施的企业内部控制活动，改由董事会代表股东建立代表股东利益的内部控制体系，提高了企业内部控制的层次，更有利于实现内部控制的目标。内部控制的内部监督权交给监事会，能提高监督的权威。

《基本规范》第十二条还规定，企业应当成立专门机构或者制定适当的机构具体负责组织协调内部控制的建立实施及日常工作。

（二）审计委员会

审计委员会的建立及其独立性、委员良好的职业操守和专业胜任能力是影响内部控制的另一个环境要素。《基本规范》第十三条规定，企业应当在董事会下设立审计委员会。审计委员会负责审查企业内部控制，监督内部控制的有效实施和内部控制自我评价情况，协调内部控制审计及其他相关事宜。审计委员会负责人应当具备相应的独立性、良好的职业操守和专业胜任能力。

（三）内部机构设置、岗位职责与业务流程

企业的组织结构是指为公司活动提供计划、执行、控制和监督职能的整体框架。对于组织内的全部活动要合理有效地分配职责和权限，并为执行任务和承担职责的组织成员，特别是关键岗位的人员，提供和配备所需的资源并确保他们的经验和知识与职责权限相匹配，要使所有员工认识到他们的工作行为、职责担负形式和认可方式，与达成组织目标的联系。

内部环境中还包括机构设置、岗位职责以及业务流程等。根据组织学的理论，单位的经营业务或管理活动是依靠相关的内部机构执行的，而机构又是靠一个个岗位来完成的，岗位职责规范了每一个岗位的行为，业务流程规范了每一个业务的程序，它们综合作用才能保证企业目标的实现。

《基本规范》第十四条规定，企业应当结合业务特点和内部控制要求设置内部机构，明确职责权限，将权利与责任落实到各责任单位，企业通过编制内部管理手册，使全体员工掌握内部机构设置、岗位职责、业务流程等情况，明确权责分配，正确行使职权，以及明确内部机构、岗位职责、业务流程等相关内部环境。

（四）内部审计机构

内部审计机构是企业各项经济业务和管理活动的检察官，对各项活动进行检查监督，可以有效地防范风险。《基本规范》第十五条规定，企业应当加强内部审计工作，保证内部审计机构设置、人员配备和工作的独立性，并规定了内部审计机构在内部控制中的职能。《基本规范》规定企业内部审计机构应当结合内部审计监督，对内部控制的有效性进行监督检查。内部审计机构对监督检查中发现的内部控制缺陷，应当按照企业内部审计工作程序进行报告；在监督检查中发现内部控制重大缺陷，有权直接向董事会及其审计委员会、监事会报告。

（五）人力资源政策

内部控制是由人来进行并受人的因素影响，保证组织所有成员具有一定水准的诚信、道德观和能力的人力资源方针与实践，是内部控制有效的关键因素之一。人力资源内部控制政策具体包括：完善招聘与选拔方针及操作性程序；对新员工进行企业文化和道德价值观的导向培训；对违反行为准则的各种事项，制定纪律约束与处罚措施；对业绩良好的员工，制订具有奖励和激励作用的报酬计划，并避免诱发不道德行为；根据阶段性的业绩评估结果，对员工予以晋升、指导以及奖罚。

《基本规范》第十六条规定，企业应当制定和实施有利于企业可持续发展的人力资源政策。人力资源政策应当包括下列内容：

（1）员工的聘用、培训、辞退与辞职。

（2）员工的薪酬、考核、晋升与奖惩。

（3）关键岗位员工的强制休假制度和定期岗位轮换制度。

（4）掌握国家秘密或重要商业秘密的员工离岗的限制性规定。

（5）有关人力资源管理的其他政策。

（六）职业道德修养和专业胜任能力

企业所有的活动均是由人来完成的，人是内部环境的主要要素，对人的要求是多方面的,其中至关重要的是职业道德修养以及专业胜任能力。《基本规范》第十七条规定,企业应当将职业道德修养和专业胜任能力作为选拔和聘用员工的重要标准,切实加强员工培训和继续教育,不断提升员工素质。

(七)企业文化、价值观和社会责任感

一个企业的企业文化、价值观和社会责任感是影响企业决策和企业活动的最基础的要素,它影响企业所有的活动,更影响企业的内部控制,是内部控制的重要内部环境。《基本规范》第十八条规定,企业应当加强文化建设,树立积极向上的价值观和增强社会责任感,倡导诚实守信、爱岗敬业、开拓创新和团队协作精神,树立现代管理理念,强化风险意识。董事、监事、经理及其他高级管理人员应当在企业文化建设中发挥主导作用。企业员工应当遵守员工行为守则,认真履行岗位职责。

(八)法治观念

在法治社会中,企业的一切活动都应该以法律为准绳,要树立牢固的法治观念。企业的内部控制更强调法治观念。《基本规范》第十九条规定,企业应当加强法制教育,增强董事、监事、经理及其他高级管理人员和员工的法制观念,严格依法决策、依法办事、依法监督,建立健全法律顾问制度和重大法律纠纷案件备案制度。

三、内部环境案例

【案例 1-1】

某公司环保案例:内部控制制度节选

公司的控制环境反映管理层对于控制重要性的态度,控制环境的好坏直接决定企业内部控制制度能否顺利实施及其实施效果。公司本着规范运作的理念,努力营造良好的控制环境。

1. 公司内部控制结构

公司已经建立了一套独立的组织架构,并建立了股东大会、董事会、监事会以及在董事会领导下的经营班子,治理制度健全并有效运作。股东大会是公司的最高权力机构,董事会是公司的决策机构,监事会是公司的监督机构。董事会下设董事会秘书负责董事会日常事务,董事会按功能下设战略、提名、审计、薪酬与考核4个专业委员会。总经理对董事会负责，经营班子通过指挥、协调、管理、监督各部、办、分厂等职能部门行使经营管理权，保证公司的经营正常运作。各部、办、分厂等职能部门具体实施生产经营业务和管理公司日常事务。公司已形成了一套生产、供应、人事、财务、技术、安装、服务、行政管理体系，这为公司的规范运作打下良好基础。

2. 公司内部控制制度的建设情况

公司依据企业业务特点和内在管理上的需求，建立了各项内部管理制度，日常管理工作过程中能按各职能管理制度执行，有效保护公司资产的安全和完整。同时，公司不断建立健全企业内部控制制度，现初步形成了对风险进行事前防范、事中控制、事后监督和纠正的内控制度。

内控制度具体为：①以《公司章程》及"三会"议事规则为核心的公司治理相关制度。②以营销管理、技术管理、物资供应管理、生产管理、安装管理、营运服务管理、成本管理、招投标管理、财务管理、行政管理、人力资源管理制度组成的公司日常管理制度。③以部门工作职责为核心的部门运行制度。④按照《中华人民共和国公司法》《中华人民共和国会计法》和《企业会计准则》等法律法规及其他规定的要求制定的会计核算制度。⑤以SO9001质量管理体系为核心的质量控制制度。⑥以《信息披露管理制度》《公司重大事项内部报告制度》为核心的信息控制制度。

3. 内部控制检查监督部门的设置

公司设立的审计监察部，负责对公司各项内部控制制度的执行情况实施、监督、评价，对公司及子公司经营情况、财务情况及其他情况进行审计和监督，是公司内部制度的检查监督部门。

4. 人事管理政策

公司建立了较科学的聘用、培训、晋升、考核、奖惩和淘汰人事管理制度。

【案例1-2】

巨人集团案例

巨人集团曾经是我国民营企业中的佼佼者，一度在市场上叱咤风云，该企业以闪电般的速度崛起后，又以流星般的速度迅速在市场上沉落了。这样一家资产上亿元,年产值号称数十亿元的企业破产了,究其原因,管理当局的决策失误是很重要的一个方面。

该集团在1993年以前,经营状况是非常乐观的,但是1993年国家有关进口电脑的禁令一解除,国外众多超重量级选手蜂拥进入我国市场,一些理智的企业纷纷压缩规模、调整结构,可巨人集团的管理当局急于寻求新的产业支柱,轻易迈出了经营房地产和保健饮品的多元化经营的脚步。而当时巨人集团资金不足,又没有银行等金融机构的资金支持,没有实力同时在两个全新的产业进行大规模投入。

1994年,巨人集团管理当局已经意识到集团内部存在的种种隐患:创业激情基本消失,出现大锅饭现象,管理水平低下,产品和产业单一,开发市场能力停滞。但管理当局还是回避了企业内部产权改造和经营机制重塑的关键问题,想通过再一次的发展和扩张热潮,将企业重新带回到过去辉煌的时期,在保健饮品方面大规模投入。这样的投入带来了短暂的效益,可很快企业的问题暴露无遗:企业整体协调乏力,人员管理失控,产品供应链和销售链脱节等。针对这些问题,企业管理当局进行了整顿,但是未能从根本上扭转局面,最终全线崩溃。

巨人集团总裁史玉柱在检讨失败时曾坦言:巨人的董事会是空的,决策是一个人说了算。决策权过度集中在少数高层决策人手中,尤其是一人手中,负面效果同样突出,特别是这个决策人兼具所有权和经营权,而其他人很难干预其决策,危险更大。

总结巨人集团失败的经验教训,其计划过程失控也是主要原因,主要表现在:计划动因不明确;计划非理性,试图超越规范;计划制订较为粗放;计划执行过程中缺乏必要的反馈与检讨;计划柔性不足,在市场状况及企业经营状况发生变化时缺乏对策;原有经营管理模式和经营管理层的经营理念与计划不匹配;人才的压力等。

【案例 1-3】

青岛海尔股份有限公司内部控制规范实施工作方案

一、公司基本情况介绍

青岛海尔股份有限公司成立于1989年4月28日,它是在对原青岛电冰箱总厂改组的基础上，以定向募集资金方式设立的股份有限公司。1993年11月19日，青岛海尔股份有限公司在上海证券交易所上市交易。公司主要从事白色家电的研发、生产和销售，目前公司已成为中国A股市场上最大的家电类上市公司之一。公司致力于为用户创造零缺陷、差异化、即需即供的产品和解决方案。

（一）公司基本信息

公司基本信息见表1-1。

表1-1 基 本 信 息

公司名称	青岛海尔股份有限公司
公司简称	青岛海尔
股票代码	600690
股票种类	A股
股票上市交易所	上海证券交易所
公司资产规模	截至2011年12月31日，公司总资产397.2亿元，净资产115.4亿元；2011年度公司实现营业收入736.6亿元，归属于母公司所有者净利润26.9亿元
公司性质	股份制企业

（二）组织架构

目前公司的内控体系建设和维护，分为三级：

- 公司董事会负责内部控制的建立健全和有效实施。
- 高级管理层负责组织协调内部控制的建立、实施及日常工作。
- 各单位负责本单位内部控制的日常维护。

公司的内控监督体系，分为四级：

- 监事会受股东大会委托，对董事会建立与实施内部控制进行监督。
- 审计委员会是董事会下设的专门工作机构，其受董事会委托主要负责公司内、外部审计的沟通、监督和核查，审查企业内部控制，监督内部控制的有效实施和内部控制自我评价情况。
- 上市公司内控部为审计委员会日常办事机构，受审计委员会委托，具体执行内部控制体系维护或日常监督检查，并向其汇报工作。
- 各单位部门自我监督。

（三）控股及参股公司情况

2011年12月31日，青岛海尔股份有限公司前十名股东情况见表1-2。

表1-2　前十名股东情况表

序号	股东名称	股东性质	持股比例
1	海尔电器国际股份有限公司	境内非国有法人	23.44%
2	海尔集团公司	境内非国有法人	19.97%
3	青岛海尔创业投资咨询有限公司	境内非国有法人	2.99%
4	中国建设银行——鹏华价值优势股票型证券投资基金	未知	2.01%
5	中国农业银行——大成创新成长混合型证券投资基金	未知	1.73%
6	中国工商银行——中银持续增长股票型证券投资基金	未知	1.42%
7	中国银行——大成优选股票型证券投资基金	未知	1.24%
8	中国银行——大成蓝筹稳健证券投资基金	未知	1.20%
9	中国工商银行——汇添富均衡增长股票型证券投资基金	未知	1.03%
10	青岛市二轻集体企业联社	未知	0.92%

二、内部控制工作的要求

根据财政部、证监会、审计署、银监会、保监会于2008年7月1日财会〔2008〕7号的要求，自2009年7月1日起在上市公司范围内施行《企业内部控制基本规范》（以下简称《基本规范》），鼓励非上市的大中型企业执行。

2010年4月26日，为了配合《企业内部控制基本规范》的实施，财政部等五部委发布《企业内部控制配套指引》（财会〔2010〕11号），颁布了3个指引性文件（以下简称《配套指引》），并自2012年1月1日起在上海证券交易所、深圳证券交易所主板上市公司施行：

《企业内部控制应用指引》——供企业使用。

《企业内部控制评价指引》——供企业使用。

《企业内部控制审计指引》——供外部审计师使用。

执行本规范的上市公司，应当对本公司内部控制的有效性进行自我评价，披露年度自我评价报告，并可聘请具有证券、期货业务资格的会计师事务所对内部控制的有效性进行审计。《企业内部控制基本规范》对内部控制的定义、原则、要素作出了总体的规范。

《企业内部控制应用指引》对与企业有关的18个重要流程和管理领域做出了详细的指引（表1-3）。

表1-3 财政部颁布的应用指引

序号	财政部颁布的应用指引	序号	财政部颁布的应用指引
1	组织架构	10	研究与开发
2	发展战略	11	工程项目
3	人力资源	12	担保业务
4	社会责任	13	业务外包
5	企业文化	14	财务报告
6	资金活动	15	全面预算
7	采购业务	16	合同管理
8	资产管理	17	内部信息传递
9	销售业务	18	信息系统

《企业内部控制评价指引》对企业如何规范内部控制评价工作，及时发现企业内部控制缺陷，提出和实施改进方案，确保内部控制有效运行，作出了指引。

青岛海尔股份有限公司（简称"青岛海尔"）为在上海证券交易所上市的公司，于2012年1月1日起正式实施基本规范配套指引。内控基本规范对公司控制目标的要求为5个领域，包括企业经营管理合法合规、资产安全、财务报告及相关信息真实完整、提高经营效率和效果、促进企业实现发展战略。我们将参考基本规范和配套指引并留意相关最新合规要求，基于我们内部控制前期工作测试的结果，持续对本工作计划进行调整和更新。

三、组织保障

公司的内部控制组织体系已建设和运转多年，已形成有效支撑的网状结构：由于每个业务单元（BU）下面又会有若干经营体（每个业务单元有不同的产品线，每个产品线又有若干工厂），我们在每一个经营体都设有内控岗，该内控岗负责本经营体的日常内控体系维护和控制执行的自查，以及就自查发现的问题或总部测试发现的问题进行督促整改并跟进。

各经营体的内控岗要向本BU的内控经理进行工作汇报。每个BU都设有内控经理。各个BU的内控经理向内控部进行工作汇报。内控部分设体系建设组和内控监督组，分别负责公司整体的内部控制体系建设、维护和优化以及内部控制运行的监督检查工作。

对2012年青岛海尔的内部控制合规工作，公司管理层高度重视：公司董事会负责内部控制的建立健全和有效实施；公司的总经理、副总经理、财务总监和内控总监共同负责和领导内部控制的实施工作；公司内控部牵头和组织具体实施内控工作；公司各级经营体负责人具体负责本部门本单位相关内控工作的实施，同时各级经营体的内部控制职能岗位负责各级经营体内的内部控制建设、维护和执行工作；公司各级经营体在内控部的统一组织下完成自我评价工作。

公司聘请了普华永道会计师事务所作为公司内部控制建设及优化的咨询顾问，协助公司开展《企业内部控制基本规范》及其配套指引的遵循工作。

四、内部控制建设工作计划

为了进一步规范和加强本公司的内部控制，提高公司的经营管理水平和风险防范能力，保证公司各项经营管理制度的有效执行和各项经营目标的实现，公司在2008年2月正式启动了内部控制体系建设和梳理项目，并聘请普华永道团队作为咨询顾问予以协助。截至2008年9月公司已正式梳理和明确了以COSO框架为指导，结合《企业内部控制基本规范》和相关法规的具体要求，涵盖内部环境、风险评估、控制活动、信息与沟通和内部监督的内控体系。

该内控体系经过3年多的运转和不断自查、纠偏、问题闭环和体系维护更新，并依据基本规范和配套指引以及各监管部门不断加强的内控要求进行合规性检查和优化，证明其设计和运行确实能有效支持业务进行中的风险管控。

2011年，公司依据财政部等五部委联合印发的财会〔2010〕11号文件

第一章 内部环境

《企业内部控制应用指引》终稿与公司现行的内控流程进行了比对,确定以下流程为本年度内控实施的范围(表1-4)。

表1-4 内 控 范 围

应用指引涵盖的内容	本公司内部控制工作需要关注的范围《青岛海尔股份有限公司内部控制手册V2.0》(简称《青岛海尔内控手册V2.0》)	状态
第1号——组织架构	参见《青岛海尔内控手册V2.0》2.2.1 内部环境 2.2.1.2.1 法人治理结构	符合要求
第2号——发展战略	《青岛海尔内控手册V2.0》2.2.1 内部环境 2.2.1.2.6 发展战略	待更新
第3号——人力资源	《青岛海尔内控手册V2.0》2.2.1 内部环境 2.2.1.2.6 人力资源政策和措施	符合要求
第4号——社会责任	《青岛海尔内控手册V2.0》2.2.1 内部环境 2.2.1.2.7 社会责任	待更新
第5号——企业文化	《青岛海尔内控手册V2.0》2.2.1 内部环境 2.2.1.2.5 企业文化	符合要求
第6号——资金活动	《青岛海尔内控手册V2.0》2.2.3 控制活动 2.2.3.2.3 流程控制活动 • PLC10_M_TRE 资金管理 • PLC11_M_INV 投资管理 • PLC12_M_FIN 筹资管理	待更新
第7号——采购业务	《青岛海尔内控手册V2.0》2.2.3 控制活动 2.2.3.2.3 流程控制活动 • PLC03_M_PUR 采购及付款	符合要求
第8号——资产管理	《青岛海尔内控手册V2.0》2.2.3 控制活动 2.2.3.2.3 流程控制活动 • PLC05_M_PRO 生产与存货管理 • PLC07_M_FA 固定资产管理 • PLC08_M_IA 无形资产管理	符合要求
第9号——销售业务	《青岛海尔内控手册V2.0》2.2.3 控制活动 2.2.3.2.3 流程控制活动 • PLC01_M_MKT 营销管理 • PLC02_M_REV 销售与收款	符合要求

（续表）

应用指引涵盖的内容	本公司内部控制工作需要关注的范围《青岛海尔股份有限公司内部控制手册V2.0》（简称《青岛海尔内控手册V2.0》）	状态
第10号——研究与开发	《青岛海尔内控手册V2.0》2.2.3 控制活动 2.2.3.2.3 流程控制活动	符合要求
第11号——工程项目	《青岛海尔内控手册V2.0》2.2.3 控制活动 2.2.3.2.3 流程控制活动 • PLC06_M_CIP 工程项目管理	待更新
第12号——担保业务	（不适用）	（不适用）
第13号——业务外包	《青岛海尔内控手册V2.0》2.2.3 控制活动 2.2.3.2.3 流程控制活动 • PLC19_M_OUT 业务外包管理	待更新
第14号——财务报告	《青岛海尔内控手册V2.0》2.2.3 控制活动 2.2.3.2.3 流程控制活动 • PLC14_M_CLO 期末关账 • PLC15_M_FR 财务报告及信息披露	符合要求
第15号——全面预算	《青岛海尔内控手册V2.0》2.2.3 控制活动 2.2.3.2.3 流程控制活动 • PLC18_M_BUG 全面预算	符合要求
第16号——合同管理	《青岛海尔内控手册V2.0》2.2.3 控制活动 2.2.3.2.3 流程控制活动 • PLC16_M_LEA 合同管理	符合要求
第17号——内部信息传递	《青岛海尔内控手册V2.0》2.2.4 信息与沟通	符合要求
第18号——信息系统	《青岛海尔内控手册V2.0》2.2.4.2.3 信息技术在信息与沟通中的作用	符合要求

上述范围涵盖了公司整体层面、业务流程层面以及信息系统总体控制层面的控制流程。根据上述流程按照表1-5开展内部控制建设工作。

表 1-5　内部控制建设情况

内部控制建设主要工作任务	内部控制建设工作成果	计划完成时间	责任人
1.确定内部控制实施的范围，包括股份公司、子公司及其重要业务流程	• 流程目录 • 合并报表范围内公司列表	2011年12月（已完成）	内控部
2.梳理风险，编制风险清单：进行风险评估，识别重要风险、重要会计科目、重点经营单位、重要流程以及需测试的关键控制	• 风险评估文档 • 范围界定文档	2011年12月（已完成）	内控部
3.将现有的政策、制度等与风险清单进行比对，识别现有流程待更新部分并制定更新方案	• 按法规要求及2012年公司实际情况更新完毕的控制流程	2012年3月（已完成）	内控部、普华顾问[①]
4.对更新的内控流程进行穿行测试，以检查是否存在控制的设计缺陷，制定内控设计缺陷整改方案，并持续跟进整改结果	• 穿行测试文档 • 内控设计缺陷汇总、整改方案及跟进	2012年4月初	内控部
5.按照要求披露内控实施工作情况	• 内控自我评估报告 • 年度报告中的内控工作披露	2013年3月	内控部

五、内部控制自我评价工作计划

公司将根据五部委下发的最新的企业内部控制指引文件，更新公司的内部控制手册，细化内控流程，并持续开展内控自评工作，初步计划如表1-6所示。

表 1-6　内部自评工作情况

内部控制自评的主要工作任务	内部控制自评工作成果	计划完成时间	责任人
1.编制自我评价工作计划，确定纳入自我评价范围的子公司和业务流程，确定评价工作的具体时间表和人员分工	内控自评工作总体计划	2012年1月（已完成）	内控部

---

① 针对2012公司正式实施基本规范和配套指引的合理要求，公司又聘请了清华永道团队针对公司目前的内控体系与应用指引之间的差异进行比对更新，切实保障公司内控体系满足合理性要求。

（续表）

内部控制自评的主要工作任务	内部控制自评工作成果	计划完成时间	责任人
2.确定内部控制缺陷的评价标准，包括定性标准和定量标准。缺陷分为一般缺陷、重要缺陷和重大缺陷	• 内部控制缺陷的评价标准	2012年4月	内控部
3.执行管理层测试并评价测试结果，测试的范围包括： • 公司层面控制 • 信息系统总体控制 • 根据范围界定结果选定的重点单位的重要流程的关键控制，以及出于抽查目的选定的非重点单位	• 测试模板、测试步骤、评价办法 • 各阶段培训材料	2012年全年主要为4次测试（见本表中4~7）	内控部
4.执行内控全面自查测试，查找内控缺陷、制定内控缺陷整改方案并持续跟进整改结果	• 全面自查内控测试工作底稿 • 例外事项汇总表（含整改方案）	2012年4月	内控部
5.执行中期内部控制测试，并对前期发现的内控执行例外事项进行跟进	• 中期内控测试工作底稿（含对前期发现问题的跟进） • 例外事项汇总表（含整改方案）	2012年8月中	内控部
6.第三季度内控测试，并测试对中期测试发现的内控缺陷进行整改的进展	• 第三季度内控测试工作底稿（含对前期发现问题的跟进） • 例外事项汇总表（含整改方案）	2012年11月	内控部
7.年底的更新测试。检查内部控制的持续有效性和对年末财务报告结账流程进行测试。同时，对前述阶段发现的控制缺陷的整改情况进行检查	• 年末内控测试工作底稿（含对前期发现问题的跟进） • 例外事项汇总表（含整改方案）	2013年1月底	内控部
8.缺陷评估：对内部控制评价发现的控制缺陷，进行评价	• 内控缺陷评估底稿	2013年2月底	内控部

（续表）

内部控制自评的主要工作任务	内部控制自评工作成果	计划完成时间	责任人
9.内部控制缺陷评价和报告的出具，并根据内控缺陷评估结果，出具和披露公司内部控制自我评价报告	•《青岛海尔内部控制自我评价报告》	2013年3月底	内控部

六、内部控制审计工作计划

公司将聘请外部会计师事务所，对公司的内部控制整体运行情况进行检查与评价。

具体工作计划如下：

（1）根据财政部、证监会、审计署、银监会、保监会（以下简称"五部委"）于2010年4月26日正式发布的根据国家有关法律和《企业内部控制基本规范》制定的各项内部控制配套指引，公司自2012年1月1日起正式施行《企业内部控制基本规范》。公司也将自2012年度起，聘请注册会计师对本公司截至2012年12月31日与财务报表相关的内部控制的有效性进行审计并出具内部控制审计报告。

（2）公司将按照外部审计师拟定的内部控制审计计划，提供外部审计工作所需要的支持，包括接受访谈、提供公司相应的内部控制制度和控制执行文档以供查阅、参加内部控制审计工作会议等，并提请外部审计师按照要求出具内部控制审计报告。公司将按监管要求按时披露内控审计报告。

青岛海尔股份有限公司
董事会
2012年3月29日

【案例1-4】

阿里巴巴的内部控制管理失败案例

马云将责任归结为违背公司价值观，由公司经营管理层承担全部责任，在一场公关达人秀后，阿里巴巴的诚信危机得到了缓和，但是这掩盖不了阿里巴巴内部控制管理的缺陷。

成功的企业都有独特的企业战略,《长松组织系统》工具包从战略高度看别人走过的路,打造适合企业自身的发展方案,共同解决企业战略性难题。

一、阿里巴巴的内控危机始于董事会

(一)阿里巴巴内部控制的最高管理机构为上市公司董事会

按照国家内部控制规范的要求,董事会是内部控制的最高管理机构,而阿里巴巴董事会也成立了审核委员会等四大委员会,主要负责协助董事会就财务报告程序、内部监控及风险管理制度的有效性提供独立意见,并强调审核委员会定期召开会议,检讨财务报告、内部监控及风险管理事宜,阿里巴巴从内部也明确了董事会关于内部控制管理的责任。

阿里巴巴的主营业务是 B2B 电子商务,而电子商务有三个阶段,即交易机会、交易确认和交易执行。阿里巴巴主要是做交易机会的,交易机会中最为关键的是交易信息与诚信问题,所以诚信问题是阿里巴巴的重大控制点,事关公司生存的风险点没有管理好,两年之后才发现,董事会负有不可推卸的责任。

(二)阿里巴巴发展战略的选择导致了本次危机的产生

阿里巴巴于 2007 年 11 月成功上市以来,主要借助最大规模的供给信息,通过会员服务、开展企业信用认证、关键字竞争搜索收费,这是阿里巴巴的主要盈利模式。受 2008 年金融危机的影响,阿里巴巴率先抛出"过冬论",股价也跌到最低。为提升客户数量,2008 年 11 月,在"中国供应商"体系下推出了一款低价产品出口通,该产品刚推出的价格是 1.98 万元,而此前中国供应商的价格为 5 万元。受此政策影响,2009 年,中国供应商数量增长 123%,净增用户大约 53 000 个,增加收入 10.5 亿元。同年,阿里巴巴营业利润达 10.7 亿元,如果没有这个因素的影响,阿里巴巴很可能会陷入亏损。正是因为董事会的决策,该降价举措才帮助阿里巴巴渡过了金融危机,也为今天的诚信危机埋下伏笔。

(三)董事会针对重大风险没有采取有效的针对性措施

在公司发展面临危机时,董事会做出一些战略性决策,帮助公司渡过难关是高明之举,这样一个重大战略举措的实施必须经过全方位的评估,信用风险也必将受到最多关注,从结果来看,阿里巴巴的董事会没有采取有效的针对性举措。董事会完全可以责成经营层加强对这类客户的信用审查,以不相容职务分离控制为原则，采取预防性控制与发现性控制相结合的方法，指派专人进行抽查，进而防止这类欺诈的发生，同时借助审核委员会定期听取这类客户风险发展的趋势评估报告，并采取针对性举措来进行控制，而不是两年后在3·15晚会主题被确定后的公关秀。

马云曾经说过，"这世界上没有优秀的理念，只有脚踏实地的结果"。从欺诈门的结果来看，欺诈源于公司内部控制管理不规范，而内部控制的第一责任人是阿里巴巴的董事会，从这个角度而言，马云作为董事会主席需要承担领导责任。

二、经营管理层失职导致内部控制制度失效

（一）关键管理流程仅是一纸公告

为严格审查供应商资质，阿里巴巴制定了较为严格的管理流程，从源头上防堵欺诈事件的发生。由于约7 500名的销售人员在市场一线对商家进行会员销售工作，他们直接在供应商的办公现场，他们的认证应该是最直接、最有效、最立体的监督，而当地销售分支机构人员的交叉认证也是最有效的手段，可是当销售人员互相串通的时候，这个最有效的认证体系就会失灵。而此时，通过总部其他控制部门对他们提交材料的核实、依托第三方对相关材料进行核实或抽检就变得很重要。但很遗憾，新增客户中有0.8%涉嫌欺诈，更为重要的是，有些骗子使用的是没有年检的营业执照，而他们居然通过了认证，有些骗子的账户被查封之后，换了个公司名，连联系方式都没改，就再次通过审查了。我们只能说阿里巴巴的多渠道交叉认证没有有效执行，如若不然，一些销售业务单元是不敢集体欺诈的。

（二）重大风险点没有进行分类管理

内部控制需要对企业风险进行控制，企业风险的梳理则是自上而下、由重至轻地进行梳理，会员供应商的诚信问题是事关阿里巴巴生死存亡的第一风险点，当公司作出降低供应商缴费门槛的决定时，就应该提前预判到信用风险可能会更大，而企业则应相应增加风险防范的资金和人员投入，增强多方认证执行的有效性，并加大第三方的抽检和认证，降低人工介入的条件等。很可惜，事件过去了两年，阿里巴巴才迫于外界的压力而开始自查自纠。

（三）投诉问题异常未能引起管理层的重视

被欺骗的国外买家绝大部分向阿里巴巴进行了投诉，阿里巴巴也通过了手工控制与自动控制收集情况与处理问题,当自动控制不能解决双方纠纷时,阿里巴巴将会人工介入进行协调与控制,最便捷的人员还是在各地的监督人员,当各地的监督人员接到介入通知时,事实证明他们也违背了公司价值观,结果事情不了了之。当降低门槛后的新供应商投诉问题上升到几十起时,管理层完全应该启动发现性控制的内部控制程序,立即组织非当地分支机构参与独立调查或第三方介入,而不是在事件发生到2 000余起时才介入。

(四)薪酬与绩效管理设计导致分支机构管理失控

阿里巴巴的盈利模式决定了其是一家业务驱动型公司,13 500名员工中有8 400名销售人员,其中5 000人服务于"出口通",2 500人服务于"中国诚信通"。而阿里巴巴给予他们的待遇则是低底薪、高提成,如在"出口通"部门,销售人员的底薪在1 000~3 000元,销售提成则实施阶梯式的提成率,从6%至30%不等,主管的业绩也和销售总量挂钩,从0.5%至6%不等,能够完成任务的金牌销售人员的奖励提成高达几万元。由于销售主管与销售人员的利益高度一致化,在利益的驱使和业绩任务的重压下,他们之间达成利益默契成为可能,而总部的管理松散和其他人员成功的刺激,使他们敢于冒险,而高流动性则使他们中的很多人可以免于处罚。

马云曾经说过:"最大的挑战和突破在于用人,而用人最大的突破在于信任人。"作为董事会主席,马云使用并信任了经营层,在捍卫价值观之余,马云用人的挑战只能用未能突破来形容了。在内控机制与人均失效的状态下,阿里巴巴的诚信风险被曝光也就在情理之中了,只不过外人看来很震惊而已。

三、阿里巴巴应该如何解决上述问题

从英国石油公司生产事故导致的墨西哥湾漏油事件到丰田的质量门,企业在内部控制上的缺陷会给企业的发展带来致命性打击。在阿里巴巴的欺诈门中,马云的世界级公关秀,避免了一次不可预知结果的行业地震。虽然阿里巴巴已经展开独立调查,也已经将出口通价格上调至2.98万元,但我们仍应反思,阿里巴巴的内部控制体系应该如何构建呢?

(1)由公司董事会牵头,构建公司完整的内部控制体系,构建从董事会、经营层、各部门的三级内部控制体系,重点建立覆盖销售分支机构、销售团队、销售代表的销售体系三级内部管理体系,梳理各级风险点并在内部控制委员会的牵头下，制定各类风险控制办法、制度与流程。董事会定期与不定期听取关于公司战略性风险点的内部控制情况的报告，及时发现问题与解决问题。

（2）董事会应讨论制定企业新的商业模式和盈利模式，避免通过培训式和人海式的销售战术来拉供应商入会，而应着眼于为供应商提供更高价值的全程服务，使供应商更为自愿地掏钱，否则即使今天控制了风险，企业本身的盈利模式风险也无法扭转与控制。

（3）按照已有的内部控制制度认真执行，强化销售人员现场监督的优势，在供应商认证环节中进行严格把关，按照相容职务分离控制的原则，加强售后服务体系的建设，在提升服务水平的同时，提升现场监控能力，委托公司内部的监察部门和独立第三方进行程序认证和大比例抽检，严肃处理违纪行为，杜绝欺诈之风在内部蔓延。

（4）对公司薪酬与激励政策进行改革。为普通员工制定发展通道，加强中长期激励政策的使用，提升销售序列员工的归属感，将主管级以上的重要销售人员的考核转化为年度考核，加大揭发造假行为的奖励，由现在的短期激励向短期激励与中长期激励相结合的方式转变。

（5）对重要风险点进行分类管理并重点监控。梳理危及公司生存的重大风险点，按照公司承受风险能力大小给予分类管理，对极度危险的风险应给予人力、财力的倾斜，有针对性地设计风险防范措施，同时加大重大风险点的监控，及时总结风险点的变化与发展趋势，不断调整防范策略，使风险始终处于受控范围。

一场异常震撼的风暴被马云演化为一场世界级的公关秀，在一箭数雕之后，马云一定会改革阿里巴巴的发展模式与盈利模式，媒体的关注点也将随之转移，后续还会有一连串的改革与创新之举，到那时事件的真相与马云的责任或许已经无人想起。可是正如马云所说："这个世界不是因为你能做什么，而是你该做什么。"马云能做的公关秀已经做了，而马云真正该做的又是什么呢？在商业文明的进步中，我们不希望阿里巴巴的欺诈门留给公众与商学院的是公共关系与企业经营模式转型的经典案例，我们更希望是一次企业内部控制失效与重建的警世教材。

第二章

风险评估

一、风险评估概述

每个企业都面临来自内部和外部的不同风险，内部控制目的就是要控制这些风险。管控风险首要的就是要对这些风险加以识别、评估，在评估的基础上制定风险应对策略。

《基本规范》第二十条规定，企业应当根据设定的控制目标，全面系统持续地收集相关信息，结合实际情况，及时进行风险评估。《基本规范》第二十七条规定，企业应当结合不同发展阶段和业务拓展情况，持续收集与风险变化相关的信息，进行风险识别和风险分析，及时调整风险应对策略。

二、风险识别

（一）风险识别的必要性

企业要进行风险管理，首先必须明确风险在哪里。倘若不能准确地确认风险所在，就无法分析及预测企业危机，当然也无从制定对策以控制风险。因此，风险识别是风险管理的第一个步骤，也是最重要的过程。在这过程中，企业要明了其面对的风险的性质和暴露于该项风险的程度。

《基本规范》第二十一条规定，企业开展风险评估，应当准确识别与实现控制目标相关的内部风险和外部风险，确定相应的风险承受度。风险承受度是企业能够承担的风险限度，包括整体风险承受能力和业务层面的可接受风险水平，一般用风险容量和风险容限来衡量。

（二）风险识别的内外部因素和分析框架

1. 风险识别的内外部因素

《基本规范》第二十二条规定，企业识别内部风险，应当关注下列因素：

（1）董事、监事、经理及其他高级管理人员的职业操守、员工专业胜任能力等人力资源因素。

（2）组织机构、经营方式、资产管理、业务流程等管理因素。

（3）研究开发、技术投入、信息技术运用等自主创新因素。

（4）财务状况、经营成果、现金流量等财务因素。

（5）营运安全、员工健康、环境保护等安全环保因素。

（6）其他有关内部风险因素。

《基本规范》第二十三条规定，企业识别外部风险，应当关注下列因素：

（1）经济形势、产业政策、融资环境、市场竞争、资源供给等经济因素。

（2）法律法规、监管要求等法律因素。

（3）安全稳定、文化传统、社会信用、教育水平、消费者行为等社会因素。

（4）技术进步、工艺改进等科学技术因素。

（5）自然灾害、环境状况等自然环境因素。

（6）其他有关外部风险因素。

2.风险识别的分析框架

在风险识别时，我们需要有一个框架优化并集结这些信息。这个框架必须能广泛地涵盖风险的所有来源与分类，它必须撒一个大网，使它成为一个有效发现并优先化风险的工具。阿瑟·安德森公司就为我们提供了一个很好的范例。它的这个框架将不确定性来源从公司经营的外部环境（又称环境风险）、内部流程（又称过程风险）和信息决策（又称决策所需信息风险）分为三大类，详见图2-1，这三类风险的具体表现形式如表2-1所示。

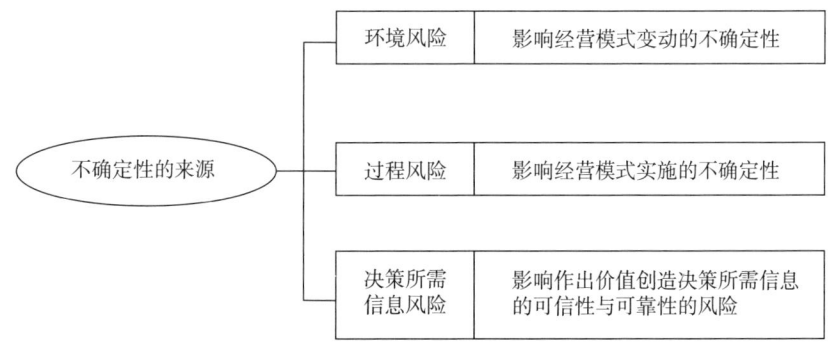

图2-1　阿瑟·安德森公司的商务风险模型（简要图示）

表 2-1　企业经营中不确定性的来源

外部环境	市场变动的因素：利率、通货膨胀、监管、市场需求、劳工供应、竞争产品、客户和大宗原产品价格未来会如何变动并对我们经营产生怎样的影响
	潜在的灾难性事件：风暴、地震、战争、恐怖活动或者其他灾难性事件，如果发生会怎样，我们能否降低受损害程度
内部流程	品牌：我们是否充分明智地投资，以降低和品牌战略发展相悖的风险到一个可接受的水平
	客户：我们是否比竞争者在满足客户需求上做得更好，或至少做得和他们一样好
	供应商：他们是否有效地支持我们的商业模式
	员工：我们是否赢得人才市场中硝烟密布的战争的胜利，最佳化我们人力资源的价值
	运营流程：它们是否表现得有效果、有效率
	技术：哪些技术最适合被结合到我们的商业流程中，并支持我们的商业流程，提高我们的效率及增强我们的有效性
	渠道：它们的运作是否如我们的商业模式计划的那样
	知识：企业知识的价值是什么，我们是否利用它为我们服务
	机会成本：我们的企业是否存在未发现的价值或未利用的资源
	潜在的其他事件：如非道德的行为、欺诈、违法及商业控制的失败如果发生会怎样，我们能否将损害程度控制到最低
信息决策	并购：购买什么资产，为什么要购买
	新兴市场：哪些市场能最好地补充公司的商业策略及风险偏好
	研发投资：我们是否将实现突破，驱动未来增长，在竞争者之前先行抢占市场
	产品与服务：什么样的产品与服务组合会在最低的风险下提供一组最高可能的未来净现金流
	收益曲线：公司的融资渠道，公司最佳的资产负债率是多少

环境风险：当外部力量影响企业的业绩，或者影响企业在战略、运营、客户和供应商关系、组织结构以及融资方面的选择时，就出现了环境风险。这些外部力量包括：竞争对手和监管部门的行为、市场价格的变动、技术创新、产业基础的变化、市场资金供应状况等企业无法直接控制的外部因素。

过程风险：当业务过程未能实现企业经营模式所规定的预计目标时，就产生了过程风险。各种降低过程绩效的因素包括：业务过程与企业层面的经营目标和战略没有很好地结合起来；未能有效地满足客户要求；运营效率低下；减少了企业价值（而没有实现保值增值）；未能使企业的金融、实物、客户、雇员/供应商、知识与信息资产免受意外损失及风险，或免遭误用和滥用。

决策所需信息风险：当企业据以制定决策的信息不充分、不及时、不正确或者与决策制定过程不相关时，就出现了这种信息风险。

商务风险的这三个组成部分是相互联系的。企业面临的环境风险和过程风险是由企业所处的内、外部状况所决定的。而决策所需信息风险则直接取决于企业信息过程系统与非正式的"情报收集"过程的效率与可靠性。情报收集是指企业收集相关数据、将其转化为信息并通过书面报告或口头沟通把信息提供给相应的管理者的过程。由于做出有关过程的决策信息需要相应信息，因此，信息风险和过程风险有时很难区分开来。

阿瑟·安德森公司在这样一个商务风险模型的基础上，对风险进行了更细致的识别和分类，如图 2-2 所示。

阿瑟·安德森公司在这样一个商务风险模型的基础上识别出的具体风险类别如下。

1. 环境风险

当外部力量能够影响企业经营模式的易变性时就出现了环境风险，这些外部因素包括影响决定经营模式的总体目标与战略的基本因素。

（1）竞争对手风险。竞争对手或市场新进入者所采取的会削弱本企业竞争优势，甚至威胁本企业生存的行为。

（2）客户风险。无处不在的客户需要并希望变化，但企业并未注意到。比如说，要求加快产品与服务的传递速度与循环速度的需求。

（3）技术创新风险。企业在其经营模式中并未大力促进技术进步以创造并保持可持续的竞争优势，或者企业由于竞争对手或替代品厂商推动技术更新，实现更高的质量、成本及（或）时间绩效，从而遭受的风险。

（4）敏感性风险。资源与预期现金流的过度负债威胁到企业承受外部

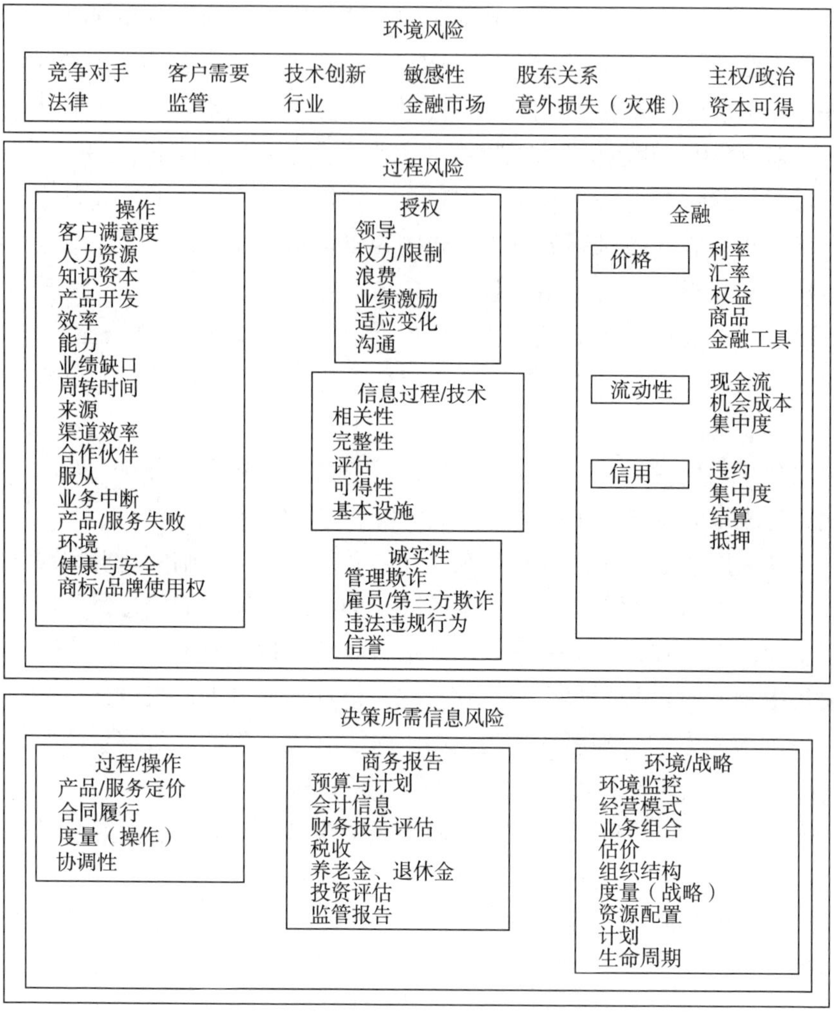

图 2-2　阿瑟·安德森公司对商务风险的简明定义

环境力量（如利率、市场需求、变动与监管等）变化的能力。

（5）股东关系风险。投资者对企业经营模式或执行经营模式的能力的信心衰退，会威胁到企业增加资本或维持股价的目的。

（6）资本可得性风险。如果企业不能得到充分的资本，就会影响企业实现增长、执行经营模式并产生未来货币收益的能力。

（7）主权／政治／风险。企业进行巨大投资的国家若出现不利的政治状况，就会威胁企业在该国能够得到的资源与现金流，其受威胁的程度取决于其业务数量和它在多大程度上遵守当地的法律。

（8）法律风险。法律的变动会威胁公司完成重要交易、履行合同契约以及实施特定战略与行动的能力。

（9）监管风险。监管方面的变化会威胁企业的竞争地位及其有效开展业务的能力。

（10）行业风险。机遇与威胁、能力与竞争对手以及其他影响企业所在行业的环境变化都会威胁企业所属行业的吸引力与长期波动性。

（11）金融市场风险。价格、利率、指数等方面的变动会影响公司金融资产及其股票的价格，这同样会影响公司的资本成本以及增加资本的能力。

（12）灾难风险。一次重大的灾难会威胁企业维持经营、提供潜在产品与服务以及抵销运营成本的能力。

2. 过程风险

过程风险是指由于企业未能有效地获得、管理、更新、处置其资产，或是企业资产未被明确界定，未能与驱动公司经营模式的战略有效结合起来，或是企业未能有效地满足客户需求，未能创造价值，或是因企业的金融、实物与智力资产存在着意外损失、承受风险、误用、滥用的可能而使企业价值降低等因素所导致的风险。这些风险影响企业是否能够成功地实行其经营模式。

（1）操作风险。操作风险是指因企业的业务操作不能有效地执行企业经营模式、满足客户需求或实现企业的质量、成本或时间目标而产生的风险。

1）客户满意度风险。缺乏对客户的关注会威胁企业满足并超越客户预期的能力。

2）人力资源风险。企业的关键人员缺乏必需的知识、技能与经验，会威胁企业执行其经营模式并实现关键性经营目标的能力。

3）知识资本风险。在企业内进行学习并使其制度化的过程如果不存在或不能有效运转，则会导致企业反应迟缓、成本高、重复犯错、发展缓慢、增长受到限制，雇员的积极性也会受到打击。

4）产品开发风险。产品开发效率低下会威胁企业长期内满足客户需要与希望的能力。

5）效率风险。低效率的运作会威胁企业按照或以低于其竞争对手或世界级公司的成本水平生产产品与服务的能力。

6）能力风险。能力不足会使企业难以满足客户需要，而能力过剩又使企业难以形成竞争性的边际收益。

7）业绩缺口风险。由于内部运营水平低下或外部联系不足所导致的企业无法在质量、成本、周转时间等指标上表现出世界级的业绩，会降低对企业产品与服务的需求。

8）周转时间风险。不必要的行动会延长开发、生产与运输产品的时间。

9）来源风险。能源、原材料、中间产品与零部件的来源受到限制，会影响企业及时地以竞争性价格生产高质量产品的能力。

10）渠道效率风险。低效率的营销、分配渠道会影响企业有效地接触现有及潜在的客户与最终消费者的能力。

11）合作伙伴风险。企业的战略联盟、合资企业、子公司和其他外部联系的效率低下，会影响企业的竞争力；当企业选择了错误的合作伙伴与合作模式，在合作中额外多获得了收益（导致合作伙伴受损）以及没有利用合作机会的时候，这种不确定性就会增强。

12）服从（监管机构或其他要求）风险。如果不服从客户需要、企业政策与程序，不服从法律与规章要求的话，就会导致低质量、高成本、丧失收益、出现不必要的延迟或受到处罚等后果。

13）业务中断风险。由于无法得到原材料、信息技术、有技能的工人、相应便利条件或其他资源而导致的业务中断会威胁企业继续运营的能力。

14）产品/服务失败风险。产品或服务方面的缺陷会使企业受到客户的抱怨、品质投诉、修理、退货、承担负债、诉讼等方面的威胁并会损失收益、市场份额与商誉。

15）环境风险。对环境有害的行为会使企业可能承受对健康伤害的赔偿、消除损害所支付的成本以及财产赔偿和惩罚性赔偿等。

16）健康与安全风险。不能为其员工提供安全的工作环境会使企业额外做出补偿、丧失声誉及承担其他成本。

17）商标/品牌使用权风险。长期内，商标或品牌的侵权行为会威胁对企业产品与服务的需求，并损害其实现增长的目的。

（2）金融风险。金融风险是指在下列情况下，现金流与金融风险没有以低成本进行管理的风险，这些情况包括：使可用现金达到最大化；降低汇率、利率、信用及其他风险；在不承担价值损失的情况下，迅速将现金资金转移到需要的地方。

1）价格风险。价格风险是指市场要素的变化所带来的企业收益或净值的风险暴露，它会影响企业的收入、成本以及资产负债价值。

利率风险。利率的大幅度波动导致的企业承担更高借款成本、更低投资收益或资产价值降低的风险。

汇率／外汇风险。汇率波动产生的企业可能遭受经济损失或账面损失的风险。

权益风险。权益证券价格变动和收益变动给权益所有人带来的风险。

商品价格风险。商品价格变动使企业得到较低边际收益或遭受损失的风险。

金融工具风险。由于金融工具的复杂性或其价格出现不利变动所带来的增加企业管理成本或损失的风险。

2）流动性风险。流动性风险是指既未能节省成本又及时地满足现金流的支付要求而出现的遭受损失的风险。它还包括资产价值暴露和头寸不平衡风险。

现金流风险。由于缺少现金流或预期现金流（或是预期现金流入时间不定）而承担的可能减少收益或必须借款的风险。

机会成本风险。机会成本风险是指资金应用导致经济价值损失，包括时间价值损失与交易成本的风险。

集中度风险。由于业务过于集中在一个狭小的市场上，交易对手数量有限，而导致的无法以合理的价格在合理的时间内完成交易的风险。

3）信用风险。信用风险是指公司与其有业务联系的经济或法律实体出现违约（或其他不履约情况）导致实际损失或机会成本的风险。

违约风险。公司在金融交易中的交易对象不能履行义务所导致的风险。

集中度风险。与一家或一组容易受到同样风险事件打击的公司的交易占总交易比重过大所导致的风险。

结算风险。在企业与其交易对象的资本市场之间的结算时间不同所导致的企业可能遭受交易对象短期违约打击的风险。

抵押风险。由于其他企业向本企业提供的抵押品价值变动而产生的风险。

（3）授权风险。授权风险是指当管理者与员工出现下列情况时产生的风险：双方没有得到适当的领导；不知道应做什么，何时去做；超越了他们的权限；受到激励去做错事。

1）领导风险。企业的人员没有得到有效领导，这可能导致企业缺乏方向、不重视客户，没有积极性、缺乏管理可信度与全企业范围内的信任等。

2）权力／限制风险。效率低下的权力界定，会使管理者和员工去做他们不应做的事情,或者不好好地做他们应做之事。而没有确立并强制执行对个人行为的限制将导致员工采取未经授权或违规的行为,或者承担未经授权、不被企业接受的风险。

3) 浪费风险。对于第三方的浪费行为使第三方得以不受其权限的限制,或者不与公司的战略、目标保持一致。

4) 业绩激励风险。那些无法实现的、扭曲的、主观的或者没有实用性的业绩度量方法可能导致经理与雇员的行动和企业的目标、战略与评价标准不相一致,或者不符合审慎行动原则的要求。

5) 适应变化风险。企业的人员没有迅速及时地采取措施实施相应过程,改进产品与服务以适应不断变化的市场。

6) 沟通风险。无效的沟通渠道可能导致人们所得信息不符合其承担的责任与公司业绩度量方法的要求。

(4) 信息过程/技术风险。这方面的过程风险是指企业信息技术出现下列情况而导致的风险:没有按照预想的那样运作;数据与信息的完整性和可靠性不足;将大量资产暴露于潜在的损失或误用风险中;使企业维持其关键过程的能力暴露于风险中。

1) 相关性风险。由同一个信息系统收集并创建出不相关的信息,这会对该系统使用者的决策产生消极影响。

2) 完整性风险。所有与企业交易的权威性、完整性、精确性有关的风险都要通过企业安排的不同信息系统进行信息收集、分析、总结和报告。

3) 评估风险。如果对信息(数据或程序)评估的限制不足,可能引起知识的滥用与机密信息的泄露,但对信息评估的限制过严,又可能使人们无法有效地承担自己的责任。

4) 可得性风险。如果得不到企业所需的重要信息,就会影响企业关键性业务与过程的连续性。

5) 基础设施风险。这是指企业没有相应的信息技术基础设施(如硬件、网络、软件、人员与过程)所带来的风险。企业需要这些基础设施以便利用有效的、低成本的、得到控制的手段有效地满足企业现在和未来对信息的需求。

(5) 诚实性风险。诚实性风险是指由管理欺诈、雇员欺诈、非法行为与违规行为以及其他因素所导致的企业市场信誉受损的风险。

1) 管理欺诈风险。故意错误地描述企业财务状况或者故意错误地描述企业能力或意向会对外部持股者产生误导。

2）雇员／第三方欺诈风险。由雇员、客户、供应商、代理人、经纪商或第三方管理者出于个人获利目的（如得到更多的实物、金融或信息资产）而对企业采取欺诈行为将使企业可能出现财务损失。

3）非法行为风险。由经理或雇员做出的非法行为会把企业置于罚款、制裁及丧失客户、收益与声誉的境地之中。

4）违规行为风险。雇员或他人违规使用企业的实物、金融与信息资产会使企业承受资源浪费或财务损失的风险。

5）信誉风险。毁掉公司的信誉会使公司丧失客户、收益与竞争力。

3. 决策所需信息风险

决策所需信息风险是指由于用来支持企业执行经营模式、进行内外部业绩报告、评估企业经营模式效率所需的信息的不相关性或不可靠性所导致的风险。这些风险同企业价值创造行为的每个方面都有联系。

（1）决策所需过程／操作性信息风险。

1）产品／服务定价风险。缺乏定价决策所需的相关及（或）可靠的信息，会导致价格不被客户接受，或者不能抵偿开发与其他成本，或者不能抵偿企业承担的风险成本。

2）合同履行风险。缺乏关于合同履行的相关及（或）可靠的信息，会导致其后的合同履行过程不符合企业的利益。

3）度量（操作）风险。不适用、不相关或者不可靠的非金融度量方法可能导致关于操作业绩的错误估价与结论。

4）协调性风险。如果商务过程目标、业绩度量手段和企业层面或业务单位的目标与战略不相协调，则可能导致企业内的冲突与不合作行为。

（2）决策所需商务报告信息风险。

1）预算与计划风险。不适用、不现实、不相关或者不可靠的预算与计划信息可能导致不适当财务结论与决策。

2）会计信息风险。在企业管理中过于注重财务会计信息可能导致以牺牲客户满意度、质量与效率目标为代价，通过做假数据以达到财务目标的行为。

3）财务报告评估风险。如果无法收集企业内、外部相关、可靠信息以评估调整方向，或不能按要求披露企业财务状况，可能导致企业财务报告误导对外部持股者。

4）税收风险。不能收集并考察相关的税收信息，可能导致不符合税收要求或导致本可避免的税收损失。

5）退休金风险。公司员工得到的补偿与利益（如退休金计划、不同的补偿计划及退休医疗福利计划等）的不完整及（或）不准确的信息可能导致企业无法履行它对其雇员所做的承诺，并导致企业丧失信誉、工作中断、诉讼和其他的赔偿要求。

6）投资评估风险。缺乏支持投资决策并与风险资本的风险状况有关的相关及（或）可靠的信息，可能导致错误的投资决策。

7）监管报告风险。如果向监管机构提供的有关企业财务与经营状况有关的信息不完整、不准确或不及时，可能导致对企业的惩处、罚款与制裁。

（3）决策所需环境/战略风险。

1）环境监控风险。如果不能对外部环境进行监控，或者对环境风险作出了不现实或错误的假设，就可能导致企业的商务战略在早已陈旧的情况下迟迟得不到更新。

2）经营模式风险。如果企业的经营模式已经陈旧，但企业并不承认，或者缺乏更新现有模式的有关信息，或者未能建立起定期修正经营模式的强制机制，都会造成经营模式风险。

3）业务组合风险。如果因缺乏相关及可靠信息而使企业无法有效地对其产品进行排序，或在战略层次上进行相互协调，那么企业就可能难以实现业绩最优化目标。

4）估价风险。如果缺乏相关和可靠的估价信息，就会使企业的所有者难以对企业价值作出适当评判，也无法评判其战略结构中的重要组成部分。

5）组织结构风险。如果管理层因缺乏信息而不能对企业组织结构的效率做出评判，就会影响企业改变或实现长期战略的能力。

6）度量（战略）风险。与企业战略不符的、不适用、不相关或不可靠的业绩度量方法会影响企业执行其战略的能力。

7）资源配置风险。缺乏适当的资源配置过程和支持这一过程的信息，会使企业难以确立并保持其竞争优势或使其股东收益实现最大化（如把资源配置到能够提供给定风险下最大收益的项目中去）。

8）计划风险。一个没有想象力的、笨拙的战略计划制订过程可能会导致产生不相关信息，从而影响企业制定恰当政策的能力。

9）生命周期风险。如果因缺乏相关和可靠信息，使管理层很难有效地管理其生产线并监控行业发展的生命周期，就会影响企业的竞争力。

（三）风险识别技术和方法

1. 风险识别的基本方法：风险清单

风险清单是指由专业人员设计好的标准的表格和问卷，非常全面地列出了一个企业可能面临的风险。这些清单都很长，因为它们试图将所有可能的损失暴露全部囊括在内，清单中的项目包括修理或重置资产的成本，伴随资产毁损的收入损失以及承担法律责任的可能性等。使用者对照清单上的每一项都要回答："我们公司会面临这样的风险吗？"在回答这些问题的过程中，风险管理者逐渐构建出本公司的风险框架。

这些标准表格的优点是经济方便，适合新公司、初次想构建风险管理制度的公司或缺乏专业风险管理人员的公司使用，这些表格可以帮助他们系统地识别出最基本的风险，并降低忽略重要风险源的可能性。

但是，标准表格也有两个严重的局限。首先，这些清单都是标准化的，适合于所有企业，所以针对性较差，一个特殊企业面临的特殊风险就可能没有包含进去。其次，这些清单都是在传统风险管理阶段设计出来的，传统的风险管理只考虑纯粹风险，不涉及投机风险，所以风险清单中也都没有关于投机风险的项目。风险经理在使用这些表格时，要认识到这些局限性，需使用一些辅助手段来配合风险清单的使用。

比较常见的风险清单有潜在损失一览表、保单检视表和资产—暴露分析表。

（1）潜在损失一览表。潜在的损失可以通过预先设计的表格进行分析识别。美国风险管理与保险学会在1977年制定了一份较全面、较规范的潜在损失一览表，如表2-2所示。

表2-2 潜在损失一览表

一、直接损失

　（一）无法控制和无法预测的损失

　1. 电力中断：闪电、烧毁及各种损坏

　2. 物体落下：飞机失事、陨石等

　3. 地壳运动：火山、地震、滑坡

　4. 声音及震动波：喷气机、震动

　5. 战争、暴力、武装冲突及恐怖行动

　6. 水损：洪灾、水位提高、管道破裂等

　7. 冰、雪损害

　8. 风暴：台风（飓风）、龙卷风、冰雹

（续表）

9. 土地下沉、倒塌、腐蚀。

（二）可控制和可预测的损失

1. 玻璃或其他易碎物品的破裂

2. 毁坏：工厂设施的毁坏

3. 起始或降落时的碰撞：飞机碰撞、船舶碰撞

4. 污染：流体、固体、气体、放射性污染

5. 腐蚀

6. 雇员疏忽或大意

7. 爆炸事故

8. 环境控制失败所致损失：气候、温度、气压

9. 咬伤：动物或昆虫等

10. 火损

11. 建筑物损坏：倒塌

12. 国际性的毁坏

13. 航海风险

14. 物体变化所致损失：收缩、蒸汽、变色、变质、膨胀

15. 邮箱或管道破裂

16. 烟损、污点

17. 物体溢出、漏出

18. 电梯升降故障

19. 交通事故：翻车、碰撞

20. 无意识过错

21. 故意破坏与恶作剧

22. 欺骗、伪造、偷窃、抢劫

（三）主要与财务价值有关的损失

1. 雇员不诚实：伪造、贪污

2. 没收：国有化、逮捕、充公

3. 欺诈、偷窃、抢劫

4. 事实、专利、版权的无效

5. 库存短缺：神秘消失、丢失、乱放

6. 作废。

二、间接损失或因果损失

1. 所有直接损失的影响：供应商、顾客、雇员、财产、人身或财产转移

2. 附加费用增加

3. 财产集中损失

4. 样式、品位和需求的变化

5. 破产

6. 营业中断损失

7. 经济中断损失

8. 流行病、疾病、瘟疫

9. 技术革命：折旧费增加

10. 版权侵权
11. 管理失误：市场、价格、产品、投资等

三、责任损失
1. 航空责任
2. 运动责任
3. 出版商责任
4. 汽车责任
5. 契约责任
6. 雇主责任
7. 产品责任
8. 职业责任

（2）保单检视表。保单检视表是将保险公司现行出售的保险单所列出的风险与风险分析调查表的项目综合而成的问卷式表格。这种表格突出了对公司所面临的可保风险的调查，但在不可保风险的识别方面就有一定的缺陷。此外，使用这种表格要求使用者具有保险专业知识，对保单性质和条款有较深的了解。表 2-3 是美国埃特纳意外保险公司设计的保单检视表。

表 2-3　保单检视表

对于那些要投保的风险，下面的每一项都应该在由风险分析调查表得出的实施基础上仔细考虑。对任何一个问题的确定答案都意味着在保单覆盖范围或费率上可能需要改进。

一、财产损失风险
1. 有需要保护财产毁损的基本防护但未执行的情况吗？
   （1）自有建筑物和财物的直接损毁；
   （2）由财产损毁导致的间接损失；
   （3）他人财产直接损毁；
   （4）运送中财产的直接损毁。
2. 被保险的风险保障足够吗？
   自有的建筑物和财物
   （1）如果保单附有共保条款，保额少于共保条款之要求吗？
   （2）任何一项财产的所有保额少于其可保价值吗？
   （3）财物价值波动剧烈吗？
   （4）其他地点之财物有未投保的情形吗？
   （5）有任何违反保单条款和保证的情形吗？
   （6）基本的火灾保险范围可扩大到包含其他危险事故吗？
   （7）在任何一个房屋内有自动沥水系统吗？
   （8）有易遭受水渍损的财产吗？

（续表）

（9）有冷冻、空调、锅炉及其压缩设备吗？
（10）"噪声公害"保险有必要吗？
（11）建筑物内有带有核辐射的物品吗？
（12）有正在建造或计划建造的建筑物吗？
（13）现有建筑物有增建或改良的情形吗？
（14）因建筑法令变更所致建造成本的增加有必要投保吗？
（15）重置成本保险有必要吗？
（16）有厚玻璃板类的财物吗？
（17）像铸模、样品、印模等财物有未投保的情形吗？
（18）改良物有未保障的情形吗？
（19）办公室财物特别保障适合吗？
（20）商业财产保障适合吗？
（21）流动财产保单为财物提供了更好的保障吗？
（22）有期货销售、分期付款销售和特殊契约销售的商品吗？
（23）一种"售价"条款应该附上吗？
（24）品牌和标签条款必要吗？
（25）附加任何其他批单可改变保障的情形吗？

间接损失（从略）
他人财产（从略）
运送中财产（从略）
  3. 财产保单的签订有不恰当的情形吗？（从略）
二、犯罪损失暴露（从略）
三、机动车暴露（从略）
四、其他法律责任与员工赔偿暴露（从略）

资料来源：《风险管理》编写组. 风险管理［M］. 成都：西南财经大学出版社，1994.

  （3）资产—暴露分析表。该表的内容分为两大类：一类是资产，包括实物资产和无形资产；另一类是损失暴露，包括直接损失暴露、间接损失暴露和第三者责任损失暴露。表2-4是一个资产—暴露分析表的框架。

  这种表格从另一个角度列举了企业所有的资产可能面临的风险损失，它不仅仅局限于可保风险，也包含不可保的纯粹风险。

表2-4　资产—暴露分析表（框架）

资产
一、实物资产
1. 不动产
2. 动产
3. 其他资产

(续表)

二、无形资产（不一定在企业的资产负债表和损益表中出现的资产）
    1. 外部资产
    2. 内部资产

损失暴露
一、直接暴露
    1. 不可控制和不可预测的一般损失暴露
    2. 可控制和可预测的一般损失暴露
    3. 一般的财务风险

二、间接的或引致的损失暴露
    1. 所有直接损失暴露对下列各种人的影响
    2. 额外费用——租金、通信、产品
    3. 资产集中
    4. 风格、味道和期望的变化
    5. 破产——雇员、管理人员、供应商、消费者、顾问
    6. 教育系统的破坏——民族的、政治的、经济的
    7. 经济波动——通货膨胀、衰退、萧条
    8. 流行病、疾病、瘟疫
    9. 替代成本上升、折旧
    10. 产权或专利权遭到侵犯
    11. 成套、成双、成组部件的遗失
    12. 档案受损造成的权力丧失
    13. 管理上的失误
    14. 产品取消
    15. 废品

三、第三方责任（补偿性和惩罚性损失）
    1. 飞行责任
    2. 运动——运动队的赞助关系、娱乐设施
    3. 广告商和出版商的责任
    4. 机动车责任
    5. 合同责任
    6. 董事长和高级职员的责任
    7. 地役权
    8. 业主的责任
    9. 受托人和额外福利计划责任
    10. 玩忽职守责任——失误与疏忽
    11. 普通的玩忽职守责任
    12. 非所有权责任
    13. 业主责任
    14. 产品责任
    15. 保护责任
    16. 铁路责任
    17. 董事长和高级职员的责任（股东的派生责任）
    18. 水上交通责任

资料来源：宋明哲. 现代风险管理［M］. 北京：中国纺织出版社，2003.

2. 风险识别的辅助方法

在运用风险清单的过程中，还需要配合以其他辅助方法，才能识别出风险清单中没有包括的一个企业的特殊风险。风险识别的辅助方法有很多，常用的有财务报表分析法、流程图法、事故树法、因果图法、调查问卷等。

（1）财务报表分析法。财务报表是企业在一定期间内经济活动及其经济效果的综合反映，因此，分析财务报表有助于认识经营风险可能的来源。财务报表法是由克里德尔于1962年提出的。这种方法的优点是：首先，因为任何企业的经营活动最终涉及的不是现金就是财产，所以对这些项目进行研究会非常可靠和客观；其次，财务报表很容易得到，不像现场调查法或流程图法那样需要花费大量的时间去实地采集资料和绘制特别的图表；再次，应用财务报表分析法进行风险识别的结果也是用财务术语的形式表达的，企业中其他管理人员和银行家等外部人员易于接受；最后，虽然财务报表法在初期只是用来识别纯粹风险，但实际上因为财务报表中也包含了投机风险的信息，所以这种方法也可以用来识别企业的金融风险。

公司重要的财务报表有三张：一为资产负债表；二为损益表；三为财务状况变动表。例如，依据资产负债表，我们可认识公司风险暴露体的种类。公司持有财务资产，表示财务性风险来源要留意。实质资产的存货风险，可能来自价格变动或季节性需求等。又如，依据损益表可了解公司业务盈亏风险的来源。依据财务状况变动表可认识现金流量风险的来源。最后，风险管理人员可根据各种财务比率运算的结果，进一步以其他相关资料为佐证，追踪可能的风险来源。

应用财务报表识别风险，关键是从损失暴露入手，先找出损失暴露，再设想可能对这些损失暴露有影响的风险源。以企业的建筑物为例，企业所拥有的建筑物通常在资产负债表中予以注明，出租的建筑物以附注的形式注明，未来建筑物的购置在预算和战略计划中注明。明确了这些现有的和未来将有的建筑物之后，就能考虑与它们相联系的潜在损失，包括一旦发生损毁后的修理费用、内置的存货和设备的价值、建筑物无法使用时的收入损失以及雇员或客户在建筑物内受到伤害后的损失。如果是出租的建筑物，还要考虑它被损坏时对租赁合同的处置和替代设施的成本。

按照这样一种思维方式，利用财务报表就能识别出企业面临的财产风险、责任风险和人力资本风险。

（2）流程图法。流程图法是指根据生产过程或管理流程来识别风险的方法。应用这种方法时，首先要将企业的生产运营过程按照各阶段的顺序绘制成图，然后对其进行静态和动态分析。

只包含生产制造过程的流程图称为内部流程图，包含供货与销售环节的流程图称为外部流程图。图 2-3 和图 2-4 就是某制衣公司的内部流程图和外部流程图。

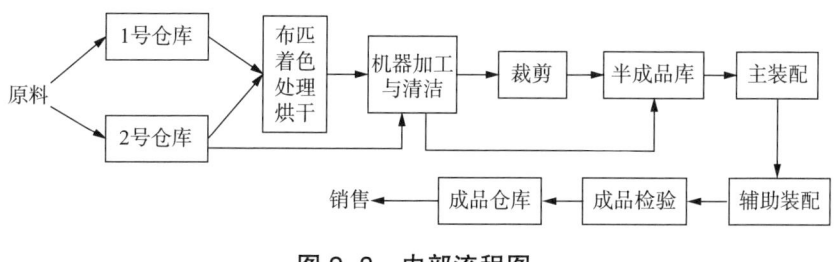

图 2-3　内部流程图

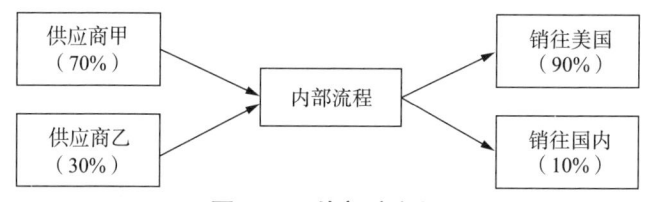

图 2-4　外部流程图

由图 2-3 可以看出，原料进入 1 号仓库和 2 号仓库后，布匹原料开始被着色、处理和烘干，2 号仓库中的辅料直接进入加工与清洁程序，然后送至半成品库，主料裁剪后也进入半成品库。接下来的流程都是单线的，即成衣经主装配和辅助装配后，进行成品检验，合格品放入成品仓库，开始销售。

外部流程图缩略了内部流程，突出了外部流程。在图 2-4 中，可以清楚地看到制衣公司有甲、乙两个供应商，其供应原料的比例分别为 70% 和 30%。公司产品大部分销往国外，只有 10% 的产品在国内市场上销售。

流程图绘制完毕后，就要对其进行静态和动态分析。所谓静态分析，就是对图中的每一个环节逐一调查，找出潜在的风险，并分析风险可能造成的损失后果。例如，对图 2-3 进行分析时，就要思考以下问题：

① "1 号仓库和 2 号仓库面临火灾风险吗？面临水灾风险吗？"

② "着色车间的颜料和溶剂目前怎样放置？采取了适当的措施以防这些原料失火吗？地板是否干净，有没有可能导致工人摔倒？"

③ "是否有某种危险对半成品库构成威胁？"

④ "成品仓库有没有防火设施？成品有没有可能被水浸泡？"

类似这样的问题都是针对某个单独生产销售环节的，而动态分析则着眼于各个环节之间的关系，以找出哪些是关键环节。例如，制衣公司的主料和辅料在加工清洁后都要汇集到半成品库，然后开始缝制，那么半成品库就是整个生产流程中一个非常关键的环节,一旦发生重大事故,公司将可能面临不能按合同如期交货而形成的产品责任风险。又如,公司有七成的原料来自供应商甲,一旦该供应商不能按期供货,就可能导致公司的连带营业中断。再如,制衣公司的产品90%外销美国,那么影响美国拒绝或减少购买中国成衣的因素,也是连带营业中断的风险来源。

流程图法的优点在于清晰、形象,基本上能够解释出所有生产运营环节的风险,而且对于营业中断和连带营业中断风险的识别极为有效。但流程图只强调事故的结果,并不关注损失的原因。因此,要想分析风险因素,就要和其他方法配合使用。

(3) 事故树分析法。事故树也称为故障树。事故树法本质上是定量分析方法,但也可作为定性分析的工具。它起源于20世纪60年代,是在美国贝尔电话实验室从事空间项目时被发明的。之后,这种方法得到迅速发展,并不断改进,尤其是计算机的使用,使它广泛用于国民经济各个部门。事故树是一种图表,用来表示所有可能产生事故的风险事件。它由一些节点和连接这些节点的线组成,每个节点表示某一具体事件,而连线则表示事件之间的某种特定关系。事故树法遵循逻辑学演绎分析原则,即从结果分析原因。

(4) 因果图法。所谓因果图,就是将造成某项结果的众多原因,以系统的方式图解,即以图来表达结果(特性)与原因(因素)之间的关系。其形状像鱼骨,又称鱼骨图。

因果图法是从损失的结果出发,首先找出可能导致风险损失的大原因,然后再从可能导致风险损失的大原因找出中原因,再进一步找出导致中原因的小原因……依此类推,步步深入,直到找到引起风险损失的根本原因。

现以某炼油厂情况作为实例,采用鱼骨图分析法对其失去市场份额的风险进行分析,如图2-5所示。

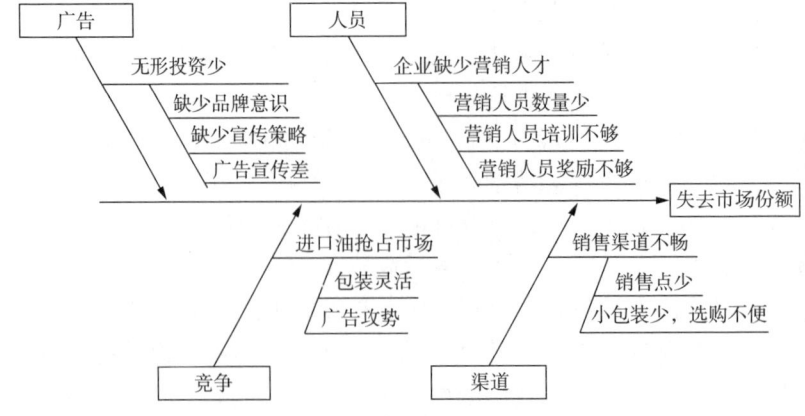

图2-5 利用因果图进行风险分析

（5）调查问卷。调查问卷如表2-5所示。

表2-5　例示的调查问卷

一个公司要求业务单元的员工在接受一个新供应商前完成一份调查问卷。该调查问卷要求员工考虑一系列问题，调查潜在供应商的以下情况： • 质量过程。 • 风险管理过程。 • 保险范围。 • 限制性规定。 　　在考虑这些问题时，员工要识别公司在与该供应商进行交易的情况下会面临的下列潜在事项： • 供应商交货不稳定的历史造成了供应链断裂的风险。 • 供应商不能证明存在一个适当的质量标准。存在这样一个风险：提供的原料可能不满足公司的质量要求，从而导致产品问题、失去客户和声誉损害。 • 供应商对产品缺陷有不适当的表现范围。存在这样一个风险：公司将不能挽回相关的损失。 • 供应商的限制性条件要求与公司签订2年的买卖契约，这会伴随一个需求变化和相关经济损失的风险。

资料来源：COSO. 企业风险管理——应用技术［M］. 张宜霞，译. 大连：东北财经大学出版社，2006.

　　调查问卷提出参与者要考虑的一系列问题，将他们的思维集中在已经或可能引起事项的内部和外部因素上。问题可以是自由回答的或有限制的。调查的对象可以是一个或少数几个人，也可以范围更广泛，或者只调查企业内部人员抑或调查消费者、供应商及其他外部团体。

　　（6）小组讨论和访谈。小组讨论或访谈集合管理层、员工和其他有关人员的知识和经验。一般来说，小组讨论或面谈由发起人或面谈负责人召集并讨论可能影响公司或业务单元目标实现的事件。例如，财务负责人召集会计人员进行会议讨论可能影响公司对外财务报告披露的事件。这种小组讨论集合并激发了团队每个成员的知识和经验来识别重要的潜在事件。

　　表2-6概述了一个公司识别与实现特定目标有关的潜在事项所采用的研讨提纲。

表2-6 小组讨论提纲

> 小组讨论的负责人要推动成员对由以下因素引发的事项以及它们的相关影响进行讨论：
>
> | 外部 | 内部 |
> |---|---|
> | 经济因素 | 基础结构 |
> | 自然环境因素 | 人员 |
> | 政治因素 | 流程 |
> | 社会因素 | 技术 |
> | 技术因素 | |
>
> 探讨目标
> ——识别目标、它的计量单位和有关已设定目标
> ——就风险容限（围绕计量单位可接受的差异程度）取得一致意见
> ——讨论驱动与目标有关的潜在事项的内部因素和外部因素
> ——确定哪些事项代表目标的实现的风险，哪些事项代表机会
> ——考虑影响这个目标的多重风险之间的联系

资料来源：COSO.企业风险管理——应用技术［M］.张宜霞，译.大连：东北财经大学出版社，2006.

访谈主要以一对一的方式进行，其目的是查明某个人对实际的过去事项和潜在的事项的公正的观点和认识。表2-7举例说明了集中关注业务单元目标时所用的一份访谈程序。

表2-7 访谈程序

> **访谈程序**
> 1. 介绍；
> 2. 提供有关项目和访谈过程的背景；
> 3. 确认该人的职位、背景和当前的职责。
>
> **战略和目标**
> 1. 识别被访问者所在的业务单元或公司部门内的主要目标；
> 2. 确认这些目标如何与主体的战略目标一致并支持主体的战略和目标；
> 3. 为每个目标及相关已设定目标确定计量单位；
> 4. 确定已设立的风险容限；
> 5. 讨论与目标有关的潜在事项和相关因素；
> 6. 识别目标带来风险的潜在事项和那些代表机会成本的潜在事项；
> 7. 在考虑可能性和影响的基础上，考虑被访问者如何区分这些事项的优先次序；

（续表）

> 8.识别在过去 12 个月里已经发生的、对主体产生了影响但没有被管理当局和员工识别出的事项；
> 9.考虑风险识别机制是否需要提高。

（7）增量或临界触发器。将当前交易或事件与预先确定的标准进行比较，从而提醒管理者对这些事件的关注。一旦某事件进入了预定区域或超出预定标准，该事件就需要被进一步评估或立即作出反应。例如，为了扩大市场或进行广告计划，管理者就可以监控市场销售量，当监控的市场销售量发生变化并超出公司预先制定的标准时，公司就应该调整资源的投入方向，如表 2-8 所示。

表 2-8　首要风险指标和临界触发器

业务单元目标	计量方法	目标和容限	潜在事项	首要目标	业务单元的扩大触发器
在主要区域利用超级市场连锁开展产品促销活动	每个商店每月售出的产品数	目标：在促销活动期间每个商店每月售出1 000件新产品 容限：每个商店每月售出900~1 250件新产品	消费者信心降低，导致对公司产品的购买量减少	消费者信心指标	消费者信心降低超过5%
制造和维持强有力的安全措施，抵御对系统的外部侵扰	成功侵扰的次数	目标：每月0次 容限：每月0次	未经授权的个人通过互联网端口访问公司的系统	由卖主或第三方公开的、在公司核心操作中发现的弱点，未经授权尝试的次数	由第三方识别出的新关键弱点
遵循控制有害物质转移的标准	公司员工运送的有害物质溢出的量	目标：每年小于100加仑 容限：0~125加仑	由于桶的腐蚀导致有害物质在运送过程中从卡车上泄漏	用来运送有害物质的桶的使用年限	所有桶的使用年限超过了预计使用寿命的85%
维持稳定的、高质量的劳动力	高级职员的流动率	目标：高级职员的流动率小于10% 容限：2%~12%	高级职员辞职	高级职员的员工士气	高级职员在年度调查中的回答为"非常"或"有些不满意"

资料来源：COSO.企业风险管理——应用技术［M］.张宜霞，译.大连：东北财经大学出版社，2006.

临界触发器特别关注日常经营，并且当超过一个预先设定的底限时，在例外基础上进行报告。许多公司常常在各业务单元或部门内设有临界触发器。为了有效，临界触发器需要确定在什么时间通知管理人员，通知时间的安排建立在管理人员认为采取措施需要花多少时间的基础上。

（8）过往损失事件数据法。对过往损失或失败事件建立数据库进行统计分析，可以帮助趋势分析和识别失败的缘由。管理层可以通过评估、分析和处理失败的原因来解决问题，避免失败事件的再次发生，这比单独处理每一个失败事件来说是更有效的解决方法。例如，一个拥有庞大车队的公司通过建立事故数据库，分析事故出现频率、事故数量、损失量与地理位置和司机的关联性，从而找出造成事故的原因。通过对造成事故原因的分析，采取措施避免事故原因的出现可以很好地防止类似事故的再次发生。

使用内部数据的损失事项追踪如表2-9所示，使用外部数据的损失事项追踪如表2-10所示。

表2-9　使用内部数据的损失事项追踪

一个制造公司通过能够进行电子监控和捕捉到异常的设备诊断信息的自动化程序来追踪生产设备故障。通过最终事项的进展，管理人员可以评估生产过程故障的根本原因和设备停工期的相关成本。经营管理人员应用实时信息，诊断原因并迅速作出维修决策。将来的维修计划反映了已知的过去的设备故障。定期地向经营管理人员提供报告，确定设备故障对主要计量单位——生产有效性的影响和相关的货币化成本。

设备	构件	次要构件	原因	停工持续时间	对生产有效性的负面影响	成本（万美元）
1号泵	电动机	绝缘材料	引线电缆长度过长造成绝缘材料损坏而导致热度过高	1小时30分钟	0.4%	2.4
2号泵	电动机	开关	产品缺陷	2小时10分钟	0.7%	4.2
设备	构件	次要构件	原因	停工持续时间	对生产有效性的负面影响	成本（万美元）
输送机	传动带	滚轮	滚珠油里的污染	4小时45分钟	1.6%	9.5

表2-10　使用外部数据的损失事项追踪

一家政府机构承担了控制非法毒品和其他违禁品通过其港口流入的任务。多个国家的政府收集和共享数据，包括： • 发航港 • 途中经过的国家 • 运送的船只 • 船的主人 • 货物的主人 • 货物接收者

（续表）

• 运载货物的种类 • 往返频率	• 货物价值 • 交货地址
根据预定的底限触发器来测定数据，以更有效地确定检查目标。	

资料来源：COSO．企业风险管理——应用技术［M］．张宜霞，译．大连：东北财经大学出版社，2006.

（9）实地检查法。俗话说："坐而言，不如起而行。"前面几种辨识风险的方法完全是纸上谈兵，"坐而言"的阶段。要能更完整地辨识风险，必须"起而行"，才能达到目的。

即使一家小型工厂，实地检查也要耗费许多时间来进行。这里先简要地介绍一下现场调查所应做的工作。

第一步，调查前的准备工作。

首先，要确定调查的时间，即确定何时调查最合适，需耗费多少时间。然后，考虑调查对象本身。需要注意的是，每个调查对象都具有潜在风险，应尽可能避免忽略某些重要事项。这里可以采用一种方法，即在巡视时对所见到的每项事务填写表格，如表2-11所示。

表2-11 调 查 表

项目名称	
项目职能	
使用年数	
项目的状况	
故障	
采取的行动	

如果不是第一次对该项目进行调查，主要关注它当前依然存在的问题或应特别注意的问题，此时可以先找出上次已填过的表格。

第二步：现场调查和访问。

第三步：调查结束。将调查时发现的情况通知有关方面。例如，告知保险人有关保险财产当前的情况和变化。除注意一些特殊情况外，对一些常规情况也要留意。

以上是现场调查步骤。它的优点是明显的：首先，可以获得第一手资料而不依赖他人的报告；其次，可以与基层人员和车间的领导建立和维持良好的关系,这在管理中是很重要的。现场调查法的最大缺点是耗费时间多,这意味着成本的提高。而且,在认真调查过程中,可能会引起一些员工的警戒或反感。

三、风险评估

风险评估是在风险识别的基础上对风险进行计量、分析、判断、排序的过程,是风险应对的主要依据。COSO将风险评估定义为识别和分析实现目标的过程中存在的重要风险,它是决定如何管理风险的基础,一旦风险得到识别,就应该对风险进行分析评估。这样,管理层就能根据被识别的风险的重要性来计划如何管理,即通过风险管理这个过程识别和分析风险并采取减弱风险效果的行动来管理风险。

《基本规范》第二十四条规定,企业应当采用定性与定量相结合的方法,按照风险发生的可能性及其影响程度等,对识别的风险进行分析和排序,确定关注重点和优先控制的风险。企业进行风险分析,应当充分吸收专业人员,组成风险分析团队,按照严格规范的程序开展工作,确保风险分析结果的准确性。

(一)评估方法

在风险评估过程中,不同阶段所使用的风险评估方法也不是完全一致的。不论采用何种方法来进行风险评估,无论是基于固有风险还是剩余风险的评估,都主要从损失频率(可能性)和损失程度(影响)两个方面进行。

1. 损失频率的评估

对损失频率的测定可以估算某一风险单位因为某种损失原因而受损的概率,具体方法有定性分级和概率测算两种。定性分级是风险管理者根据自己对风险的观念,将风险事件按照发生的可能性大小分级;概率测算是根据统计资料,应用概率统计方法进行计算。损失概率越大,出现损失的可能性就越大。确定潜在损失发生的概率对风险管理决策的制定意义重大。通常,损失的频率比损失的严重程度更具有可预测性。

2. 损失程度的评估

损失程度衡量是公司风险衡量中重要的部分。损失程度是指每次损失可能的规模,即损失金额大小。损失程度衡量实际上就是对损失的严重性进行估算。公司在确定损失的严重程度时,必须考虑每一特定风险可能造成的各类损失及其对企业财务和总体经营的最终影响,既要评估潜在的直接损失,也要估计潜在的间接损失。

估计潜在损失程度最重要的途径或方法即理查德·普台堤提出的三个概念：最大可能损失、最大可信损失以及年度预期损失。

（1）最大可能损失。最大可能损失是指单一风险单位发生一次风险事件时在最不利的情况下可能遭受的最大损失。这里需要注意的是，一次风险事件的发生与一次意外事故的发生不同。一次风险事件的发生强调发生的事实而不管该事件的发生是可预料的还是不可预料的，而意外事故的发生一定是不可预料的。最大可能损失是以企业生存期间为观察期所致最坏情况下的损失。例如，某企业拥有一幢建筑物价值600万元，那么其最大可能损失是600万元，因为在企业的生存期间，最坏的情况是某次事件导致该建筑物全损。

（2）最大可信损失。最大可信损失是指单一风险单位在每一事件发生时所遭受的可能最大损失。最大可信损失并不以企业的生存期为观察期，其数值的大小不超过最大可能损失，并会因风险管理人员主观估计不同而不同。例如，某企业拥有一幢价值600万元的建筑物，根据以往各年的统计资料，损失不超过500万元的概率为95%，损失不超过400万元的概率为90%。现在甲、乙、丙三个风险管理人员估计该幢建筑物的最大可信损失，风险管理人员甲认为，损失不超过500万元的可能性高达95%，损失超过500万元的机会相当小，因此甲认为最大可信损失为500万元。而风险管理人员乙认为，损失不超过400万元的概率为90%，损失不超过400万元的概率已经相当高了，乙认为最大可信损失为400万元。而风险管理人员丙认为，有可能发生最大导致建筑物的全损，因此，丙认为最大可信损失为600万元。可见，最大可信损失会因风险管理人员的主观估计不同而不同。

（3）年度预算损失。年度预算损失是指在客观条件不变的情况下，经过长期观察的年度平均损失，它等于年平均事故发生次数与每次事故的平均损失金额的乘积。例如，在长期观察下，年平均事故发生次数为10次，每次事故的平均损失金额为1 000元，则年度预期损失为1万元。

近来，有些学者在理查德·普台堤的概念的基础上提出了修正和创新的概念。例如，阿兰·弗雷德兰提出衡量损失程度应考虑风险单位本身及外界的防护设施，不同防护设施下风险所致的最大损失是不会相同的。为此，阿兰·弗雷德兰提出每一幢建筑物发生一次火灾，其财产直接损失的程度可根据建筑物的火灾防护设施情况分成如下四种：

（1）正常损失预期值。这是指建筑物在最佳防护系统下，一次火灾所致的最大损失。最佳防护系统是指当火灾发生时，建筑物本身和外部的消防系统和消防设施都能正常操作，且都能发挥预期功能。

（2）可能最大损失。这是指建筑物本身和外部虽然都有良好的消防系统和消防设备，但当火灾发生时，本身或外部的消防设备部分失灵、部分供水不足或其他原因所致的无法发挥其预期功能的损失，这种情况造成的最大损失称为可能最大损失。

（3）最大可预期损失。这是指当火灾发生时，建筑物本身的消防设施无法发挥其预期功能，致使火势蔓延，直至防火墙才隔绝了火势，或将所有可燃物烧尽，或直至公共消防队赶到现场灭火为止，所造成的最大损失之和称为最大可预期损失。

（4）最大可能损失。这是指建筑物自有的和外界的公共消防设施在火灾发生时均无法正常操作，而没有发挥其预期功能情况下的最大损失。

按照定义，上面4种损失中，正常损失预期值发生的概率最大，其次分别为可能最大损失、最大可预期损失、最大可能损失。而就企业损失金额而言，最大可能损失最大，其次分别为最大可预期损失、可能最大损失、正常损失预期值。因此，就损失的严重程度而言，最大可能损失对企业是最不利的。

另一个衡量损失程度的概念是由戴维·柯米斯和雷纳德·弗雷费尔德提出的年度最大可信总损失。年度最大可信总损失是指在某一特定年度中，单一风险或多个风险单位遭受一种或多种事故所致的最大总损失。年度最大可信总损失与最大可信损失既有相同之处，也有不同的地方。其相同之处是两者所探讨的损失形态有多种，并且两者均因风险管理人员的主观估计不同而不同，两者的不同之处在于：①年度最大可信总损失所观察的损失原因可以是一种也可以是多种，而最大可信损失所观察的损失原因仅一种。②年度最大可信总损失所探讨的风险单位可以是一个也可以是多个，而最大可信损失所探讨的风险单位仅一个。③最大可信损失强调的是一个风险单位在每一事件中遭受的个别损失的严重程度，而年度最大可信损失则是总损失的严重程度的概念。在估计年度最大可信损失时必须注意它与年度预期总损失是不同的，年度预期损失是平均损失，它并不像年度最大可信总损失那样会因风险管理人员的主观估计不同而不同。

（二）实用评估技术

由上节可知，风险衡量是指在风险识别的基础上，通过对所收集的大量的详细损失资料，运用概率论和数理统计等知识，估计和预测风险发生的概率和损失幅度。任何风险都有一个特点，即它可以被测量并量化。不同类型的风险具有自己的特征,因此要使用不同的测量方式。

1. 概率和统计方法

风险的某些方面可以用概率等数学方法加以测量。对周期性发生的事情,可以从其历史上的信息和走势中导出其概率。从传统意义上看,不利事件的风险都可以通过概率进行分析,并且保险公司也提供这方面的保险服务,根据不利事件的发生概率制定其保费的标准。常用的方法主要有概率、期望、方差、半方差等。

(1)概率。在经济活动中,某一事件在相同的条件下可能发生也可能不发生,这种事件称为随机事件。概率就是用来表示随机事件发生可能性大小的数值。通常,把必然发生的事件的概率定为1,把不可能发生的事件的概率定为0,一般随机事件的概率是介于0与1之间的一个数。一般地,概率越大就表示该事件发生的可能性越大。

(2)期望值(均值)。随机变量的各个取值,以相应的概率为权数的加权平均数,即随机变量的预期值(均值),它反映的是随机变量取值的平均化。

$$E(x)=\sum_{i=1}^{P} X_i P_i$$

式中,$E(x)$——随机变量的期望值;

i——随机变量的序数,$i = 1, 2, 3, \cdots, n$;

x——随机变量值;

P——随机变量发生的概率。

(3)离散程度。

① 方差(标准差)。表示随机变量离散程度的量数,最常用的就是方差和标准差。方差、标准差反映了各种可能结果对期望水平的偏离程度。

方差(σ^2):

$$D(X)=\sum_{i=1}^{\infty} [x_i - E(X)]^2 p_i$$

标准差(σ):

$$\sigma(X) = \sqrt{D(X)} = \sqrt{E[X - E(X)]^2}$$

标准差是以均值为中心计算出来的,因而有时直接比较标准差是不准确的,需要剔除均值大小的影响。为了解决这个问题,引入变化系数的概念。变化系数是标准差与均值的比值,它是从相对角度观察的差异和离散程度,在比较相关事物的差异程度时较之直接比较标准差更具有可比性。

$$V = \frac{\sigma}{\overline{X}}$$

②半方差。半方差的概念是针对方差或标准差无法反映偏离方向的局限性提出来的,它只反映实现的收益率低于期望收益率的风险。计算公式如下:

$$SV = \frac{1}{T}\sum_{t=1}^{T}\left[\min(0, R_t^e - \overline{R_t^e})\right]^2$$

式中,T——研究期间;

R_t^e——第 t 期高于无风险收益率的那部分超额收益率;

$\overline{R_t^e}$——平均超额收益率。

由于该指标计算上比较困难,在理论界和实务界未被广泛采纳和应用。

(4)概率分布。概率论中的分布理论可以有效地刻画风险事件。

概率分布根据变量的性质可划分为离散型随机变量的概率分布和连续性随机变量的概率分布两种。其中二项分布和泊松分布是最常用的离散型分布,正态分布和指数分布是最常用的连续性分布。

① 二项分布。设一个伯努利试验序列包含 n 次试验,每次试验都观察事件 A 发生(成功)与否(失败),n 次试验中成功的总次数记为 X,则随机变量 X 的概率分布称为二项分布,常用记号 $X \sim B(n, p)$ 来表示。这里 n 是试验总次数,p 是每次试验成功的概率,n、p 称为分布的"参数","$X \sim B(n, p)$"读为:随机变量 X 服从(具有)参数为 n 和 p 的二项分布。X 所能取的值为非负整数 $0,1,2,\cdots,n$,要找出 X 的分布,就是要对上述每个 x 去决定概率 $P(X = x)$。

二项分布的数学期望为:

$$E(X) = np$$

这个结果的直观意义为,一共作 n 次试验,每次试验中成功的概率为 p,平均说来成功的次数应为 np。

二项分布的方差为:

$$V(X) = \sigma^2 = npq$$

不同 n 和 p 值时，二项分布的概率分布如图 2-6 所示。

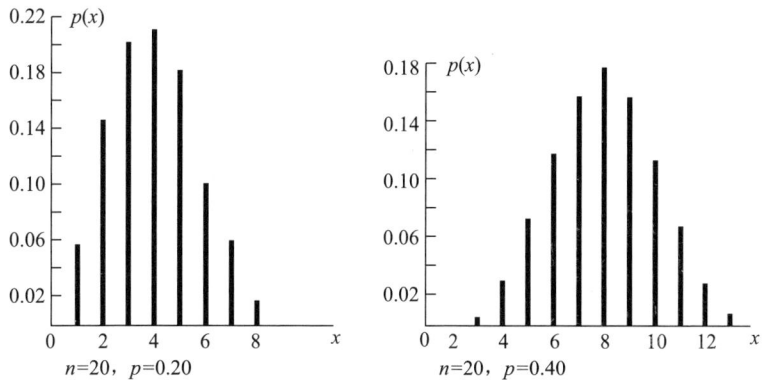

图 2-6 二项分布的概率分布

② 泊松分布。泊松分布的具体形式如下：

$$P(X=x)=\frac{\lambda^{\tau}e^{-\lambda}}{x!}, x=0,1,2,\cdots$$

式中，$\lambda>0$，且 λ 是常数，称为泊松分布的参数；

e——自然对数的底。

我们以 $X \sim P(\lambda)$ 表示随机变量 X 服从参数为 λ 的泊松分布。用泊松分布描述随机变量 x 的分布，需要满足一些条件，即通常所说的平稳性、独立增量性和普通性。平稳性是指随机变量 X 的发生次数只与时间长短有关，而与时间的起点无关；平稳性保证 X 的概率规律不随时间的推移而改变。独立增量性是指在互不相交的时间区间，X 的发生次数不会相互影响。普通性是指在充分小的时间间隔中，不可能有两个或者两个以上的事件同时发生。

当 $X \sim P(\lambda)$，则其数学期望和方差都是 λ，即：

$$E(X)=V(X)=\lambda$$

由上述公式可知，参数 λ 等于一个随机事件在某段时间或某个空间范围内平均发生的次数。

③ 正态分布。正态分布是用得最多的概率分布，其概率密度函数为：

$$f(x)=\frac{1}{\sqrt{2\pi}\sigma}exp\left[-\frac{(x-\mu)^2}{2\sigma^2}\right], -\infty<x<\infty$$

式中，μ——母体平均值；

σ——母体标准差；

π——圆周率；

e——自然对数的底。

正态分布适用于某一指标受到许多因素影响，而每个影响因素都不具有特别显著地位的场合。在这种情况下，该指标服从正态分布。随机变量 X 服从正态分布，简记为 $X \sim N(\mu, \sigma)$ 或 $N(\mu, \sigma^2)$。正态分布曲线的形状如图 2-7 所示。

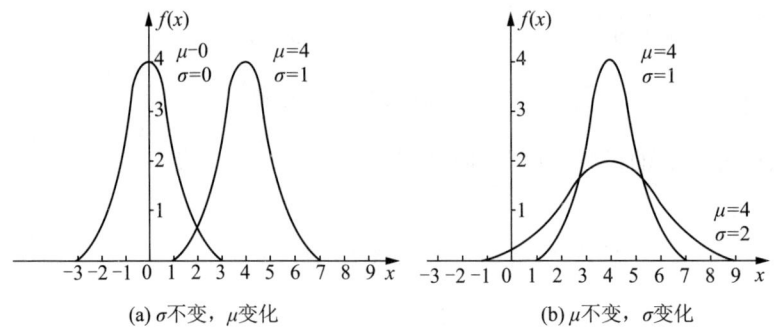

图 2-7 正态分布曲线的形状

μ，σ 是正态分布的特征参数，它们一旦确定，整个分布也就确定下来了。如图 2-7 所示，$N(\mu, \sigma^2)$ 具有这样的几何意义：σ 不变时，μ 变化则改变曲线的位置，见图 2-7（a）。μ 不变时，σ 变化则改变曲线的形状，见图 2-7（b）。所以，有时又称 μ 为位置参数，σ 为形状参数。

④ 指数分布。指数分布是具有广泛应用价值的连续性分布。指数分布常被用来作为各种"寿命"分布的近似，例如动物的寿命、无线电元件的寿命、电话的通话时间、高速公路上发生交通事故的时间间隔，等等。

指数分布的密度函数为：

$$f(x) = \begin{cases} \lambda e^{\lambda x}, & x \geq 0 \\ 0, & x < 0 \end{cases}$$

分布函数为：

$$f(x) = P(X \leq x) = \int_0^x \lambda e^{-\lambda t} dt = \begin{cases} 1 - e^{-\lambda x}, & x \geq 0 \\ 0, & x < 0 \end{cases}$$

式中，λ>0；

λ——常数，称 λ 为指数分布的参数；

$X \sim E(\lambda)$ 表示随机变量 X 服从参数为 λ 的指数分布。

指数分布的期望为：$E(X) = 1/\lambda$。常将 $\mu = 1/\lambda$ 称为平均寿命。可见指数分布的数学期望与分布的参数正好形成倒数关系。

指数分布的方差为：$V(X) = 1/\lambda^2$，即指数分布的标准差即为平均寿命。

2. 敏感度分析

敏感度分析是指在合理范围内，通过改变输入参数的数值来观察并分析相应输出结果的分析模式。敏感性分析用来评价潜在事项的正常或日常变化的影响。由于计算相对容易，敏感性度量方法有时用来补充概率方法。敏感度定量分析，可以帮助公司明确自身对相关风险的接受程度。

一般来说，影响所关注目标结果变动的通常是单一变量，而且该变量与所关注目标之间存在清晰的相关关系时，可以采用敏感度分析。在使用的过程中，应该明确：

（1）因变量：所关注的目标是什么。

（2）自变量：影响该目标的风险因素是什么，该风险因素的波动范围是怎样的，发生的概率如何。

（3）因变量和自变量之间的关系：该风险是如何影响目标的实现的，其变动对目标的变动方向与程度如何。

3. 行业标杆比较法

行业标杆比较法是通过对本企业与可比较企业某些具体领域的做法、指标结果等作定量的比较来寻找差距。

设定基准的方法相当于行业标杆比较法。一些公司适用设定基准技术从可能性和影响方面来评价一个特定的风险，从而使管理当局寻求提高其风险应对决策以降低可能性或影响。基准数据能使管理当局根据其他组织的经验了解风险的可能性或影响。基准一般包括：

（1）内部的：把一个部门或子公司的度量与同一主体的其他部门或子公司进行比较。

（2）竞争的或行业的：在直接竞争者或具有类似特征的更广泛的公司群的度量之间进行比较。

（3）同类最佳的：在跨行业的公司里寻找相似的度量。

4. 风险价值法

风险价值法（VAR）是风险管理领域应用颇为广泛的风险定量分析方法

之一。所谓风险价值,是指市场正常波动下,在一定的概率水平下,某一投资组合在未来特定期间内,在给定的置信水平下面临的最大可能损失。所谓风险值,是指在既定容忍水平下,市场最坏时投资组合最大的不可预期损失。它是综合市场风险、信用风险、利率风险与外汇风险等财务风险于一体的统一性标尺。

VAR 可以应用在不同的风险项目,而且保持量度的稳定性和一致性,令不同项目的风险都可以直接比较。采用 VAR 量度自然分布的数据时,VAR 有两个重要的数值:量度的时段和选取的信心水平。虽然不同的量度标准下 VAR 的数值会有差别,但是可以通过公式换算将不同的标准相互转换。比较 VAR 量度的结果需要同一标准,缺乏共同标准会使比较没有意义,而且会带来错误的结果。

一般来说,风险价值是一个损失的数额,它应该只小于一个很小的预先确定的比例。风险价值是一个分位点,用来定义风险价值统计量的概率数值一般都非常小,例如,在分布曲线,它经常被定为小于可能结果 1% 的那一点。但在其他情况下,它也可以被定为这样一点,该点说明一年中只有一个工作日会超过这一点,即 1/252,大约是 0.4%,如图 2-8 所示。

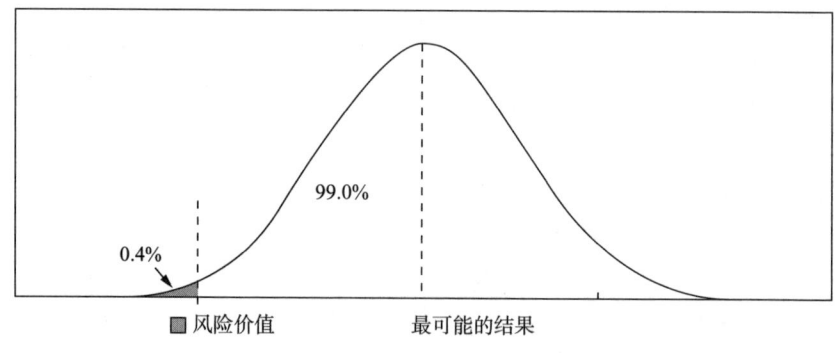

图 2-8 风险价值分布曲线

VAR 是一种有效的量度风险的工具,其主旨是把统计学的原理和技巧应用于风险管理。在市场风险管理领域,VAR 模型的适用已经变成了估计潜在损失和设立风险限制的标准常规。大通银行就是利用风险价值法和压力测试法来衡量它的市场风险。

VAR 要求必须有量度对应的大量历史数据,因而那些交易不太活跃的工具并不适用。应用这种方法需要考虑的另一个问题是,当出现问题时如何化解已进行的投资。VAR 方法通常假设投资者将会持有证券组合期。需要注意的是，它并非一个发生损失的准确度量，而只是给出某一数额的损失将以多少的概率发生。

5. 情景分析法

情景分析法是一种自上而下"如果—什么"的分析方法，可以计量某事件或事件组合对企业将会产生的影响。它通过想象、联想和猜想来构思和描绘未来可能的情况，从而为指定风险应对策略提供支持。情景分析的主要程序如下：

（1）确定分析的主题、明确分析的范围。

（2）建立风险数据库，并将风险按其对主题的影响进行分类。

（3）构思风险各种可能的未来图景。

（4）设想一些突发事件，看其对未来情景可能的影响。

（5）描述到未来各种状态的发展演变途径。

在适用情景分析的过程中应明确以下三点：

（1）因变量：所关注的目标是什么。

（2）自变量：影响该目标的风险因素是什么，该风险因素的波动范围和发生的概率是怎样的，风险因素之间的关系如何，在分析中应当尽量避免强相关关系的存在。

（3）因变量和自变量之间的关系：该风险是如何影响目标的实现的，其变动对目标的变动方向与程度如何。

情景分析是评估一个或多个事项的目标的影响。情景分析可以结合经营连续性计划、估计系统故障或网络故障的影响来适用，它反映对经营的全面影响。

6. 压力测试法

压力测试是情景分析的一种形式，专门用于特定的风险因子，是指在极端情景下，分析评估风险管理模型或内控流程的有效性，发现问题，制定改进措施的方法，目的是防止出现重大损失事件。具体操作步骤如下：

（1）针对某一风险管理模型或内控流程，假设可能会发生哪些极端情景。极端情景是指在非正常情况下，发生概率很小，而一旦发生，后果十分严重的事情。假设极端情景发生，不仅要考虑本企业或与本企业类似的其他企业出现过的历史教训，还要考虑历史上不曾出现但将来可能会出现的事情。

（2）评估极端情景发生时，该风险管理模型或内控流程是否有效，并分析对目标可能造成的损失。

（3）制定相应措施，进一步修改和完善风险管理模型或内控流程。

以信用风险管理为例。一个企业已有一个信用很好的交易伙伴，该交易伙伴除非发生极端情景，一般不会违约。因此，在日常交易中，该企业只需"常规的风险管理策略和内控流程"即可。采用压力测试方法，是假设该交易伙伴将来发生极端情景（如其财产毁于地震、火灾、被盗），被迫违约对该企业造成了重大损失。而该企业"常规的风险管理策略和内控流程"在极端情景下不能有效防止重大损失事件，为此，该企业采取了购买保险或相应衍生产品、开发多个交易伙伴等措施。

压力测试不同于情景分析，因为压力测试集中关注的是单个事项或活动在极端情况下的变化产生的直接影响，这与情景分析集中关注一个正常规模的变化相反。

7. 风险指标

风险指数是用具体的数值来表示风险程度的方法，最常用的是道氏火灾与爆炸指数（即道指）。其基本原理是衡量损失可能性并以数值表示出来，用于比较并对每年的变化进行管理。风险指标的设计是用来及时给出有关风险状况变动的信息，以便让管理层采取适当的行动转移风险。

一项风险事件发生可能有多种成因，但关键成因往往只有几种。关键风险指标管理是对引起风险事件发生的关键成因指标进行管理的方法。具体操作步骤如下：

（1）分析风险成因，从中找出关键成因。

（2）将关键成因量化，确定其度量，分析确定导致风险事件发生（或极有可能发生）时该成因的具体数值。

（3）以该具体数值为基础，以发出风险预警信息为目的，加上或减去一定数值后形成新的数值，该数值即为关键风险指标。

（4）建立风险预警系统，即当关键成因数值达到关键风险指标时，发出风险预警信息。

（5）制定出现风险预警信息时应采取的风险控制措施。

（6）跟踪监测关键成因数值的变化，一旦出现预警，即实施风险控制措施。

该方法既可以管理单项风险的多个关键成因指标，也可以管理影响企业主要目标的多个主要风险。使用该方法，要求风险关键成因分析准确，且易量化、易统计、易跟踪监测。

8. 随机模拟

蒙特卡罗方法是一种随机模拟数学方法。该方法用来分析评估风险发生可能性、风险的成因、风险造成的损失或带来的机会等变量在未来变化的概率分布。具体操作步骤如下：

（1）量化风险。将需要分析评估的风险进行量化，明确其度量单位，得到风险变量，并收集历史相关数据。

（2）根据对历史数据的分析，借鉴常用建模方法，建立能描述该风险变量在未来变化的概率模型。建立概率模型的方法有很多，例如：差分和微分方程方法，插值和拟合方法等。这些方法大致分为两类：一类是对风险变量之间的关系及其未来的情况作出假设，直接描述该风险变量在未来的分布类型（如正态分布），并确定其分布参数；另一类是对风险变量的变化过程作出假设，描述该风险变量在未来的分布类型。

（3）计算概率分布初步结果。利用随机数字发生器，将生成的随机数字代入上述概率模型，生成风险变量的概率分布初步结果。

（4）修正完善概率模型。通过对生成的概率分布初步结果进行分析，用实验数据验证模型的正确性，并在实践中不断修正和完善模型。

（5）利用该模型分析评估风险情况。正态分布是蒙特卡罗方法中适用最广泛的一类模型。一般来说，如果一个变量受到很多相互独立的随机因素的影响，而其中每一个因素的影响都很小，则该变量服从正态分布。描述正态分布需要两个特征值：均值和标准差。此部分内容前面已经介绍，此处不再详述。

下面举例说明衡量风险的具体过程。

第一步，分析可能出现的各种情况，并且根据所掌握的信息以及有关资料和经验，估计每种情况出现的概率。例如，某公司拟投资开发新项目，经分析可能出现3种情况（良好、一般和较差），并且估计出其相应的概率分布，同时，针对相同的投资额，提出了A、B两个可供选择的方案，有关数据如表2-12所示。

表2-12 拟投资开发新项目的基本情况

投资环境	概率	预期收益（万元）	
		A方案	B方案
良好	0.3	60	90
一般	0.5	40	20
较差	0.2	20	-10

第二步，计算每个方案的收益期望值 $E(X_i)$。收益期望值是按概率分布计算的加权平均值，它反映出一个投资项目的预期收益。期望值越大，表明预期收益越大；反之，则越小。收益期望的计算公式如下：

$$E(X) = \sum_{i=1}^{\infty} x_i p_i$$

式中，$E(X)$——收益期望值；

x_i——第 i 种情况的预期收益；

p_i——第 i 种情况发生的概率。

根据公式计算方案 A 和方案 B 的收益期望值为：

方案 A 收益期望值 $E(XA) = 0.3 \times 60 + 0.5 \times 40 + 0.2 \times 20 = 42$（万元）

方案 B 收益期望值 $E(XB) = 0.3 \times 90 + 0.5 \times 20 + 0.2 \times (-10) = 35$（万元）

第三步，计算每个方案收益的方差和标准差。

收益的方差（σ^2）和标准差（σ）都是反映不同风险条件下的实际收益值和收益期望值之间偏离程度的指标。方差或标准差越大，说明该事件发生结果的分布越分散，投资收益的波动越大，投资风险越大；反之，则越小。

方差和标准差的计算公式如下：

方差（σ^2）：

$$D(X) = \sum_{i=1}^{\infty} [x_i - E(X)]^2 p_i$$

标准差（σ）：

$$\sigma(X) = \sqrt{D(X)}$$

根据上述分别计算方案 A、方案 B 的方差和标准差为：

方案 A 的方差（σ_A^2）$= 0.3 \times (60 - 42)^2 + 0.5 \times (40 - 42)^2 + 0.2 \times (20 - 42)^2 = 196$

标准差（σ_A）$= 14$

方案 B 的方差（σ_B^2）$= 0.3 \times (90 - 35)^2 + 0.5 \times (20 - 35)^2 + 0.2 \times (-10 - 35)^2 = 1\,425$

标准差（σ_B）$= 37.75$

第四步，计算每个方案的变异系数，并根据变异系数来判断各个方案期望收益下的风险程度。

变异系数是指标准差与期望值的比例，即：

$$\text{方案 A 的变异系数} = (14 \div 42) \times 100\% \approx 33.3\%$$
$$\text{方案 B 的变异系数} = (37.75 \div 35) \times 100\% = 107.85\%$$

变异系数越高，表示风险程度就越大；反之，表示风险程度越小。通过方案 A、方案 B 的比较可以得出，B 方案的投资风险高于 A 方案的投资风险。

由于蒙特卡罗方法依赖于模型的选择，因此，模型本身的选择对于蒙特卡罗方法计算结果的精度影响甚大。

应用蒙特卡罗方法可以直接处理每一个风险因素的不确定性，但是要求每一个风险因素都是独立的。这种方法计算量很大，通常借助计算机来完成。

9. 风险级别

风险级别提供了一种测量和比较金融资产（如债券和股票）风险的参考依据。作为一种测量手段，它允许对所有类型的金融资产进行比较，以及对世界各地和各种货币的金融资产进行比较。

一个金融资产或一组资产组合的风险时时都在变化，而风险级别是通过测量它们的回报率波动来测量它们的风险。波动越大，风险级别越高。

（1）如果风险级别是 0，就代表一个金融资产没有价格波动。

（2）如果一个金融资产的风险级别是 1 000，它的波动和风险就是风险级别为 100 的资产或者资产组合的 10 倍。

（3）100 的风险级别是一个测量的基数。它代表的是在正常的市场条件下，一个由不同国际股票市场的股票组成的"国际投资组合"所具有的波动性。

金融资产的风险级别可以使这些资产的回报波动和国际投资组合的回报波动进行比较。

10. 风险坐标图

风险坐标图是把风险发生可能性的高低、风险发生后对目标的影响程度，作为两个维度绘制在同一个平面上，即绘制成直角坐标系。对风险发生可能性的高低、风险对目标影响程度的评估有定性、定量等方法。定性方法是直接用文字描述风险发生可能性的高低、风险对目标的影响程度，如"极低""低""中等""高""极高"等。定量方法是对风险发生可能性的高低、风险对目标影响程度用具有实际意义的数量描述，如对风险发生可能性的高低用概率来表示，对目标影响程度用损失金额来表示。

对风险发生可能性的高低和风险对目标影响程度进行定性或定量评估后，依据评估结果绘制风险坐标图。绘制风险坐标图的目的在于对多项风险进行直观的比较，从而确定各风险管理的优先顺序和策略。如：某公司绘制了风险坐标图（图 2-9），并将该图划分为 A、B、C 三个区域，公司决定承担 A 区域中的各项风险且不再增加控制措施；严格控制 B 区域中的各项风险且专门补充制定各项控制措施；确保规避和转移 C 区域中的各项风险且优先安排实施各项防范措施。

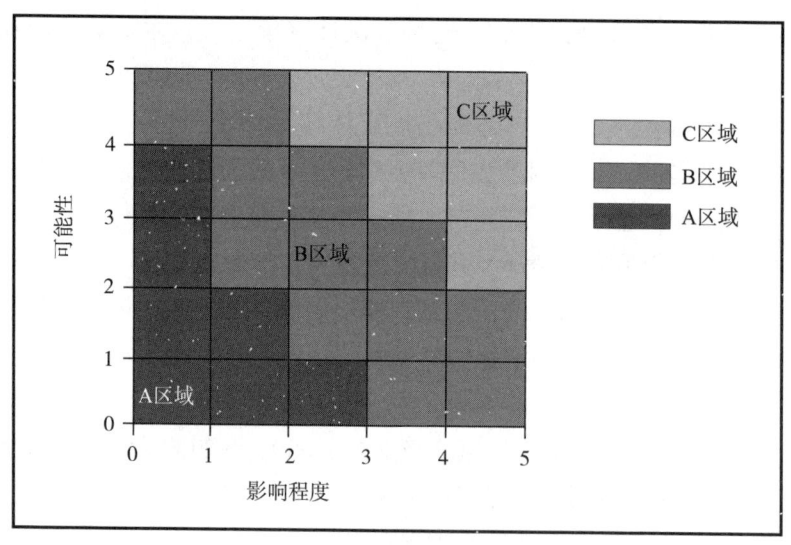

图 2-9　风险坐标图

风险图是一个强大的工具。它的一个最有效的特征是可以应用在任何层次的商业活动中。

风险绘制图的运用有许多方法，它可以由业务、流程，主要业绩指标（KPI）甚至主要风险类别来发展。在企业风险管理过程中，单独的业务单位承担风险的活动和过程应与企业目标相一致。一个有效的风险图过程使用一个层叠式的方法。整个过程从根据高级管理者的目标制作全企业风险图开始，然后是业务单位风险图，这个图与单位管理的目标相一致，该目标由业务计划所确定，并经高级管理者和董事会批准。下一步，每个业务单位的单独的过程/活动负责人绘制自己的风险图，同样与各自的单位风险图保持协调一致。当条件变化时，这个活动的所有部分以一种反复的精巧的过程操作执行。要注意的是，编写一个实际的风险图是一个相对主观的过程。想要完全用量化的方法来测量所有的风险并不现实。精确并不是评估的目标，重要的是对风险的相对排序。这就需要有足够了解情况的人来进行评估。

四、风险应对

（一）风险应对概述

在风险识别、风险评估之后，接下去要研究的问题就是如何有效地控制这些风险，以达到减小事故发生的概率和降低损失程度的目的。风险应对就是在风险识别和风险衡量的基础上，针对企业所存在的风险因素，对已经识别的风险进行定性分析、定量分析以及排序，制定相应的应对措施和整体策略，以消除风险因素或减少风险因素的危险性。在事故发生前，降低事故的发生概率；在事故发生后，将损失降低到最低限度，从而达到降低风险单位预期财产损失的目的。因此，风险应对的本质是降低损失概率或降低损失程度。

风险应对可以从改变风险后果的性质、风险发生的概率和风险后果三方面提出多种策略，对不同的风险可以用不同的处置方法和策略，对企业所面临的各种风险，可综合运用各种策略进行处理。它们分别是回避风险、降低风险、转移风险和承受风险四类。

回避风险是指采取措施退出会给企业带来风险的活动。

降低风险是指减少风险发生的可能性、减少风险的影响或者两者同时减少。

转移风险是指通过转嫁或与他人共担一部分风险来降低风险发生的可能性或影响。

承受风险则是不采取任何改变风险发生的可能性或影响的行动。

风险规避措施是在其他应对措施的成本超过期望的收益，或者可供选择的措施不能将影响和可能性降低到一个可接受的水平的情况下采取的。风险降低和风险转移应对措施将剩余风险降低到与企业风险承受度相一致的水平,而风险承受应对措施则表明固有风险已经在企业的风险承受度以内。

对许多风险而言,恰当的风险应对选择是显而易见的,企业能很好地接受。例如,对计算时效的损失,恰当的风险应对措施是建立企业持续计划。而对其他风险,可供选择的方法可能没有那么明显,要求进行更深入的识别活动,例如与减少竞争者行为对品牌价值影响相关的应对措施可能要求市场研究测试和分析。

作为企业风险管理的一部分,对每一个重要的风险,企业都应按风险反应的类型考虑所有的风险反应方案,这样有助于风险反应方案的选择,这也是对"现状"提出的挑战。

《基本规范》第二十五条明确要求企业确定合理的风险应对策略。基本规范规定企业应当根据风险分析的结果,结合风险承受度,权衡风险与收益,合理确定风险应对策略。

企业应当合理分析、准确掌握董事、经理及其他高级管理人员、关键岗位员工的风险偏好,采取适当的控制措施,避免因个人风险偏好给企业经营带来重大损失。

《基本规范》第二十六条明确了4种应对策略。基本规范规定企业应当综合运用风险规避、风险降低、风险分担和风险承受等风险应对策略,实现对风险的有效控制。

风险规避是企业对超出风险承受度的风险,通过放弃或者停止与该风险相关的业务活动以避免和减轻损失的策略。

风险降低是企业在权衡成本效益之后,准备采取适当的控制措施降低风险或者减轻损失,将风险控制在风险承受度之内的策略。

风险分担是企业准备借助他人力量,采取业务分包、购买保险等方式和适当的控制措施,将风险控制在风险承受度之内的策略。

风险承受是企业对风险承受度之内的风险,在权衡成本效益之后,不准备采取控制措施降低风险或者减轻损失的策略。

(二)风险应对策略——风险规避

1. 风险规避内涵

风险规避是以放弃或拒绝承担风险作为控制方法,来回避损失发生的可能性。风险规避是各种风险管理技术中最简单亦较为消极的一种,例如,一个人为了避免被淹死的风险而拒绝在任何情况下接近水。也就是说,一种风险被完全避免后,也就不可能产生损失,因此,也就没有必要去阻止损失的发生，降低损失的程度，或为了损失而预备基金。风险被避免后，其损失的可能性即为零。风险规避的常用形态有两种。第一，将特定的风险单位予以根本免除。例如，企业主决定不制造危险物品，可以完全免除危险物品所致的损失，又如，企业主对员工的郊游活动、球赛等不予赞助或主办则可免除因此所导致的责任风险。第二，中途放弃某些既存的风险单位。如一个经销家庭日用品的企业经销的产品有导致小儿麻痹症的情况出现，于是就决定终止这种经销活动，以免引致产品责任索赔案。应用以上两种方法均可以达到规避的效果，但并非事事都能避免，其适用性受到多方面的限制。因此，在风险处理技术中，风险规避的方法是受到很大程度的限制的。

2. 风险规避的适用性

风险规避是处理风险的一种有用的、极为普遍的方法。企业通过中断风险源，将避免可能产生的潜在损失或不确定性，但企业同时失去了从风险源中获得收益的可能性，更何况有些风险根本无法避免。而企业存在的最大动机无非是想赚取利润，因此风险规避的适用性受到很大程度的限制。企业在采用避免来处理风险时必须考虑以下几个方面的因素。第一，欲避免某种风险也许不可能，对企业而言，有些基本风险如世界性的经济危机、能源危机难以避免。第二，采用避免风险在经济上也许不适当，对某些风险即使可以避免，但就经济效益而言也许不合适。一个企业固然可以凭借不从事任何营业行为而避免风险，但从正常情况来看，一个企业没有营业行为自然也就没有营业收入，当然也就无法赚取利润。同时，一个企业在成本和效益的比较分析下，当避免风险所花的成本高于避免风险所产生的经济效益时，如果仍然采取避免风险的方法，经济上可谓不适当。第三，避免了某一风险有可能产生另外新的风险。例如，一个位于小岛上的企业在用汽车把产品运往大陆销售时要经过一座桥，为了避免桥断裂翻车的风险改用船运，但又产生了新的船舶失事的风险。基于以上因素的考虑，最适合采用风险规避办法的情况有以下两种：一是某种特定风险所致的损失概率和损失程度相当大；二是应用其他风险处理技术的成本超过其产生的效益，采用风险规避方法可使企业受损失的可能性等于零。

从各类风险的可规避程度来看，就财产风险而言，若对铁路货运中心的火损的对外损失采取风险规避的方法，那就要求铁路货运中心不用大楼。但这样的话，没有一个铁路系统能在没有大楼的情况下妥善安排货运。也许有人会想，铁路货运中心可以不用自己的大楼，而租用他人的。但是租用只是把风险转移给了大楼的所有人或出租人，并没有避免风险。

就净收益风险而言，铁路货运中心发生火灾会使收益减少，而费用开支会增加，要避免以上的所有风险是不可能的。只要铁路货运中心有一栋大楼，货损风险就是不可避免的。火灾一旦发生，将因不能提供货物运输服务而损失部分收益，亦将面临损失租金收入的风险。假如大楼有部分楼层出租的话。避免上述种种净收益损失的唯一途径是不营业，所有的设备都闲置。按照这样的方式避免净收益损失风险，铁路亦将没有顾客和租户，从而也就没有了收益（包括租金收入）。

就责任风险而言，一般来讲，任何责任风险都可以通过拒绝从事有责任风险的活动而达到避免风险的目的。铁路货运中心可以通过拒绝承担运输货物从而避免对顾客的货物损失责任风险。虽然就避免风险而言，上述的例子是显然的，但在现实生活中，是否要避免还是值得商榷的。铁路客运（在美国）不允许旅客有行李，甚至手提箱也不行，这些行李怎么办？从另一方面来讲，为避免责任风险而不从事相应的活动，活动主体也将因此而失去获得收益的机会，更重要的是经过培训的人才将不能发挥他的作用。铁路货运中心不运行李，单独的个体可以这么做，但社会总体却不能。

就专业人员空缺风险而言，唯一的办法就是消除经济单位对此类人物的依赖性。然而，"关键人员"所提供的劳务往往是一个企业或团体维持运作所必不可少的，如果是可以或缺的，那就没有"关键人员"之说了。即使使用两个或两组同样的关键人物，虽然可以减少这种风险事故发生的损失，但并不能完全避免诸如此类的风险。从上面的例子来看，铁路货运中心不能没有专业技术人员来安排铁路时刻表。由此可见这种风险也是无法避免的。

3. 风险规避的种类

回避风险的方法可以分为预防性风险规避和完全放弃两种。

（1）预防性风险规避是将风险的来源彻底消除。例如，某些政府机构也运用过这类风险管理，例如在修建公路时，把一些发生交通事故的黑点路面扩宽或加建行人天桥，以及禁止行人在地面横过马路，以求彻底避免发生事故。

（2）完全放弃。以完全放弃形式去回避风险的做法比较少见。例如，为了避免触动环保分子抗议，在兴建西北铁路时，西铁公司可能需要考虑完全放弃兴建公路贯穿湿地的计划。

（三）风险应对策略——风险降低

相对于风险规避而言，风险降低不失为一种积极的风险处理手段。所谓风险降低是指企业对不愿放弃也不愿转移的风险，通过降低其损失发生的概率，降低其损失程度来达到控制目的的各种控制技术和方法。风险降低的目的在于积极改善风险单位的特性，使其能为企业所接受，从而使企业不丧失获利机会。因此，风险降低相对于风险规避而言，是控制法中更为重要的一种，也是企业最适用的一种。

风险降低措施可以按各种方式分类：①依目的的不同可以划分为损失预防和损失抑制两类。前者以降低损失概率为目的，后者以缩小损失程度为目的，如避雷针的装设是损失预防措施，而自动滤水器的装设则为损失抑制措施。损失抑制又包括隔离。②按照所采取的措施性质分，即依控制措施侧重点的不同，可分为工程物理法和人们行为法两种。前者以风险单位的物理性质为控制着眼点；后者则以人们的行为为控制着眼点。③按照执行时间分，即以控制措施执行时间为标准，可分为损失发生前、损失发生时、损失发生后 3 种不同阶段的风险降低方法。应用在损失发生前的控制法基本上相当于损失预防，而应用在损失发生时和损失发生后的控制实际上就是损失抑制。以下将分别介绍损失预防、损失抑制及风险隔离三种风险处理方法。工程物理法、人们行为法其实都融合在损失预防和损失抑制之中，不做详细介绍。

1. 损失预防

消除风险因素是风险控制的关键，对损失预防而言更是如此。所谓损失预防是指在损失发生前为了消除或减少可能引起损失的各项因素所采取的具体措施。也就是消除或减少风险因素，以便降低损失发生的概率。

损失预防与风险避免的区别在于：损失预防不消除损失发生的可能性，而风险避免则使损失发生的概率为零。损失预防与损失抑制亦有区别：损失抑制的重点在于减少损失发生的程度而不是损失发生的可能性。事实上，一个风险管理的实践计划往往将损失预防和损失抑制两者相结合，如美国在 20 世纪 70 年代限制高速公路车速的风险管理措施，既减少了车祸发生概率，因为司机有更多的时间来认识风险，也减少了车祸发生时或发生后的损失程度。

损失预防措施都是与引起损失发生的因素联系在一起的。一般来说，损失预防措施是一种行动或安全设备装置，在损失发生前将引发事故的因素或环境进行隔离。如果把引发损失的诸多因素看作一条事故链，那么损失预防就是要在损失发生前切断这条链条。由于损失预防与损失因素之间密切相关，提高损失预防效果通常需要深入地研究其实际损失"是怎么发生"的。黑因里希的意外事故理论即"多米诺骨牌理论"，可以形象地说明这一点。黑因里希把引发事故的5个因素顺序排列成一条事故链，即：①血统和社会环境；②人的缺点（人的先天缺陷或后天缺陷基本上构成不安全行为的原因，或者基本构成机械危险或物理危险的原因）；③不安全行为和机械危险或物理危险的原因；④事故；⑤伤害。黑因里希认为，在风险降低中，目标的中心是该顺序中的第三步，即安全工作的焦点就在于消除不安全行为，改善不安全环境。另外一个实例就是防火工程的"火灾三脚架"——燃料、氧气、火源，三者为火灾发生的必备条件。因此，预防火灾的发生就需要消除这三脚架中至少一只脚，那么火灾就不会发生了。

行为法认为人的行为疏忽由四个因素导致：一是对事故直接负责任的不是行为人而是另外一个人；二是越权行事；三是事故对其他人造成损害，而不是行为人自身；四是自满或侥幸心理。因此，预防责任损失的焦点在于消除四个因素中至少一个，其中消除责任不直接由行为人负担的因素是关键。

为了与损失避免相比较，在这里的讨论仍然沿用上面的例子，铁路货运中心的火灾损失的风险。火灾预防是一种专业性较强、变化较大的工作，以下是可以提供给铁路货运中心管理者的专门有关铁路货运中心火灾预防的一些措施：①消除潜在的燃料；②转移不必要的可燃物；③必要可燃物的安全储存；④认真地做好防护工作，将储备的燃料同火源隔离开来；⑤转移极易燃物；⑥转移火源。

2. 损失抑制

所谓损失抑制是指在事故发生时或事故发生后，采取措施缩小损失发生范围或降低损失程度的行为。一个风险管理人员必须假设事故发生了，然后为了降低损失程度问"应该做什么"。"应该做什么"，不管是事故发生前还是事故发生后都要问。

损失抑制措施大体上分为两类：一类是事前措施，即在损失发生前为降低损失程度所采取的一系列措施；另一类是事后措施，即在损失发生后为降低损失程度所采取的一系列措施。在损失发生前所采取的损失抑制措施，有时也会同时降低损失发生的可能性，如在没有紧急情况下以较慢的速度驾驶救护车，既达到损失抑制的效果（假如发生了碰撞事故，会因速度慢而减少受损的程度），又起了损失预防的效果（因为司机有较多的时间来调整方向，避开碰撞物）。损失发生后的抑制措施主要集中在紧急情况的处理，即急救措施、恢复计划或合法的保护，以此来阻止损失范围的扩大。设置防火墙是一种限制火灾损失范围的事前发生作用的措施，一个有效的自动报警或灭火装置系统是一种事后发生作用的措施。

货运中心可以通过采取以下事前措施来降低火灾损失程度：

（1）设置防火墙或其他隔离火源的装置，以限制火灾发生的范围。

（2）通过转移或耐火器处理任何容易燃烧物质或建筑材料，以此来减小火灾发生时的火势强度。

（3）同消防队保持联系，在其指导下建立紧急火灾损失抑制计划。

（4）制订火灾紧急情况指挥计划，以应付万一发生的火灾事故。

（5）在指挥大楼设置并保养好火灾报警及自动灭火系统，包括任何对一些特殊活动（如计算机运行）所必需的火灾保护措施。

一旦火灾在货运大楼发生，事后损失抑制措施将包括以下几个方面：

（1）自动火警或灭火系统的启用。

（2）火速通知当地公共消防队（这些可能是由自动火警或灭火系统来完成）。

（3）按照事前制订的火灾紧急情况指挥计划有条理地进行灭火。

（4）提供临时的保护设施以免其他未受火灾损害的财产发生其他危险。

（5）及时修理并恢复受火灾损害的财产。

也许，事前损失抑制措施与事后损失抑制措施有重复的地方，因为事后损失抑制措施实际上是事前损失抑制计划。这种重复并不影响风险管理的效率或风险分析。事前损失抑制计划只是一个损失发生前想要达成的良好愿望，即在损失发生后使损失最小化。损失抑制本身需要有事前风险降低计划，甚至实际操练那些有可能在紧急情况下要采取的方法或步骤，以做好准备。计划和执行只是在同一个过程中的两个步骤，对损失抑制而言两者缺一不可。

3. 风险隔离

隔离风险单位包括既有区别又有联系的两个方面——分割和复制，两者的目的都在于尽量减少经济单位对特殊资产（设备）或个人的依赖性，以此来减少因个别设备或个人的缺损而造成的总体上的损失。隔离风险单位在于把风险单位进行最大限度地分割或复制，就好比"不要把所有的鸡蛋放在一个篮子里",即便发生,损失程度也不会太大。

分割风险单位又包括分离和分散。分离是将经济单位面临损失的风险单位分离,而不是将它们集中在都可能遭受同样损失的同一地点。比如一个经济单位不要将其全部的存货存放在一个仓库中,而是分散地存放在相距较远的几个仓库里,这样就可以把一个仓库发生火灾的损失减少。这种风险分离的办法,减少的是一次事故可能发生的最大预期损失,从这一点上讲可以看作一种损失抑制措施。但是,有一点需要注意,这种分离方法,在分离了风险单位的同时,又增加了需要企业控制的个别风险单位数量,任一独立的风险单位发生事故,都会给企业造成损失。比如,原来存放的 A 仓库在特定的时间内并没有发生火灾,而在分离出去的 B 仓库却在该段时间内发生了火灾,同样给企业造成了一定程度的损失。

分散是风险控制的另一种对策,它通过增加风险单位的数量,将特定的风险在更大的样本空间里进行分散,以此来减少单个风险单位的损失。分散与分离是不同的,分离是将一定量的风险单位分离开来,增加独立风险单位,以达到损失抑制的目的。分散是增加经济单位控制下的独立风险单位数量,达到减少总体损失的目的。经济单位分散风险的办法是通过内部扩散来实现,如出租汽车公司可以通过扩大出租车队规模来减少因一辆汽车出车祸给其总体收益造成的损失程度。分散风险还可以通过企业的兼并或一个企业买下另一个企业来实现,这样做的结果是最终形成的新企业比原企业拥有更多的机器、厂房、汽车、设备,更多的人员,从而减少因单个风险单位发生风险事故给企业造成总体收益上的损失。

隔离风险单位的另一种方法是复制风险单位,即再设置一份经济单位所有的资产或设备作为储备,这些复制品只有在原资产或设备被损坏的情况下,方可以使用,平时不得动用。复制风险单位本身不能减少原有机器、设备的损坏,但可以减少由于机器、设备损坏而造成的净收入损失及其可能性。因为如果原有的资产、设备损坏,复制的资产就可以投入使用。

分割和复制同其他损失抑制措施有明显区别,以下 4 点需要注意。首先,分割和复制不像其他损失抑制措施那样力图减轻风险单位本身的损失的严重性,而在于降低总体损失的程度。其次,分割和复制减少的是一次独立风险事故的损失,但同时增加了风险单位,也就会影响风险事故或损失发生的概率。如用两个仓库代替一个仓库,在分离了存货风险单位的同时,又增加了仓库风险单位,使两个仓库同时面临火灾或其他风险。复制风险单位一般不会减少损失发生概率。再次，复制风险单位可以减少平均或预期的年度损失，因为复制风险单位没有提高风险事故或损失发生的概率。最后，分割风险单位能不能减少平均预期损失，更大程度上取决于分割风险单位减少损失程度是否比降低风险事故或损失发生的概率来得更重要。

风险单位分割和复制两者作为经济单位内部管理方法，其费用较高，较少采用，尤其是风险单位分割，很少被采用，只是作为一种辅助手段。例如，一个企业组织很少只为了缩小损失范围而建造或使用第二个仓库，或为了减少因车祸而造成的损失而购买更多的汽车，或为了减少一个电脑操作人员空缺造成损失而再雇用一个操作人员等。因此，分割可以说是风险处理技术在含义或者说内涵上的一种延伸。相比较而言，复制——为原风险单位配备预备品更经常地被风险管理人员所采用和考虑。例如，复制记录品、机器零部件、交叉培训雇佣人员（使其能从事若干岗位的工作）等。

（四）风险应对策略——风险转移

风险转移可以分为财务型风险转移和非财务型风险转移两种。非财务型风险转移能通过两种途径实现。第一，与风险相关的财产和活动可能被转移给其他人或组织。例如，公司出售自己的房产的同时也把同房产有关的风险转移给了新的所有者。总承包人承受的风险包括劳动力和原材料的价格上涨，但是，总承包人可以通过与下级承包者签订固定价格合同来避免这类风险。这种风险转移同风险规避非常类似，它的基本原则就是尽量减少潜在风险。风险转移与风险规避不同的是，转移后的风险会给其他组织带来损失，但是，风险规避不会给别人带来损失。第二，通过合同协议可以在不转移财产和活动的情况下转移风险。例如，租约可以把房客的风险（例如，过失造成房东财产损失）转移到房东身上。一旦产品离开生产商的地方，零售商就必须对产品受到的任何损害负责。由于产品的缺陷而导致消费者受到身体或财产上的损失，消费者可能放弃向产品商追究责任的权利。这种实现风险转移的合同称为豁免合同。在风险控制转移中，接受方（接受风险的一方）免去了转移方（转移风险的一方）的责任，转移方的风险因此得以消除。

财务型风险转移可以分为非保险类风险转移和保险类风险转移两种。

1. 非保险类风险转移

风险转移是指经济单位将自己不能承担或不愿承担的风险转移给其他经济单位的一种方法，它是控制型风险处理的措施之一，更是财务型风险处理的重要手段。财务型风险转移强调损失的法律责任的转移。例如，①将财产或活动本身转移给其他人；②消除或减少转让人对受让人的损失的责任；③消除转让人对其他人的损失的责任。而财务型的风险转移则是寻求用外来资金补偿风险损失，这种转移分为保险转移和非保险转移两种。保险转移和非保险转移同属财务型风险处理技术，但两者有明显差异：①前者的风险受让人是保险人，而后者的风险受让人是其他的经济单位；②前者的受让人——保险人专业经营风险，有意识地接受大量的风险单位，并进行与之相关的风险分析，而后者的受让人往往不能这样做；③前者系通过专门的契约——保险合同来实现风险的转移，而后者通常是附属于其他的契约来完成风险的转移。

综上所述，财务型非保险转移是指经济单位将自己可能的风险损失所致的财务负担转移给保险人以外的其他经济单位的一种风险处理手段，其实质是通过风险的财务转移，使转让人得到外来资金，以补偿风险事故发生时所造成的损失。

财务型非保险转移的实施方式包括以下几种。

（1）中和。中和是将损失机会与获利机会平衡的一种方法，通常被用于处理投机风险。担心原材料价格变化的制造商进行的套购，以及受外汇汇率变动影响的出口商进行的期货买卖都属于中和方法。所谓套购，就是通过买卖双方交易的相互约定，使可能的价格涨落损益彼此抵消。通常，商业机构、生产商、加工商和投资者利用期货价格和现货价格波动方向上的趋同性，通过在期货市场上买进或卖出与现货市场上方向相反但数量相同的商品，而把自身承受的价格风险转移给投机者，达到现货与期货盈亏互补的目的。例如，有一面粉商于某年10月1日购买小麦一批，价格1万元，小麦制成面粉后，预期于次年2月1日出售，届时可得1.8万元，因而可以赚取合理的利润。然而，由于小麦价格波动会影响面粉的价格，所以利润是不确定的，也就是说，该面粉商可能因小麦价格下跌而蒙受损失，也可能因小麦价格上扬而获得超额利润。为了避免小麦跌价所致损失，面粉商可在10月1日购买小麦的同时，订立于次年2月1日也以同样价格出售小麦的合同。这样做，可以中和未来价格波动的风险，面粉商虽然失去了可能因小麦价格上扬而获得超额利润的机会，却免除了因小麦价格下跌而蒙受损失的可能。

（2）免责约定。免责约定是指合同的一方通过合同条款，将合同中发生的对他人人身伤害和财产损失的责任转移给另一方承担，即通过主要针对其他事项的合同中的条款来实现风险转移。例如，根据一则房屋租赁合同，房东可以将没有这则合同时他对第三者遭受的人身伤害与财产损失的经济责任转移给承租人。同样，根据另一则租赁合同，此承租人反过来可以把他的潜在损失转移给房东。一般租赁合同中都有"免责条件"和"其他约定事项"等，关键是要看双方如何加以利用，从而合法、巧妙地将自己的风险转移出去。

（3）保证书。保证书是指由保证人对被保证人因其行为不忠实或不履行某种明确的义务而导致权利人的损失予以赔偿的一种书面合同。这里有保证人、被保证人和权利人三位当事人，借助保证书，权利人可将被保证人违约的风险转移给保证人。保证的目的在于担保被保证人对权利人的忠实和有关义务的履行，否则由保证人赔偿损失。

（4）公司化。有的企业通过发行公司股票，将企业经营的风险转移给多数股东承担。

采用财务型非保险转移方法来处理风险，有以下优点：

（1）财务型非保险转移方法所能处理的风险，既可以是纯粹风险，也可以是投机风险，既有可保风险，也有不可保风险。因此，这种方法所适用的对象是比较广泛的。

（2）财务型非保险转移的具体操作措施灵活多样。它不像订立保险合同那样程式化，而是常常需要巧妙地运用各种知识和技巧，通过谈判、合同条款及其他途径来实现风险转移。事物背景的复杂性、合同本身的多样性，以及当事人的千差万别，为风险管理者选择具体操作措施提供了广阔的天地。

（3）财务型非保险转移的直接成本较低。与保险转移相比，所需费用总是低于购买保险的保险费。采用一般风险控制手段，则既要支付相当的费用，又要做一定的工作，而采用风险转移方式有时只需要在合同条款上下功夫，一旦合同签订，风险转移即告成功。

（4）有利于促进全社会控制风险、减少风险。一般而言，把潜在损失转移给那些能够更好地进行损失控制的人，便会降低损失概率与损失程度。例如，在一份建设施工合同中，如果承包人将因设计图纸的疏忽、错误、更改所造成的工程损坏和由此发生的拆除、修复等费用支出，以及承包人因此而发生的人工、材料、机械和管理费用等损失转移给发包人，则发包方就会更加严格、周密地审查设计图纸及其所提供的全部技术资料，以控制这类损失的发生。

采用财务型非保险转移方法来处理风险，有以下局限性：

（1）法律和情理的双重限制。财务型非保险转移常常是通过合同双方所签订的协议条款来实现的，而法律条文、合同条款都有其明确的法律意义和标准。合同双方必须在严格遵循法律规定和合同条款的基础上，转移那些在法律上、在合同条文中没有规定，或者规定不够明确的损失责任，否则，这种转移将是不正当的、无效的。此外，要使风险能借助合同条款转移出去，还必须得到对方的接受才是。也就是说，既要在法律允许的范围内，又要使对方愿意承担这种责任。这说明风险转移要受到情理和法律的双重限制。

（2）合同条文理解的差异可能引起一些问题。有些合同的文字晦涩，难以理解。有些企业以为已将全部风险转移出去了，而实际上合同可能只转移了一部分风险，所以要求风险管理者仔细推敲合同的文字来确定其真正的含义。另外，因为合同条款的差异性很大，有时，对一项特定条款的理解，法院很难找到判断的根据。

（3）转让人要承担一定的代价。通过财务型非保险转移，风险可由转让人向受让人转移。但是，一般来说，受让人不会无代价地接受，而总要通过一定方式反映出来，要求转让人在某些方面作出让步。例如，受让人答应承担某种可能的损失，相应地，他就会要求转让人承担另一种义务，或者要求提高合同价格。这与土建工程承包人把保险费作为单独一项列入其投标价格是同样的道理。

（4）受让人有时无力承担所转移的损失责任。财务型非保险转移中，由于受让人不可能有大量风险单位的集合，不能合理地平均分摊损失，故其所面临的风险损失往往波动很大，其风险承担能力极为有限。于是，受让人在接受转移时，往往持谨慎态度。而那些不了解风险的人可能盲目地接受被转移的风险，但是他们常常不能有效地控制和处理风险，这必然产生更多的损失机会，显然，这不利于全社会的风险控制。

综上所述，财务型非保险转移方法有众多的优点，但也有其局限性，因此，在采用这种方法时，风险管理者要充分考虑其适用性。一般来说，运用财务型非保险转移方法来处理风险，需要满足以下条件：

（1）转让人与受让人之间的损失必须能够明确地划分。这就要求订立合同时，当事人双方对于所要转移的潜在损失的理解一致，并在损失发生时有具体的区分措施。

（2）受让人应当有能力并愿意承受适当的财务责任。这就要求受让人在订立合同时，准确地理解有关条文的全部含义及其可能产生的后果，并对自己的承受能力作出符合实际的估价，然后充分衡量利弊，再作出相应的承诺。

（3）应用这种方法，对于转让人和受让人双方来说，应该都是有益的。这种利益可以是直接的，也可以是间接的。无疑，实施这种风险转移方法，其成本必须低于其他风险处理手段，否则人们不会选择它。而且，如果采用这种方法仅对一方有利，则另一方一般是不会接受的，除非不了解情况而盲目接受。

2. 保险类风险转移

从风险管理的角度来看，保险是一种风险转移机制。通过这一机制，众多的经济单位结合在一起，建立保险基金，共同对付不幸事故。面临风险的经济单位，通过参加保险，将风险转移给保险公司，以财务上确定的小额支出代替经济生活中的不确定性。而保险公司则是借助概率论中的大数法则，将众多面临同样风险的经济单位组织起来，按照损失分摊原则，建立保险基金，使整个社会的经济生活得以稳定。

保险这一概念有以下要素：

第一，特定风险事故的存在。保险是基于风险的客观存在而产生的，无风险则无保险。就某一具体险种而言，总是为相应的风险所设立的，订立保险合同之时，必须约定某种风险事故的发生为给付保险金的条件。保险合同可以为单一风险事故而订立，谓之特定保险合同，也可以为多种风险事故而订立，谓之综合保险合同。

第二，补偿损失，安定生活。这是保险的目的。就整个保险业而言，是以安定经济生活为最终目标，但就具体保险合同而言，则以损失补偿为主要功能。事实上，风险事故的发生，必然导致财产的损失，或者收入减少，或者支出增加。财产保险便是遵循损失补偿原则，对风险事故所致财产损失予以补偿，而这种补偿须以损失为限。人身保险则是按照预先商定的金额进行给付，因为人身风险事故发生所致损失的程度较难确定。因此，无论是财产保险，还是人身保险，都以是否适合于确保经济生活的安全为准。当然，经济单位不能因为保险而获得补偿限度以外的利益，或者提高原有经济生活水平。在获得了未来经济生活安定的保障之后，经济单位可以专心致力于自己的业务活动并提高生活水准。从这个意义上说，保险能促进经济发展和社会进步。

第三，集合众多的风险单位。如果将众多面对同样风险的同质风险单位集合起来，我们就能比较准确地预测风险事故，从而降低风险的代价。保险正是根据这一原理展开的。集合风险单位的方法有两种：一种方法是直接集合，即在一定的范围内，面临同样风险的经济单位，为共同的利益，本着"一人为众，众人为一"的精神，建立互助团体，于是众多的风险单位直接结合在一起，相互保险就是这样；另一种方法是间接集合，这是由第三者作为保险经营的主体，吸收面临特定风险的经济单位，他们通过购买保险单将其所面临的风险转移给保险公司，于是众多的同质风险单位由于保险公司的组织而得以集合，保险公司则再将集中的风险损失分散给各个独立的经济单位，这里，各经济单位所支付的购买保险单的费用，必须能够满足保险公司依照保险合同所承担的保险责任支出及相应的组织费用即经营管理费用的开支。

保险类风险转移是指透过保险合约去对冲风险，以投保的形式将风险转移到其他人身上。根据保险条文，保险公司愿意替投保者承担风险，当损失出现时，保险公司将会代替投保人承受因风险所带来的损失；而另一方面，风险转嫁到保险公司的同时，投保人亦需履行其义务，有责任缴付该项目的保险金。

可保风险及其条件如下：

（1）风险是纯粹风险而非投机风险。保险通常只适用于纯粹风险，除了个别例外，投机风险一般是无法保险的。第一，投机风险有获利可能，因而使风险损失的预测变得困难；第二，投机风险有时表现为基本风险，其风险损失为一般商业保险所不能承担；第三，投机风险所造成的损失有时并非意外，这与保险的宗旨相悖；第四，投机风险的风险事故发生，对某人是损失，但对他人可能是获利，因而对全社会而言，可能并无损失。

（2）风险事故的发生是意外的，但风险损失本身是可以确定的。风险事故的发生，必须是被保险人所不能控制的，即风险损失对于被保险人来说应当是意外的，否则有违保险的宗旨。因此，自然损耗，自杀自伤，以及容易预防的损失，诸如此类，保险公司都不能承担。

（3）风险损失幅度不能太大，也不能太小。风险损失幅度太小，则此种风险威胁甚小，通常可采用风险自留方法来处理。另外，倘若开设此类小额保险，则经营成本相对偏高，对投保人来说，不如采用其他方法处理风险更为经济。因此，保险公司一般有关于最低保费的规定，一支铅笔、一只饭碗的损失，通常是不能保险的。

（4）大量独立的同质风险单位存在。这是保险经营的数理基础——大数法则的基本要求。所谓"同质"，即各风险单位遭遇风险事故从而造成损失的概率和损失程度大体相近；所谓"独立"，是指一风险单位是否发生风险事故、受多大损失，与其他风险单位无关。

（五）风险应对策略——风险承受

风险承受又叫风险承担，是指经济单位自己承担由风险事故所造成的损失。这是一种重要的财务型风险处理手段，其实质在于在风险事故发生并造成一定的损失之后，经济单位通过内部资金的融通，来弥补所遭受的损失。与其他财务型风险处理手段一样，它是在损失后提供财务保障，但它不是把风险转移给别的经济单位，而是留给自己承担。风险承受与风险控制也不同，前者是在风险事故发生后处理其财务损失，而后者则是在风险事故发生前采取措施，以改变风险单位的损失概率和损失程度。例如，在进行某项活动或计划时，风险管理者意识到风险的存在，并作了衡量。如果采用风险避免手段，则是要放弃或中止这项活动或这个计划；如果决定风险承受，则就要继续实施这项活动或这个计划，而在财务上作出安排，以备损失发生后进行处理。

风险承受是处理残余风险的一种技术措施，故有人谓之残余技术。在某些情况下，它是唯一可能（或者说是唯一可行）的风险对策。前已论述，任何风险处理手段都有其局限性，有其特定的适用条件。有时，对于某种风险预防不能，回避不得，且又无处可转移，经济单位别无选择，只能承受风险。例如，处于河谷中的企业面临洪水风险，仅考虑迁址或者采用损失控制技术，其成本又极为昂贵，而且保险公司也不愿意为其承办洪水保险，此时，该企业只能承受风险。还有一种情况，风险转移给了保险公司，但是保险合同常常有一些除外责任，因而实际上，保险公司只承担了部分潜在损失；另一部分潜在损失，如不能控制或无法转移给别人，经济单位也只能留给自己了。

风险承受是处理风险的最普通的办法。它可以是被动的，也可以是主动的；可以是无意识的，也可以是有意识的；可以是无计划的，也可以是有计划的。

所谓被动的风险承受，或非计划性风险承受，是指风险管理者因为主观或客观原因，对于风险的存在性和严重性认识不足，没有对风险进行处理，而最终由经济单位自己承担风险损失。在现实生活中，被动的风险承受大量存在，似乎不可避免，事实上，只有少数经济单位能够识别它们全部的财产风险、人身风险和责任风险。例如，在违约的情况下，违约方实际上决定了承受与此有关的风险。有时风险管理者虽然已经完全认识到了现存的风险，但由于低估了潜在损失，便产生了一种无计划的风险承受。还有一种情况，风险管理者虽然意识到了风险的存在及其严重性，但可能迟迟不作处理，例如，企业常常意识到与关键技术人员死亡有关的经济风险，却不采取任何旨在规避这一风险的行动。

与此相反，所谓主动的风险承受或计划性风险承受，是指风险管理者在识别和衡量风险的基础上，对各种可能的风险处理方式进行比较，权衡利弊，从而决定将风险留置内部，即由经济单位自己承担风险损失的全部或部分。主动的风险承受是一种有周密计划、有充分准备的风险处理方式，这是我们研究的重点。

计划性风险承受的具体措施有以下几种：①将损失摊入经营成本；②建立意外损失基金；③借款。此外，组建专业自保公司是对利用内部基金补偿损失方式的一种合乎逻辑的发展，却具有了更多的特殊性。

1. 将损失摊入经营成本

将损失摊入经营成本是指在风险事故发生时，经营单位把意外的损失计入当期损益，即吸收于短期（通常不超过 3 个月）的现金流通之中。这种办法只适合于处理那些损失概率较大但损失程度较低的风险，这些风险损失似乎成为企业不可避免的经常性支出，因此只要这些风险被识别，损失数额便能打进预算。例如，一般企业都能承受的车辆意外损害、产品不合格、偷窃或雇员不忠诚行为等造成的损失。

2. 建立意外损失基金

意外损失基金又称自保基金或应急基金，是经济单位基于对所面临风险的识别和衡量，并根据本身的财务能力，预先提取，用来补偿风险事故所致损失的一种基金。建立意外损失基金是一种自保行为，即自己为自己保险。通常，这种办法用于处理那些可能引起较大损失，但这一损失又无法直接摊入经营成本的风险。

3. 借款

有些经济单位，特别是一些大企业，可能会选择借款作为处理承受风险的手段，即在风险事故发生后，经济单位通过借贷筹借资金以补偿风险事故所造成的损失。采用这种手段，经济单位在风险事故发生前不需要有任何的实际支出，既不必缴纳保险费，也不要支付补偿基金的分摊额，而只是在损失形成以后，据实确定损失情况并以借款筹得资金补偿之。所借款项在以后较长的一个时期内平均分摊，逐步偿还。借款渠道通常有三条：①从集中的基金中借款来补偿某一个分支部门所遭受的意外损失；②从外部取得各种特别贷款；③在损失发生以前筹集各种应急贷款。

企业在选择是否采取风险承受策略时，一个必不可少的考虑方向就是，根据它们对公司现金流的影响来衡量这些方法的收益和成本。在进一步讨论风险的定量评估和决策细节之前，首先回顾一下承受的主要收益和成本，并讨论一些影响损失融资和损失控制决策的公司具体因素以及现实考虑。承受决策需要在下述两者之间进行基本的权衡：①由于增加风险承受，可能减少公司为保险支付的现金流，从而给公司带来收益；②由于更大风险（现金流的标准差）而给公司带来的期望成本。

（1）增加风险承受的好处。通过前面章节的讨论，增加风险承受可以给公司带来以下几个方面的节省。

1）节省了附加保费。公司对大量风险进行承受的一个关键因素是，这样做可以节省一些管理费用和保费中的利润增加，从而减少由于附加费用而导致的期望现金流出。节约费用的具体来源包括：付给保险经纪人的佣金，可能节省的承保费用和理赔管理费用。

2）减少由于保险市场波动引起的风险。许多公司增加承受风险的另一个动机是，希望减少由于每年保险价格波动而使公司承担的风险，这种波动通常是由于对保险人资本的冲击影响了保险的供给和（或）保险承保周期而造成的。公司的损失融资决策通常是其长期企业战略或计划的一部分。

3）减少道德风险。免赔和共保条款可以减少道德风险。如果没有这些合同条款，期望索赔成本和保费都将增加。因此，当道德风险问题比较明显时，公司倾向于承受更多的风险。

4）避免信息不对称的造成过高的保费。保险人无法精确计算所有潜在购买者的索赔成本，这对一些购买者来说，需要支付的价格高于实际的、无法观测的期望索赔成本。于是，这些购买者倾向于承受更多的风险。

5）资金的持续使用。有人认为承受的另外一个好处是公司可以持续使用资金，否则这部分资金将以保费的形式支付出去，直到支付索赔时才能收回。鉴于竞争性的保费反映了期望索赔成本的现值，这种观点的合理性也并不明显。因为贴现期望索赔成本的过程暗含了在索赔支付前为保险购买者支付的保费提供收益。

（2）增加风险承受的成本。显然，增加风险承受使公司暴露在更多的风险之中。由于许多原因，增加的风险可能带来很高的代价。例如，增加风险承受带来的更高风险增大了公司陷入财务困境的可能性，还可能对债权人、雇员、供应商和顾客造成负面影响，使他们以不够优惠的条件与公司签订合同。增加风险承受还可能要求公司筹集昂贵的外部资金，放弃一些有利可图的投资机会。此外，增加风险承受还可能减少期望值，丧失保险将索赔支付和索赔服务的责任联系在一起从而可能带来的好处。在其他条件不变的情况下，与增加承受有关的成本会随着公司所有权和经营活动性质的不同而改变。

以上重点介绍了增加风险承受从而带来的收益与由于不确定性增强所产生的成本之间的基本权衡。考虑到这种权衡关系，最佳承受决策的基本指导原则是将可以合理预测的损失承受，将那些可能很严重的损失进行保险。

（六）实用风险管理工具

1. 风险坐标图

风险坐标图是把风险发生可能性的高低、风险发生后对目标的影响程度，作为两个维度绘制在同一个平面上（即绘制成直角坐标系）。对风险发生可能性的高低、风险对目标影响程度的评估有定性、定量等方法。定性方法是直接用文字描述风险发生可能性的高低、风险对目标的影响程度，如"极低""低""中等""高""极高"等。定量方法是对风险发生可能性的高低、风险对目标影响程度用具有实际意义的数量描述,如对风险发生可能性的高低用概率来表示,对目标影响程度用损失金额来表示。

2. 蒙特卡洛方法

蒙特卡洛方法是一种随机模拟数学方法。该方法用来分析评估风险发生的可能性、风险的成因、风险造成的损失或带来的机会等变量在未来变化的概率分布。具体操作步骤如下:

(1)量化风险。将需要分析评估的风险进行量化,明确其度量单位,得到风险变量,并收集相关历史数据。

(2)根据对历史数据的分析,借鉴常用建模方法,建立能描述该风险变量在未来变化的概率模型。建立概率模型的方法有很多,例如:差分和微分方程方法,插值和拟合方法等。这些方法大致分为两类:一类是对风险变量之间的关系及其未来的情况作出假设,直接描述该风险变量在未来的分布类型(如正态分布),并确定其分布参数;另一类是对风险变量的变化过程作出假设,描述该风险变量在未来的分布类型。

(3)计算概率分布初步结果。利用随机数字发生器,将生成的随机数字代入上述概率模型,生成风险变量的概率分布初步结果。

(4)修正完善概率模型。通过对生成的概率分布初步结果进行分析,用实验数据验证模型的正确性,并在实践中不断地修正和完善模型。

(5)利用该模型分析评估风险情况。

3. 关键风险指标管理

一项风险事件发生可能有多种成因,但关键成因往往只有几种。关键风险指标管理是对引起风险事件发生的关键成因指标进行管理的方法。具体操作步骤如下:

(1)分析风险成因,从中找出关键成因。

(2)将关键成因量化,确定其度量,分析确定导致风险事件发生(或极有可能发生)时该成因的具体数值。

(3)以该具体数值为基础,以发出风险预警信息为目的,加上或减去一定数值后形成新的数值,该数值即为关键风险指标。

(4)建立风险预警系统,即当关键成因数值达到关键风险指标时,发出风险预警信息。

（5）制定出现风险预警信息时应采取的风险控制措施。

（6）跟踪监测关键成因数值的变化，一旦出现预警，即实施风险控制措施。

该方法既可以管理单项风险的多个关键成因指标，也可以管理影响企业主要目标的多个主要风险。使用该方法，要求风险关键成因分析准确，且易量化、易统计、易跟踪监测。

4. 压力测试

压力测试是指在极端情景下，分析评估风险管理模型或内控流程的有效性，发现问题，制定改进措施的方法，目的是防止出现重大损失事件。具体操作步骤如下：

（1）针对某一风险管理模型或内控流程，假设可能会发生哪些极端情景。极端情景是指在非正常情况下，发生概率很小，而一旦发生，后果将是十分严重的事情。假设极端情景发生时，不仅要考虑本企业或与本企业类似的其他企业出现过的历史教训，还要考虑历史上不曾出现但将来可能会出现的事情。

（2）在评估极端情景发生时，要分析该风险管理模型或内控流程是否有效，并分析对目标可能造成的损失。

（3）制定相应措施，进一步修改和完善风险管理模型或内控流程。

5. 其他风险管理工具

（1）损失事件管理：对可能给企业造成重大损失的风险事件的事前、事中、事后管理的方法。损失包括企业的资金、声誉、技术、品牌、人才等。

（2）风险对冲：通过承担多个风险，使相关风险能够互相抵消的方法。使用该方法，必须进行风险组合，而不是对单一风险进行规避、控制。如：资产组合、多种外币结算、战略上的分散经营、套期保值等。

（3）事件树分析：以树状图形方式分析风险事件之间因果关系的方法。

五、风险评估案例

A省电网公司内部控制评价

（一）公司情况简介

A省电网公司是一家拥有上千亿元资产的省级电网公司，主要业务包括购电、输变电、配电、售电等，所属市、县级子公司有几十家。公司在实践中逐渐摸索出一条"预算管理、内部控制、会计核算三位一体信息化管理模式"，自行开发的 FMIS 已成功运行。在资金管理方面，公司采用"收支两条线"和现金预算管理相结合的管理方式。公司省、市、县三级机构都设置了财务与产权管理部、计划与规划部、工程建设部、生产运营部、电力营销部、审计部等职能部门（其中县公司只设一个审计专职）。在争创国际一流企业、抓管理出效益的过程中，公司非常重视自身的内部控制建设，依据财政部一系列《内部会计控制规范》和国家电网公司《内部控制制度指引》，制定了自己的《内部控制标准》，并在全系统推广实施。

（二）风险识别、风险评估和风险应对

公司电力营销内部控制情况如表 2-13 所示。

表 2-13 电力营销内部控制表

业务环节	电力营销内部控制总目标：电费收入完整、及时地回收			
	业务受理	抄表	复核	收费
控制子目标	单个用户电价正确性	单个用户电量正确性	单个用户电量正确性	各期电费完整、及时回收；坏账核销合理、转回及时反映
风险评估	电价政策是经国家相关部门批准，在全省范围内统一执行的。但是其中由于涉及电价类别、定比定量、优惠电价确定等问题，电价执行人员有时仍需运用专业判断进行决策。这种判断所带有的主观性以及判断对客户利益的直接影响增加了该过程的风险。另外，由于存在客户在未作出申请情况下改变用电用途的可能，电价在执行正确性上也存在风险	电力用户数目众多，分布广泛，每个抄表人员每月的工作都涉及几百甚至几千家用户。再加上许多居民用户在抄表人员上门抄表时并不一定在家，这样就可能造成估抄、错抄等问题。另外，由于抄表人员的素质相对于其他电力企业的员工要低一些（其中既包括教育程度的原因，也包括对临时工的使用），也存在抄表人员和用户串通的可能，这些因素都会影响单一用户抄表数的正确性	电费汇总中的风险，并非源于汇总本身难度，而是可能存在基层单位人为调整问题。为了完成上级单位或部门下达的考核指标，如用电量、平均电价、线损率等，存在调节用电量和用电结构的动机。同时，由于各市县采用的营销系统与财务系统并未实现联网，而且在营销系统内部也未实现系统集成，甚至在基层供电所许多数据采集和计算工作仍然采取手工方式，这样就为调节提供了便利	这一业务环节涉及的风险包括：①较低的电费回收率；②收费人员截留回收电费；③回收的电费滞留在基层，没有及时上缴，其中既包含用于调节指标的可能，也包含挪用、舞弊的隐患；④不符合核销标准的陈欠电费被核销了；⑤由于没有做到账销案存或者没有及时进行检查，导致无法收回已核销但可收回的电费欠款

（续表）

业务环节	业务受理	抄　表	复　核	收　费
控制点	……	①组织抄表前制订专门的抄表计划；②抄表人员定期轮岗；③抄表人员在轮岗或离职时经过合理的工作交接；④抄表机由专人负责管理；⑤抄表机的领用和收回有准确记录；⑥数据上装微机由专人负责管理；⑦定期或不定期对抄表数据以合适频率进行检查；⑧定期以合适频率对表具进行检查；⑨对抄表人员的奖惩具有激励性；⑩由原抄表员以外的人员对复核中发现的问题进行现场查看；⑪由独立部门对抄表工作进行定期检查	……	……
关键控制点	……	①抄表人员定期轮岗；②定期或不定期对抄表数据以合适的频率进行检查；③定期以合适频率对表具进行检查；④对抄表人员的奖惩具有激励性；⑤由独立部门对抄表工作进行定期检查	……	……

（续表）

业务环节	业务受理	抄 表	复 核	收 费
对应设计指标	①电价审核指标；②电价检查指标；③定期检查指标	①抄表轮岗指标；②抄表检查指标；③表具检查指标；④激励有效性指标；⑤定期检查指标	①汇总正确性指标；②定期检查指标	①激励有效性指标；②结算独立性指标；③账户统一性指标；④电费回收率指标；⑤逾期欠费指标；⑥坏账备查指标；⑦定期检查指标

第三章

控 制 活 动

　　内部控制的核心部分就是要根据风险评估的结果，依据风险应对的策略采取各种控制活动实施内部控制。《基本规范》第二十八条规定，企业应当结合风险评估结果，通过手工控制与自动控制、预防性控制与发现性控制相结合的方法，运用相应的控制措施，将风险控制在可承受度之内。控制措施一般包括：不相容职务分离控制、授权审批控制、会计系统控制、财产保护控制、预算控制、运营分析控制和绩效考评控制等。《基本规范》第三十六条规定，企业应当根据内部控制目标，结合风险应对策略，综合运用控制措施，对各种业务和事项实施有效控制。《基本规范》第三十七条规定，企业应当建立重大风险预警机制和突发事件应急处理机制，明确风险预警标准，对可能发生的重大风险或突发事件，制订应急预案、明确责任人员、规范处置程序，确保突发事件得到及时妥善处理。

一、基本控制措施与方法

　　（一）不相容职务分离控制

　　不相容职务是指集中于一人办理时发生差错或舞弊的可能性就会增强的两项或几项职务。《基本规范》第二十九条规定，要求企业全面系统地分析、梳理业务流程中所涉及的不相容职务，实施相应的分离措施，形成各司其职、各负其责、相互制约的工作机制。

　　不相容职务分离基于这样的设想，即两个或两个以上的部门或人员无意识地犯有同样错误的可能性很低，而有意识地合伙舞弊的可能性低于一个部门或人员舞弊的可能性。一般而言，企业的经济业务活动可以划分为授权、签发、核准、执行和记录5个步骤，如果每个步骤都由相对独立的人员或部门分别实施或执行，就能形成相互制衡的机制，保证不相容职务相分离，从而发挥内部控制制度的作用。

经济业务活动中应加以分离的不相容职务主要有以下方面。

1. 经济业务处理的分工

经济业务处理的分工是指一项经济业务全过程不应由一个人或一个部门单独办理，应分割为若干环节，分属不同的岗位或人员办理。其具体业务又可以分为：授权和执行相分离，执行和审查相分离，执行和记录相分离，记录与审核相分离。

2. 资产记录与保管的分工

资产记录与保管分工的目的在于保护资产的安全完整。其具体要求是：保管和记录相分离；保管与核对账实是否相符的职务相分离；记录总账与记录明细账的职务相分离；登记日记账与登记总账的职务相分离等。

3. 各个职能部门具有相对独立性

各个职能部门具有相对独立性的要求具体表现为：各个职能部门之间是平级关系，而非上下级隶属关系；各个职能部门的工作有明确的分工等。

（二）授权审批控制

授权批准是指企业的每个部门或每个岗位的人员在处理经济业务时，必须经过授权批准，以便进行内部控制。未经授权和批准，有关人员不得接触和处理这些业务。授权控制的要求规定了各级管理人员的职责范围，业务处理权限和承担的相应责任。授权的目标就是确保业务处理的所有重大交易都达到真实有效，并与企业目标相符合。

《基本规范》第三十条规定，企业根据常规授权和特别授权的规定，明确各岗位办理业务和事项的权限范围、审批程序和相应责任。应当编制常规授权的权限指引，规范特别授权的范围、权限、程序和责任，严格控制特别授权。常规授权是指企业在日常经营管理活动中按照既定的职责和程序进行的授权；特别授权是指企业在特殊情况、特定条件下进行的授权。企业各级管理人员应当在授权范围内行使职权和承担责任。企业对于重大的业务和事项，应当实行集体决策审批或者联签制度，任何个人不得单独进行决策或者擅自改变集体决策。

按授权批准的形式，可以分为一般授权和特殊授权。一般授权是对办理常规业务时权利、条件和责任的规定；特殊授权是对办理例外业务时权利、条件和责任的规定，包括授权批准的范围、层次、责任和程序。

授权批准控制的内容又包括：一是授权批准的范围，授权批准的范围通常包括企业所有的经营活动；二是授权批准的层次，授权批准的层次应当根据经济活动的重要性和金额大小确定不同的授权批准层次，从而保证各管理层有权有责；三是授权批准的责任，应当明确被授权者在履行权力时应对哪些方面负责，避免授权责任不清；四是授权批准的程序，即规定每一类经济业务的审批程序，以便按照程序办理审批，避免越级审批和违规审批现象的发生。

（三）会计系统控制

会计系统控制要求单位依据《会计法》和国家统一的会计制度，制定适合本单位的会计制度，明确会计凭证、会计、账簿和财务会计报告的处理程序，建立和完善会计档案保管和会计工作交接办法，实行会计人员岗位责任制，充分发挥会计的控制职能。

《基本规范》第三十一条规定，要求企业严格执行国家统一的会计准则制度，加强会计基础工作，明确会计凭证、会计账簿和财务会计报告的处理程序，保证会计资料真实完整。企业应当依法设置会计机构，配备会计从业人员。从事会计工作的人员，必须取得会计从业资格证书。会计机构负责人应当具备会计师以上专业技术职务资格。大中型企业应当设置总会计师。设置总会计师的企业，不得设置与其职权重叠的副职。

会计系统控制方法主要有以下几方面。

1. 会计凭证控制

会计凭证控制是指在填制或取得会计凭证时实施的相应控制措施，包括原始凭证与记账凭证的控制。会计凭证控制的内容主要包括：①严格审查，对取得的原始凭证要进行严格的审查，对不符合要求的原始凭证予以退回。②设计科学的凭证格式，凭证格式应当符合规定要求，便于核算与控制，做到内容及项目齐全，能够完整地反映业务活动全貌。③连续编号，对记载经济业务的凭证按照顺序统一编号，确保每项经济业务入账正确、合理及合法。④规定合理的凭证传递程序，各个部门应当按照规定的程序在规定期限内传递流转凭证，确保经济业务得到及时的反映和正确的核算。⑤明确凭证装订与保管手续，凭证传递完毕，各个部门的有关人员应当按照顺序，妥善保管，定期整理归档，按照规定存放保管，以备日后查验。

2. 会计账簿控制

会计账簿控制是指在设置、启用及登记会计账簿时实施的相应控制措施。

其具体内容包括：①按照规定设置会计账簿；②启用会计账簿时要填写"启用表"；③会计凭证必须经过审核无误后才能够登记入账；④对会计账簿中的账页或账户需连续编号；⑤会计账簿应当按照规定的方法和程序登记并进行错误更正；⑥按照规定的方法与时间结账。

3. 财务报告控制

财会报告控制是指在编报财会报告时实施的相应控制措施。其具体内容包括：①按照规定的方法与时间编制及报送财务报告；②编制的会计报表必须由单位负责人、总会计师以及会计主管人员审阅、签名并盖章；③对报送给各有关部门的会计报表要装订成册，加盖公章等。

4. 会计复核控制

会计复核控制是指对各项经济业务记录采用复查核对的方法进行的控制。其目的是避免发生差错和舞弊，保证财务会计信息的准确与可靠，及时发现并改正会计记录中的错误，做到证、账、表记录相符。会计复核控制的内容主要包括：①凭证之间的复核；②凭证和账簿之间、账簿和报表之间以及账簿之间的复核。会计复核工作应由具有一定会计专业知识、熟悉业务、责任心强、坚持原则的人员担任。复核人员必须对会计凭证、会计账簿、财务会计报表和所附单据认真审查，逐笔复核，复核过的凭证及账表应加盖名章。未经复核人员复核的，出纳人员不得对外付款，会计人员不得对外签发单据或上报报表。

（四）财产保护控制

财产保护控制是指为了确保财产物资的安全、完整所采取的方法和措施。《基本规范》第三十二条规定，要求企业建立财产日常管理制度和定期清查制度，采取财产记录、实物保管、定期盘点、账实核对等措施，确保财产安全。企业应当严格限制未经授权的人员接触和处置财产。

一般来说，企业财产保护控制制度包括资产收发制度、资产保管制度、定期盘点制度、资产处置制度等，企业应对资产实行保护控制以防止资产流失。资产安全控制可以分为资产价值控制与资产实物控制两类。资产的价值控制主要是指按照资产保值增值要求实施资产保全控制。资产的实物控制是指对实物形态包括债权类资产的安全与完整所采取的控制措施。

资产实物保护控制的内容主要有：①接触控制，指严格限制无关人员对资产的直接接近，只有经过授权批准的人员才能够接触资产。②定期盘点，指定期对实物资产进行盘查核对的控制。③记录保护，指对企业各种文件资料尤其是资产、会计等资料要妥善保管,避免记录受损、被盗及被毁。对某些重要资料,应当留有后备记录,以便在遭受意外损失或毁坏时重新恢复。④财产保险,指通过对资产投保,增加实物受损后的补偿机会,保护实物安全。⑤财产记录监控,指建立资产档案及加强财产所有权证的管理等,对资产增减变动要及时记录以及加强财产所有权证的管理。⑥信誉考评制度及定期对账制度,信誉考评制度是指对赊销客户的财务状况、偿债能力、经济实力及企业信誉等方面进行综合评价,为企业未来的促销决策提供依据,定期对账制度是指与已成事实的赊销客户往来款项定期核对,避免不实账务的发生。⑦应收账款催收制度,指根据应收账款的账龄进行账龄分析,并根据合同,建立一系列与工资奖金挂钩的催款措施,尽快缩短收回账款的时间,防止发生坏账。

（五）预算控制

预算控制是内部控制的重要组成部分,其内容涵盖企业活动的全过程。预算控制是指对单位各项经济业务编制详细的预算或计划,并通过授权,由有关部门对预算或计划执行情况进行控制。在预算控制中,所编制的预算必须体现单位的经营管理目标。预算在执行中应当允许经过授权批准对预算加以调整,并应当及时或定期反馈预算执行情况。

《基本规范》第三十三条规定,要求企业实施全面预算管理制度,明确各责任单位在预算管理中的职责权限,规范预算的编制、审定、下达和执行程序,强化预算约束。

预算控制的基本要求如下：第一,所编制的预算必须体现单位的经营管理目标,并明确责权;第二,预算在执行中,应当允许经过授权批准对预算进行调整,以使预算更加符合实际;第三,应当及时或定期反馈预算执行情况。在实际工作中,预算编制不论是采用何种方法,其决策权都属于管理的最高层,由最高管理层进行决策、指挥和协调,并对各预算执行单位的执行情况进行考核。

（六）运营分析控制

运营分析控制就是通过对企业购销、生产、仓储、运输、融投资等运营活动的信息加以分析,从中发现偏离目标的方面,有针对性地采取措施加以控制。《基本规范》第三十四条规定,要求企业建立运营情况分析制度,经理层应当综合运用生产、购销、投资、筹资、财务等方面的信息,通过因素分析、对比分析、趋势分析等方法,定期开展运营情况分析,发现存在的问题，及时查明原因并加以改进。

企业应建立购销分析会制度、生产分析会制度、仓储运输分析会制度、融投资分析会制度等，系统地、制度性地、规范地分析、控制和改进。

（七）绩效考评控制

绩效考评控制是指运用科学对企业或其各分支机构一定经营期间内的生产经营状况、资本运营效益、经营者业绩等进行定量与定性的考核、分析，并作出客观、公正的综合评价，其作为一个反馈控制手段在内部控制中作用显著。《基本规范》第三十五条规定，要求企业建立和实施绩效考评制度，科学设置考核指标体系，对企业内部各责任单位和全体员工的业绩进行定期考核和客观评价，并将考评结果作为确定员工薪酬以及职务晋升、评优、降级、调岗、辞退等的依据。绩效考评的一个很重要的方面就是要根据考评结果严格确定激励内容。激励的核心是要激励相容。

激励相容的概念由美国教授威廉·维克里和英国教授詹姆斯·米尔利斯共同提出，该理论开创了信息不对称条件下的激励理论——委托代理理论，两人也因此获得了1996年度的诺贝尔经济学奖。

激励相容是指在市场经济中，每个理性经济人都会有自利的一面，其个人行为会按自利的规则行为行动；如果能有一种制度安排，使行为人追求个人利益的行为，正好与企业实现集体价值最大化的目标相吻合，这一制度的安排，就是激励相容。激励相容是激励机制的本质属性，通过寻求对利益各方互惠的实现方式，使双方满意，相互满足，实现利人与利己的统一。

评价一个机制或一个制度的优劣，关键在于自由选择、自愿交换、信息不完全及决策分散化的条件下，该机制或制度能否达到既定目标。该机制或制度的激励相容问题是一个重要的判断标准，即在所制定的机制或制度下，每个参与者即使追求个人目标，其客观效果是否也能正好达到设计所要实现的目标。

现代经济学理论与实践表明，贯彻激励相容原则，能够有效地解决个人利益与集体利益之间的矛盾冲突，使行为人的行为方式、结果符合集体价值最大化的目标，让每个员工在为企业多作贡献中成就自己的事业，即个人价值与集体价值的两个目标函数实现一致化。

在任何激励合同下，代理人总是选择使自己的期望效用最大化的行动。激励相容体制中，委托人利益最大化的实现能够通过代理人的效用最大化行为来实现，即委托人与代理人的利益实现有效"捆绑"。

激励相容的根本问题就是如何调动人们的积极性的问题，即通过某种制度或政策的安排来诱导人们努力工作，使得努力工作的收益大于所付出的代价，进而使人们的自利和社会利益有机地结合起来。而激励相容的不足在于无法解决参与者的个人偏好，因为每个人的偏好在历史的进程中是一个潜移默化的过程。培育参与者的个人偏好，即信念是激励相容机制能够实现目标的更有效保证。

在现实中现行体制往往并不能满足激励相容，因此就存在代理人问题。其内容是：由于代理人的目标函数与委托人的目标函数不一致，加上存在不确定性和信息不对称，代理人的行为有可能偏离委托人的目标函数，而委托人又难以观察到这种偏离，无法进行有效监督和约束，从而出现代理人损害委托人利益的现象。

要实现激励相容，需要更好地分析职工所追求的个人利益及其价值取向。按照传统的委托代理理论的激励观点，由于存在信息不对称，因此应该通过一种分配制度使代理人的努力收益和其经营业绩联系起来，例如，可通过报酬激励方式，如计件工资、年薪制和股票期权计划等，激发其努力敬业。

同时，设计合理的激励机制和手段也是一个重要方面。产生"相互抱怨"的企业都有一个共同的特点，即激励机制的缺失或扭曲。论资排辈、岗位僵死、固定的工资、平均的福利等现象在一些企业普遍存在，企业对个人的考核主要是根据资历、学历、职务或职称来确定。在这种情况下，鼓励了员工片面地追求高学历、高职务、高职称，忙于应付各种考核，把相当一部分精力放在满足这些指标上，而忽视了实际能力的培养和发展，造成的结果是劳动报酬与劳动贡献发生偏离，影响着员工的工作态度，甚至出现怠工、出工不出力、出力不出活的现象。解决问题的途径就是要设计合理的激励机制和手段，要将劳动贡献与报酬直接挂钩，淡化资历、学历、职称等对收入的影响，破除唯学历、资历、身价等条条框框，不拘一格地选拔人才、使用人才、培养人才。激励手段中要将个人的收入更多地以货币收入的形式出现，尽量抑制个人对非货币收入的动机，使个人与集体的两个目标函数一致起来，使两者的价值追求相容，为实现个人与企业的双赢打下良好的制度基础，实现最终的激励相容。

另外，还要尽可能准确地了解员工的需求，了解员工最看重的价值，尊重员工对个人利益的追求，在此基础上采取物质激励和精神激励等多种激励措施，使员工对个人利益的追求与对组织利益的追求相吻合，以此实现激励相容，提高激励效果，这也是企业在未来的激励机制设计时应该着重考虑的问题。

二、案例分析

【案例 3-1】

山东航空集团成功实施浪潮通软全面预算管理系统案例

1. 山东航空集团的基本情况

被誉为"齐鲁之翼"的山东航空（简称"山航"）集团是2000年成立的国有大型一类航空运输企业集团。公司已拥有资产45亿元，经过10年的发展，山航集团以山东航空集团有限公司为母公司，拥有山航股份、山东太古（飞机维修）、航空培训、广告公司等子公司和山航大厦、济南丹顶鹤大酒店（三星级）、烟台飞行员度假村等分支机构，形成以运输业为龙头，上下游产业相配套发展的经营格局，逐渐发展成为一个具有多种产业结构布局的综合性企业集团。

2. 山航集团信息化直接从全面预算管理信息化应用切入

山航集团全面预算的编制主体十分复杂，成员单位既涉及控股、非控股的子公司，又涉及非法人的独立核算单位；既涉及B股上市公司，又涉及内资企业；既涉及航空运输主业，又延伸到与航空业有关的飞行员、乘务员、地面维修业务培训等多种行业。原来集团公司各成员单位执行分行业的会计制度，2004年起统一实行《企业会计制度》。山航集团以现代企业制度为基础，实行董事会领导下的总裁负责制。

2005年年初，山航集团在综合平衡了各软件的特点和其他集团取得的经验之后，结合自身情况，决定首先从全面预算管理入手，这也是整个山航集团推出战略管理的重要组成部分和实现全面信息化的第一步。

虽从全面预算管理入手，但山航集团着眼于未来集团信息化统一平台的建设，这次选型既要考虑企业现有特点和需求，能满足集团及下属企业全面预算管理的需要，能够建立全面预算管理体系优化企业的资源配置，保证集团公司总体财务目标的实现，全方位地调动各个层面员工的积极性，促进企业建立、健全内部约束机制，规范企业财务管理行为，促使企业效益最大化，又要能面向集中管理实现集团信息化统一平台建设，要求整个系统在战略上实行集中控制，整合所有资源，在战术上实行分布式经营，做到既降低经营风险，又发挥规模经济优势，协助集团实现战略性目标。成熟的产品线、大型企业实施案例也同样是山航所关注的。浪潮通软与山航财务部经过6个月的通力协作，全面预算管理系统于2006年8月成功验收，山航的2006年全面预算也已经编制完成。

目前系统运行稳定，用户反映良好，实现了财务部门对整个生产经营活动的动态监控，加强了财务与其他部门之间的联系和沟通。全面预算控制制度的正常运行建立在规范的分析和考核的基础上，财务部门依据某个即时会计资料的反映和掌握的动态经济信息，系统分析各部门预算项目的完成情况和存在的问题，并提出纠偏的建议和措施，报经集团领导批准后，协同职能部门按规定的流程对各部门的预算执行情况进行全面考核，并把企业中的各种经济活动统一到了企业整体发展目标上来，在集团内部形成上下一致的合力，推动整个集团的高效运转。

3. 山航空团对全面预算体系的基本需求

山航集团作为国有大型一类航空运输企业，要求系统具有很强的安全性、可靠性、易使用性及可扩展性和先进性等技术特点，还要能体现山航对全面预算的管理思想，尤其是事前预算、事中控制、事后分析调整，并根据预算执行情况进行绩效考核。系统要特别强调资源的配置和对集团公司战略目标的支撑，出发点应是集团公司的管理思想，从集团管理角度看待全面预算系统，不是从账务管理系统中导出来的数据罗列和报表管理，要真正成为山航战略管理的强有力支撑。

系统总体目标：

（1）面向内部管理，提高企业营运的计划性和可监管性。

（2）面向业务流程，实现全面预算报表编制规范化。

（3）面向决策，提供辅助决策支持。

（4）面向未来，构筑统一的企业财务信息化平台。

系统整体架构：

全面预算信息系统的整体构架以集团的分级管理构架为基础，企业预算报表信息由集团公司成员单位根据集团确定的年度经营目标，将预算目标层层分解落实到企业内部各预算编制单位，并将本单位预算报表汇总上报到集团公司，集团公司借以对预算执行情况进行分析和监控，并实现对预算执行情况的考核和评价。

预算体系：

全面预算管理是利用预算对各部门、各单位的各种财务及非财务资源进行分配、考核、控制，以便有效组织和协调企业的生产经营活动，完成既定的经营目标。业务预算、投资预算、筹资预算、财务预算共同构成企业的全面预算。

山航预算体系主要由以下几部分构成：①业务预算；②资本预算；③筹资预算；④其他。

山航集团公司按照"二下二上"的预算编制流程，首先下达预算目标，各企业单位根据"一下"目标并结合自身情况编制企业"一上"预算，在预算编制过程中进行平衡检查和控制检查，检查通过后上报汇总，集团对各单位上报的预算报表进行审查，对不符合要求的预算报表，填写审批意见发回原单位进行修改，预算报表审核审批通过后，结合企业预算情况及集团经营目标制定企业的预算指标，形成"二下"指标，下达企业，企业根据"二下"指标编制"二上"预算，"二上"预算要受"二下"指标控制，并进行平衡检查，检查通过后的预算数据上报上级公司，上级公司进行审批处理，对审批通过的预算进行汇总合并形成集团公司预算，集团公司将以此为依据，在预算期内，监督、控制预算的执行情况。

对执行过程通过对比分析、环比分析、定基分析等多种分析方法，可以对指标、预算项目、预算表进行分析；通过对预算执行情况差异分析，可以从单位（部门）、预算期间、预算项目、预算版本四维进行穿透分析，查找差异原因，为决策提供支持。

4.浪潮通软全面预算管理系统主要特点

（1）本预算系统支持多种预算体系，可以实现包含业务预算、财务预算、资本预算及筹资预算等多种体系的全面预算管理。

（2）能够实现预算编制过程灵活，支持在一个会计年度内分阶段进行编制，也支持跨年度编制预算。可定义预算表格式，此预算系统适合多种预算编制方法。

（3）支持滚动预算、弹性预算、增量预算、零基预算等编制方法，支持自上而下的集中预算的编制和分解，自下而上的预算编制和汇总，以及上下结合的预算编制流程。

（4）预算编制支持多种细化预算数据方式，可以从编制期间上进行细化，也可以从部门、专项上进行细化处理。

（5）支持预算表之间的推演，可定义表间的勾稽关系。

（6）灵活的功能权限和数据权限控制，不同人具有不同的层次、不同数据的操作、修改、查看等权限，保证系统和数据的安全性。

（7）预算执行数据被动采集于其他业务系统，可直接共享为其他系统使用，实现事前预算和预警，事中控制；可同时在年、季、月、旬定义不同的控制方法，使预算控制更灵活。

（8）预算分析灵活，可以进行预算对比分析、预算差异分析、预算环比分析、预算定基分析、预算穿透分析等多种分析，满足预算管理的需要。

5. 实施效果

预算系统体现了企业下一步要做的事情和企业真正的管理思想与经营行为。针对这种情况，山航集团在预算系统中加入了自动化的预警、自动化报警等相当多的控制点，以便更好地把握集团公司整个预算年度的经营命脉和发展趋势。

从编制预算开始，山航集团管理的核心思想就得到了充分体现。集团整个预算体系的近200张表，数据从企业人工和各种物料消耗定额开始填写后，自动反映到后面的成本表，越到后面的环节系统需填写的数据就越少，最后所有数据都汇总到现金收支上来。最终形成的3张会计报表中有60%～70%的数据都是从前面的环节中自动获取的，所以要人为"做假"就很难，这些都加强了集团的控制能力。

通过全面预算管理系统，山航集团对各单位的生产经营活动有了全面的了解，实现了集团对下属二三级单位的全方位管理监控，把企业中的各种经济活动统一到了企业整体发展目标上来，在集团内部形成上下一致的合力，推动集团的高效运转。全面预算真正起了对山航集团战略管理的强有力支撑，及时掌握企业信息、配置企业信息、综合企业的管理资源，把资源配置到最有效的地方；控制企业发展导向，从而把握整个集团的发展命脉。

山航集团以前的管理主要表现为行政管理、人事管理和财务监督。由于政府每年对集团都有资金支持，集团的下属企业来汇报工作主要也是考虑到资金怎么分配，但自己的生产经营数据不会真实上报。而现在通过系统的实施，集团从营运、销售、资金等各方面都能摸得很清楚，对企业的经营活动有了很好的了解。从系统本身来说，它确实体现了企业以管理为先导，以管理为本质的思想，不是一个机械化的系统，而是一个人性化、动态化的系统。

【案例 3-2】

某合资公司内控体系案例

北京某合资公司系有限责任制公司，是由北京某公司和中国香港某投资公司共同投资兴办的合资经营公司，注册资本 500 万美元。

该合资公司是目前国内最大的饲料厂之一。该公司总投资为 1 000 万美元，可年产各种饲料 18 万吨。工厂设备全部是从美国引进的，配料、生产由电脑控制，从原料接收到产品的储存、发放，全部实现自动化。

合资公司主要产品为饲料，按使用方法不同可分为全价配合饲料、浓缩饲料（即料精）、预混饲料；按形状分为颗粒饲料、粉状饲料。品种按畜禽不同种类、不同生长期需要多达上百种。从 1987 年至 2003 年 5 月该合资公司共销售各类饲料 188.3 万吨。

该合资公司管理结构设置为：

一级：董事会。

二级：总经理（下设副总经理）。

三级：各职能部门，包括行销部、品管部、生产部、超混部、采购部、财务部、畜禽部、总经办、行政部。

该合资公司财务监控管理制度的主要内容如下。

1. 资产管理方面

公司的主要资产包括存货和固定资产，分别由专设职能部门管理负责，责任到人，各项资产由计算机系统进行核算处理。

固定资产中房屋建筑物布局合理、厂房宽敞通风、厂区绿化良好、生产设备实现全自动化，各种产品的配方经调试确定后由电脑自动控制进行供料、搅拌、生产、装运等工作。机器设备定期维修、保养较好。公司在购置固定资产时的内部控制手续非常健全，均有购置申请书，公司负责人批示，完税证明单，到货验收单（验收人员签字）和购置发票等相关证据。

公司对存货管理较为严格，库房中存货码放整齐，不同种类的存货用不同颜色包装袋分开摆放，很容易进行识别，各类存货均挂有标牌，在标牌上面明确列示存货规格、型号、出入库时间，并有领料人、送料人、库管人员签字确认。

公司每月对各项资产进行清盘，每月均统计出暂停用固定资产的名称数量清单，进行调整安排。存货每月进行盘点，盘盈盘亏率很低。

2. 生产销售方面

公司从采购原料、原料验收入库到材料出库、生产成品再到销售结转成本、确认收入各环节控制体系均较为完善。

材料采购需填制"采购申请单"，列明采购原料名称、供应商名称、价格、数量、质量标准、交货地点、付款形式、运输方式、在途天数、订货到达日期、包装袋处理等详细采购计划。此单据需采购员、采购经理签字，交由品管部、财会部会签、最后总经理签字确认。

采购原料入库需填制"原料收货报告"，此报告由采购部对原料名称、合同号、运输单位、包装袋处理等进行签字确认；然后由地磅员对过磅时间、重量、运输车号、皮重、毛重等情况进行签字确认；由化验室对原料进行化验确认原料品质，提出化验意见并进行签字确认；由工厂仓库对收货净重、存放位置、入库件数进行签字确认，再由采购部综合上述情况对付款进行确认。

原料出库需填制"领料单"，由领料人、部门主管签字确认。

结转产成品时需制作"原料耗用及生产量表"，列明多少原料生成多少产品，列明规格、数量。

产品出库销售，需制作"产品销售统计表"，列明当日销售多少、赠送多少、总金额、折扣金额、净销售额；"产品发货日报表"按购货单位统计对其销货多少、折扣额多少。这些表每日均由财务主任、财务总监监控。

3. 往来款管理方面

在市场竞争日益激烈的今天，为扩大销售量，赊销作为一种促销的手段，有着不可低估的作用，发生往来款使销售和收款这两种行为之间存在着一个结算周期，从而形成了应收账款的成本，企业不得不垫支一定的资金和花费一定费用。随着应收账款规模增大而呈正比例增长的坏账损失，将成为应收账款投资的最大风险。管好应收账款，目的在于加快资金的回收、周转，提高应收账款的变现能力,并对往来款的发生、间隔期、清算三个环节进行严格的监督与控制。

该公司在赊销方面,需填制"客户赊销申请单",列明客户名称、合同号、销售货物名称、金额,并由客户写明"客户申请承诺",保证在什么时间付款。此单据由行销部签署此客户尚欠款项,申请赊销理由并签字确认,由财务部对此客户信用进行审查,确定对其的信用政策,并由财务长签字确认,最后由总经理签字同意,才能进行赊销。

企业在赊销后对往来结算准确登记,认真核对,定期清理,使单位有更多的资金开展业务活动,积极主动地向欠款单位和个人催收。对账龄较长的欠款单位和个人发欠款确认书,经双方确认签字后寄回。

对应付、暂付款的有效管理,可使单位能够充分利用这部分暂时为企业所拥有的资金。灵活管理和运用这两种资金,可使单位提升物流、资金流管理。公司采购原材料基本无现付现象,均合理利用对方单位给予的无息信用期,并由财务部门对每笔欠付金额、信用期、对方单位均进行准确记录,到期准确还款,保持着良好的信誉。

4. 费用支出方面

随着我国现代企业制度的建立和完善,加强资金管理、合理使用、节约各项费用成本已成为企业资金管理的重要组成部分。要在市场经济这个大潮中求得生存和发展,必须加强对资金的管理与使用,实施有效的内部控制制度,管好用好资金,以便提高每一笔资金支出的使用效益,因此加强资金支出的管理是十分重要的。

该合资公司各项资金支出控制制度非常严格,不论资金支出用途、金额大小均需填制付款申请单,列明付款提议人名称、付款理由等情况,并必须由批准、财务负责、经理、审核、出纳、领款、报销制单各方负责人同时签字才能支付此笔款项,有一方不签字,将无法支出此笔现金,虽然手续烦琐,短时间内企业内外各方资金使用人无法理解,但这种严格的控制制度最大限度地控制了付款支出过程中可能发生的错误与舞弊,并且经过长时间的坚持实施,公司内外各方资金使用人也对此制度适应并自觉遵守。

以上是该合资公司的主要内部控制体系,由于饲料行业的价格直接受国民日常所需要的禽、蛋、肉、奶价格的影响,而目前我国处于通货紧缩期,禽、蛋、肉、奶价格偏低,因此我国饲料行业利润空间很小,大部分企业亏损、不景气。但该合资公司连年创造成百上千万净利润,在饲料行业内一枝独秀,我认为这与其设计科学合理的内部控制管理体系及日常行之有效的对内控制度的监控办法是密不可分的。

【案例 3-3】

内部控制案例分析——以中国联通网络通信集团有限公司为例

一、中国联通通信有限公司概况

（一）中国联通通信有限公司简介

中国联合网络通信集团有限公司（简称"中国联通"）于 2009 年 1 月 6 日在原中国网通和原中国联通的基础上合并组建而成，在国内 31 个省（自治区、直辖市）和境外多个国家与地区设有分支机构，是中国唯一一家在纽约、香港、上海三地同时上市的电信运营企业，连续多年入选"世界 500 强企业"。中国联通拥有覆盖全国、通达世界的通信网络，积极推进固定网络和移动网络的宽带化，为广大用户提供全方位、高品质信息通信服务。2014 年 1 月，中国联通获得了当今世界上技术最为成熟、应用最为广泛、产业链最为完善的 WCDMA 制式的 3G 牌照，拥有"沃 3G/沃 4G""沃派""沃家庭"等著名客户品牌。现有移动用户 2.8 亿人，宽带用户 6 464.7 万人，系统从业人数 29.48 万人（2012 年年底）。

（二）中国联通通信有限公司内部控制概况

正如 COSO 的内部控制概念中所说，内部控制是其他因素构建的基础，若基础都存在极大的缺陷，其他因素即使构建得再完美，也只是空中楼阁。根据电信的行业特点和中国联通的特殊性，加强内部控制对于中国联通则是重中之重。

中国联通在 2003 年年底着手准备按照奥克斯—塞班斯利（SOX）法案的 404 条款完善公司的内部控制制度。从 2004 年开始，联通按照 COSO 框架的要求完善公司的内部控制制度，围绕经营效果和效率、财务报告真实性、遵从法律法规三个目标，建立了一套高效的、健全的内部控制环境体系。中国联通的组织结构图如图 3-1 所示。

（1）市场部负责制订年度营销目标计划，建立和完善营销信息收集、处理、交流及保密系统；对消费者购买心理和行为的调查；对竞争品牌产品的性能、价格、促销手段等的收集、整理和分析；对竞争品牌广告策略、竞争手段的分析,作出销售预测,提出未来市场的分析、发展方向和规划。

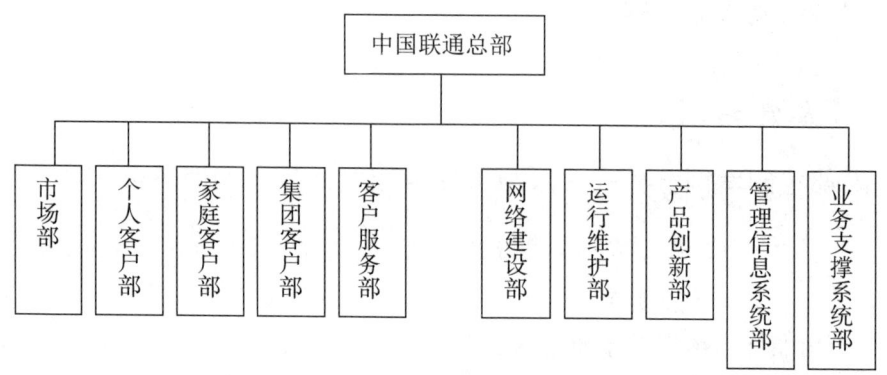

图 3-1　中国联通的组织结构

（2）个人客户部、家庭客户部、集团客户部、客户服务部根据各自目标客户的不同,负责与重点客户保持定期沟通并及时反映客户提出的问题,跟踪客户的服务请求;对公司现有的客户资料进行分析,负责建立客户信息并保证数据的真实准确性、定期安排拜访工作。

（3）网络建设部负责公司网络的绘画建设管理,根据工程建设管理规范以及指导意见,制定符合本公司实际的移动网和固网工程的建设管理制度、方法和流程,并组织实施。

（4）运行维护部负责公司网络运行维护管理,是公司移动网、语音网、数据网、传输网及动力环境设备运行维护,网络资产的归口管理部门。产品创新部负责产品的设计、退出、培训和推广工作;负责根据业务需要,对系统提出优化需求,编写优化的项目方案。管理信息系统部提供统一信息平台,对公司的业务信息进行维护和技术支持,为各部门提供信息化的服务和支持,搜集信息化需求、管理基础信息数据,组织项目实现、维护硬件及网络环境,其主要任务是确保信息软硬件环境适应业务需求,实现全公司信息资源共享。

（5）业务支撑系统部负责公司业务支撑系统,管理信息系统的技术规划、构架管理、工程建设、应用软件开发、系统运营与维护、质量管理等工作。

二、中国联通内部控制评价

（一）对内部环境的完善

内部控制环境是直接造成各企业内部控制形式和内容差异的根本原因。

我国大多数上市公司不是没有建立相应的控制系统，而是存在于内部控制环境中的缺陷导致了会计控制系统和管理系统的失效。根据电信行业的特点和中国联通的特殊性，内部控制环境就显得尤为重要。中国联通首先建立起了一套完整的内部制度。

首先，公司建立并完善员工行为准则，规范员工行为，创造出诚实守信的企业环境。良好的道德环境是企业得以成功的关键。公司设立了道德官进行专门负责；制定和维护成文的行为规范；为员工提供匿名报告违规行为或可疑行为的渠道；保持内部调查的能力；促进行为规范的持续贯彻；对员工进行道德规范定期培训、反面典型案例教育等。

其次，公司制定了包括《中国联通内控制度规范》《中国联通基本会计制度》《中国联通财务与信息披露关键控制》等，对本公司各项业务进行了认真研究和梳理，内容涵盖公司的经营管理、IT系统控制、投融资管理、财务监控、法律法规监督等，将各业务和事项的风险类型、控制目标、控制关键点、控制措施、控制频率加以规定和说明，形成了与经营管理制度有机结合的内部控制。

（二）对风险评估的完善

中国联通公司的风险主要有财务报告失真风险、资产安全受到威胁风险、营私舞弊风险、经营决策风险、违反法律法规风险等。为此公司制定了《中国联通风险评估管理办法》，办法规定了评估风险管理的工作内容、风险控制责任，包括评估和防范的主要风险；定期组织风险评估和落实风险控制责任。通过各部门办公例会的形式以及组织专项调查和抽查单个合同、协议、控制流程等方法组织风险评估。围绕确定的公司发展目标，揭示风险和控制缺陷，并分析判断其对公司经营发展和财务报告的影响程度。对存在的主要风险，明确风险控制目标，明确具体的风险控制措施，包括业务流程控制及有关管理制度规定等，将风险控制在可接受的范围内。落实风险控制的责任，提出控制措施实施和整改的责任部门，将风险控制的责任和控制目标落实到具体的处室、工作岗位和人员。同时，加大监督检查的力度，确保各项经营活动能够严格按照内控措施规范执行。

（三）对控制活动的完善

公司制定了《中国联通基本会计制度》，采用了统一的会计核算方法，规范的会计核算行为，从而保证了会计基础信息表从账务系统中自动取数的便捷和准确，实现了各级次会计报表自动统一生成。同时，压缩会计报表加工周期，使各级分、子公司在会计报表编制完成后有足够的时间进行财务分析。为提高财务部门对经济业务核算表单的处理效率和质量，公司统一组织开发了中国联通财务系统业务数据集成转换工具，经济信息文档通过该转换工具自动转换生成财务核算系统的记账凭证，从而避免手工录入凭证可能出现的错误，确保会计核算的准确性。对通过转换工具自动生成记账凭证的经济业务核算表单，纳入公司电子表格的管理范围，确保经济业务核算电子表单的数据真实、准确、完整，以及业务数据转换为财务数据的准确性。

公司还制定了《中国联通财务与信息披露关键控制》，规范和统一了各分、子公司财务信息的披露流程，详细列示了财务与信息披露环节必不可少的下一关键控制。对风险的评估和控制分为随时、日、月度、季度、年度。风险的控制类型分为预防性和发现性。从凭证的录入、往来账的核对、共同费用的分摊、一次性调整和非正常会计事项的调整、业务的计算、财务关账的控制等环节进行关键控制，并采取相应的控制措施。满足了公司内部管理、会计核算和信息披露的需求，防范与控制财务报告风险，如重点财务事项或非常规、负责交易、重点特殊事项，如果金额超过呈报单位营业收入的 2.5‰，应上报总部财务部批准，大大降低了财务风险。

（四）对内部监督的完善

公司建立了一系列的反舞弊控制和监督机制，确保财务信息真实。反舞弊工作是公司内控建设的一项重要内容，也是确保财务信息真实准确的一项重要举措。中国联通制定了《反舞弊暂行规定》，建立反舞弊举报机制和控制程序。中国联通总部监察室为公司反舞弊举报受理中心，负责受理公司范围内舞弊行为的举报投诉和来访接待，并组织相关的舞弊调查。各省分公司同时要建立反舞弊机制，明确省公司的举报渠道和受理程序，并报总部监察室备案。

公司还对发生舞弊事件的责任人员进行责任追究，包括领导责任和直接责任。领导责任是指负有相应领导职权的管理人员在其主管或分管工作范围内因失职、失察导致发生舞弊事件，造成会计信息失真、隐瞒损失等应承担的责任。直接责任是指公司管理人员及其相关人员在其职责范围内，因直接操作或参与相关决策，或授意、指使、强令、纵容、包庇他人等舞弊以及未履行、未正确履行职责等过失行为，造成会计信息失真、隐瞒损失等应承担的责任。对发生的舞弊行为，将依据国家有关法律法规及公司的处罚规定，对相关责任人进行处理，包括行政处分、免职、解聘、解除劳动合同等纪律处理，触犯法律的，将移送司法机关。

（五）中国联通通信有限公司内部控制评价结果

由以上措施以及结合中国联通公司 2010 年和 2011 年的年报，不难看出中国联通对内部控制建设所作出的努力和所确定的结果。尽管目前仍存在某些缺陷，还存在可改进的会计，但中国联通公司的内部控制各项制度完善，执行有效，适应了新电信时代的业务发展需要。各种规章制度和业务操作规范都得到了认真贯彻和有效实施，所以业务领域和操作环节都能够有效地发展、管理和控制各种风险，实现了经营稳健，即使存在问题也是属于性质一般的问题，可以通过常规方式来解决。

第四章

信息与沟通

《基本规范》第三十八条规定，企业应当建立信息与沟通机制，明确内部控制相关信息的收集、处理和传递程序，确保信息及时沟通，促进内部控制有效运行。

信息与沟通是及时、准确、完整地收集与企业经营管理相关的各种信息，并使这些信息以适当的方式在企业有关层级之间进行及时传递、有效沟通和正确应用的过程，是实施内部控制的重要条件。

企业在其经营过程中，需要按某种形式辨识、取得确切的信息，并进行沟通，以使员工能够履行其责任。信息系统不仅处理企业内部所产生的信息，也处理与外部的事项、活动及环境等有关的信息。企业所有员工必须从最高管理阶层清楚地获取承担控制责任的信息，而且必须有向上级部门沟通重要信息的方法，并对外界顾客、供应商、政府主管机关和股东等作有效的沟通。

一、信息系统

信息系统处理企业内部信息和外部信息。内部信息资料包括采购资料、销售交易资料、内部营业活动资料和内部生产过程资料等。内部信息还包括会计制度，即由管理当局建立的记录和报告经济业务和事项，维护资产、负债和业主权益的方法和记录。有效的会计制度应是：包括可以确认所有有效业务的方法和记录；按时详细记录业务以便于归类，提供财务报告；采用恰当的货币价值来计量业务；确定业务发生时期以保证业务记录于合理的会计期间，在财务报告中恰当披露业务。

外部信息资料包括显示本企业产品的需求发生改变时，某种特定市场或行业的经济资料，用于企业生产商品的资料，显示顾客偏好的市场情报，竞

第四章　信息与沟通

争对手产品开发活动的信息，立法机关与行政机关所发布的信息。

企业建立良好的信息系统，必须做到：建立良好的信息系统支持策略；信息系统与企业营运应有效地结合；选择更新信息系统的最佳时间；有很好的信息品质。

二、沟通

企业的信息系统提供有效信息给适当的人员，通过沟通，使员工能够知悉其营业、财务报告及遵循法律的责任。沟通的方式有政策手册、财务报告手册、备查簿，以及口头交流或管理示例等。

企业沟通包括内部沟通和外部沟通。内部沟通需要做到：所有的员工，特别是那些负有重要营业责任或财务管理责任的员工，除了得到用于管理其负责活动的重要资料，还应当得到来自最高管理层谨慎承担内部控制责任的清楚信息；必须让每个人清楚地知道个人所担负的特定任务，了解内部控制制度的各项规定、它们如何生效，以及他（她）在控制系统中所扮演的角色及所承担的责任；员工在执行任务时，一旦有非预期的事项发生，除了要注意该事项本身，还应当注意导致该事项发生的原因，如此才有办法辨认潜在缺失，采取行动，并预防再度发生；员工必须知道他（她）所负责的活动是怎样与他人的工作发生关联的；员工必须拥有在组织中向上沟通重要信息的方法。外部沟通应做到：顾客和供应商能经过开放的沟通管道输入重要的信息；与相关的外部团体沟通，以便获悉关于本企业内部控制功能的重要信息；外部审计人员对企业营业、相关业务问题及控制系统审计后，可以提供给管理阶层和董事会重要的控制信息；政府主要机关（如银行或保险机关）所报道的复核或检查的结果，可以有效地弥补控制的缺失。

三、舞弊机制、举报投诉制度和举报人保护制度

（一）建立反舞弊机制

建立反舞弊机制是保障内部控制有效的基础，理论上可以将其归入内部环境的要素中。《基本规范》第四十二条规定，企业应当建立反舞弊机制，坚持惩防并举、重在预防的原则，明确反舞弊工作的重点领域、关键环节和有关机构在反舞弊工作中的职责权限，规范舞弊案件的举报、调查、处理、报告和补救程序。

《基本规范》规定企业至少应当将下列情形作为反舞弊工作的重点：

（1）未经授权或者采取其他不法方式侵占、挪用企业资产，谋取不当利益。

（2）在财务会计报告和信息披露等方面存在的虚假记载、误导性陈述或者重大遗漏等。

（3）董事、监事、经理及其他高级管理人员滥用职权。

（4）相关机构或人员串通舞弊。

（二）举报投诉制度和举报人保护制度

完善举报投诉制度和举报人保护制度是保障信息畅通的重要基础和重要举措。一个企业的举报投诉制度和举报人保护制度完善并得到有效的执行，影响单位目标实现或者偏移单位目标、损害企业利益、影响内部控制的相关信息就能得到有效沟通，企业的目标及其内部控制就能较好地实现。

《基本规范》第四十三条规定，企业应当建立举报投诉制度和举报人保护制度，设置举报专线，明确举报投诉处理程序、办理时限和办结要求，确保举报、投诉成为企业有效掌握信息的重要途径。举报投诉制度和举报人保护制度应当及时传达至全体员工。

这一规定就是从保障企业的信息畅通、保证企业内部控制得到有效实施的角度做出的明智举措。

四、案例分析

[案例]

法国兴业银行内部控制案例分析[①]

法国兴业银行（Societe Generale，以下简称法兴银行）创建于1864年5月，是有着150多年历史的老牌欧洲银行和世界上最大的银行集团之一，分别在巴黎、东京、纽约的证券市场挂牌上市，拥有雇员55 000名、国内网点2 600个、世界上多达80个国家的分支机构500家，以及500万个私人和企业客户。法兴银行提供从传统商业银行到投资银行的全面、专业的金融服务，建立起世界上最大衍生交易市场领导者的地位，也一度被认为是世界上风险控制最出色的银行之一。但2008年1月，法兴银行因期货交易员杰罗姆·凯维埃尔（Jerome Kerviel）在未经授权情况下大量购买欧洲股指期货，造成49亿欧元（约71亿美元）的巨额亏空，创下世界银行业迄今为止因员工违规操作而蒙受的单笔最大金额损失。这桩惊天欺诈案还触发了法国乃至

---

① 刘华. 法国兴业银行内部控制案例分析［J］. 财政监督，2008（8）.

整个欧洲的金融震荡,并波及全球股市暴跌,无论从性质上还是从规模上来说,都堪称史上最大的金融悲剧。

一、杰罗姆·凯维埃尔的作案手法

在2007年至2008年年初长达1年多的时间里,凯维埃尔在欧洲各大股市上投资股指期货的头寸高达500亿欧元,超过法兴银行359亿欧元的市值。其中,道琼斯欧洲Stoxx指数期货头寸300亿欧元,德国法兰克福股市DAX指数期货头寸180亿欧元,英国伦敦股市《金融时报》100种股票平均价格指数期货头寸20亿欧元。法兴银行作为一家"百年老店",享有丰富的金融风险管理经验,监控系统发达,工作权限级别森严。一个普通的交易员为何能够长期调遣高额资金进行虚假交易,这是我们关心的首要问题。

凯维埃尔于2000年进入法兴银行,在监管交易的中台部门(middle office)工作5年,负责信贷分析、审批、风险管理、计算交易盈亏,积累了关于控制流程的丰富经验。2005年调入前台(front office),供职于全球股权衍生品方案部(Global Equities Derivatives Solutions),所做的是与客户非直接相关、用银行自有资金进行套利的业务。凯维埃尔负责最基本的对冲欧洲股市的股指期货交易,即在购买一种股指期货产品的同时,卖出一个设计相近的股指期货产品,实现套利或对冲目的。这是一种短线交易,且相似金融工具的价值相差无几,体现出来的仅是非常低的余值风险。但有着"电脑天才"名号的凯维埃尔进行了一系列精心策划的虚拟交易,采用真买假卖的手法,把短线交易做成了长线交易。在银行的风险经理看来,买入金融产品的风险已经通过卖出得到对冲,但实际上那些头寸成了长期投机。

纵观杰罗姆·凯维埃尔的作案手法,可以概括为侵入数据信息系统、滥用信用、伪造及使用虚假文书等多种欺诈手段联合实施的立体作案。为了确保虚假的操作不被及时发现,凯维埃尔利用多年来处理和控制市场交易的经验,连续地屏蔽了法兴银行对交易操作的性质进行的检验、监控,其中包括是否真实存在这些交易的监控。在买入金融产品时,凯维埃尔刻意选择那些没有保证金补充警示、不带有现金流动和保证金追缴要求,以及不需要得到及时确认的操作行为,巧妙地规避了资金需求和账面不符的问题,大大限制了虚假交易被检测到的可能性。尽管风险经理曾数次注意到凯维埃尔投资组合的异常操作,但每次凯维埃尔都称这只是交易中常见的一个"失误",随即取消了这笔投资,而实际上他只是换了一种金融工具,以另一笔交易替代了那笔被取消的交易,以规避相关审查。此外,凯维埃尔还盗用他人电脑账号，编造来自法兴银行内部和交易对手的虚假邮件，对交易进行授权、确认或者发出具体指令，以掩盖其越权、违规行为。

二、法兴银行内部控制存在的缺陷

健全、有效的内部控制对欺诈、舞弊和非法行为，具有"防止""发现"和"纠正"三大功能。法兴银行的内部控制之所以不能防止令人触目惊心的交易欺诈发生，首先源于设计上的严重缺陷。在技术发展迅速、交易系统日益复杂的趋势下，只依据过往的经验来拟定风险控制方法，不能适时地、前瞻性地展现出环境适应性和契合性，是法兴银行难以有效地觉察出欺诈行为的重要原因。法兴银行的内部控制系统在对交易员盘面资金的监督、资金流动的跟踪、后台与前台完全隔离规则的遵守、信息系统的安全及密码保护等多个环节存在漏洞。法兴银行关注的是欧洲交易所提供的汇总后的数据，而没有细分到每一个交易员的交易头寸数据。此外，它把监控点放在交易员的净头寸和特定时间段的交易风险上，并没有对套利"单边"交易的总头寸进行限制，忽视了全部交易的总规模。而让长期浸淫于风险控制体系的员工直接参与交易，更是违背了最基本的不相容职务分离原则。如今的金融交易和监管系统已完全实现电子化，信息技术和系统开发人员理应对内部控制的设计缺陷承担责任。要确保那些被交易员设计出来的规避监控的技术不再能够被运用，就必须以欺诈技术（防范）专家的思维，设计严密的监控程序。

我们也注意到，法兴银行的内部控制系统在"发现"功能上并非一无是处。2008年2月，法兴银行特别委员会提交的中期调查报告显示：从2006年6月至2008年1月，法兴银行的运营部门、股权衍生品部门、柜台交易、中央系统管理部门等28个部门的11种风险控制系统，自动针对凯维埃尔的各种交易发出了75次报警。从时间来看，2007年发布警报最为频繁（达67次），平均每月有5次；2008年1月案发前，又发布警报3次。从细节来看，这11种风险控制系统几乎是法兴银行后台监控系统的全部，涉及经纪、交易、流量、传输、授权、收益数据分析、市场风险等风险控制的各个流程和方面，由运营部门和衍生品交易部门发出的警报高达35次。荒谬的是，监控系统竟然发现在不可能进行交易的某个星期六，存在着一笔没有交易对手和经纪人姓名的交易。风险控制部门负责调查的人员轻信了凯维埃尔的谎言，有些警报甚至在风险控制IT系统中转来转去，而没有得到最终解决。直到2008年1月，一笔涉及300亿欧元的德国股指期货的交易对手巴德尔银行（Baader Bank）才引起集团管理人员的警觉，因为巴德尔银行作为一个规模中等的德国做市商,根本不可能从事数额如此巨大的交易。在对巴德尔银行收紧贷款、核查其历史交易和开展全面调查之后,惊天欺诈案才水落石出,不幸的是为时已晚。

法兴银行的交易欺诈案,表面上是因为内部控制系统的功能"残疾"(不能"防止",虽能"发现",但迟迟不能"纠正"),但其深层次的原因则是内部控制的根基不牢,控制环境不佳。从2005年开始违规交易、一度账面盈利达14亿欧元的凯维埃尔说:"我不相信我的上级主管没有意识到我的交易金额,小额资金不可能取得那么大利润。当我盈利时,我的上级装作没看见我使用的手段和交易金额。在我看来,任何正确开展的检查都能发现那些违规交易行为。"管理层的利欲熏心、风险管理意识淡化,由此可见一斑,这也是法兴银行内部控制功能落空的根本原因。

三、评价与反思

由法兴银行事件并不能推演出金融衍生品的"罪恶论",但我国股指期货的推出必须慎重。股指期货等金融衍生品是市场深化的产物,推出的本意是为了提高市场效率和对冲风险。但股指期货的专业性强,在投机狂热和利润冲动的驱使下,其风险的一面很可能被放大,甚至由个人和所在机构的风险演变为系统性风险。开展股指期货交易是一项复杂的系统工程,涉及法规调整、产品设计、规则制定、系统开发、中介机构准备、投资者教育及监管制度安排等方方面面的工作。本着保护投资者、对市场负责、维护金融安全和国家经济稳定的宗旨,监管层必须扎好防范风险的"篱笆墙",不宜草率地推出股指期货等金融衍生品。

为了避免重蹈法兴银行的覆辙,我国的商业银行应严格执行2006年12月中国银行业监督管理委员会修正的《金融机构衍生产品交易业务管理暂行办法》,以及2007年7月起施行的《商业银行内部控制指引》的规定,对资金业务、计算机信息系统和衍生产品交易进行规范管理,有效控制交易风险。第一,建立完备的资金交易风险评估和控制系统,就交易品种、交易金额和止损点等对资金交易员进行授权,明确规定允许交易的业务品种,确定资金业务单笔、累计最大交易限额以及相应承担的单笔、累计最大交易损失限额和交易止损点。第二,根据权限等级和职责分离原则,做到前台交易与后台结算分离、自营业务与代客业务分离、业务操作与风险监控分离,建立资金交易中台和后台部门对前台交易的反映和监督机制:前台资金交易人员承担越权交易和虚假交易的责任;中台监控人员负责核对前台交易的授权交易限额、交易对手的授信额度和交易价格,承担对资金交易员越权交易报告的责任；后台结算人员独立进行交易结算和付款，向交易对手逐笔确认交易事实，对结算的操作性风险负责。第三，严格划分计算机信息系统开发部门、管理部门与应用部门的职责，建立健全计算机信息系统风险防范制度，包括对计算机信息系统实施有效的用户管理和密码（口令）管理，对网络设备、操作系统、数据库系统、应用程序设置必要的日志，以确保计算机信息系统设备、数据、系统运行和系统环境的安全。第四，建立完善的衍生产品交易前、中、后台自动连接的业务处理系统和实时的风险管理系统，定期更新衍生产品交易的风险敞口限额、止损限额和应急计划，严格审查交易对手的法律地位和交易资格，对衍生产品交易主管和交易员制定明确的资格认定标准和实行严格的分级授权制度。

第五章

内部监督

内部监督是内部控制有效发挥作用的保证,它对于一个完善的内部控制体系来说是必不可少的。《基本规范》第四十四条规定,要求企业应当根据基本规范及其配套办法,制定内部控制监督制度,明确内部审计机构(或经授权的其他监督机构)和其他内部机构在内部监督中的职责权限,规范内部监督的程序、方法和要求。

根据基本规范的规定,企业在健全内部控制时,首先,必须健全内部审计机构,这一机构一般来说是企业的内审部门,也可以由审计委员会委托有关部门或外部机构承担审计监督任务。其次,要明确内审机构的职责权限,根据基本规范的精神,内审机构的权力应该高于内部控制执行层,应直属内部控制规划决策层。再次,要规范相应的程序、内审方法以及标准等,防止内审形式化。

一、日常监督与专项监督

《基本规范》第四十四条规定,内部监督分为日常监督和专项监督。日常监督是指企业对建立与实施内部控制的情况进行常规、持续的监督检查;专项监督是指在企业发展战略、组织结构、经营活动、业务流程、关键岗位员工等发生较大调整或变化的情况下,对内部控制的某一或者某些方面进行有针对性的监督检查。

专项监督的范围和频率应当根据风险评估结果和日常监督的有效性等予以确定。

为了理解这两种监督形式，我们可以借鉴美国COSO报告中有关监督的具体做法。

COSO项目组认为监督是由实时评价内部控制执行质量的程序组成，这一程序包括持续监督、独立评价，或者两者的综合。独立评价的范围和频率取决于所评估的风险程度，监督能够确保内部控制的有效运行。

内部控制系统通常是组织完善的系统，在某种程度上持续的监督其自身的活动。内部控制系统持续性监督的有效性程度越高，对单独评估的需要程度就越低，管理层为了合理地确认内部控制系统的有效性所必须进行的单独评估的频率，取决于管理层的判断。在作出该决定时管理层应考虑以下因素：变化发生的性质和程度以及与变化相关的风险；实施内部控制的人员的能力和经验以及持续性监督的结果。通常，持续性监督和独立评估在某种程度上的合并使用，将会保证内部控制系统随着时间的变化而保持其有效性。

应该认识到，持续性监督程序根植于企业日常重复发生的活动中。与独立评估所实施的程序相比，由于持续性监督程序在实时基础上实施，动态地应对环境的变化并在企业中根深蒂固而显得更加有效。由于独立评估发生在事实出现之后，因此通过持续性监督的日常程序通常可以更快地发现问题。尽管如此，一些持续性监督活动完善的企业仍然每隔几年要对其整个内部控制体系或其中一些部分进行一次独立评估。那些察觉到需要经常进行独立评估的企业应重点关注增强其持续性监督活动的途径，从而强调将持续性监督活动"根植于"而不是"添加在"内部控制活动中。

（一）日常监督

基本规范中的日常监督相当于COSO报告中的持续性监督。COSO报告中的持续性监督活动主要涉及以下7个方面：

（1）在日常活动中获得内控执行的证据。在执行日常管理活动时，负责运营的管理层获取内部控制持续发挥功能的证据，这是很重要的一点。在营业报告并入财务报告系统或与该系统核对并持续用于管理企业运营时，很可能会迅速发现重要的不正确的数字或预期结果的例外情况。

（2）外部反映对内部信息的印证程度，即与外界各方的沟通能够印证内部生成的信息或揭示问题。

（3）定期核对财务系统数据与实物资产。也就是说，将信息系统所记录的数据与实物资产相比较。

（4）对内、外部审计师关于加强内控的措施作出响应。内部及外部审计师则定期为进一步加强内部控制的方法提供建议。在许多企业，审计人员关注的焦点主要集中在评估内部控制的设计以及测试其有效性，识别潜在的缺陷并向管理层建议采取替代方案，同时提供作出成本效益决策有用的信息。在监督企业内部控制活动中，内部审计人员或实施类似审核职能的人员能够发挥尤为有效的作用。

（5）培训、会议等对内控有效性的反馈。培训研讨会、计划会议及其会议可以向管理层提供有关内部控制是否有效的重要反馈。这些会议不但可以指出控制中存在的某些问题，还能够增强参与者的内部控制意识。

（6）定期询问员工是否理解并执行了公司的道德准则，员工是否执行了内控活动；定期要求企业员工明确说明他们是否理解并遵守企业的员工行为守则。同样，也可以要求经营人员和财务人员说明某些内部控制程序是否正常地实施。管理层或内部审计人员可以对这些说明进行核实。

（7）内审活动的有效性。适当的组织结构和监督活动可以监督内部控制职能的执行并识别内部控制的缺陷。

（二）专项监督

《基本规范》中的专项监督相当于美国COSO报告中的独立评估。美国COSO报告认为：尽管持续性监督一般可以提供关于其他控制要素有效性的重要反馈，但经常从一个新的角度，把焦点集中在对系统的有效性直接进行评估也是十分有益的。这也提供了一个机会来考虑持续性监督程序的连续有效性。独立评估工作是内部审计、监察等部门从独立性角度出发，对内控系统进行审核的过程，主要关注的是系统的设计和运行的有效性。

1. 评估范围和频率

个别评估的范围和频率，应以被控制对象的风险大小和控制的重要性而定。一般来说，处理风险顺位排列在前的那些控制，应经常进行评估；在相同顺位中，最不可缺失的那些控制，更要经常进行评估；对整体控制评估的次数，通常要少于对特定控制评估的次数，如有重大策略改变、管理阶层变动、重大的收购或处分、重大的营运方法改变或财务资讯处理方式改变等，就需要对整体内部控制制度进行评估。当管理阶层决定要对单位整体控制制度进行评估时，必须注意内部控制的每个组成要素及其所有重大活动的关系，同时要考虑评估的范围还受内部控制的影响。

2. 评估主体

通常的评估，是以自我评估的形式进行，亦即由特定单位或职能的负责人决定评估。例如，某一部门的最高主管可能命令相关员工评估该部门的内部控制制度，他自己可能评估控制环境的因素是否有效，而要负责该部门各营运活动的员工评估其他组成要素是否有效。最后，单位的管理阶层再考核各个部门的评估结果。

内部审计机构是单位进行控制评估的主要力量，一是因其职责分工之故，二是因董事会、高层主管、子公司或部门主管的特别要求。管理阶层在考核内部控制是否有效时，还可以借用外部审计的力量。

3. 评估过程

评估内部控制制度，本身就是一个过程。尽管在评估中使用不同的方法或技术，但必须遵循一些基本的原则和要求。

评估者必须了解涉及的每一个作业和每一个内部控制制度组成要素。首先要注意到每一项制度设计的要求是什么，它应该发挥什么样的控制功能，以及如何发挥其功能。评估者应与员工讨论，并复核现有的文件，以了解设计思想。

评估者应了解制度的实际运行情况，与原设计有何不同，各种变更是否必须和适当。评估者与执行控制的人员与控制影响的人进行讨论、检查执行控制情况的记录，了解上述应知道的情况。

评估者应比较设计与执行之间的差异，并确定控制制度对已定目标的达成是否能提供合理的保证。

4. 评估方法

评估内部控制的方法和工具有很多种，如检查清单、阅读及绘制流程图技术、量化技术等。此外，还可以列示依仗所有控制目标的清单，用于辨认内部控制的基本目标。

某些单位还采用标杆比较方法，将自己单位和内部控制制度与其他单位的制度进行比较，以判断优劣。某些行业有同业复核功能，单位还可以通过与同业的比较，而帮助单位评估自己的控制制度。值得提出的是，在比较不同单位的内部控制制度时，应注意目标、事实和环境的差异以及内部控制5个组成要素及内部控制的限制。

5. 书面记录

一个单位把内部控制制度作为书面文件的程度，因单位规模的大小、复杂程度的高低及其他因素影响而异。规模大的单位通常有书面的政策手册、正式的组织构图、书面的工作说明、操作指令及资讯系统流程图等；而规模小的单位则其书面文件通常较少。

许多控制虽非正式，也无书面文件，但仍有规律地执行，并且有效，因而也可视同有书面文件一样进行测试。某项内部控制虽未作成书面文件，并非意味其无效，或无法进行评估。不过，内部控制以适当的书面文件反映，不仅有助于提高评估效率，而且可以帮助员工了解控制制度应如何运行，以及员工自己所扮演的角色，也方便对内部控制制度的修订。

评估者应该将自己的评估过程作成书面记录，以及记录评估过程中所进行的测试、分析及测试结果，有必要的话还可以进行有关系统文件的补充。还有的评估者在原有的书面文件上进行批注，但仅仅依靠这种批注不是一种好的方法。

当内部控制制度的声明或评估结果要给较多的单位使用时，书面记录的内容将会要求更加具体。书面记录应该有利于证实内部控制有效性声明的所有内容，以防止日后有人对声明的可靠性产生怀疑。

6. 行动计划

单位首先评估内部控制制度时，负责评估工作的高层管理人员，应制订必要的行动计划。

（1）根据目标的类别、内部控制的组成要素，以及欲讨论的活动来界定评估的范围。

（2）根据持续监督活动中发现的应予评估的事项。

（3）分析内部审计人员所执行的评估和考察外部检查人员的发现，决定有关评估的内容。

（4）对必须注意的高风险区域，应按单位别、组成要素别或其他类别排列先后顺序。

（5）根据上述分析结果，制订评估计划，并作评估时间长短安排。

（6）集中参与评估的人员，一起研究评估的范围、时程、使用的方法和工具、内部审计人员及主管机关所提供的资讯、预期报道评估发现及作为书面记录的方法等。

（7）监督评估的进度，复核评估的发现。

（8）必要时，修改评估计划的后续部分。

上述工作，可由评估负责人授权他人进行，如果由其本人独自管理全过程，则将会更加有效。

二、案例分析

【案例 5-1】

内蒙古第三电力建设工程有限责任公司
内部监督制约体系的建立

处于新旧经济体制转换中的我国建筑业企业，都面临这样一个问题，就是在目前建设领域还很不宽松的市场环境和很不规范的市场竞争秩序下，企业如何建立内部监督制约体系，抵御和减少外部干扰，防止和减少企业利益流失。面对复杂多变的市场环境的挑战，一些建筑业企业经营管理处于"没活干，找活难"，一旦施工任务落实，又出现"干得多，赔得多，干得多，债得多"的恶性循环的状况。内蒙古自治区内几家相当规模的建筑业企业，由于市场的变化，内部监督制约机制没有形成，导致难以为继，甚至陷入破产倒闭的处境。严酷的现实为我们敲响了警钟，搞好监督制约，这是建筑业企业生存与发展的一项重要内功。

公司建立内部监督制约体系的目的就是在对可能造成公司利益流失的各种因素进行系统分析的基础上，归纳总结，明确主要控制渠道，通过重新设计业务流程，发挥各种监督形式的作用，采取各种监督制约措施，实施对各项业务的过程监督制约，最终实现堵塞内部管理漏洞，提高经济效益的目的。

（一）界定监督制约对象

建筑业企业营造的工程是一种耗费巨大的特殊产品。企业面对的是一个开放的大市场，企业要采购各种资源，要和多方发生经济技术业务关系，购销业务中有的属买方市场，有的属卖方市场，这千头万绪的经济业务、这错综复杂的经济关系，事事项项都事关企业的投入与产出、事关企业的经济效益。在充分考察建筑业企业当前生产经营的客观状况，在充分分析构成工程成本和费用的人、财、物各项要素的变化及在工程成本中的比重、所起的作用的基础上，经过定量与定性相结合，系统分析、按照 ABC 分类法，分类排队，我们在开始提出了制约公司经济效益的三项重要管理业务，我们称为控制"三外",之后又充实为"五外""六外",即外采购、外用工、外运力、外租赁、外分包和外付款。

构成工程实体的材料,三大主材、地方材料、市场采购三类物资等,大约占到工程造价的60%~70%。材料的质量、价格、运距都是控制工程成本的重头戏,我们称为"外采购"。"外采购"还应包括施工所用的机械设备、周转工具的采购。

人工成本是工程成本的重要组成部分,企业由劳动密集型转变为管理密集型之后,企业招募的作业队成为施工作业的主体。作业人员的素质、工日单价、用工数量是人工成本高低的主要影响因素。我们将企业录用作业工人称为"外用工"。

构成工程实体的材料、建筑构配件,要从各个不同的生产、销售厂商处运至施工现场,大量使用的企业外部运输力量是工程成本的又一重要组成部分,我们称为"外运力"。

企业的各类设备、工具总有忙闲不匀的时候,为了解决急需,为了盘活闲置资产,设备工具的对外租出和租入是经常发生的业务。租出、租入设备工具的租赁单价、租期、能力匹配、性能与技术状况等,这些对企业的机械、工具费用的收支影响很大,我们将这类业务称为"外租赁"。

企业承接任务量大的时候,或者有一些特殊作业的施工,常常需要与成建制的劳务作业或专业作业的施工队伍发生协作关系。一些分部分项工程或工种工程的分包中,直接费价格、取费、相关费用、协作配合条件等因素构成的双方权利和义务关系,对企业利益影响甚大,我们将此类业务称为"外分包"。

在企业生产经营活动中,资金紧张是一种普遍的状况,在对外支付各类款项中,能否出以公心,以企业利益为重,分清轻重缓急,统筹兼顾,把钱花在刀刃上,对企业经营成果影响重大,企业对外支付款项的业务我们称为"外付款";"六外"囊括了建筑业企业日常经营管理中影响经济效益的6项主要业务。近年,建设领域是经济腐败的重灾区,"六外"也是建筑业企业内部最容易发生徇私舞弊、以权谋私的主要控制点。控制了"六外"就等于抓住了企业对生产经营活动实施监督制约的根本。需要控制的生产经营活动厘清了头绪,抓住了关键,找到了需要控制的主要管理业务,实际上就是明确了企业监督制约体系的控制对象。

（二）设计管理业务流程

问题界定、控制对象明确这仅仅是实施监督制约的第一步，解决问题的出路，既不能单纯靠说教、靠在用人上的谁可靠谁不可靠，也不能只靠发现问题后的惩处，还是要从加强管理上想办法。分析这6项管理业务，分析公司的现状，就不难发现，各行其是、过于集权、随意性大、随机处理是公司管理上的通病。解决问题的办法，还是要规范业务流程，设置控制环节，防止和减少一个人处理业务全过程的情况发生。根据公司的现行管理体制，对管理机构的设置和管理人员的配置，我们初步设计了"六外"业务流程图，经过反复讨论，多方征求专业管理部门的意见，多次修改后定稿正式行文下发，付诸实施。

在"外采购"业务中，各类材料的计划用量，预算专责编制后，本部门的负责人及材料部门对计划用量有审核；根据分工不同，材料分别采用招标或比质比价采购，参与招标或比质比价采购的相关人员对材质、价格的选择相互有制约和监督；根据招标或比质比价结果，签订采购合同，供货方组织材料进场后，现场材料人员要验收把关；库存材料限额发料，材料核算，财务部门对材料实施监督。

在"外用工"结算业务（外用工其他管理业务略）中，施工工长结算任务书，预算人员编制结算件后，项目经理审核；项目经理审核后的任务书和结算件，先后由人力、工程技术、安、质、材料、预算部门根据职责分工签注专业意见，审核相关管理内容，实施专业把关，然后财务部门复核；各专业审核、复核的结算，由分公司经理最后审核。

在"外运力"管理业务中，项目部和材料部门制订的外运力计划与实际发生的业务，有核实对比；选择承运方后的实际运量、运价，形成派车单、作业指导书备查；承运作业后，委托方进行验收，运费结算后，财务部门审查、核算。

在"外租赁"业务中，设备、工具管理部门提出调剂余缺意见，公司分管领导审核；管理部门签约，财务部门复核，收缴押金；租赁双方事前核验技术状况、质量；用毕归还，租赁双方核验；结算租金，财务部门审核。

在外分包业务中，项目部提出需外分包工程，公司审核；项目预算专责核算收入与外分包价格，有关部门推荐分包队伍后，由人力资源部门和项目部分别审核资质和业绩、能力；作业完成后，项目部组织验收；根据验收情况，编制结算件，项目经理审核；项目审核后，分公司经理审定；经审定的结算件，人力部门审核备案，财务复核付款。

在外付款业务中，根据公司现金流量预算，有支付业务的部门管理人员分别提出结算资料，并提供相关票据，由成本专责审核；财务部门对结算资料复核、计提入账；财务提出初步支付意见，行政领导主持平衡会研究支付意见；承办部门填写账款支付申请，相关部门审核，提出有无拒付、罚扣意见；行政领导签署支付意见；财务部门复核、账务处理。

业务流程图的设计并实施，不仅为管理业务本身设置了制约、监督环节，而且为其他监督形式的实施提供了基础。

（三）形成监督制约体系

为了全面形成公司内部对主要管理业务，对易发生不廉不洁行为关键环节的监督制约机制，我们发挥公司内部各种监督形式的作用，形成一个完整的监督制约体系。

业务监督是监督制约中最为基础的一种形式。按照现行管理模式，任何一项管理业务一般都不可能独立完成，都要与相关业务发生联系，一旦某一业务环节发生异常，都会在相关业务信息中有所反映，都会暴露出蛛丝马迹。天衣无缝的事，一般不会存在，各相关业务之间的相互监督是最为具体的一种监督制约。

行政监督是自上而下、一级管一级的一种监督形式。由于工作安排部署是自上而下、一级对一级地提出要求，工作实施是自下而上、一级一级完成，下一级对上一级负责，这种上下级关系是建立在行政权力基础上的，行政权力带有强制性，因此，上级对下级的行政监督是最有效率的一种监督制约。

审计监督是一种有特定目的、锁定在一定范围的一种监督形式。审计监督在监督制约中按照审计种类享有一种特殊的权力，它可以深入调查、办理牵涉审计对象的一些案件、事由，并以审计结论的形式表现出来，因此，审计监督是一种有深度的监督制约。

党内监督由于监督的主要对象是党员领导干部，监督对象的特定性，决定了党内监督的指向性非常明确，非常具体。尽管党内监督的对象面相对较窄，但党内监督的作用非常大，它是监督制约的关键。

民主监督是国有企业、国有控股企业中职工行使当家做主的权利，参与企业民主管理的一种监督形式。由于这种监督是企业中大多数人利益的一种体现，它以监督主体人多面广、无所不在、无处不在而显示其优越性，民主监督是最具群众性的一种监督制约。

针对"六外"控制，5种监督形式不但依其特点在其监督制约范围内发挥作用，5种监督形式还要相互配合，交互发生作用，形成覆盖"六外"控制的一个完整的监督制约体系。

监督制约的有效性关键在于各种监督形式是否有可行的监督制约措施，为了使5种监督形式对"六外"的监督制约真正落到实处，我们要求各专业部门都要从专业管理职能出发，针对"六外"的每一项控制业务，制定明确、具体、可操作且责任到人的监督制约措施，作为公司监督制约体系的支持系统。

在监督制约体系的支持措施中，各种监督形式、各管理部门采取的比较重要的措施有：招标采购、建立采购台账、材料挂牌价格、工料分析、资金支付一支笔审批、财务稽核、定期经济活动分析、效能监察、专项审计、职工代表质询、厂务公开、干部任职跟踪，等等。

从"六外"的提出到业务流程设计，从五大监督形式到支持措施，一个包含企业党政工各大组织系统，几乎包含所有行政职能管理部门全部参与，五大监督形式交互作用，覆盖公司"六外"控制的完整的企业内部监督制约体系基本形成。

在研究建立公司内部监督制约体系过程中，"六外"控制的提出，明确了企业内部监督制约的对象；管理业务流程的设计，为企业内部监督制约奠定了基础；五大监督形式是企业内部监督制约的基本途径；各管理专业、各监督形式针对"六外"制定的控制措施是企业内部监督制约的保证。

几年来，在国有企业的改革中，内蒙古电建三公司脱颖而出。适逢内蒙古电力建设大发展的历史机遇，内部监督制约体系的建立和发挥作用，伴随着公司开始步入良性循环的发展快车道。现在企业经营状况好转，利税水平上升，技术装备改善，员工利益得到了很好的维护。以2000年为例，公司全员劳动生产率80 331元/（人·年），全公司勉强收支平衡，实现利税381.79万元，职工人均年收入8 860元，到2003年，公司全员劳动生产率提高到208 468元/（人·年），全公司实现利税2 329.55万元，在编职工人均年收入17 061元。在内蒙古电建系统，电建三公司是火电建筑企业，与安装企业相比，专业处于劣势，但从2001年起，电建三公司连续3年产值利润率比其他火电企业分别高出 0.4%、0.95% 和 2.48%。现在公司总资产达到 40 551.85 万元，净资产 6 832.52 万元。今天的公司为明天的发展奠定了基础，公司正朝着"缔造建筑业强势品牌"的愿景目标稳步迈进。

【案例 5-2】

上海家化的内部控制案例分析

一、案例基本情况

（一）包装为信托产品出售，但是此举遭到了管理层的激烈反抗

两者的矛盾不断累积，他们彼此之间的关系不断恶化。甚至于 2013 年 5 月，葛文耀在微博上向平安信托发难，控诉平安信托在上海家化中的不妥行为。紧跟着，平安信托对外证实，上海家化集团召开临时董事会议，决议免去葛文耀上海家化集团董事长和总经理职务，由上海家化集团董事、平安信托副总经理张礼庆出任家化集团董事长。

大股东与管理层之间的矛盾，直接影响着公司的内部控制。首先，当大股东和管理层无法达成目标一致、导向一致时，内部控制会相应地松懈。其次，在大股东与管理层相互指责之时，内部控制体制中所隐藏的问题会被当作利益集团斗争的武器。最后，大股东和管理层意见不统一时，内部控制的体制也会相应陷入困境，没有直接的汇报对象和负责人员。

（二）风险评估方面

上海家化所面临的风险可分为运营风险与财务风险。在上海家化被否定的内部审计控制报告之中，关联交易的披露、销售费用和运输费用的合理入账及会计人员问题，均与公司财务相关，应属于运营风险。同时，管理层与股东的争执、内斗也加大了上海家化的运营风险。反观财务风险，主要产生于融资行为的财务风险，仍在合理范围。

所以，上海家化的风险主要集中于运营风险。其中，管理层与股东的内斗，说明不可控风险的大幅上升。另外，对企业会计准则相关条款的忽略，则必然导致日后受到政府机构的调查。

（三）控制活动方面

控制活动是指结合具体业务和事项，运用相应的控制政策和程序，或称控制手段去实施控制。也就是在风险评估之后，单位采取相应的控制措施将

风险控制在可承受的范围之内。

上海家化于第四届第十六次董事会会议中制定了《内部控制规范实施工作方案》，同时成立了内部控制项目领导小组、内部控制项目管理办公室及项目工作小组，建立财务报告内部控制制度。

2013年度，上海家化财报显示，其内控工作进一步加强。其完善和加强了公司层面的控制，以促进公司业务规范发展；其梳理业务流程层面风险控制点，修订和完善相关制度；其开展自我评价，对内部控制缺陷进行识别、评估，开展整改工作。同时，对于被否定的内部控制，上海家化认为其自身没有按照企业内部控制规范体系和相关规定的要求在所有重大方面保持有效的财务报告内部控制制度。

尽管上海家化逐年重视企业内部控制制度的建立、完善和维系，但是，不可否认的是，上海家化建立财务报告内部控制制度不过2年，该制度并不成熟，亦有诸多不全面的方面。而且，对制度的执行力也受到投资者的怀疑。投资者的怀疑是有道理的，若是严格执行财务报告内部控制制度，遵循《企业内部控制基本规范》，则不会暴露出上海家化内部控制的三大缺陷。

（四）信息与沟通方面

信息与沟通是企业及时、准确地收集、传递与内部控制相关的信息，确保信息在企业内部、企业与外部之间进行有效沟通。由于缺乏上海家化企业内部沟通资料，所以只能针对上海家化与外部的沟通进行分析。

上海家化与外部沟通的方式主要有公告、财务报告、重大消息等。在投资者与管理层发生矛盾之时，外部沟通显得尤为重要。其中，财务报告是管理层与外部投资者沟通的重要媒介。但是，上海家化对于会计信息披露的不规范、不全面行为，导致传递的信息不全面、不准确，从而外部投资者无法获取有效的信息。在其财报缺陷被揭露后，外部投资者自然会丧失对上海家化的信任，从而造成不利的影响。另外，管理层与股东之间的矛盾，也是因为没有达到内部信息传递的总体要求。以葛文耀与平安为例，两者在上海家化发展战略上的分歧，在葛文耀引进战略投资者期间被掩盖了。这是因为两者的沟通没有达到真实准确性原则。平安曾经允诺为家化集团提供360度保险支持、银行信贷、债券融资等全方位金融支持，并针对上海家化集团日化产业链的延伸、化妆品专卖店、直销品牌、SPA汉方店、旅游项目开发、高端表业等时尚产业拓展，而最终成了一纸空文。这虚假的承诺，掩盖了两者完全不同的战略目标。所以，这样的沟通是无效、有害的。

（五）内部监督方面

内部监督是指单位对内部控制建立与实施情况监督检查，包括评价内部控制的有效性，和对于发现的内部控制缺陷及时加以改进。

虽然上海家化已经建立了财务报告内部控制制度，但是并没有相关资料显示上海家化建立了专职的内部监督机构。为了保证内部监督的客观性，内部监督应当由独立于内部控制执行的机构进行监督。虽然一般情况下企业可以授权内部审计机构具体承担内部控制监督检查的职能，但是，在内部监督方面，可以指出即使存在该机构，该机构也没有尽职履行职责。以三大缺陷为例，上海家化自身并没有发现自身的相关错误，而是外部会计师事务所在进行审计之时才指出这三大内部控制缺陷。

二、对于完善上海家化内部控制的建议

（一）进一步优化企业内部环境

任何经济组织的内部控制都是在特定环境下建立并实施的。COSO指出，控制环境是一种氛围和条件，它奠定了公司的内部控制结构，决定了组织的控制基调，影响了整个组织内所有人员的控制意识和控制行为。所以，内部环境是企业实施内部控制的基础条件，它决定了一个经济组织的内部控制特点及其有效性。

针对上海家化的内部环境，笔者认为首要解决的问题便是管理层与股东之间的矛盾。两者矛盾的根本在于两者对不同利益的诉求。虽然管理层为股东服务，股东才是掌控公司的所有者，但是股东也应当站在企业发展的角度，力求企业的可持续发展，壮大企业规模、提升企业知名度。所以，在妥协之下，两者应对企业的发展战略达成共识，减少内斗。

（二）建立持续的风险评估机制并增加披露

企业的内部、外部环境并不是一成不变的，上海家化作为一家自主研发、生产、销售型企业，对外部市场的变化自然非常重视。但是，相比之下，上海家化缺乏针对内部环境的风险评估机制。

具体做法可以设立运营风险、财务风险评估小组，设定与企业风险承受能力一致的目标；全面系统持续地收集相关信息，结合实际情况，及时进行风险评估。若是企业认为，在企业内部建立风险评估机制的成本太高，亦可将风险评估外包给第三方机构，委托第三方机构深入企业内部，对企业内部存在的风险进行识别、评估。同时，将风险评估结果披露。

(三) 完善内控制度，明确整改过程

虽然上海家化已经建立了基于财务报告的内部控制机制，但是该机制发挥的作用仍然有限，无法满足上海家化发展的需要。首先应规范内审工作流程，从企业所制定的《内部控制规范实施工作方案》中可知，虽然上海家化建立了工作小组和负责部门，并且明确了工作全责，但是并没有确认具体的工作流程。缺少明确成文的工作流程，容易使内控工作成为一纸空文。

另外，工作方案中提及，在风险识别、评估之后，企业应针对相应缺陷进行整改。同时，在企业内部自我评价系统中，工作组应编制内部控制缺陷认定汇总表，并报告经理层，下发整改任务单。但是，从工作小组的编制上看，小组成员具体向谁报告，谁有权利下发整改任务单，谁有权利命令整改并且整改之后的审核。这些都是模糊不清的，容易造成上述工作流于表面，而针对具体缺陷的整改不了了之。

三、结论

随着人民物质生活水平的提高，民众对日化用品的要求亦随之提高。面临着市场的变化，以及国际强势品牌的争夺，上海家化在努力维系自身市场的同时，却暴露了企业内部控制的丑闻。针对内部控制三大缺陷，本文以案例分析的形式，挖掘三大缺陷深层次的原因，并依据《企业内部控制基本规范》的要求，从五要素方面依次分析，最终提出自己的建议。

【案例 5-3】

齐鲁银行金融诈骗案件的反思

2010 年 12 月 6 日，齐鲁银行在受理业务咨询过程中发现一存款单位所持"存款证实书"系伪造引发的案件，具体为上海全福投资管理有限公司董事长兼总经理肖洁的妻子刘济源涉嫌贷款诈骗罪、金融凭证诈骗罪和票据诈骗罪，涉案金额 101 亿元，其中涉嫌诈骗银行 100 亿元，涉嫌诈骗企业 1.3 亿元。由于牵涉多家银行和多个国企高管，又因涉及齐鲁银行的诈骗金额最多，逾 70 亿元，因此，刘济源案又被称为"齐鲁银行案"。

2010 年 12 月 24 日，济南警方召开的一次新闻发布会透露：2010 年 12 月 6 日，济南市公安局接到报案，齐鲁银行在受理业务咨询过程中发现一存款单位所持"存款证实书"系伪造。案件发生后,济南市公安局将嫌疑人刘济源及其他犯罪嫌疑人抓获归案。

初查为"刘某某通过伪造金融票证等手段多次骗取资金,涉及济南一些金融机构和多家企业,其行为扰乱经济金融秩序"。2010年12月23日,济南警方通报案情,案件对外名为"刘某某涉嫌特大伪造金融票证案","案件侦破工作进展顺利,最大限度地保证了资金和居民及单位的存款安全,相关金融机构经营正常";31日,中国银监会回应,当地公安机关对该案的侦查工作正在有序地进行,监管部门和相关银行正积极配合公安部门侦破案件。"当地相关银行运行正常,各项监管指标均符合监管要求",中国银监会新闻处向媒体表示。

2011年1月4日,齐鲁银行总行营业部经理赵连成被司法调查,涉案金额预计在10亿~15亿元。

2012年1月,山东省纪委相关负责人介绍,"纪检监察机关先后对涉案的20名党政机关领导干部和国有企业负责人立案调查,其中涉及厅级干部9人、处级干部6人、企业管理人员5人"。

2013年1月29日、2月1日,济南市历下区人民法院开庭审理肖洁涉嫌诈骗1亿元的案件。检方指控肖洁"冒充中信银行工作人员坐在柜台后面,用刘济源(另案处理)私刻的中信行业务章,办理了在进账单等资料上加盖假印章的业务",涉嫌诈骗罪。同案受审的,还有刘济源公司员工金某。该案当庭未宣判。

检方指出,在诸城公司的财务人员到中信银行办理活期转定期业务前,刘济源对租房济南中信广场830房间紧急装修,装修模仿银行格局,有"银行柜台"和客人排队的"等候区",有中信银行的宣传资料、档案袋、信封和有银行标识的纸杯。这个房间变成中信银行的"大户室",其公司几名员工穿上类似中信银行制服的服装,进行了两次紧急"彩排"。

检方认为,这个"大户室"其实是刘济源、肖洁等人冒充银行职员进行诈骗的一个虚假场地。

肖洁在庭审中表示,刘济源曾告诉她,他和中信银行在830房间合作建一个"大户室",专门接待银行的VIP(非常重要)客户。在该房间为她引荐了叫"王健"的中信银行"行长"。"王健"的出现,以及"大户室"里中信银行的标识,让她对"大户室"之说"深信不疑"。

对于"伪造银行大户室",刘济源供述,"已和企业领导和银行领导谈好了"。据刘济源供词,他装修"大户室",银行高层是知情的。

另据王健供述,刘济源帮银行拉存款,所以他帮刘济源装修"大户室",事后也获得刘济源3 000多万元的好处费。

据财新网报道,肖洁案的起诉书并没有显示,中信银行的王健和诸城公司的财务人员被另案处理。报道称,中信银行济南分行证实,王健确系该行员工,但并非"行长",已因违规离职。

而原定于2012年12月25日开庭审理的刘济源案,因"没有律师到庭未能进行"。检方共指控刘济源20项涉嫌犯罪事实,其中涉案金额最多的达40亿元,被刘济源涉嫌诈骗的企业包括阳光财险、阳光人寿、生命人寿、正德人寿等金融机构,也包括枣庄矿业集团、淄博矿业集团等大型国有企业。

2010年年末,轰动一时的齐鲁银行票据案的损失金额终于在该行延期3年的2010年年报中被公开。根据年报显示,该票据案导致齐鲁银行损失金额共22.59亿元。

年报显示,2010年12月,犯罪嫌疑人刘济源因采取伪造金融票证等手段骗取资金,齐鲁银行为涉案受害单位,该案件给齐鲁银行声誉和经营造成重大影响和损失,导致齐鲁银行损失金额共22.59亿元。

齐鲁银行称,截至2012年12月31日,该行涉案资产损失已全部处置完毕。

齐鲁银行当时的高管以及涉案人员分别受到处分或被起诉。2011年3月,经中央济南市委提议,齐鲁银行董事会、监事会、股东大会审议通过,免除了当时齐鲁银行董事长邱运彰、行长郭涛、监事长张苏宁三人的职务。

2011年11月,山东银监局决定取消邱云章、郭涛担任银行业金融机构董事和高管人员资格。2012年3月,山东银监局决定取消张苏宁担任银行业金融机构高管人员资格5年。

原齐鲁银行总行营业部总经理赵连成、原济南西门支行行长魏思习等4名涉案人员已被司法机关依法提起公诉及审判。票据案主角刘济源涉嫌伪造金融票据案涉案金额达百亿元左右,涉案银行包括齐鲁银行等多家银行,其中以齐鲁银行涉案金额最多。

经公安机关查明,从2002年起,主要犯罪嫌疑人刘济源产生骗取银行信贷资金想法,从涉嫌骗取银行贷款最后转为直接诈骗企业。司法文件显示,刘济源以支付高额利息、好处费等方式，引诱企业到其指定的银行办理定期存款，而后采用虚假质押的手段，以骗贷的方法从银行诈骗巨额资金。

这一涉嫌贷款诈骗罪的行为集中在2009年和2010年，共被指控10起事实，涉案金额71.6亿元，除当地多家银行涉及此案外，山东省多家企业也被骗取大量资金。

票据案爆发的2010年，齐鲁银行的不良贷款徒增33.12亿元，主要是次级类贷款增加34.72亿元。齐鲁银行当年计提资产减值损失9.56亿元，同比大增94.7%，当年实现净利润仅3.33亿元，同比减少31.34%。

近三年来，齐鲁银行加大了核销不良贷款的力度，2010年、2011年、2012年齐鲁银行分别核销不良贷款3.37亿元、15.83亿元、7.59亿元。

齐鲁银行2012年实现净利润8.61亿元，该行2013年的净利润目标是12亿元，各项存款和贷款均增长10%，核销前不良贷款零增长，不良贷款率控制在1%以内。

这几年虽然银行金融业监管部门越来越多，监管队伍越来越庞大，监管政策多如牛毛，天天喊着与国际接轨，但是，作为一个从事银行业几十年的资深人士，监管取得的"成绩"远没有总结报告、汇报材料和公开报道中那么乐观和理想。客观地说，这么多年在大型商业银行的改革上确实取得了一些成绩，对大型商业银行的监管也越来越规范、越来越严格。但是，不可否认的是，对于早期的股份制银行、区域性银行、农村信用社和城市商业银行等中小银行的监管几乎放任自流，漏洞百出。这些银行直接隶属于地方政府管理，监管部门只是业务上的监管，监管部门受到地方政府等多方压力的驱使，在监管尺度上和执行力都大打折扣，甚至屈从于政府的压力和行政命令。这些银行的资产风险、操作风险、道德风险、内控风险都不容乐观。监管上的放任自流和失之于过宽是齐鲁银行出事的监管不力的原因。实际上不仅齐鲁银行，如果对全国中小型特别是地方性金融机构进行一次全面的、严格的监管检查，问题肯定不少。目前的商业银行根本经不起市场竞争和银根收紧的考验。在多年货币超发背景下，商业银行过惯了"宽松"的日子，习惯于在流动性泛滥下轻松经营。一旦银根收紧，市场流动性偏紧，立刻原形毕露，无所适从，立刻出现存贷比、资本充足率等均超红线的情况，在这种情况下，正经本事没有，歪门邪道却不少，采取恶性竞争、票据抵押等手段吸收存款。这种吸收存款的手段必须由客户包括企业财务会计人员的配合，银行内部人员不可能完成整个操作。这就给了伪造金融票证骗取资金者以可乘之机。齐鲁银行事件似曾相识，轰动全国、震惊世界的哈尔滨中行高山盗取 10 亿元资金案件就是利用揽取存款之机得逞的。2011 年中国人民银行 6 次上调存款准备金率，使得一些银行资金出现了紧张状况，笔者曾经预言高息揽储将会很快出现，不幸被言中了。由央行收紧银根到商业银行资金紧张，再到商业银行为了缓解头寸资金紧张而高息揽储，再到出现伪造金融票据骗取资金大案有其必然性。说明目前商业银行经营管理能力低下，竞争力极弱，也说明银行业监管防线不堪一击。另一个需要思考的是，当前有一个极为不好的现象是，对金融风险、对银行经济案件以及经营中存在的问题采取"纸里包火"的错误做法。结果把小问题酿造成了大问题，把小风险酿造成了大风险。比如齐鲁银行事件，普华永道中天会计师事务所早有预警和提示，结果人员被换，最终酿成大案。现在许多银行包括公开上市的商业银行竟然封闭消息、封闭舆论，只要有负面内容一律不让报道，说是担心引发金融风险。其实在风险案件有苗头时就公开消息，自觉接受舆论监督，一方面锻炼了商业银行应对突发事件的能力，另一方面又能把风险消灭在萌芽和初期，再一方面也能使得民众及时了解真实情况，避免被谣言所惑。俗话说谣言止于真相，真是千真万确。这种"纸里包火"的做法已经给中国金融业带来了相当大的危害。现在金融机构各类案件一旦"爆发"就是动辄上亿元、几十亿元甚至上百亿元的案件，包括骗贷案件、不良贷款集中爆发案件、伪造金融票据案件以及内外勾结盗取银行资金案件等。因此，齐鲁银行事件给我们带来的反思和警示是深刻的。

第二部分

企业内部控制应用指引解读及案例分析

第六章

组织架构的内部控制

第一节 企业内部控制应用指引
——组织结构的基本内容

第一章 总 则

第一条 为了促进企业实现发展战略,优化治理结构、管理体制和运行机制,建立现代企业制度,根据《中华人民共和国公司法》等有关法律法规和《企业内部控制基本规范》,制定本指引。

第二条 本指引所称组织架构,是指企业按照国家有关法律法规、股东(大)会决议和企业章程,结合本企业实际,明确股东(大)会、董事会、监事会、经理层和企业内部各层级机构设置、职责权限、人员编制、工作程序和相关要求的制度安排。

第三条 企业至少应当关注组织架构设计与运行中的下列风险:

(一)治理结构形同虚设,缺乏科学决策、良性运行机制和执行力,可能导致企业经营失败,难以实现发展战略。

(二)内部机构设计不科学,权责分配不合理,可能导致机构重叠、职能交叉或缺失、推诿扯皮,运行效率低下。

第二章 组织架构的设计

第四条 企业应当根据国家有关法律法规的规定,明确董事会、监事会和经理层的职责权限、任职条件、议事规则和工作程序，确保决策、执行和监督相互分离，形成制衡。

董事会对股东（大）会负责，依法行使企业的经营决策权。可按照股东（大）会的有关决议，设立战略、审计、提名、薪酬与考核等专门委员会，明确各专门委员会的职责权限、任职资格、议事规则和工作程序，为董事会科学决策提供支持。

监事会对股东（大）会负责，监督企业董事、经理和其他高级管理人员依法履行职责。

经理层对董事会负责，主持企业的生产经营管理工作。经理和其他高级管理人员的职责分工应当明确。

董事会、监事会和经理层的产生程序应当合法合规，其人员构成、知识结构、能力素质应当满足履行职责的要求。

第五条 企业的重大决策、重大事项、重要人事任免及大额资金支付业务等，应当按照规定的权限和程序实行集体决策审批或者联签制度。任何个人不得单独进行决策或者擅自改变集体决策意见。

重大决策、重大事项、重要人事任免及大额资金支付业务的具体标准由企业自行确定。

第六条 企业应当按照科学、精简、高效、透明、制衡的原则，综合考虑企业性质、发展战略、文化理念和管理要求等因素，合理设置内部职能机构，明确各机构的职责权限，避免职能交叉、缺失或权责过于集中，形成各司其职、各负其责、相互制约、相互协调的工作机制。

第七条 企业应当对各机构的职能进行科学合理的分解，确定具体岗位的名称、职责和工作要求等，明确各个岗位的权限和相互关系。

企业在确定职权和岗位分工过程中，应当体现不相容职务相互分离的要求。不相容职务通常包括：可行性研究与决策审批；决策审批与执行；执行与监督检查等。

第八条 企业应当制定组织结构图、业务流程图、岗（职）位说明书和权限指引等内部管理制度或相关文件，使员工了解和掌握组织架构设计及权责分配情况，正确履行职责。

第三章　组织架构的运行

第九条 企业应当根据组织架构的设计规范，对现有治理结构和内部机构设置进行全面梳理，确保本企业治理结构、内部机构设置和运行机制等符合现代企业制度要求。

企业梳理治理结构，应当重点关注董事、监事、经理及其他高级管理人员的任职资格和履职情况，以及董事会、监事会和经理层的运行效果。治理结构存在问题的，应当采取有效措施加以改进。

企业梳理内部机构设置，应当重点关注内部机构设置的合理性和运行的高效性等。内部机构设置和运行中存在职能交叉、缺失或运行效率低下的，应当及时解决。

第十条 企业拥有子公司的，应当建立科学的投资管控制度，通过合法有效的形式履行出资人职责、维护出资人权益，重点关注子公司特别是异地、境外子公司的发展战略、年度财务预决算、重大投融资、重大担保、大额资金使用、主要资产处置、重要人事任免、内部控制体系建设等重要事项。

第十一条 企业应当定期对组织架构设计与运行的效率和效果进行全面评估，发现组织架构设计与运行中存在缺陷的，应当进行优化调整。

企业组织架构调整应当充分听取董事、监事、高级管理人员和其他员工的意见，按照规定的权限和程序进行决策审批。

第二节 企业内部控制应用指引
——组织架构解读

一、组织架构概述

组织架构是指企业按照国家有关法律法规、股东（大）会决议和企业章程，结合本企业实际，明确股东（大）会、董事会、监事会、经理层和企业内部各层级机构设置、职责权限、人员编制、工作程序和相关要求的制度安排。为了保证公司营运的效率，优化治理结构、管理体制和运行机制，组织架构的合理安排很重要。企业的组织架构是内部控制的实施载体。建立适当的组织架构，可以科学合理地设置企业内部机构与岗位，确定机构与岗位职责以及各个机构、岗位之间的相互关系，是对人流、物流、信息流实现有效控制的基本前提。

在一些规模庞大、管理完善的企业当中，我们发现每天都会出现这样或那样的大大小小的乱象。其主要原因是企业与社会在快速发展，而企业的组织架构重复或不适宜新的、快速进步的社会或市场外部环境，造成了整个企业混乱、冲突，结果就是绩效不彰、成本居高不下、竞争优势丧失、士气低落，以及丧失培养管理人才的契机。在"两权"分离的情况下，有效的法人治理结构是内部控制制度的组织保障，有助于克服经营管理层的机会主义等行为，为企业内部监督提供良好的控制环境。

二、企业组织架构应当关注的风险

（1）治理结构形同虚设，缺乏科学决策、良性运行机制和执行力，可能导致企业经营失败，难以实现发展战略。目前，我国大多数企业的法人治理结构都是流于形式的表面文章。法人治理结构尚存在诸多不足，影响了内部控制作用的发挥。有的企业形式上虽然也建立了董事会、监事会，但真正的法人治理机构并未到位，董事会和经营班子基本上是一套人马，一年开几次董事会，就是在形式上过过堂，顾不上什么授权和监管；另外一些企业虽然聘任了经营班子，但实际工作中董事会的监控作用严重弱化，经常只有一个虚职，这些都谈不上内部控制，根本不能有效地制定科学的决策。

一些企业的治理结构虽有名也有实，但企业内部控制仍然局限于纯粹的内部控制，还没有上升到以风险为导向的管理，这很容易造成企业对风险的控制缺乏主动性，多为事后控制。管理者这种内部控制意识，造成企业经营决策失误风险较大，从而导致企业经营的失败。

（2）内部机构设计不科学，权责分配不合理，可能导致机构重叠、职能交叉或缺失、推诿扯皮，运行效率低下。内部机构设计的不合理也是应当注意的问题。许多企业由于成本的原因而没有单独的审计部门，或由于管理者的个人喜好，或者将审计部门与财务部门混为一起，或者由会计人员兼任审计工作，监管工作完全流于形式。这样造成各个部门、管理人员之间权责交叉，缺少相关的制约。在一些企业，高层管理者权利高度集中，无所不管，且常常集决策权、执行权、监督权于一身。这与内部控制的原则和假设明显不符合。就算一些企业有内部监督机构，其职能设计与使用偏窄，只局限于会计业务的审计，不重视监督、稽查职能，内部控制制度评价和企业各组织机构执行职能的效率方面作用不能有效发挥。

三、企业组织架构的组织领导

为了保障组织架构制度安排的有效性，企业应当完善组织架构。企业的组织架构主要包括股东（大会）、董事会、监事会、经理层。

（一）股东（大）会

股东大会是公司的最高权力机关，它由全体股东组成，对公司重大事项进行决策，有权选任和解除董事，并对公司的经营管理有广泛的决定权。股东大会既是一种定期或临时举行的由全体股东出席的会议，又是一种非常设的由全体股东所组成的公司制企业的最高权力机关。它是股东作为企业财产的所有者，对企业行使财产管理权的组织。企业一切重大的人事任免和重大的经营决策一般都得股东会认可和批准方才有效。股东大会分法定大会、年度大会、临时大会和特种股东大会几种。股东大会能决定公司的经营方针和投资计划，提高资源配置的总体效益。

（二）董事会

董事会是股东会或企业职工股东大会这一权力机关的业务执行机关，负责公司或企业和业务经营活动的指挥与管理，对公司股东会或企业股东大会负责并报告工作。股东会或职工股东大会所作的决定公司或企业重大事项的决定，董事会必须执行。董事会由两个以上的董事组成，是公司的经营决策机构，主要负责决定公司内部管理机构的设置、制定公司年度财务预决算方案和利润分配方案、聘任或解聘公司总经理、财务部负责人等。

（三）监事会

监事会是股东大会领导下的公司的常设监察机构，执行监督职能。监事会由全体监事组成，对公司业务活动及会计事务等进行监督。监事会与董事会并立，独立地行使对董事会、总经理、高级职员及整个公司管理的监督权。为保证监事会和监事的独立性，监事不得兼任董事和经理。监事会对股东大会负责，对公司的经营管理进行全面的监督，包括调查和审查公司的业务状况，检查各种财务情况，向股东大会或董事会提供报告，对公司各级干部的行为实行监督，对领导干部的任免提出建议，对公司的计划、决策及其实施进行监督等。

（四）经理层

经理层的主要构成人员是经理。经理是公司的日常经营管理和行政事务的负责人，由董事会决定聘任或者解聘。经理对董事会负责，可由董事和自然人股东充任，也可由非股东的职业经理人充任。经理是公司对内生产经营的领导，也是公司对外活动的代表，其行为就是公司的行为，即使其行为违反了公司章程和董事会授权规定的权限范围，一般也被视为公司行为，后果由公司承受。经理的主要职责是对自己所在的部门进行有效的规划、制定相应的战略目标和发展规划，并通过管理活动使之落实。

四、企业组织架构的设计程序

（1）确立实现组织的目标。一个组织结构的设计是否成功，关键是看组织目标的实现程度如何，能完成组织目标的最简单的组织结构就是最好的组织结构。在设计组织结构时，切不可离开这一原则，否则再精妙的结构设计对于企业来说都是没有价值的。为使组织结构更好地为实现目标服务，设计时应注意：一要合理划分层次和单位性质，使每个组织角色都有自己的位置；二要做到责权一致，在设计时对任何职位委以责任时，必须委以相应的权力；三要使权力受到监督和约束，不致滥用权力；四要做到指挥统一，既不能多头指挥，也不能越级指挥。

（2）选择确定组织架构的基础模式。这一步工作要求根据企业实际，选择确定一个典型的组织模式，作为企业的组织架构的基础模式。在当代企业的实践中，选择直线职能式和矩阵式结构的企业较为普遍，并有越来越多的企业选择增加弹性模式的相应特征予以补充其基本模式的局限。

（3）分析确定担负各子系统目标功能作用的工作量。这一步工作要求企业根据目标功能树系统分析模型，分析确定企业内部各个子系统目标功能作用的工作量。要考虑的变数有两个：一是企业的规模；二是企业的行业性质。

（4）确定职能部门。这一步工作要求企业根据企业内部各个子系统的工作量大小和不同子系统之间的关系，来确定企业职能管理部门，即把具有关联关系和独立关系且工作量不大的子系统的目标功能作用合并起来，由一个职能管理部门作为主承担单位，负责所有合并子系统的目标功能作用工作的协调和汇总。把具有制衡关系的子系统的目标功能作用分别交由不同单位、部门或岗位角色来承担。

（5）平衡工作量。这一步工作要求对所拟定的各个单位、部门的工作量进行大体的平衡。因为工作量过大的单位、部门往往会造成管理跨度过大，工作量过小的单位、部门往往会造成管理跨度过小。所以，需要通过单位、部门之间的工作量平衡来使管理跨度实现合理化。在这里,要注意的一点是:存在制衡关系的子系统,要避免将其目标功能作用划归为同一单位承担,即要优先保证制衡关系子系统的目标功能作用的分开承担。

(6)确立下级对口单位、部门或岗位的设置。如果企业下属的子公司、独立公司、分公司规模仍然比较大,上级职能管理部门无法完全承担其相应子系统目标功能作用的工作协调和汇总,就有必要在这个层次上设置对口的职能部门或者专员岗位。

(7)绘制组织架构图。这一步工作要求直观地勾画出整个企业的单位、部门和岗位之间的关系,及所承担的子系统目标功能作用的相应工作。

(8)拟定企业系统分析文件。这一步工作也就是为企业组织架构确立规范。企业系统分析文件是具体描绘企业内部各个子系统的目标功能作用,该由哪些单位、部门或者岗位来具体承担,以及所承担的内容,并对职责和权力进行界定。

(9)根据企业系统分析文件撰写组织说明书。这一步工作就是在组织构图的基础上,分析界定各个单位、部门组织和岗位的具体工作职责、所享有的权利、信息传递路线、资源流转路线等。

(10)拟定单位、部门和岗位工作标准。明确界定各个单位、部门和岗位的工作职责、工作目标、工作要求。

(11)根据企业系统分析文件、组织说明书及单位、部门和岗位工作标准进行工作分析,并撰写工作说明书。除了界定前述内容,还要明确界定任职的条件和资格。

(12)就上述文件进行汇总讨论,通过后正式颁布,组织架构调整改造工作完成。

五、企业组织架构的设计方法

组织架构设计的目的是规划组织的人员管理,最大限度地发挥组织效能,最有效地利用组织资源,实现组织经营目标。为实现设计目标,职能部门在进行组织设计时,要引进经营目标、设计参数、设计模式等概念,运用有机组织结构体系,参照程序化的模式,尽可能地减少经验数据在管理中的负面影响,形成目标体系的管理模式。

(一)组织架构设计的整体思路

组织架构设计,应该是在经营目标的基础上,考虑经营环境等设计参数的影响,充分利用组织资源,确定组织的职能模块,选择适用的组织模式,实现岗位的合理设置，确定组织架构，运用业务流程检验完善组织架构。

（二）组织架构设计各项指标的确定

（1）组织经营目标是指组织通过实际的经营程序所要寻求的结果和组织实际上要做什么。组织经营目标是组织未来业务组成和前进的目的地，对组织经营具有战略指导意义，为使组织的经营目标具有一定可测性，将组织经营目标体系化，确定为明确具体的业绩指标。组织是连续的、延伸的模型组合体，因此在明确组织的业绩指标时，要将组织放入全局中进行考虑，针对每一个组织内部单元制定具体的、可测度的、具有实际意义的业绩指标。

（2）组织业绩指标按照两种业绩标准进行评价。一是财务业绩指标标准，如收益率、良好的资金流、投资回收率、良好的公司信任度、企业成本控制率等。二是战略业绩标准，如市场份额、产品成本、公司在客户中的声誉、市场竞争优势等。同时，组织经营目标应该是近期目标与远期目标的结合。

（三）组织设计参数的选择

组织设计参数指的是影响组织架构设计的环境因素与管理因素。组织设计参数的选择就是要求组织积极地挖掘组织生存发展面临主客观因素，将各项因素指标转换为组织资源，合理有效地善用资源。

（1）组织资源的获取。在行业中，从职能部门与公司之间、职能部门之间、职能部门与分公司之间、职能部门内部的关系中寻找组织资源，明确组织经营环境。获取的资源有：①企业环境、企业战略、人员素质、企业生命周期、企业规模、业务流程重组、技术改进；②管理层次与管理幅度、专业化程度、地区分布、分工形式、关键职能、集权程度、规范化、制度化程度、职业化程度、人员结构等。

（2）组织资源的善用。组织资源的善用包括：①资源整合，以完成经营目标为中心，将获取的资源联合起来，整体运用资源；②资源借用，与其他组织建立资源互享机制或利用外包、战略联盟等外联形式，将组织资源外延。

（四）组织设计模式

组织设计模式指的是组织结构的组成形式，按照设计方式的不同，组织设计模式分为职能模式和矩阵模式两类。

（1）职能模式是指按职能来组织部门分工的组织形式。其特点有：①有明确的任务和职责；②保证了资源的充分利用；③有利于强化专业管理，提高工作效率；④有利于提高组织稳定性；⑤部门间横向协作性差；⑥管理层负担重。

（2）矩阵模式是指把按照职能组织业务活动的方式和按产品组合业务活动的方式结合起来运用的一种组织设计形式，即在同一组织内部，既设置具有纵向报告关系的若干职能分支，又建立具有横向报告关系的若干产品项目小组，从而形成纵向与横向管理系统相结合，形如矩阵的组织结构形式。其特点体现在：①职能部门内部协作配合能力强；②有利于整体规划项目，提高部门适应性；③有利于减轻高层管理人员负担；④有利于职能部门内部相互制约，保证部门整体目标的完成；⑤组织稳定性欠缺，易造成职责双重性，即1人受2人以上的交叉管理。

现行组织在选择设计模式时，会根据组织自身的职能特点，采用职能型与矩阵型相结合的形式，以矩阵型模式为主，建立各个职能模块，在各个职能模块中注入职能模式的管理形式。

（五）职能模块的确定

职能模块的确定是指将组织职能按一定类型划分为若干的执行模块，每个模块担负组织的一项或多项职能发挥的职责。职能模块分为基本职能模块、延伸职能模块两类。

（1）基本模块是指职能部门基本工作职责的汇总。

（2）延伸模块是指职能部门在保证基本工作职能的基础上，为完成自身的经营目标，要赋予组织的其他工作职责。

（六）岗位设置目标

岗位设置目标是组织职能发挥的全面性和准确性的保证。

（1）岗位设置要求，包括：①岗位职责清晰；②岗位目标明确；③岗位规划性突出；④岗位具有流动性（个别岗位的设置是适应组织一段时期或个别项目的需要）。

（2）岗位设置步骤，包括：①按照组织职能特点，分职能模块完成整体职能模块的岗位设置；②职能模块内，按照基本业务项目、延伸业务项目进行岗位细分化设置；③绘制岗位设置图，检验职能完成途径，寻找岗位设置盲区。

（七）组织架构检验

组织架构检验就是检验组织架构对经营目标完成的推动程度，有指标达成度、人员精简度、业务流程等多种方式，其中涉及各项数据的指标，如人员精简度、经营目标的完成度、成本控制率等均是用计划性的数据对组织架

构进行计划执行状况的检验,要求的评判标准复杂,缺乏可操作性。现推荐业务流程检验方法如下:

(1)根据组织架构,划出组织内部的业务流程。具体内容是:①业务流程路线应控制在2~3人的线段内;②业务流程路线应尽量保持为职能一线制的形式,即一条业务流程路线就实现一项职能;③是否存在业务流程未覆盖到的岗位空缺点;④延伸职能模块是否参与了组织业务流程运作。

(2)公司业务流程检验。该检验从以下三方面展开:①组织获取资源的路径;②组织支援资源的路径;③公司资源的分配路径。

六、组织架构的运行程序

企业应当根据组织架构的设计规范,对现有治理结构和内部机构设置进行全面梳理,确保本企业治理结构、内部机构设置和运行机制等符合现代企业制度要求。

(一)企业治理结构梳理

企业梳理治理结构,应当重点关注董事、监事、经理及其他高级管理人员的任职资格和履职情况,以及董事会、监事会和经理层的运行效果。治理结构存在问题的,应当采取有效措施加以改进。

(1)加强董事会建设,强化董事会的职能。董事会是公司治理的关键,同时,董事会又是内部控制的最高层次。无论是对公司治理还是对内部控制而言,一个独立、专业、有效的董事会都是至关重要的。①完善董事会构建机制,将董事会建成能真正独立行使权利和承担责任的机构。②董事独立于经理层,保证董事会成员的相对独立性。③聘请熟悉企业主要业务、有经验、有能力的人参加,以增强其专业性。由于大多数董事是以出资者身份进入董事会的,不具备一定的专业水平,因此,引入独立董事就迫在眉睫。④在董事会下设由各类专业人员组成的提名委员会、战略决策委员会、薪酬与考核委员会和审计委员会等专业委员会。同时,健全董事会议事规则,形成一套有效的规章制度,保证董事会专业、高效、务实。⑤建立健全内部审计体系,完善内部机构设置。在董事会下设立审计委员会,由董事长兼任审计委员会主任,在审计委员会下设立内部审计部门,对企业的各项经济活动进行审计,而内部审计部门与企业的财务会计部门相互独立、相互制衡,从而能客观地评价企业经营业绩和内部控制的有效性。

(2)加强监事会建设,完善监事会的监督职能。加强监事会建设,不仅完善了公司治理的三角制衡关系，而且会督促董事以及经理人员对内部控制的遵循与执行。①监事会成员应该具备形式和实质上的独立性；②监事会成员应具备行使职责所必备的法律、财务、会计等方面的专业知识，坚实的知识背景与专业能力应具有互补性；③监事会在充分了解企业重大决策的基础上，应及时作出判断，并将所形成的明确意见传达给董事会和管理层；④监事会应与董事会内设的审计委员会进行充分的信息交流，明确两者的工作是相互补充的，使监事会不仅做到事后监督，而且兼顾过程监督。

（二）企业内部机构设置梳理

企业梳理内部机构设置，应当重点关注内部机构设置的合理性和运行的高效性等。内部机构设置和运行中存在职能交叉、缺失或运行效率低下的，应当及时解决。

（1）组织机构需分清管理权责。根据公司制企业要求设置组织机构，为设计、执行、控制和监督活动提供基本的框架。建立适当、畅通的信息流通渠道，各机构、各职位有效的配合和整合，使整个企业的组织体系在相互制衡的前提下协调高效地运行。

（2）建立问责机制。问责机制是指针对相应权力明确相应责任，并对相应责任的履行情况进行考核，及时察觉失责，依据相应的失责度量对当事人进行追究和惩罚的一种"权责对等"机制。问责机制可诱导内部控制制度执行人的博弈行为，从而有利于内部控制制度的实施，克服经济人"搭便车"或机会主义行为。

（3）加强对"内部人"的控制。组织机构的设置和职责分工应体现相互控制原则和不相容职务相互分离原则，加强对企业法定代表人的监督，建立重大决策集体审批制度；建立各职能部门相互牵制的制度，防范徇私舞弊；建立关键岗位轮岗和定期稽查制度，防止串通舞弊。

（三）组织架构设计与运行效率评估

企业应当定期对组织架构设计与运行的效率和效果进行全面评估，发现组织架构设计与运行中存在缺陷的，应当进行优化调整。企业组织架构调整应当充分听取董事、监事、高级管理人员和其他员工的意见，按照规定的权限和程序进行决策审批。

七、组织架构运行中的注意事项

（一）以组织环境为起点

在现实中，每一个企业不仅所面临的外部环境千变万化，而且所具备的内部条件也千差万别。采用静态、封闭的管理模式已经越来越不能适应组织内在因素和外界环境的变化，我们需要的是一个开放的、自适应的内部控制系统，并与内外部环境变化相适应，因此不能够机械地套用规则，而应该允许每一个企业在遵循内部控制规范及其配套指引基本原则的前提下，结合自身情况，借助权变分析工具，选择合理的控制程序和适当的控制方法，设计出反映企业特点的内部控制体系。这种做法充分吸收了《Tumbull 报告》中提出的内部控制要与复杂和不断变化的企业内外部环境保持相关性的理念。

（二）区分控制层级实施

目前的内部控制基本规范及其配套指引，不仅有着多重控制目标，而且包含各种层次的规范指引。因此，企业在实施过程中，需要区分控制层级，即按照战略控制、管理控制、作业控制的次序建立内部控制体系。首先，战略控制主要侧重于战略目标的制定，是形成企业战略的过程，它主要是公司治理层尤其是董事会的职责。在这一过程中，企业需要分析企业内外部环境，设定战略目标，同时进行事项识别和风险分析，并采取相应的风险应对策略，在此基础上形成战略规划。为了能够有效形成战略，治理层还需要优化内控环境，否则控制将不会起作用。由治理层建立的控制环境应当包括发展战略、组织架构、人力资源、企业文化、社会责任等方面。其次，管理控制是管理者影响组织其他成员以落实组织战略的过程，是决定如何通过业务经营达到战略目标的过程，它主要是公司经营管理层尤其是经理层的职责。由于企业具有经营多元化和组织层级制的特点，因此一个企业要实现其战略目标，需要先将战略目标进行逐步细化和层层分解，再将其落实到企业内部的各个组织单元，即从企业整体目标到部门目标，再到个人目标，这属于战略计划阶段（全面预算作为一种控制手段可以在这一阶段引入运用）。在企业战略实施过程中，需要检查企业内部各部门和员工为达到目标所进行的各项生产经营活动的进展情况（内部信息传递，包括内部报告和财务报告等形式），评价实施战略后所取得的效果效率，并与预定的战略目标进行比较，分析产生偏差的原因并采取措施纠正偏差（业绩评价），确保最终实现战略目标。由于战略计划归根结底是由人执行的，因此还需要考虑对计划执行者的激励，即建立激励机制。再次，企业还需要考虑内部监督因素，即需要设置或指定专门机构对内部控制制度的设计与运行情况进行检查，以便督促内部控制的有效运转，并发现其中的缺陷及时加以改进。因此，一个完整的管理控制系统应该至少包括战略计划（含预算)、内部信息传递、业绩评价、激励机制与内部监督等要素。最后,作业控制主要侧重于某项具体业务或者某项具体任务的完成。它主要针对的是企业各项业务和事项,属于操作管理层和员工的职责。资金管理、资产管理、采购业务、销售业务等反映企业主要业务和事项的应用指引就属于作业控制的对象。这充分体现了《Flint 报告》对内部控制应嵌入公司业务流程的各个环节和程序的要求。

(三)以信息技术为支撑

信息化是企业管理发展的重要趋势之一。信息技术的应用可以降低内部控制实施成本,减少人为操纵因素,保障内部控制效果;实现信息的及时和快速反馈,提高控制效率;促进信息的集成与传递,实现信息共享。同时,利用信息技术还可以将各项管理流程和方法融合起来,实现内部控制与其他管理制度的系统整合。传统的内部控制实际上忽视了信息技术的作用,现时期的企业应当遵循《基本规范》的要求,"运用信息技术加强内部控制,建立与经营管理相适应的信息系统,促进内部控制流程与信息系统的有机结合,实现对业务和事项的自动控制,减少或消除人为操纵因素"。因此,企业在实施内部控制时,应该考虑利用信息技术,将其贯穿于内部控制实施的整个过程,从而达到将内部控制的程序与措施固化于信息系统的效果。

第三节 企业内部控制应用指引
——组织架构的案例

【案例 6-1】

组织架构设计的有关案例——东电设备工程公司

一、公司组织形式的拟定

企业的组织形式主要有业主制、合伙制和公司制三种。

按照东电股份有限公司的总体改革思路,设备部门的设备采购和管理职能将划拨合并进入采购中心,其技术服务职能将从母体中分离出去成立子公司,这就决定了设备公司的性质是公司制企业。公司分为股份有限公司和有限责任公司。按组建有限责任公司的要求,必须有 2 个以上 50 个及以下的法人作为发起人，东方电机股份有限公司作为最大的股东是第一发起人，同时可申请东方电机大中型交直流设备公司、控制设备公司、工模具公司和武汉华中数控股份有限公司作为发起人共同组建设备公司，并可在德阳市旌湖开发区申请公司注册地，享受一定的税收政策优惠。在对设备部门资产评估、上报立项、审批，并按公司注册的有关要求在工商行政管理部门办理相关手续，领取营业执照后，东电设备工程有限责任公司即可宣告成立。

二、公司组织架构设计

（一）公司的管理幅度与管理层次的设定原则

管理幅度是指有限的直接领导的下属数量，而从公司最高主管到具体工作人员之间的层次称为管理层次。基于设备工程公司仅有200名员工，组织规模不大，人员素质相对较高，因此，管理幅度可相对大一些，管理层次相对少一些，将公司组织形态定义为扁平结构。这种扁平结构由于层次少，信息的传递速度快，从而可以使高层尽快地发现信息所反映的问题，并能及时采取相应的纠偏措施。同时，由于信息传递经过的层次少，传递过程中失真的可能也较小。此外，较大的管理幅度，使管理人员对下属不可能控制得过多过死，从而有利于下属的主动性和首创精神的充分发挥。

（二）组织设计的原则

由于设备工程公司人员较多，要保证"人人有事做，事事有人做"，在短期内具有一定的难度。但是，遵守"因事设职与因人设职相结合""权责相等""命令统一"的三大原则，仍是我们设计组织结构的出发点和落脚点。

（三）公司组织机构的设置

设备部门成立有限责任公司后，按东电股份公司的分离方案，设备采购及管理职能划归总公司。而责任公司仅承担设备维修、改造、备件制造、非标设备设计与制造、小电机修理等任务，同时可对外服务创收。按企业组织扁平化的要求，设备工程有限责任公司的组织机构设置如图6-1所示。

通过对原有班组和人员的重新整合，现有组织机构的管理层次较原设备处减少了，基层班组由原来的23个减少为五部一办六组共11个，改善了过去工作中的相互推诿、相互扯皮的现象，可使整个组织快速、高效运转。但作为基层的管理者，其管理幅度增大了，协调能力与组织能力的要求更高了。

第六章 组织架构的内部控制

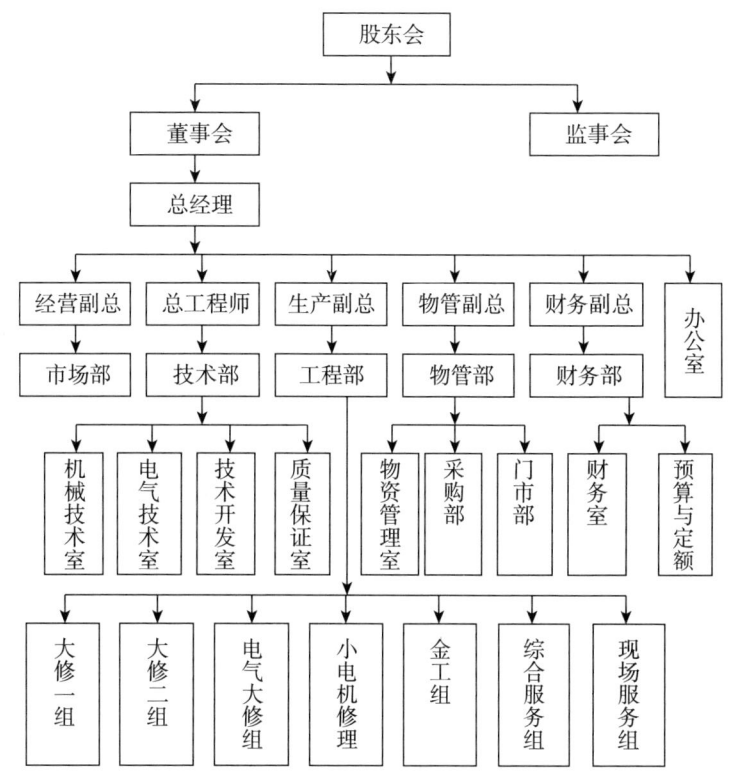

图 6-1 东电设备工程公司的组织架构

【案例 6-2】

组织架构运行的有关案例——鞍山钢铁集团公司

鞍山钢铁集团公司（以下简称"鞍钢"）是中国第一个恢复建设的大型钢铁联合企业和最早建成的钢铁生产基地，被誉为"中国钢铁工业的摇篮"和"共和国钢铁长子"。当一个企业的规模与经营范围扩大到相当程度，母公司与各子公司、各子公司之间的沟通与互动日趋复杂，集团内部交易成本、代理成本和控制幅度等问题将成为制约企业发展的重要因素。如何建立标准化的协调与管理制度，以降低集团内部的交易成本；如何对各子公司进行有效的监督与绩效控制，以降低代理成本；如何加强管理决策与分析，以提高控制幅度和能力等问题，均需要统筹规划、系统实施、有效控制。国内外企业集团发展的经验表明，增强集团控制力是集团有效实施经营管理、实现企业持续健康发展的必然选择；增强集团控制力已成为国际知名企业

· 143 ·

实施有效管理的重要举措和发展趋势。

集团战略是企业实施集团管控的依据。鞍钢集团基于对企业未来战略群体定位、业务选择定位、价值链定位、竞争因素对比等因素的分析，从战略目标、战略定位、路径选择和资源配置4个方面对集团战略进行了系统总结，明晰了集团战略规划体系。

管控模式的有效实现，需要通过组织架构的优化、部门和关键岗位的设置以及职责承担方式的明晰，将各项功能和主要职能予以落实。鞍钢集团基于对各条管理职能线条上集团总部和子公司的职能界定，自上而下地梳理和优化集团组织架构，完善集团管控运行平台，保证了集团管控的顺畅实施。

一、优化集团总部组织架构

依据集团管控职能定位和母子公司管控界面划分，以提高集团管控能力、解决诊断问题为目标，确定集团总部组织架构优化重点：一是加强集中采购部门建设，发挥采购协同效应；二是将原燃料采购作为战略重点单独成立部门管理；三是营销部门实现产销一体化和内外贸一体化管理；四是加强技术管理与技术研发部门建设；五是加强支撑职能管理平台的组织建设；六是实施专业资本运营和安环管理；七是发挥党群管理在现代企业管理中的重要作用。优化后，集团总部按照战略落实、业务管理、服务监督、党群事务4个板块，设置21个职能部室，承担集团总部相应管控职能的专业化管理，为集团与子公司搭建了较为顺畅的管控渠道。

二、规范子公司及下属单位组织架构

子公司按照精干高效、扁平化、集中一贯原则进行组织优化，统一组织架构模式为物资采购部、市场营销部、产品制造部、设备保障部、科技质量部、安全环保部、计划财务部、管理创新部、人力资源部（组织部）、办公室、企业文化部（宣传部）、监察部（纪委）、工会、团委等。子公司下属生产厂矿组织机构统一模式为"四室一会"（或"三室一会"），即生产技术室、设备管理室、综合管理室、党委工作室和工会；基层设置作业区，包括生产作业区和辅助作业区。对子公司内部不符合集团产业发展方针、业务重叠、长期亏损扭亏无望、投资经营不规范的四级企业和经营实体，采取合并、注销等方式予以清理，将集团组织层级控制在三级以内。对辅业改制企业和参股企业，集团总部以出资人身份推动和监督其按照现代企业制度要求，建立健全规范的法人治理结构和科学有效的组织体系。

三、提升了企业整体竞争力，为鞍钢的全面腾飞提供了有力支撑

通过创新集团管控模式、规范母子公司功能定位、优化组织结构、再造核心业务流程，加强支撑体系建设，鞍钢集团建立起以集团统一战略为导向、以战略型和操作型管控为主要管控模式，以优化的集团组织架构为平台，以战略管控体系、财务管控体系和人力资源管控体系为主体，以流程制度体系、信息化系统、绩效评价体系、审计监督体系和企业文化体系等为保障的，母子公司之间权责清晰、职责规范、协调运转的集团管控体系，使集团的管控能力和管理效率极大地提升，实现了集团上下目标一致、资源共享、优势互补、行动协调和快速响应，发挥了特大型钢铁企业集团的规模效益和协同效应，为鞍钢的集团化和国际化发展提供了有力的支撑，提高了企业抗风险能力，实现了企业的快速稳定发展。

第七章

发展战略的内部控制

第一节 企业内部控制应用指引
——发展战略的基本内容

第一章 总　　则

第一条 为了促进企业增强核心竞争力和可持续发展能力,根据有关法律法规和《企业内部控制基本规范》,制定本指引。

第二条 本指引所称发展战略,是指企业在对现实状况和未来趋势进行综合分析和科学预测的基础上,制定并实施的长远发展目标与战略规划。

第三条 企业制定与实施发展战略至少应当关注下列风险:

(一)缺乏明确的发展战略或发展战略实施不到位,可能导致企业盲目发展,难以形成竞争优势,丧失发展机遇和动力。

(二)发展战略过于激进,脱离企业实际能力或偏离主业,可能导致企业过度扩张,甚至经营失败。

(三)发展战略因主观原因频繁变动,可能导致资源浪费,甚至危及企业的生存和持续发展。

第二章 发展战略的制定

第四条 企业应当在充分调查研究、科学分析预测和广泛征求意见的基础上制定发展目标。

企业在制定发展目标过程中，应当综合考虑宏观经济政策、国内外市场需求变化、技术发展趋势、行业及竞争对手状况、可利用资源水平和自身优势与劣势等影响因素。

第五条 企业应当根据发展目标制定战略规划。战略规划应当明确发展的阶段性和发展程度，确定每个发展阶段的具体目标、工作任务和实施路径。

第六条 企业应当在董事会下设立战略委员会，或指定相关机构负责发展战略管理工作，履行相应职责。

企业应当明确战略委员会的职责和议事规则，对战略委员会会议的召开程序、表决方式、提案审议、保密要求和会议记录等作出规定，确保议事过程规范透明、决策程序科学民主。

战略委员会应当组织有关部门对发展目标和战略规划进行可行性研究和科学论证，形成发展战略建议方案；必要时，可借助中介机构和外部专家的力量为其履行职责提供专业咨询意见。

战略委员会成员应当具有较强的综合素质和实践经验，其任职资格和选任程序应当符合有关法律法规和企业章程的规定。

第七条 董事会应当严格审议战略委员会提交的发展战略方案，重点关注其全局性、长期性和可行性。董事会在审议方案中如果发现重大问题，应当责成战略委员会对方案作出调整。

企业的发展战略方案经董事会审议通过后，报经股东（大）会批准实施。

第三章 发展战略的实施

第八条 企业应当根据发展战略，制定年度工作计划，编制全面预算，将年度目标分解、落实；同时完善发展战略管理制度，确保发展战略有效实施。

第九条 企业应当重视发展战略的宣传工作，通过内部各层级会议和教育培训等有效方式，将发展战略及其分解落实情况传递到内部各管理层级和全体员工。

第十条 战略委员会应当加强对发展战略实施情况的监控，定期收集和分析相关信息，对于明显偏离发展战略的情况，应当及时报告。

第十一条 由于经济形势、产业政策、技术进步、行业状况以及不可抗力等因素发生重大变化，确需对发展战略作出调整的，应当按照规定权限和程序调整发展战略。

第二节 企业内部控制应用指引
——发展战略解读

一、企业发展战略概述

企业发展战略是企业在对现实状况和未来趋势进行综合分析和科学预测的基础上，制定并实施的长远发展目标与战略规划，是企业战略的种类之一。企业战略是对企业各种战略的统称，其中既包括竞争战略，也包括营销战略、品牌战略、融资战略、投资战略、技术开发战略、人才开发战略、资源开发战略等。和这些战略不同，企业发展战略是关于企业发展的谋略，是关于企业发展中整体性、长期性、基本性问题的计谋。

企业发展战略的本质特征是发展性，是着眼于促进企业发展的战略。虽然有些企业战略也是为企业发展服务的，如企业竞争战略与营销战略，但是它们的着眼点与发展战略是不同的，竞争战略着眼于如何提升企业产品或服务的竞争力，营销战略着眼于如何促进企业市场营销业绩的改善，而企业发展战略最根本的着眼点是促进企业发展，这是企业发展战略与其他战略最大的区别。企业发展战略的一般特征有整体性、长期性、基本性、计谋性、系统性和风险性。整体性是相对于局部性而言的，任何企业发展战略谋划的都是整体性问题，而不是局部性问题。长期性是相对于短期性而言的，企业发展战略谋划的都是长期性问题，而不是短期性问题。基本性是相对于具体性而言的，企业发展战略谋划的都是基本性问题，而不是具体性问题。计谋性是相对于常规性而言的，企业发展战略关注的都是关于企业问题的计谋而不是常规思路。系统性是指发展战略要立足长远发展，确立远景目标，同时需围绕远景目标设立阶段目标，以构成一个环环相扣的发展战略目标体系系统。风险性则认为企业作出任何一项战略决策都存在风险，发展战略决策也不例外，如果对未来市场研究深入，行业发展趋势预测准确，设立的远景目标客观，各发展阶段的人、财、物等资源调配得当，发展战略形态选择科学，制定的发展战略就能引导企业健康、快速的发展；反之，仅凭个人主观判断市场发展变化，设立目标过于理想或对行业的发展趋势预测出现偏差，制定的发展战略就会产生管理误导，甚至会给企业带来破产的风险。

由于持续发展对于企业实现自身目标具有极端重要的意义，所以企业发展战略在企业战略中占有重要地位，企业发展战略被认为是企业各种战略的总战略，是统帅其他企业战略的最高战略，其整体性在企业各种战略中更加突出。也就是说，企业发展战略比其他企业战略针对的问题更加全面。从某种意义上说，用企业发展战略指导其他企业战略，用其他企业战略落实企业发展战略，这是先进企业的成功之道。企业发展战略是企业实现发展的灵魂与纲领。

二、企业发展战略应关注的风险内容

企业发展战略风险是影响整个企业的发展方向、企业文化、生存能力或企业效益的风险因素，可以理解为企业整体发展出现损失的不确定性。因为企业发展战略对于企业经营发展具有决定性的深远影响，关注和防范企业发展战略风险对于企业生存和发展具有极端重要的影响。

企业发展战略风险伴随着企业发展战略制定、实施的始终和企业发展的全过程。总体而言，发展战略风险的因素可以分为内外两方面，对于来自企业外部环境的风险因素可以概括为发展战略环境风险，对于来自企业内部的风险因素可以概括为企业的资源和能力风险。

结合企业发展战略风险的来源，企业发展战略风险主要产生于企业对外部环境和自身拥有的战略资源、竞争优势的认识不够全面和深刻，从而导致制定的企业发展战略不能充分利用企业自身优势和外部环境，限制企业自身优势发展。发展战略风险在企业实际经营中主要表现为缺乏明确的发展战略或发展战略实施不到位，企业难以形成竞争优势，丧失发展机遇和动力，或者企业发展战略过于激进，脱离企业实际能力，导致企业过度扩张，增大经营失败风险，或者发展战略因主观原因频繁变动，企业发展战略缺乏长期性，企业发展方向不明确。

从企业发展战略风险的表现可以看出，企业发展战略不能引领企业科学发展，其症结主要在于制定的发展战略不能满足企业发展需要，以及发展战略在实施中不能根据环境和企业自身的条件变化进行适当调整。因此，控制和防范企业发展战略风险主要应从发展战略的制定环节和实施环节着手。

三、企业发展战略的制定

（一）企业发展战略风险识别和评估

准确地识别发展战略风险是成功制定发展战略管理的前提和保证，只有准确地识别了发展战略风险，才能对风险的大小作出正确的评估，然后在发展战略制定中对其给予充分考虑。如果风险识别发生错误或忽略了重大风险，无论发展战略制定得多么细致，风险都会对企业产生不利的影响，使发展战略偏移预先设置的方向。

科学的企业发展战略应当是在充分调查研究、科学分析预测和广泛征求意见的基础上所制定的。通过充分地调查研究和科学分析预测可以识别企业发展战略可能包含的各种风险，在此基础上通过对发展战略决策信息资料进行系统的了解和分析，认清企业所面临的各种发展战略风险因素，进而确定企业所面临的风险及其性质，并把握其发展趋势，为发展战略风险的实施提供良好的条件。

从企业发展战略的特征和重要性角度出发，紧密结合企业发展战略的制定过程，可以重点从以下两个方面识别和评估企业发展战略风险。

首先，分析由企业外部战略环境变化引起的发展战略风险。发展战略风险来源于企业所面临的外部环境。外部环境因素对公司战略风险因素的影响主要表现在以下几个方面：政治、法律环境及其变化，经济环境及其变化，相关利益团体的影响等。企业发展的战略环境是指对企业发展战略可能产生重大影响的外部环境因素，环境是适应性因素，环境的变化会引起企业关键资源和竞争能力的变化。政治经济环境的变化对企业的发展战略和总体发展目标产生重要的影响，可能会引起企业发展战略的方向、发展战略的方针和发展战略的重点进行调整。相关的技术环境的发展和变化，会直接影响企业的发展战略目标和业绩的实现，影响企业的竞争优势、发展模式和发展战略的重点。行业的总体发展趋势、产业的结构和竞争结构的发展方向的变化趋势，整个行业的盈利水平和市场竞争的激烈程度的变化，都会对企业发展战略的定位、发展战略重点的选择和竞争优势产生显著影响。

其次，分析由企业内部战略资源引起的战略风险。战略资源主要包括管理能力及资源、公司治理结构和管理层、组织机制及适应和调整能力、知识学习能力和创新能力、企业文化及整合能力等资源。企业所拥有的战略资源是企业制定和实施发展战略所应考虑的主要因素和企业竞争优势的重要来源，因而可以认为企业的战略资源和竞争能力是企业发展战略制定和实施的重要风险因素来源。由于市场竞争日趋激烈，科学技术发展日新月异，经济社会发展变化迅速，企业所拥有的战略资源和竞争能力优势也是处于一个不断变化的过程中。随着时间的推移和竞争空间的变化，企业所曾经拥有的战略资源和竞争能力优势可能不再为企业带来竞争优势，制约了企业市场竞争力的提高，如果企业的发展战略没有根据这一企业内在风险因素的变化进行适时调整，将导致企业发展战略在实施中所蕴含的风险增加。

发展战略风险评估主要包括两个方面工作。一方面是发展战略风险损失的程度；另一方面是发展战略风险发生损失的频率。风险损失的程度包括直接损失和间接损失。评估发展战略风险损失时要注意下列四点：一是评价发展战略损失时，不仅要注意评价发展战略风险的直接损失，还要重视对发展战略间接损失的评价；二是对发展战略风险损失的严重性评估，并没有完全绝对的、客观的标准，主要靠企业的愿景、战略的目标和高层管理者的价值观念来判断损失所造成的影响；三是评价损失时，要看到损失所持续的时间和损失规模的大小，一般来讲，发展战略风险损失规模是比较大的，造成损失的时间也比较长，某些后果是企业难以接受的；四是尽管发展战略风险频率很低，但只要发生一次，就会给企业带来巨大损失和严重后果。在评估损失的时候，要估计到两类重要的数据：一类是在最坏的情况下所发生的最大损失是什么；另一类是最可能发生的最大损失是什么。

（二）企业战略规划的制定

企业应当根据发展目标制定战略规划。战略规划应当明确企业发展的阶段性和发展程度，确定每个发展阶段的具体目标、工作任务和实施路径。战略规划大多是滚动的，是根据企业发展战略目标所制定的阶段性的行动纲领，是企业发展战略目标在特定时期的具体化。

通常企业战略的有效期是3~5年，公司战略规划的制定是基于企业对内外部环境的分析，根据企业使命和目标所作的具有前瞻性的长期规划，它给出的是原则与方向。但是它必须在年度经营计划中具有执行的时效性，因此要根据年度经营计划所作的年度分析进行战略安排和调控，这就需要科学的战略规划。有学者提出，战略规划解决的是"什么是正确的事"，战略执行解决的是"如何做正确的事"，把这两者结合起来就是战略管理。可见战略规划在企业发展战略中扮演着重要角色。企业发展战略目标为企业未来发展确立了一个发展的最高目标，但是要实现这些目标需要企业阶段性的任务规划，各个阶段战略规划的动态发展循环最终会逐步实现企业发展战略目标，这也是企业发展战略系统性的体现。

战略规划的制定有别于企业日常管理，但战略规划的执行要通过企业日常管理来落实，战略规划的目标要通过日常管理来实现。战略规划是沟通企业发展战略目标与企业日常管理的桥梁。

（三）企业发展战略制定的组织机构

企业发展战略的制定属于企业的重大决策，根据企业内部控制的要求，必须有相应的组织机构在发展战略制定过程中对决策进行监督和控制，以保证发展战略的科学合理。

由于企业发展战略对企业未来发展具有非常重要的影响，公司发展战略的制定往往具有很强的前瞻性，对发展战略风险识别和评估需要专业的知识和科学的分析，这些都需要企业设立专业的机构以推动发展战略的制定。为更好地控制发展战略风险，一般需要在董事会组建专业的战略委员会或指定相关机构专门负责发展战略管理工作。企业应当明确战略委员会的职责和议事规则，对战略委员会会议的召开程序、表决方式、提案审议、保密要求和会议记录等作出规定，确保议事过程规范透明、决策程序科学民主。战略委员会应当组织有关部门对发展目标和战略规划进行可行性研究和科学论证，形成发展战略建议方案；必要时，可借助于中介机构和外部专家的力量为其履行职责提供专业咨询意见。战略委员会通过对发展战略方案的制定、评估、考核及监控等措施，控制发展战略风险，从而制定出能够适应企业实际的发展战略方案。

除了企业的战略委员会和专门负责发展战略管理工作的机构，企业的其他组织机构对公司发展战略的制定也应该实施有效的控制。出资者的控制是投资人为了保护自己的权益，实现其资本保全和资本增值的目的而对企业过程实施的控制活动。在发展战略制定过程中，出资者的控制主要体现为股东大会对企业重大发展战略所实施的决策行为，如股东大会对企业重大发展战略的审议和批准等。董事会的控制是企业内部控制最为关键的一个控制层次，董事会应当严格审议战略委员会提交的发展战略方案，重点关注其全局性、长期性和可行性。董事会在审议方案中如果发现重大问题，应当责成战略委员会对方案作出调整。

通过有效地结合内部控制风险管理与企业发展战略制定流程，可以使企业发展战略更加有效。例如，在发展战略制定流程的早期，评估发展战略决策的风险特征。

四、企业发展战略的实施

（一）发展战略的细化

企业发展战略是企业的总战略。企业的战略体系是一个具有层次结构的战略体系，职能战略目标辅助于经营战略目标，最终实现企业发展战略目标。在 COSO 所描述的 4 个目标中，战略目标是其他 4 个目标的基础，是高层次的目标。在战略组织结构调整的基础上，战略目标分解与规划流程是指管理层与各职能部门、业务单元一起，对战略目标进行分解，并将其分解为经营目标、资源配置、预算与财务目标、企业文化和信息沟通等分目标。

发展战略制定后，企业应根据发展战略目标，制订年度工作计划，编制全面预算，将年度目标分解、落实。企业应确定各业务单元经营目标，为各业务单元配置与经营目标相配比的资源，主要涉及人力、物力、财力、信息和外部支持等各个方面。由于企业发展战略执行时间一般都较长，为使其最终目标能够实现，很有必要将发展战略实施期限划分为几个阶段，在每个阶段末建立一个阶段指标，一般将一年设为一个阶段。年度目标对于企业发展战略实施非常重要，因为它是配置资源的基础，是评价企业绩效的主要尺度，它可以监测企业发展战略执行的运作过程，便于发现问题并及时调整。年度目标应恰当合理，与长期目标一致并支持企业战略的实施，并且企业目标应有明确的数量、质量、成本和时间规定并可以调整。在年度末，企业需要将实际运行情况与企业全面预算进行对比，发现问题，及时改进，以便更好地贯彻实施发展战略。

（二）发展战略在企业的传递

企业的各个部门、各个业务单位以及每一位员工，构成了发展战略的执行层。执行层是发展战略的具体实施单位，这就要求企业的每位员工都要自觉地树立发展战略意识，按照与企业发展战略相符的行为规范进行操作，从而保障发展战略的有效性。

当前，我国一些企业在企业发展战略方面存在的主要问题是，企业一线员工对集团公司的发展战略并不清楚甚至毫不知情，二级企业的员工对集团公司的战略或三级公司员工对二级公司的战略也不清楚，有些企业一线员工的认识和行动甚至与集团公司的发展策略相悖。更有甚者，一些集团公司的领导对企业发展战略的认识也不清晰，理解也不一致。在这种情况下，集团公司所属各级企业及全体员工对于整个集团未来的发展愿景、发展目标、发展模式、发展策略等就更不可能取得共识，也谈不上企业战略得到有效实施和执行。出现这种问题的主要原因是企业的发展战略并没有深入地传递到员工思想深处，内化为企业员工的自觉要求，造成公司战略层面与战术层面的脱节，影响企业发展战略的有效实行。要使企业发展战略在经营和日常管理与员工作业层面得到积极贯彻执行，企业应该加强发展战略的宣传，通过宣传企业文化、强化日常工作行为规范等形式将企业发展战略传递到企业各个管理层级和员工层面，使之成为员工行为的指南，这也会增强企业发展战略的效力与生命力。

（三）发展战略的动态调整

在发展战略实施过程中，企业要及时根据市场调整和改善企业发展战略，这是危机管理体系的核心内容，因为世界上所有的事物都在变化之中，企业要在执行发展战略基本原则的基础上根据市场情况及时进行调整。战略委员会应当加强对发展战略实施情况的监控，定期收集和分析相关信息，对于明显偏离发展战略的情况，应当及时报告，以便对发展战略进行修正。

通常企业发展战略的制定要覆盖3~5年的时间，在制定时是基于公司对内外部环境的分析，根据公司使命和目标所作的具有前瞻性的长期规划，它给出的是总体的原则与方向。由于经济形势、产业政策、技术进步、行业状况以及不可抗力等因素发生重大变化，企业的发展战略也需要作出及时调整，但是它必须在年度经营计划方面具有执行的时效性，因此要根据年度经营计划所作的年度分析进行战略安排和调控。这就牵扯到战略弹性的问题，即要确定发展战略中哪些内容是可以调整变化的。企业的战略思想、战略步骤、战略业务组合及战略重大指标必须保持基本稳定，具体战略时间安排、具体细分指标确立、不同的业务细分及客户市场调整则可以根据市场状况进行动态调整。企业的发展战略选择必须与其战略环境及内部资源相匹配，正确的发展战略选择和实施也是一个针对变化的环境与资源能力不断重新调整匹配的过程。

企业的发展战略在实施过程中进行动态调整要关注新的发展战略能否与原发展战略在主要目标上保持一致。尽管发展战略需要进行调整，但只要不是重大的调整，其主要战略目标与措施不应该有太大的变动，也就是说发展战略必须保持一致性和连贯性，发展战略调整后还能支持原战略目标的实施。调整后的发展战略应当是在原来战略基础上的局部修整，其战略步骤要在原战略实施的条件下进行，不能脱离实际进行调整，即战略调整的幅度与范围是可控的，是在公司现有资源下的有效调整。调整发展战略要充分考虑到公司资源的实际情况，不能超越企业现状，以致使发展战略失去资源的支撑。

第三节 企业内部控制应用指引
——发展战略的案例

【案例7-1】

中信泰富内部控制案例分析

内部控制旨在合理地保证经营的效果性和效率性、财务报告的可信性、对有关法律和规章制度的遵循性。

一、巨亏始末

为了降低公司在澳大利亚铁矿石项目中面对的货币风险,从2007年起,中信泰富开始购买澳元的累计外汇期权合约进行对冲。2008年10月20日,中信泰富发布公告称,该澳元累计目标可赎回远期合约,因澳元大幅贬值,已经确认155亿港元亏损。至10月29日,由于澳元的进一步贬值,该合约亏损已接近200亿港元。截至2008年12月5日,中信泰富股价收于5.80港元,在1个多月内市值缩水超过210亿港元。

就中信泰富投资外汇造成重大亏损,并涉嫌信息披露延迟,中国香港证监会对其展开了调查。2008年11月12日,中信泰富再次发布公告,其与母公司中信集团达成初步重组协议,其一是中信集团以强制性可转债方式,向中信泰富注资15亿美元。据中信泰富12月19日披露,该条议案在当天的股东大会上获得了99.94%的赞成票。其二是以"外科手术"般的方式将部分衍生品交易合约从上市公司剔除,中信集团将协助中信泰富分两步重组现存的87亿澳元合约。按照公告,中信集团希望在12月30日前完成重组。此次衍生产品巨额亏损事件阶段性地告一段落。

二、原因探析

内部控制是一个要靠组织的董事会、管理层和其他员工去实现的过程,实现这一过程是为了合理地保证经营的效果性和效率性、财务报告的可信性、对有关法律和规章制度的遵循性。有效的内部控制包括内部环境、风险评估、控制与活动、信息与沟通和监督5个要素。

内部控制的5个要素是从建立和实施内部控制角度提出的,是对内部控制制度进行的高度提炼。建立一项内部控制制度,不能仅从某一要素来考虑,而必须统筹内部控制的5个要素。通过对企业各项经济业务及其业务流程进行梳理,根据设定的内部控制目标,分别从内部环境、风险评估、控制活动、信息与沟通以及内部监督等5个方面来设计和实施内部控制。

从此次中信泰富投资外汇衍生品造成巨额亏损及应对始末中我们可以发现,中信泰富在这5个要素方面都存在或多或少的不足。我们应从中吸取教训,深深反思。

(一)内部环境

内部环境构成一个单位的氛围,影响内部人员控制其他成分的基础。内部环境包括:

(1)员工的诚实性和道德观,如有无描述可接受的商业行为、利益冲突、道德行为标准的行为准则。

(2)员工的胜任能力,如雇员是否能胜任质量管理要求。

(3)董事会或审计委员会,如董事会是否独立于管理层。

(4)管理哲学和经营方式,如管理层对人为操纵的或错误的记录的态度。

(5)组织结构,如信息是否到达合适的管理阶层。

(6)授予权利和责任的方式,关键部门的经理的职责是否有充分规定。

(7)人力资源政策和实施,如是否有关于雇佣、培训、提升和奖励雇员的政策。

面对业绩巨亏、股价大跌、股民指责、司法介入,作为中信泰富董事局主席的荣智健居然表示自己对合同"不知情"。据中信泰富审核委员会的调查,此事并不牵涉欺诈或其他不法行为,而是财务董事未遵守集团对冲风险政策,且在进行交易前未按规定取得董事会主席的批准,超越了其权限所为。

如果情况真的属实,那么我们不禁要质疑中信泰富的内部环境存在多么大的漏洞!涉及几百亿金额之巨的大合同,公司财务层可以不经过董事会主席的批准而擅自行事,且先不论员工的诚实性和胜任能力,仅就中信泰富这样的红筹公司的组织结构和授予权力、责任的方式就值得深省。如果每个部门都各行其是,不请示、不汇报,企业缺乏良好的内部控制环境,整个企业运营系统就会存在巨大的漏洞;企业管理层犯错的危险系数也被放大,恐怕企业离败落已不远矣,企业文化建设更是无从谈起。

第七章 发展战略的内部控制

（二）风险评估

风险评估是指管理层识别并采取相应行动来管理对经营、财务报告符合性目标有影响的内部风险或外部风险，包括风险识别和风险分析。风险识别包括对外部因素（如技术发展、竞争、经济变化）和内部因素（如员工素质、公司活动性质、信息系统处理的特点）进行检查。风险分析涉及估计风险的重大程度、评价风险发生的可能性、考虑如何管理风险等。

中信泰富事件反映出其内部的风险监管和治理机制存在问题，累计期权的风险与收益严重不匹配，收益固定但风险无限。中信泰富选择了澳元作为买卖产品，这笔合同并未考虑相关货币贬值而设定止损金额，从而为日后的无限量亏损埋下祸根。

事实上，在中信泰富事件之前，累计期权因为高风险在业内已经声名狼藉，并获得了"I kill you later"（"我早晚灭了你"，与累计期权英文词汇 Accumulator 发音相近）的绰号。面对如此高风险的金融衍生品，中信泰富还投入如此巨资，我们不禁要怀疑其风险识别能力和应对能力。中信泰富董事局主席荣智健自己也承认："有关外汇合同的签订未经过恰当的审批，而且其潜在的风险也未得到正确的评估。"风险控制关系到公司的治理结构，治理机制若不健全，本身就是企业的一大风险源。

一个内部治理结构混乱的企业，其风险控制的能力肯定差，发生的经营风险也多。中信泰富需借此机会，针对衍生工具业务的特点，建立专门的风险内部控制机制，改善公司的治理结构，完善工作程序，严格控制投机性交易，从而降低企业运营风险。

（三）控制活动

控制活动是指对所确认的风险采取必要的措施，以保证单位目标得以实现的政策和程序。在实践中，控制活动形式多样，主要归结为以下几类：业绩评价、信息处理、实物控制、职责分离。

2008年10月20日，中信泰富发出盈利预警，首次披露持有超过百亿澳元的累计期权，并称早在9月已经察觉其潜在风险。为什么公司管理层在已经察觉其风险的情况下仍不作为呢？亡羊补牢，为时未晚，如果及时做出补救措施，损失也不会达到155亿港元之巨！

中信泰富事件折射出我国国有企业在公司治理方面存在的弊端和漏洞。虽然在最近的几年中，市场监管部门、国有资产管理部门为推动我国公司治理的制度建设做了大量工作，在健全公司治理的规章方面与过去相比有了明显的改善，但要看到，仅仅有规章而没有落实，公司治理的风险仍然是巨大的。

中信泰富外汇衍生品交易在操作上违背了基本的内部控制原则，尽管公司有很多的规章，实际上都成了摆设而没有被执行。从这个意义上来说，制度的落实甚至比制度本身更重要，因为没有被落实的制度形同虚设。所以，控制活动一定要落实到位，只有这样才能将风险控制在可以接受的范围之内。

（四）信息与沟通

信息与沟通是指为了使职员能执行其职责，企业必须识别、捕捉、交流外部信息和内部信息。外部信息包括市场份额、法规要求和客户投诉等信息。内部信息包括会计制度，即由管理当局建立的记录和报告经济业务与事项，维护资产、负债和业主权益的方法与记录。沟通能使员工了解其职责，保持对财务报告的控制。它包括使员工了解在会计制度中自己的工作如何与他人相联系，如何向上级报告例外情况。

企业所有员工必须从最高管理阶层清楚地获取承担控制责任的信息，而且必须有向上级部门沟通重要信息的方法，并与外界顾客、供应商、政府主管机关和股东等作有效的沟通。这个要素从某种程度上可以看作内部控制的神经系统，它要求企业及时、准确地收集、传递与企业内部控制相关的信息，确保信息在企业内部、企业与外部之间进行有效沟通。

首先，中信泰富的财务层面对金额如此巨大的金融衍生品合同，不向公司董事会汇报与请示，信息在企业内部就不流畅。其次，早在2008年9月7日，中信泰富董事会即已获悉该公司投资外汇交易，酿成百亿港元亏损，却在9月9日的一份公函中称，"公司的财务或交易状况没有出现重大不利改变"，而直到2008年10月20日，该公司才正式对外坦诚损失。此举涉嫌延迟披露、非法陈述，违反中国香港证监会的法规。

2008年10月22日，因中信泰富涉嫌延迟披露、非法陈述，中国香港证监会确认对其展开调查。中信泰富在发现问题6个星期之后才进行相应的信息披露，从一定程度上使我们对中信泰富整个内部控制体系的设置和执行的有效性产生了巨大的怀疑，中信泰富的内部控制体系和公司治理机制可能存在重大缺陷，提供的信息可能存在失真和受人为操纵的现象。另外，对公司在经营中如此之严重的违规行为，就没有一名员工对其风险性和违法性提出置疑？试问公司内部是否有适当的沟通与反映渠道的存在。一个企业，对内不能有效地交流与沟通经营管理中存在的问题,对外不能遵照法律法规的要求及时披露相关信息,恐怕这个企业很难取得投资和消费大众的信任,更难以在竞争如此激烈的市场经济中生存下去。

(五)内部监督

该要素要求企业对内部控制建立与实施情况进行监督与检查,评价内部控制的有效性,发现内部控制缺陷,应当及时加以改进。内部监督分为日常监督和专项监督。

中信泰富作为在业内颇有影响的红筹股公司,其自身的内部监督却没能合理有效地设计与落实。中信泰富董事局主席荣智健在公开信中称,"集团财务董事未遵守集团风险对冲政策,在进行交易前未按照公司一贯规定取得董事会主席的事先批准,超越了职权限度""财务总监未尽其应有的把关职责,没有将此等不寻常的对冲交易提请董事会主席关注"。在这些事情发生的时候,公司的监督程序与监管人员在哪里呢?评级机构标准普尔报告指出,中信泰富巨额的外汇交易亏损反映该公司欠缺适当的内部监管,透明度不足。要知道没有监督与制衡的权利是危险的,是可怕的。企业要想建立完善的内部控制系统并切实予以实施,且实施的效果良好、内部控制能够随时适应新情况等,就需要对内部控制的执行情况进行再控制,即对内部控制进行监督。因为,无论制度多么先进、完备,如果没有有效的控制、考核,没有对整个内部控制的过程施以恰当的监督,则很难发挥出它应有的作用。

任何一项控制措施都必须从上述5个要素进行考虑,首先,基于企业现有的内部环境,对企业经营活动风险,包括公司层面的风险和业务流程方面的风险进行评估,确定相应的风险应对策略,并针对风险评估确定的风险点确立相应的控制措施,实施内部控制活动;与此同时,建立相应的信息收集和沟通机制,对企业经营活动相关的内部信息和外部信息进行收集、加工、整理,及时反馈至企业内部控制相关的各方,并同时实施日常监督和专项监督,以增强控制措施实施的有效性,从而实现内部控制的目标。中信泰富正是对风险没有合理估计,对权力没有有效监督,在信息披露上又严重违规,结果导致内部控制系统漏洞百出,最终成为其巨额亏损的根本原因。

三、教训与启示

中信泰富的巨亏绝非个案,荣智健曾坦言:"我不认为买这种产品的只有中信泰富一家。"同样是衍生品交易导致中国航油(新加坡)股份有限公司巨亏5.5亿美元,事件主角陈久霖缺乏对石油衍生品交易风险管理的基本常识,以致泥足深陷,酿成巨亏。在随后的股票配售中,中航油又向投资者隐瞒了损失。陈久霖尚在狱中时,一些企业却忘记了沉痛的教训,监管部门对其他国企的金融投机业务仍然监管不力,导致中信泰富、中国国航、东方航空等公司陆续暴露金融投机衍生品亏损,亏损金额令陈久霖自叹不如:中信泰富的澳元对赌亏损高达155亿港元;东方航空2008年航油套期保值合约公允价值损失已达62亿元;中国国航损失达68亿元。惨痛的损失让人心痛,我国企业内部控制的健全与完善已是迫在眉睫。

(一)从企业自身的角度看

(1)必须建立和完善风险控制机制,健全公司治理结构。市场经济条件下,风险是客观存在的,不可能绝对消除,风险和收益并存,没有风险,就不可能有收益。企业作为市场的主体,要参与市场竞争,必然要面对风险。但是企业必须改变以往面对风险缺乏谨慎的思想态度,加强风险管理文化建设,强化相关业务部门的风险意识,在追求高收益的同时更要注重对高风险的提防,推行涵盖事前检测、事中管理和事后处置的全过程风险管理行为。同时,积极引导全体员工树立对风险管理的认同感,积极对企业日常的经营活动中的风险献言献计。大量案例表明,衍生工具灾难往往并非全因衍生性交易本身所引起,而是由于缺乏健全的风险控制。此次事件给各大企业上了非常有意义的一课:必须建立全面的风险控制机制,加强对风险的有效监管。

(2)加强信息与沟通在内控中的地位,建立良好的信息沟通与披露的平台。信息与沟通系统是否良好,直接决定着企业能否收集到大量及时的信息,能否实现信息在企业各层次、各部门之间迅速传递和交流,能否率先在已有信息基础上进行知识创新,占领市场制高点,把握先机。一个统一、高效、开放的信息与沟通系统,是其他一切控制运行的平台,该平台及其建立有助于企业发现问题、解决问题,应当成为企业内部控制的重中之重。同时,及时诚实地披露公司的经营信息这一做法,有助于在广大投资和消费大众中树立良好的企业形象,无形之中给企业加分,使得企业在竞争激烈的市场经济中占得先机。

(3)增强管理者的内部控制意识,将风险控制升华为企业文化。管理者在增强内部控制意识的同时,还应该注意营造良好的企业风险控制文化。企业文化,即企业的修养和价值观,既是企业内部控制制度的必要补充,又是实现有效内部控制的重要手段。如果没有企业文化的支持和维系,没有企业员工的理解和支持,再完美的内部控制设计,也只能是留在书本上的一堆文字。内部控制是由人来执行的,有了严密的企业内部控制制度,而缺乏具备相应素质和品行的人去执行,内部控制依然难以实现。在这个过程中,控制环境逐渐与企业文化融合,以达到内部控制的最优目标。

(4)借鉴国外先进经验,实行"控制自我评估",加强自我监督。每个企业不定期或定期地对自己的内部控制系统进行评估,评估内部控制的有效性及其实施的效率和效果,以期能更好地达成内部控制目标。其基本特征是:关注业务过程和控制成效、由管理部门和职员共同进行、用结构化的方法开展评估活动。自省自查,有助于企业早日发现问题,从而早日解决问题,将风险控制到最小,使收益能够达到最大。

(二)从政府监管部门的角度来看

(1)相关职能部门要做好国企和国有控股企业风险控制的监管。中信泰富事件再一次暴露出中国对国企监管上的缺失、缺位。中航、中信泰富、中国国航公司、东方航空公司等陆续暴露出巨额亏损,除了金融危机的大环境原因,企业自身没能做到有效的风险控制是其重要原因。所以,相关部门应加大对企业风险控制的监管力度,及时制止违规行为。

(2)相关职能部门要加强对企业信息披露的监管。美国证监会(SEC)、交易所对信息有一个跟踪监管机制,而我国证监会、交易所对上市公司每天公布的信息却没有跟踪,这就使企业的信息披露机制存在很大的漏洞。所以,我国企业延迟披露、故意错误披露企业信息的事件时有发生,这次中信泰富在发现问题6个星期之后才进行相应的信息披露就是很好的明证。我国监管部门可以考虑借鉴国外经验,跟踪监管企业的信息披露,建立一个规范的信息披露机制。

(3)形成问责文化,加大对问题企业管理层的处理力度。"问责"这个词近两年来频频见诸各大报端。将其从行政领域引入经济领域,有利于规范企业公司治理,有助于保证权力的合理利用。中信泰富董事会主席荣智健因此次巨额亏损引咎辞职也正体现了这一点。谁出错,谁负责,有利于促使企业管理层重视企业内部控制建设,从而促进企业内部控制的健全与完善。

2008年6月28日,财政部与中国证监会等五部委在北京联合举行了《企业内部控制基本规范》发布会,宣布我国《企业内部控制规范》自2009年

7月1日起首先在上市公司施行，同时鼓励其他国有大中型企业试行。《基本规范》的发布，是我国企业内部控制制度建设的重大举措，标志着我国内部控制制度建设取得了重大进展，对促进我国企业及其他单位开展内部控制、防范风险、提高企业经营管理水平将发挥积极作用。在健全和完善企业内部控制的道路上，我们还有很长的路要走。

【案例 7-2】

联想公司的发展战略

一直以来，联想公司是一家擅长在困境中变革并展开绝地大反击的公司。1995年，曾经的"主营业务"联想汉卡正式停产，代理业务也陷入一片"红海"。联想公司的未来系于杨元庆率领的微机事业部。当时，外资品牌占据了中国PC市场近80%的份额，销量前10名中只有联想一家国产品牌，仅以6.6%的份额排在第五，第一名康柏的份额是27.3%，且升势强劲。此外，AST、IBM和惠普等公司也雄踞于前，DEC、戴尔环伺于后。有媒体疾呼，国内PC市场有被外资品牌瓜分的危机。但洞察到来自上游芯片商降价的机遇，1994年出任联想微机事业部总裁的杨元庆在1996年发动"万元奔腾"大战，豪气干云地实现"鲤鱼跳龙门"——仅仅一年之后，联想的市场占有率超过了第二名IBM公司（11.8%），达到惊人的17.6%。那两年间搭建的渠道分销体系，也为联想在国内市场多年来不可撼动的领导者地位奠定了坚实基础。

1998年，联想高调进入软件领域；2000年，联想投资1亿美元的"FM365"隆重推出，并入主赢时通，这是联想的"网络年"。联想宣称，自己将成为最好的"网络设备提供商"——就像IBM；最好的"网络服务运营商"——就像美国在线；最好的"网络内容提供商"——就像雅虎。这一年，联想在PC市场占有率达到了21%，已经成为柳传志接班人的杨元庆开始勾画"服务的、技术的、国际化的联想"。他的雄心是："2000年以前在外界问起联想，一定就是PC，但到2005年甚至2010年的时候，大家能够认可联想在整个IT领域里都是非常有实力的企业。"

2001年被联想定为"服务年"，联想宣布向服务转型的3年战略目标。在誓师大会上，杨元庆表示要在中国走IBM的发展之路——为企业提供从

第七章 发展战略的内部控制

IT咨询、IT架构设计、项目实施管理、定制软件到网络集成的全套应用解决方案。一年之内，联想收购汉普，携手智软，搭建起"三横四纵"的恢宏布局——政务、金融、保险、电信四大行业，IT服务基础平台、水平应用及系统外包三大横向业务领域。

2002年是联想的"技术年"。联想召开技术创新大会，提出"PIPES"理念，强调"关联应用"是指导联想未来5~10年发展的技术战略路线，意在成为行业新技术标准制定者。

2003年是联想的"国际化年"，品牌标识"Legend"更换为"Lenovo"，国际化的初步目标定为7年后海外市场收入占总收入的20%以上。

联想"走马灯"式的连续"元年"，反映了杨元庆一心要超越PC的远大志向。在他看来，PC市场的利润率远不足以支撑联想成为一家世界一流企业的愿景。"联想曾经以贸、工为主导，但它不会永远停留在这个阶段，联想希望自己可以成为一个技术创新型的企业。"他说，"我们是一家很有志向、很有抱负的企业，我们不但在中国做得很成功，我们也希望能够在全球做得很成功。"

怎奈形势比人强。后起之秀联想把康柏、AST等劲敌挤出中国之后，另一位后起之秀戴尔公司却在全球范围内势不可当。2002年，戴尔公司在亚洲市场的收入已经比联想的全年营业额都高；2003年，联想的市场份额由近30%下滑至21.3%（Gartner数据），戴尔却以71.8%的高速增幅成为中国PC市场上增长最快的厂商。联想面临空前危机，能否保住中国市场的份额立即变成了远比多元化、服务、技术等更重要而紧迫的问题。

迫不得已，2004年2月，联想管理层对三年来联想之路进行深刻反思之后，全面启动以"求实变革、激情创业"为主题的变革。联想承认，"多项新业务的拓展远没有预想的那么顺利"，"造成没有实现规划目标的最主要原因就是对自身主观能力的估计过高，对高增长和多元化的过分追求与有限的能力和资源不匹配，以至于广种薄收"。

这次变革中，已运行三年的六大群组模式被打破，联想业务战略从推行"多元化"转而强调"专注核心业务"，数码产品、外设及PC服务器等旁支业务被独立出来。升任联想负责集团企划和运作系统的高级副总裁刘军果断进行渠道变革，提出"整合分销"理念，一边推进渠道精细化管理，根据客户导向的"四类客户"模式重新设计组织和流程；一边在已经相当成熟的分销体系中引入直销方式。

这次流程梳理和双模式变革，有力地保障了联想此后三四年间在中国区得以保住 PC 市场霸主地位。IDC 数据显示，变革后联想在中国市场的份额一度达到 2006 年第三季度的 36.2%。

2004 年 4 月，在联想董事会批准收购 IBM 的 PC 业务之前，这个项目在联想企划部这一联想内部最高级别的战略决策支持部门已经被研究了两年时间。早在 2002 年，IBM 便向联想发出邀约，但柳传志认为"简直是天方夜谭"，杨元庆也觉得"不太现实"。但到了 2004 年，联想决心回归以 PC 为主的"信息产品"制造商时，收购事宜被重新评估。"国际化可能会要优先于多元化来考虑，因为像 PC，我们在中国已经有了 30% 的市场份额，这样的市场份额再往上是会遇到天花板的。但企业必须不断地往前进，往前增长，这是我们作为管理者的愿望，也是投资人的要求。"杨元庆事后解释为何收购 IBM 的 PC 业务时说。在此之前，联想任命高级副总裁乔松为海外业务负责人，在国际市场上进行了小规模的"试水"，发现"难度非常大"。"搭车"收购便成了联想国际化之旅的最优选择。联想面临的诱惑似乎也不容错失。收购之后联想将一举成为全球第三大 PC 厂商，其全球占有率由 2.2% 变为 7.8%；联想将一举获得最先进的 PC 技术，最高端的 Think 品牌，还有 IBM 遍及世界的销售渠道和企业客户。杨元庆曾表示，这些有形和无形的资产如果由联想自己积累，难以想象要花多长时间。联想高级副总裁刘军事后曾更详细地解释了联想凭什么有吃下 IBM PC 的勇气："联想为何要如此大胆？首先，联想是 PC 业中第二赚钱的，净利率达到 5%~6%，最赚钱的戴尔净利率约为 8%，联想深知，大者恒大的定律，决心和戴尔一搏；其次，联想的优势是背靠全球第二大 PC 市场——中国，掌控高增长机会。但是，国际上需要有熟稔国外市场运作规律的合作伙伴来沉稳扩张。北美有戴尔，国际上有惠普，欧洲有宏碁等对手，联想若与 IBM 成功整合，将如虎添翼。"而且联想看到 IBM 的 PC 业务的毛利率并不低，比联想业务要高 8%，其亏损原因主要在于成本太高，只要联想能够成功地"拧毛巾"，加上收购之后在采购及供应链上的规模效应，实现扭亏并不是难事。

观察和分析联想的发展战略之路，可以发现联想的发展战略也经历了一段反复和波折。从最初的专注 PC 业务成为中国市场 PC 行业霸主到多元化战略使企业走入低谷，再到国际化战略回归主业，联想的发展战略变革是在实施中不断调整的。当然，在这个过程中联想也遭遇了挫折，这也充分说明了发展战略对企业的重要性。

【案例 7-3】

中国铝业战略失败案例分析

2014 年，中国铝业的中报业绩出现大幅滑落的迹象。据统计，公司 2014 年上半年实现营业收入 701 亿元，归属母公司股东的净利润为 41.23 亿元，同比下降 561.02%，成了中报的"亏损王"。

实际上，对市场而言，中国铝业的巨亏并没有让市场感到震惊。

早在 2012 年，中国铝业就巨亏 82.34 亿元。究其原因，企业表示，氧化铝和电解铝产能的大幅增加，导致价格的持续走低，加上原材料、电力等成本的持续上升，最终引发中国铝业的巨额亏损。

然而，就在当时，中国铝业还犯下了一个严重的错误，即在行业去产能化的大背景下，企业却不断借助定向增发等手段完成增产。最终，即使当时铝的价格出现了大幅下滑的走势，也无碍中国铝业扩大产能的进程，此举也为企业陷入亏损的危机埋下了隐患。

按照 A 股市场的规定，上市企业连续两年亏损，将会对公司股票进行 ST 的处理。换言之，中国铝业经历 2012 年的巨额亏损后，若 2013 年无法完成扭亏的任务，将会面临戴"ST"帽子的风险。

2013 年，对中国铝业来说，盈利并非轻松的事情。然而，在经济发展形势不明朗的大环境下，全球大宗商品期货价格的持续低迷，也为中国铝业的扭亏任务增添了不少挑战。

于是，在此背景下，中国铝业为实现扭亏可谓煞费心机。其中，2013 年中国铝业频繁出售资产，拟改善持续恶化的经营环境。而在 2013 年前三季度内，企业已经进行了 5 次以上的变卖资产活动，且接盘者均为中国铝业母公司中铝公司，合计变卖资产的价格高达 200 多亿元。

"功夫不负有心人"，2013 年中国铝业终以 9.48 亿元的微利成功扭亏。

其实，中国铝业的扭亏并非由企业营利能力的有效提升而实现的。显然，这种扭亏方式并不会对企业的基本面构成实质性的影响。因此，进入 2014 年，中国铝业的业绩再度陷入巨亏的局面也属于情理之中。

那么，中国铝业接连亏损的病因，确实与企业对外公布的信息相符吗？中国铝业的接连亏损主要存在以下几大原因。

第一，铝价长期低迷、成本飙升属于企业亏损的一个原因。

今年上半年，受产能严重过剩等因素的影响，铝价创出25年来的新低。此外，据数据统计，上海3月期铝一度下探至12 635元/吨，倒退回25年前的价格水平。至此，铝价格跌回原点，而人工、电价及煤价等主要成本又大幅飙升，直接影响了中国铝业的营利水平。

以电价成本为例，中国铝业自备电等优势未能有效发挥，而电费成本占据了企业运营整体成本的一定比值，为企业的盈利带来了沉重的负担。

第二，产能过剩问题严重，但新增产能不降反升。

国务院发布了《指导意见》，并强调进一步推动淘汰落后产能的进程。再者，在2014年2月18日，工信部也曾公开表态在2017年以前包括电解铝在内的五大行业不再新增产能。遗憾的是，在实际运作中，中央政策却时常与地方政策相互"打架"。

一方面，中央要求严格控制产能过剩等问题；另一方面，地方因强烈的政绩需求，又要求地方重点企业大幅扩张产能。除此以外，地方对企业的扩产实行政策、税收等优惠，结合地方的背书保障，为企业的大幅扩产提供了充分的保障。

显然，站在企业一方来说，因拥有各项政策的支持，也大胆落实扩张的举措。但是，在企业落实相关措施后，却一发而不可收拾。在市场需求远不达标的大背景下，大幅扩张产能必定会对企业形成致命性的伤害。

第三，企业高管缺乏严格的问责，盲目扩张致企业盈利难度增大。

2004年之前的几年，中国铝业过度的投资行为，无疑进一步加大了企业的财务压力。与此同时，企业无规律地偏离主业谋求新的发展渠道，进一步加大了中国铝业的盈利压力。

例如，中国铝业为了打破原来单一的业务结构，以分散投资的方式来提升企业的营利能力。鉴于此，中国铝业逐步进军煤炭、稀土等领域。然而，事与愿违，随着国内产能过剩问题的持续恶化，中国铝业的财务费用也出现大幅增长的格局。值得一提的是，面对经营业绩的不断下滑，中国铝业的高管们却继续享受高额的薪酬待遇。

以中国铝业董事长为例，2012年因企业发生巨额亏损，他主动削减自

第七章 发展战略的内部控制

身的薪酬,但全年所领取的薪酬仍然高达 57.78 万元。2013 年,中国铝业凭借出售资产等手段实现微利,中国铝业董事长却借此大幅提升自身的薪酬水平。据资料显示,中国铝业董事长熊维平 2013 年的年薪为 77.03 万元,位列 2013 年央企上市企业董事长薪酬排行的第 34 位。

此外,中国铝业其他高管的薪酬水平也不低。以 2012 年的数据为例,其中总裁罗建川全年薪酬为 52.87 万元,另外 4 位副总裁的全年平均薪酬也达到 47.29 万元的水平。

由此可见,因企业缺乏严格的问责机制,当央企高管对行业前景作出了错误的判断,企业高管们却"安然无事"。在这种发展模式下,如同判了企业的"死刑"。

不可否认,在经济发展形势和铝价格持续低迷等被动环境下,中国铝业要实现有效盈利难度确实很大。不过,综观相关的行业,却有不少企业借助不同的渠道而成功转型,并逐步实现业绩的增长。显然,对本应具有极强抗风险能力的中国铝业而言,它并没有凭借自身的优势而率先摆脱困境,却沦为"亏损王"。

因此,中国铝业的病根就在于企业长期低效的管理体制和过度"温柔"的问责机制。显然,如果中国铝业依然维持过去的发展模式,而企业还不能从过去失败的经历中充分吸取教训,则中国铝业距离退市的时间也不会太远了。

第八章

人力资源的内部控制

第一节 企业内部控制应用指引
——人力资源的基本内容

第一章 总 则

第一条 为了促进企业加强人力资源建设,充分发挥人力资源对实现企业发展战略的重要作用,根据有关法律法规和《企业内部控制基本规范》,制定本指引。

第二条 本指引所称人力资源,是指企业组织生产经营活动而录(任)用的各种人员,包括董事、监事、高级管理人员和全体员工。

第三条 企业人力资源管理至少应当关注下列风险:

(一)人力资源缺乏或过剩、结构不合理、开发机制不健全,可能导致企业发展战略难以实现。

(二)人力资源激励约束制度不合理、关键岗位人员管理不完善,可能导致人才流失、经营效率低下或关键技术、商业秘密和国家机密泄露。

(三)人力资源退出机制不当,可能导致法律诉讼或企业声誉受损。

第四条 企业应当重视人力资源建设,根据发展战略,结合人力资源现状和未来需求预测,建立人力资源发展目标,制定人力资源总体规划和能力框架体系，优化人力资源整体布局，明确人力资源的引进、开发、使用、培养、考核、激励、退出等管理要求，实现人力资源的合理配置，全面提升企业核心竞争力。

第二章 人力资源的引进与开发

第五条 企业应当根据人力资源总体规划，结合生产经营实际需要，制定年度人力资源需求计划，完善人力资源引进制度，规范工作流程，按照计划、制度和程序组织人力资源引进工作。

第六条 企业应当根据人力资源能力框架要求，明确各岗位的职责权限、任职条件和工作要求，遵循德才兼备、以德为先和公开、公平、公正的原则，通过公开招聘、竞争上岗等多种方式选聘优秀人才，重点关注选聘对象的价值取向和责任意识。

企业选拔高级管理人员和聘用中层及以下员工，应当切实做到因事设岗、以岗选人，避免因人设事或设岗，确保选聘人员能够胜任岗位职责要求。

企业选聘人员应当实行岗位回避制度。

第七条 企业确定选聘人员后，应当依法签订劳动合同，建立劳动用工关系。

企业对于在产品技术、市场、管理等方面掌握或涉及关键技术、知识产权、商业秘密或国家机密的工作岗位，应当与该岗位员工签订有关岗位保密协议，明确保密义务。

第八条 企业应当建立选聘人员试用期和岗前培训制度，对试用人员进行严格考察，促进选聘员工全面了解岗位职责，掌握岗位基本技能，适应工作要求。试用期满考核合格后，方可正式上岗；试用期满考核不合格者，应当及时解除劳动关系。

第九条 企业应当重视人力资源开发工作，建立员工培训长效机制，营造尊重知识、尊重人才和关心员工职业发展的文化氛围，加强后备人才队伍建设，促进全体员工的知识、技能持续更新，不断提升员工的服务效能。

第三章 人力资源的使用与退出

第十条 企业应当建立和完善人力资源的激励约束机制，设置科学的业绩考核指标体系，对各级管理人员和全体员工进行严格考核与评价，以此作为确定员工薪酬、职级调整和解除劳动合同等的重要依据，确保员工队伍处于持续优化状态。

第十一条 企业应当制定与业绩考核挂钩的薪酬制度，切实做到薪酬安排与员工贡献相协调，体现效率优先，兼顾公平。

第十二条 企业应当制定各级管理人员和关键岗位员工定期轮岗制度，明确轮岗范围、轮岗周期、轮岗方式等，形成相关岗位员工的有序持续流动，全面提升员工素质。

第十三条 企业应当按照有关法律法规规定，结合企业实际，建立健全员工退出（辞职、解除劳动合同、退休等）机制，明确退出的条件和程序，确保员工退出机制得到有效实施。

企业对考核不能胜任岗位要求的员工，应当及时暂停其工作，安排再培训，或调整工作岗位，安排转岗培训；仍不能满足岗位职责要求的，应当按照规定的权限和程序解除劳动合同。

企业应当与退出员工依法约定保守关键技术、商业秘密、国家安全机密和竞业限制的期限，确保知识产权、商业秘密和国家机密的安全。

企业关键岗位人员离职前，应当根据有关法律法规的规定进行工作交接或离任审计。

第十四条 企业应当定期对年度人力资源计划执行情况进行评估，总结人力资源管理经验，分析存在的主要缺陷和不足，完善人力资源政策，促进企业整体团队充满生机和活力。

第二节 企业内部控制应用指引
——人力资源解读

一、人力资源概述和人力资源风险防范

人力资源是指企业组织生产经营活动而录（任）用的各种人员，包括董事、监事、高级管理人员和全体员工。人力资源政策是招聘和保留有能力的人员，以使公司计划得以执行，目标得以实现的重要政策。COSO 报告认

为，人是控制环境中一个最活跃的控制因素，科学的人力资源政策对内部控制至关重要。概括来说，如果内部控制是"楼台"的话，人力资源管理则是"基石"，只有通过两者的有机结合，才能够从根本上解决企业经营中的不协调、不统一的问题，才能够有效地提升企业的管理水平，提高企业的经营效益和效率。

在企业经营所涉及的财务、法律、生产、营销等多个方面，都已经有了相对成熟而完善的风险防范体系。相比较而言，人力资源风险防范则相对滞后，究其原因主要是人力资源的重要性还未被充分认识。在市场经济初期，人力资源对于企业经营的作用并不突出，而由"人"引发的风险也一度未能得到企业管理者的足够重视。近年来，随着市场经济体制的深化，人力资源在企业中的地位日益突出，由人力资源形成的人力资本已经成为凝聚企业核心竞争力的重要组成部分，成为现代型企业赢得竞争的根本所在，人力资源的管理关乎企业战略的成败。人力资源是一个企业运营成本的重要组成部分，也是创造企业财富的根本源泉，更是一个企业最为宝贵的财富。人力资源管理得到越来越广泛的关注，企业对人力资源管理中的各环节如招聘、培训、考评、薪酬等管理不断强化。人力资源管理中存在的诸多风险，人力资源决策稍有不慎，就有可能给企业带来不必要的损失甚至灾难性的后果。因此，必须采取有力的措施加强对人力资源管理风险的防范与控制。

人力资源风险大多是隐性的，出现之初不易被企业察觉和关注。企业人力资源风险管理目标就是通过一系列的管理手段有效地处理潜在的人力资源风险，使企业免于遭受损失或降低损失的程度。人力资源内部控制就是通过规范人事管理业务流程，为实现企业战略目标提供充足的人才供给，建立合理的分配机制与绩效考核，最终达到预期经营管理目标。

二、人力资源的引进与开发

企业人力资源管理部门应根据企业发展战略目标和发展战略规划，拟定企业的人力资源规划，并考虑政府的劳工政策和与劳工相关的政策问题，制定本企业的人事政策。企业要对内部各项工作进行统筹分析，并计算各工作所需人数，列明工作特性及其必须具备的相关能力和学历条件等，在此基础上编制和调整企业职务编制计划，设计和调整组织架构、职务设置、职位描述和职务要求等，制订人员配置计划，确定每个岗位的人员数量构成。同时，人力资源部门还要分析本企业目前和未来的人力资源需求情况，预测人员退休、升迁、调职和流动率情况，分析本企业内部和外部人力资源供给状况，并预测未来的趋势，规划各部门的人力资源需求，并据以制订人力资源引进和培训计划。

（一）人员选聘

人力资源部门根据审定后的年度人力资源需求计划，拟定企业招聘实施方案。有人力资源需求的部门在提出需求时，应在人力资源申请表中建议人员选拔方式，例如，是通过公司内部选拔还是采用对外招聘，或者内部与外部同时进行，择优录取。如果单独建议由内部选拔，可以推荐合适的人选。

人力资源部门审核用人部门的用人需求，决定是否可以通过内部竞聘的方式解决人力需求。当公司内部无适当人选时，且对人才的需求量较大时，主要考虑外部招聘，并根据职位技能需求确定选拔条件。外部招聘可以改变企业的组织气氛，而且可以招到不同组织文化背景的人。如果企业某些岗位需要具备特殊技能和专业知识的人才时，必须广泛对外招聘。

招聘是人力资源管理的第一环节，是与绩效考评并齐的世界性管理难题。这是因为：一是寻找人才的源头难，即企业在什么地方、用什么方式找到所需要的优秀人才；二是吸引人才难，由于条件与待遇的限制，企业可能无法吸引到好的人才；三是识别人才难。种种难题下面是无穷无尽的风险，选择不当，企业需对新员工花费更多的培训费用和时间，或新聘员工潜力小，可培养性差，或使用价值小，人力成本高于人力产出。因此，招聘风险堪称企业人力资源管理面临的最大风险。在招聘过程中，一方面人员甄选的高昂费用滋生着潜在的招聘风险。据估计，在美国每甄选一名雇员的全部费用平均高达50 000美元，而且空缺职位等级越高，其花费也就越大。如果能够甄选出合格的人才，组织就能从合格人才的工作中获取大量回报，并且随着人才工作年限的增加，回报也会越来越大；如果甄选出的人员不合格，则不但甄选成本无法收回，还会随年限的推移而产生持续的负面效应。另一方面，企业忽视人力资源成本，招聘条件与岗位的实际要求相脱节，例如，一味拔高应聘条件，不考虑企业的生产规模、工薪待遇、岗位特性，其结果是招聘人员不能很好地满足企业岗位需求，增加了企业人力资源风险。

招聘的媒介选择也会影响人力资源风险。一般认为企业通过普通招聘方式（如刊登报纸广告、参加招聘会等）很难找到合适的人才，这是因为真正成熟的优秀人才一般都会被自己的老板重用,不会特别关注广告中的职位,也不会轻易到招聘会上去找工作。他们即使需要跳槽,一般会通过业界的朋友引荐、猎头公司推荐或者竞争对手直接挖掘。一般被广告吸引的人才以及参加招聘会的人才可能有下列情况:一是不够成熟的人才,虽然有潜力但是表现不充分,使用风险较大,不适合掌控大集团全盘;二是过于注重金钱的人才,只是因为较高的年薪吸引他们,这些人往往道德水准不够高,对企业的长远发展不利;三是自视太高,自我评价不准的人才,这些人才在市场上非常多,多数善于用人的企业家都不会重用这些人,而他们却总是感叹伯乐不常有;即使有才华出众者,往往由于人际关系能力较差、以自我为中心、难以与人合作等而频繁跳槽。这些人才往往不是企业可以委以重任的人才,否则可能会给企业带来巨大的用人风险,不仅损失时间、工资福利,还会泄露商业秘密,增加竞争对手,增加企业的人力资源风险。另外,使用公开招聘的人才还有一些不利之处,比如,由于找到的高级人才年薪很高,远远超过企业内的其他人才,经常可能产生企业内部的不良情绪,有些人可能会不配合而想看笑话,不利于进行管理改革。而通过猎头公司,新来人才年薪可以保密,不会给企业带来过大的冲击。当然,选择猎头最重要的原因是:猎头公司可以出色地采用很多渠道挖掘那些被其他老板重用的没有流动意向的顶尖级人才,并且可以对这些人才进行全面的调查,确保人才的质量,大大提高引进人才的成功率,减少企业经营风险。正规猎头公司的服务一般效率高、及时、准确、成功率高,是国内外优秀企业经常采用的高级人才引进方式。这说明企业应该根据需要引进的人才特点选择适当的人力资源引进方式。

在遴选到一定的后备人员后,人力资源部门对应聘者的各项数据进行初步审核,审阅应聘者学历、经验是否符合岗位所需,初步淘汰资格不合格者。然后,将审核通过的应聘者资料转交用人部门进一步审核。根据情况,由人力资源部门主导,对初审合格者进行各项测验,测验项目包括性格测验、智力测验、专业技能测验和专业科目测验等。除此之外,要对应聘者思想道德素质进行重点考核,确保所选拔的人员德才兼备。对测验合格者,在条件许可的情况下,根据应聘人员应聘岗位的重要性,决定是否对拟录用人员进行复试,以减少招聘风险。复试主要采用面试的方式,通过各种面谈技巧进一步了解应聘者各方面的综合表现。不论录取与否,应在一定时间内通知应聘者是否被录取和录取报到时间。对于录取者还应该要求其出具医院的体检证明，以保证录取者身心健康。对于没有被录取的应聘者，其资料存入企业人力资源后备资料库。

对于从本企业内部选拔人员到新的岗位任职，可以参照从外部招聘的程序进行适当处理以确保选拔最合适的人才任职。

（二）建立用工关系

企业通过与员工签订劳动合同的形式确立劳动关系，并依据《中华人民共和国劳动法》（以下简称《劳动法》）和《企业劳动合同管理办法》等管理规定对员工实施必要的管理。在新《中华人民共和劳动合同法》（以下简称《劳动合同法》）实施后，劳动者的权益得到了更好的保护，企业人事管理相关工作受到更加严格的规范。同时，随着劳动者自我保护意识的加强，企业人力资源管理风险明显上升。因此，企业人力资源管理部门应该系统性地学习《劳动合同法》，并严格按照《劳动合同法》执行人力资源政策，最大限度地降低用工风险。

在某些特殊行业，企业依据《劳动法》和《企业劳动合同管理办法》，应与员工在劳动合同中约定企业的商业秘密和与知识产权相关的保密事项。企业可以通过保密协议合同防止商业秘密泄露。企业可以按照既定的程序，通过制定一定的规章制度，对公司生产设备、工艺过程、原材料、甚至废弃物及有关文件、计算机电子文档等进行保密要求。人力资源管理部门可以在与员工签订保密协议时针对不同的层级施行相应的保密制度。根据《劳动法》规定，劳动合同当事人可以在劳动合同中约定保守企业商业秘密的有关事项，这是企业与劳动者签订保守商业秘密的法律依据。根据规定，企业可以选择在与员工签订的劳动合同中增添保密条款，也可以与员工另行签订单独的保密协议。按照我国法律，劳动合同和技术保密协议都是依法成立并具有法律效力的两个独立的合同、两个独立的法律关系，合同期限和保密期限应当分别依照合同和协议的约定来确定。因此，企业可以根据具体实际，选择在劳动合同中增添保密条款或与员工另行签订单独的保密协议。

在确立劳动关系时，企业可以通过签订竞业禁止协议，约定员工在双方劳动关系存续期间，甚至离职以后在一定的时间、区域内对企业的商业秘密具有保密义务，不得兼职从事与用人单位相同或者类似业务的竞争性行为。

（三）培训

培训是企业提高员工素质、增强企业人力资源竞争力的重要方式。企业每年都应该制定企业员工培训工作的具体规定等有关规章制度，并下达培训工作计划，有针对性地组织业务和知识培训，确保员工技术素质和业务能力达到岗位工作要求。企业除了要对新进员工进行培训，还应对在职员工进行有计划的培训。

教育培训计划包括新入职员工的教育培训、基层从业人员的教育培训、专业技术人员的教育培训、各中级管理人员的教育培训和高级管理人员的教育培训。

新入职员工的培训一般在试用期进行，在试用期内由人力资源部门组织新入职员工培训。培训内容包括公司简介、企业文化及理念、公司日常管理运作流程及部门、岗位运作培训等。

人力资源部门于每年预算编制前，审核和综合协调各单位的教育培训计划，并根据公司的人力资源计划，编制全年度的教育培训计划，报上级批准，作为企业培训计划实施的依据。

各项教育培训统一由人力资源部门根据教育培训计划实施，并负责该项教育培训的全盘事宜。教育培训的实施方式可采用多种形式。例如，主管人员利用会议、面谈等机会向下属进行教育；由公司统一进行教育培训；由公司其他单位个别办理教育培训；参加国内培训单位所举办的教育培训等。

三、人力资源的使用和退出

（一）绩效考核

绩效考核是人力资源管理的中心环节。一般情况下，企业多数员工还是比较认可绩效考核工作，认为绩效考核能调动员工的积极性。但在一些企业中，绩效考核已经沦为形式，没有什么作用，甚至存在反作用。对于绩效考核不能发挥应有作用的问题，其本质上相当于人力资源绩效风险。

绩效考核失去应有作用，其原因主要有以下几方面：一是考核指标不明确，考核指标是绩效考核的核心内容，相当于绩效考核的标准，缺乏明确的考核指标，绩效考核就形同虚设；二是考核实施演变为形式主义的表现，部分企业没有形成健康的绩效考核文化，大家认为绩效考核就是扣员工工资，往往碍于情面在实施考核时所有员工都得高分，这样就失去了绩效考核的本来意义；三是考核结果缺乏有效应用，绩效考核结果没有与员工激励挂钩。绩效工资是绩效考核最常见的应用途径。但如果企业员工的绩效工资占工资总额比重过低，而考核结果又没有其他的应用方式，优秀员工就不能得到有效的激励，优胜劣汰的目标也难以实现。

良好的绩效考核首先要设置一个全面的绩效考核体系，绩效考核体系包括组织绩效考核管理与人员绩效考核管理。由人力资源管理部门牵头成立绩效考核项目小组，小组汇总并确定关键绩效考核指标及指标权重的设计与调整，并反馈给各部门，征求意见。各部门提出部门和员工的关键绩效考核指标修改意见并进行汇总，根据对企业整体发展战略、经营目标的分析，作出关键绩效指标与权重的设计和调整，同时拟定实施绩效考核办法的细则，报公司管理层审批。实施细则通过审批后，人力资源管理部门向各单位和员工宣布绩效考核的标准与实施细则。人力资源部门负责日常的观察、记录和评估，讨论单位、部门和员工的绩效与成果。根据考核结果，计算奖金的评定，并将考核结果存档作为员工晋升、降级及选择参加培训计划的参考。

（二）薪酬体系

企业薪酬体系的两大核心是薪酬水平与薪酬结构，人力资源薪酬风险也主要体现在这两个方面，即薪酬水平风险和薪酬结构风险。通俗地讲，薪酬水平就是薪酬的高低，衡量它的主要标准就是薪酬的公平性。薪酬公平性又分为内部公平与外部公平。内部不公平会造成员工之间的相互猜疑与不满，影响工作的积极性，进而造成不好的工作氛围；外部不公平关系到员工是否安心在本单位工作，经常导致核心员工流失。薪酬结构风险是固定薪酬与浮动薪酬比例的确定所存在的风险。浮动薪酬比例过高，在给员工形成激励的同时也给员工带来了极大压力，造成薪酬的不确定性，员工也缺乏安全感。而在固定薪酬过高情况下，员工的安全感固然提升了，但激励性可能就要差一些。

企业在确定员工的薪酬水平时，要事先了解外部市场薪酬状况，外部市场薪酬状况包括相同地区企业薪酬水平、同行业薪酬水平，有条件的企业可以选择开展系统性的薪酬调查。另外，在确定固定薪酬与浮动薪酬的比例（或各种薪酬组成之间的相互比例）时，企业可以按岗位工作性质与特征将所有岗位分为多个序列，如一般管理序列、职能管理序列、营销序列、技术序列、技能操作序列等，不同序列可以设置不同的固定薪酬与浮动薪酬比例，以满足员工的不同要求。

在具体实施时，首先由企业各单位和部门评估企业现有职位，分析人员的工作性质和内容。人力资源部门参考各单位和部门呈报的职位评估意见，结合市场薪酬调查情况制定职位分级原则和薪酬水平与结构，报公司管理层审批。人力资源部门根据审批结果，修正薪酬体系和资料。各业务部门根据职位实际业务情况和员工表现，提出个人薪酬的调整建议。最后，人力资源部门汇总整理薪酬资料的分析结果，综合考察各部门提出的薪酬调整建议，结合员工绩效考核结果，向总经理提出薪酬建议。经批准后，企业再执行这一薪酬体系。

（三）员工离职

员工提出辞呈或退休时，应视其职务性质考虑是否予以挽留。具体业务部门和人力资源管理部门应充分了解员工离职的理由，作为日后改进工作的参考。对于确定要离职的人员，应该依据相关法令的规定给予离职人员离职补偿金或退休金。对于员工办理离职手续，应经相关部门核准确认，证明工作交接完毕，方可办理离职手续。

对于与企业签订有保密业务的员工，如果劳动合同期满且员工单方不再与用人单位续签劳动合同的情况下员工离职属于终止双方劳动关系，虽不违反劳动法的规定，但因该行为违背了技术保密协议服务期限的约定，那么在技术保密协议这一法律关系中，员工还是构成了违约并应当承担违约责任。在劳动合同期限内员工申请辞职，既违反了劳动期限也违反了协议关于保密期限的约定，对此员工应承担全部的违约责任。对于存在竞业限制的员工，在解除或者终止劳动合同后，员工在一定期限内不得到与本单位生产或者经营同类产品、从事同类业务的有竞争关系的其他单位工作，或者自己开业生产或者经营同类产品、从事同类业务。但这一期限最多为两年。

第三节　企业内部控制应用指引
——人力资源的案例

【案例 8-1】

西门子人才招聘和使用的经验

作为一家著名跨国企业，西门子给人们的印象是技术很高，十分专业。在招聘人才的时候，西门子要求应聘者有过硬的业务能力。西门子对应聘者的专业要求是比较严格的，但是对专业的要求不是指学历，即使是大学本科毕业，对于西门子来说，绝大多数岗位都是适合的。当然也有一些岗位会对学历有较高的要求，主要是一些研发岗位，这些岗位对研究能力有更高的要求，相对而言，硕士、博士招聘得更多。

高学历在西门子招聘人才时不存在天生的优势。在招聘人才时，西门子人力资源部门有明确的"人才素质模式"，该模式反映了西门子对人才的要求。它包括三个方面：一是知识；二是经验；三是能力。知识包括专业理论知识、商务知识和市场知识。经验包括本专业领域的实际经验、项目经验、领导经验、跨文化经验。能力是指四大方面的能力：一是推动能力；二是专注能力；三是影响能力；四是指导能力。西门子在招聘人才、考核人才时一贯使用的就是这一模式。如果两个不同学历的人在这三方面的考核结果相同，那么学历高的可能就会有一定的优势，但这三方面的考核结果都相同的情况很少见。学历只是外在的东西，西门子认为人才素质应包括知识、经验、能力三方面，在这三方面，最重要的是能力，其次是经验，最后才是知识。硕士、博士相对本科生在知识上占一定优势，而且这种优势更多的是在理论知识层面。除理论知识外，西门子对人才的要求还体现在各种经验和不同的能力方面。在评价人才时，不考核最为重要的能力，而简单地看他的学历如何，是本末倒置的做法。

西门子对"什么是人才"有着真正的理解。企业家和管理者把企业、事

第八章 人力资源的内部控制

业当作自己的生命，他们从心底希望把企业办好，这需要一流的人才。要真正注重全面考核人才的素质。

对于刚刚毕业的大学生，西门子几乎很少考察他们的经验，也不会简单地将他在某个公司的3个月实习经历作为他的经验来考核。比如在招聘一名人力资源部门的员工时，西门子首先会考核他的人事方面的基本知识，比如怎么进行招聘、怎样发展员工。然后，更重要的是考核他的能力，西门子会从构成能力的四大方面选出三四项核心能力指标，作为面试的主要内容。西门子人力资源管理部门有一个题库用来考核各种能力。人力资源员工应该具有的核心能力是分析能力、沟通能力以及以客户为导向的能力。

西门子在提高人才能力方面的措施分为战术和战略两个层面。战术性措施主要有为员工提供自我发展课程，教会他们如何认识自我等；战略性措施主要通过人力资源评估、针对性的培训，引导员工朝自己希望的方向发展。在绩效考核方面，西门子不实施末位淘汰，也不会按照某一比例对某个部门进行人员调整。因为在西门子看来，数字看上去很科学，其实有很多不科学的东西。有的团队本来是一个很好的团队，每个人都扮演着十分重要的角色，因为末位淘汰，可能把整个团队给毁了。还有，每个部门的业绩表现不一样，也不可能统一按比例进行人员调整。

西门子进行细致入微的人力资源管理。每年，西门子都要对每个员工进行一次十分系统的评估，指出他的优点和不足之处，同时，根据个人的发展潜力和业绩，对员工的进一步发展作出规划。

【案例 8-2】

某航空公司与员工劳动合同纠纷案例

某航空公司飞行员韩某于1995年5月与某航空公司建立劳动关系，并于1997年2月1日签订了劳动合同，合同约定被告的劳动合同期限为无固定期限，韩某要在该公司工作至退休。2006年1月27日，被告因个人原因提出辞职。航空公司认为，被告提前解除劳动合同给该公司造成了巨大的经济损失，应依法承担违约责任，并赔偿损失。航空公司于是向法院提起诉讼，要求被告支付违约金64万多元、培养补偿费542.5万元。法院审理查明，按照韩某与航空公司所签无固定期限合同的约定，韩某应在航空公司工作至退休，即至2023年，但韩某2006年1月27日辞职，只工作了9年，与约定的相差17年。法院认为：被告单方解除劳动关系的行为已构成违约，应承担违约责任。违约金的计算应按照被告在原告单位工作尚差17年，以一年平均工资38 084.5元计付，违约金总额为647 436.5元。因被告是飞行员，其职业的特殊性决定了培养费的存在。按有关规定，被告应向原告支付培养费137万多元。

　　本案中，法院根据劳资双方劳动合同中关于服务期限和违约责任的约定，判决被告承担违约金和培养补偿费共计202万多元。《劳动合同法》对这种情形作了明文规定：用人单位为劳动者提供专项培训费用，对其进行专业技术培训的，可以与该劳动者订立协议，约定服务期。劳动者违反服务期约定的，应当按照约定向用人单位支付违约金。违约金的数额不得超过用人单位提供的培训费用。用人单位要求劳动者支付的违约金不得超过服务期尚未履行部分所应分摊的培训费用。

　　劳动者与用人单位双方订立的技术服务协议约定的违约金有的高达数十万元，甚至上百万元，对此违约金的高低是否可以调整？笔者认为，这要结合案件的具体案情，依照《民法典》合同编和《劳动法》的相关规定来合理确定。《民法典》合同编规定，当事人可以约定一方违约时应当根据违约情况向对方支付一定数额的违约金。约定的违约金低于造成的损失的，当事人可以请求增加，约定的违约金过分高于造成的损失的，当事人可以请求减少。此条款规定表明违约金的设定是以补偿为主，同时兼具惩罚性。违约金数额是否过高，应以实际损失为基础，兼顾合同履行、当事人经济状况、逾期利益因素、当事人的过错程度，再根据公平合理和诚实信用的原则进行综合衡量。法院根据上述各种因素进行客观实际的合理调整，是运用法官的自由裁量权，客观公正地作出处理。

第九章

社会责任的内部控制

第一节 企业内部控制应用指引
——社会责任的基本内容

第一章 总 则

第一条 为了促进企业履行社会责任，实现企业与社会的协调发展，根据国家有关法律法规和《企业内部控制基本规范》，制定本指引。

第二条 本指引所称社会责任，是指企业在经营发展过程中应当履行的社会职责和义务，主要包括安全生产、产品质量（含服务，下同）、环境保护、资源节约、促进就业、员工权益保护等。

第三条 企业至少应当关注在履行社会责任方面的下列风险：

（一）安全生产措施不到位，责任不落实，可能导致企业发生安全事故。

（二）产品质量低劣，侵害消费者利益，可能导致企业巨额赔偿、形象受损，甚至破产。

（三）环境保护投入不足，资源耗费大，造成环境污染或资源枯竭，可能导致企业巨额赔偿、缺乏发展后劲，甚至停业。

（四）促进就业和员工权益保护不够，可能导致员工积极性受挫，影响企业发展和社会稳定。

第四条 企业应当重视履行社会责任，切实做到经济效益与社会效益、短期利益与长远利益、自身发展与社会发展相互协调，实现企业与员工、企业与社会、企业与环境的健康和谐发展。

第二章 安 全 生 产

第五条 企业应当根据国家有关安全生产的规定，结合本企业实际情况，建立严格的安全生产管理体系、操作规范和应急预案，强化安全生产责任追究制度，切实做到安全生产。

企业应当设立安全管理部门和安全监督机构，负责企业安全生产的日常监督管理工作。

第六条 企业应当重视安全生产投入，在人力、物力、资金、技术等方面提供必要的保障，健全检查监督机制，确保各项安全措施落实到位，不得随意降低保障标准和要求。

第七条 企业应当贯彻预防为主的原则，采用多种形式增强员工安全意识，重视岗位培训，对于特殊岗位实行资格认证制度。企业应当加强生产设备的经常性维护管理，及时排除安全隐患。

第八条 企业如果发生生产安全事故，应当按照安全生产管理制度妥善处理，排除故障，减轻损失，追究责任。

重大生产安全事故应当启动应急预案，同时按照国家有关规定及时报告，严禁迟报、谎报和瞒报。

第三章 产 品 质 量

第九条 企业应当根据国家和行业相关产品质量的要求，从事生产经营活动，切实提高产品质量和服务水平，努力为社会提供优质安全健康的产品和服务，最大限度地满足消费者的需求，对社会和公众负责，接受社会监督，承担社会责任。

第十条 企业应当规范生产流程，建立严格的产品质量控制和检验制度，严把质量关，禁止缺乏质量保障、危害人民生命健康的产品流向社会。

第十一条 企业应当加强产品的售后服务。售后发现存在严重质量缺陷、隐患的产品，应当及时召回或采取其他有效措施，最大限度地降低或消除缺陷、隐患产品的社会危害。

第九章 社会责任的内部控制

企业应当妥善处理消费者提出的投诉和建议,切实保护消费者权益。

第四章 环境保护与资源节约

第十二条 企业应当按照国家有关环境保护与资源节约的规定,结合本企业实际情况,建立环境保护与资源节约制度,认真落实节能减排责任,积极开发和使用节能产品,发展循环经济,降低污染物排放,提高资源综合利用效率。

企业应当通过宣传教育等有效形式,不断提高员工的环境保护和资源节约意识。

第十三条 企业应当重视生态保护,加大对环保工作的人力、物力、财力的投入和技术支持,不断改进工艺流程,降低能耗和污染物排放水平,实现清洁生产。

企业应当加强对废气、废水、废渣的综合治理,建立废料回收和循环利用制度。

第十四条 企业应当重视资源节约和资源保护,着力开发利用可再生资源,防止对不可再生资源进行掠夺性或毁灭性开发。

企业应当重视国家产业结构相关政策,特别关注产业结构调整的发展要求,加快高新技术开发和传统产业改造,切实转变发展方式,实现低投入、低消耗、低排放和高效率。

第十五条 企业应当建立环境保护和资源节约的监控制度,定期开展监督检查,发现问题,及时采取措施予以纠正。污染物排放超过国家有关规定的,企业应当承担治理或相关法律责任。

发生紧急、重大环境污染事件时,企业应当启动应急机制,及时报告和处理,并依法追究相关责任人的责任。

第五章 促进就业与员工权益保护

第十六条 企业应当依法保护员工的合法权益,贯彻人力资源政策,保护员工依法享有劳动权利和履行劳动义务,保持工作岗位相对稳定,积极促进充分就业,切实履行社会责任。

企业应当避免在正常经营情况下批量辞退员工,增加社会负担。

第十七条 企业应当与员工签订并履行劳动合同,遵循按劳分配、同工同酬的原则,建立科学的员工薪酬制度和激励机制,不得克扣或无故拖欠员工薪酬。

企业应当建立高级管理人员与员工薪酬的正常增长机制,切实保持合理水平,维护社会公平。

第十八条 企业应当及时办理员工社会保险,足额缴纳社会保险费,保障员工依法享受社会保险待遇。

企业应当按照有关规定做好健康管理工作,预防、控制和消除职业危害;按期对员工进行非职业性健康监护,对从事有职业危害作业的员工进行职业性健康监护。

企业应当遵守法定的劳动时间和休息休假制度,确保员工的休息休假权利。

第十九条 企业应当加强职工代表大会和工会组织建设,维护员工合法权益,积极开展员工职业教育培训,创造平等发展机会。

企业应当尊重员工人格,维护员工尊严,杜绝性别、民族、宗教、年龄等各种歧视,保障员工身心健康。

第二十条 企业应当按照产学研用相结合的社会需求,积极创建实习基地,大力支持社会有关方面培养、锻炼社会需要的应用型人才。

第二十一条 企业应当积极履行社会公益方面的责任和义务,关心帮助社会弱势群体,支持慈善事业。

第二节　企业内部控制应用指引
——社会责任解读

一、社会责任概述

企业的生存与发展需要履行一系列的契约,包括与国家的、其他企业的、员工的,等等,履行契约的过程就是企业生存与发展的过程。在这个过程中,企业需要梳理其需要履行的基本契约,为其履行其他契约营造良好的基础和环境。我们认为,企业的基本契约就是与社会、员工的契约,这种契约经常理解为企业的社会责任,而社会责任如何真正履行需要内化为企业的自觉行为,即通过内部控制的完善来实现。因此,良好的社会责任感不仅

第九章 社会责任的内部控制

有助于增强企业的影响力，而且可以对员工形成积极的暗示，即可以提供推进内部控制的环境建设，而内部控制的设计与实施同样需要社会责任的督促与保障。在经济的推动下，企业社会责任日益成为世界关注的焦点。关于企业社会责任的内涵，学术界尚无统一界定。对社会责任的关注始于 1924 年，由美国学者谢尔顿提出，但没有引起多少重视。1953 年，霍华德·R.鲍恩出版了《企业家的社会责任》一书，使公司社会责任（Corporate Social Responsibility，CSR）正式走进人们的视野。目前国际上普遍认同的企业社会责任的概念是：企业在创造利润、对股东利益负责的同时，还要承担对员工、对社会和环境的社会责任，社会责任包括遵守商业道德、生产安全、职业健康、保护劳动者的合法权益、节约资源等。社会责任的重要价值在于它在实务中运用的程度，国际上西方企业履行社会责任的现状比较好，越来越多的企业对社会责任积极关注并付诸实际行动。与此同时，各国政府也积极推动企业承担社会责任，并实施社会责任审计，监督企业社会责任行为。美国是企业社会责任审计的发源地，美国的政府机构如联邦贸易委员会、环境保护局等社会公共利益监督机构，都会要求企业提供某一方面的社会责任履行情况的报告。英国从 20 世纪 70 年代末到 80 年代中期要求大型公司的年报平均包含半页自愿披露的社会和环境信息。20 世纪 90 年代这种信息已增至 4 页，对于那些具有特定规模的公司，英国将强迫其报告有关慈善捐赠情况等具有社会性质的信息，并提供有关职员和就业实践的可靠信息。法国的社会责任审计报告是世界上最完整也是最有特色的，1977 年法国政府就以正式法令规定企业必须编报"社会责任负债表"，用货币金额揭示企业履行社会责任的情况。随着我国经济建设的发展，社会责任也日益受到重视。一部分企业实现了原始积累，正在朝着规范化企业的目标迈进，企业社会责任理应提到议事日程上来。

二、我国企业在履行社会责任中存在的风险

（一）企业的社会责任意识较为淡薄

我国企业在建立社会责任体制方面不够健全，有些企业一提到社会责任就感觉非常陌生，根本不知其内容是什么，这类企业在企业内部组织制度建设上明显不足，缺乏管理。中国企业社会责任发展中心对全国 1 500 家企业进行的调查表明，8% 的受访企业没有社会责任部，8% 没有可持续发展部，16% 没有环境管理部，37% 没有公共关系部。数据表明，我国大部分企业还没有设置专门的企业社会责任管理机构，也就是还没有把企业社会责任作为

企业专门的一项工作来对待。相当一部分企业对社会责任的理解和履行也没有充分考虑到公众的需求，也就无法实现履行社会责任的真正目的。

（二）法律规范与社会监督尚不完善

转型时期的中国市场体系尚不健全，市场进入、市场竞争和市场交易秩序也不规范。在这种情况下，公众监督、行业协会以及整个市场机制的作用是有限的。特别是由于信息披露手段的缺乏，很多情况下，企业的不良社会责任表现并不直接影响其运营绩效，因此企业会产生不负社会责任的机会主义行为，以节省成本、获取利益。

（三）地方政府对企业社会责任监督滞后

根据调查，很多地方政府官员对企业社会责任问题了解甚少，或者根本就没有这个概念，对其利害没有清醒的认识，对企业中存在的很多情况也不了解。地方管理部门只注重企业的利润和税收，而对企业守法行为的监督力度不够，即使有些地方政府了解情况，也没有从整体上积极推进。地方政府从发展地方经济的利益出发，也就睁一只眼，闭一只眼，直至一些恶性事件出现后才去治理，这不仅造成了负面影响，削弱了我国产品在国内、国际市场上的竞争力，更重要的是体现了地方政府在对企业实行社会责任监督上存在着问题。

（四）企业在履行社会责任方面缺乏诚信的经营理念

一些企业在履行社会责任方面没有树立正确的生产经营意识，没有正确的经营理念。而这方面涉及更多的是企业以失信、欺诈行为来危害社会，极大地增加了经济生活中的交易成本，败坏了商业风气和市场环境，影响企业甚至一国的经济发展。"三鹿奶粉事件"中，企业的公共关系部门发现质量问题时却想方设法掩盖，把"公关"当作"搞定"政府部门、"摆平"媒体，进而欺骗消费者的工具。另一方面，许多企业出口时不得不应对国际关于其社会责任履行情况的标准认证，因此，企业社会责任逐步由理论探讨发展到实务操作阶段。

三、推动企业履行社会责任的执行

（一）建立健全法规规章体系，强制企业履行社会责任

将社会责任管理纳入法律法规管理的框架内，通过建立健全法规规章体系来督导甚至强制企业履行社会责任。履行社会责任毕竟要支付现实成本，

并不是所有企业都能够从战略高度出发，心甘情愿地去履行社会责任，特别是在企业社会责任建设的初级阶段。基于道德规范或理想信念而缘起的企业社会责任可以不带有强制性，但基于法律规范而缘起的社会责任则必须带有强制性，企业必须履行。这就需要国家立法机关和政府部门通过将既符合国际通行做法又符合我国国情的企业必须履行的社会责任，如纳税责任、环保责任、资源节约责任、安全生产责任、拒绝商业贿赂责任等，以法规规章形式固定下来，形成具有刚性约束力的企业行为规范和行动准则。同时，要做到奖罚分明，可根据企业特点制定相应的优惠政策，对不同规模的企业提出不同的衡量指标，鼓励企业主动承担社会责任。要考核企业社会责任的投入和成果并颁发相应的证书，以利于承担较多社会责任的企业得到社会认可，增强其竞争力。

（二）加大地方政府对企业社会责任的监管力度

在我国，政府在推进企业履行社会责任中发挥着重要作用，地方政府应积极发挥政府部门的职能作用，以政策去引导和规范企业负责任的行为，同时通过逐步建立市场激励和社会监督与服务机制来积极推动企业履行社会责任；认真贯彻和落实相关法规，加大政府对企业社会责任的监管力度；加大执法力度，增强企业遵守法律法规的自觉性和诚信意识；同时，借鉴欧美先进国家的实践经验，制定相应的考核监督指标，建立与国际接轨的技术法规和标准体系。地方政府要把推动企业履行社会责任作为全面落实科学发展观、习近平思想，完善企业外部约束机制，促进发展方式转变的重要手段；作为统筹经济社会发展，推进社会主义和谐社会建设的重要内容；作为全面建设小康社会惠及地方人民的有效途径。

（三）企业应从战略发展规划和企业文化上强化社会责任

企业的战略对企业发展有着重要的指导意义，企业的战略发展规划要体现承担社会责任的内容，承担社会责任应该作为企业发展的一项方针进行规划。一是要进行相关制度创新，将社会责任管理制度融入企业管理制度体系，从制度上保证社会责任管理目标的顺利实现，即确保社会责任管理的有效性；二是要健全组织结构，可以设立社会责任战略发展部或社会责任管理部之类的机构，统领企业社会责任建设与管理职能，把社会责任管理贯彻到企业内部管理的各个层次、各个方面、各个环节，承担社会责任，构建和谐企业，并在企业的发展中，形成一种文化。通过加强企业文化建设，把社会责任的理念灌输给各个部门和广大员工，为企业管理行为和员工行为提供基本的准则，形成具有自己特色的管理理念和价值标准。

（四）企业要注重守法诚信经营，为消费者提供优质的产品和服务

诚实守信是市场经济不可或缺的道德观念，也是一个地区、一个企业、一个经营者最宝贵的无形资产。要建立企业核心价值观，树立企业与社会共赢的理念。在培育企业社会责任精神方面，要培育企业社会责任素养，特别是企业领导者要有社会责任理想与抱负；要将社会责任精神融入经营管理的每个方面、每个环节，使企业社会责任精神成为无处不在的核心价值观念。企业具体要做到：一要把保证质量和满足顾客要求放在第一位，坚持"质量第一、信誉第一"的服务宗旨，以质量和服务为依托，狠抓全面质量管理，建立一套规范化、科学化和制度化的质量管理体系，以提高企业质量管理水平；二要建立相应的营销服务系统，及时对客户的需求作出反应，实现以客户满意为理念的售前、售中、售后全方位服务体系；三要根据市场需求加大技术创新、技术改造力度，完善质量安全保证体系，确保产品质量和安全；四要积极更新经营理念，推动企业诚信建设，加强员工职业道德教育，增强全员信用观念，使诚信变成员工的自觉行为，贯穿于企业整个生产经营过程中，为公司的持续发展打下坚实的思想道德基础。同时，政府应通过建立问责机制来促使企业诚信经营，要加大企业不履行社会责任的经济社会成本和民事刑事成本，防止出现履行社会责任的企业反而输给不履行社会责任企业的"劣币驱逐良币"的现象；要不断表彰、激励和支持严格遵守法律法规、认真履行社会责任的企业；要有效打击从事制假售假、侵犯知识产权、逃废债务、不正当竞争、商业贿赂、商业欺诈等恶行的企业。由此，规制企业逐步进入严格履行强制性社会责任的轨道。

（五）企业要注重节约资源和保护环境，建设生态经济

企业在开展生产经营和实施建设项目时，要充分评估能源资源和环境承载能力。做环境友好企业，环保管理出效益。企业要树立人与自然和谐相处的价值观，承担对人类生态环境保护的社会责任。努力做到节约和合理利用资源，大力发展废水、废气、固体废弃物以及余热、余压的综合处理和循环利用。政府督促企业依法做好污染减排工作，自觉地做到达标排放。鼓励企业在生产中应采用循环工艺，开发绿色产品，加大科技含量高的节能型设施的投入。企业向社会和消费者提供质量好、环保型产品和服务，赢得消费者和

所在社区、政府对企业的认可和支持,其无形资产是无价的,收益大于成本投入,这也是企业的生命线。

(六)热心公益慈善事业,树立企业良好形象

加强社会责任,改善企业外部关系,与政府、社会形成良性互动,是企业可持续发展的必要条件。公平正义是社会责任建设的基本内容,诚信友爱是企业自觉履行社会责任最基本的实现手段。企业的捐赠和对政府、社区工作的支持有助于树立企业良好的公众形象,提升企业无形资产,会得到政府更多的支持和媒体的正面评价。企业搞好社区服务,热心慈善事业,参与爱心活动,创造更多就业岗位,吸纳下岗失业、农村失地以及残障等人员就业;开展与欠发达地区、偏远落后乡村的帮扶活动;力所能及地帮助公益设施建设,建立各种形式的慈善冠名基金,扶贫济困,回馈社会。这些都能充分调动包括企业利益相关者在内的各种社会成员的积极性,共同建设安定有序和谐社会。

(七)充分发挥行业协会等组织的作用

强化行业自律约束,发挥行业协会、商会等组织在推进企业履行社会责任方面的作用,行业协会、商会要加强对企业的服务和引导,采取制定行业内会员企业的社会责任公约、发布倡议书等形式,加强行业自律。积极开展企业文化建设,引导企业经营管理者和员工提高对企业履行社会责任重要意义的认识,树立"履行社会责任光荣,推卸社会责任可耻"的价值观,自觉地履行好应尽的社会责任。因此,从行业组织的角度而言,它只要通过一定的措施和机制来促使会员企业在相关方面达成自律约束,就等于对企业社会责任建设作出了贡献。

(八)营造有利于企业社会责任建设的氛围

加强舆论宣传,引导企业确立"企业公民"和"企业社会责任和经济责任一致性"两种意识。有关部门要加强对企业履行社会责任的舆论引导,充分发挥图书、报纸、期刊、广播、电视、网络等媒体的作用,宣传企业履行社会责任的重要意义和先进典型,刊登、播放相关公益广告。鼓励企业、社区、社会团体开展企业社会责任宣传教育,增强公众的参与意识,形成有利于企业社会责任建设的氛围。如对百姓非常关注的食品安全方面问题的揭露,使许多漠视消费者权益、危害消费者身体健康的无责任感企业名誉扫地。同样,社会公众通过对企业社会责任进行监督。好的企业通过承担社会责任,建立高度的

社会公众信任感,吸引更多的消费群体和外部投资者,并为投资者实现价值增值;社会责任差的企业受到社会公众的冷遇,在市场竞争中失去自身价值。

四、加强对企业履行社会责任的督导

(1)构建更为完善的法律体系和社会文化,积极引导企业主动接受公司责任。有关职能部门可以加强与国际组织、外国政府机构以及非政府组织接触,了解公司责任理念的内容、标准以及最新进展,向国内企业提供相关信息,加强对企业公司社会责任理念的培训。

(2)加强公司社会责任的全面考核。政府有关部门应当倡导新的考评体系,将公司股东责任与社会责任考核指标具体化、系统化。可考虑修改《上市公司章程指引》《上市公司治理准则》和《上市规则》,强制要求上市公司披露企业履行社会责任的信息,包括重大环境和社会风险。

(3)积极鼓励机构投资者将社会责任投资融入价值投资理念中。目前在倡导机构投资者进行价值投资时,更应当鼓励机构投资者关注上市公司的社会责任,有限度地拒绝或回避投资那些缺乏社会责任的上市公司。

(4)在上市公司中落实《中华人民共和国公司法》有关员工参与的相关规定。结合上市公司的实际情况制定上市公司企业社会责任公约,设立员工参与监督和企业发展的制度性安排,只有这样,才有可能进一步向全社会和全体企业推广企业社会责任以及员工参与的做法和要求。

(5)推进相关的法律制度建设。通过完善有关立法并严格执法实现对债权人正当权益的保障。具体而言,需要建立完善的偿债保障机制和债权人法律救济机制,强化公司控股股东和其他内部人的偿债责任,形成健全的公司破产清算和重组制度。

(6)通过融资、信贷、税收等综合政策手段以及严厉的法律规章和执法,提高公司环境治理水平。例如,应将上市公司的环保状况与其股票发行上市直接挂钩,一旦发现上市公司有污染、破坏环境的行为,一段时间内将不允许该公司进行再融资。

企业履行社会责任是公司治理的重要内涵,需要全社会的积极参与和推动。

第三节　企业内部控制应用指引
——社会责任的案例

【案例9-1】

王家岭矿难给我们的启示[①]

2010年3月28日，山西王家岭发生了透水矿难事故，115人获救，38条活生生的生命化作一颗颗陨落的流星，消失在生命的银河之中。我们在赞叹救援行为的坚决与有效的同时，却无法屏蔽事故本身给我们带来的惨痛教训。调查组组长、时任国家安监总局局长骆琳说，根据目前掌握的情况，经初步调查分析，王家岭矿建设施工中存在着严重的违规违章行为。安全生产缺乏监管，安全责任制流于形式，重生产进度而忽视安全细节（事故发生的前三天就有人报告有透水现象，没有引起任何人的重视）……一系列的安全管理漏洞直接导致了事故的发生。事后调查和总结矿难事故七大原因如下：

一是施工过程中存在违规违章问题。回风巷探水工作不落实，主要表现在水文地质资料未查清，未执行先探后掘、有疑必探的规定。

二是劳动管理混乱。为了抢工期赶进度，安排15个掘进面同时作业，当班作业人员过度集中，且领导带班制度不落实。

三是现场管理不到位，单纯追求产值速度，忽视安全生产。

四是施工安全措施不落实。施工面出现透水征兆后，没有按照规定采取停止作业、立即撤人等措施。

五是隐患排查不力。2010年3月份以来，巷道多次出现顶班积水问题，但一直未采取有效措施消除隐患。

六是违反施工组织程序。在一、二期工程未完全建成排水系统的情况下，就强行施工三期工程。

七是安全培训不到位。未对职工进行安全培训，新到职工未培训即上岗，部分特殊工种无证上岗。

---

① 资料来源：笔者根据中国煤炭新闻网相关资料整理。

王家岭煤矿项目是经国家发展改革委核准（发改能源〔1563〕号），国务院第100次常务会议批准，由华晋焦煤有限责任公司投资开发的国家和山西省重点项目——项目总投资达23.1134亿元（动态），井田面积约180平方千米，地质储量23.42亿吨，可采储量10.36亿吨，主要开采2号煤、10号煤，其中2号煤平均厚度6.5米，煤种为中灰、低硫、特低磷的优质瘦煤，是极好的炼焦配煤。建矿初始，该项目负责人高姿态表示："要以一流的设计、一流的工艺、一流的设备、一流的管理"，以及"要按新企业、新体制、新机制和高标准、高效率、高效益组织建设，力争把王家岭煤矿建设成为具有国内一流、国际先进水平的安全高效大型现代化矿井"。

然而，前述的承诺却成了一句空话——野蛮操作，不遵守起码的安全生产章程。一方面高呼"生命重于泰山，责任重于泰山"，另一方面却将煤矿工人的生命视如草芥——将新来的、未经过任何职业培训的农民工投入挖煤"战斗"！几十年来，中国煤矿伤亡事故频发和死亡人数惊人的现象，是世界上独一无二的。

改革开放以来，中国国有统配煤矿千人死亡率长期在0.5%以上，而国有地方和乡镇煤矿的千人死亡率则高出这一水平。从世界主要产煤国家20世纪以来煤矿安全状况的发展变化来看，煤矿事故的千人死亡率均呈不断下降的趋势，目前一般都控制在0.5%以下。例如，波兰2001—2003年每年硬煤煤矿的千人死亡率在0.2%左右，所有矿山的千人死亡率则低于0.2%。美国煤炭工业发展史虽经历过千人死亡率非常严重的年代，但目前每年的煤矿千人死亡率为0.3%左右，已经低于金属、制造、建筑、农业等20个行业，成为比较安全的一个行业。2003年澳大利亚甚至实现了煤矿开采零死亡的目标。而英国煤矿行业安全的历史变迁更令世界同行瞩目：19世纪60年代，英国每年每200名煤矿矿工中有1人死亡；20世纪初，每600人中有1人死亡；20世纪50年代，每1000人中有1人死亡。而现在英国煤矿每年死亡的矿工人数为零：2005年为零，2004年为零，2003年为零，2002年为零……（《新华每日电讯》2006年1月25日）

再以2003年为例，当年世界煤炭产量约为50亿吨，煤矿事故死亡人数约8000人。当年，中国的煤炭产量约占全球的35%，事故死亡人数则占近80%。中国百万吨死亡率是美国的100倍、南非的30倍。中国煤矿灾难的频频发生，早已引起中外的震惊和关注。早在2003年，总部设在日内瓦的国

第九章 社会责任的内部控制

际煤炭组织（ICO）发表一份罕见的声明，谴责中国煤炭企业缺乏应有的劳动保护，让煤矿工人从事煤炭生产，使矿难频发，造成平均每天有5人死于矿难的不良记录，名列世界各国煤炭行业事故死亡率之首！中国频频发生的煤矿矿难事故举世震惊，令无数中国人愤怒、伤心绝望到了极顶。根源何在？一言以蔽之：没有执行严格的安全生产管理制度。

痛定思痛，同样属于"高危"行业的我们应该进行怎样的解读呢？

我们要进一步贯彻安全生产责任制的要求，齐心协力抓好安全。稳定的安全生产局面不只是直接作业人员的事，也不只是安全部门的事，更不仅是某个领导的事，它需要上上下下的共同努力、共同维护；稳定的生产局面更不是一时的侥幸、一时的冲动和一时的热情，它需要我们投入百分之百的时间和精力，需要我们持久不懈地坚持和投入，筑起有效的安全生产屏障。

我们要进一步贯彻落实安全生产责任制，靠制度撑起安全稳定的天空。如今，我们的安全管理制度不可谓不健全，我们只需要下大力气、动真功夫予以落实，就能够抓好安全。在实际工作中，要突出制度的刚性约束力，形成一个制度"热烙铁"，不论干部和职工谁违反就烫谁。只有制度硬起来了，安全违章行为才能有效杜绝。

我们要进一步落实好各项安全生产文化活动，积极推动安全生产理念的转变。思想决定行动，我们一定要善于做好思想工作的柔性疏导。我们不是常说，安全生产要由"要我安全"向"我要安全"转变、向"我会安全"转变，这里面就包含了安全思想理念的重要性，开展安全文化的紧迫性，我们不要忽视一次活动、一次竞赛，它将起到春风化雨般不可估量的作用。

我们要进一步落实好岗位责任，坚决杜绝任何的官僚主义、形式主义。新密矿难，事故调查人员询问负责人矿下情况，"十问十摇头"，该负责人一概不知，因为他从来没有下过发生事故的煤矿。官僚主义、形式主义存在，使安全事故的发生会在所难免。因此，务实精神对我们抓好安全生产非常重要！近期，中央下发了各级领导和技术管理人员现场到位的管理规定，希望我们贯彻好、落实好。

矿难事故给我们带来了思考，带来了警惕，更带来了反思和启示，我们一定要反思自我，慎思行为，深思管理，才能触动自我，推动企业安全生产与发展，实现企业的长治久安。

第二部分 企业内部控制应用指引解读及案例分析

【案例 9-2】

三鹿奶粉事件的反思[①]

一、案件简介

2008年9月11日,三鹿毒奶粉的始作俑者被新华网曝光,同时7名患儿的父母联名上书甘肃省卫生厅要求彻查病因。由此,席卷全国的三鹿奶粉风暴开始了。以该事件为导火索,伊利、蒙牛、光明等几乎所有乳产品行业的乳制品中都发现了三聚氰胺,这不仅导致我国废止了食品免检制度,还导致了石家庄市委书记、市长等一大批高官被免职,原国家质量监督检验检疫总局局长辞职等事件。三鹿奶粉事件中许多婴儿在饮用了三鹿集团生产的奶粉后发生肾结石等病症,调查后证实是奶粉中掺杂了三聚氰胺。根据国际化学品安全规划署等权威机构的说明:三聚氰胺是一种含氮低毒的化工原料,长期或反复大量摄入三聚氰胺可能对肾与膀胱产生影响,导致产生结石。那么,这种化工原料为什么会混在该行业几乎所有企业的奶制品中呢?原来,牛奶等食品中的蛋白质含量是营养成分的重要标志。蛋白质含量不够说明牛奶兑水太多,或者奶粉中含过多杂质。由于蛋白质不容易检测,生化学家就通过测出食品中的含氮量来推算蛋白质含量。正是由于这种特殊功能,三聚氰胺又被称为假蛋白,得到了部分奶制品企业的厚爱。三鹿集团作为中国最大的乳制品企业,最先爆发了毒奶粉问题。但随后伊利、蒙牛、光明等几乎所有乳制品企业都相继爆发了毒奶粉、毒牛奶的问题。

从内部控制的角度出发,笔者认为由于企业缺乏内部控制理念,原材料采购循环内部控制制度的缺失导致其无法及时发现奶粉及乳制品的产品质量问题,进而导致这场悲剧和三鹿的灭亡。

二、内部控制缺陷分析

根据COSO委员会的内部控制五要素,以三鹿为代表的乳制品企业质量控制意识薄弱,表现在具体内部控制循环方面则是缺乏有效的控制活动,例如,原材料采购的申请、批准、执行和质量验收没有得到有效的分离。

(一)内部环境

内部环境是三鹿毒奶粉事件最重要的问题所在。公司高管表现的诚信度和道德观尤其令人质疑。早在2004年追查"大头娃娃"劣质奶粉过程中,

---

[①] 资料来源:李若山,陈策. 内部控制、产品质量与企业存亡——基于三鹿奶粉事件的反思[J]. 审计与理财,2009(1).

第九章 社会责任的内部控制

阜阳地方媒体就公布了包括三鹿在内的45家不合格奶粉和劣质奶粉"黑名单"。随后,三鹿婴儿奶粉及系列奶粉在全国遭到封杀。但是仅仅过了17天,三鹿婴幼儿奶粉通过紧急公关在随后国家质检总局的专项抽查结果中,名列30家具有健全质量保证体系企业的产品之首。我们并不知道三鹿究竟是怎么下黑名单的,但悲哀的是,三鹿并没有从中吸取任何教训,不仅食品质量没有任何改进,在对待媒体和消费者的态度上更是变本加厉。2008年9月11日的事件充分反映了三鹿高层对毒奶粉事件的态度。凌晨3时,三鹿作为毒奶粉的始作俑者被新华网曝光,同时7名患儿父母联名写下了申请书,上书甘肃省卫生厅,要求彻查病因;10时、13时、19时,三鹿集团、三鹿集团合作公司以及三鹿集团传媒部部长崔彦锋对媒体和消费者回应:三鹿所有产品都是没有问题的;20时50分,卫生部确认三鹿生产的三鹿牌婴幼儿配方奶粉受到三聚氰胺污染;21时30分,三鹿集团终于发布产品召回声明,称经公司自检发现2008年8月6日前出厂的部分批次三鹿婴幼儿奶粉受到三聚氰胺的污染,市场上大约有700吨。从问题被人揭发,到下注赌事件不会扩大从而三次矢口否认问题的存在,再到卫生部的权威消息,最后被迫承认,三鹿高管的诚信度可见一斑。在承认问题奶粉的第二天,三鹿选择了为自己的错误开脱。三鹿发布公告,称此事件是由于不法奶农为获得更多利润而向鲜奶中掺入三聚氰胺,并宣称通过对产品大量深入检测排查在8月1日就得出结论:是不法奶农向鲜牛奶中掺入三聚氰胺造成婴儿患肾结石,不法奶农才是这次事件的真凶,而且通过卫生部发布会发出召回婴幼儿奶粉的声明。几个小时后,三鹿集团品牌管理部苏长生发布消息,称三鹿奶制品的蛋白质含量目前依靠检测氮含量,奶农向鲜奶中添加三聚氰胺来提高氮含量。由于目前对三聚氰胺的检测没有标准,因此三鹿集团也没有监测。一天之内的两次声明似乎都在表示三鹿也是此次毒奶粉事件的受害人。作为生产商和销售商,缺乏对自身产品以及原材料的质量检测,将问题全部推给供应商,难道这就是国内最大乳制品企业高管的道德观和社会责任观吗?更奇怪的是,既然三鹿在8月1日就得出不法奶农向鲜牛奶中掺入三聚氰胺造成婴儿患肾结石的结果,那么为什么直到9月11日早晨三鹿还不承认奶粉存在质量问题?自相矛盾的说法暴露了三鹿薄弱的内部环境。

(二)风险评估

企业开展风险评估,应当准确识别与实现控制目标相关的内部风险和外部风险,确定相应的风险承受度。在内部风险方面,从以上关于内控环境的示例可以看出，三鹿并没有针对董事、经理及其他高级管理人员、关键岗位员工的职业操守进行合理分析，采取适当的控制措施来避免因个人风险偏好给企业经营带来的重大损失。另一方面，原材料采购的验收环节是企业的重要风险点，对于乳企业即原奶的采购，三鹿集团的原奶采购模式是散户奶农的牛奶通过奶站最终被集中到三鹿集团的各家工厂。该模式可以迅速扩大奶源产量，但缺点是企业无法直接、全面地控制奶农和奶站。而此次事件说明三鹿集团在采购环节中的质量控制已经形同虚设。河北省行唐县一位参与奶站经营的农民反映，蒙牛、伊利来行唐收奶，奶价一般比三鹿集团贵0.10元甚至0.20元，其化验程序复杂，相对比较严格。而行唐三鹿乳业有限公司价低、标准也低，蒙牛、伊利不收的奶，一般就卖给三鹿。不少奶农证实，最近三四年，正定县（三鹿董事长田文华的老家）的奶农从未因牛奶不合格被退回。在外部风险方面，奶源短缺和竞争激烈是近年来我国奶业发展的突出特征。1998年至2006年，我国奶制品产量增长近28倍，而奶牛存栏数仅增长了3倍多。与此同时，澳大利亚、美国、欧盟等世界各地的气候和政策也引发了全球性原奶危机。原奶市场由买方市场转变为卖方市场。资料显示：三鹿集团一直在快车道上高速行驶，创造了令人振奋的"三鹿速度"——自"七五"以来，三鹿主要经济指标年均增长30%以上，实现了跨越式发展。三鹿集团以产权为纽带，以品牌为旗帜，先后与北京、河北、天津、河南、甘肃、广东、江苏、山东、安徽等省市的30多家企业进行控股、合资、合作，快速壮大了企业规模，扩大了市场份额。这种速度导致对奶源的需求急速增加。三鹿集团一位高管说："三鹿奶粉被检出三聚氰胺含量特别高，正是因为三鹿集团出价低，很多奶站吃准了三鹿集团对于奶源的需求最为迫切。"

（三）控制活动

按照公司现有业务流程进行企业经营管理是确保产品质量的一种最基本控制活动，但三鹿集团违背业务流程的情况却早有先例。2005年7月5日，天津市河西区质量技术监督局执法人员在一库房内发现，"三鹿原味酸牛奶"的生产日期是2005年7月6日。拆开包装箱后，里面一千克袋装原味酸牛奶的生产日期也是6日。执法人员在司机提供的发货凭证上确定这批酸牛奶是在7月4日发出的。现场检查表明，这批三鹿酸牛奶已经涉嫌伪造生产日期。问题曝光后，三鹿集团质量管理部崔先生向媒体表示，其产品的生产日期是按照国家有关规定执行的，不属于早产。他解释，酸牛乳、炼乳等产品的生产日期应将灌装、封口、冷却降温后，以及需要继续发酵的时间和检验时间计算在内。随后，三鹿集团官方给出了回应，这一事件是由于部分销售人员擅自将正在下线并处在检测过程中的产品提前出厂造成的。三鹿集团副董事长蔡树维表示，提前出厂虽然流程违规，但该批产品经检测为合格产品。结合当时三鹿酸奶在天津、衡水、沧州市场出现断货的情况，这一事件让人怀疑公司业务流程是否被严格执行。对于质量管理部崔先生、公司官方以及副董事长蔡树维完全不同的解释说法，我们觉得是一种托词，是一种不想承担任何责任的辩解。

（四）信息与沟通

内部控制基本规范明确规定：企业应当将内部控制相关信息在企业内部各管理级次、责任单位、业务环节之间，以及企业与外部投资者、债权人、客户、供应商、中介机构和监管部门等有关方面之间进行沟通和反馈，信息沟通过程中发现的问题，应当及时报告并加以解决。三鹿在信息与沟通上做得远远不够。根据媒体报道，2007年12月以来，三鹿集团陆续接到消费者关于婴幼儿食用三鹿牌奶粉出现疾患的投诉。经企业检验，2008年6月份企业已发现奶粉中非蛋白氮含量异常，后确定其产品中含有三聚氰胺，但直到8月2日，三鹿集团才向石家庄市政府作了报告。在2007年12月至2008年8月之间的8个月中，三鹿集团既未向有关部门报告，也未采取积极补救措施，导致事态进一步扩大。在2008年6月至8月的两个月期间，三鹿集团已经明确地知道了自己的产品中含有可能致人伤害的三聚氰胺，但是仍存有侥幸之心继续生产和对外销售，从而触犯刑法。在上述提到的2004年"大头娃娃"劣质奶粉案中，三鹿并没有吸取教训，改进生产管理，加强与消费者以及媒体等利益相关者的沟通。相反，公司满足于自身危机管理的公关能力。在错失了完善公司自身内部控制的同时，三鹿也将自己推入了一条无底的深渊。

（五）内部监督

对乳制品企业内部控制环节的监控在三鹿几乎不存在。虽说三鹿认为由于目前对三聚氰胺的检测没有标准，因此三鹿集团也没有监测，但从三鹿乳制品中的三聚氰胺含量显著高于同行业产品的角度来看，三鹿是了解该状况的。在可以了解产品三聚氰胺含量的情况下，三鹿没有阻止有毒产品的流出。这从侧面反映了三鹿集团内部控制监控的失效。确实，从原三鹿高管田文华的头衔中我们或许可以看出一些端倪。田文华，原三鹿集团党委书记、董事长兼总经理。这种高度集权的企业很难有强有力的内部控制监控体系。作为党委书记,田文华负责了公司员工的思想教育;作为董事长,田文华承担起了对公司各大股东负责的权力;作为总经理,田文华负担起了公司经营运作的最大权力。怎能想象田文华同时要求下属查出自己负责管理的企业产品质量存在问题。监控的失效导致产品的质量控制活动形同虚设,以至于三鹿的奶源生产、收购、销售环节都出现了严重问题。30 多名犯罪嫌疑人被逮捕,其中 19 人因涉嫌生产、销售有毒、有害食品罪被刑事拘留,这 19 人中有 18 人是牧场、奶牛养殖小区、奶厅的经营人员,有 1 人涉嫌非法出售添加剂。

三、启示

（一）加大食品类产品的质量监控力度

产品质量的保证需要市场和监督部门坚持不懈地努力。加大食品类产品的质量监控力度是我国当前监管机构必须马上着手做的事情。三鹿奶粉相关事件的发生让我们意识到我国食品质量监管部门还有很多需要做的事情。我国对食品质量监督得不够,很大原因在于我国食品质量检测体系的混乱。由于历史遗留原因,我国食品质量监督体系存在着多头监管,但始终存在空白、漏洞百出的状况。全面系统地梳理我国食品质量监督体系是迫在眉睫的事情。

（二）提高企业的社会责任和产品质量意识

控制产品质量只是一时的行为,不能从根本上解决问题。在此次事件中,几乎全行业的企业都为了利润而不惜损害消费者的利益,只不过三鹿集团做得更加过罢了。为了防止风头过后各企业利欲熏心而卷土重来,有必要增强社会各阶层保证产品质量的意识。社会各阶层的产品质量意识增强了,选任高管的股东,企业的员工才会主动地关心企业的产品质量问题,培养出良好企业文化。只有这样,才能从根本上改善企业的内部控制环境,避免选任诚信和道德观存在问题的高管。

（三）加强企业内部控制制度的建设。

三鹿事件让我们看到企业采购循环内部控制的完全缺失,只要在原材料采购循环内部控制中任何一个控制点能够进行有效的控制,三鹿奶粉的悲剧就能够避免。三鹿奶粉事件再一次让市场明白内部控制的缺失将会给企业和消费者带来多么可怕的灾难。2008 年 6 月 28 日,五部委发布的《企业内部控制基本规范》正是立足于改善企业管理效率与抵抗风险水平。我国企业是时候转变粗放式的增长方式了,而在这种转变中,企业内部控制的建设是一项基础但不可或缺的任务。只有建立并执行了有效的内部控制,企业和市场才能对企业及企业的产品质量放心和满意。内部控制建设对于企业生产和发展是性命攸关的大事。

【案例9-3】

松花江水污染事件①

2005年11月13日，位于吉林省吉林市的中国石油吉林石化公司双苯厂一车间发生连续爆炸。在这之后，监测发现苯类污染物流入该车间附近的第二松花江（即松花江的上游），造成水质污染。14日10时，吉化公司东10号线入江口水样有强烈的苦杏仁气味，苯、苯胺、硝基苯、二甲苯等主要污染物指标均超过国家规定标准。松花江九站断面5项指标全部检出，以苯、硝基苯为主。随着污染物逐渐向下游移动，这次污染事件的严重后果开始显现，特别是黑龙江省省会、北方名城哈尔滨市，饮用水多年以来直接取自松花江，为避免污染的江水被市民饮用、造成重大的公共卫生问题，哈尔滨市政府决定自2005年11月23日起在全市停止供应自来水，这在该市的历史上从未发生过。停水之后，苏家屯断面（哈尔滨市饮用水源取水口上游16千米处）硝基苯浓度24日18时为0.441 7毫克/升，超标25倍；19时为0.517 7毫克/升，超标29.45倍；25日零时为0.580 5毫克/升，超标33.15倍，达到最大值，随后浓度开始下降。在松花江水各项指标符合国家标准之后，该市于11月27日恢复供水。

松花江污染事件的严重后果，通过媒体的报道，在全国乃至国际上引起了高度关注。由于该河最终注入国际河流黑龙江，这一事件还使我国与相邻国家的关系受到了考验。幸而，我国政府及时作了表态，并向对方提供了多项援助，还积极地向国际组织通报了事件进程及我方的处理结果。而且我国政府在事故发生后，已经尽了最大的努力，通过水库放水稀释污染物、筑坝拦截污染物等措施将损害限制在本国管辖范围内，履行了国际环境法上的损害预防义务。这些措施使得这次污染事件没有造成太大的影响国际关系的后果。

保护环境是企业的法定义务。我国法律明确规定了企业保护环境的法律义务，这也是企业对社会承担的重要责任。例如，《中华人民共和国环境保护法》规定："一切单位和个人都有保护环境的义务，并有权对污染和破坏环境的单位和个人进行检举和控告。"还规定："一切企业、事业单位的选址、设计、建设和生产，都必须充分注意防止对环境的污染和破坏。在进行新建、改建和扩建工程时，必须提出环境影响的报告书，经环

---

① 资料来源：笔者根据新华网相关资料整理。

境保护部门和其他有关部门审查批准后才能进行设计;其中防止污染和其他公害的设施,必须与主体工程同时设计、同时施工、同时投产;各项有害物质的排放必须遵守国家规定的标准。已经对环境造成污染和其他公害的单位,应当按照谁污染谁治理的原则,制定规划,积极治理。"又如,《中华人民共和国水污染防治法》第二十二条规定:"企业应当采用原材料利用效率高、污染物排放量少的清洁生产工艺,并加强管理,减少污染物的产生。"其他污染防治和自然资源保护的单项立法也有类似规定,如《中华人民共和国大气污染防治法》《中华人民共和国水污染防治法》《中华人民共和国海洋环境保护法》《中华人民共和国固体废物污染环境防治法》《中华人民共和国环境噪声污染防治法》《中华人民共和国水法》《中华人民共和国土地管理法》《中华人民共和国矿产资源法》《中华人民共和国渔业法》《中华人民共和国森林法》《中华人民共和国草原法》《中华人民共和国野生动物保护法》《中华人民共和国水土保持法》《中华人民共和国防沙治沙法》等。在具体条文中,环境法律责任主体的术语表述为"排放污染物的企业事业单位""造成环境严重污染的企业事业单位""排污单位"等,显然,我国法律规定防治污染主要是以企业为法律规制对象。此外,我国《民法典》也规定,违反国家保护环境防止污染的规定,污染环境造成他人损害的,应当依法承担民事责任,并且这是一种加重的、无过失的法律责任,即在责任认定、举证责任、过错认定等方面都不同于一般民事责任而更注重对受害者的保护。

【案例9-4】

重庆能源投资集团天府矿业公司保护女职工权益①

2009年1月,重庆能源投资集团天府矿业公司工会与行政签订了《女职工权益保护专项集体合同》,以法定形式突出了女职工的合法权益和特殊利益,使该公司全体女职工的权益得到更好保护。

天府矿业公司是一个百年老矿,女职工大多从事着比较繁重的工作,成为生产中的一支重要力量,对企业的发展起着重要的作用。为了切实维护好她们的合法权益和特殊利益,根据《中华人民共和国劳动法》《中华

---

① 资料来源:http://www.cwestc.com/newshtml/2009-1-03/129911.shtml。

人民共和国工会法》《中华人民共和国妇女权益保障法》《女职工劳动保护规定》《重庆市女职工劳动保护实施办法》等有关法律法规，经该公司工会主席乔平代表职工方与公司董事长、党委书记刘成明代表企业方在平等协商的基础上，结合企业实际，签订了《女职工权益保护专项集体合同》。该合同共五章二十四条，主要涉及女职工合法劳动权益保护、女职工的特殊权益保护，合同的履行、变更、解除、终止和合同争议等方面。规定企业在录用女职工时，不得以性别为由拒绝录用或者提高录用标准，实行男女同工同酬，在提职、晋级、评定专业技术职称和其他福利方面，应当男女平等。同时，对女职工经期、孕期、产期、哺乳期"四期"的保护，妇女病普查及卫生保健、女职工禁忌从事的劳动范围、女职工生育保险、计划生育奖励等有关内容作了更加明确具体的规定。这样，使女职工特殊保护的各项措施更加详尽、具体，具有较强的可操作性，便于执行和落实。该合同作为集体合同附件，与集体合同具有同等法律效力，从2009年1月1日起开始生效。

该合同的签订是女职工维权的有效载体和"尚方宝剑"，实现了女职工合法权益和特殊利益的全面维护，有利于劳动关系的稳定，有利于增强企业的凝聚力，全面调动女职工的积极性，充分发挥女职工"半边天"的作用，促进企业以及和谐矿区建设的发展。

第十章

企业文化的内部控制

第一节 企业内部控制应用指引
——企业文化的基本内容

第一章 总　则

第一条 为了加强企业文化建设，发挥企业文化在企业发展中的重要作用，根据《企业内部控制基本规范》，制定本指引。

第二条 本指引所称企业文化，是指企业在生产经营实践中逐步形成的、为整体团队所认同并遵守的价值观、经营理念和企业精神，以及在此基础上形成的行为规范的总称（概述）。

第三条 加强企业文化建设至少应当关注下列风险：

（一）缺乏积极向上的企业文化，可能导致员工丧失对企业的信心和认同感，企业缺乏凝聚力和竞争力。

（二）缺乏开拓创新、团队协作和风险意识，可能导致企业发展目标难以实现，影响可持续发展。

（三）缺乏诚实守信的经营理念，可能导致舞弊事件的发生，造成企业损失，影响企业信誉。

（四）忽视企业间的文化差异和理念冲突，可能导致并购重组失败。

第二章　企业文化的建设

第四条　企业应当采取切实有效的措施，积极培育具有自身特色的企业文化，引导和规范员工行为，打造以主业为核心的企业品牌，形成整体团队的向心力，促进企业长远发展。

第五条　企业应当培育体现企业特色的发展愿景、积极向上的价值观、诚实守信的经营理念、履行社会责任和开拓创新的企业精神，以及团队协作和风险防范意识。

企业应当重视并购重组后的企业文化建设，平等对待被并购方的员工，促进并购双方的文化融合。

第六条　企业应当根据发展战略和实际情况，总结优良传统，挖掘文化底蕴，提炼核心价值，确定文化建设的目标和内容，形成企业文化规范，使其构成员工行为守则的重要组成部分。

第七条　董事、监事、经理和其他高级管理人员应当在企业文化建设中发挥主导和垂范作用，以自身的优秀品格和脚踏实地的工作作风，带动影响整个团队，共同营造积极向上的企业文化环境。

企业应当促进文化建设在内部各层级的有效沟通，加强企业文化的宣传贯彻，确保全体员工共同遵守。

第八条　企业文化建设应当融入生产经营全过程，切实做到文化建设与发展战略的有机结合，增强员工的责任感和使命感，规范员工行为方式，使员工自身价值在企业发展中得到充分体现。

企业应当加强对员工的文化教育和熏陶，全面提升员工的文化修养和内在素质。

第三章　企业文化的评估

第九条　企业应当建立企业文化评估制度，明确评估的内容、程序和方法，落实评估责任制，避免企业文化建设流于形式。

第十条　企业文化评估，应当重点关注董事、监事、经理和其他高级管理人员在企业文化建设中的责任履行情况、全体员工对企业核心价值观的认同感、企业经营管理行为与企业文化的一致性、企业品牌的社会影响力、参与企业并购重组各方文化的融合度，以及员工对企业未来发展的信心。

第十一条　企业应当重视企业文化的评估结果，巩固和发扬文化建设成果，针对评估过程中发现的问题，研究影响企业文化建设的不利因素，分析深层次的原因，及时采取措施加以改进。

第二节　企业内部控制应用指引
——企业文化解读

一、企业文化概述

企业文化是指企业在生产经营实践中逐步形成的、为整体团队所认同并遵守的价值观、经营理念和企业精神，以及在此基础上形成的行为规范的总称。

通俗地说，企业文化就是每一位员工都明白怎样做是对企业有利的，而且都能自觉自愿地这样做，久而久之便形成了一种习惯；再经过一定时间的积淀，习惯成了自然，成了员工头脑里一种牢固的"观念"，而这种"观念"一旦形成，又会反作用于员工的行为，逐渐以规章制度、道德公允的形式成为员工的"行为规范"。企业文化主要有以下三个要素。

（一）价值观

企业文化是在一定的社会历史条件下，企业生产经营和管理活动中所创造的具有本企业特色的精神财富和物质形态。它包括文化观念、价值观念、企业精神、道德规范、行为准则、历史传统、企业制度、文化环境、企业产品等，其中价值观是企业文化的核心。这里的价值观不是泛指企业管理中的各种文化现象，而是企业职工对企业存在的意义、经营目的、经营宗旨的价值评价和为之追求的整体化、个异化的群体意识，是企业全体职工共同的价值准则。在共同的价值准则基础之上，企业才能产生正确的价值目标，才会有奋力追求价值目标的行为，企业才有希望。

美国学者托马斯·彼得斯和小罗伯特·沃特曼在《追求卓越》一书中指出，"我们研究的所有优秀公司都很清楚他们的主张是什么，并认真建立和形成了公司的价值准则。事实上，一个公司缺乏明确的价值准则或价值观念不正确，我们则怀疑它是否有可能获得经营上的成功"。因此，企业价值观决定着职工行为的取向，关系企业的生死存亡。只顾企业自身经济效益的价值观，不仅会损害国家和人民的利益，还会影响企业形象；只顾眼前利益的价值观，就会急功近利，搞短期行为，使企业失去后劲，导致灭亡。

（二）经营理念

经营理念是一个企业特有的从事生产经营和管理活动的方法论原则。它是指导企业行为的基础。一个企业在激烈的市场竞争环境中，面临着各种矛盾和多种选择，要求企业有一个科学的方法论来指导，有一套逻辑思维的程序来决定自己的行为，这就是企业的经营理念，是企业一切行为的逻辑起点。因此，确立正确的经营理念，是企业文化建设的一项重要任务。

（三）企业精神

企业精神是指企业基于自身特定的性质、任务、宗旨、时代要求和发展方向，并经过精心培养而形成的企业成员群体的精神风貌。

企业精神要通过企业全体职工有意识的实践活动体现出来，通过一些既富于哲理，又简洁明快的语言予以表达，使职工铭记在心，也便于对外宣传，在社会上形成个性鲜明的企业形象。因此，它又是企业职工观念意识和进取心理的外化。

企业精神以价值观念为基础，以价值目标为动力，对企业经营理念、管理制度、道德风尚、团体意识和企业形象起着决定性的作用。可以说，企业精神是企业的灵魂。

同时要注意的是，构成企业文化的行为规范不能仅仅依赖于书面形式。美国哈佛大学教育研究院的教授泰伦斯·迪尔和麦肯锡咨询公司顾问艾伦·肯尼迪在1981年7月出版的《企业文化——企业生存的习俗和礼仪》一书中用丰富的例证指出：杰出而成功的企业都有强有力的企业文化，既为全体员工共同遵守，又往往是自然约定俗成的而非书面的行为规范，并有各种各样用来宣传、强化这些价值观念的仪式和习俗。

二、企业实行企业文化管理应关注的风险

加强企业文化建设至少应当关注下列风险：

（一）缺乏积极向上的企业文化，可能导致员工丧失对企业的信心和认同感，企业缺乏凝聚力和竞争力

积极向上的企业文化可以在企业中形成一种团结友爱、相互信任的和睦气氛，强化团体意识，使企业职工之间形成强大的凝聚力和向心力。这种文

化能够使每个职工都感到自己存在和行为的价值，而自我价值的实现是人的最高精神需求的一种满足，这种满足必将形成强大的激励。同时，它让职工把企业看成一个命运共同体，把本职工作看成实现共同目标的重要组成部分，整个企业步调一致，形成统一的整体。这时，"厂兴我荣，厂衰我耻"成为职工发自内心的真情实感，"爱厂如家"就会变成他们的实际行动，增强企业的凝聚力和竞争力。

（二）缺乏开拓创新、团队协作和风险意识，可能导致企业发展目标难以实现，影响可持续发展

当一个企业缺乏开拓创新、团队协作和风险意识，便潜在地形成了无法避免的可持续经营风险。这种风险若不加以控制和规避，将会导致企业内部决策效率低下、组织涣散、沟通中断，从而使企业蒙受巨大损失，最终可能使企业走向衰败甚至灭亡。因此，企业必须积极培养全体员工的开拓创新、团队协作和风险意识，制定正确的风险管理策略。

（三）缺乏诚实守信的经营理念，可能导致舞弊事件的发生，造成企业损失，影响企业信誉

诚实守信的经营理念是从伦理关系的角度来约束企业领导者和职工的行为。如果人们违背了道德规范的要求，就会受到舆论的谴责，心理上会感到内疚。"安然事件"明确地告诫我们，缺乏诚实守信的经营理念将可能导致严重的经济舞弊事件的发生，造成不可挽回的后果和损失。

（四）忽视企业间的文化差异和理念冲突，可能导致并购重组失败

企业内外部的发展环境不同，经营理念、方式也不同，这使不同的企业形成了不同的企业文化。在一种特定文化环境中行之有效的管理方法，应用到另一种文化环境中，也许会产生截然相反的结果。所以，在企业并购中除了存在着融资、债务和法规等风险因素以外，还存在着企业文化风险，防止由于文化的不相容而带来并购失败。

三、企业文化的建设程序

（一）企业应当采取切实有效的措施，积极培育具有自身特色的企业文化，引导和规范员工行为，打造以主业为核心的企业品牌，形成整体团队的向心力，促进企业长远发展

培育具有自身特色的企业文化：一是要根据企业所在行业的特点，确定

和强化企业的个性与经营优势，通过这种确定和强化唤起职工的认同感，增强职工奋发向上的信心和决心，形成企业的向心力、凝聚力和发展动力；二是以主业为核心，引导和培育企业职工创名牌、争一流、上水平的意识和经营风尚，使企业在市场竞争中立于不败之地；三是大力提倡团结协作精神，使企业形成一个精诚合作的群体，贯彻以人为本，造就尊重人、关心人、理解人的文化氛围，激励职工参与意识，使他们把自己与企业视为一体，积极为企业的兴旺发达献计献策，从而促进企业长远发展。

（二）企业应当培育体现企业特色的发展愿景、积极向上的价值观、诚实守信的经营理念、履行社会责任和开拓创新的企业精神，以及团队协作和风险防范意识

企业要实现可持续发展，必须有一个符合企业自身特点的发展愿景。企业确立发展愿景，虽有某些共同的方法论要素，但各企业由于人、财、物的状况不同、所处的环境不同，这就需要经营者对本企业的经营状况和特点进行全面的调查，运用某些哲学观念分析研究企业的发展目标和实现途径，在此基础上培育具有本企业特色的发展愿景。

企业中积极向上的价值观规定了企业的价值取向，使员工对事物的评判达成共识，有着共同的价值目标，企业的领导和员工就会为他们所认定的价值目标去行动。

诚实守信的经营理念决定了企业经营的思维方式和处理问题的法则，这些方式和法则指导经营者进行正确的决策，指导员工采用科学的方法从事生产经营活动。企业经营哲学通常应在代表企业精神的文字中体现，这不仅有利于内部渗透，也便于客户识别。

履行社会责任和开拓创新的企业精神能使企业在竞争中立于不败之地。作为市场竞争主体，企业应履行相应的社会责任。因此，在企业文化建设过程中，必须充分理解这种责任，确保企业持续健康发展。同时，一个企业的核心竞争力往往体现在对创新文化的培育上。张瑞敏曾经说过："海尔17年只做了一件事情就是创新。"经营管理者应当深刻认识到只有不断创新，才能使核心竞争力动态化，同时使竞争对手难以跟踪模仿，从而创造持续竞争优势。通过创新企业文化，促进企业不断发展。

必须把培养员工的团队协作和风险防范意识作为企业文化建设的一部分。企业发展目标的实现，离不开员工之间的相互协作。只有通过培养团队

协作精神，企业才能不断创造新业绩。同时，通过对员工进行风险防范教育，可以使全体员工与企业同呼吸、共成长。企业文化只有得到全体员工的认同，才能发挥出应有的导向作用，才能成为全体员工的行动纲领。

（三）企业应当重视并购重组后的企业文化建设，平等对待被并购方的员工，促进并购双方的文化融合

一个组织的文化是其所有成员共同遵循的行为模式，是保证其成员的行为能够确定地指向组织目标的某种思想体系。并购活动导致企业双方文化的直接碰撞与交流。这就会使一个组织之中存在两种或两种以上的组织文化，对于被并购方的员工来说，识别组织的目标将是困难的，同样，在为达成组织目标而努力时，判断应当针对不同情景作出何种行为也会是很困难的。所以，企业在并购活动中，应当正确评估所面临的文化差异的基本特征和风险，探询科学有效的管理策略，平等对待被并购方的员工，促进并购双方的文化融合。

（四）企业应当根据发展战略和实际情况，总结优良传统，挖掘文化底蕴，提炼核心价值，确定文化建设的目标和内容，形成企业文化规范，使其构成员工行为守则的重要组成部分

企业文化建设的目标代表着企业文化发展的方向，没有正确的目标就等于迷失了方向。完美的企业文化会从实际出发，根据发展战略和实际情况，总结优良传统，挖掘文化底蕴，提炼核心价值，以科学的态度去树立企业的发展目标，并且这种目标一定具有可行性和科学性。然后总结形成企业文化规范，构成员工行为守则的重要组成部分，使企业员工在这一目标的指导下从事生产经营活动。

（五）董事、监事、经理和其他高级管理人员应当在企业文化建设中发挥主导和垂范作用，以自身的优秀品格和脚踏实地的工作作风，带动影响整个团队，共同营造积极向上的企业文化环境

美国学者约翰·科特和詹姆斯·赫斯克特认为，"企业文化是指一个企业中各个部门，至少是企业高层管理者们所共同拥有的那些企业价值观念和经营实践"，这就要求董事、监事、经理和其他高级管理人员应该身体力行，在企业文化建设中发挥主导和垂范作用，以自身的优秀品格和脚踏实地的工作作风，使企业文化人格化，给企业中的其他员工提供可供仿效的榜样，通过企业群体行为和外部表象而外化，强化企业文化建设。

（六）企业应当促进文化建设在内部各层级的有效沟通，加强企业文化的宣传贯彻，确保全体员工共同遵守

企业应当加快内部的文化网络建设，建立各种正式与非正式的信息传递渠道，促进文化建设在内部各层级的有效沟通。同时，企业可以通过各种表彰、奖励活动、聚会以及文化娱活动等，把企业中发生的某些事情戏剧化和形象化，来生动地宣传和体现本企业的文化，使员工通过这些生动活泼的活动来领会企业文化的内涵，使企业文化"寓教于乐"之中。

（七）企业文化建设应当融入生产经营全过程，切实做到文化建设与发展战略的有机结合，增强员工的责任感和使命感，规范员工行为方式，使员工自身价值在企业发展中得到充分体现

企业应当加强对员工的文化教育和熏陶，全面提升员工的文化修养和内在素质。

企业文化建设是一个由服从、认同，最后达到内化的过程。服从是在培育的初期，通过某种外部作用（如人生观教育）使企业中的成员被动地接受某种价值观念，并以此来约束自己的思想和行为；认同是受外界影响（如模范人物的感召）而自觉地接受某种价值观念，但对这一观念未能真正地理解和接受；内化不仅是自愿地接受某种价值观念，而且对它的正确性有真正的理解，并按照这一价值观念自觉地约束自己的思想和行为，并在这个过程中实现自身价值。

企业组织中的每个成员都有自己的价值观念，但由于他们的资历不同、生活环境不一样、受教育的程度也不相同等，他们的价值观念千差万别。企业价值观念的培育是通过教育、倡导和模范人物的宣传感召等方式，使企业职工摒弃传统落后的价值观念，树立正确的、有利于企业生存发展的价值观念，并达成共识，成为全体职工思想和行为的准则，全面提升员工的文化修养和内在素质。

四、企业文化建设中的注意事项

（一）个性是企业文化的生命

个性是企业文化的一个重要特征。文化本来就是在企业组织发展的历史过程中形成的。每个企业都有自己的历史传统和经营特点，企业文化建设要充分利用这一点，建设具有自己特色的文化。俗话说："合适的就是最好

的。"企业有了自己的特色，而且被顾客所认可，才能在企业之林中独树一帜，才能有竞争的优势。

（二）强化以人为本

文化应以人为载体，人是文化生成与承载的第一要素。对于一个企业来说，核心是"人"，这个"人"不仅仅是指企业家、管理者，也体现为企业的全体职工。只有企业的全体成员有共同的价值观念，有一致的奋斗目标，形成向心力，才能成为一个具有战斗力的整体。企业文化就是把全员的力量集中起来，形成强大的凝聚力。因此，企业文化建设中要强调关心人、尊重人、理解人和信任人。如此，企业才能获得成功。

（三）科学的企业文化体系应当是清晰、实用的

企业文化属于意识形态的范畴，但它又要通过企业或职工的行为和外部形态表现出来，这就容易形成表里不一致的现象。建设企业文化首先必须从职工的思想观念入手，树立正确的价值观念和哲学思想，在此基础上形成企业精神和企业形象，防止搞形式主义，言行不一。形式主义不仅不能建设好企业文化，而且是对企业文化概念的歪曲。

中国企业文化建设的突出问题就是"深植力差"。造成该问题出现的主要原因是文化体系本身无可操作性和没有科学的操作规划，而体系本身没有可深植性是问题的主要根源。

（四）不能忽视经济性

企业是一个经济组织，企业文化是一个微观经济组织文化，应具有经济性。所谓经济性，是指企业文化必须为企业的经济活动服务，要有利于提高企业生产力和经济效益，有利于企业的生存和发展。前面讨论的关于企业文化的各项内容中，虽然并不涉及"经济"两字，但建设和实施这些内容，其最终目的都不会离开企业经济目标的实现和谋求企业的生存和发展。所以，企业文化建设绝对不能忽视经济性。

五、企业文化的评估

（一）企业应当建立企业文化评估制度，明确评估的内容、程序和方法，落实评估责任制，避免企业文化建设流于形式

企业文化与企业文化评估制度之间是相互支撑、相互辅助的关系，企业文化评估制度形成于生产经营实践活动中，对人的行为带有强制性。制度文化是企业文化的重要组成部分。在制度文化建设中，要明确评估的内容、程

序和方法,建立科学的企业决策机制和人力资源开发机制,制定完善的企业运行规则和经营管理制度,构建精干高效的组织架构,保证各项工作衔接紧密,保证企业目标顺利实现。同时,要强化监督,规范管理行为,落实评估责任制,营造和谐平等的文化氛围。

(二)企业文化评估,应当重点关注董事、监事、经理和其他高级管理人员在企业文化建设中的责任履行情况、全体员工对企业核心价值观的认同感、企业经营管理行为与企业文化的一致性、企业品牌的社会影响力、参与企业并购重组各方文化的融合度,以及员工对企业未来发展的信心

对董事、监事、经理和其他高级管理人员在企业文化建设中的责任履行情况进行评估,因为高层刻意发展的"经营哲学"是企业文化中最坚强的生命力,几乎主宰了企业内的一切,包括目标、思想、观念、语言、行为、沟通、成果等,甚至超过了企业内的有形组织结构,是员工作业与思想的规范和准则,其影响力是在任何个人与任何功能之上的。

只有全体员工对企业核心价值观的认同感非常强烈的时候,企业的每个职工才会把自己的工作和行为都看成实现企业目标的一个组成部分,对自己作为企业的成员而感到自豪,对企业的成就产生荣誉感,从而把企业看成自己利益的共同体和归属。他们就会为实现企业的目标而努力奋斗,自觉地克服与实现企业目标不一致的行为,保证企业健全发展。

对企业经营管理行为与企业文化的一致性进行评估。企业文化是形成企业竞争力的关键,但企业文化同样应与企业经营管理行为保持一致。评价企业文化的优劣,没有绝对的标准,成功的企业各有各的成功之道。别人是"克隆"不来的,"合适的就是最好的",只有与企业经营管理行为保持一致,促进公司健康发展的文化才是优秀的企业文化。

企业品牌的社会影响力是企业通过外部特征和经营实力来表现出来的。由外部特征表现出来的企业形象称表层形象,如招牌、门面、徽标、广告、商标、服饰、营业环境等,这些都给人以直观的感觉,容易形成印象;通过经营实力表现出来的形象称为深层形象,它是企业内部要素的集中体现,如人员素质、生产经营能力、管理水平、资本实力、产品质量等。企业文化促进企业品牌的社会影响力的提升,所以企业文化是品牌价值实现的手段和保证。我们可以这样断言:缺乏文化底蕴的品牌建设是苍白无力的,没有企业文化建设去"塑造"品牌,就好比搭建空中楼阁,建设得越宏伟壮观越容易倒塌。

对参与企业并购、重组各方文化的融合度进行评估至关重要。许多并购案例证明，文化因素很大程度上决定了并购的成败。可以采用文化审慎法（Cultural due Diligence）对企业并购中的文化风险进行评估，它包含 5 个步骤：第一步是收购前筛选，主要任务是组建文化审慎小组来收集目标企业文化物件、价值观和假定方面的信息；第二步是宣布收购后的综合性文化测评，即在第一步的基础上对双方企业的组织文化、经营方式等进行定量分析与定性分析；第三步是认知冲突、风险、机会和成本，根据第二步所收集的综合信息，测量两家企业的文化差异，确定这些差异带来的风险和成本；第四步是设计并实施合并后的行动计划，主要任务是选择并实施文化整合的具体策略；第五步是合并后对所发现事实的监控和证实，这个阶段文化审慎小组要继续关注并排解企业文化问题，监控整个并购过程的有效进行。

另外，企业文化评估不仅要立足于现在，而且要着眼于未来。评价员工对企业未来发展的信心不仅能使管理者对企业的长期发展方向和未来业务有一个清晰的认识，而且可以激励每个员工把自己的思想与行为自觉地同企业的经营业务和目标结合起来，提高企业的抗风险能力。

（三）企业应当重视企业文化的评估结果，巩固和发扬文化建设成果，针对评估过程中发现的问题，研究影响企业文化建设的不利因素，分析深层次的原因，及时采取措施加以改进

企业文化评估的目的是通过总结成功基因，清晰核心价值，理顺价值差异，统一管理思想，澄清共同语言和准则，通过对内的整合达到对外部竞争环境的适应，提高组织运作效率，塑造整体形象，提高企业核心竞争能力，实现企业经营业绩和价值的持续健康增长。因此，企业应当定期评估企业文化，及时巩固和发扬文化建设成果，采取科学有力的措施应对评估过程中发现的问题并加以改进，从而促进文化在管理中的渗透和深植，使内部整合与外部相适应，才能推动企业文化不落空谈，不断进步。

六、企业文化评估的注意事项

（一）注重企业文化评估的实质而非形式

在中国企业文化评估过程中最突出的问题就是盲目追求企业文化的形式而忽略了企业文化的实质。所谓的企业文化活动和企业 CI 形象设计都是企业文化表层的表现方式。没有内在价值与理念的企业文化是没有意义的，不能形成企业发展的推动力。如国际跨文化管理权威霍夫施泰德所说："分

析企业文化并不只是了解领导人期望的、向外宣布的那些价值观,而是看经过管理实践,有多少价值观被所有成员接受,并体现在工作中。"所以,企业文化的梳理和定位要详尽分析企业管理的各个层级、各个序列等各种亚文化与"倡导文化"的异同,尤其是反映在实际管理行为中的价值导向的异同。这就需要企业通过详尽的科学调研之后,制定切实可行的企业文化评估制度,明确评估的内容、程序和方法,落实评估责任制,使企业文化评估有章可依。

(二)企业文化评估应当系统而非割裂

企业文化是在某一文化背景下,将企业自身发展阶段、发展目标、经营策略、企业内外环境等多种因素综合考虑而确定的一整套的文化管理模式,其中渗透了创业者个人在社会化过程中形成的对人性的基本假设、价值观和世界观,也凝结了创业者集体在创业过程中形成的经营理念,这些因素相互影响,相互融合,形成了完整的企业文化。因此,在企业文化评估体系中,应当系统考虑各方面因素,不要独立看待问题。其中,需要企业重点关注董事、监事、经理和其他高级管理人员在企业文化建设中的责任履行情况、全体员工对企业核心价值观的认同感、企业经营管理行为与企业文化的一致性、企业品牌的社会影响力、参与企业并购重组各方文化的融合度,以及员工对企业未来发展的信心,这些因素直接关系着企业的价值创造能力和可持续发展能力。

(三)避免陷入定性分析与定量分析的矛盾之中

当前世界上还没有一个相对比较成熟的理论或管理实践应用于企业文化评估这方面。西方管理理论认为企业文化可以进行定量分析。目前对企业文化现状进行评估的方法技术大致有如下几种:基于组织氛围的企业文化评估、基于文化层面结构的企业文化评估、基于员工满意度的企业文化评估、基于价值观取向的企业文化评估、基于企业文化类型的企业文化评估、基于企业文化现状的企业文化评估,还有基于领导风格或员工士气的企业文化评估等。这些方法大多采用问卷调查的方法,从面上情况进行摸底;而从国外传入的方法则通常采用量表的方法,确定关键维度进行分解及设计量表。

但事实是,在以感性思维为主导的企业文化评估中单纯采用定量测量的方式将使文化本身以及文化的实践变得索然无味,而且确实难以全面地揭示文化本身的面貌。因为企业文化中"人"的因素的存在,使得评估体系变得复杂多样,因此,完全依赖于某些假设条件的评估无法得到较客观的分析结论。正如对于"幸福"的感觉，是很难通过绝对的量化指标来测量的，因为它更多是人的一种主观感受。企业文化也是一样，它是企业员工的一种精神上的集中反映，是一种感受，仅仅用定量分析法得到的结论往往和现实有较大的差距。因此，集两者之所长，结合企业实际情况，综合得到的结论将最接近企业的文化真相。

企业文化评估要解决的主要问题并不仅仅是对文化现状的评估，更重要的是应当将这样的现状置于未来发展需要的前提下，通过未来与现状的对比找出文化的差距或者进行优劣性分析，确定支撑管理变革的文化创新方案。在这里我们强调文化表象的背后是理念，是价值观，如果仅仅通过由外及内、由表及里的分解方法，而不能真正从价值观取向来获取结论，那么测量始终难以形成有效的结论。

第三节 企业内部控制应用指引
——企业文化的案例

【案例 10-1】

海尔的企业文化

对 21 世纪的企业来说，"企业文化"已不再是一个陌生的名词，自从我国引进国外"企业文化"，不少企业家就对其进行研究与探索。然而，因企业性质、规模及起步不同，这些企业的文化各有千秋，成功者中以青岛海尔最为典型。

踏进海尔，你会发现，海尔的员工在厂区内行走的时候，始终走在马路边上的黄线内；如果你再走进海尔的车间，你会发现，海尔的车间是光明、整洁的，而且海尔员工的服饰也非常统一。如果你去问一声：为什么？海尔的员工会很自然地告诉你：我应该这样。因为从他到海尔那一天，他就知道，他接受过这样的文化训练，这种文化已经深深地根植在他的脑子里。

一、企业文化决定着一个企业兴衰

海尔兼并青岛红星电器厂的案例就是著名的"激活休克鱼"的方法。所谓休克鱼，就是一个设备、资金等方面都可以的企业，如果仅仅是管理模式

第十章 企业文化的内部控制

不行，那这条鱼仅仅是暂时的休克而没有死去的鱼。激活休克鱼的方法就是用文化，用无形资产来激活休克鱼。

青岛红星电器厂在1995年之前也是一个非常著名的生产洗衣机的电器厂，曾经是同行业内的前三名，由于后期的管理不善，到1995年初期的时候已经资不抵债，亏损达到一亿多元，而且3 500多名职工基本上都没有工作干，厂里出厂的洗衣机常常在发出去之后又被退回来。当时，青岛市政府就作了一个决定，让海尔兼并红星电器厂。对于海尔来说，这是一个非常重大的兼并事件，因为在1995年之前，海尔还没有大规模地扩张它的企业。随后，海尔的总经理对红星电器厂作了一个全面的分析，他们发现青岛红星洗衣机总厂，一不缺资金，二有现代化的生产流程的设备，三不缺技术力量，红星电器厂败在它的管理模式和企业文化上。于是，海尔对它分析研究之后，决定用无形资产——文化来盘活红星电器厂，并对红星电器厂作了这样一个收购战略：目标——2~3年使红星电器厂成为同行老大；策略——用文化和管理激活红星电器厂；资源——海尔文化＋红星电器厂现有资源；行动——立即行动。

在制定战略之后，海尔迅速地派出第一批人进驻红星电器厂。海尔派去的第一批进驻红星电器厂的人不是总裁，不是财务人员，也不是盘库的，而是海尔文化中心的人，他们做的第一件事情就是文化先行，并作为他们整个兼并的战略。到了红星电器厂之后，现在海尔集团首席执行官张瑞敏曾经几次到红星电器厂，给它所有的员工讲企业的价值观、讲文化。他们到了之后，第一，以市场为中心，告诉全员职工，我们卖的是信誉，要先卖信誉，后卖产品；第二，发动所有的员工找自己的问题，要降成本，要增大盈利；第三，给员工们定出了自己未来的发展目标，就是要用2~3年的时间成为洗衣机行业的老大。3个月的时间，就使红星电器厂扭亏为盈，到了第五个月，它第一次盈利了150万元，用了2年的时间，红星电器洗衣机总厂成为洗衣机行业的第一名。

二、企业文化决定了企业的持续发展

在海尔兼并红星电器厂并进驻其厂的前1个月内，曾发生了一件漏检事件，结果第二天就被公布出来，漏检的这个检查工被罚款50元。谁出错谁罚款，这是一件很正常的事情，在红星电器厂已经被认为没有什么问题，大家都认可的事情。但恰恰就是这样一件事情，体现了海尔特色的企业文化。当时，海尔派出的柴永森作为兼并红星电器厂的总经理，决定抓住这样一个机会来教育红星电器厂的职工什么叫作企业文化。事情发生后的第二天，在《海尔人》的报纸上，发出了一个公开的大家都可以讨论的论题：出了这样的差错，谁来负责任，是该罚员工还是该罚领导？在红星电器厂展开了一次非常激烈的讨论。红星电器厂的人认为罚员工是正常的，但是海尔的文化是少数人在制约着多数人，少数人要负多数人的责任，即如果出差错的话，首先领导要承担责任。在大讨论之后，柴永森自罚了500元，另外就是红星电器厂的各级有关人员、各级领导，每个人都自罚了1元。随后，这件事情便在红星电器厂引起了很大的震动，红星电器厂的人彻底地感受到了海尔企业文化的特色，即海尔20/80原则，就是少数的领导人要负大的责任，这便是海尔人的一种文化理念。

三、优秀的企业文化使员工始终将集体利益放在首位

"海尔20/80原则，少数的领导人要负大的责任"这一条，这是人人都知道的海尔文化理念。在海尔的质检中心，有一个质检处的处长检查海尔流水线的最后一关，如果合格，成品就可以出厂。但是，这个质检处的处长在第一个检查工序中拿了一个小白纸团放在了冰箱一个非常隐蔽的地方——冰箱的后壳里，到最后一关检查工序的时候，质检员没有检查出来。于是，这个质检处的处长就被罚款，海尔人力资源的管理也被动地降了一级。别人问他，你在放纸的时候，你想到过今天会被降级吗？你会遭到罚款吗？他说，我想到过，我想到过这个纸团很可能会被检查员漏检。那你还那样做？我一定要这样做，因为只有这样做，才能保证海尔出厂的产品是最优的产品，保证海尔产品的质量。

综上所述，我们可以看出企业文化的重要性：企业文化是企业的灵魂，是企业活动中的一个统帅，是企业行动的指南。在企业经营活动中，它具有一种无法替代的核心作用。所以，一个成功的企业，一定有非常优秀的企业文化，企业文化对企业的发展的作用至关重要。

【案例10-2】

索尼在美国的企业文化

我们都知道，日本的企业文化特征明显：以团队精神为特点，企业上下一致地维护和谐，互相谦让，强调合作，反对个人主义和内部竞争。企业是一个利益共同体，共同的价值观念使企业目标和个人目标具有一致性。企业

第十章 企业文化的内部控制

像一个家庭一样，成员和睦相处，上级关心下级，权利和责任划分并不那么明确，集体决策，取得一致意见后才作出决定，一旦出了问题不归咎个人责任，而是多作自我批评。企业对职工实行终身雇佣制，年功序列工资制。这些保证了企业内部非常强大的凝聚力，员工普遍形成"以企为家"的观念。

而美国的企业文化多以个人主义为核心，但这种个人主义不是一般概念上的自私，而是强调个人的独立性、能动性、个性和个人成就。在这种个人主义思想的支配下，美国的企业管理以个人的能动主义为基础，鼓励职工个人奋斗，实行个人负责、个人决策。因此，在美国企业中个人英雄主义比较突出，许多企业常常把企业的创业者或对企业作出巨大贡献的个人推崇为英雄。企业对职工的评价也是基于能力主义原则，加薪和提职也只看能力和工作业绩，不考虑年龄、资历和学历等因素。

可见，日本和美国的企业文化相差甚远，下面就以日本索尼公司为例看企业文化整合。

当索尼公司发展到美国的时候（比如索尼收购了美国最大的哥伦比亚电影公司等），也把在日本执行得很成功的企业文化和战略、管理方式等搬到美国使用，可问题便很快凸显出来了。索尼公司的日本高管就搞不明白：公司为美国员工提供和日本员工一样优厚的待遇和福利，怎么员工的离职和跳槽事件依然持续不断地发生？难道是公司错了吗？在日本，对企业来讲，员工频繁离职是企业的耻辱，肯定是企业出了问题。索尼公司为此进行了大量调查研究，结果发现，这并不是企业的文化或战略本身有问题，也不是自己企业的管理和提供的待遇、福利有问题，而是美国人的习惯问题。美国员工习惯于在一个企业或一个岗位干上两三年就换工作或换企业，并且这种行为在美国文化中并没有任何对企业侮辱或否定的成分，也没有对员工否定或耻辱的成分，而是一种正常的社会现象，是一种习惯，就好比中国人习惯用筷子吃饭一样，没有为什么要用筷子的问题，也没有什么好讨论的。

在这种情况下，索尼只好调整自己的战略和制度，通过各种预防和改革方案，逐渐适应了美国文化，最终站在美国市场的，是一个美国版本的索尼，它具备着美国化的战略、管理和习惯，对索尼在日本的企业文化和战略进行了本土化的扬弃，终获成功。

上述案例告诉我们：

第一，企业在文化整合中，宏观层面上要调查了解新环境的主要参数，包括政治、经济、文化、习惯、民族综合情况等。索尼进军美国之前，也曾经进行过调查，进行过评估，只是忽略了对这两个国家文化与习惯方面的差异化的分析，结果导致了初期操作中的诸多不利。

第二，企业在文化整合中，微观层面上要了解行业内部各个环节的主要情况，包括财务、生产、招聘人事、销售、市场、采购、沟通等。美国 Sim 公司的两起招聘失败，并不是说该公司的那一套人力招聘评估系统是错误的，而是说该系统在美国行，到中国就不灵了。因为设计者设计该系统的时候，参照的是美国劳动力市场求职者的诚信水平，而到中国，由于系统设计依据的基础条件变了自然就不灵了，结果造成 8 个月市场机会的浪费和成本的浪费等。

第三，企业在文化整合中，除了宏观层面和微观层面，对当地特殊的风俗、政策、习惯等情况也要特别关注。由于各地区的发展不平衡，特色各异，因此，对这些细节的了解和把握也有利于企业文化的移植和企业在新环境的生存。

第十一章

资金活动的内部控制

第一节 企业内部控制应用指引
——资金活动的基本内容

第一章 总 则

第一条 为了促进企业正常组织资金活动，防范和控制资金风险，保证资金安全，提高资金使用效益，根据有关法律法规和《企业内部控制基本规范》，制定本指引。

第二条 本指引所称资金活动，是指企业筹资、投资和资金营运等活动的总称。

第三条 企业资金活动至少应当关注下列风险：

（一）筹资决策不当，引发资本结构不合理或无效融资，可能导致企业筹资成本过高或债务危机。

（二）投资决策失误，引发盲目扩张或丧失发展机遇，可能导致资金链断裂或资金使用效益低下。

（三）资金调度不合理、营运不畅，可能导致企业陷入财务困境或资金冗余。

（四）资金活动管控不严，可能导致资金被挪用、侵占、抽逃或遭受欺诈。

第四条 企业应当根据自身发展战略,科学确定投融资目标和规划,完善严格的资金授权、批准、审验等相关管理制度,加强资金活动的集中归口管理,明确筹资、投资、营运等各环节的职责权限和岗位分离要求,定期或不定期检查和评价资金活动情况,落实责任追究制度,确保资金安全和有效运行。

企业财会部门负责资金活动的日常管理,参与投融资方案等可行性研究。总会计师或分管会计工作的负责人应当参与投融资决策过程。

企业有子公司的,应当采取合法有效措施,强化对子公司资金业务的统一监控。有条件的企业集团,应当探索财务公司、资金结算中心等资金集中管控模式。

第二章 筹 资

第五条 企业应当根据筹资目标和规划,结合年度全面预算,拟订筹资方案,明确筹资用途、规模、结构和方式等相关内容,对筹资成本和潜在风险作出充分估计。

境外筹资还应考虑所在地的政治、经济、法律、市场等因素。

第六条 企业应当对筹资方案进行科学论证,不得依据未经论证的方案开展筹资活动。重大筹资方案应当形成可行性研究报告,全面反映风险评估情况。

企业可以根据实际需要,聘请具有相应资质的专业机构进行可行性研究。

第七条 企业应当对筹资方案进行严格审批,重点关注筹资用途的可行性和相应的偿债能力。重大筹资方案,应当按照规定的权限和程序实行集体决策或者联签制度。

筹资方案需经有关部门批准的,应当履行相应的报批程序。筹资方案发生重大变更的,应当重新进行可行性研究并履行相应审批程序。

第八条 企业应当根据批准的筹资方案,严格按照规定权限和程序筹集资金。银行借款或发行债券,应当重点关注利率风险、筹资成本、偿还能力以及流动性风险等;发行股票应当重点关注发行风险、市场风险、政策风险以及公司控制权风险等。

企业通过银行借款方式筹资的,应当与有关金融机构进行洽谈,明确借款规模、利率、期限、担保、还款安排、相关的权利义务和违约责任等内容。双方达成一致意见后签署借款合同，据此办理相关借款业务。

企业通过发行债券方式筹资的，应当合理选择债券种类，对还本付息方案作出系统安排，确保按期、足额偿还到期本金和利息。

企业通过发行股票方式筹资的，应当依照《中华人民共和国证券法》等有关法律法规和证券监管部门的规定，优化企业组织架构，进行业务整合，并选择具备相应资质的中介机构协助企业做好相关工作，确保符合股票发行条件和要求。

第九条 企业应当严格按照筹资方案确定的用途使用资金。筹资用于投资的，应当分别按照本指引第三章和《企业内部控制应用指引第11号——工程项目》规定，防范和控制资金使用的风险。

由于市场环境变化等确需改变资金用途的，应当履行相应的审批程序。严禁擅自改变资金用途。

第十条 企业应当加强债务偿还和股利支付环节的管理，对偿还本息和支付股利等作出适当安排。

企业应当按照筹资方案或合同约定的本金、利率、期限、汇率及币种，准确计算应付利息，与债权人核对无误后按期支付。

企业应当选择合理的股利分配政策，兼顾投资者近期和长远利益，避免分配过度或不足。股利分配方案应当经过股东（大）会批准，并按规定履行披露义务。

第十一条 企业应当加强筹资业务的会计系统控制，建立筹资业务的记录、凭证和账簿，按照国家统一会计准则制度，正确核算和监督资金筹集、本息偿还、股利支付等相关业务，妥善保管筹资合同或协议、收款凭证、入库凭证等资料，定期与资金提供方进行账务核对，确保筹资活动符合筹资方案的要求。

第三章 投 资

第十二条 企业应当根据投资目标和规划，合理安排资金投放结构，科学确定投资项目，拟订投资方案，重点关注投资项目的收益和风险。企业选择投资项目应当突出主业，谨慎从事股票投资或衍生金融产品等高风险投资。

境外投资还应考虑政治、经济、法律、市场等因素的影响。

企业采用并购方式进行投资的，应当严格控制并购风险，重点关注并购对象的隐性债务、承诺事项、可持续发展能力、员工状况及其与本企业治理层及管理层的关联关系，合理确定支付对价，确保实现并购目标。

第十三条 企业应当加强对投资方案的可行性研究，重点对投资目标、规模、方式、资金来源、风险与收益等作出客观评价。

企业根据实际需要，可以委托具备相应资质的专业机构进行可行性研究，提供独立的可行性研究报告。

第十四条 企业应当按照规定的权限和程序对投资项目进行决策审批，重点审查投资方案是否可行、投资项目是否符合国家产业政策及相关法律法规的规定、是否符合企业投资战略目标和规划、是否具有相应的资金能力、投入资金能否按时收回、预期收益能否实现，以及投资和并购风险是否可控等。重大投资项目，应当按照规定的权限和程序实行集体决策或者联签制度。

投资方案需经有关管理部门批准的，应当履行相应的报批程序。投资方案发生重大变更的，应当重新进行可行性研究并履行相应审批程序。

第十五条 企业应当根据批准的投资方案，与被投资方签订投资合同或协议，明确出资时间、金额、方式、双方权利义务和违约责任等内容，按规定的权限和程序审批后履行投资合同或协议。

企业应当指定专门机构或人员对投资项目进行跟踪管理，及时收集被投资方经审计的财务报告等相关资料，定期组织投资效益分析，关注被投资方的财务状况、经营成果、现金流量以及投资合同履行情况，发现异常情况，应当及时报告并妥善处理。

第十六条 企业应当加强对投资项目的会计系统控制，根据对被投资方的影响程度，合理确定投资会计政策，建立投资管理台账，详细记录投资对象、金额、持股比例、期限、收益等事项，妥善保管投资合同或协议、出资证明等资料。

企业财会部门对于被投资方出现财务状况恶化、市价当期大幅下跌等情形的，应当根据国家统一的会计准则制度规定，合理计提减值准备、确认减值损失。

第十七条 企业应当加强投资收回和处置环节的控制,对投资收回、转让、核销等决策和审批程序作出明确规定。

企业应当重视投资到期本金的回收。转让投资应当由相关机构或人员合理确定转让价格,报授权批准部门批准,必要时可委托具有相应资质的专门机构进行评估。核销投资应当取得不能收回投资的法律文书和相关证明文件。

企业对于到期无法收回的投资,应当建立责任追究制度。

第四章 营　　运

第十八条 企业应当加强资金营运全过程的管理,统筹协调内部各机构在生产经营过程中的资金需求,切实做好资金在采购、生产、销售等各环节的综合平衡,全面提升资金营运效率。

第十九条 企业应当充分发挥全面预算管理在资金综合平衡中的作用,严格按照预算要求组织协调资金调度,确保资金及时收付,实现资金的合理占用和营运良性循环。

企业应当严禁资金的体外循环,切实防范资金营运中的风险。

第二十条 企业应当定期组织资金调度会或资金安全检查活动,对资金预算执行情况进行综合分析,发现异常情况,及时采取措施妥善处理,避免资金冗余或资金链断裂。

企业在营运过程中出现临时性资金短缺的,可以通过短期融资等方式获取资金。资金出现短期闲置的,在保证安全性和流动性的前提下,可以通过购买国债等多种方式,提高资金效益。

第二十一条 企业应当加强对营运资金的会计系统控制,严格规范资金的收支条件、程序和审批权限。

企业在生产经营及其他业务活动中取得的资金收入应当及时入账,不得账外设账,严禁收款不入账、设立"小金库"。

企业办理资金支付业务,应当明确支出款项的用途、金额、预算、限额、支付方式等内容,并附原始单据或相关证明,履行严格的授权审批程序后,方可安排资金支出。

企业办理资金收付业务,应当遵守现金和银行存款管理的有关规定,不得由一人办理货币资金全过程业务,严禁将办理资金支付业务的相关印章和票据集中一人保管。

第二节 企业内部控制应用指引
——资金活动解读

一、资金活动概述

资金是企业流动性最强、控制风险最高的资产,是企业生存和发展的基础。为加强企业对资金的内部控制,保证资金安全,提高资金使用效益,企业必须加强资金管理与控制。

(一)资金的概念

本书所称的资金,是企业拥有或控制的库存现金、银行存款(包括外币存款项目)、备用金、其他货币资金等。

(二)资金活动的主要内容

企业资金的最初来源主要是股东对企业的投资和企业从银行借款或发行债券,用于购买材料、设备,支付人工成本和其他费用等,通过销售产成品,收回货币资金进行再生产。当企业有可分配利润时,向股东分配利润;当借款或债券到期时,应还本付息。当企业拥有较多资金时,可以进行投资,以期获得一定的投资收益,提高资金利用效率;当资金短缺时,企业可将部分投资的金融产品出售,以满足生产经营对资金的需求。一般地,我们可以将资金活动分成筹资活动、投资活动和营运活动等三个主要环节加以考察。

(三)资金活动涉及的主要风险

(1)筹资决策不当,引发资本结构不合理或无效融资,可能导致企业筹资成本过高或债务危机。

(2)投资决策失误,引发盲目扩张或丧失发展机遇,可能导致资金链断裂或资金使用效益低下。

(3)资金调度不合理、营运不畅,可能导致企业陷入财务困境或资金冗余。

(4)资金活动管控不严,可能导致资金被挪用、侵占、抽逃或遭受欺诈。

（四）资金活动的总体要求

企业应当根据自身发展战略，科学确定投融资目标和规划，完善严格的资金授权、批准、审验等相关管理制度，加强资金活动的集中归口管理，明确筹资、投资、营运等各环节的职责权限和岗位分离要求，定期或不定期检查和评价资金活动情况，落实责任追究制度，确保资金安全和有效运行。

企业财会部门负责资金活动的日常管理，参与投融资方案等可行性研究。总会计师或分管会计工作的负责人应当参与投融资决策过程。

企业有子公司的，应当采取合法有效措施，强化对子公司资金业务的统一监控。有条件的企业集团，应当探索财务公司、资金结算中心等资金集中管控模式。

二、筹资活动

企业为满足生产经营或战略发展需要，可通过银行借款或者发行股票、债券等形式筹集资金。企业应当根据筹资目标和规划，结合年度全面预算，拟订筹资方案，明确筹资用途、规模、结构和方式等相关内容，对筹资成本和潜在风险作出充分估计。境外筹资还应考虑所在地的政治、经济、法律、市场等因素。

（一）企业应当重点关注的风险

（1）筹资活动违反国家法律法规，可能遭受外部处罚、经济损失和信誉损失。

（2）筹资活动未经适当审批或超越授权审批，可能因重大差错、舞弊、欺诈而导致损失。

（3）筹资决策失误，可能造成企业资金不足、冗余或债务结构不合理。

（4）债务过高和资金调度不当，可能导致企业不能按期偿付债务。

（5）筹资记录错误或会计处理不正确，可能造成债务和筹资成本信息不真实。

（二）岗位分工与授权批准

企业应当建立筹资业务的岗位责任制，明确有关部门和岗位的职责、权限，确保办理筹资业务的不相容岗位相互分离、制约和监督。同一部门或个人不得办理筹资业务的全过程。筹资业务的不相容岗位至少包括：

（1）筹资方案的拟订与决策。

（2）筹资合同或协议的审批与订立。

（3）与筹资有关的各种款项偿付的审批与执行。

（4）筹资业务的执行与相关会计记录。

企业应当配备合格的人员办理筹资业务。办理筹资业务的人员应具备必要的筹资业务专业知识和良好的职业道德，熟悉国家有关法律法规、相关国际惯例及金融业务。

企业应当对筹资业务建立严格的授权批准制度，明确授权批准方式、程序和相关控制措施，规定审批人的权限、责任以及经办人的职责范围和工作要求。

企业应当制定筹资业务流程，明确筹资决策、执行、偿付等环节的内部控制要求，并设置相应的记录或凭证，如实记载各环节业务的开展情况，确保筹资全过程得到有效控制。

企业应当建立筹资决策、审批过程的书面记录制度以及有关合同或协议、收款凭证、支付凭证等资料的存档、保管和调用制度，加强对与筹资业务有关的各种文件和凭据的管理，明确相关人员的职责权限。

（三）筹资决策控制

企业应当建立筹资业务决策环节的控制制度，对筹资方案的拟订设计、筹资决策程序等作出明确规定，确保筹资方式符合成本效益原则，筹资决策科学、合理。

企业拟订的筹资方案应当符合国家有关法律法规、政策和企业筹资预算要求，明确筹资规模、筹资用途、筹资结构、筹资方式和筹资对象，并对筹资时机选择、预计筹资成本、潜在筹资风险和具体应对措施以及偿债计划等作出安排和说明。

企业拟订的筹资方案应当考虑企业经营范围、投资项目的未来效益、目标债务结构、可接受的资金成本水平和偿付能力。在境外筹集资金的，还应当考虑筹资所在地的政治、法律、汇率、利率、环保、信息安全等风险以及财务风险等因素。

企业对重大筹资方案应当进行风险评估，形成评估报告，报董事会或股东大会审批。评估报告应当全面反映评估人员的意见，并由所有评估人员签章。未经风险评估的方案不能进行筹资。

企业应当拟定两个或两个以上的筹资方案，综合考虑筹资成本和风险评估等因素，对方案进行比较分析后，履行相应的审批程序后，确定最终的筹资方案。

企业对于重大筹资方案，应当实行集体决策审批或者联签制度。决策过程应有完整的书面记录。企业筹资方案需要经国家有关管理部门或上级主管单位批准的，应及时报请批准。

（四）筹资执行控制

企业应当建立筹资决策执行环节的控制制度，对筹资合同协议的订立与审核、资产的收取等作出明确规定。

企业应当根据经批准的筹资方案，按照规定程序与筹资对象，与中介机构订立筹资合同或协议。企业相关部门或人员应当对筹资合同或协议的合法性、合理性、完整性进行审核，审核情况和意见应有完整的书面记录。

筹资合同或协议的订立应当符合《中华人民共和国合同法》及其他相关法律法规的规定，并经企业有关授权人员批准。重大筹资合同或协议的订立，应当征询法律顾问或专家的意见。

企业筹资在通过证券经营机构承销或包销企业债券或股票时，应当选择具备规定资质和资信良好的证券经营机构，并与该机构签订正式的承销或包销合同或协议。

企业变更筹资合同或协议，应当按照原审批程序进行。

企业应当按照筹资合同或协议的约定及时足额取得相关资产。企业取得货币性资产，应当按实有数额及时入账。企业取得非货币性资产，应当根据合理确定的价值及时进行会计记录，并办理有关财产转移手续。对需要进行评估的资产，应当聘请有资质的中介机构及时进行评估。

企业应当加强对筹资费用的计算、核对工作，确保筹资费用符合筹资合同或协议的规定。企业应当结合偿债能力、资金结构等，保持合理的现金流量，确保及时、足额偿还到期本金、利息或已宣告发放的现金股利等。

企业应当按照筹资方案所规定的用途使用对外筹集的资金。由于市场环境变化等特殊情况导致确需改变资金用途的，应当履行审批手续，并对审批过程进行完整的书面记录。严禁擅自改变资金用途。

企业应建立持续符合筹资合同协议条款的控制制度，其中应包括预算不符合条款要求的预警和调整制度。国家法律、行政法规或者监管协议规定应当披露的筹资业务，企业应及时予以公告和披露。

（五）筹资偿付控制

企业应当建立筹资业务偿付环节的控制制度，对支付偿还本金、利息、租金、股利（利润）等步骤、偿付形式等作出计划和预算安排，并正确计算、核对，确保各项款项偿付符合筹资合同或协议的规定。

企业应当指定财会部门严格按照筹资合同或协议规定的本金、利率、期限及币种计算利息和租金，经有关人员审核确认后，与债权人进行核对。本金与应付利息必须和债权人定期对账。如有不符，应查明原因，按规定及时处理。

企业支付筹资利息、股息、租金等，应当履行审批手续，经授权人员批准后方可支付。

企业通过向银行等金融机构举借债务筹资，其利息的支付方式也可按照双方在合同、协议中约定的方式办理。

企业委托代理机构对外支付债券利息，应清点、核对代理机构的利息支付清单，并及时取得有关凭据。

企业应当按照股利（利润）分配方案发放股利（利润），股利（利润）分配方案应当按照企业章程或有关规定，按权限审批。

企业委托代理机构支付股利（利润），应清点、核对代理机构的股利（利润）支付清单，并及时取得有关凭据。

企业以非货币资产偿付本金、利息、租金或支付股利（利润）时，应当由相关机构或人员合理确定其价值，并报授权批准部门批准，必要时可委托具有相应资质的中介机构进行评估。

企业财会部门在办理筹资业务款项偿付过程中，发现已审批拟偿付的各种款项的支付方式、金额或币种等与有关合同或协议不符的，应当拒绝支付，并及时向有关部门报告。有关部门应当及时查明原因，作出处理。

企业以抵押、质押方式筹资，应当对抵押物资进行登记。业务终结后，应当对抵押或质押资产进行清理、结算、收缴，及时注销有关担保内容。

三、投资活动

投资主要是指长期股权投资，包括对子公司投资、对联营企业投资和对合营企业投资及投资企业持有的对被投资单位不具有共同控制或重大影响，并且在活跃市场中没有报价、公允价值不能可靠地计量的权益性投资。

（一）投资活动应重点关注的风险

关于投资风险的认识，人们的认识不完全一致。一般认为投资风险是指企业在投资活动中，由于受到各种难以预计或控制因素给企业财务成果带来的不确定性，导致投资收益率达不到预期目标而产生的风险。一般地，投资活动应重点关注的风险有以下几种：

（1）投资行为违反国家法律法规，可能遭受外部处罚、经济损失和信誉损失。

（2）投资业务未经适当审批或超越授权审批，可能因重大差错、舞弊、欺诈而导致损失。

（3）投资项目未经科学、严密的评估和论证，可能因决策失误导致重大损失。

（4）投资项目执行缺乏有效的管理，可能因不能保障投资安全和投资收益而导致损失。

（5）投资项目处置的决策与执行不当，可能导致权益受损。

（二）岗位分工与授权批准

企业应当建立投资业务的岗位责任制，明确相关部门和岗位的职责权限，确保办理投资业务的不相容岗位相互分离、相互制约和相互监督。投资业务不相容岗位至少应当包括：

（1）投资项目的可行性研究与评估。

（2）投资的决策与执行。

（3）投资处置的审批与执行。

（4）投资绩效评估与执行。

企业应当配备合格的人员办理对外投资业务。办理对外投资业务的人员应当具备良好的职业道德，掌握金融、投资、财会、法律等方面的专业知识。

企业应当建立投资授权制度和审核批准制度，并按照规定的权限和程序办理投资业务。

企业应当根据投资类型制定相应的业务流程，明确投资中主要业务环节的责任人员、风险点和控制措施等。

企业应当设置相应的记录或凭证，如实记载投资业务各环节的开展情况。

企业应当明确各种与投资业务相关文件资料的取得、归档、保管、调阅等各个环节的管理规定及相关人员的职责权限。

（三）投资可行性研究、评估与决策控制

企业应当加强投资可行性研究、评估与决策环节的控制，对投资项目建议书的提出、可行性研究、评估、决策等作出明确规定，确保投资决策合法、科学、合理。企业因发展战略需要，在原投资基础上追加投资的，仍应严格履行控制程序。

企业应当编制投资项目建议书，由相关部门或人员对投资项目进行分析与论证，对被投资企业资信情况进行尽职调查或实地考察，并关注被投资企业管理层或实际控制人的能力、资信等情况。投资项目如有其他投资者，应当根据情况对其他投资者的资信情况进行了解或调查。

企业应当由相关部门或人员或委托具有相应资质的专业机构对投资项目进行可行性研究，编制可行性研究报告，重点对投资项目的目标、规模、投资方式、投资的风险与收益等作出评价。

企业应当由相关部门或人员或委托具有相应资质的专业机构对可行性研究报告进行独立评估，形成评估报告。对重大投资项目，必须委托具有相应资质的专业机构对可行性研究报告进行独立评估。

企业应当根据经股东大会（或者企业章程规定的类似权力机构）批准的年度投资计划，按照职责分工和审批权限，对投资项目进行决策审批。重大的投资项目，应当根据公司章程及相应权限报经股东大会或董事会（或者企业章程规定的类似决策机构）批准。

企业可以设立投资审查委员会或者类似机构，对达到一定标准的投资项目进行初审。在初审过程中，委员会应当审查下列内容：

（1）拟投资项目是否符合国家有关法律法规和相关调控政策，是否符合企业主业发展方向和投资的总体要求，是否有利于企业的长远发展。

（2）拟订的投资方案是否可行，主要的风险是否可控，是否采取了相应的防范措施。

（3）企业是否具有相应的资金能力和项目监管能力。

（4）拟投资项目的预计经营目标、收益目标等是否能够实现，企业的投资利益能否确保，所投入的资金能否按时收回。

只有初审通过的投资项目，才能提交至上一级管理机构和人员进行审批。企业集团根据企业章程和有关规定对所属企业投资项目进行审批时，应当采取总额控制等措施，防止所属企业分拆投资项目、逃避更为严格的授权审批的行为。

（四）投资执行控制

企业应当制定投资实施方案，明确出资时间、金额、出资方式及责任人员等内容。投资实施方案及方案的变更，应当重新履行审批程序。投资业务需要签订合同协议的，应当遵循《企业内部控制应用指引——合同协议》的相关规定。

企业应当指定专门的部门或人员对投资项目进行跟踪管理，掌握被投资企业的财务状况、经营情况和现金流量，定期组织投资质量分析，发现异常情况，应当及时向有关部门和人员报告，并采取相应措施。企业可以根据管理需要和有关规定向被投资企业派出董事、监事、财务负责人或其他管理人员。企业应当对派驻被投资企业的有关人员建立适时报告、业绩考评与轮岗制度。

企业应当加强投资收益的控制，按照国家统一的会计准则制度对投资收益进行核算。

对于被投资单位以股票形式发放的股利，应及时更新账面股份数量。

企业应当加强投资有关权益证书的管理，指定专门部门或人员保管权益证书，建立详细的记录。未经授权人员同意不得接触权益证书。财务部门应当定期和不定期地与投资管理部门和人员清点核对有关权益证书。

被投资企业股权结构等发生变化的，企业应当取得被投资企业的相关文件，及时办理相关产权变更手续，反映股权变更对本企业的影响。

企业应设置投资备查登记簿，记载被投资单位基本情况、动态信息，取得投资时被投资单位各项资产、负债的公允价值信息，历年与被投资单位发生的关联交易情况，发放股票股利情况等。企业应当定期和不定期地与被投资企业核对有关投资账目，保证投资的安全、完整。

企业应当加强对投资项目减值情况的定期检查和归口管理，减值准备的计提标准和审批程序，按照企业资产减值内部控制的有关规定执行。

（五）投资处置控制

企业应当加强投资处置环节的控制，对投资收回、转让、核销等的决策和授权批准程序作出明确规定。投资的收回、转让与核销，应当按规定权限和程序进行审批，并履行相关审批手续。对应收回的投资资产，要及时足额收取。

转让投资，应当由相关机构或人员合理确定转让价格，并报授权批准部门批准；必要时，可委托具有相应资质的专门机构进行评估。

核销投资，应当取得因被投资企业破产等原因不能收回投资的法律文书和证明文件。

企业应当认真审核与投资处置有关的审批文件、会议记录、资产回收清单等相关资料，确保资产处置真实、合法。

企业应当建立投资项目后续跟踪评价管理制度，对企业的重要投资项目和所属企业超过一定标准的投资项目，有重点地开展后续跟踪评价工作，并作为进行投资奖励和责任追究的基本依据。

四、营运活动

为加强企业对营运资金的内部控制，提高资金使用效益，保证资金的安全，防范资金链条断裂，企业必须加强对货币资金的管理和控制，建立健全货币资金内部控制，确保经营管理活动合法而有效。

（一）营运管理应重点关注的风险

（1）营运资金管理违反国家法律法规，可能遭受外部处罚、经济损失和信誉损失。

（2）营运资金管理未经适当审批或超越授权审批，可能因重大差错、舞弊、欺诈而导致损失。

（3）银行账户的开立、审批、使用、核对和清理不符合国家有关法律法规要求，可能导致受到处罚造成资金损失。

（4）营运资金记录不准确、不完整，可能造成账实不符或导致财务报表信息失真。

（5）有关票据的遗失、变造、伪造、被盗用以及非法使用印章，可能导致资产损失、法律诉讼或信用损失。

（二）岗位分工与职责批准

企业应当建立资金业务的岗位责任制，明确相关部门和岗位的职责权限，确保办理资金业务的不相容岗位相互分离、制约和监督。营运资金业务的不相容岗位至少应当包括：

（1）资金支付的审批与执行。

（2）资金的保管、记录与盘点清查。

（3）资金的会计记录与审计监督。

企业应当配备合格的人员办理资金业务，并结合企业实际情况，对办理资金业务的人员定期进行岗位轮换。企业关键财会岗位，可以实行强制休假制度，并在最长不超过 5 年的时间内进行岗位轮换。实行岗位轮换的关键财会岗位，由企业根据实际情况确定并在内部公布。

企业应当建立资金授权制度和审核批准制度，并按照规定的权限和程序办理资金支付业务。

（三）现金与银行存款的控制

企业应当加强现金库存限额的管理，超过库存限额的现金应当及时存入开户银行。企业应当根据《现金管理暂行条例》的规定，结合本企业的实际情况，确定本企业的现金开支范围和现金支付限额。不属于现金开支范围或超过现金开支限额的业务应当通过银行办理转账结算。

企业现金收入应当及时存入银行，不得坐支现金。企业借出款项必须执行严格的审核批准程序，严禁擅自挪用、借出货币资金。企业取得的货币资金收入必须及时入账，不得账外设账，严禁收款不入账。有条件的企业，可以实行收支两条线和集中收付制度，加强对货币资金的集中统一管理。

企业应当严格按照《支付结算办法》等国家有关规定，加强对银行账户的管理，严格按照规定开立账户，办理存款、取款和结算。银行账户的开立应当符合企业经营管理实际需要，不得随意开立多个账户，禁止企业内设管理部门自行开立银行账户。

企业应当定期检查、清理银行账户的开立及使用情况，发现未经审批擅自开立银行账户或者不按规定及时清理、撤销银行账户等问题，应当及时处理并追究有关责任人的责任。企业应当加强对银行结算凭证的填制、传递及保管等环节的管理与控制。

企业应当严格遵守银行结算纪律，不得签发没有资金保证的票据或远期支票，套取银行信用；不得签发、取得和转让没有真实交易和债权债务的票据；不得无理拒绝付款，任意占用他人资金；不得违反规定开立和使用银行账户。

企业应当指定专人定期核对银行账户，每月至少核对一次，编制银行存款余额调节表，并指派对账人员以外的其他人员进行审核，确定银行存款账面余额与银行对账单余额是否调节相符。如调节不符,应当查明原因,及时处理。

企业应当加强对银行对账单的稽核和管理。出纳人员一般不得同时从事银行对账单的获取、银行存款余额调节表的编制等工作。确需出纳人员办理上述工作的,应当指定其他人员定期进行审核、监督。

实行网上交易、电子支付等方式办理资金支付业务的企业,应当与承办银行签订网上银行操作协议,明确双方在资金安全方面的责任与义务、交易范围等。操作人员应当根据操作授权和密码进行规范操作。使用网上交易、电子支付方式的企业办理资金支付业务,不得因支付方式的改变而随意简化、变更支付货币资金所必需的授权批准程序。企业在严格实行网上交易、电子支付操作人员不相容岗位相互分离控制的同时,应当配备专人加强对交易和支付行为的审核。

企业应当定期和不定期地进行现金盘点,确保现金账面余额与实际库存相符。发现不符,应及时查明原因,作出处理。

企业应当按照国家统一的会计准则制度的规定对现金、银行存款和其他货币资金进行核算和报告。

(四)票据与有关印章的管理

企业应当加强与资金相关的票据的管理,明确各种票据的购买、保管、领用、背书转让、注销等环节的职责权限和处理程序,并专设登记簿进行记录,防止空白票据的遗失和被盗用。企业因填写、开具失误或者其他原因导致作废的法定票据,应当按规定予以保存,不得随意处置或销毁。对超过法定保管期限、可以销毁的票据,在履行审核批准手续后进行销毁,但应当建立销毁清册并由授权人员监销。

企业应当设立专门的账簿对票据的转交进行登记;对收取的重要票据,应留有复印件并妥善保管;不得跳号开具票据,不得随意开具印章齐全的空白支票。

企业应当加强银行预留印鉴的管理。财务专用章应当由专人保管,个人名章应当由本人或其授权人员保管,不得由一个人保管支付款项所需的全部印章。按规定需要由有关负责人签字或盖章的经济业务和事项,必须严格履行签字或盖章手续,用章必须履行相关的审批手续并进行登记。

第三节　企业内部控制应用指引
——资金活动的案例

【案例11-1】

他们被股票拉下了马

一、案例简介

M省纪委公布了A集团股份有限公司、B股份有限公司、C实业股份有限公司股票发行案件中涉案人员的查处情况。这次公布了对涉案的三名副厅级干部的查处结果。经查，贾某在任省政府办公厅秘书处处长期间，违反规定，购买A公司内部职工股票1万股，从中获利4万元，还利用工作之便收受A公司所送的现金5万元。叶某在省体改委任职期间违反规定，低价购买B股份有限公司内部职工股票1万股，从中获利20.37万元，并利用职务之便，为亲友向企业索要赞助3万元，加重企业负担。齐某在任省委财经办公室主任期间，违反规定，收受C实业公司内部职工股票5 000股和低价购买C实业公司内部职工股票5 000股，从中获利20.50万元。

二、案例分析

这三起相似的案例均与公司的内部职工股有关，既然是企业的内部职工股，那些处长、主任等，绝不是企业的内部职工，又是怎么会得到内部职工股的呢？而且还是以远低于市场价格的低价获得，这又如何解释呢？一方面不可否认，这三名涉案人员绝非普通之人，个个都是副厅级干部，可谓位高权重，他们目无法纪，以权谋私，也受到了应有的惩罚。但是我们还应该看到问题的另一方面，即使他们权力再大，如果这三家企业自身有完善的企业制度和内部控制制度，并认真执行，又怎么会发生这样的事呢？

从表面上看，这些案例似乎只是内部职工股的发售出了问题，但深层地，我们不难看出，这三家企业的内部控制存在很大漏洞，几乎形同虚设。

筹资活动的内部控制包括职务分离制度，授权审核制度，债权和股票的签发制度，债权和股票的发行制度，债权和股票的报关制度，利息支付的控制制度，股利发放的控制制度，长期负债权益的会计记录控制制度等。针对本案例，重点在于债券和股票的发行制度。虽然企业的内部职工股有别于一般的股票，但同样应有相应的内部控制制度，首先应由专人负责股票的发行工作，做到职责分离，对于发行数量、发行价格和发行对象等应事先有所计划，并经过董事会的审议通过，绝不能由个别人说了算；有了这些计划就应由专人负责实施。对于发行股票筹集到的资金又必须由专门人员负责管理，一般是由财务部门负责及时入账。同时，设置股东和职工名册，包括每位职工的姓名、地址、持股数量等详细信息，登记全部股份发行和注销的记录，核定股份所有权转移，等等。

【案例 11-2】

中国远洋两年亏损超 160 亿元案例

中国远洋作为全球第二大综合性航运公司中国远洋运输（集团）总公司的上市旗舰和资本平台，2007 年登陆 A 股之后，曾在 2007 年和 2008 年分别创造 190.85 亿元和 108.30 亿元的高利润。而 2011 年，中国远洋巨亏 104 亿元，2012 年前三季度，中国远洋依旧亏损 64 亿元，全年亏损几乎成为定局。

中国远洋的连续亏损，与其 2008 年的盲目扩张、忽视风险不无关系。2008 年，中国远洋对即将来临的衰退误判，战略失策带来的大手笔扩张为之后的巨额亏损埋下了隐患。

中国远洋的工作人员称，2012 年财报出来就可以最终确定是否被 ST。同时，中国远洋称，2012 年开始就重视亏损的问题，2013 年是否能脱帽要看市场情况和复苏趋势。

一、业绩坠入谷底

中国远洋于 2007 年 6 月 26 日在 A 股上市，其主要业务集中于集装箱航运业务、干散货航运业务、物流业务和码头业务四个板块。

2007 年，风头正劲的中国远洋创造了 190.85 亿元的利润。2008 年，国际航运市场依旧呈现出一片繁荣的景象，就在这一年，中国远洋归属母公司所有者的净利润为 108.30 亿元。

第十一章 资金活动的内部控制

2009年,一路高歌猛进的中国远洋迎来上市以后的首亏,其归属母公司所有者的净利润为 -75.41 亿元。

对于亏损的原因,中国远洋称,在全球性经济下滑的冲击和贸易需求萎缩的影响下,集装箱航运业务各航线运载量从2009年第二季度起虽有回升,但全年同比仍减少9.6%;集装箱平均运价同比去年有较大幅度下跌,截至2009年年底,依然在低位徘徊。受上述两方面因素的影响,集装箱船队经营出现较大亏损。

而国际贸易量骤减,平均租金水平急剧下滑,使中国远洋干散货航运业务收入及利润同比也出现较大幅度下降。集装箱航运业务亏损及干散货航运业务盈利下降,是其2009年度亏损的主要原因。

2010年,中国远洋归属母公司所有者的净利润为67.61亿元,同比增长189.7%。这一年,由于国际经济复苏和航运市场回升,中国远洋集装箱航运及相关业务收入同比增长73.2%,干散货航运及相关业务收入同比增长19.8%。在收入增长带动下,集装箱航运及干散货航运业务经营及效益状况相应改善。

而在接下来的2011年和2012年,中国远洋连续遭遇巨亏。2011年,中国远洋巨亏104亿元,2012年前三季度,中国远洋依旧亏损64亿元,并且预计全年净亏损。至此,中国远洋的业绩彻底跌入谷底。

而在二级市场上,中国远洋的股价也一落千丈。2007年6月26日,中国远洋以8.48元的发行价上市,首日收于16.38元。2007年10月25日,中国远洋到达历史高点68.40元。

2012年9月5日,其股价最低只有4.26元(后复权),下跌幅度达到93.77%。且2012年第四季度以来,其股价多徘徊在5元以下(后复权)。

按照行业分析师的测算,中国远洋的盈亏平衡点所对应的BDI指数(Baltic Dry Index,波罗的海航运指数)应该在1 500点至2 000点之间。而2013年1—3季度BDI均值分别为866.9、1 023.8和845.6,较去年同期分别下滑36.4%、25.7%和44.7%。

进入1月份,BDI指数终止了1个多月的下滑,开始出现小幅度回升,但1月10日指数也只攀升至751点,形势并不太乐观。

中国远洋目前市值高达670亿元,如果被ST,将成为A股中规模最大的ST股。

二、战略失策

中国远洋的巨亏，除了受整体经济环境的影响，本身的战略失策是其连续巨亏的重要原因。

中国远洋的战略失策首先是对经济形势进行了误判，"大跃进"的同时忽略了风险。2008年4月，中国远洋高调宣布，将订造25艘新船，增加集装箱和干散货的运输能力。当时，中国远洋的判断是国际航运市场将会继续繁荣。

2008年5月20日，BDI指数创下11 793点的历史高点，资料显示，当时最大的好望角型船日租价格曾高达21.16万美元，并在相当长时期保持在8万美元左右的水平。

中国远洋2008年中报显示，在航运市场处于高位的形势下，中国远洋在自有干散货船舶204艘的基础上，租入船舶228艘，以扩充运力。这些租船协议分为3年期和5年期两种，前者的日租金为8万美元，后者为5.7万美元。

但此时全球性金融危机已经山雨欲来。2008年BDI指数创下历史高点之后便接连下挫，从最高点11 793点下跌到2008年12月5日的663点。

2009年，BDI指数虽然有所上升，但2008年订的船还在陆续到货，需求在下降，运力被上升，中国远洋亏损75亿元。

其次，中国远洋没有长期租船的经验，合同中没有做对冲风险的设计。

由于中国经济持续增长，中国远洋的干散货船（运载煤炭等原材料的船只）数量从2007年的约400艘增至2010年的450艘。

而到了2011年，租船价格跌到了一天1.8万美元，但是远洋还得按约定的8万美元的价码付账。

中国远洋即使在2008年大举签订租船协议，仍然可以通过期货市场的对冲来平抑现货市场的风险。

由于航运业存在明显周期性，市场波动风险很大，航运公司通常利用远期运费协议（FFA）做套期保值，对冲航运市场租金波动风险。所谓远期运费协议，是指一种远期合约，协议规定了具体的航线、价格、数量、价格日期、交割价格计算方法等，协议双方约定在未来某一时点，收取或支付依据波罗的海官方运费指数价格与合同约定价格的运费或租金差额。

中国远洋从2007年开始利用FFA做套保，在2008年公司租入大量船舶后，中国远洋应该在期货市场购买空头头寸进行套保。但中国远洋在期货市场购买了大量多头合约，这使得中国远洋失去最后弥补2008年市场判断失误的机会。

2008年12月16日，中国远洋对外发布公告称，由于市场急剧变化，运价大幅下跌。截至2008年12月12日，干散货船公司持有的FFA协议公允价值变动损失合计为53.8亿元，扣除已交割部分实现的收益14.3亿元，中远持有的FFA协议当年浮亏39.5亿元。

在此之后，中国远洋持有的FFA损失也在持续。2009年结算损失25亿元，2010年结算损失4 478万元。

此外，中国远洋缺少除了航运以外的其他非周期性主业，没有用来平抑航运亏损之外的业务，这也是其业务结构的一大短板。

全球最大的集装箱船运公司"马士基"航运公司在2012年11月宣布将停止对航运业务进行大规模投资，转而聚焦石油、钻探设备和港口等业务。

马士基CEO安仕年表示，马士基将从航运业转向更能盈利、更稳定的业务。而石油、钻探设备以及港口等业务也使其在经济不景气的情况下对冲了航运业务业绩下滑带来的冲击。

【案例11-3】

陕国投信托资金运用案例分析

国有中化，民有裕丰。当河南裕丰集团被称为当地的民营"化肥大王"时，董事长鲍崇宪"盛名之下"的资金危机似有还无。不过，当2013年到来之时，民间借贷、银行信贷、信托兑付交织作用，裕丰集团的资金压力终于凸显。

裕丰集团的资金困局将陕西国际信托公司（以下简称"陕国投"）牵涉其中。2012年4月11日，陕西省国际信托股份有限公司发起设立"陕国投—裕丰公司信托贷款项目集合资金信托计划"7 000万元，期限1年；同年7月25日，再发"陕国投—裕丰公司二期建设项目贷款集合资金信托计划"5亿元，期限1~2年。但是，到2012年年底，裕丰集团已经不能正常付息。

截至《中国经营报》记者发稿时，陕国投已中止上述两个总额为5.7亿元的信托计划，并已着手采取抵押资产保全措施。而对于曾经参与ST程海重组急欲做大的河南裕丰集团而言,在做大民营企业之前,所需思考的或许首先应该是生存的命题。

一、资金承压

贷款时,陕国投考察其二期项目已投资约2.5亿元。

"7 000万(元)还了,怎么能不还,那还得了?现在资金紧张,整个都知道的,(5亿元信托贷款)利息正在还。"日前,河南裕丰复合肥有限公司(以下简称"河南裕丰")实际控制人鲍崇宪告诉记者。现在,他实际控制的河南裕丰的资金链正在承受巨大的压力。

鲍崇宪所说的"正在还",是总计5.7亿元、由陕国投发行的信托产品。2012年4月11日,陕西省国际信托股份有限公司发起设立"陕国投—裕丰公司信托贷款项目集合资金信托计划"(以下简称"流动资金项目")7 000万元,期限1年;同年7月25日,再发"陕国投—裕丰公司二期建设项目贷款集合资金信托计划"(以下简称"建设项目")5亿元,期限1~2年。

不过,这远不是鲍崇宪负担债务的全部。

鲍崇宪与妻子王星星持有河南裕丰84%的股份,同时,鲍崇宪还是ST澄海的实际控制人,夫妇名下控制及参股多家公司,业务涉及金融、地产、商贸、纺织、化肥、酒店等领域,产业遍及河南、江苏、上海多地。

发生此番信托贷款的裕丰公司位于河南省南部的邓州市,成立于2009年,注册资金1亿元,是一家以复合肥为主要产品的化工生产企业,一期设计产能80万吨,已于2011年3月建成投产。2012年,该公司启动二期建设项目,总计预算投资13亿元,其中设备投入5.2亿元,流动资金6亿元,土建投资8 800万元,其他费用9 000万元。预算资金中,企业自筹与贷款各占一半。

贷款时,陕国投考察其二期项目已投资约2.5亿元。

参与此次信托发行工作的人士告诉记者,河南裕丰企业经营状况及资产结构良好,法人代表及配偶实际控制的企业资产优良,抵押物价值充足,有实力履行义务。陕国投与河南裕丰的信托贷款协议约定,信托资金严禁用于项目外的其他领域,若发生资金挪用,则可能导致重大兑付风险。

参与信托发行工作的人士告诉记者,贷款资金虽被报表体现为"购买机器设备",但实际上有不少是还了鲍崇宪名下资产涉及的民间高利贷。他称,这些高利贷在"河南有、江苏都有",陕国投是在"发现几起高利贷引发的诉讼后得知这一情况"。

二、信托止损

陕国投在派出人员对河南裕丰进行核查并发现诸多问题之后，中止了总额5.7亿元的信托计划。

2012年年底，总计为河南裕丰募集了5.7亿元资金的陕国投发现，河南裕丰到期未能支付利息，这让陕国投感受到了危险。于是，陕国投派出人员对河南裕丰进行核查并发现了诸多问题。

据记者了解到，信托资金部分"被用于偿还其他债务"，包括银行贷款和民间高利贷。在2012年四季度季末还息前1个月，按照惯例，陕国投方面工作人员循例将利息通知单送达河南裕丰，但发现建设项目并未有明显进展。陕国投当时对河南裕丰进行调查，对方提供的财务资料显示，2012年7月发行的5亿元信托资金已经全部用于购买机器设备。

经过调查，河南裕丰将上述资金挪作他用，"可能民间借贷还了一些，民间借贷的产生可能是有些银行短期贷款催账紧急"。

不过，鲍崇宪本人拒绝就此问题接受记者的采访。

陕国投方面的调查资料显示，到2012年3月月末，河南裕丰通过工行、中信、浦发、民生、光大、农行等多家银行设立于河南郑州、南阳、邓州等地的分支机构进行短期借款余额为1.3659亿元，到期日集中在2012年4月至11月。

此外，河南裕丰彼时尚存2012年应付票据余额8.54亿元。截至2012年3月月末，这家化肥企业资产负债率达到63.9%，资金需求较大。业内人士表示，这或许是河南裕丰申请大额信托的真实原因。

2013年1月8日，陕国投在官网发布上述两期信托的事务管理报告，称"经电话联系和实地检查，未发现可能对本计划产生不利影响的异常情况，本计划目前进展正常"。现实的问题是，两期信托，一个已经到期，如何兑付？另一个则面临利息归账难题。

截至4月25日，陕国投并未公开的2013年4月11日已到期的7000万元流动资金项目兑付及清算情况。记者了解到，陕国投对已到期但发生兑付风险的流动资金项目"作了受益权转让"，目前已经兑付完毕。与此同时，2013年首季度5亿元贷款利息确实至今尚未回笼，贷款方正在积极筹集资金。

三、风险何来

陕国投亦对这两期贷款项目作了多轮论证，曾要求信托五部核实河南裕丰的财务报表和盈利预测数据，并考察抵押物周边房地产信息。

承受资金重压的鲍崇宪，曾有意涉足资本市场。2010年，证监会对部分账户涉嫌利用内幕信息交易上海海鸟企业发展股份有限公司（以下简称"ST海鸟"）股票的行为立案调查。

公开资料显示，彼时经证监会调查发现，2010年5月27日，鲍崇宪在上交所提出欲将其控制的房地产资产或裕丰复合肥注入ST海鸟；当年（下同）5月29日，ST海鸟发布公告，鲍崇宪收购ST海鸟控股股东上海东宏实业投资有限公司100%股权，成为ST海鸟实际控制人；6月29日，鲍崇宪开始考虑重组ST海鸟具体方案，拟将裕丰复合肥以定向增发形式注入上市公司；7月3日、7月4日，鲍崇宪及其胞弟鲍崇民等人向当地政府表达了拟将裕丰复合肥注入ST海鸟的想法。随后，ST海鸟股市表现疯狂，鲍崇民被查实调集3 000余万元控制多个账户进行炒作，其本人后被公安部门拘捕。

2012年1月9日，ST海鸟在更名为ST澄海后，上海澄海企业发展股份有限公司就"内幕交易案"发布公告。公告称"中国证监会通报了鲍崇民等人涉嫌利用内幕信息在公司重组期间操纵公司股票案，鲍崇民先生在公司不再担任董事、监事、高级管理人员等任何职务，其利用内幕信息操纵公司股票的行为系其个人行为，与公司无关系"。

陕国投在《关于信托评审委员会对陕国投裕丰信托计划所提问题的解释说明》（以下简称"说明"）中涉及了上述内容。在这份"说明"前，陕国投已经进行了两轮尽职调查。

尽职调查显示，"流动资金项目"抵押了江苏润太房地产开发有限公司位于江阴市青阳镇估值约2.4亿元的两块商住综合用地，面积共约28亩；建设项目抵押了无锡保利资产经营实业有限公司和无锡湖玺实业公司位于无锡市估值共计约11.6亿元的商铺用房计109套。这些资产全部或部分为鲍崇宪夫妇所控制，评估工作由其委托无锡当地一家资产评估公司完成。

陕国投亦对这两期贷款项目做了多轮论证，曾要求信托五部核实河南裕丰的财务报表和盈利预测数据，并考察抵押物周边房地产信息，以考量抵押物是否足值可靠。

涉及上述信托项目的信托经理梁进学和他的同事为此专门进行了解释与说明，并将鲍崇宪夫妇名下所持裕丰公司部分股权引为担保财产，其他内容与尽职报告未发生重大逆变,最终信托计划得以通过,但并未按照原定的由陕国投理财中心募集委托人,而是交由北京恒天财富投资管理有限公司发行,信托资金保管在华夏银行。

【案例11-4】

洋河股份资金管理案例分析

白酒企业再现巨额存款离奇失踪案。继酒鬼酒、泸州老窖存款丢失后,近期洋河又曝1.2亿多元存款丢失,而洋河股份还并未及时公告消息。

在整个行业寒冬的情形下,洋河股份的经营情况也不乐观。洋河股份日前公布的年报显示,2014年营业收入146.72亿元,同比下降2.34%,净利润45.07亿元,同比下降9.89%。这是洋河股份上市来第二次双降。在行业不景气的情况下,洋河的一系列问题也暴露出来。

洋河股份4月29日发布的2014年年报称,控股子公司苏酒集团贸易股份有限公司(以下简称"苏酒贸易")在中国工商银行股份有限公司郑州解放路支行和中国工商银行股份有限公司开封豪德支行储蓄存款合计1.3亿元,而截至2014年4月8日,储蓄账户余额仅为3.37万元。苏酒贸易在中国工商银行开封豪德支行储蓄存款3 000万元,截至2014年6月30日,储蓄账户余额仅为669.4万元。涉及侵权责任纠纷事项,公安机关已介入调查,进行相关案件侦查和资产保全措施,苏酒贸易已分别启动民事诉讼程序向有关责任单位和个人追偿损失。

一、巨款丢失为何不公告

白酒专家肖竹青接受《中国经营报》记者采访时表示,一直以来,在白酒行业,洋河的公司治理结构做得很成功,市场化程度也很高,但通过存款丢失事件,发现完美的洋河其实也并不完美。

在2014年1月,酒鬼酒就曾公告称,其子公司在中国农业银行杭州分行某支行开户的活期结算账户内,约1亿元存款被盗,除最终追回的3 699万元外,其余资金至今下落不明。

泸州老窖在2014年10月也发布公告称,其在中国农业银行长沙某支行的一笔1.5亿元存款流向不明。2015年1月,泸州老窖公告称,其在中国工商银行南阳某支行等两处存款共3.5亿元失踪。

第二部分 企业内部控制应用指引解读及案例分析

原本酒鬼酒、泸州老窖存款失踪就引发市场一片哗然。尽管都是存款丢失，但上述两家企业在第一时间就对外披露存款丢失情况，反观洋河股份此前并未发布过涉及存款丢失的任何相关公告，对存款丢失一直藏着掖着，直到发布年报时避无可避。

有媒体报道称，洋河股份应该较早获悉了逾亿元存款不翼而飞的信息，最迟获悉时间肯定在2015年2月12日之前，其隐匿巨额存款丢失信息的行为涉嫌信披违规。对于外界的质疑，洋河董秘丛学年回应称两起存款纠纷还达不到公告标准，在年报中披露就可以。

中国食品商务研究院研究员朱丹蓬对于洋河也随波逐流出现此类问题颇为意外。"洋河就是担心丑闻对公司形象或股价造成影响才迟迟不公告。毕竟作为上市企业，这样的事情非常敏感。现金流很大的白酒企业也是每个银行都在抢的VIP客户，所以其中也有很多银行的相关人员从其中谋利，在白酒行业较为普遍。"

肖竹青表示，这种不及时发布公告的行为违背信息披露原则。"洋河是中国酒业最早推动利用银行存款为交换条件实现银行卖酒模式开创者之一，这在行业内已是公开的秘密，其营销模式曾经是酒业学习的标杆，某咨询公司曾叫卖洋河模式签约了十多家酒业公司交学费。在白酒行业高歌猛进的黄金10年，公款消费为主的灰色贿赂营销和团购模式推动了洋河酒业高速增长。"

肖竹青指出，"现在白酒行业处于寒冬之时，这也体现了白酒企业、银行、小贷公司三方都处于尴尬的局面"。在他看来，一方面，上市公司酒企绩增长压力巨大，但是现金流和存款多。另一方面，银行遭遇余额宝等互联网金融冲击，存款搬家严重，揽储困难，因此以帮助代理商卖酒为前提由代理商介绍到酒厂异地揽储。

与此同时，中小企业融资困难，经常在去银行办理融资贷款时因为手续不全或指标不符合而被银行介绍到小贷公司和担保公司融资，被迫接受要贷款先买酒的胁迫条件。于是三方各取所需，银行酒企就采取暗箱操作的方式，通过异地存款的方式，银行答应帮助卖酒等诸多附加条件。有些银行为揽储，变相支付酒厂财务顾问费或公关费，所以酒厂管理层就有动力舍近求远跨区异地存款。

"最终为何存款不见了，可能是暗箱操作的额外条款不能兑现，原因也是多方面的。"肖竹青表示,有一种可能性是揽储的资金掮客(很多是酒厂代理商)与酒厂财务或管理层勾结,把酒厂的异地存款默许定向放款给能卖酒的小贷公司或其他从银行贷不到款的次级贷款人,如果按时回款则皆大欢喜,如果按时不能还款,银行就把钱扣了。

此外,银行从酒厂异地高息揽储,或答应酒厂的卖酒目标需要转嫁给小贷公司或担保公司来实现,但是当前小贷公司连环交叉担保出事或贷款人跑路都会影响期贷款的安全。肖竹青表示,"存款不见了,又不及时公告,其背后一定有不可告人的秘密"。对于洋河存款丢失的原因以及最新进展,记者给洋河方面发去采访函,截至发稿前没有得到回复。

二、企业问题集中爆发

白酒行业已接二连三发生银行存款失踪案,白酒企业已成丢款重灾区。而关于洋河1.2亿元的存款丢失,仍然有很多的疑问亟待揭开。如今"存款卖酒"这一创新营销模式,正在被业内酒企争相采用。但在灰色地带运行近10年后,缘何在2014年相继爆发风险?

白酒企业日子好过的时候,小贷公司及时把钱还上就皆大欢喜,但现在经济下行之时,存款卖酒模式就出现了多方无奈,小贷公司既支付了高额利息又从银行买了那么多酒,成本上升之下销售不力问题也就集中爆发。

在业界看来,"存款卖酒"模式的出现,是白酒产业由巅峰走向衰落、由强势走向式微的典型象征。而相关酒企存款丢失事件的频发,亦可视为白酒行业转型困局中的必经之坎。白酒企业2014年年报中表明的业绩下滑与经营压力可谓触目惊心。

"洋河的绵柔、海之蓝等在白酒行业不景气的时期,其在市场投入上是一线大品牌的作风,但价格中等,因此既有大品牌的范儿又有性价比。绵柔香型也符合目前健康人群的需求,但行业不景气,强劲的发展势头也在放缓。"朱丹蓬表示。

一直以来,洋河的市场化程度很高,在白酒板块中,茅台、五粮液是靠品牌驱动,而洋河市场反应速度很快,包括海之蓝、梦之蓝等切中了市场需求。但目前整个白酒行业都处于产能过剩的时期,洋河也不例外。

肖竹青认为,之前的黄金10年白酒企业卖酒主要依靠渠道,当禁止"三公消费",公款买单不复存在后也造成渠道的恐慌,渠道库存压力加大,现在等于问题集中爆发。对走团购营销模式的洋河来说,如今也在力推营销转型，以渠道驱动转变为自营消费，回归到消费者模式，探索像卖快消品一样卖酒，做终端的展示、推广等。这与之前洋河把酒卖给渠道经销商就完事不一样，需要重新布局商超、酒店等渠道。

不否认，之前洋河粗犷的卖酒模式已经跟不上行业发展，像团购一样的贿赂营销模式已经翻篇了，不再具有市场，而走精细化经营道路对于洋河来说也存在巨大的挑战。肖竹青表示，凭借存款丢失并不能完全否定洋河，但以前洋河的完美形象也确实已经一去不复返。

第十二章

采购业务的内部控制

第一节 企业内部控制应用指引
——采购业务的基本内容

第一章 总 则

第一条 为了促进企业合理采购，满足生产经营需要，规范采购行为，防范采购风险，根据有关法律法规和《企业内部控制基本规范》，制定本指引。

第二条 本指引所称采购，是指购买物资（或接受劳务）及支付款项等相关活动。

第三条 企业采购业务至少应当关注下列风险：

（一）采购计划安排不合理，市场变化趋势预测不准确，造成库存短缺或积压，可能导致企业生产停滞或资源浪费。

（二）供应商选择不当，采购方式不合理，招投标或定价机制不科学，授权审批不规范，可能导致采购物资质次价高，出现舞弊或遭受欺诈。

（三）采购验收不规范，付款审核不严，可能导致采购物资、资金损失或信用受损。

第四条 企业应当结合实际情况，全面梳理采购业务流程，完善采购业务相关管理制度，统筹安排采购计划，明确请购、审批、购买、验收、付款、采购后评估等环节的职责和审批权限,按照规定的审批权限和程序办理采购业务,建立价格监督机制,定期检查和评价采购过程中的薄弱环节,采取有效控制措施,确保物资采购满足企业生产经营需要。

第二章 购 买

第五条 企业的采购业务应当集中,避免多头采购或分散采购,以提高采购业务效率,降低采购成本,堵塞管理漏洞。企业应当对办理采购业务的人员定期进行岗位轮换。重要和技术性较强的采购业务,应当组织相关专家进行论证,实行集体决策和审批。

企业除小额零星物资或服务外,不得安排同一机构办理采购业务全过程。

第六条 企业应当建立采购申请制度,依据购买物资或接受劳务的类型,确定归口管理部门,授予相应的请购权,明确相关部门或人员的职责权限及相应的请购和审批程序。

企业可以根据实际需要设置专门的请购部门,对需求部门提出的采购需求进行审核,并进行归类汇总,统筹安排企业的采购计划。

具有请购权的部门对于预算内采购项目,应当严格按照预算执行进度办理请购手续,并根据市场变化提出合理采购申请。对于超预算和预算外采购项目,应先履行预算调整程序,由具备相应审批权限的部门或人员审批后,再行办理请购手续。

第七条 企业应当建立科学的供应商评估和准入制度,确定合格供应商清单,与选定的供应商签订质量保证协议,建立供应商管理信息系统,对供应商提供物资或劳务的质量、价格、交货及时性、供货条件及其资信、经营状况等进行实时管理和综合评价,根据评价结果对供应商进行合理选择和调整。企业可委托具有相应资质的中介机构对供应商进行资信调查。

第八条 企业应当根据市场情况和采购计划合理选择采购方式。大宗采购应当采用招标方式,合理确定招投标的范围、标准、实施程序和评标规则;一般物资或劳务等的采购可以采用询价或定向采购的方式并签订合同协议;小额零星物资或劳务等的采购可以采用直接购买等方式。

第九条 企业应当建立采购物资定价机制,采取协议采购、招标采购、谈判采购、询比价采购等多种方式合理确定采购价格,最大限度地降低市场变化对企业采购价格的影响。

大宗采购等应当采用招投标方式确定采购价格，其他商品或劳务的采购，应当根据市场行情制定最高采购限价，并对最高采购限价适时调整。

第十条 企业应当根据确定的供应商、采购方式、采购价格等情况拟订采购合同，准确描述合同条款，明确双方权利、义务和违约责任，按照规定权限签订采购合同。

企业应当根据生产建设进度和采购物资特性，选择合理的运输工具和运输方式，办理运输、投保等事宜。

第十一条 企业应当建立严格的采购验收制度，确定检验方式，由专门的验收机构或验收人员对采购项目的品种、规格、数量、质量等相关内容进行验收，出具验收证明。涉及大宗和新、特物资采购的，还应进行专业测试。

验收过程中发现的异常情况，负责验收的机构或人员应当立即向企业有权管理的相关机构报告，相关机构应当查明原因并及时处理。

第十二条 企业应当加强物资采购供应过程的管理，依据采购合同中确定的主要条款跟踪合同履行情况，对有可能影响生产或工程进度的异常情况，应出具书面报告并及时提出解决方案。

企业应当做好采购业务各环节的记录，实行全过程的采购登记制度或信息化管理，确保采购过程的可追溯性。

第三章 付　　款

第十三条 企业应当加强采购付款的管理，完善付款流程，明确付款审核人的责任和权力，严格审核采购预算、合同、相关单据凭证、审批程序等相关内容，审核无误后按照合同规定及时办理付款。

企业在付款过程中，应当严格审查采购发票的真实性、合法性和有效性，发现虚假发票的，应查明原因，及时报告处理。

企业应当重视采购付款的过程控制和跟踪管理，发现异常情况的，应当拒绝付款，避免出现资金损失和信用受损。

企业应当合理选择付款方式，并严格遵循合同规定，防范付款方式不当带来的法律风险，保证资金的安全。

第十四条 企业应当加强预付账款和定金的管理。涉及大额或长期的预付款项，应当定期进行追踪核查，综合分析预付账款的期限、占用款项的合理性、不可收回风险等情况，发现有疑问的预付款项，应当及时采取措施。

第十五条 企业应当加强对购买、验收、付款业务的会计系统控制，详细记录供应商情况、请购申请、采购合同、采购通知、验收证明、入库凭证、商业票据、款项支付等情况,确保会计记录、采购记录与仓储记录核对一致。

企业应当指定专人通过函证等方式,定期与供应商核对应付账款、应付票据、预付账款等往来款项。

第十六条 企业应当建立退货管理制度,对退货条件、退货手续、货物出库、退货货款回收等作出明确规定,并在与供应商的合同中明确退货事宜,及时收回退货货款。涉及符合索赔条件的退货,应在索赔期内及时办理索赔。

第二节 企业内部控制应用指引——采购业务解读

一、采购业务概述

采购与付款业务是企业经营活动的首要环节,它与生产、销售计划密切联系,业务发生频繁,工作量大,运行环节多,直接导致货币资金的支出或对外负债的增加,容易产生管理漏洞。建立完善的采购业务内部控制制度,可以保证采购付款业务循环有效运行,确保采购事项的真实性、合理性、合法性,发现并纠正错误,防止欺诈和舞弊行为,及时准确地提供采购业务的会计信息,使企业在采购、付款环节获得最大经济效益。设计采购业务的内部控制制度,就是依据企业的生产经营特点,针对采购业务的工作特性,设计出规范整个业务流程和每个关键控制点的规定、方法、措施等,并规范执行,严格监督。

二、采购业务内部控制的目标

采购是存货管理的第一环节。它与生产计划和销售计划联系密切,直接导致货币资金的支出或对外负债的增加,而且采购业务发生频繁,工作量大,运行环节多,容易产生管理漏洞。对于生产企业来说,采购是生产的准备阶段,为了生产适销对路的盈利产品,必须采购生产适用、价格公道、质量合格的原材料。对于流通企业来说,要使企业获得尽可能多的销售收入,必须采购适销对路且价格公道的商品。

（1）采购要与生产、销售业务的要求保持一致。
（2）保持货款支付或负债增加的真实性与合理性。
（3）合理揭示企业应享有的购货折扣与折让。
（4）防止采购环节中违法乱纪、侵吞企业利益等不法行为的发生。
（5）保证采购业务在内、外部各环节的运行通畅和高效率。
（6）及时、准确提供采购的会计信息。

三、采购业务内部控制应遵循的原则

（一）相互牵制原则

一项完整的采购业务，如果是经过两个以上相互制约环节对其进行监督和核查，其发生错弊现象的可能性就会很小。就具体内控措施来说，相互牵制必须考虑横向控制和纵向控制两个方面的制约关系。从横向关系来讲，完成某个环节的工作需要有来自彼此独立的两个部门或人员协调运作、相互监督、相互制约、相互证明；从纵向关系来讲，完成某个工作需经过互不隶属的两个或两个以上的岗位和环节，以使下级受上级监督，上级受下级牵制。例如，在材料采购控制系统中，采购部门只有凭领导审批后的采购单或合同（纵向牵制）进行采购，而采购的材料必须经过验收（横向牵制）后，才能办理有关手续。因而只有经过横向关系和纵向关系的核查和制约，才使发生的错弊减少到最低限度，或者即使发生问题，也易尽早发现，及时纠正。

（二）成本效益原则

企业最关心的是经济效益，如果单纯从控制的角度来考虑，参与控制的人员和环节越多，控制措施越严密，控制的效果就越好，发生的错弊现象就越少，但因控制活动造成的控制成本就越高。因此，在设计采购业务内部控制时，一定要考虑控制投入成本和控制产出效益之比，要根据企业自身经营的实际情况，权衡实施成本与预期效益科学设立，力争以最小的控制成本取得最大的控制效果。

（三）岗位责任原则

采购业务内部控制的设立是与企业的管理模式紧密联系的，企业按照其推行的管理模式设立工作岗位，赋予其责、权、利，规定相应的操作规程和处理程序。在设置岗位时必须考虑到授权岗位和执行岗位的分离、执行岗位和审核岗位的分离、保管岗位和记账岗位的分离等，通过不相容职责的划分，各部门和人员之间相互审查、核对和制衡，避免一个人控制一项交易的各个环节，以防止员工的舞弊行为。

（四）协调配合原则

设计采购业务内部控制制度要有利于各部门之间、人员之间相互配合、协调同步、紧密衔接，避免只管相互牵制而不顾办事效率的做法，导致不必要的扯皮和脱节现象。为此，必须做到既相互牵制，又相互协调，保证经营管理活动连续、有效地进行。

四、采购业务内部控制存在的风险

（一）采购合同方面的风险

材料采购合同是以材料、设备等为标的的支出性经济合同。材料采购合同无论在数量上还是在金额上都占经济合同中的大部分比例，其签订是否合理合法、履行是否到位，在一定程度上会引起企业成本与资金的波动，从而影响企业的经济效益。目前公司材料采购合同在签订、履行、结算等方面存在着一定的漏洞，主要表现在以下几个方面：

（1）签订虚假经济合同，套取资金。材料采购合同主要是由企业的计划部门和物资等相关职能部门负责签订的。如果缺乏监管，有些企业内部的合同经办人员为了谋求私利可能会与合同的对方当事人相互串通，签订虚假的经济合同，套取企业资金，给企业带来不必要的损失。

（2）价格虚高，合同条款表述不清。很多企业在签订合同时缺乏必要的市场调研，对市场信息掌握不够，未按市场行情及时调整价格，未进行招标，对价款组成部分的包装费、运输费缺乏明确约定等。此外，合同条款内容未按规范进行表述，容易使合同双方在供货时间、标的物规格及费用的负担上引起不必要的纠纷。

（3）合同条款执行不严，未能有效追究违约责任。有些企业材料采购合同条款中违约责任的规定形同虚设，不能严格予以执行；有些企业由于计划、仓储与验收、生产部门脱节，合同履行不力，甚至出现对方单位没能完全履约或者在货未到全的情况下全额付款，给企业造成经济损失。

（4）合同行为不正当。卖方为了改变在市场竞争中的不利地位，往往采取一些不正当手段，如对采购人员行贿套取企业采购标底，给予虚假优惠，以某些好处为诱饵公开兜售假冒伪劣产品等，以此损害公司的经济利益。

（二）采购成本方面的风险

影响材料采购成本的风险因素具体包括以下几个方面：

（1）采购前期费用。一般来说，材料供应计划确定以后，供应部门就会着手开始采购活动。采购的前期工作包括市场调查、质量评审、信用评估、供需洽谈及派出人员现场调查等。这个方面如果控制得不好，就会出现信息失真、欺上瞒下、差旅费用过高等问题。

（2）采购价格。采购价格直接决定原材料的采购成本。一定量的产品最终所需的原材料数量是一定的，因此采购价格的高低会极大地影响产品制造成本。采购活动中经常出现的价格差，关键是由供应者与采购者的市场信息不对称所致，供应者凭借较为充分的相关信息，常常占据较大的优势。

（3）采购批量。企业生产宏观的连续性和微观的周期性，决定了企业持续而且成批量采购，采购次数越频繁，储备资金越低，资金周转率越高，但采购前期费用和采购价格就会越高。

（4）质量特性。不同产品所用的原材料质量等级不同，同一产品不同部位使用的原材料质量等级也不同，因此，应按其质量特性高低划分为不同等级进行分类管理并实施不同的控制。

五、采购业务的执行

（一）请购

（1）对原材料、零配件、商品和其他物资等所需物品，所需部门可根据预算、即将签发的生产通知单或市场供应等合理情况正确填写请购单，由本部门授权人审批。对于不符合规定的采购申请，审批人应当要求采购人员调整内容或拒绝批准。请购单一式四份，注明请购部门，请购物品名称、规格、数量、要求到货日期及用途等内容。经审批的请购单送交采购部门。对于重要物品的请购应当经过决策论证和特殊的审批程序。

（2）对于临时需要的物品，很难列入预算，通常由使用者根据实际需要直接提出，不经仓储部门签批。但使用者在请购单上一般要解释请购目的和用途，请购单须经使用部门主管审批，并经财务部门资金预算授权人签字后，交采购部门办理采购。

（3）对于紧急需求的特殊请购，制定特殊审批程序。

（二）采购

（1）控制订购数量。首先，应由采购人员审查每一份请购单是否在执行后又重复提出，请购数量、品种是否合理，是否在控制限额的范围内。其次，对大量采购的原材料、零配件、商品、物资等进行各种采购数量对成本影响的分析，分析的内容主要是将各种请购项目进行有效归类，然后，利用经济批量法测算成本及采购的批次和数量；对请购数量不大或零星未购物品，采购批量的成本分析控制可对照资金预算来执行。

（2）选定供货单位。采购部门在确定了采购数量之后，签订购销合同之前，必须遵循企业订货报价控制制度，选择最有利于企业生产和成本最低的供应商。根据与相应供应商确定的最优价格，对采购所需资金作出估算，并在请购单上签署采购意见后，由采购部门授权人审批，将签批后的请购单送资金预算部门，由资金预算部门主管人员审核请购是否符合经营目标，且在资金预算范围内，审批后签注意见，送交存货管理部门。

（3）适时发出订货单。为了生产经营的正常进行，避免存货资产的闲置，存货管理部门人员在接到请购单后，对存货应运用经济批量法和存货最低点法进行分析，决定什么时间请购最为合适，并在请购单上签注意见，由部门授权人审批。采购部门根据签批后的请购单，应及时与确定的供应商签订符合国家法规的附有编号的购销合同，在合同中要列出所购物品的品名、规格、数量、单价、交货日期、交货方式、折扣条件、售后服务等内容，作为供销双方共同遵守的契约。对采购合同必须按照采购权限规定，由各级授权人进行审核，审核同意后，才能加盖合同专用章。在订货单向供应商发出之前，还必须由专人核查，订货单是否授权审批，以及是否有经批准的请购单作为支持凭证，确保订货单的有效性。采购合同一般一式四份，一份交供货商请求发货，一份由采购部门专人保管，负责合同的执行，一份交会计部门以监督合同的执行，一份交仓库保管部门作为验收物品时与发票核对。对某些采购数量不多、不经常采购的物品，也可以不签订合同而直接购买，以简化手续，加快进货速度。

（三）验收

为了达到控制目的，验收入库的职能必须由独立于请购、采购和会计部门的人员来承担。收货部门的控制是根据购货单和合同规定的质量、规格、数量以及有关质量鉴定书等技术资料核查收到的货物。收货部门的收货人员在货运单上签字之前，应通过计数、过磅或测量等方法来证明货运单上所列的数量。收货部门还应在可能的范围内对物品的质量进行检验，对有技术要求的物品应将部分样品送交专家和实验室对其质量进行检验，出具验收单或检验报告单作为入库单的一项内容。发现问题应及时报告并按批准意见处理。对于已经检验的物品由保管人员将发票、购销合同、请购单进行认真核对，同时验收实物的数量和质量，核对无误后填写按顺序编号的入库单。入库单一式三联，注明供应商名称、收货日期、物品名称、数量、质量以及运货人名称等内容。保管员在入库单签字后，一联留存，登记仓库台账；一联随有关凭证送交会计部门，办理结算；一联退回采购部门，与购销合同、请购单核对后归纳备案。

（四）审核

对购货业务的各种凭证进行严格的审核，是保证业务的合法性、合理性，内部控制制度的严密性的重要手段。会计部门在正式记录采购业务、支付货款之前，应对各有关部门送来的各种原始凭证，包括发票、运费收据、代扣代收税款、入库单以及购销合同、请购单等进行认真审查、核对。不仅审查每一凭证的购货数量、金额计算的正确性，还要检查各种凭证之间是否内容一致、时间统一、责任明确、手续清楚等，如果发现问题，应及时查明原因，分清责任，合理解决。

（五）交付购货款

一般由会计部门根据审核后的发票、运费单、代扣代收税款凭据、质检部门出具的验收单、仓库开具的入库单以及其他有关凭证与合同规定的付款条件和发货情况进行核对，核对无误后经企业授权人审批后向供应商办理结算，并作相应的采购与付款的账务处理。对于以现金支付的交易，为了进一步强化内部控制，还应当根据付款凭证而不是原始凭证支付现金的方式，即会计部门在接到发票等原始凭证后，先由部门授权人审核批准，再由会计人员据其编制付款凭证，注明会计科目，款项用途及金额等，交给出纳员由其根据付款凭证列出的金额支付现金，并登记现金日记账，然后将付款凭证退交会计部门，以便登记总账和明细账。这样，出纳人员应付出多少现金，会计部门已经记录在案，更有利于形成控制关系。对于企业采用赊账方式购买物品时，必然形成债务，由此而引发债务结算业务也必须对此加强控制，具体要求是：①应付账款的入账必须在取得审核、企业授权人审批后的发货票以及验收入库单、请购单、借款通知等凭证后方可入账，对于享有现金折扣的交易，要用供应商发票金额扣去折扣金额的净额来入账，对于有预付货款的交易，在收到供应商发票后应将预付金额冲抵部分金额来入账；②尽可能设置专人专职登记应付账款明细账，充分发挥账簿控制的作用；③由稽核人员定期与供货商（债权人）核对账目，如果对账中发现问题，应及时查明原因，分清责任，按有关规定予以处理，确保双方的账目相符；④按双方事先约定的条件，及时清理债务，支付欠款后，应取得债权人的收款证明，并以此编制记账凭证，登记账簿；⑤强化总分类账对应付账款明细账的控制。保证账账相符。如果不符，应查明原因及时处理。

（六）退货控制

有关部门在接到实物入库后，如果发现货物的数量和质量不符合订货单要求，应及时与供货单位联系。对于数量上的短缺，一般要求供货单位补足；对于质量问题，按规定选择是退货还是折让。如果选择退货，采购部门应编制退货通知单，通知供货单位将货物退回，同时将退货凭单，经主管人员审查后，通知会计部门，用于调整应付账款。如果要求供货单位折让，采购部门应在折让金额确定后（通过质检化验），或者验收时编制正确金额验收单进行结算，或者验收后编制折让凭单，通知会计部门调整应付账款。

六、采购及付款业务的风险应对

（一）采购合同风险的对策

针对采购合同中存在的问题，企业可以采取下列措施加以应对：

（1）对采购合同进行全方位内部审计。在采购合同审计中，企业应运用签约审计、结算审计与消耗审计相结合的审计策略应对合同风险。签约审计重点主要针对材料采购合同中盲目采购、虚假采购和扩大消耗、虚增成本等问题。为防止不合理的采购造成库存积压和损失浪费现象，按照先平库、后采购的原则，审查采购计划的真实性、合理性，提高资金使用效率；贯彻订货选厂、产品选型、质量选优、价格选廉、运距选近、供货选快、服务选佳的宗旨，做好合同条款和价格的审计。结算审计是材料采购合同价款支付之前的最后一关，针对经常容易出现的高于合同约定结算、不按合同条款履行、结算手续不完善、结算多付款等问题，应该以合同约定为依据，做到物资验收单、运货单、发货票与合同书约定相符，入库产品的品种、规格、质量、价格与合同约定相符。消耗审计作为一种跟踪审计手段，主要目的是监督真实消耗，通过核实计划用量与实际用量之间的差异，防止实物短缺、物资散失及变卖行为，并提出相关的管理建议。

（2）审查采购合同价格。为确保采购合同价格审定的科学、合理与公平，企业可以根据实际情况,采取以下价格审查方法。一是价格咨询法,对价格变动频繁且市场用量较大的通用材料,以及价格相对公开的产品,利用上网咨询、电话咨询等方式,掌握当期价格的升降幅度和变动因素,从而提供合理的市场参考价格。二是中标价格法,按照《招投标法》的规定,对大宗物资、大宗材料的采购,采取货比三家的招标采购方式,落实中标价格和中标品种。三是最高限价法,对政府定价的产品和价格相对稳定且价值较低的物资,根据历史资料,直接实行最高限价。四是价格库应用法,在建立管理信息系统的企业,凡是已经签约过的价格全部存放在价格数据库中,随时调阅、修正,实行自动比价。五是成本测算法,对新产品和特殊加工制作产品实施成本测算,依据产品的科技含量和技术标准,测算人工、材料、机械费用,科学确定产品价格。

（二）采购成本风险的对策

控制采购成本应该从两个层面着手——从技术层面提高业务的执行能力和从系统建设方面创建采购的环境,即COSO报告中所说的控制环境和控制活动,并不断从这两个层面持续地改进。

（1）充分进行采购市场的调查和信息收集。一个企业的采购管理要达到一定水平,应充分注意对采购市场的调查和信息的收集、整理,只有这样,才能充分了解市场的状况和价格走势,使自己处于有利地位。有条件的企业可设专人从事这方面的工作,定期形成调研报告。

（2）建立严格的采购制度。建立严格、完善的采购制度,不仅能规范企业的采购活动,提高效率,杜绝部门之间的扯皮现象,还能预防采购人员的不良行为。采购制度应规定物料采购的申请、授权人的批准权限、物料采购的流程、相关部门（特别是财务部门）的责任和关系、各种材料采购的规定和方式、报价和价格审批等。比如,可以在采购制度中规定采购的物品要向供应商询价、列表比较、议价,然后选择供应商,并把所选的供应商及其报价填在请购单上;还可规定超过一定金额的采购须附上三个以上的书面报价等,以供财务部门或内部审计部门稽核。

（3）建立供应商档案和准入制度。对企业的正式供应商要建立档案。供应商档案除有编号、详细联系方式和地址外,还应有付款条款、交货条款、交货期限、品质评级、银行账号等,每一个供应商档案都应经严格的审核才能归档。企业的采购必须在已归档的供应商中进行,供应商档案应定期或不定期地更新,并有专人管理。同时,要建立供应商准入制度。重点材料的供应商必须经质检、物料、财务等部门联合考核后才能进入,如有可能要到供应商生产地实地考核。企业要制定严格的考核程序和指标,要对考核的问题逐一评分,只有达到或超过评分标准者才能成为归档供应商。

(4)建立价格档案和价格评价体系。企业采购部门要对所有采购材料建立价格档案,对每一批采购物品的报价,应首先与归档的材料价格进行比较,分析价格差异的原因。如无特殊原因,原则上采购的价格不能超过档案中的价格水平,否则要作出详细的说明。对于重点材料的价格,要建立价格评价体系,由公司有关部门组成价格评价组,定期收集有关的供应价格信息,以此分析、评价现有的价格水平,并对归档的价格档案进行评价和更新。这种评议情况可一季度或半年进行一次。

(5)选择有利的付款条件。如果企业资金充裕,或者银行利率较低,可采用现金交易或货到付款的方式,这样往往能带来较大的价格折扣。此外,对于进口材料、外汇币种的选择和汇率走势也要格外注意。

(6)把握价格变动的时机。材料价格会经常随着季节、市场供求情况而变动,因此,采购人员应注意价格变动的规律,把握采购时机。如企业所用的主要原材料价格不断上升,采购部门能把握好时机和采购数量,就会给企业带来很大的经济效益。

(7)以竞争招标的方式牵制供应商。对于大宗物料采购,一个有效的方法是实行竞争招标。此举往往能通过供应商的相互比价,最终得到底线的价格。此外,对同一种材料,应多找几个供应商,通过对不同供应商的选择和比较使其互相牵制,从而使公司在谈判中处于有利的地位。

(8)向制造商直接采购或结成同盟联合订购。向制造商直接订购,可以减少中间环节,降低采购成本,同时制造商的技术服务、售后服务会更好。另外,有条件的几个同类厂家可结成同盟联合订购,以克服单个厂家订购数量小而得不到更多优惠条件的矛盾。

七、采购业务的内部控制应注意的问题

(1)关于材料采购控制点的设立。一般认为,材料采购一般分5个控制点进行控制,即申请、计划、合同、验收、入库。但在市场经济条件下,由于各种经济成分同时并存和价格机制调节作用日益加强,因此采购业务应引入市场调研和招投标这一控制点。这样可以通过对供应商的信用和规模、产品质量和价格等方面的比较买到物美价廉的材料、设备,也可杜绝不正之

风。引入这一控制点,企业可先将采购的数量、规格、质量要求、采购原则通过信函、电话、网络等方式告诉供应商;供应商会发函或派人将有关产品说明书、产品质量检验证明、价格表等送给企业;企业再从中筛选出规模大、历史悠久及产品质量好、价格低的供应商进行考察;然后企业将收集的信息汇总,拟订招投标,并最终选定供应商。企业对于原材料的采购可每年进行一次招投标,以增强现有供应商的竞争意识。这就是许多企业推崇的"扬出去、收回来、走出去、定下来"的采购方法。

(2)关于采购的内部控制。对许多国有企业来说,按照业务职能进行各主管领导的分工是一种十分常见的模式。比如:生产物资的采购、仓储、质检、生产由生产经理负责;包装物的采购、仓储、质检、运输、营销由销售经理负责;财务经理和人事经理则不管销售、生产方面的事。这种模式虽然有利于企业进行生产、销售等方面的协调,但从内部控制方面来看却有很大的缺陷。笔者认为,对采购的内部控制还应该明确采购的不同环节应由不同部门执行,这些部门向各自的分管经理负责,以形成不同部门和分管经理之间的相互制约。

(3)企业在设计采购内部控制时,应将材料的采购、仓储、质检职能授予不同的部门,并将采购环节中的一些控制职能如价格审议交由另一部门。这样既可以完善内部控制,也可以达到优化业务流程、减员增效的目的。笔者认为,在设计内部控制的过程中不应将内部控制设计孤立起来,而应和企业管理的其他方面的改革结合起来。

第三节 企业内部控制应用指引
——采购业务的案例

【案例 12-1】

Ford 汽车公司采购应付账款部门的业务流程再造[①]

一、案例背景

著名的 Ford 汽车公司是美国三大汽车巨头之一。20 世纪 80 年代初,日

---

① 陈智高.管理信息系统[M].北京:化学工业出版社,2007.

本工业的发展延伸到美国，Ford等美国大企业面临着越来越强劲的日本竞争对手的挑战，开始企图通过削减管理费用和行政开支来应对。Ford公司设在北美的采购应付账款部门当时有500多名员工，过多的员工反而使得工作效率低下。为此，公司决定应用信息技术进行改革，裁员20%，以提高效率。当他们在同行Mazda公司参观时惊讶地发现他们的应付账款部门仅有5名员工。考虑公司规模因素，Ford公司应付账款部门的员工仍是Mazda的6倍。Ford公司由此决定学习Mazda公司，重新设计应付账款部门的业务流程，对原流程进行彻底的重组（BPR）。

Ford公司应付账款部门原来的业务流程如图12-1所示。从中可以看出从采购部门向供应商发出订单到最后的付款有许多环节，尤其是"订单""验收单"和"发票"三者一致时才能付款的条件引出了大量的单证核对，这不仅耗费了财务和仓库的大量人力、时间和资金，还经常发生差错和延误付款的事件。

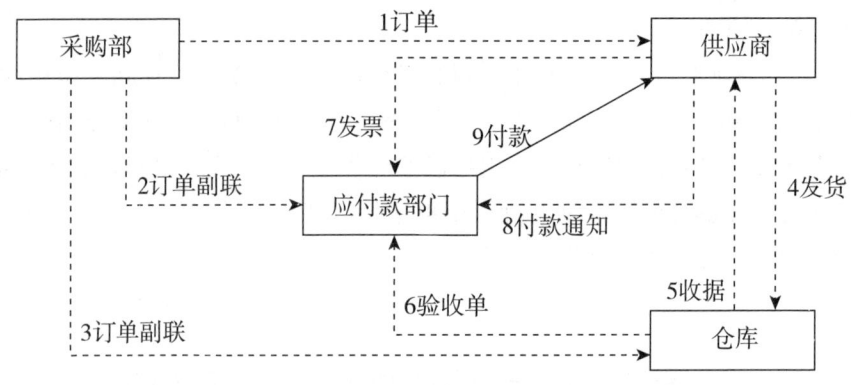

图12-1　改造前的采购付款业务流程

依照企业业务流程再造的思想和方法，Ford公司决定通过原有业务流程的分析、新业务流程的设计、支持业务流程再造的应付款管理信息系统的设计以及新业务流程的实施等几个步骤来完成应付账款部门的业务流程再造，以实现减少员工数和提高正确率的目的。

二、应付账款部门的业务流程的分析

Ford公司应付账款部门原有业务流程的处理共有9个环节，经过分析发现这些环节主要在两个方面耗去大量的人力。一是一式多份的单证的制作和传递；二是"订单""验收单"和"发票"等三者的核对。同时得出以下流程再造意见：

（1）建立采购、采购付款和库存管理等部门的数据共享的采购业务管理系统。

（2）取消付款中必须要有"发票"的条件，取消"发票"与"订单"和"验收单"三者的核对业务。

（3）采购部门的采购单不再向付款部门和库存管理部门传送采购订单，而是直接将订单送入共享的数据库。

（4）库存管理部门在收到采购物品并根据数据库中的订单核对后，只需发出确认信息。

（5）采购付款部门则在数据库中订单与到货信息一致后即向供应商付款。

由此 Ford 公司确定了采购付款部门的业务流程再造方案，结合应付款管理信息系统的构建予以正式实施。

三、应付账款部门的新业务流程

Ford 公司采购付款部门的新业务流程建立在计算机网络信息系统的基础上，新业务流程通过采购付款业务管理系统的支持得以高效运行，如图12-2 所示。

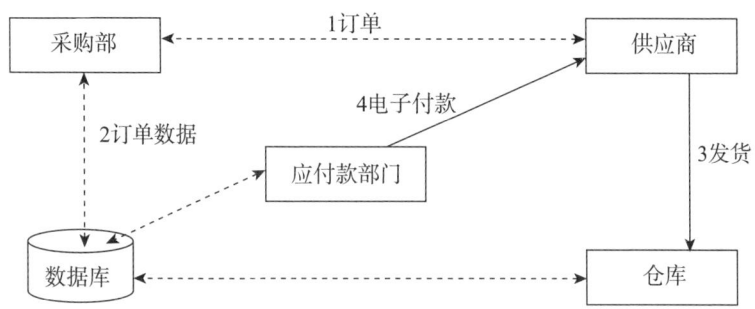

图 12-2　改造后的采购付款业务流程

新的业务流程是一个无发票处理的流程，采购部向供应商发出订单的同时向数据库写入订单数据，仓库与数据库中的订单核对，正确就收货，然后无须供应商的发票，计算机就在线自动以电子方式或打印支票向供应商付款。这样的流程使 Ford 公司应付账款部门减少了 75% 的人员，并提高了正确率。

第十三章

资产管理的内部控制

第一节 企业内部控制应用指引
——资产管理的基本内容

第一章 总 则

第一条 为了提高资产使用效能,保证资产安全,根据有关法律法规和《企业内部控制基本规范》,制定本指引。

第二条 本指引所称资产,是指企业拥有或控制的存货、固定资产和无形资产。

第三条 企业资产管理至少应当关注下列风险:

(一)存货积压或短缺,可能导致流动资金占用过量、存货价值贬损或生产中断。

(二)固定资产更新改造不够、使用效能低下、维护不当、产能过剩,可能导致企业缺乏竞争力、资产价值贬损、安全事故频发或资源浪费。

(三)无形资产缺乏核心技术、权属不清、技术落后、存在重大技术安全隐患,可能导致企业法律纠纷、缺乏可持续发展能力。

第四条 企业应当加强各项资产管理,全面梳理资产管理流程,及时发现资产管理中的薄弱环节,切实采取有效措施加以改进,并关注资产减值迹象，合理确认资产减值损失，不断提高企业资产管理水平。

企业应当重视和加强各项资产的投保工作，采用招标等方式确定保险人，降低资产损失风险，防范资产投保舞弊。

第二章 存 货

第五条 企业应当采用先进的存货管理技术和方法，规范存货管理流程，明确存货取得、验收入库、原料加工、仓储保管、领用发出、盘点处置等环节的管理要求，充分利用信息系统，强化会计、出入库等相关记录，确保存货管理全过程的风险得到有效控制。

第六条 企业应当建立存货管理岗位责任制，明确内部相关部门和岗位的职责权限，切实做到不相容岗位相互分离、制约和监督。

企业内部除存货管理、监督部门及仓储人员外，其他部门和人员接触存货，应当经过相关部门特别授权。

第七条 企业应当重视存货验收工作，规范存货验收程序和方法，对入库存货的数量、质量、技术规格等方面进行查验，验收无误方可入库。

外购存货的验收，应当重点关注合同、发票等原始单据与存货的数量、质量、规格等核对一致。涉及技术含量较高的货物，必要时可委托具有检验资质的机构或聘请外部专家协助验收。

自制存货的验收，应当重点关注产品质量，通过检验合格的半成品、产成品才能办理入库手续，不合格品应及时查明原因、落实责任、报告处理。

其他方式取得存货的验收，应当重点关注存货来源、质量状况、实际价值是否符合有关合同或协议的约定。

第八条 企业应当建立存货保管制度，定期对存货进行检查，重点关注下列事项：

（一）存货在不同仓库之间流动时应当办理出入库手续。

（二）应当按仓储物资所要求的储存条件储存，并健全防火、防洪、防盗、防潮、防病虫害和防变质等管理规范。

（三）加强生产现场的材料、周转材料、半成品等物资的管理，防止浪费、被盗和流失。

（四）对代管、代销、暂存、受托加工的存货，应单独存放和记录，避免与本单位存货混淆。

（五）结合企业实际情况，加强存货的保险投保，保证存货安全，合理降低存货意外损失风险。

第九条 企业应当明确存货发出和领用的审批权限，大批存货、贵重商品或危险品的发出应当实行特别授权。仓储部门应当根据经审批的销售（出库）通知单发出货物。

第十条 企业仓储部门应当详细记录存货入库、出库及库存情况，做到存货记录与实际库存相符，并定期与财会部门、存货管理部门进行核对。

第十一条 企业应当根据各种存货采购间隔期和当前库存，综合考虑企业生产经营计划、市场供求等因素，充分利用信息系统，合理确定存货采购日期和数量，确保存货处于最佳库存状态。

第十二条 企业应当建立存货盘点清查制度，结合本企业实际情况确定盘点周期、盘点流程等相关内容，核查存货数量，及时发现存货减值迹象。企业至少应当于每年年度终了开展全面盘点清查，盘点清查结果应当形成书面报告。

盘点清查中发现的存货盘盈、盘亏、毁损、闲置以及需要报废的存货，应当查明原因、落实并追究责任，按照规定权限批准后处置。

第三章　固　定　资　产

第十三条 企业应当加强房屋建筑物、机器设备等各类固定资产的管理，重视固定资产维护和更新改造，不断提升固定资产的使用效能，积极促进固定资产处于良好运行状态。

第十四条 企业应当制定固定资产目录，对每项固定资产进行编号，按照单项资产建立固定资产卡片，详细记录各项固定资产的来源、验收、使用地点、责任单位和责任人、运转、维修、改造、折旧、盘点等相关内容。

企业应当严格执行固定资产日常维修和大修理计划，定期对固定资产进行维护保养，切实消除安全隐患。

企业应当强化对生产线等关键设备运转的监控，严格操作流程，实行岗前培训和岗位许可制度，确保设备安全运转。

第十五条 企业应当根据发展战略，充分利用国家有关自主创新政策，加大技改投入，不断促进固定资产技术升级，淘汰落后设备，切实做到保持本企业固定资产技术的先进性和企业发展的可持续性。

第十六条 企业应当严格执行固定资产投保政策，对应投保的固定资产项目按规定程序进行审批,及时办理投保手续。

第十七条 企业应当规范固定资产抵押管理,确定固定资产抵押程序和审批权限等。

企业将固定资产用作抵押的,应由相关部门提出申请,经企业授权部门或人员批准后,由资产管理部门办理抵押手续。

企业应当加强对接收的抵押资产的管理,编制专门的资产目录,合理评估抵押资产的价值。

第十八条 企业应当建立固定资产清查制度,至少每年进行全面清查。对固定资产清查中发现的问题,应当查明原因,追究责任,妥善处理。

企业应当加强固定资产处置的控制,关注固定资产处置中的关联交易和处置定价,防范资产流失。

第四章 无形资产

第十九条 企业应当加强对品牌、商标、专利、专有技术、土地使用权等无形资产的管理,分类制定无形资产管理办法,落实无形资产管理责任制,促进无形资产有效利用,充分发挥无形资产对提升企业核心竞争力的作用。

第二十条 企业应当全面梳理外购、自行开发以及其他方式取得的各类无形资产的权属关系,加强无形资产权益保护,防范侵权行为和法律风险。无形资产具有保密性质的,企业应当采取严格保密措施,严防泄露商业秘密。

企业购入或者以支付土地出让金等方式取得的土地使用权,应当取得土地使用权有效证明文件。

第二十一条 企业应当定期对专利、专有技术等无形资产的先进性进行评估,淘汰落后技术,加大研发投入,促进技术更新换代,不断提升自主创新能力,努力做到核心技术处于同行业领先水平。

第二十二条 企业应当重视品牌建设,加强商誉管理,通过提供高质量产品和优质服务等多种方式,不断打造和培育主业品牌,切实维护和提升企业品牌的社会认可度。

第二节 企业内部控制应用指引
——资产管理解读

📖 一、资产管理概述

（一）资产范围的界定

本指引所指的资产是指企业拥有或控制的存货、固定资产和无形资产。

存货是指企业在日常活动中持有以备出售的产成品或商品、处在生产过程中的在产品、在生产过程或提供劳务过程中耗用的材料和物料，主要包括各类原材料、在产品、半成品、产成品、商品、周转材料等，企业代销、代管存货、委托加工、代修存货也包含在内。为了保证生产经营活动连续不断地正常进行，必须不断地购入、耗用、销售存货，存货总是处在不断流转过程之中，具有较强流动性，是企业流动资产重要组成部分之一，是企业生产循环中最重要的一环。

固定资产在企业资产总额中一般占有较大的比例，确保企业资产安全、完整，意义重大。固定资产管理是一项复杂的组织工作，涉及基建部门、财务部门、后勤部门等，必须由这些部门共同联手参与管理。同时，固定资产管理是一项较强的技术性工作，固定资产管理应配备有工作责任心，工作能力强，懂业务、会计算机操作，会讲肯干的专职人员。固定资产管理一旦失控，其所造成的损失将远远超过一般的商品存货等流动资产。

无形资产是指企业为生产商品、提供劳务、出租给他人或为管理目的而持有的、没有实物形态的非货币性长期资产，包括专利权、非专利技术、商标权、著作权、土地使用权等。现代企业无形资产概念的轮廓，就其本质属性而言，也是具有商品使用价值的属性，它与有形资产一起构成了企业资产的总体，是企业生产经营活动中重要的经济资源。

（二）企业资产管理应当重点关注的风险

（1）存货积压或短缺，可能导致流动资金占用过量、存货价值贬损或生产中断。

（2）固定资产更新改造不够、使用效能低下、维护不当、产能过剩，可能导致企业缺乏竞争力、资产价值贬损、安全事故频发或资源浪费。

（3）无形资产缺乏核心技术、权属不清、技术落后、存在重大技术安全隐患，可能导致企业法律纠纷、缺乏可持续发展能力。

二、存货管理

（一）存货管理应重点关注的风险

（1）存货业务违反国家法律法规，可能遭受外部处罚、经济损失和信誉损失。

（2）存货业务未经适当审批或超越授权审批，可能因重大差错、舞弊、欺诈而导致资产损失。

（3）请购依据不充分，采购批量、采购时点不合理，相关审批程序不规范、不正确，可能导致企业资产损失、资源浪费或发生舞弊。

（4）验收程序不规范，可能导致资产账实不符和资产损失。

（5）存货保管不善，可能导致存货损坏、变质、浪费、被盗和流失等。

（6）存货盘点工作不规范，可能由于未能及时查清资产状况并作出处理而导致财务信息不准确，资产和利润虚增。

（二）岗位分工与授权批准

企业应当建立存货业务的岗位责任制，明确内部相关部门和岗位的职责、权限，确保办理存货业务的不相容岗位相互分离、制约和监督。存货业务的不相容岗位至少包括：

（1）存货的请购、审批与执行。

（2）存货的采购、验收与付款。

（3）存货的保管与相关记录。

（4）存货发出的申请、审批与记录。

（5）存货处置的申请、审批与记录。

企业应当配备合格的人员办理存货业务。办理存货业务的人员应当具备良好的业务知识和职业道德，遵纪守法，客观公正。企业要定期对员工进行相关的政策、法律及业务培训，不断提高他们的业务素质和职业道德水平。

企业应当对存货业务建立严格的授权批准制度，明确审批人对存货业务的授权批准方式、权限、程序、责任和相关控制措施，规定经办人办理存货业务的职责范围和工作要求。

审批人应当根据存货授权批准制度的规定，在授权范围内进行审批，不得超越审批权限。经办人应当在职责范围内，按照审批人的批准意见办理存货业务。

企业内部除存货管理部门及仓储人员外，其余部门和人员接触存货时，应由相关部门特别授权。对于属于贵重物品、危险物品或需保密物品的存货，应当规定更严格的接触限制条件，必要时，存货管理部门内部也应当执行授权接触。

企业可以根据业务特点及成本效益原则选用计算机系统和网络技术实现对存货的管理和控制，但应注意计算机系统的有效性、可靠性和安全性，并制定防范意外事项的有效措施。

（三）请购与采购控制

企业应当建立存货采购申请管理制度，明确请购相关部门或人员的职责权限及相应的请购程序。

企业自行生产的产成品应当按照成本费用有关规定，合理计算产品成本。

企业应当根据仓储计划、资金筹措计划、生产计划、销售计划等制订采购计划，对存货的采购实行预算管理，合理确定材料、在产品、产成品等存货的比例。

企业应当指定专人逐日根据各种材料的采购间隔期和当日材料的库存量，分析确定应采购的日期和数量，或者通过计算机管理系统重新预测材料需要量以及重新计算安全存货水平和经济采购批量，据此进行再订购，尽可能降低库存或实现零库存。

企业确定采购时点、采购批量时，应当考虑企业需求、市场状况、行业特征、实际情况等因素。

企业应当对采购环节建立完善的管理制度，确保采购过程的透明化。企业应根据预算或采购计划办理采购手续，预算外或计划外采购需经严格审批。

企业应当根据预算有关规定，结合本系统的业务特点编制存货年度、季度和月份的采购、生产、存储、销售预算，并按照预算对实际执行情况予以考核。

存货采购和审批程序应当符合《企业内部控制应用指引第 7 号——采购

业务》的有关规定执行。

（四）验收与保管控制

企业应当对入库存货的质量、数量、技术规格等方面进行检查与验收，保证存货符合采购要求。

外购存货入库前一般应经过下列验收程序：

（1）检查订货合同协议、入库通知单、供货企业提供的材质证明、合格证、运单、提货通知单等原始单据与待检验货物之间是否相符。

（2）对拟入库存货的交货期进行检验，确定外购货物的实际交货期与订购单中的交货期是否一致。

（3）对待验货物进行数量复核和质量检验，必要时可聘请外部专家协助进行。

（4）对验收后数量相符、质量合格的货物办理相关入库手续，对经验收不符合要求的货物，应及时办理退货、换货或索赔。

（5）对不经仓储直接投入生产或使用的存货，应当采取适当的方法进行检验。

拟入库的自制存货，生产部门应组织专人对其进行检验，只有检验合格的产成品才可以作为存货办理入库手续。由生产车间发出至客户、实物不入库的产成品，以及采购后实物不入库而直接发至使用现场的外购存货，应当采取适当方法办理出、入库手续。

企业应当建立存货保管制度，仓储部门应当定期对存货进行检查，加强存货的日常保管工作。因业务需要分设仓库的情形，应当对不同仓库之间的存货流动办理出入库手续；应当按仓储物资所要求的储存条件储存，并建立和健全防火、防潮、防鼠、防盗和防变质等措施；贵重物品、生产用关键备件、精密仪器和危险品的仓储，应当实行严格审批制度；企业应当重视生产现场的材料、低值易耗品、半成品等物资的管理控制，防止浪费、被盗和流失。

存货管理部门对入库的存货应当建立存货明细账，详细登记存货类别、编号、名称、规格型号、数量、计量单位等内容，并定期与财会部门就存货品种、数量、金额等进行核对。入库记录不得随意修改。如确需修改入库记录，应当经有效授权批准。

对于已售商品退货的入库，仓储部门应根据销售部门填写的产品退货凭证办理入库手续，经批准后，对拟入库的商品进行验收。因产品质量问题发生的退货，应分清责任，妥善处理。对于劣质产品，可以选择修复、报废等措施。

企业应当根据自身的生产经营特点制订仓储的总体计划，并考虑工厂布局、工艺流程、设备摆放等因素，相应制定人员分工、实物流动、信息传递等具体管理制度。

存货的存放和管理应指定专人负责并进行分类编目，严格限制其他无关人员接触存货，入库存货应及时记入收发存登记簿或存货卡片，并详细标明存放地点。

存货采购应当按照国家统一的会计准则制度的规定进行初始计量，正确核算存货采购成本。

（五）领用与发出控制

企业应当建立严格的存货领用流程和制度。企业生产部门、基建部门领用材料，应当持有生产管理部门及其他相关部门核准的领料单。超出存货领料限额的，应当经过特别授权。

企业应当建立严格的存货发出流程和制度。存货的发出需要经过相关部门批准，大批商品、贵重商品或危险品的发出应当得到特别授权。仓库应当根据经审批的销售通知单发出货物，并定期将发货记录同销售部门和财会部门核对。存货发出的责任人应当及时核对有关票据凭证，确保其与存货品名、规格、型号、数量、价格一致。

企业财会部门应当针对存货种类繁多、存放地点复杂、出入库发生频率高等特点，加强与仓储部门经常性账实核对工作，避免出现已入库存货不入账或已发出存货不销账之情形。

（六）盘点与处置控制

企业应当制定并选择适当的存货盘点制度，明确盘点范围、方法、人员、频率、时间等。

企业应当制订详细的盘点计划，合理安排人员、有序摆放存货、保持盘点记录的完整，及时处理盘盈、盘亏存货。对于特殊存货，可以聘请专家采用特定方法进行盘点。

存货盘点应当及时编制盘点表，盘盈、盘亏情况要分析原因，提出处理意见，经相关部门批准后，在期末结账前处理完毕。

仓储部门应通过盘点、清查、检查等方式全面掌握存货的状况，及时发现存货的残、次、冷、背等情况。仓储部门对残、次、冷、背存货的处置，应当选择有效的处理方式，并经相关部门审批后作出相应的处置。

存货的会计处理，应当符合国家统一的会计准则制度的规定。企业应当根据存货的特点和企业内部存货流转的管理方式，确定存货计价方法，防止通过人为调节存货计价方法操纵当期损益。计价方法一经确定，未经批准，不得随意变更。

仓储部门与财会部门应结合盘点结果对存货进行库龄分析，确定是否需要计提存货跌价准备。存货跌价准备经相关部门审批后，方可进行会计处理，并附有关书面记录材料。

三、固定资产管理

（一）固定资产管理应重点关注的风险

（1）固定资产业务违反国家法律法规，可能遭受外部处罚、经济损失和信誉损失。

（2）固定资产业务未经适当审批或超越授权审批，可能因重大差错、舞弊、欺诈而导致资产损失。

（3）固定资产购买、建造决策失误，可能造成企业资产损失或资源浪费。

（4）固定资产使用、维护不当和管理不善，可能造成企业资产使用效率低下或资产损失。

（5）固定资产处置不当，可能造成企业资产损失。

（6）固定资产会计处理和相关信息不合法、真实、完整，可能导致企业资产账实不符或资产损失。

（二）职责分工与授权批准

企业应当建立固定资产业务的岗位责任制，明确相关部门和岗位的职责、权限，确保办理固定资产业务的不相容岗位相互分离、制约和监督。同一部门或个人不得办理固定资产业务的全过程。固定资产业务不相容岗位至少包括：

（1）固定资产投资预算的编制与审批。

（2）固定资产投资预算的审批与执行。

（3）固定资产采购、验收与款项支付。

（4）固定资产投保的申请与审批。

（5）固定资产处置的审批与执行。

（6）固定资产取得与处置业务的执行与相关会计记录。

企业应当配备合格的人员办理固定资产业务。办理固定资产业务的人员应当具备良好的业务素质和职业道德。

企业应当对固定资产业务建立严格的授权批准制度，明确授权批准的方式、权限、程序、责任和相关控制措施，规定经办人的职责范围和工作要求。严禁未经授权的机构或人员办理固定资产业务。

审批人应当根据固定资产业务授权批准制度的规定，在授权范围内进行审批，不得超越审批权限。

经办人在职责范围内，按照审批人的批准意见办理固定资产业务。对审批人超越授权范围审批的固定资产业务，经办人员有权拒绝办理，并及时向上级部门报告。

企业应当制定固定资产业务控制流程，明确固定资产投资预算编制、取得与验收、使用与维护、处置等环节的控制要求，并设置相应的记录或凭证，如实记载各环节业务开展情况，及时传递相关信息，确保固定资产业务全过程得到有效控制。

（三）取得与验收控制

企业应当建立固定资产预算管理制度。企业应当根据固定资产的使用情况、生产经营发展目标等因素拟定固定资产投资项目，对项目可行性进行研究、分析，编制固定资产投资预算，并按规定程序审批，确保固定资产投资决策科学合理。对于重大的固定资产投资项目，应当考虑聘请独立的中介机构或专业人士进行可行性研究与评价，并由企业实行集体决策和审批，防止出现决策失误而造成严重损失。

企业应当严格执行固定资产投资预算。对于预算内固定资产投资项目，有关部门应严格按照预算执行进度办理相关手续；对于超预算或预算外固定资产投资项目，应由固定资产相关责任部门提出申请，经审批后再办理相关手续。

企业对于外购的固定资产应当建立请购与审批制度，明确请购部门（或人员）和审批部门（或人员）的职责权限及相应的请购与审批程序。固定资产采购过程应当规范、透明。对于一般固定资产的采购，应由采购部门充分了解和掌握供应商情况，采取比质比价的办法确定供应商；对于重大的固定资产采购，应采取招标方式进行。

企业应当按照国家统一的会计准则制度的规定，区分融资租赁和经营租赁，并根据风险、报酬转移情况，明确固定资产租赁业务的审批和控制程序。

企业应当建立严格的固定资产交付使用验收制度，确保固定资产数量、质量等符合使用要求。固定资产交付使用的验收工作由固定资产管理部门、使用部门及相关部门共同实施。

企业外购固定资产，应当根据合同协议、供应商发货单等对所购固定资产的品种、规格、数量、质量、技术要求及其他内容进行验收，出具验收单或验收报告。验收合格后方可投入使用。

企业自行建造的固定资产，应由制造部门、固定资产管理部门、使用部门共同填制固定资产移交使用验收单，验收合格后移交使用部门投入使用。

企业对投资者投入、接受捐赠、债务重组、企业合并、非货币性资产交换、其他企业无偿划拨转入以及其他方式取得的固定资产均应办理相应的验收手续。

企业对经营租赁、借用、代管的固定资产应设立登记簿记录备查，避免与本企业财产混淆，并应及时归还。

企业对验收合格的固定资产应及时办理入库、编号、建卡、调配等手续。

企业财会部门应当按照国家统一的会计准则制度的规定，及时确认固定资产的购买或建造成本。对需要办理产权登记手续的固定资产，企业应及时到相关部门办理。

（四）使用与维护控制

企业应加强固定资产的日常管理工作，授权具体部门或人员负责固定资产的日常使用与维修管理，保证固定资产的安全与完整。企业应当定期或不定期检查固定资产明细及标签，确保具备足够详细的信息，以便固定资产的有效识别与盘点。

固定资产移动应当得到授权。

企业应根据国家及行业有关要求和自身经营管理的需要，确定固定资产分类标准和管理要求，并制定和实施固定资产目录制度。

企业应依据国家有关规定，结合企业实际，确定计提折旧的固定资产范围、折旧方法、折旧年限、净残值率等折旧政策。折旧政策一经确定，不得随意变更。确需变更的，应当按照规定程序审批。

企业应当建立固定资产的维修、保养制度，保证固定资产的正常运行，提高固定资产的使用效率。固定资产使用部门负责固定资产日常维修、保养，定期检查，及时消除风险。

固定资产大修理应由固定资产使用部门提出申请，按规定程序报批后安排修理。

固定资产技术改造应组织相关部门进行可行性论证，审批通过后予以实施。

企业应当根据固定资产的性质和特点，确定固定资产投保范围和政策。投保范围和政策应足以应对固定资产因各种原因发生损失的风险。

企业应当严格执行固定资产投保范围和政策，对应投保的固定资产项目按规定程序进行审批，办理投保手续。对重大固定资产项目的投保，应当考虑采取招标方式确定保险公司。已投保的固定资产发生损失的，应当及时办理相关的索赔手续。

企业应当定期对固定资产进行盘点。盘点前，固定资产管理部门、使用部门和财会部门应当进行固定资产账簿记录的核对，保证账账相符。企业应组成固定资产盘点小组对固定资产进行盘点，根据盘点结果填写固定资产盘点表，并与账簿记录核对，对账实不符，固定资产盘盈、盘亏的，编制固定资产盘盈、盘亏表。固定资产发生盘盈、盘亏，应由固定资产使用部门和管理部门逐笔查明原因，共同编制盘盈、盘亏处理意见，经企业授权部门或人员批准后由财会部门及时调整有关账簿记录，使其反映固定资产的实际情况。

企业应至少在每年年末由固定资产管理部门和财会部门对固定资产进行检查、分析。检查、分析应包括定期核对固定资产明细账与总账，并对差异及时分析与调整。

固定资产存在可能发生减值迹象的，应当计算其可收回金额；可收回金额低于账面价值的，应当按照国家统一的会计准则制度的规定计提减值准备、确认减值损失。

对于未使用、不需用或使用不当的固定资产，固定资产管理部门和使用部门应当及时提出处理措施，报企业授权部门或人员批准后实施。对封存的固定资产，应指定专人负责日常管理，定期检查，确保资产的安全、完整。

（五）处置与转移控制

企业应当建立固定资产处置的相关制度，确定固定资产处置的范围、标准、程序和审批权限。

企业应区分固定资产不同的处置方式，采取相应控制措施。

对使用期满、正常报废的固定资产，应由固定资产使用部门或管理部门填制固定资产报废单，经企业授权部门或人员批准后对该固定资产进行报废清理。

对使用期限未满、非正常报废的固定资产，应由固定资产使用部门提出报废申请，注明报废理由、估计清理费用和可回收残值、预计出售价值等。企业应组织有关部门进行技术鉴定，按规定程序审批后进行报废清理。

对拟出售或投资转出的固定资产，应由有关部门或人员提出处置申请，列明该项固定资产的原价、已提折旧、预计使用年限、已使用年限、预计出售价格或转让价格等，报经企业授权部门或人员批准后予以出售或转让。

固定资产的处置应由独立于固定资产管理部门和使用部门的其他部门或人员办理。固定资产处置价格应报经企业授权部门或人员审批后确定。对于重大的固定资产处置，应当考虑聘请具有资质的中介机构进行资产评估。同时，应当采取集体合议审批制度，并建立集体审批记录机制。

固定资产处置涉及产权变更的，应及时办理产权变更手续。

企业出租、出借固定资产，应由固定资产管理部门会同财会部门按规定报经批准后予以办理，并签订合同协议，对固定资产出租、出借期间所发生的维护保养、税负责任、租金、归还期限等相关事项予以约定。对于固定资产处置及出租、出借收入和发生的相关费用，企业应及时入账，保持完整的记录。

企业对于固定资产的内部调拨，应填制固定资产内部调拨单，明确固定资产调拨时间、调拨地点、编号、名称、规格、型号等，经有关负责人审批通过后，及时办理调拨手续。

固定资产调拨的价值应当由企业财会部门审核批准。

四、无形资产管理

（一）无形资产管理应重点关注的风险

（1）无形资产业务违反国家法律法规，可能遭受外部处罚、经济损失和信誉损失。

（2）无形资产业务未经适当审批或超越授权审批，可能因重大差错、舞弊、欺诈而导致损失。

（3）无形资产购买决策失误，可能导致不必要的成本支出。

（4）无形资产使用和管理不善，可能导致损失和浪费。

（5）无形资产处置决策和执行不当，可能导致企业权益受损。

（6）无形资产的会计处理和相关信息不合法、不真实、不完整，可能导致企业资产账实不符或资产损失。

（二）职责分工与授权批准

企业应当建立无形资产业务的岗位责任制，明确相关部门和岗位的职责、权限，确保办理无形资产业务的不相容岗位相互分离、制约和监督。同一部门或个人不得办理无形资产业务的全过程。无形资产业务不相容岗位至少包括：

（1）无形资产投资预算的编制与审批。

（2）无形资产投资预算的审批与执行。

（3）无形资产取得、验收与款项支付。

（4）无形资产处置的审批与执行。

（5）无形资产取得与处置业务的执行与相关会计记录。

（6）无形资产的使用、保管与会计处理。

企业应当配备合格的人员办理无形资产业务。办理无形资产业务的人员应当具备良好的业务素质和职业道德。

企业应当对无形资产业务建立严格的授权批准制度，明确授权批准的方式、权限、程序、责任和相关控制措施，规定经办人的职责范围和工作要求。严禁未经授权的机构或人员办理无形资产业务。

审批人应当根据无形资产业务授权批准制度的规定，在授权范围内进行审批，不得超越审批权限。

经办人在职责范围内，按照审批人的批准意见办理无形资产业务。对于审批人超越授权范围审批的无形资产业务，经办人员有权拒绝办理，并及时向上级部门报告。

企业应当制定无形资产业务流程，明确无形资产投资预算编制、自行开发无形资产预算编制、取得与验收、使用与保全、处置和转移等环节的控制要求，并设置相应的记录或凭证，如实记载各环节业务开展情况，及时传递相关信息，确保无形资产业务全过程得到有效控制。

（三）取得与验收控制

企业应当建立无形资产预算管理制度。企业根据无形资产的使用效果、生产经营发展目标等因素拟定无形资产投资项目，对项目可行性进行研究、分析，编制无形资产投资预算，并按规定程序审批，确保无形资产投资决策科学合理。

对于重大的无形资产投资项目，应当考虑聘请独立的中介机构或专业人士进行可行性研究与评价，并由企业实行集体决策和审批，防止出现决策失误而造成严重损失。

企业应当严格执行无形资产投资预算。对于预算内无形资产投资项目，有关部门应严格按照预算执行进度办理相关手续；对于超预算或预算外无形资产投资项目，应由无形资产相关责任部门提出申请，经审批后再办理相关手续。

企业对于外购的无形资产应当建立请购与审批制度，明确请购部门（或人员）和审批部门（或人员）的职责权限及相应的请购与审批程序。

无形资产采购过程应当规范、透明。对于一般无形资产的采购，应由采购部门充分了解和掌握产品及供应商情况，采取比质比价的办法确定供应商；对于重大的无形资产的采购，应采取招标方式进行；对于非专有技术等具有非公开性的无形资产，还应注意采购过程中的保密保全措施。

无形资产采购合同协议的签订应遵循企业合同协议管理内部控制的相关规定。

企业应当建立严格的无形资产交付使用验收制度，确保无形资产符合使用要求。无形资产交付使用的验收工作由无形资产管理部门、使用部门及相关部门共同实施。

企业外购无形资产，必须取得无形资产所有权的有效证明文件，仔细审核有关合同协议等法律文件，必要时应听取专业人员或法律顾问的意见。

企业自行开发的无形资产，应由研发部门、无形资产管理部门、使用部门共同填制无形资产移交使用验收单，移交使用部门使用。

企业购入或者以支付土地出让金方式取得的土地使用权，必须取得土地使用权的有效证明文件。除已经确认为投资性房地产外，在尚未开发或建造自用项目前，企业应当根据合同协议、土地使用权证办理无形资产的验收手续。

企业对投资者投入、接受捐赠、债务重组、政府补助、企业合并、非货币性资产交换、外企业无偿划拨转入以及其他方式取得的无形资产均应办理相应的验收手续。

对验收合格的无形资产应及时办理编号、建卡、调配等手续。

（四）使用与保全控制

企业应加强无形资产的日常管理工作，授权具体部门或人员负责无形资产的日常使用与保全管理，保证无形资产的安全与完整。

企业应根据国家及行业有关要求和自身经营管理的需要，确定无形资产分类标准和管理要求，并制定和实施无形资产目录制度。

企业应依据国家有关规定，结合企业实际，确定无形资产摊销范围、摊销年限、摊销方法、残值等。摊销方法一经确定，不得随意变更。确需变更的，应当按照规定程序审批。

企业应根据无形资产性质确定无形资产保全范围和政策。保全范围和政策应当足以应对无形资产因各种原因发生损失的风险。

企业应当限制未经授权人员直接接触技术资料等无形资产；对技术资料等无形资产的保管及接触应保有记录；对重要的无形资产应及时申请法律保护。

企业应当定期或者至少在每年年末由无形资产管理部门和财会部门对无形资产进行检查、分析，预计其给企业带来未来经济利益的能力。检查分析应包括定期核对无形资产明细账与总账，并对差异及时分析与调整。

可能发生减值迹象的无形资产，应当计算其可收回金额；可收回金额低于账面价值的，应当按照国家统一的会计准则制度的规定计提减值准备、确认减值损失。

（五）处置与转移控制

企业应当建立无形资产处置的相关制度，确定无形资产处置的范围、标准、程序和审批权限等。

企业应区分无形资产不同的处置方式，采取相应控制措施。

对使用期满、正常报废的无形资产，应由无形资产使用部门或管理部门填制无形资产报废单，经企业授权部门或人员批准后对该无形资产进行报废清理。

对使用期限未满、非正常报废的无形资产，应由无形资产使用部门提出报废申请，注明报废理由、估计清理费用和可回收残值、预计出售价值等。企业应组织有关部门进行技术鉴定，按规定程序审批后进行报废清理。

对拟出售或投资转出的无形资产，应由有关部门或人员提出处置申请，列明该项无形资产的原价、已提折旧、预计使用年限、已使用年限、预计出售价格或转让价格等，报经企业授权部门或人员批准后予以出售或转让。

无形资产的处置应由独立于无形资产管理部门和使用部门的其他部门或人员办理。无形资产处置价格应当选择合理的方式，报经企业授权部门或人员审批后确定。对于重大的无形资产处置，无形资产处置价格应当委托具有资质的中介机构进行资产评估。对于重大无形资产的处置，应当采取集体合议审批制度，并建立集体审批记录机制。无形资产处置涉及产权变更的，应及时办理产权变更手续。

企业出租、出借无形资产，应由无形资产管理部门会同财会部门按规定报经批准后予以办理，并签订合同协议，对无形资产出租、出借期间所发生的维护保全、税负责任、租金、归还期限等相关事项予以约定。对无形资产处置及出租、出借收入和发生的相关费用，企业应及时入账，保持完整的记录。

企业对于无形资产的内部调拨，应填制无形资产内部调拨单，明确无形资产名称、编号、调拨时间等，经有关负责人审批通过后，及时办理调拨手续。无形资产调拨的价值应当由企业财会部门审核批准。

第三节 企业内部控制应用指引
——资产管理的案例

【案例 13-1】

合信木制品公司存货内控失效

一、案例简介

合信木制品公司是一家外资企业，从 1999 年至 2004 年每年的出口创汇位居全市第三，年销售额达 4 300 万元左右。2005 年以后该企业的业绩逐渐下滑，亏损严重，2007 年破产倒闭。这样一家中型的企业，从鼎盛到衰败，究其原因，不排除市场同类产品的价格下降，原材料价格上涨等客观因素的变化。但内部管理的混乱，是其根本的原因，在税务部门的检查中发现：该企业的产品成本、费用核算不准确，浪费现象严重，存货的采购、验收入库、领用、保管不规范，归根到底是缺乏一个良好的内部控制制度。这里我们主要分析存货的管理问题：

（1）董事长常年在国外，材料的采购由董事长个人掌握，材料到达入库后，仓库的保管员按实际收到的材料的数量和品种入库，实际的采购数量和品种保管员无法掌握，也没有合同等相关的资料。财务的入账不及时，会计自己估价入账，发票几个月以后，甚至有的长达 1 年以上才回来，发票的数量和实际入库的数量不一致，也不进行核对，造成材料的成本不准确，忽高忽低。

（2）期末仓库的保管员自己盘点，盘点的结果与财务核对不一致的，不去查找原因，也不进行处理，使盘点流于形式。

（3）材料的领用没有建立规范的领用制度，车间在生产中随用随领，没有计划，多领不办理退库的手续。生产中的残次料随处可见，随用随拿，浪费现象严重。

二、案例分析

从企业失败的原因来看：

第一,该企业基本没有内控制度,更谈不上机构设置和人员配备合理性问题。在内部控制中,对单位法定代表人和高管人员对实物资产处置的授权批准制度作出相互制约的规范非常必要。对重大的资产处置事项,必须经集体决策审批,而不能搞一言堂、一支笔,为单位负责人企图一个人说了算设置制度上的障碍。

第二,企业没有对入库存货的质量、数量进行检查与验收,不了解采购存货要求。没有建立存货保管制度,仓储部门将对存货进行盘点的结果随意调整。采购人员应将采购材料的基本资料及时提供给仓储部门,仓储部门在收到材料后按实际收到的数量填写收料单。登记存货保管账,并随时关注材料发票的到达情况。

第三,没有规范的材料领用和盘点制度,也没有定额的管理制度,材料的消耗完全凭生产工人的自觉性。应细化控制流程,完善控制方法。我们知道,单位实物资产的取得、使用是由多个部门共同完成的,采购部门负责购置,验收部门负责验收,会计部门负责核算,使用部门负责运行和日常维护,可以说,实物资产的进、出、存等有多个部门参与,但为什么还会出现问题?由此看来,不是控制流程不完备就是控制方法没有发挥作用。一个人、少数几个人想要为所欲为,在制度面前就根本不可行,除非他买通所有的人。

第四,存货的确认、计量没有标准,完全凭会计人员的经验,直接导致企业的成本费用不实。正是这些原因导致一个很有发展前途的企业最终失败。

【案例13-2】

固定资产内部控制的案例

一、案例简介

50岁的归某是原上海某技术工程公司轻纺工程部经理,身为国有企业工作人员,利用职务上的便利,骗取国有财产64余万元。面对法院的终审判决,被告人归某不得不低下头,吞下自己"精心隐藏"7年的苦果,等待他的将是15年的牢狱生活。

2000年11月,山东某公司向公司求购精疏机一套,但当时公司没有购买此类机械的配额，头脑活络的归某想出一个好办法，利用其他公司的配额到上海纺机总厂订购。随后，归某将本公司的45万余元划入纺机总厂。然而，2001年年初，他代表公司到纺机总厂核账时发现，"纺机总厂"财务出错：把已提走的设备，当作其他公司购买，而他划入的45万余元却变为公司的预付款。于是，一场偷梁换柱的把戏开始上演。2001年3月至4月，归某派人到"纺机总厂"以公司的名义购买混条机等价值60余万元的设备。因为有了45万余元的"预付款"，归某仅向"纺机总厂"支付了15万元。随后，他找到了亲戚经营的某纺织器材公司（大发公司），开出了公司以67万元的价格购得这批设备的发票。而公司不知内情，向大发公司支付了全部购货款，归某从中得利52万元。同年7月至10月期间，归某又以相同手段骗得公司11万余元，占为己有。2001年年底，归某终于梦想成真，开办了自己的公司——中岛纺织机械成套设备公司，并担任法定代理人。

2008年上半年，纺机总厂发现45万元被骗，向公安机关报案，归某随后被捕。法院认定归某贪污公款64万余元，构成贪污罪，判处归某有期徒刑15年。

二、案例分析

一个普通的轻纺工程部经理，利用手中的职权和相关内部控制的漏洞，竟采用相同的伎俩两次贪污公款共64万多元，这个给企业造成的沉痛教训的案例不能不引起我们的反思，其内部控制究竟出了什么问题，会给犯罪分子以可乘之机。

（一）从公司角度来看，其采购业务的相关职务未分离

一般而言，健全的采购业务中，采购员、审批人和执行人、记录人应分离。如果其中关键的职务没有分离，那就极有可能发生舞弊，公司就是这样的案例。工程部经理归某，利用手中的职权，未经审批程序就私下决定向纺机总厂购买价值60万元的设备，这已经暴露出了授权审批控制的弱点。本来应该有第三方执行付款，并与纺机总厂核账，但令人惊讶的是，核账竟然也是归某一人负责。所以，采购、审批、执行和记录的职务分离漏洞给了归某可乘之机，使其掩盖了同纺机总厂的交易问题，进而上演了后来"偷梁换柱"的把戏。

另外，公司的验收和付款也存在漏洞。付款员明明将67万元款项划给

了大发公司,这纯粹是归某利用其亲戚的关系虚构的交易,如果验收员按照同大发公司签订的购货合同上写明的条款以及发货发票来仔细验货,是不难发现归某冒用大发公司的名义购进了纺机总厂价值仅60万元的设备的"偷梁换柱"的把戏的。一般而言,会计部门应该在按购货协议划出款项之后将购货单和购货发票转到验收部门,而验收部门应该收到会计部门转来的购货单和购货发票副联仔细查验其发货单位、收到货物的数量和质量后签收。但是公司没有做到,验收部门根本就没有仔细查验发货单位,以至于归某的把戏得以蒙混过关,使公司支付了67万元买进了价值60万元的设备,白白损失的7万元落入了归某的腰包。

(二)从轻纺总厂角度来看,其内控存在的问题也不容忽视

从发货通知单的编制和证实制度来看,轻纺总厂在这方面也存在漏洞。发货通知单的作用首先是将各种不同的客户订单内容,如货物的货号、数量、价格等以完整和规范化的格式反映出来,同时,还能使销售过程中所需的各种授权和批准在发货通知单上能得到证明。发货通知单的另一个作用是使与销售环节有关的各部门在执行发运业务或记录有关账册时有书面依据,并通过各环节的签字来监督每一环节中的业务处理工作。如果轻纺总厂建立了健全的发货通知单的编制和证实制度,并得以真正有效执行,就不可能发生"把已提走的设备,当作其他公司购买,而归某划入的45万余元却变为公司的预付款"这样的事故。如果有完善健全的内控制度并得到执行,轻纺总厂损失的45万元,是完全可以避免的。这个案例再一次告诉我们,每一个环节的内部控制对于企业而言都是至关重要的,丝毫忽视不得。

【案例13-3】

XYZ商场无形资产内部控制

一、案例简介

XYZ商场于1989年5月开业,之后仅用7个月时间就实现销售额9 000万元,1990年达到1.86亿元,实现税利1 315万元,一年就跨入全国50家大型商场行列。到1995年,其销售额一直呈增长趋势,1995年达4.8亿元。该商场当年以其在经营和管理上的创新创造了一个平凡而奇特的现象。来自全国30多个省区市的近200个大中城市的党政领导、商界要员

去参观学习。然而,1998年8月15日,XYZ商场悄然关门,面对这残酷的事实,众说纷纭。导致商场倒闭的原因是多方面的,而内部控制的极端薄弱是促成其倒闭的主要原因之一。下面仅就其无形资产内部控制方面进行分析。

该商场的冠名权属于无形资产,其转让都是由总经理一个人说了算,只要总经理签字同意,别人就可以建一个XYZ商场。在经营管理上,XYZ商场有派驻人员,但由于并不掌控管理,所起的作用不大。这种冠名权的转让,能迅速带来规模的扩张,可也给XYZ的管理控制带来了风险。对这些企业的管理,XYZ并不严格,导致了某些企业在管理、服务质量或者产品质量等方面给客户们留下了不好的印象,在社会上造成了不良影响,对XYZ这个品牌的影响起了负面作用。

二、案例分析

XYZ商场没有进行职责分工,权限范围和审批程序不明确规范,机构设置和人员配备不科学、不合理。关于无形资产的转让,照理应该经董事会讨论通过,但实际上由总经理一个人说了算,只要他签字同意,别人就可建个"XYZ"商场,这样不可避免地会导致一人多权,造成舞弊现象的发生。

建议商场应该设置专门的无形资产管理部门,配备专门的无形资产管理人员对商场的无形资产进行综合、全面、系统的管理。无形资产管理部门的主要职能包括:对企业所有无形资产的开发、引进、投资进行总的控制;就无形资产在企业生产经营管理中的实施应用的客观要求,协调企业内部其他各有关的职能部门的关系;协调与企业外部国家有关专业管理机构的关系;协调企业与其他企业的关系;维护企业无形资产资源安全完整;考核无形资产的投入产出状况和经济效益情况。

企业应当建立无形资产业务的岗位责任制,明确相关部门和岗位的职责、权限,确保办理无形资产业务的不相容岗位相互分离、制约和监督。同一部门或个人不得办理无形资产业务的全过程。有效的内部控制制度应该保证对同一项业务的审批、执行、记录和复核人员的职务分离,以减少因一人多权而导致舞弊现象发生。

在授权审批方面要明确授权批准的范围。通常无形资产研究与开发、购置和转让计划都应纳入其范围。授权批准的层次,应根据无形资产的重要性和金额大小确定不同的授权批准层次,从而保证各管理层有权亦有责。明确被授权者在履行权力时应对哪些方面负责,应避免责任不清,一旦出现问题又难究其责的情况发生。应规定每一类无形资产业务的审批程序,以便按程序办理审批,以避免越级审批、违规审批的情况发生。单位内部的各级管理层必须在授权范围内行使相应职权,经办人员也必须在授权范围内办理经济业务。审批人应当根据无形资产业务授权批准制度的规定,在授权范围内进行审批,不得超越审批权限。经办人在职责范围内,按照审批人的批准意见办理无形资产业务。对审批人超越授权范围审批的无形资产业务,经办人员有权拒绝办理,并及时向上级部门报告。

对于重大的无形资产投资转让等项目,应当考虑聘请独立的中介机构或专业人士进行可行性研究与评价,并由企业实行集体决策和审批,防止出现决策失误而造成严重损失。

第十四章

销售业务的内部控制

第一节 企业内部控制应用指引
——销售业务的基本内容

第一章 总 则

第一条 为了促进企业销售稳定增长，扩大市场份额，规范销售行为，防范销售风险，根据有关法律法规和《企业内部控制基本规范》，制定本指引。

第二条 本指引所称销售，是指企业出售商品（或提供劳务）及收取款项等相关活动。

第三条 企业销售业务至少应当关注下列风险：

（一）销售政策和策略不当，市场预测不准确，销售渠道管理不当等，可能导致销售不畅、库存积压、经营难以为继。

（二）客户信用管理不到位，结算方式选择不当，账款回收不力等，可能导致销售款项不能收回或遭受欺诈。

（三）销售过程存在舞弊行为，可能导致企业利益受损。

第四条 企业应当结合实际情况，全面梳理销售业务流程，完善销售业务相关管理制度，确定适当的销售政策和策略，明确销售、发货、收款等环节的职责和审批权限，按照规定的权限和程序办理销售业务，定期检查分析销售过程中的薄弱环节，采取有效控制措施，确保实现销售目标。

第二章 销　　售

第五条 企业应当加强市场调查，合理确定定价机制和信用方式，根据市场变化及时调整销售策略，灵活运用销售折扣、销售折让、信用销售、代销和广告宣传等多种策略和营销方式，促进销售目标实现，不断提高市场占有率。

企业应当健全客户信用档案，关注重要客户资信变动情况，采取有效措施，防范信用风险。

企业对于境外客户和新开发客户，应当建立严格的信用保证制度。

第六条 企业在销售合同订立前，应当与客户进行业务洽谈、磋商或谈判，关注客户信用状况、销售定价、结算方式等相关内容。

重大的销售业务谈判应当吸收财会、法律等专业人员参加，并形成完整的书面记录。

销售合同应当明确双方的权利和义务，审批人员应当对销售合同草案进行严格审核。重要的销售合同，应当征询法律顾问或专家的意见。

第七条 企业销售部门应当按照经批准的销售合同开具相关销售通知。发货和仓储部门应当对销售通知进行审核，严格按照所列项目组织发货，确保货物的安全发运。

企业应当加强销售退回管理，分析销售退回原因，及时妥善处理。

企业应当严格按照发票管理规定开具销售发票。严禁开具虚假发票。

第八条 企业应当做好销售业务各环节的记录，填制相应的凭证，设置销售台账，实行全过程的销售登记制度。

第九条 企业应当完善客户服务制度，加强客户服务和跟踪，提升客户满意度和忠诚度，不断改进产品质量和服务水平。

第三章 收　　款

第十条 企业应当完善应收款项管理制度，严格考核，实行奖惩。

销售部门负责应收款项的催收，催收记录（包括往来函电）应妥善保存；财会部门负责办理资金结算并监督款项回收。

第十一条 企业应当加强商业票据管理，明确商业票据的受理范围，严格审查商业票据的真实性和合法性，防止票据欺诈。

企业应当关注商业票据的取得、贴现和背书，对已贴现但仍承担收款风险的票据以及逾期票据，应当进行追索监控和跟踪管理。

第十二条 企业应当加强对销售、发货、收款业务的会计系统控制，详细记录销售客户、销售合同、销售通知、发运凭证、商业票据、款项收回等情况，确保会计记录、销售记录与仓储记录核对一致。

企业应当指定专人通过函证等方式，定期与客户核对应收账款、应收票据、预收账款等往来款项。

企业应当加强应收款项坏账的管理。应收款项全部或部分无法收回的，应当查明原因，明确责任，并严格履行审批程序，按照国家统一的会计准则制度进行处理。

第二节　企业内部控制应用指引
——销售业务解读

一、销售业务概述

销售是指企业出售商品（或提供劳务）和收取款项等相关活动。销售收入是企业利润的主要来源，对销售业务的内部控制可以帮助企业更好、更多地实现利润。销售业务不仅是指企业销售商品（或提供劳务）的活动，还包括与之相关的接受订单、订立合同、发出货物、运送货物、货款收取、信用管理、销售退回等一系列活动。因此，企业必须建立健全对销售业务各个环节的管理控制，包括对合同订立和履行的管理、对客户信用的管理等。企业对销售业务的控制，应该做到以下几点：

（1）保证销售收入的真实性和合理性。销售获得的收入是对企业生产经营中发生耗费的补偿，为企业未来发展提供资金来源。通过加强对销售业务的控制，保证企业所发生的所有销售收入都及时、准确地加以记录，完整地反映企业的销售全过程，防止少记、不记或漏记实现的销售收入或虚增销售收入。销售的产品、提供的劳务要符合企业的经营范围，防止违反规定或超越经营范围的销售行为的发生。

（2）保证产品的安全和完整。交付已销售的产品应该数量准确，运送产品应该保证产品在运输途中安全,保证产品质量合格,数量完整。提供劳务应该保证劳务的质量要与合同中要求的相一致。

（3）保证货款及时足额收回。现金是企业赖以运转的基础,如果销售货款不能及时足额地收回,就会使企业产生现金流的短缺或断流,最终影响企业的利润和正常经营。

（4）保证销售折让和销售退回的合理性与正确性。销售中可能由于货物在发送或运输中的一些差错而出现数量或质量上不符合合同要求,从而给予客户一定的折让或允许客户的销售退回。企业应严格控制销售折让与销售退回,查看销售折让或退回是否真实、合理,并保证折让和退回的资料的完整。

二、企业销售业务中应关注的风险

内部控制的最终目的是降低风险、减少损失。销售业务的一系列活动都存在着风险,如实现的销售收入被员工转移到账外的风险、销售违反规定或超越经营范围而导致法律纠纷的风险、应收账款不能收回导致公司资金不足的风险等。根据销售的特点,企业至少应当关注涉及销售业务的下列风险：

（1）销售政策和策略不当,市场预测不准确,销售渠道管理不当等,可能导致销售不畅、库存积压、经营难以为继。企业销售政策与策略的选择对企业的销售业务有至关重要的影响。面对日渐激烈的行业竞争,企业必须根据自身情况选择合适的销售政策和策略。企业销售策略的选择必须符合自身的竞争战略。

（2）客户信用管理不到位、结算方式选择不当、账款回收不力等,可能导致销售款项不能收回或遭受欺诈。

（3）销售过程存在操纵价格等舞弊行为,可能导致企业利益受损。

三、企业销售业务流程控制

企业的销售业务不是简单地销售商品或提供劳务的过程,而是指与销售商品（或提供劳务）和收取款项相关的一系列活动。销售业务主要包括：接受客户订单、与客户签订合同、发送货物、收取款项、信用管理、销售退回和折让等。

（1）接受客户订单。该业务活动是整个销售环节的起点,首先由客户提出购货要求，企业可以结合自身情况，向客户表示接受或拒绝客户的购货要求。

（2）与客户签订合同。企业在接受客户订单的基础上，通过谈判、协议审批等程序进一步与客户签订正式销售合同。①销售谈判。接受客户订单后，企业应当就产品品种、产品质量、销售价格、销售数量、信用政策、交货方式、交货期限、交货地点、收款方式、违约责任等具体事项与客户进行谈判，直至达成一致意见。②合同协议审批。审批人员应该就销售谈判中达成一致意见的产品品种、产品质量、销售价格、销售数量、信用政策、交货方式、交货期限、交货地点、收款方式、违约责任等具体事项严格审查并建立客户信息档案。③签订合同。合同协议经审批同意后，企业应当授权有关人员与客户签订正式销售合同协议。签订合同协议应当符合《中华人民共和国合同法》的规定。销售部门与客户协商后草签购销合同，并将其转到企业信用管理部门，由信用管理部门对授信额度和授信期进行审核，并签署意见。然后将其转入企业法律相关部门，由法律相关部门对合同各项条款的合法性和合同条款的严密性进行审核，并签署意见。

（3）货物发送与运输。企业发货部门应当对销售发货单据进行审核，严格按照销售通知单所列的发货品种和规格、发货数量、发货时间、发货方式、接货地点组织发货，并建立货物出库、发运等环节的岗位责任制，确保货物的安全发运。

（4）收取款项。本环节是对公司销售业务中赊销、分期付款销售等产生的应收账款的收回。本环节是销售业务中的关键环节，只有应收账款能及时、足额地收回，公司的盈利目标才能实现，公司的下一步生产销售计划才能按时进行。

（5）信用管理。信用管理是指对客户的信用的管理，包括建立客户信用档案，划分不同的信用等级，按信用等级采取不同的销售策略等。

（6）销售退回与折让。销售退回与折让是针对销售业务过程中由于主观或客观原因导致的产品质量上或数量上不符合合同要求，给予客户一定的销售折让或允许一定的销售退回以弥补客户损失或满足客户要求的行为。

四、销售合同签订中的控制

企业对销售合同的真实性、合法性、合理性进行控制，这对防止销售中的欺诈行为，避免企业经济损失具有十分重要的意义。对销售合同签订中的控制应着重以下几个方面：

（1）加强对销售价格的控制。市场的易变性决定了在审核销售价格时，应结合当时的市场情况，将合同价格与企业的目标价格，同产品的成本价格进行对比。若销售价格对企业明显不利或显示不公平，须及时提出异议并查明原因，对确有疑问的合同应从财务角度予以否决。同时，要监督销售折扣和折让是否符合有关规定，杜绝其中的不规范行为。

（2）对往来单位资信的控制。对往来的单位，须通过银行或专门的资信调查机构，了解对方的资信状况。对情况不明的单位，应建议在合同中标明交货条款为带款（现金或汇票）提货。

（3）对交货期、违约责任等合同条款进行控制。要及时发现对方提出的苛刻的交货条件，避免企业履约行为成为实际上的不可能。还要及时发现严酷的索赔条款，防止对方以索赔为目的的虚假贸易行为。对权利和义务明显不对等的销售合同，必须提出修改或予以否决，以维护本企业的经济利益。

（4）对涉及无形资产的合同事项的财务监督。对涉及无形资产合同如商标权利使用合同的签订，必须进行合法性监督，防止使企业受牵连造成经济损失和对企业商誉造成不利影响。同时，在与客户签订合同时，应视给予客户信用期限的长短和信用额度的大小，要求客户办理担保、保险等事宜，为合同的顺利履行提供保证。

五、销售货款收回中的控制

企业应当建立应收账款账龄分析制度和逾期应收账款催收制度。销售部门应当负责应收账款的催收，催收记录要妥善保存，财会部门应当督促销售部门加紧催收。对催收无效的逾期应收账款可通过法律程序予以解决。

应收账款应分类管理，针对不同性质的应收款项，采取不同的方法和程序。企业应严格区分并明确收款责任，建立科学、合理的清收奖励制度以及责任追求和处罚制度，以及时清理催收欠款，保证企业营运自产的周转效率。企业应当按客户设置应收账款台账，及时登记并评估每一客户应收账款余额增减变动情况和信用额度使用情况。

为确保应收账款账户数据的真实性、及时性，对于信用期内收回的款项应重点检查款项到账后是否立即对应收账款清账，同时记录客户资信情况、调整客户赊销额度；对于确实无法收回的坏账，应获取货款无法收回的确凿证据，经适当审批后再及时注销；对于会计期末未收回的款项，企业应将客户的风险评估纳入客户管理内容，在此基础上制定针对该客户的信用政策和坏账预期。为应对坏账风险的冲击，在控制程序上应充分利用系统的信息处理能力，分别对客户制定坏账准备提取方案，增强坏账准备提取的准确性。坏账政策的制定要经过适当的授权，符合企业会计制度，并与坏账提取进行职责分离。

企业应当结合销售政策和信用政策，明确应收票据的受理范围和管理措施，应当加强对应收票据合法性、真实性的审查，防止购货方以虚假票据进行欺诈。应收票据的贴现必须经由保管票据以外的主管人员的书面批准，应当有专人保管应收票据，对于即将到期的应收票据，应当及时向付款人提示付款；已贴现但仍承担收款风险的票据应当在备查簿中登记，以便日后追踪管理。企业应当制定逾期票据追索监控和冲销管理制度。

企业应当定期抽查、核对销售业务记录、销售收款会计记录、商品出库记录和库存商品实物记录，及时发现并处理销售与收款中存在的问题。同时，还应定期对库存商品进行盘点。

企业应当定期与往来客户通过函证等方式，核对应收账款、应收票据、预收账款等往来款项。如有不符，应当查明原因，及时处理。

六、销售业务中的信用管理

为了降低坏账风险，企业应建立客户信用评估、授信机制，销售时对客户的信用额度、销售合同实行审批制度。赊销信用的管理包括两部分内容：一是制定赊销额度，指根据对客户的调查，针对每个客户制定赊销额度；二是日常赊销管理，包括对销售业务赊销额度的比较和超出赊销额度的销售的特殊批准。为了降低坏账风险，应明确各部门、人员的职责分工。第一，销售业务与信用检查、信用额度确定是不相容业务，不能由同一人负责，以切实避免销售人员为扩大销售而使企业承受不适当的信用风险。第二，应分级设置批准赊销信用的权限，并在程序中设置操作权限，不同信用额度的赊销由不同层次的管理人员审批。

企业应当建立销售业务授权制度和审核批准制度，并按照规定的权限和程序办理销售业务，应当根据具体情况对办理销售业务的人员进行岗位轮换或者管区、管户调整。

有条件的企业可以设立专门的信用管理部门或岗位，负责制定企业信用政策，监督各部门信用政策执行情况。信用政策应当明确规定定期（或至少每年）对客户资信情况进行评估。

七、销售折让与销售退回中的控制

在正常情况下，退货环节不应当很多，但由于其对企业的信誉有较大的影响，退货审核的控制仍非常重要。

企业的销售退回必须经销售主管审批后方可执行。应要求退货的批准、退货货物的接收和开具贷项通知单、应收账款的冲减应分别由不同人员负责，并确保与此业务有关的部门和人员各司其职，分别控制实物流和会计处理。销售退回的货物应当由质检部门检验和仓储部门清点后方可入库。质检部门应当对客户退回的货物进行检验并出具检验证明；仓储部门应当在清点货物、注明退回货物的品种和数量后填制退货接收报告；财会部门应当对检验证明、退货接收报告以及退货方出具的退货凭证等进行审核后办理相应的退款事宜；企业应对退货原因进行分析并明确有关部门和人员的责任。

（1）验收客户退回的货物。客户退回的货物应由验收部门来验收，验收时应清点、检验和注明退回货物的数量与质量情况，为日后确定给予客户退货金额和确定退货是否需要修理与再存放提供依据。

（2）填制退货接收报告。退货接收报告是对退回货物进行文件记录和进行控制的重要方法。它应在事先加以编号，在发生退货时填制，填制该报告的人员不应同时从事货物发运业务。一切有关的资料，例如，客户名称、退货名称、数量、日期、退货性质、原始发票号及价格以及一般情况的说明的退款理由等，必须记录在该报告上。填制后的退货接收报告应受到独立于发货和收货职能的人员的检查。

（2）调查退货索赔。收货部门收到和清点检验退回货物后，客户的退货要求应由客户服务部门进行调查。这一程序的目的在于确定对退回货物索赔的有效性，以及如果索赔有效应给予客户的金额。客户服务部门应将调查结果和意见记录在退货接收报告上，并交信贷、会计、销售部门作为最后的审核。

（4）核准退货。退货的最终核准应由销售部门决定。这一批准只有在对退回货物仔细调查和以退货接收报告为依据的基础上才有效，批准意见应签署在退货接收报告上。

（5）填制和邮寄贷项通知单。贷项通知单应由销售部门中的职员在得到批准的退货接收报告的基础上编制。贷项通知单事先应编号加以控制。其表明的数量、价格和其他内容在邮寄该贷项通知单前经其他人员复核。贷项通知单和其他相应的资料应附在有关分录凭证上，作为应收账款明细分类账的附件。

退货批准后应及时入账，以便修正营业收入和应收账款的余额。

第三节 企业内部控制应用指引
——销售业务的案例

【案例15-1】

SQ公司销售与收款内部控制案例

一、案例简介

SQ公司是一家服装生产企业，服装以出口为主。当年其他应付款——外协加工费余额1 000万元，占公司当年利润的65%。外协加工费当年累计发生额占销售成本的22%。

SQ公司内控现状如下：

（1）由生产部经理负责是否委托、对外委托和验收。

（2）对外委托的外协加工情况财务部门一无所知，财务对委托过程失去控制。

（3）发生退货时，直接报生产部经理备案，生产部未设有备查账簿，全凭生产部经理一人控制，财务部门同样失去监督。

二、案例分析

本案例中生产部经理一人控制委托加工交易的全部过程，很可能存在以下舞弊风险：

（1）生产部经理可能会利用委托价格、委托数量、退货索赔等环节的内部控制漏洞，获取不正当利益，甚至在有些情况下为获取不当利益，在本公司生产能力允许的情况下，将生产订单对外委托，从而浪费本公司的生产能力。

（2）通过控制外协加工的数量、价格甚至通过虚假的委托操纵公司利润。

在本案例中，公司应在以下环节进行改进：

第十四章 销售业务的内部控制

（1）所有委托外协事项应由独立于生产部的部门和人员决定。

（2）委托事项应报财务部门备案。

（3）收回委托加工商品应经过独立的检验部门检验。

（4）总经理审批前应将发票、检验单、入库单一同报财务部门审核，财务部门应将上述资料与备案的委托资料进行核对。

（5）发生退货时应及时报财务部门和委托部门备案，以便及时向外协加工单位索赔。

【案例15-2】

BBC公司销售与收款内部控制案例

一、案例简介

BBC公司是从事机电产品制造和家电销售的国有中型企业，资产总额4 000万元，其中，应收账款1 020万元，占总资产额的25.5%，占流动资产的45%。近年来企业应收账款居高不下，营运指数连连下滑，已到了现金枯竭，举步维艰，直接影响生产经营的地步。造成上述状况的原因，除了商业竞争的日益加剧，企业自身内部会计控制制度不健全是主要的原因。

会计师事务所于2004年3月对BBC公司2003年度会计报表进行了审计，在审计过程中根据获取的不同审计证据将该公司的应收账款作了如下分类：

（1）被骗损失尚未作账务处理的应收账款60万元。

（2）账龄长且原销售经办人员已调离，其工作未交接，债权催收难以落实，可收回金额无法判定的应收账款300万元。

（3）账龄较长回收有一定难度的应收账款440万元。

（4）未发现重大异常，但期后能否收回，还要待时再定的应收账款220万元。

针对上述各类应收账款内控存在的重大缺陷，会计师事务所向BBC公司管理当局出具了管理建议书，提出了改进意见，以促进管理当局加强内部会计控制制度的建设，改善经营管理，避免或减少坏账损失以及资金被客户长期无偿占用，同时为企业提高会计信息质量打下了良好的基础。

二、案例分析

（一）BBC公司销售与收款环节存在的问题

（1）企业未制定详细的信用政策，并根据调查核实的客户情况，明确规定具体的信用额度、信用期间、信用标准并经授权审批后执行赊销，而是盲目放宽赊销范围，在源头上造成大量的坏账损失。

如：1999年年末，四川李老板前来BBC公司购买20万元电视机，并一次支付现金结算货款，2000年春节前夕李老板再次携现金20万元要求购买80万元的电视机并承诺60万元货款在春节后1个月内结清，同时留下其公司营业执照和本人身份证复印件以及联系方式。BBC公司销售部门及有关人员在未进一步调查核实李老板的真实身份及其资信状况，也未经公司领导批准的情况下，仅凭李老板提供的复印件以及携带的大量现金就断定遇到了财神爷，怕失去此次乃至今后财源滚滚而来的机会，积极组织货源向李老板供货。谁知此后李老板人间蒸发毫无音讯。待之后公安机关侦破此案时，货款已被李老板挥霍一空，60万元血本无归。

（2）企业没有树立正确的应收账款管理目标，片面追求利润最大化，而忽视了企业的现金流量，忽视了企业财富最大化的正确目标，其中一个重要的原因就是对企业领导以及销售部门和销售人员考核时过于强调利润指标，而没有设置应收账款回收率这样的指标，一旦发生坏账则已实现的利润就会落空。

由于企业产品销售不畅，为了扩大销量，完成利润考核指标，企业一味地奖励销售人员"找路子"促销产品，而对货款能否及时收回无所顾忌，一时间应收账款一路攀升，甚至出现个别销售人员在未与客户订立合同的情况下，"主动"送货上门，加大了坏账风险，同时大量资金被客户白白占用。

（3）企业没有明确规定应收账款管理的责任部门，没有建立起相应的管理办法，缺少必要的合同、发运凭证等原始凭证的档案管理制度，导致对应收账款损失或长期难以收回的责任人无法追究其责任。

公司财务每年年度过账时抄陈账、抄死账，尤其是在销售人员调离公司后，其经手的应收账款更是无人问津或相互推诿，即使指派专人前去要账，也经常因为缺失重要的原始凭证，导致要账无据而无功而返。由于上述原因企业对造成坏账损失以及资金长期难以回笼的责任人无法追究其责任。

（4）对应收账款的会计监督相当薄弱。企业没有明确规定财务部门对应收账款的结算负有监督检查的责任、没有制定应收账款结算监督的管理办法，财务部门与销售部门基本上是各自为政，"老死不相往来"，造成对客户的信息资料失真或失灵。

此外，财务部门未定期与往来客户通过函证等方式核对账目，无法及时发现出现的异常情况，尤其是无法防止或发现货款被销售人员侵占或挪用的风险。

（二）完善企业应收账款内部控制制度的建议

企业应贯彻不相容职务相互分离的原则，建立健全岗位责任制，在此基础上，对应收账款管理抓好以下几个环节：

（1）加强对赊销业务的管理，企业应制定切实可行的销售政策和信用制度管理政策，对符合赊销条件的客户，方可按照内控管理制度规定的程序办理赊销业务。

（2）加强对销售队伍的管理，包括建立对销售与收款业务的授权批准制度、销售与收款的责任连接与考核奖惩制度、销售人员定期轮岗及经手客户债务交接制度等。

（3）加强对客户信息的管理，企业应充分了解客户的资信和财务状况，对长期、大宗业务的客户应建立包括信用额度使用情况在内的客户资料，并实行动态管理、及时更新。

（4）加强对应收账款的财务监督管理，建立应收账款账龄分析制度和逾期督促催收制度，定期以函证方式核对往来款项，发现异常现象及时反馈给销售部门并报告决策机构。

【案例15-3】

中国农业银行北京分行挪用票据资金案件

2016年1月22日，中国农业银行晚间发布公告，中国农业银行北京分行票据买入返售业务发生重大风险事件，涉及风险金额为39.15亿元。

中国农业银行1月22日晚间发布公告，近日，中国农业银行北京分行票据买入返售业务发生重大风险事件，经核查，涉及风险金额为39.15亿元。目前，公安机关已立案侦查。中国农业银行正积极配合侦办工作，加强与相关机构沟通协调，最大限度地保证资金安全。

1月22日早间财新网曾报道称，中国农行北京分行2名员工已被立案调查，原因是涉嫌非法套取38亿元票据，同时利用非法套取的票据进行回购资金，且未建立台账，回购款其中相当部分资金违规流入股市，而由于股价下跌，出现巨额资金缺口无法兑付。由于涉及金额巨大，公安部和银监会已将该案件上报国务院。

财新网报道称，该分行保险柜里除了虚假贸易背景的假票，更有相当部分票据是报纸，而且未建立台账。中国农业银行董事长刘士余震怒。

所谓票据业务，目前使用较多的是银行承兑汇票，实质是一种贷款业务。如A企业需要购买B企业的货物，但资金不够，就可通过到银行存保证金的方式，要求银行开具承兑汇票付款给B企业。承兑汇票最长期限为6个月。其中，B企业可能不希望到6个月后才拿到钱，就可到银行或者第三方机构贴现，提前拿到钱。由此衍生使票据可能多次转手，变成一种融资工具。

而所谓票据买入返售实质上是银行同业间的资金拆借业务。当A银行手里有很多已贴现但未到期的承兑汇票，又需要资金时，就可到B银行开展买入返售业务，先用这些票据质押从B银行拆借资金，并约定A银行会以一定价格回购。在具体操作中，银行之间往往会出现票据中介。这些质押票据可能再从B银行流出，中介持有这些票据重新到别的银行去贴现套取资金。

按照财新网的报道，中国农业银行此次出现风险，就是内外勾结，直接从银行偷出票据去贴现套取资金使用了。

据澎湃新闻了解，在该风险事件爆发后，中国农业银行甚至从1月15日开始，暂停票据买入返售业务。此外，中国农业银行北京分行已经进行全面排查，北京分行的各个部门已经全部出动去北京分行下属的23家支行300多个网点检查，检查的内容是商业汇票和银行承兑汇票的真假情况，金额大的还要去当地验真伪。

中国农业银行北京分行目前还要求所有员工上交护照和港澳通行证等证件，要求员工上交出入境证件的政策在国有银行中本来就存在，但据中国农业银行北京分行员工反映，此前一直未能严格执行，在上周发生此事后，才被要求整个北京分行所有员工上交出入境证件。

实际上，2016年年初，银监会就专门下发《关于票据业务风险提示的通知》，要求各银行对票据业务进行整治，主要对票据同业业务专营治理落实不到位、通过票据转贴现业务转移规模，削减资本占用、利用承兑贴现业务虚增存贷款规模、与票据中介联手，违规交易，扰乱市场秩序、贷款与贴现相互腾挪、掩盖信用风险、创新"票据代理"规避监管要求、违规通道等典型违规问题进行风险提示。

各银行也相继收紧了票据业务。据澎湃新闻了解，不少大行已经不再与小型金融机构进行票据业务。在开票环节，也对钢贸等行业全面收紧。

不过，澎湃新闻从票据中介处了解到，90%的银行还在做票据业务，只是加强风控，严格按照年初的203号文落实。另一位票据业务人员告诉澎湃新闻，在上周四市场上爆出该事件后，加上年初银监会关于票据业务的风险提示，各家银行都在收紧甚至暂停业务，致使整个票据市场利率大幅攀升，6个月的国有股份制银行承兑汇票的贴现利率从原来的2.85%骤然升至3.70%，相当于每1亿元的银行承兑汇票增加了95万元。

第十五章

研究与开发的内部控制

第一节 企业内部控制应用指引
——研究与开发的基本内容

第一章 总 则

第一条 为了促进企业自主创新,增强核心竞争力,有效控制研发风险,实现发展战略,根据有关法律法规和《企业内部控制基本规范》,制定本指引。

第二条 本指引所称研究与开发,是指企业为获取新产品、新技术、新工艺等所开展的各种研发活动。

第三条 企业开展研发活动至少应当关注下列风险:

(一) 研究项目未经科学论证或论证不充分,可能导致创新不足或资源浪费。

(二) 研发人员配备不合理或研发过程管理不善,可能导致研发成本过高、舞弊或研发失败。

(三) 研究成果转化应用不足、保护措施不力,可能导致企业利益受损。

第四条 企业应当重视研发工作,根据发展战略,结合市场开拓和技术进步要求,科学制定研发计划,强化研发全过程管理,规范研发行为,促进研发成果的转化和有效利用,不断提升企业自主创新能力。

第二章 立项与研究

第五条 企业应当根据实际需要，结合研发计划，提出研究项目立项申请，开展可行性研究，编制可行性研究报告。

企业可以组织独立于申请及立项审批之外的专业机构和人员进行评估论证，出具评估意见。

第六条 研究项目应当按照规定的权限和程序进行审批，重大研究项目应当报经董事会或类似权力机构集体审议决策。审批过程中，应当重点关注研究项目促进企业发展的必要性、技术的先进性以及成果转化的可行性。

第七条 企业应当加强对研究过程的管理，合理配备专业人员，严格落实岗位责任制，确保研究过程高效、可控。

企业应当跟踪检查研究项目进展情况，评估各阶段研究成果，提供足够的经费支持，确保项目按期、保质完成，有效规避研究失败风险。

企业研究项目委托外单位承担的，应当采用招标、协议等适当方式确定受托单位，签订外包合同，约定研究成果的产权归属、研究进度和质量标准等相关内容。

第八条 企业与其他单位合作进行研究的，应当对合作单位进行尽职调查，签订书面合作研究合同，明确双方投资、分工、权利义务、研究成果产权归属等。

第九条 企业应当建立和完善研究成果验收制度，组织专业人员对研究成果进行独立评审和验收。

企业对于通过验收的研究成果，可以委托相关机构进行审查，确认是否申请专利或作为非专利技术、商业秘密等进行管理。企业对于需要申请专利的研究成果，应当及时办理有关专利申请手续。

第十条 企业应当建立严格的核心研究人员管理制度，明确界定核心研究人员范围和名册清单，签署符合国家有关法律法规要求的保密协议。

企业与核心研究人员签订劳动合同时，应当特别约定研究成果归属、离职条件、离职移交程序、离职后保密义务、离职后竞业限制年限及违约责任等内容。

第三章 开发与保护

第十一条 企业应当加强研究成果的开发，形成科研、生产、市场一体化的自主创新机制,促进研究成果转化。

研究成果的开发应当分步推进,通过试生产充分验证产品性能,在获得市场认可后方可进行批量生产。

第十二条 企业应当建立研究成果保护制度,加强对专利权、非专利技术、商业秘密及研发过程中形成的各类涉密图纸、程序、资料的管理,严格按照制度规定借阅和使用。禁止无关人员接触研究成果。

第十三条 企业应当建立研发活动评估制度,加强对立项与研究、开发与保护等过程的全面评估,认真总结研发管理经验,分析存在的薄弱环节,完善相关制度和办法,不断改进和提升研发活动的管理水平。

第二节 企业内部控制应用指引
——研究与开发解读

一、研究与开发概述

随着经济全球化进程的不断加快以及科学技术水平的飞速发展,提升资源配置效率,推动技术创新活动,加快技术创新速度,缩短产品开发周期已成为现代企业在严峻的国际竞争中获得持续竞争力的关键。因此,企业应当重视研发工作,根据发展战略,结合市场开拓和技术进步要求,科学制订研发计划,强化研发全过程管理,规范研发行为,促进研发成果的转化和有效利用,不断提升企业自主创新能力。

本指引所称研究与开发是指企业为获取新产品、新技术、新工艺等所开展的各种研发活动。研究与开发可以区分为研究阶段与开发阶段。不同企业应当根据自身实际情况和相关信息,对研究阶段与开发阶段作出具体划分。

研究是指为获取并理解新的科学或技术知识等进行的独创性的有计划的调查。研究活动的例子包括意在获取知识而进行的活动;研究成果或其他知识的应用研究、评估和最终选择;材料、设备、产品、工序、系统或服务替代品的研究,以及新的或经改进的材料、设备、产品、工序、系统或服务的可能替代品的配制、设计、评价和最终选择等。

开发是指在进行商业性生产或使用前,将研究成果或其他知识应用于某项计划或设计,以生产出新的或具有实质性改进的材料、装置、产品等。

开发活动的例子包括生产前或使用前的原型和模型的设计、建造和测试；含新技术的工具、夹具、模具和冲模的设计；不具有商业性生产经济规模的试生产设施的设计、建造和运营；新的或经改造的材料、设备、产品、工序、系统或服务所选定的替代品的设计、建造和测试等。

研究阶段基本上是探索性的，是为进一步的开发活动进行资料和相关方面的准备。相对于研究阶段而言，开发阶段应当是已经完成研究阶段的工作，在很大程度上具备了形成一项新产品或新技术的基本条件。因此，研究阶段与开发阶段所面临的风险是不同的。

二、研究与开发应当关注的风险

风险是指由于因素复杂性和变动性的影响，实际结果和预期发生背离而导致利益损失的可能性。研究与开发风险为企业对新产品开发的内外环境不确定性估计不足或无法适应，或对新产品开发过程难以有效控制而造成新产品开发失败的可能性。

企业开展研发活动至少应当关注下列风险：研究项目未经科学论证或论证不充分，可能导致创新不足或资源浪费；研发人员配备不合理或研发过程管理不善，可能导致研发成本过高、舞弊或研发失败；研究成果转化应用不足、保护措施不力，可能导致企业利益受损。

（一）论证风险

论证风险是指研究项目未经科学论证或论证不充分，可能导致创新不足或资源浪费的风险。

（二）研发技术风险

研发技术风险可以定义为发展某项新设计所包含的风险，发展这项新设计、新技术的目的是要提高系统的性能水平，却可能因为受到某些约束条件的作用而使目标难以实现。其中，许多技术风险往往是由于对新系统和新设备提出前所未有的性能要求而造成的。

（1）技术方案风险。技术方案不合理，会导致后续设计产品的质量、性能不能达到设计要求，并造成后期设计变更，影响项目的进度。

（2）不成熟的新技术。新技术的运用，还需要周边的配套系统能与之匹配，且其生产工艺和可靠性得到验证。项目不能过度依赖一些新的"边缘"技术，如果项目团队对技术、工艺没有足够的经验，将会给项目留下不可预估的风险。研发是一个大型工程项目，最终要求投入使用，不是纯理论的研究，要求最终产品有足够的可靠性。

（3）系统复杂性过强。系统的复杂性可能导致管理难度增大，设计反复增多，进而影响项目的质量和进度。

（4）不成熟的工艺。采用的工艺如果不成熟会对工程项目产生不利影响，包括项目开发周期以及产品性能。在方案设计阶段和设计细化过程中，设计人员应该充分考虑工艺可行性，尽可能采用成熟的工艺。

（5）试验验证风险。不同市场都有一系列强制性法规要求，必须通过相应机构的认证试验方可上市。试验的多次失败和重复，会造成进度拖延以及人力、物力等成本的增加，也会对新产品的上市时机造成影响。

（6）设备风险。新产品设计中的新结构、新工艺往往会需要对现有设备进行调整或引进新设备。这需要在方案设计阶段就加以考虑，防止由于设备无法满足设计要求，达不到设计目标，或者造成新产品投入超标。

（7）产品的可靠性、可维修性设计。在设计中，要充分考虑可靠性和可维修性，否则将会影响产品的使用，引起最终用户的抱怨。

（三）研发管理风险

（1）决策延误。上级拖延批准签订合同或者项目进入下一节点等，造成项目计划进度中断，可能产生进度风险。

（2）项目进度风险。在计划制订过程中，对项目本身不熟悉或者为了满足客户要求盲目压缩项目周期，会在项目运行中出现进度风险，而为了赶进度，往往通过增加人员、加班等措施来补救，会额外增加费用，同时，对项目质量也是一种考验。

（3）项目变更。项目方案的不可预测的变更，可能对项目的进度、技术、费用等各个方面产生影响。

（4）沟通风险。研究与开发是一个多专业、多部门、多单位共同合作开发的项目，如果沟通不到位，信息不对称，不能及时发现和解决问题，会导致设计效率低下，并可能导致质量和进度风险。

（5）项目范围。项目范围定义不清楚，会在项目执行中造成项目组与客户对于范围理解的冲突。

（6）人力风险。项目成员的稳定性、责任心以及能力水平，直接影响项目的进度、质量。

（四）研发系统环境风险

按照风险来源划分，研发系统环境风险分为客户风险、供应商风险、分包商风险等。研发过程需要客户方技术人员与项目组同步开展，客户方技术人员能力、稳定性以及数量，直接影响对项目的支持力度以及项目试制生产阶段的消化吸收。客户方的生产试验设备、工艺水平等，会影响新产品的品质。

客户的决策能力、协调能力、组织能力、管理的规范化程度等直接影响项目组的沟通交流，并间接影响项目的质量、进度。客户对项目方案、进度以及质量等提出的不合理要求，直接影响项目成败。研发项目分为多个项目节点，需要客户进行评审确认，如果客户迟迟不签字确认，就会影响项目下一节点的开展，有时，客户还会在确认节点后，又推翻原有结论，会造成项目范围和进度的变化。

客户的资质以及信誉度，影响项目款项能否及时支付以及供应商对于项目的配合，进而影响项目质量和进度。

在设计过程中，需要供应商介入同步进行零部件的内部结构开发和工艺分析。供应商技术能力、稳定性、数量，影响开发的进度和设计的质量，设备情况、工艺水平等，都会影响零部件的质量。

除上述风险外，还应考虑政策法规风险、政治经济风险、自然风险等。可见，研发过程中面临着各种各样的风险，但在实际研发过程中，考虑成本费用原则，企业只需特别关注技术风险、资金风险、进度风险等重要风险，进行重点控制。

三、研究与开发的风险应对

企业研究与开发会遇到许多市场、技术和环境的不确定性。因此，研究与开发是一项具有风险的活动，如何规避风险对于成功进行研究与开发工作具有重大意义。企业采取以下措施，可在一定程度上减少新产品开发的风险。

（一）做好新产品开发项目的选择和中止决策

新产品创新的投入是一个逐次进行的过程，因此一个产品开发项目失败或中止的时点越往后，则累计投入越大，风险损失也会随之递增。

对一些没有前途的产品开发项目不及时中止，还会占用企业大量的人力、物力和财力资源，产生新产品开发的资源短缺问题。在产品开发的早期阶段，如设计和试验阶段，做好项目的选择和中止决策，能实现对资源的合理分配，减少不确定性。让较少的项目处在危险之中是降低企业产品创新风险的最好办法，在全面介入之前，企业必须反复评价和提炼产品设计，以便执行最好的产品设计。

在产品开发过程中，要有明确的继续／中止（Go／Kill）的决策点，以便对项目全面评价,及时中止进行不下去或没有前途的项目。一些项目根本没有经过仔细研究就很快进入开发阶段,企业仅仅认识到尽快实现商业化的必要。结果,导致市场并不像预测的那样大、生产成本过高等。缺乏明确的继续／中止的决策点,意味着太多的项目失败,资源浪费在错误的项目上,缺乏投资重点。

（二）加强新产品开发人员之间的信息交流

风险源于不确定性,而信息是不确定性的负量度,有效信息的增加,就意味着不确定因素的减少和风险的降低。新产品开发过程可以看成企业为了进行商业化生产,把有关市场机会和技术可行性的资料转化为信息资产的过程。在开发过程中,这些信息资产通过各种媒体,包括人脑、纸张、计算机内存、软件和其他有形资料,被创造、过滤、贮存、组合、分解和转化,最终,这些信息就表达为详细的产品和过程设计,进而贮存在计算机辅助设计库中,最后进入生产过程。

由于新产品开发被看成一个信息的收集、评价、处理、传递和应用的过程,产品开发小组的任务就是最大限度地收集关于用户需求、技术和竞争环境以及所需资源的信息,以减弱不确定性,不确定性降低得越多,产品获得商业化成功的可能性越大。在开发小组中,来自不同职能部门的人扮演着不同的角色,比如：市场营销人员主要立足于降低有关市场营销信息的不确定性；研发人员主要负责有关技术信息的不确定性,产品开发的过程就是一个不确定性逐渐减弱的过程。因此,加强不同职能部门的人员,如研发、市场营销、工程、制造以及外部顾客和供应商之间的交流,能实现信息共享,降低不确定性,从而降低风险。

（三）加速产品开发

比竞争对手更快地投入新产品,能够使企业在竞争中处于主动地位,为企业创造许多发展机会,如建立产品标准,取得技术领先地位,对顾客需求作出快速反应,实现高额利润等,从而降低产品开发风险。

（四）合作产品开发

随着科学技术的发展,市场竞争程度的加剧,市场对新产品的要求不断提高,有时企业不可能具有所有的新产品开发所需的人才和设备。在这种情况下,与其他企业和科研单位共同开发、销售新产品,可以加强企业的薄弱环节和分散研究开发风险。

（五）选择好新产品投入市场的时机

掌握好新产品投入市场的时机，是降低产品创新风险的另一重要方法。如果新产品相对于老产品投入市场过早，就会影响老产品的收益最大化；反之，在老产品开始衰退时仍没有新产品投入市场，就会造成销售额和利润的剧烈下降，使企业陷入困境。如果新产品相对于竞争者的新产品投入市场过早，会面临难以被顾客接受的风险；如果新产品相对于竞争对手的新产品投入市场过晚，竞争将非常激烈，没有较强的成本、质量或服务优势是很难取得成功的。

对改进型产品来说，在老产品销售额开始下降（或销售额最大）时投入市场较为合适，既不影响原有产品的销售，又能使新产品尽快被市场接受；而对于创新型产品来说，应尽早投入市场，因为创新型产品被市场接受需要较长的时间；企业在早期阶段可以获得较多的利润，以尽快弥补开发费用；创新型产品技术变化速度较快，所用技术被新技术取代的可能性更大。

此外，新产品入市时机的选择，除所考虑的市场因素外，也要考虑新产品本身的技术成熟程度。新产品研制工作完成后，未经试产、试销、试用、反复验证改进，在质量尚未过关的情况下，就匆忙地大量投入市场，一时可能得到一些利益，但终究要以败坏产品声誉而告终；反之，在市场激烈竞争情况下，若一种技术过关的新产品，不迅速投入市场，就会坐失良机。

第三节　企业内部控制应用指引
——研究与开发的案例

【案例 15-1】

B 公司产品开发项目案例分析[①]

B 公司是一家专业从事电子类精密金属零件制造的企业，在该项目中首次与 L 公司合作。L 公司原来一直从日本进口滑盖导轨零件，现在由于市场竞争

---

① 吴迪．公司新产品项目研发风险及其对策［J］．项目管理技术，2008（S1）．

激烈，考虑到成本问题改为在国内寻找供应商，年需求量预计为 350 万件左右。L 公司承诺，如该项目成功，以后不同型号手机的该零件将全部在 B 公司采购。

根据合同，此项目的产品开发周期为 8 周。零件的特点是虽然基本结构简单，但具体技术要求苛刻，因此该产品开发项目的实际技术难度非常大。客户对该零件的具体技术要求为：① 线性尺寸公差要求，零件必须完全符合客户图纸尺寸公差要求 ±0.02 毫米；② 形位公差要求，底板的平面度要求为 0.08 毫米 max，滑轨和底板配合部分相关于中心线的对称度要求为 0.03 毫米；③ 表面处理要求，喷涂厚度为 0.02 毫米，达到钢琴漆的光亮效果，无任何外观瑕疵，无橘皮现象；④ 配合要求，滑轨零件和底板零件滑动配合，导轨部分局部镜面抛光；X 轴和 Z 轴方向配合单边间隙小于 0.025 毫米；滑动手感顺畅，没有晃动和摩擦声；⑤ 滑轨使用寿命 ≥ 10 万次。

一、管理问题

目前，B 公司在该产品开发项目中需要重点面对的问题就是：如何有效管理和控制项目开发风险，以顺利实现产品开发并获得重要的商业机会。该类产品的特点是结构不复杂但是具体技术要求苛刻，目前国内能够达到这样技术要求的供应商比较少而市场需求很大。可以说，技术问题能否得到解决直接关系到该项目的成败，在这个项目中，技术问题不仅仅是一个单一方面的风险，其对资金和进度风险有着很大的影响。

二、项目风险分析

（一）技术风险

产品难度大，精度和外观要求苛刻，所涉及的冲压、攻牙、去毛刺、注塑、喷涂、抛光共六道工序均需在现有制造程序的基础上寻求更高精度的解决方案，任何一个环节的技术要求不能实现都会造成产品研发失败。与此同时，由于市场原因，客户所给的项目研发周期却很短。

（二）资金风险

公司首次开发此类产品，对其中可能出现的问题点只能大致估计解决办法，无法提前给出准确的解决方案，研发过程中的反复试制不可避免，由此带来的研发费用增长也难以避免。而在报价过程中，B 公司为了能够抓住将来的市场机会，尽可能地压低了报价，所给的项目费用预算有限，稍有不慎就会有超出预算的风险。

（三）进度风险

首先，由于产品技术标准高，整个生产过程中任何一个环节的技术问题如不能按计划得到解决将会不可避免地导致进度的拖延。

其次，该产品的表面处理要求高，必须由专业处理厂用专用设备来完成，因此必须完全外包。根据采购部门提供的信息，目前公司外包商中技术上最优秀的也只有少数类似表面处理的经验，需要一定程度的试制，其需要的时间难以控制。

三、项目风险管理的对策

（一）技术风险的对策

首先，由工程经理主导，抽调各部门技术骨干成立专门的技术攻关小组，对该小组的各项任务优先配置公司设备、人力等软硬件资源。在技术攻关小组内，将每个技术问题点均作为一个小项目来进行管理，建立项目进度表，由主管工程师进行掌控。

其次，在项目正式开始前就介入客户的产品设计过程中进行协同设计，同时进行相关的技术验证和样品试制工作。一方面，在产品设计阶段协助客户在可能的情况下灵活采用更稳妥的成熟技术，另一方面，对必须进行技术攻关的问题力求将技术瓶颈尽早暴露，以争取到解决时间。

再次，通过公司一些资深技术人员的人际关系，在产业内招揽掌握有这一类技术的专门人才进入技术攻关小组来提供更有力的技术支持。项目执行的结果显示，协同设计的方法不仅在很大程度上节省了研发时间和费用，而且大大提高了客户的满意度，并且使B公司与L公司的技术人员之间建立了良好的合作关系。

（二）资金风险的对策

由于在产品报价时所采取的策略，该项目注定是一个薄利、微利甚至亏损而又高难度的项目，因此研发费用的控制显得尤其重要。为了尽可能地节省试制费用，规定在发生任何技术问题时必须由相关责任人通过项目经理及时召集由核心技术人员和项目经理共同参与的讨论会，由项目经理主导，在充分讨论和协调好各部门的基础上再进行新的试制，这样，就避免了各部门闭门造车和绝大多数的盲目修改所造成的浪费。此外，加强项目经理以及技术人员和客户的沟通，准确了解客户的要求，在技术问题无法解决的时候共同寻求新的解决方案，避免在难以实现的问题上花费过多。此外，各部门根据项目计划对每个研发工作预先给出费用预算，经审核通过后由财务人员对整个项目发生的费用每周进行核算，项目经理即时进行跟踪。事实上，项目人员在沟通中发现，L公司最关注的是产品的配合与滑动手感，一些严格的公差完全是为了从设计图纸上控制产品的配合。这样，一些产品在实际上无法达到图面公差要求的尺寸，只要产品能够通过装配测试就能够认为达到了质量要求，客户可以根据装配测试的结果修改图纸。这样的变通处理既达到了客户要求又节省了反复试制所浪费的人力、物力和时间。

（三）进度风险的对策

对进度风险的管理主要通过以下措施加以实现：

（1）通过与客户进行协同设计提早了解技术要求并在产品设计阶段就同步开始样品试制工作。

（2）项目正式启动后制订详细的项目计划，针对每个重要步骤建立时间节点，在项目进行当中由项目工程师每天进行确认，如发现有超出时间节点的可能，立即召集相关人员讨论解决方案并对项目计划进行调整。

（3）对外包的规定，提前要求供应商进行试制并提供详细的试制时间计划表，根据计划表上的时间节点按时进行情况通气，出现危险信号即时采取补救措施。通过以上对技术、资金、进度风险的管理方法，B公司最终成功完成了这一项目，在要求的时间内将合格的产品送到了客户手中，同时项目研发费用被控制在预算范围之内。

（四）风险防范分析

在这个研发项目案例的所有风险控制措施中，以下一些措施非常有效地降低了风险，使项目成功率大大提高。

（1）客户与供应商技术部门之间进行的协同设计对项目的技术风险、资金风险和进度风险控制有着非常大的帮助。在源头上进行控制远比在后期尝试各种解决方案更有效率、更经济。

（2）准确了解客户的需求并与客户进行良好的沟通，从而大大节省了不必要的人员、资金、时间的投入。

（3）在计划确定后，针对计划进行了有效的跟踪。项目管理者尽量做到了有预见性地解决问题而不是等问题发生后采取应急措施。

（4）对外包商的试制过程同样采取项目管理的方法进行监控。在项目管理中重视可能存在的各项风险，对于项目的顺利进行和项目目标的有效实现有着非常重要的意义。对于产品研发类项目来说，如何有效地识别和分析风险，从而对于技术、资金和进度等各方面的风险提出合理的应对措施和监控手段，是产品研发类型项目管理中需要特别关注的重要环节。

【案例 15-2】

微软和其他公司的合作研发[①]

1982—1984年，苹果公司在开发麦金托什机时，同微软公司合作开发数据库、图形应用程序等，结果微软公司的工程师开发图形界面产品的关键技能取得了长足进展，很快开发出了视窗式操作系统。后来苹果公司起诉微软非法获得其图形界面技术，但未能胜诉（Norman，2001）。

20世纪70年代，IBM公司同成立不久的微软公司合作开发操作系统，结果使操作系统成为微软的核产品，IBM最后不得不在操作系统方面采用微软标准，且微软的市值最终在1993年超过了IBM。

微软通过同其他企业的合作研发使自身迅速发展壮大，因此合作研发相对于企业单独研发具有多方面的好处，具体表现如下。

一、可以带来研发费用的节约

企业获得一项技术成果的全部费用，包括直接研发费用和各种交易费用。在企业独自开发的情况下，交易费用很低（甚至为零），但直接投入研发过程的费用很高；在企业通过市场购买获得该项技术成果的情况下，直接研发费用低，但交易费用高。合作研发同时发生交易费用和直接研发费用，但有可能使研发总费用实现降低。

二、合作研发具有迅速攫取经营机会和战略优势的性质

进入20世纪70年代后期，企业技术领域出现了两个明显的趋势：一是新技术数量不断增多，产生频率和转化为生产力的速度大大提高；二是领先企业在争夺技术领先地位方面的竞争、后进企业超越领先企业和领先企业竭力维护自身地位的竞争明显加剧。受此影响，独自研发的目标和任务常常受到自身资金、人才、实验场地、设备等的限制，很多企业转向与外部组织合作，共同推动研发工作。在此情况下，合作研发能否如期取得满意的研发成就，直接关系到一些企业的竞争优势，甚至决定着部分企业的生死存亡。合作研发具有了战略的性质，成为许多企业重要的战略选择。

三、合作研发具有实现资源互补、塑造企业核心技术能力的性质

不同的企业在自身发展过程中形成了不同的资源积累，并由此决定了企业在当前独自能够做什么和不能做什么。当企业以现有资源条件去做独自不能

---

① 李东红. 企业联盟研发：风险与防范 [J]. 中国软科学，2002（10）.

完成的技术开发项目时，同其他企业建立技术联盟常常成为有效的选择。在合作研发过程中，企业自身资源与其他组织资源的互补效应，必然使开发的技术成果超过企业依靠自身力量能够达到的水平，将企业的技术水平推向一个新的高度。

而 IBM 和苹果在与微软的合作研发中则是以失败告终，没有尝到甜头，可见合作研发也有其风险的。具体来说，企业合作研发过程中可能会面临如下风险：合作研发不可避免地会造成企业技术的流失；壮大竞争对手的力量；加速潜在竞争者、替代品生产者向现实竞争者转变；合作方可能将本企业排挤出局；带来关键技术人才的流失。

一方面，为了自身的生存和长远发展，企业需要寻求必要的研发合作者；另一方面，合作研发又必然带来自身技术、知识等一定程度的流失。因此，企业必须在积极开展合作研发的同时，努力寻求有效规避与控制可能面对的各种风险，在获得预期合作效果的同时尽可能地减少损失。

（一）加强与研发联盟相关的人员的技术保护意识

企业技术的流失，主要是在本企业人员同合作方人员之间的交往过程中出现。企业全体员工都需要树立保护技术的信念，并在正式合作和人员日常交往中有意识地防止技术的不当流失。

（二）在合作建立和合作运行两个环节进行控制

在建立合作研发过程中，企业需要做的工作主要是：选择具有诚实、信用良好的合作方；充分考虑该项合作可能对企业未来竞争态势产生的影响，尽可能地避免导致强有力竞争对手出现；以合同明确双方对于合作研发的贡献、在合作研发运行过程中的角色和合作研发产出的共享机制，明确出现不正当获取知识与技术纠纷的处理与补偿方式，明确在互相访问、参观等过程中可以到达的办公、生产区域。在合作研发运行过程中，企业的主要保护工作有：随时检查本企业的技术管理制度是否完善，是否得到有效遵守；定期或者不定期检查双方的合作合同是否得到有效执行；从与对方员工的交谈中判断合作者是否获得了合同以外本企业的技术；对于流失的技术，及时进行交涉，挽回损失；及早考虑在本期合作结束时，未来合作的必要性和可能性。

（三）分别按三种技术的不同性质进行保护

在合作研发过程中，有三种技术需要企业分别予以保护。

第一种是企业根据合同必须向合作方提供并允许合作方共享的技术。对于这一技术，主要是保护该项技术只限于联盟和合作方范围内使用，不得向第三方扩散，保护的主要手段是双方签订明确的保护条款。第二种是企业向联盟提供且只能被联盟使用，合作方不能随意使用的技术。保护的主要手段是只提供那些已经申请获得了专利的技术。第三种是企业不向联盟提供的其他技术。合作者通过参与试验、接触企业内部文件、同员工交谈、参加各种报告会等方式有可能获得这些技术。保护的主要手段是签订限制性条款，同时更重要的是提高企业自身及员工的保护能力。

（四）在合作期内和合作终结后若干年内禁止相互雇佣对方员工

为了防止在合作过程中出现人才流失和由此产生的技术等流失，合作双方应当以合同方式限制一定时期内员工在合作方之间的流动。合作双方可以通过签订如下合同条款实现这一目标：在合作进行过程中，任何一方不得雇用对方员工，未经对方同意不得雇用最近两年从合作方辞职的员工；在合作终结之后两年之内，不得雇用对方员工，未经同意不得雇用从合作方离职的员工。

第十六章

工程项目的内部控制

第一节 企业内部控制应用指引
——工程项目的基本内容

第一章 总 则

第一条 为了加强工程项目管理，提高工程质量，保证工程进度，控制工程成本，防范商业贿赂等舞弊行为，根据有关法律法规和《企业内部控制基本规范》，制定本指引。

第二条 本指引所称工程项目，是指企业自行或者委托其他单位所进行的建造、安装工程。

第三条 企业工程项目至少应当关注下列风险：

（一）立项缺乏可行性研究或者可行性研究流于形式，决策不当，盲目实施，可能导致难以实现预期效益或项目失败。

（二）项目招标暗箱操作，存在商业贿赂，可能导致中标人实质上难以承担工程项目、中标价格失实及相关人员涉案。

（三）工程造价信息不对称，技术方案不落实，概预算脱离实际，可能导致项目投资失控。

（四）工程物资质次价高，工程监理不到位，项目资金不落实，可能导致工程质量低劣，进度延迟或中断。

第十六章 工程项目的内部控制

（五）竣工验收不规范，最终把关不严，可能导致工程交付使用后存在重大隐患。

第四条 企业应当建立和完善工程项目各项管理制度，全面梳理各个环节可能存在的风险点，规范工程立项、招标、造价、建设、验收等环节的工作流程，明确相关部门和岗位的职责权限，做到可行性研究与决策、概预算编制与审核、项目实施与价款支付、竣工决算与审计等不相容职务相互分离，强化工程建设全过程的监控，确保工程项目的质量、进度和资金安全。

第二章 工 程 立 项

第五条 企业应当指定专门机构归口管理工程项目，根据发展战略和年度投资计划，提出项目建议书，开展可行性研究，编制可行性研究报告。

项目建议书的主要内容包括：项目的必要性和依据、产品方案、拟建规模、建设地点、投资估算、资金筹措、项目进度安排、经济效果和社会效益的估计、环境影响的初步评价等。

可行性研究报告的内容主要包括：项目概况，项目建设的必要性，市场预测，项目建设选址及建设条件论证，建设规模和建设内容，项目外部配套建设，环境保护，劳动保护与卫生防疫，消防、节能、节水，总投资及资金来源，经济、社会效益，项目建设周期及进度安排，招投标法规定的相关内容等。

企业可以委托具有相应资质的专业机构开展可行性研究，并按照有关要求形成可行性研究报告。

第六条 企业应当组织规划、工程、技术、财会、法律等部门的专家对项目建议书和可行性研究报告进行充分论证和评审，出具评审意见，作为项目决策的重要依据。

在项目评审过程中，应当重点关注项目投资方案、投资规模、资金筹措、生产规模、投资效益、布局选址、技术、安全、设备、环境保护等方面，核实相关资料的来源和取得途径是否真实、可靠和完整。

企业可以委托具有相应资质的专业机构对可行性研究报告进行评审，出具评审意见。从事项目可行性研究的专业机构不得再从事可行性研究报告的评审。

第七条 企业应当按照规定的权限和程序对工程项目进行决策，决策过程应有完整的书面记录。重大工程项目的立项，应当报经董事会或类似权力机构集体审议批准。总会计师或分管会计工作的负责人应当参与项目决策。

任何个人不得单独决策或者擅自改变集体决策意见。工程项目决策失误应当实行责任追究制度。

第八条 企业应当在工程项目立项后、正式施工前，依法取得建设用地、城市规划、环境保护、安全、施工等方面的许可。

第三章 工 程 招 标

第九条 企业的工程项目一般应当采用公开招标的方式，择优选择具有相应资质的承包单位和监理单位。

在选择承包单位时，企业可以将工程的勘察、设计、施工、设备采购一并发包给一个项目总承包单位，也可以将其中的一项或者多项发包给一个工程总承包单位，但不得违背工程施工组织设计和招标设计计划，将应由一个承包单位完成的工程肢解为若干部分发包给几个承包单位。

企业应当依照国家招投标法的规定，遵循公开、公正、平等竞争的原则，发布招标公告，提供载有招标工程的主要技术要求、主要合同条款、评标的标准和方法，以及开标、评标、定标的程序等内容的招标文件。

企业可以根据项目特点决定是否编制标底。需要编制标底的，标底编制过程和标底应当严格保密。

在确定中标人前，企业不得与投标人就投标价格、投标方案等实质性内容进行谈判。

第十条 企业应当依法组织工程招标的开标、评标和定标，并接受有关部门的监督。

第十一条 企业应当依法组建评标委员会。评标委员会由企业的代表和有关技术、经济方面的专家组成。评标委员会应当客观、公正地履行职务、遵守职业道德，对所提出的评审意见承担责任。

企业应当采取必要的措施，保证评标在严格保密的情况下进行。评标委员会应当按照招标文件确定的标准和方法，对投标文件进行评审和比较，择优选择中标候选人。

第十二条 评标委员会成员和参与评标的有关工作人员不得透露对投标文件的评审和比较、中标候选人的推荐情况以及与评标有关的其他情况，不得私下接触投标人，不得收受投标人的财物或者其他好处。

第十三条 企业应当按照规定的权限和程序从中标候选人中确定中标人，及时向中标人发出中标通知书，在规定的期限内与中标人订立书面合同，明确双方的权利、义务和违约责任。

企业和中标人不得再行订立背离合同实质性内容的其他协议。

第四章 工 程 造 价

第十四条 企业应当加强工程造价管理，明确初步设计概算和施工图预算的编制方法，按照规定的权限和程序进行审核批准，确保概预算科学合理。

企业可以委托具备相应资质的中介机构开展工程造价咨询工作。

第十五条 企业应当向招标确定的设计单位提供详细的设计要求和基础资料，进行有效的技术、经济交流。

初步设计应当在技术、经济交流的基础上，采用先进的设计管理实务技术，进行多方案比选。

施工图设计深度及图纸交付进度应当符合项目要求，防止因设计深度不足、设计缺陷，造成施工组织、工期、工程质量、投资失控以及生产运行成本过高等问题。

第十六条 企业应当建立设计变更管理制度。设计单位应当提供全面、及时的现场服务。因过失造成设计变更的，应当实行责任追究制度。

第十七条 企业应当组织工程、技术、财会等部门的相关专业人员或委托具有相应资质的中介机构对编制的概预算进行审核，重点审查编制依据、项目内容、工程量的计算、定额套用等是否真实、完整和准确。

工程项目概预算按照规定的权限和程序审核批准后执行。

第五章 工 程 建 设

第十八条 企业应当加强对工程建设过程的监控，实行严格的概预算管理，切实做到及时备料，科学施工，保障资金，落实责任，确保工程项目达到设计要求。

第十九条 按照合同约定，企业自行采购工程物资的，应当按照《企业内部控制应用指引第 7 号——采购业务》等相关指引的规定，组织工程物资采购、验收和付款；由承包单位采购工程物资的，企业应当加强监督，确保工程物资采购符合设计标准和合同要求。严禁不合格工程物资投入工程项目建设。

重大设备和大宗材料的采购应当根据有关招标采购的规定执行。

第二十条 企业应当实行严格的工程监理制度，委托经过招标确定的监理单位进行监理。工程监理单位应当依照国家法律法规及相关技术标准、设计文件和工程承包合同，对承包单位在施工质量、工期、进度、安全和资金使用等方面实施监督。

工程监理人员应当具备良好的职业操守，客观公正地执行监理任务，发现工程施工不符合设计要求、施工技术标准和合同约定的，应当要求承包单位改正；发现工程设计不符合建筑工程质量标准或者合同约定的质量要求的，应当报告企业要求设计单位改正。

未经工程监理人员签字，工程物资不得在工程上使用或者安装，不得进行下一道工序施工，不得拨付工程价款，不得进行竣工验收。

第二十一条 企业财会部门应当加强与承包单位的沟通，准确掌握工程进度，根据合同约定，按照规定的审批权限和程序办理工程价款结算，不得无故拖欠。

第二十二条 企业应当严格控制工程变更，确需变更的，应当按照规定的权限和程序进行审批。

重大的项目变更应当按照项目决策和概预算控制的有关程序和要求重新履行审批手续。

因工程变更等原因造成价款支付方式及金额发生变动的，应当提供完整的书面文件和其他相关资料，并对工程变更价款的支付进行严格审核。

第六章 工程验收

第二十三条 企业收到承包单位的工程竣工报告后，应当及时编制竣工决算，开展竣工决算审计，组织设计、施工、监理等有关单位进行竣工验收。

第二十四条 企业应当组织审核竣工决算，重点审查决算依据是否完备，相关文件资料是否齐全，竣工清理是否完成，决算编制是否正确。

企业应当加强竣工决算审计，未实施竣工决算审计的工程项目，不得办理竣工验收手续。

第二十五条　企业应当及时组织工程项目竣工验收。交付竣工验收的工程项目，应当符合规定的质量标准，有完整的工程技术经济资料，并具备国家规定的其他竣工条件。

验收合格的工程项目，应当编制交付使用财产清单，及时办理交付使用手续。

第二十六条　企业应当按照国家有关档案管理的规定，及时收集、整理工程建设各环节的文件资料，建立完整的工程项目档案。

第二十七条　企业应当建立完工项目后评估制度，重点评价工程项目预期目标的实现情况和项目投资效益等，并以此作为绩效考核和责任追究的依据。

第二节　企业内部控制应用指引
——工程项目解读

一、工程项目概述

工程项目或称投资项目。建设项目是指建设领域的项目，是一个总体设计或总预算范围内，由一个或几个互有内在联系的单项工程组成，建成后在经济上可以独立核算经营，在行政上又可以统一管理的工程单位。工程项目是通过一定数量的投资和组织实施，以形成固定资产为特定目标的一次性经济活动。对工程项目的基本要求是质量达标，工期合理，造价节省，投资有效。工程项目具有唯一性、一次性、整体性、固定性、许多因素带有不确定性、不可逆转性、建设周期长、协作要求高的特点。

二、工程项目的主要业务控制

（一）工程项目的投资机会研究

固定资产投资项目是实现投资回报的载体，对工程项目进行机会研究重点一般放在财务与经营方面，目的是在初步调查研究结果的基础上探讨该项目投资的必要性与可能性，最终形成工程项目建议书。因此，企业管理当局应高度重视工程项目投资机会研究，授权各有关部门参与，充分考虑以下一些因素。

（1）拟建项目产品用途及其在一定市场范围乃至国民经济和人民生活

中的作用。

（2）初步的市场需求调查结论，包括当前需求和潜在需求。

（3）现有诸种经济因素的调查，主要是指涉及制造这种产品的生产要素条件。

（4）其他地区或厂家在类似情况下从事同一或类似工业活动的调查。

（5）拟建项目与其他产业部门的关系，主要是关于原料来源（包括进口渠道）或在未来出口时在国际市场竞争中可能的地位。

（6）产品更新换代、多样化方向延伸的机会及潜在问题。

（7）经济性一般分析。

（8）投资倾向和保护政策要求。

（9）综合上述研究形成预测性结论。

（10）项目建议书。

机会研究基本上是粗线条的，但又是务实的，关键在于思路与方法正确。这一阶段并不需要进行详细计算，主要是匡算和估算。其依据是本地区或邻近地区类似项目或公认的经验数据。

有时，企业可以将项目机会研究委托某些咨询公司来做，企业派员工参与，或者企业自己组织专门班子从事机会研究，但从外部聘请少数咨询专家共同参与。

（二）工程项目投资的可行性研究

可行性研究是项目投资前期的一个决定性阶段，是投资前期工作的核心内容。对于一些耗资大或技术复杂的项目，一般还要分三个层次进行可行性研究，即初步可行性研究、辅助研究和详细可行性研究。

1. 初步可行性研究

初步可行性研究介于机会研究和详细可行性研究之间。其研究目的和内容与详细可行性研究基本相同，只是获得的数据资料粗略一些。初步可行性研究中涉及的价格、费用、资金的运用、投资回报只是一种估算。其工作重心是对机会研究阶段提出的项目建议予以鉴别和估价，特别是看其方法、出发点等是否客观。其目的如下：

（1）判断投资机会是否真有前途。

（2）是否有必要通过详细可行性研究来判断项目概念的客观性。

（3）提出影响项目是否真正可行的关键因素，并在此基础上确定是否要对这些关键因素（例如市场、竞争、原料、厂址、生产规模、技术档次等）

进行辅助研究。

（4）项目投资建议是否可行，有无进行详细可行性研究的必要，特别是有无必要与项目有关的投资融资机构深入讨论资金供应的可能及解决途径。

总而言之，初步可行性研究的结果应使企业基本能确定该项目是否可行，是否有必要对某些特殊问题进行详细调研。

2. 辅助研究

辅助研究并不是可行性研究中的一个阶段，它是对投资项目中某些特殊、重要但又不明确的因素进行专题性讨论，是支持可行性研究的重要手段。常见的辅助研究包括以下几个专题：

（1）市场研究，包括市场需求的调查和预测、市场渗透的机会预测及影响供求和渗透的可能因素。

（2）原材料供应研究，着重研究原材料来源，包括目前主渠道和价格构成，对未来原材料来源、稳定性、价格的预测。

（3）适用技术选择，包括可选设备的供应来源、技术档次、成本费用、与国产设备兼容的可能性；设备选型对投资、经营成本、经营效率的影响。

（4）规模研究，包括市场需求与技术和设备选择之间的关系。

（5）厂址选择，包括建厂各种条件的调查研究，例如对现存基础设备可利用程度、环保投入进行研究，对多个厂址利弊予以比较，最后提出推荐性结论。

总之，辅助研究是对初步可行性研究的充实。它可以是上述其中的一个专题，也可以是多个专题，还可以是其他专题。它的要求比机会研究更深入细致一些，最终拿出推荐性意见及其依据。

3. 详细可行性研究

它是对拟建设项目进行全面的技术经济论证，既是企业投资决策最基本的依据，又是银行及其他融资机构提供贷款的依据。其内容基本与初步可行性研究相同，但它已不只停留在定性研究上，还采用了较可靠较准确的数字，也就是说是一种以定量分析为主的研究。

可行性研究考虑的因素一般有以下三方面：市场分析、技术分析以及财务经济分析。

按惯例，占重要地位的市场研究总是第一个分析对象，市场现存或潜在的需求是一切投资的动因，原料的投入或者基础设施情况是重要内容。

可行性分析的另一个重要内容是技术分析，包括工程项目适用技术在一定范围的同行中的地位、具体制造与工艺技术、设备选型、土建施工、安装和经营管理技术等。

财务状况与经济分析是确定项目是否可行的决定因素。工程项目是一笔巨大的投资，而投资是指在获得更多回报的货币垫付行为；如果不能保证投资能带来比存款利息高得多的回报，企业就不会投资于这项目。它包括阐述与分析筹资的来源、方式及成本，核算生产成本，分析该项目的预期投资回报率和预期投资回收期。

在市场经济条件下，企业进行机会研究或可行性研究时对市场需求、价格及项目投产后的生产与销售不可能掌握得很准，即使当时是准的，但因为各种因素会发生变化，例如供求与价格受进口或国内同行竞争的影响发生变动，所以需要对可盈利率进行敏感性分析。

经过以上分析，可形成一份工程项目可行性研究报告。

（三）工程项目投资的项目评估

上述工程项目建议书和可靠性研究报告必须提交企业最高决策机构，由他们聘请专家或委托有资格的咨询公司进行评估。项目评估重点评价拟建项目是否符合企业的战略；在技术与工程上是否可行；经济效益是否良好。未经这一评估程序的项目不得立项，更不能付诸招标。

企业在进行项目投资决策时，应顾全局、抓重点、各方面分析相结合。要将宏观效益分析与微观效益分析相结合，定量分析与定性分析相结合、动态分析与静态分析相结合、主体工程建设分析与配套工程分析相结合，然后在此基础上提出评估意见。具体评估参考内容如下：

（1）项目投资的必要性，论证项目对企业发展的必要性。

（2）建设规模和产品方案，研究市场分析和预测的方法和结果是否科学、准确，项目建设规模是否经济合理，产品质量、性能、规格、价格、产量在一定市场内是否有竞争力。

（3）工艺、技术、设备，要符合国家的技术政策和产业政策。衡量技术水平的技术指标一般应包括劳动生产率、单位产品的原材料消耗及能耗、产品质量指标等。

（4）项目选址。

（5）建筑工程的方案和标准。

（6）外部支持配合条件和配套工程。

（7）环境保护。

（8）项目投资概算和资金渠道，主要是指投资概预算方法、过程是否合理；有无蓄意扩大规模、提高建设标准、抬价、压价和漏项；是否有贷款协议之类的资金供应保障，资金供应是落实了的还是意向性的。

（9）财务评价。这是从项目自身出发，采用国家现行财税政策与制度、现行各种价格对项目投入产出、项目不融资能力等进行核算论证，以核对工程项目的经济效益。

（10）不确定性分析，采用不确定性分析、盈亏平衡分析、敏感性分析乃至概率分析，评估项目在财务上、经济上的抗风险能力。

（11）若是利用外资项目和技术工程项目，评估时还要注意以下几方面：

一是合资、合作或独资的经营方式、效益分配原则、债务承担方式是否符合惯例和企业的有关规定。

二是三资企业中的外商资信证明是否可靠，组织机构是否合理，出资的资产产权是否明晰、作价是否合理，企业利润分成、风险及债务分担是否符合有关规定，贷款条件是否合理，创汇能力是否有保证，内销及对国内市场造成的影响，国内投资和国内配套设施是否落实。

三是技术发行项目。拟投入技术在该领域中的地位，技术投入或改造对现存技术基础设施的要求，评估技术投入或发行对现有技术基础设施（厂房、设备、技术人员）的可利用程度及成本，比较项目技术更新发行前后的投入产出比，比较更新与新建项目的投资效益，评价该项目对企业技术与管理的潜在效应。

工程项目评估是企业投资决策的基本依据，其结果也是项目融资机构贷款的依据。一旦项目评估结论对可行性研究报告予以肯定，投资决策形成，项目评估即宣告投资前期准备工作的结束，项目将进入执行阶段。

（四）工程项目咨询设计

企业一般会主动找一家建筑师（相当于设计工程师），把企业欲建的工程向建筑师作一简单的描述，包括工程地点、功能、空间要求、装饰水平等。建筑师按照企业的要求进行工程设计和概算造价。

工程项目设计一般必须经过以下几个环节：总体规划设计、初步设计、技术设计、施工图设计和设计概预算的编制。

（五）工程项目招标、评标、定标和商签合同

按照惯例，工程项目应采用公开招标方式确定承包商，防止发包、承包中的舞弊行为，保证工程项目的质量。

企业应根据技术胜任能力、管理能力、资源的可利用性、收费的合理性、

专业的全面性、社会信誉以及质量保证等因素来选择承包商。

企业应根据项目总承包体制及各项工程的特点,明确各分包工程的范围,制定总承包和各分包工程的招标文件。在确定承包商之前,企业应对各备选单位进行调查,并进行投标资格的初步审查,了解该单位的资质信誉、实力、工程业绩是否符合该工程项目要求,并且要求投标方以书面形式向企业承诺不转包该专业工程。

开标应规范化,企业负责人、总承包商、各分包商、设计主持人及专业负责人、工程监理负责人、专业工程师等有关人员应参加,开标应严格按合法、合理的程序进行。

评标工作应由企业、施工总承包、设计总承包、监理负责方等有关人员组成的评标小组负责实施,评标的原则是根据标价、工期、质量标准、主要材料用量及材料生产厂家、施工组织设计及初步的施工进度计划、企业信誉等进行评价。

经过上述评标过程的规范化、程序化、公开化,使招标结果具有公正性能,也使得施工总承包、设计总承包和监理方易于与项目公司取得一致的意见,最后定标。进而综合以上各标准确定承包商并洽谈、商签承包合同。

(六)工程施工与监理

一般工程施工期较长,而这一阶段对工程质量来说又特别重要,因此,企业应加强施工阶段的监督管理,保证工程质量。企业可以由专门小组也可以委托专门的监理机构进行工程质量监督。企业可以使用全面质量管理体系对施工过程进行质量管理,包括做好施工的技术交底,监督按照设计图纸和规范、规程施工;进行施工质量检查和验收,加强对施工过程各个环节特别是隐蔽工程进行质量检查;进行质量分析,防止施工过程中类似质量问题的再次发生。

(七)工程项目的成本控制

企业应于投资准备期估算成本控制总目标,组织主要管理人员对指标进行认真分析,然后落实成本控制目标。

企业内部降低工程成本的主要途径,是提高企业的工业化水平、改善物资的供应工作、提高工程的质量、降低附属企业产品的成本、实行施工小组经济核算制度等。总之,降低成本需要企业各个部门的共同努力。从财务部门来看,要想实现目标成本,必须严格按照成本计划控制成本支出。也就是说,做好成本控制工作,是财务部门的一项重要任务。

企业工程项目成本控制的方法主要有以下几种：

（1）建立工程成本管理责任制。进行成本控制不仅仅是企业财务部门的职责，而是企业经理、总会计师、总工程师、总经济师，以及各个部门和全体职工的共同责任。首先，企业经理应当对工程项目的成本负完全责任，总会计师协助经理组织领导企业的成本管理工作，总工程师则负责在技术方面采取有效措施以降低成本。总经济师应该在管理和决策上下功夫以求降低成本。

计划部门应当合理安排施工任务和进度，选择最佳施工方案，配合财务部门做好成本计划的编制工作。材料供应部门应当建立和健全材料制度，加强对材料采购和收、发、领、退的管理，努力降低材料的采购成本，节约仓储保管费，降低材料费支出。劳动工资部门应当加强对劳动力的管理，改善劳动组织，严格控制非生产用工，运用社会心理学的方法，调动职工的积极性，提高劳动效率，节约工资支出。生产技术部门则需做好技术组织措施计划的编制和贯彻工作，以保证降低成本计划的实现。设备管理部门必须加强机械设备的调度和维修，以企业机械设备的完好率和利用率。行政管理部门应当精简机构，紧缩开支，节约行政管理费用等。

（2）建立严格的限额领料制度和费用开支审批制度。材料费约占工程成本的60%~70%，进行成本控制首先应当建立和健全材料的收、发、领、退制度。实行限额领料制度是节约材料费支出的重要措施。

（3）组织和发动各有关责任人员开展降低成本的各种活动。

（八）工程项目竣工验收

1. 明确竣工验收标准

竣工验收准备工作全部完成以后，即可按竣工验收标准和合同规定正式办理竣工验收手续，验收标准有以下几点：

（1）生产性工程和辅助公用设施，已按设计要求建完并能满足生产要求。

（2）主要工艺设备已安装配套，经联动负荷试生产合格，构成生产线，形成生产能力，能够生产出设计文件中所规定的产品。

（3）职工宿舍和其他必要的生活福利设施，能适应投产初期的需要。

（4）竣工决算已完成。

（5）工程技术档案资料（包括竣工图）已经准备齐全。

2. 企业应加强竣工验收工作的组织领导

一般应在竣工前，根据项目性质、大小，成立竣工验收领导小组或验收委员会负责竣工验收工作。

3. 竣工验收的程序

第一阶段是单项工程验收。一个单项工程或一个车间，已按设计要求建完，能满足生产要求或具备使用条件，即可由企业组织验收。企业要组织施工单位和设计单位整理有关施工的技术资料和竣工图，据以进行验收和办理交接手续。验收后，由企业根据有关规定投入使用。第二阶段为全部验收。整个建设项目已符合竣工验收标准时，应按规定进行全部验收。验收准备工作，以企业为主，组织设计、施工等单位或聘请外部专门机构进行验收。在整个项目进行全部验收时，对已验收过的单项工程，不再办理验收手续。

有些大型联合企业，因全部建成时间很长，对其中重要的工程如大型铁矿等，也应按照整个项目全部验收的办法进行验收。

（九）工程项目竣工决算的内容与审查

竣工决算是以货币为计量单位，以日常核算资料为主要依据，通过编制报表和文字说明书的方法，综合反映经济活动和财务成果的总结性报告文件，竣工决算综合反映工程项目从筹建到竣工的全过程的财务状况和建设成果。

竣工决算由竣工决算报表和竣工财务决算情况说明书两部分组成。竣工决算报表一般包括：竣工工程概况表、竣工财务决算表、交付使用资产总表、建设成本总表、未完工程项目表等。

竣工审查前应收集有关计划、财务方面的资料，如设计概算文件等，竣工决算应重点审查下列内容。

（1）准确性和完整性。首先，审查竣工决算"文字说明书"和所叙述的事实，是否全面系统，是否符合实际情况，有无虚假不实，掩盖矛盾等情况，报表中各项指标是否准确真实。其次，要审查竣工决算各种报表是否填列齐全，有无缺报漏报，已报的决算各表的栏次、科目、项目填列是否正确完整。

（2）审查竣工决算表内的有关项目填列是否正确。企业应核对竣工财务决算表中工程项目投入款项、交付使用资产等项目的余额是否正确。

（3）工程项目支出的审查。企业应根据批准的初步设计概算，审查工程成本中有无不属于工程范围的开支，所有工程项目是否属于计划范围以内，有无计划外工程；增加的工程项目是否经企业管理部门批准；属于设计变更方面的，要审查有没有设计部门的变更设计手续。结合财务制度审查各项费用支出是否符合规定，有无乱挤乱摊成本，扩大开支范围；有无乱立标准，铺张浪费等情况。

企业应审查建设成本超支或节约的原因。首先，应将其实际数与概算进行总的和分项目对比，以考核建设成本总的和各项构成内容的节超情况，并计算节超额和节超率。然后，根据节超情况，进一步查找影响建设成本节超的原因。

（4）竣工时间的审查。竣工时间按计划提前或拖后，对投资效果有着直接的影响。提前竣工，不仅可以提前交付使用，提前投产，还可以减少建设过程的费用支出；相反，竣工时间拖后，上述各项经济效果就要变成经济损失，造成极大浪费。

（十）工程项目评价

评价就是指按照设计的要求与规定，主要从技术、财务和经济三个方面，对项目建成后实际达到的各项指标进行分析总结，并与可行性研究方案、计划任务书、设计、计划、概（预）算等资料进行对比，以检查预计与设计的完成程度，分析完成或未完成的原因，借以总结经验和教训，为今后投资决策提供参考资料。

三、工程项目成本与费用的概述

工程项目成本是指工程项目从设计到完成期间所需全部费用的总和。工程项目成本包括基础投资、前期的各种费用、项目建设中的贷款利息、管理费及其他各种费用等。准确估算项目投资额、科学制定资金筹措方案是降低项目成本、提高投资效益的重要途径。同时，只有依据现行的经济法规和价格政策，准确地估算出有关财务数据，才能控制计划成本，提高投资效益。成本是每一个项目经理必须关注的环节，而项目经理的期望则是追求效益的最大化。

工程项目成本包括内容如下：

（1）工程项目决策成本。决策是项目形成的第一个阶段，对项目建成后的经济效益与社会效益会产生重要影响。为对项目进行科学决策，在这一阶段要进行翔实的市场调查，掌握资料，进行可行性研究。完成这些工作所耗用的资金构成了项目的决策成本。

（2）招标费用。投资者不管是自行招标或委托招标都需要一笔费用开支，这就是招标费用。

（3）勘察设计成本。根据可行性研究报告进行勘察，根据勘察资料和可行性研究报告进行设计，这些工作耗用的费用总和构成勘察设计成本。

（4）工程项目施工成本。在施工过程中，为完成项目的建筑安装施工所耗用的各项费用总和，包括施工生产过程中所耗费的生产资料转移的价值和劳动耗费所创造的价值中以工资和附加费的形式分配给劳动者的个人消费金,具体包括人工费、材料费、机械使用费、其他直接费和施工管理费,其中前四项称为"直接费或直接成本",施工管理费称为"间接费或间接成本"。

项目的施工成本是项目总成本的主要组成部分,虽然决策质量、勘察设计结果都将直接影响施工成本,但在正确的决策和勘察设计条件下,在项目总成本中,施工成本一般占总成本的90%以上。因此,工程项目成本管理从这种意义上讲实际上是施工成本的管理。

四、工程项目评估的内容

项目评估重点评价拟建项目是否符合企业的战略;在技术与工程上是否可行;经济效益是否良好。未经这一评估程序的项目不得立项,更不能付诸招标。

企业在进行项目投资决策时,应顾全局、抓重点、各方面分析相结合:要将宏观效益分析与微观效益分析相结合,定量分析与定性分析相结合,动态分析与静态分析相结合,主体工程建设分析与配套工程分析相结合,然后在此基础上提出评估意见。具体评估参考内容如下。

(一)项目投资的必要性,论证项目对企业发展的必要性

从国民经济和社会发展等宏观角度审查建设项目是否符合国家的产业政策、行业规划和地区规划,是否符合经济和社会发展需要。分析市场预测是否准确,项目规模是否经济合理,产品的性能、品种、规格构成和价格是否符合国内外市场需求的趋势和有无竞争能力。

(二)建设条件与生产条件

(1)项目所需资金能否落实,资金来源是否符合国家有关政策规定。

(2)分析选址是否合理,总体布置方案是否符合国土规划、城市规划、土地管理和文物保护的要求和规定。

(3)项目建设过程中和建成投产后原料、燃料的供应条件,及供电、供水、供热、交通运输等要求能否落实。

(4)项目的"三废"治理是否符合保护生态环境的要求。

(三)工艺、技术、设备

(1)分析项目采用的工艺、技术、设备是否符合国家的技术发展政策和技术装备政策,是否可行、先进、适用、可靠,是否有利于资源的综合利用,是否有利于提高产品质量、降低消耗、提高劳动生产率。

(2)项目所采用的新工艺、新技术、新设备是否安全可靠。

(3) 引进设备有无必要,是否符合国家有关规定和国情,能否与国内设备、零配件、工艺技术相互配套。

(四) 建筑工程的方案和标准

(1) 建筑工程有无不同方案的比选,分析推荐的方案是否经济、合理。

(2) 审核工程地质、水文、气象、地震等自然条件对工程的影响和采取的治理措施。

(3) 建筑工程采用的标准是否符合国家的有关规定,是否贯彻了勤俭节约的方针。

(五) 基础经济数据的测算

(1) 分析投资估算的依据是否符合国家或地区的有关规定,工程内容和费用是否齐全,有无高估冒算、任意提高标准、扩大规模,以及有无漏项、少算、压低造价等情况。

(2) 资金筹措方式是否可行,投资计划安排是否得当。

(3) 报告中的各项成本费用计算是否正确,是否符合国家有关成本管理的标准和规定。

(4) 产品销售价格的确定是否符合实际情况和预测变化趋势,各种税金的计算是否符合国家规定的税种和税率。

(5) 对预测的计算期内各年获得的利润额进行审核与分析。

(6) 分析报告中确定的项目建设期、投产期、生产期等时间安排是否切实可行。

(六) 财务效益

从项目本身出发,结合国家现行财税制度和现行价格,对项目的投入费用、产出效益、偿还贷款能力,以及外汇效益等财务状况,来判别项目财务上的可行性。审查效益指标主要是复核财务内部收益率、财务净现值、投资回收率、投资利润率、投资利税率和固定资产借款偿还期。涉外项目还应评价外汇净现值、财务换汇成本和财务节汇成本等指标。

(七) 国民经济效益

国民经济效益评价是从国家、社会的角度,考虑项目需要国家付出的代价和给国民经济带来的效益。一般审查时用影子价格、影子工资、影子汇率和社会折现率等,分析项目给国民经济带来的净效益,以判别项目经济上的合理性。评价指标主要是审查计算的经济内部收益率、经济净现值、投资效益率等。

（八）社会效益

社会效益包括生态平衡、科技发展、就业效果、社会进步等方面。应根据项目的具体情况，分析和审查可能产生的主要社会效益。

（九）不确定性分析

审查不确定分析一般应对报告中的盈亏平衡分析、敏感性分析进行鉴定，以确定项目在财务上、经济上的可靠性和抗风险能力。建设单位对以上各方面进行审核后，对项目的投资机会进一步作出总的评价，进而作出投资决策。若认为推荐方案成立时，可就审查中所发现的问题，要求咨询单位对可行性研究报告进行修改、补充、完善，并提出结论性的意见和上报有关主管部门批准。

五、工程项目的投资估算的内容

工程项目的投资估算由固定资产投资（项目建设投资）和项目建成投产后所需的流动资金两部分组成。固定资产投资应是动态的，包括项目建设的估算投资和动态投资。建设项目估算投资是指项目的建筑安装工程费、设备机具购置费、其他费用等；动态投资是指建设期贷款利息、汇率变动部分，以及建设项目需要缴纳的固定资产投资方向调节税、国家规定的其他税费和建设期价格变动引起的投资增加额。项目建成后运行期间的流动资金额，一般应根据资金周转天数和周转次数，按照行业惯例用评估法或扩大指标估算法计算。各类费用的组成内容如表 16-1 所示。

表 16-1　投资估算的费用组成

费用组成		费用内容	备注
固定资产投资	建设项目投资	建筑工程费	
		设备购置费	
		安装工程费	
		其他费用	建设单位管理费；职工培训费；工地用餐费；办公、生活设施购置费；技术服务费；进口设备检验费；工程检验费；大件运输措施费；大型吊装机具费；项目前期工作费；设计费；其他费用

（续表）

费用组成		费用内容	备注
固定资产投资	动态投资	税费	固定资产投资方向调节税；国家规定的各种税费
		建设期贷款利息	单利或复利计算
		建设期涨价预备费	
流动资金	生产前占用资金	储备资金	储备原材料、备件等占用的资金
	生产中占用资金	生产资金	生产过程中占用的资金
	生产后占用资金	成品资金	产出品完成至销售前时间内占用的资金

对投资估算进行审查时，应侧重以下几方面。

（1）投资估算的费用组成是否完整，有无漏项少算。

（2）计算依据是否正确、合理，包括投资估算采用的方法是否正确；使用的标准、定额和费率是否恰当，有无高估冒算或压低工程造价等不正常现象。

（3）计算数据是否可靠，包括计算时所依据的工程量或设备数量是否准确；是否用动态方法进行估算等。

六、建筑工程施工招标文件的编制应注意的事项及文件内容

（一）建筑工程施工招标文件编制的注意事项

建筑工程施工招标文件编制的注意事项包括以下几点：

（1）评标原则和评标办法细则，尤其是计分方法在招标文件中要明确。

（2）投标价格中，一般结构不太复杂或工期在 12 个月以内的工程，可以采用固定价格，考虑一定的风险系数。结构复杂或大型工程，工期在 12 个月以上的，应采用调整价格。调整方法和调整范围在招标文件中明确。

（3）在招标文件中应该明确投标价格计算依据。

（4）质量标准必须达到国家施工验收规范合格标准，对于要求质量达到优良标准时，应计取补偿费用，补偿费用的计算办法应按照国家或地方的有关文件规定执行，并在招标文件中明确。

（5）招标文件中的建筑工期应该参照国家或地方颁发的工期定额来确定，如果要求的工期比工期定额缩短20%以上（含20%）的，应计算赶工措施费。赶工措施费如何计取应该在招标文件中明确。由于施工单位原因造成不能按照合同工期竣工时，计取赶工措施费的需扣除，同时应该承担给建筑单位带来的损失。损失费用的计算方法或规定应该在招标文件中明确。

（6）如果建筑单位要求按合同工期提前竣工交付使用，应该考虑计取提前工期奖，提前工期奖的计算方法应在招标文件中明确。

（7）招标文件中应该明确投标准备时间，即从开始发放招标文件之日起，至投标截止时的时间期限，最短不得少于20天。

（8）在招标文件中应明确投标保证金数额，一般该保证金数额不超过投标总价的2%，投标保证金的有效期应超过投标有效期。

（9）中标单位应按规定向招标单位提交履约担保，履约担保可采用银行保函或履约担保书。履约担保比率一般为：银行出具的银行保函为合同价格的5%；履约担保书为合同价格的10%。

（10）投标有效期的确立应视工程情况确定，结构不太复杂的中小型工程的投标有效期可定为28天以内；结构复杂的大型工程有效投标期可定为56天以内。

（11）材料或设备采购、运输、保管的责任应该在招标文件中明确。如果建筑单位提供材料或设备，应列明材料或设备名称、品种或型号、数量，以及提供日期和交货地点等；还应该在招标文件中明确招标单位提供的材料或设备计价和结算退款的方式、方法。

（12）关于工程量清单，招标单位按照国家颁布的统一工程项目划分、统一计量单位和统一工程量计算规则，根据施工图纸计算工程量，提供给投标单位作为投标报价的基础。结算拨付工程款时以实际工程量为依据。

（13）关于合同专用条款的编写，招标单位在编制招标文件时，应该根据《中华人民共和国合同法》《建筑工程施工合同管理办法》的规定和工程具体情况确定"招标文件合同专用条款"内容。

（14）投标单位在收到招标文件后，若有问题需要澄清，应于收到招标文件后以书面形式向招标单位提出，招标单位将以书面形式或投标预备会的方式予以解答，答复将送给所有获得招标文件的投标单位。

（15）招标人对已经发出的招标文件进行必要的澄清或修改的，应当在招标文件要求提交投标文件截止时间至少 15 日前，以书面形式通知所有招标文件收受人。该澄清或修改内容为招标文件的组成部分。

（二）建设工程项目招标文件的内容

建设工程项目设计招标文件通常由项目法人委托监理单位或咨询公司编制，是指导设计单位正确投标的依据，它既要全面分析拟建项目的特点和设计要求，又应详细提出应当遵守的投标规定。根据《建筑工程设计招标投标管理办法》的规定，建设工程项目设计招标文件应当包括以下内容：

（1）工程名称、地址、占地面积、建筑面积等。

（2）已批准的项目建议书或者可行性研究报告。

（3）工程经济技术要求。

（4）城市规划管理部门确定的规划控制条件和用地红线图。

（5）可供参考的工程地质、水文地质、工程测量等建设场地勘察测查报告。

（6）供水、供电、供气、供热、环保、市政道路等方面的基础资料。

（7）招标文件答疑、踏勘现场的时间和地点。

（8）招标文件编制要求及评标原则。

（9）投标文件送达的截止时间。

（10）拟签订合同的主要条款。

（11）未中标方案的补偿办法。

建设工程项目设计招标文件一经发出，招标人不得随意变更。需要进行必要的澄清或者修改时，应当在提交投标文件截止日期 15 日前，书面通知所有的招标文件收受人。

七、建设工程施工合同文件的组成及优先解释顺序

《建设工程施工合同（示范文本）》规定，组成建设工程施工合同的文件包括：

（1）施工合同协议书。

（2）中标通知书。

（3）投标书及其附件。

（4）施工合同专用条款。

（5）施工合同通用条款。

（6）标准、规范及有关技术文件。

（7）图纸。

（8）工程量清单。

（9）工程报价单或预算书。

双方有关工程的洽商、变更等书面协议或文件视为协议书的组成部分。

上述合同文件应能够互相解释、互相说明。当合同文件中对某些问题的规定出现不一致时，上面的顺序就是合同的优先解释顺序。在不违反法律和行政法规的前提下，当事人可以通过协商变更施工合同的内容，这些变更的协议或文件，效力高于其他合同文件，且签署在后的协议或文件效力高于签署在先的协议或文件。

第三节　企业内部控制应用指引
——工程项目的案例

【案例 16-1】

中国铁建海外建设项目失败案例

中国最大的海外工程承包商中国铁建于 2011 年 1 月 21 日发布公告称，为妥善处理沙特麦加轻轨项目索赔事宜，上市公司中国铁建与其控股股东中国铁道建筑总公司（国有企业）签署协议，后者向中国铁建支付 20.77 亿元对价，接手沙特麦加轻轨项目的未完工工程，此举意味着中国铁建麦加项目的最大损失为 13.85 亿元，较去年 10 月公告的 41.53 亿元大幅减少。更有媒体称："中国铁建按期实现了开通运营，圆满完成了 2011 年 11 月的朝觐运营任务。"

国资为上市公司买单，一个项目亏损 41 亿元也叫"圆满"，这不得不让人深刻思考中国企业的海外发展模式。中国铁建于 2008 年分别在上海和中国香港地区上市，2010 年在《财富》世界 500 强企业中排名第 133 位，在全球 225 家最大承包商中排名第一位，这么一个赫赫有名的上市公司，自己处理不了一个轻轨项目的技术、管理、建设和索赔工作，中国企业的软实力着实让人担心。从媒体披露的信息来看，中国铁建把沙特麦加项目巨亏的原

第十六章 工程项目的内部控制

因更多归咎于雇主,这显然是国际工程管理不成熟的表现,也浮现出中国建筑企业国际工程管理的短板。

2009年2月10日,中国铁建与沙特签订《沙特麦加萨法至穆戈达莎轻轨合同》。该合同是"EPC+O&M"总承包合同(设计、采购、施工+运营、维护总承包),合同总金额约合120.70亿元,正线全长18.06千米,共设9座车站。根据合同,2010年11月13日轻轨开通运营,达到35%运能;2011年5月完成所有调试,达到100%运能。

在执行合同中,2009年该项目亏损已开始出现,但中国铁建未按通常商业合同的做法停工谈判,而是调集国内技术骨干不计成本地赶工期,赶工成本超出数10亿元,这绝非正常商业合同所能解释的。

截至2010年10月31日,该项目合同预计总收入120.51亿元,预计总成本160.45亿元,另发生财务费用1.54亿元,项目预计净亏损41.48亿元,其中包含34.62亿元的已完工部分累计净亏损和6.86亿元的未完工部分的预计亏损。

中国铁建认为,签订合同时认为盈利在8%~10%,合同还没执行完,就亏损了41.53亿元人民币,从可盈利12.07亿元到亏损41.53亿元,误差达53.6亿元,是合同价格的44.4%,这不能不说中国铁建从一开始对该工程就存在着错误的思想认识。

近些年来,国内建筑市场日趋饱和,众多建筑企业到海外"找饭碗"。中国建筑企业在海外的唯一优势就是价格优势,但建筑材料都是国际采购,价格相差无几,所以,价格优势主要体现在中国劳动力价格低廉上。《中国非洲》一书的作者塞尔日·米歇尔认为,中国企业逐步把欧洲企业挤出非洲市场,这是中国人超低价格投标造成的。实际上,在非洲、中东和南亚等一些国家,工程投标主要是中国建筑企业之间的竞争,也就是中国人自己之间的竞争,为占领海外建筑市场,各建筑公司拼血本逼迫同行退出市场。这样血拼下来,一些中国企业普遍存在"靠低价中标、靠索赔赚钱"的思想。

实际上,索赔这条路并不好走。索赔必须以合同与法律为依据,只有一方违约或违法,才可构成对他方法律权利和经济利益的损害,受到损害的一方才有可能向违约方提出索赔要求。也就是说,在合同执行期间,施工文件得到雇主和承包商的确认,才构成双方公认的违约事实,这是索赔的根本依据。

根据 EPC 合同,承包商的任何索赔意向,必须在造成该项索赔事件发生后的 28 天内通知雇主,雇主收到承包商的索赔通知后,应在 28 天内提交详细报告,包括索赔金额及依据。如果雇主认为索赔成立,会在中期支付中把索赔款付给承包商。如果双方不能对索赔达成一致,由双方任命的争端裁决委员会决定,该决定在接到请求后的 56 天内发出。如果双方中的任何一方不接受争端裁决委员会的决定,则可启动双方都不愿走的耗资、耗时的国际仲裁程序。

【案例 16-2】

国有企业基建环节中的职务犯罪

一、案例简介

国有企业基建环节中的职务犯罪案发数,一直居其他环节之首。据上海市人民检察院统计,2010 年查处的国有企业贪污贿赂犯罪案件中,涉及基建环节的案件有 36 件,约占总数的 10%,大部分发生在势力雄厚的国有骨干建筑企业中。宝山区人民检察院在某工程公司,连续侦破 9 起重大贪污贿赂案,涉案 9 人,总案值高达 80 余万元。其中,受贿人员从供销科科员到公司副经理,全部是对工程(劳务)分包、结算工程款和材料采购有决定权的"人物"。

2011 年 3 月初,宝山区人民检察院接到举报:某工程公司供销科科长张某在外购买高档房,与其收入明显不符。调查后发现张某权力很大,每年公司的供应材料几乎由他一手操办。按内部规定,一次性采购款超过 30 万元的应由上级领导审批,但只要"把好尺度"不"上线",所有业务都由科长一人说了算。2000 年 4 月至案发,张某当科长近 10 个月,就受贿达 17 余万元。而追根溯源,拉张下水的是供应科采购员李某。张某上任之初,李某就授意某商行经理,为了多接业务,在张某的办公室里给张某 1 万元"见面礼"。同样,经李某介绍,张某收了某私营物资公司 1 万元,以购买 450 万元的供应材料作为回报。而在此前后,李某本人也利用采购权,受贿 9.21 万元。随着案件的深入,与工程分包、材料采购有关的高层领导也纷纷落马。

熊某,加工科科长,主管钢结构外发加工业务。"身居要职"的他透露想买家具后,客户立刻开车送其夫妇到外地家具城挑选。从 1998 年起,他

第十六章 工程项目的内部控制

先后收受数家加工单位6.6万元。俞某,金属结构厂副厂长,利用负责外发加工项目的职务便利,收受承包人"感谢费"4万元。朱某,金属结构厂厂长,在购买设备等方面"做手脚",捞进不义之财6.4万元。徐某,副经理,主管公司所有工程项目的施工。在麻将桌上,业务单位的5万元借款不明不白成了"礼金"。同案牵扯出来的还有公司下属原压力容器厂副厂长陈某和公司机械部部长祝某,两人在2000年7月至2001年3月初,通过截留、套现等方式,贪污数万元。

国企基建环节的职务犯罪案件从建设方的工程发包环节,转而发生在承建方的工程分包和材料采购环节,有以下特点:

第一,基本上发生在具有相当资质、势力雄厚的国有骨干建筑企业中。这些企业能承接到大型的建筑工程项目,都有数目可观的工程(劳务)分包量和材料采购量。据了解,劳务分包金额一般要占承包金额的20%~30%。

第二,劳务和工程分包商,一般都为个人承包、挂靠或规模较小的施工队伍。为了承接到分包项目,在工程结算时得到优惠,个别分包商不惜采用贿赂手法。贿赂数额一般是利润的10%~50%。

第三,行贿"目标"明确,受贿人员集中在对工程(劳务)分包、结算工程款和材料采购有决定权的人员身上。目前,相当部分建筑公司的这部分权力直接掌握在分公司、工程部、项目经理手中。

在发生案件的国有建筑企业中,分包和采购环节都没有建立起有效的监督制约机制,或者建立了也未认真执行。为了保证施工进度,有时认为监督是束缚手脚,管理是自找麻烦。

据此,浦东新区人民检察院从机制上预防国有建筑企业干部职务犯罪,率先提出招投标制度不仅要在工程(劳务)发包环节上实行,还要向分包和材料采购领域渗透。目前,浦东新区建设(集团)及各子公司作为全市试点单位正在推行这一做法。

据统计,实行招投标采购材料后,平均价格下降了2~3个百分点,劳务人工费用一般节约了工程造价的2%~4%。同时,分包方和材料供应商也认为,实行招投标后,公关及各项应酬费用明显下降,一般工期缩短10%左右。

二、案例分析

(1)材料采购业务采取招投标方式。材料采购批准后,应由专门的采购部门进行采购。采购时,应货比三家。那些违法犯罪分子就是利用手中的采购权，和供应商串通一气，以损害企业利益为代价，行贿受贿。

（2）工程分包、材料采购业务实行招投标方式。如果采用招投标方式，可以在选择供应商方面公开、公平、公正，保证材料成本和质量。案例中的"掌权者"在选择供应商和接包方丝毫没有监督，以至于在价格、质量等方面不能完全最大化企业价值，甚至收取回扣、贿赂。浦东新区的试点效果也证明了这种方式在防止采购、分包、发包方面贪污舞弊的有效性。招投标制度不仅要在工程（劳务）发包环节上实行，还要向分包和材料采购领域渗透。

工程分包、发包和材料采购环节在国有企业里是一个事故高发的"地段"，相关内控漏洞给不法分子提供了舞弊贪污的机会。案例中揭露的事实不能不引起我们的深省，反省内部控制的设计和执行是不是真正有效。事实证明，只有在发生一些漏洞之后及时弥补堵塞，才能有效地防止类似案件的再次发生。

【案例16-3】

某集团投资公司投资汽油醇生产项目

一、案例简介

某集团投资公司于2001年在北方某地初步投资8亿元，建设一个拟年产6万吨的汽油醇生产项目，投资周期为3年，符合国家的新能源产业政策，当时市场调查分析显示市场潜力巨大，属于国内领先项目，工艺流程设计克隆国外同类项目，但产品的国内工艺控制技术有待开发完善，具有一定的不确定性，自有资金3亿元，缺口靠边建设、边抵押、边贷款来解决。

随着工程项目逐步开展，项目工艺设计逐步变更，项目的管理出现懈怠，项目主管未经控制程序擅自修改预算，项目的预算由8亿元猛增到12亿元，靠当地政府和银行的支持，背负近10亿元的银行债务。项目于2003年完成试车投产，鉴于国内工艺的不成熟，生产的汽油醇产出率未达到技术要求，产品成本居高不下，利息负担沉重，流动资金严重短缺，企业在巨亏下运营。

2004年年初，母公司资金链断裂抽逃生产资金，使该生产企业处于四面楚歌的境地，银行纷纷上门逼债，申请法院查封冻结企业资产，生产陷入瘫痪，被当地政府接管。

二、该案例给我们的启示

（1）工艺技术可靠程度是高新技术企业、新能源企业、新生物技术企业必须迈的一个坎，没有成熟的工艺技术保障，没有可靠的产业转化技术，项目的先天不足是工程项目成本费用控制的天敌。

（2）财务杠杆失衡是项目成本控制的致命伤，以较低的自有资金托起庞大的投资，从项目的开始就敲响了警钟。

（3）生产投资项目不仅需要大量的固定资金的投入，为启动生产线运转，更不能缺少大量流动资金的支持，在固定资产投资需要大量举债的情况下，流动资金的极度短缺可想而知。

（4）工程施工中的"跑、冒、滴、漏"是成本费用控制的重点，也是难点，对项目主管权利的约束和激励是项目管理的关键，适当引入外部的审计机构、造价审核机构及第三方鉴证有其必要性。

【案例16-4】

以色列审判"豆腐渣工程"

一、案例简介

以色列特拉维夫地方法院本月17日对1997年7月14日晚第15届马卡比运动会开幕式上步行桥倒塌一案作出判决，裁定5名被告玩忽职守致人死亡和人身伤害罪名成立。

法院定于5月11日举行量刑听证会，5名被告将面临最高入狱5年的处罚。马卡比运动会被誉为世界犹太人的"奥运会"，自1932年开始，每4年举行一次。1997年，世界各地的犹太裔运动员聚集特拉维夫，参加第15届马卡比运动会。在7月14日的开幕式上，组织者要求运动员通过临时架设在亚尔肯河上的一座步行桥，进入拉马甘体育场。当首先入场的373名澳大利亚运动员和15名奥地利运动员站在桥上等候时，步行桥突然倒塌，运动员们落入有毒化学物质严重污染的亚尔肯河中，两名澳大利亚选手当场淹死，另外两名澳选手因吸入有毒物质死亡。此外，还有64名澳大利亚队员受伤，其中一些人的伤势较重，至今生活无法自理。惨剧发生后，除警方开展特别调查外，由桥梁建筑专家组成的委员会也对步行桥倒塌原因进行了分析。在此基础上，有关方面确认，这座步行桥是一项"豆腐渣工程"。

1997年12月，以国家检察官办公室正式对5人提起诉讼。这5名被告是：第15届马卡比运动会组委会主席埃亚尔、步行桥设计师巴尔·伊兰、主要承包商公司经理米绍里，以及分承包商公司的两名经理本·埃兹拉和卡拉戈拉。法庭对这起案件自1997年12月开始庭审，历时近两年，先后传唤控辩双方80多名证人到庭。法庭审讯结束后，由3名法官组成的特别小组又经过半年的审议，最终于本月17日拿出了长达257页的判决书。根据判决书所述，步行桥倒塌的原因主要有三个：第一，桥基不牢；第二，桥的顶部重量过大；第三，焊接工作太粗糙。对此，5名被告各有责任。组委会主席埃亚尔原准备让以色列国防军的工程兵队建造步行桥工程，但后来又嫌工程兵队28.8万谢克尔，约合7万美元的要价太高，转而又接受不到10万谢克尔，约合2.5万美元的报价，同意米绍里的公司作为主要承包商，却完全忽视了米绍里的公司严格来讲并不是建筑公司，它只能从事舞台布景搭设等简单工程。

按照有关法律规定，埃亚尔应聘请一位桥梁工程师，监督整个工程的建设过程并作最后验收，可是埃亚尔并没这么做，在步行桥建成后，他自己跑到桥上，蹦了几下，看看桥体是否晃动，就算通过了。米绍里作为主要承包步行桥工程的公司负责人，又将工程转包给无建造桥梁经验的本·埃兹拉和卡拉戈拉的公司。之后两人在时间紧的情况下，聘用根本没设计过此类桥的设计师巴尔·伊兰，在建筑材料不足的情况下仓促开工。一座"豆腐渣"步行桥就这样建成了。法官在判决书中沉重地指出，缺乏职业精神，不尊重人的生命，是造成这起"豆腐渣工程"悲剧的主要原因。

二、案例分析

（一）出现豆腐渣工程的主要原因

1. 招投标中违反"公开、公平、公正"原则

组委会主席埃亚尔把建造步行桥工程任务私下给了严格来讲不是建筑公司而是只能从事舞台布景搭设等简单工程的米绍里的公司作为主要承包商。

2. 合同管理失控

米绍里作为主要承包步行桥工程的公司负责人，又将工程转包给无建造桥梁经验的本·埃兹拉和卡拉戈拉的公司。

3. 勘察设计环节薄弱，施工过程控制不严

本·埃兹拉和卡拉戈拉的公司聘用根本没有设计过此类桥的设计师巴

第十六章 工程项目的内部控制

尔·伊兰,在建筑材料不足的情况下仓促开工,使得工程项目质量低下。

4.竣工没验收,监督检查不到位

建筑工程监理,本应是严肃的事,责任重大,但埃亚尔却没有聘请一位桥梁工程师监督整个工程的建设过程并作最后验收,而在步行桥建成后,他自己跑到桥上,蹦了几下,看看桥体是否晃动,就算通过了。

(二)对策

1.施工招标

重大建设工程项目一定要严格执行国家规定,通过招标办公开招标。在选施工单位时,多中要选好,好中要选精。有了精干的施工队伍,确保工程质量就有把握。特别是没有资质挂靠在别的公司名下的承包商施工队伍,不出豆腐渣工程倒是怪事!

2.遵守分包、转包工程项目的行为

中标单位不得转包工程项目。分包工程项目,须经建设单位同意,招标投标管理部门批准。

3.狠抓设计,严格施工

要使建设工程达到百年大计,质量第一,降低成本,美观耐用的目的,要狠抓设计这一关。要从方案论证、初步设计、出施工图等设计环节上做好比选,精心设计,特别注意不能为节省设计费用,不顾规定,不顾工程的规模与复杂程度,乱找或找低级别的设计单位搞设计。对施工过程中施工合同的执行、施工款项的拨付、工程质量、投资、进度控制、施工费用管理等进行严格控制。

4.竣工要验收,监督检查不可放松

按照有关法律规定,应该监督整个工程的建设过程并作最后验收。

【案例 16-5】

业主与承包商签订建筑安装工程项目承包合同

一、背景

某业主与承包商签订了某建筑安装工程项目总承包合同,承包范围包括土建、水、电、设备安装,合同总价为500万元,工期为18个月,承包合同规定:

(1）业主应向承包商支付当年合同价30%的工程预付款。

(2）当工程进度款达到合同价的70%时，开始从超过部分的工程结算款中，按70%抵扣工程预付款施工前全部扣清。

(3）除设计变更和其他不可抗力因素外，合同价调整不超过10%。但是在施工过程中，由于未知原因，发包人超过约定的支付时间没有支付工程款（进度款），且发包人出于设计需要，要求扩大其施工范围。

二、问题

(1）说明题目中提到的工程预付额度，并简述其计算方法。

(2）对于发包人超过约定的支付时间没有支付工程款，应如何处理？

(3）在施工结算中，要处理发包人扩大其施工范围的问题吗？应如何处理？

三、分析

(1）工程预付款额度是保证施工现场所需材料构件等正常运转所需的最佳资金额度。一般根据施工工期、建安工程主要材料和构件费用占主要工作量的比例以及材料储备等因素测算确定，计算方法有百分比法和数学计算法。

(2）承包人可以向发包人发出要求付款的通知，发包人接到承包人通知后仍不能按要求付款，可以与承包人协商签订延期支付的时间和从计算结果确认第5天起计算应付款的货款利息。发包人不按合同约定支付预付款，而又未达成延期付款协议导致施工无法进行，承包人可停止施工，由发包人承担违约责任。

(3）应在程序中体现出来，处理如下：对发包人要求扩大的施工范围和由于设计修订、工程变更现场签订引起的增减预算进行检查、核对，如无误则分别归入相应的单位工程预算中。

【案例16-6】

电弧炉的建设工程超概算

一、背景

某施工单位承担了一座50吨电弧炉的建设工程，该项目是国家投资的，由于投资者对投资行为和建筑市场材料变化缺乏有效的了解和估计，在项目正式启动后出现了严重超概算现象，经过承包方和发包方协商，进行工程造价换项的变更，要求制定新的费用和价格，在工程变更和价格调整的结算与支付中，发现该项目涉及的款额超过了合同原定工程造价的15%。

二、问题

（1）该工程项目的超概算现象是如何造成的？请写出可能的两个原因。为避免这种现象发生，要求监理工程师怎样操作？

（2）承包方按照监理工程师的要求，通常要进行哪些变更？

（3）工程变更价格的确定原则有哪些？

（4）针对该施工项目的具体情况，对工程变更和价格调整的结算支付中发现该项目涉及款额超过了合同价格的15%，这一现象应该如何处理？

三、分析

（一）造成该项目超概算现象的原因

（1）在项目估算时，项目计划、设计的详度不够。

（2）计算项目投资时，基础数据失真和故意漏项计算。

为避免此类事件的发生，在施工过程中要求监理工程师严格控制设计变更，严禁通过设计变更扩大建设规模，增加建设内容，提高建设标准。对必须变更的，应先作工程量和造价的增减分析，经建设单位同意，设计单位审查鉴证，发出相应图纸和说明后，方可发出变更通知，调整原合同所确定的工程造价。当造价超支部分在预备费中调剂有困难时，原投资估算设计总概算是报经有关部门或单位批准的，还必须报经原审批部门或单位批准后方可更改，发出变更通知。

（二）双方对变更进行洽商后，承包方按监理工程师要求，进行下列变更

（1）增减合同中约定的工程数量。

（2）更改有关工程的性质、质量、规格。

（3）更改有关部分的标高、基线、位置和尺寸。

（4）增加工程需要的附加工作。

（5）改变有关工程的施工时间和顺序。

（三）工程变更价格的确定原则

（1）合同中有适用于变更工程的价格，按照合同已有的价格计算变更合同款。

（2）合同中只有类似的变更情况的价格，可以作为基础，确定变更价格，变更合同价款。

（3）合同中没有类似和适用的价格，由承包方提出适当的变更价格，经监理工程师批准执行，这一批准的变更价格，应与承包方达成一致，否则应通过工程造价管理部门裁定。

变更超过15%的合同总价变动，要经监理工程师与业主和承包方适当协商后，应在合同价格中加上或减去承包方与监理工程师可能议定的另外款额。如双方未能达到一致意见，此款额应由监理工程师在考虑了合同中承包方的现场费用和总管理费后予以确定，该款的计算应以超出或等于有效合同价格的15%的量为基础。

第十七章

担保业务的内部控制

第一节　企业内部控制应用指引
——担保业务的基本内容

第一章　总　　则

第一条　为了加强企业担保业务管理，防范担保业务风险，根据《中华人民共和国担保法》等有关法律法规和《企业内部控制基本规范》，制定本指引。

第二条　本指引所称担保，是指企业作为担保人按照公平、自愿、互利的原则与债权人约定，当债务人不履行债务时，依照法律规定和合同协议承担相应法律责任的行为。

第三条　企业办理担保业务至少应当关注下列风险：

（一）对担保申请人的资信状况调查不深，审批不严或越权审批，可能导致企业担保决策失误或遭受欺诈。

（二）对被担保人出现财务困难或经营陷入困境等状况监控不力，应对措施不当，可能导致企业承担法律责任。

（三）担保过程中存在舞弊行为，可能导致经办审批等相关人员涉案或企业利益受损。

第四条　企业应当依法制定和完善担保业务政策及相关管理制度，明确担保的对象、范围、方式、条件、程序、担保限额和禁止担保等事项，规范调查评估、审核批准、担保执行等环节的工作流程，按照政策、制度、流程办理担保业务，定期检查担保政策的执行情况及效果，切实防范担保业务风险。

第二章 调查评估与审批

第五条 企业应当指定相关部门负责办理担保业务，对担保申请人进行资信调查和风险评估，评估结果应出具书面报告。企业也可委托中介机构对担保业务进行资信调查和风险评估工作。

企业在对担保申请人进行资信调查和风险评估时，应当重点关注以下事项：

（一）担保业务是否符合国家法律法规和本企业担保政策等相关要求。

（二）担保申请人的资信状况，一般包括：基本情况、资产质量、经营情况、偿债能力、盈利水平、信用程度、行业前景等。

（三）担保申请人用于担保和第三方担保的资产状况及其权利归属。

（四）企业要求担保申请人提供反担保的，还应当对与反担保有关的资产状况进行评估。

第六条 企业对担保申请人出现以下情形之一的，不得提供担保：

（一）担保项目不符合国家法律法规和本企业担保政策的。

（二）已进入重组、托管、兼并或破产清算程序的。

（三）财务状况恶化、资不抵债、管理混乱、经营风险较大的。

（四）与其他企业存在较大经济纠纷，面临法律诉讼且可能承担较大赔偿责任的。

（五）与本企业已经发生过担保纠纷且仍未妥善解决的，或不能及时足额交纳担保费用的。

第七条 企业应当建立担保授权和审批制度，规定担保业务的授权批准方式、权限、程序、责任和相关控制措施，在授权范围内进行审批，不得超越权限审批。重大担保业务，应当报经董事会或类似权力机构批准。

经办人员应当在职责范围内，按照审批人员的批准意见办理担保业务。对于审批人超越权限审批的担保业务，经办人员应当拒绝办理。

第八条 企业应当采取合法有效的措施加强对子公司担保业务的统一监控。企业内设机构未经授权不得办理担保业务。

企业为关联方提供担保的，与关联方存在经济利益或近亲属关系的有关人员在评估与审批环节应当回避。

对境外企业进行担保的，应当遵守外汇管理规定，并关注被担保人所在国家的政治、经济、法律等因素。

第九条 被担保人要求变更担保事项的，企业应当重新履行调查评估与审批程序。

第三章 执行与监控

第十条 企业应当根据审核批准的担保业务订立担保合同。担保合同应明确被担保人的权利、义务、违约责任等相关内容，并要求被担保人定期提供财务报告与有关资料，及时通报担保事项的实施情况。

担保申请人同时向多方申请担保的，企业应当在担保合同中明确约定本企业的担保份额和相应的责任。

第十一条 企业担保经办部门应当加强担保合同的日常管理，定期监测被担保人的经营情况和财务状况，对被担保人进行跟踪和监督，了解担保项目的执行、资金的使用、贷款的归还、财务运行及风险等情况，确保担保合同有效履行。

担保合同履行过程中，如果被担保人出现异常情况，应当及时报告，妥善处理。

对于被担保人未按有法律效力的合同条款偿付债务或履行相关合同项下的义务的，企业应当按照担保合同履行义务，同时主张对被担保人的追索权。

第十二条 企业应当加强对担保业务的会计系统控制，及时足额收取担保费用，建立担保事项台账，详细记录担保对象、金额、期限、用于抵押和质押的物品或权利以及其他有关事项。

企业财会部门应当及时收集、分析被担保人担保期内经审计的财务报告等相关资料，持续关注被担保人的财务状况、经营成果、现金流量以及担保合同的履行情况，积极配合担保经办部门防范担保业务风险。

被担保人出现财务状况恶化、资不抵债、破产清算等情形的，企业应当根据国家统一的会计准则制度规定，合理确认预计负债和损失。

第十三条 企业应当加强对反担保财产的管理，妥善保管被担保人用于反担保的权利凭证，定期核实财产的存续状况和价值，发现问题及时处理，确保反担保财产安全完整。

第十四条 企业应当建立担保业务责任追究制度,对在担保中出现重大决策失误、未履行集体审批程序或不按规定管理担保业务的部门及人员,应当严格追究相应的责任。

第十五条 企业应当在担保合同到期时,全面清查用于担保的财产、权利凭证,按照合同约定及时终止担保关系。

企业应当妥善保管担保合同、与担保合同相关的主合同、反担保函或反担保合同,以及抵押、质押的权利凭证和有关原始资料,切实做到担保业务档案完整无缺。

第二节 企业内部控制应用指引
——担保业务解读

一、担保业务控制概述

担保是指企业根据《中华人民共和国担保法》和担保合同或者协议,按照公平、自愿、互利的原则向被担保人提供一定方式的担保并依法承担相应法律责任的行为。担保业务是企业的一项或有负债,它关系到企业的资金运转和生死存亡。担保方式主要有:一般保证、连带责任担保、抵押和质押。

在担保业务各控制关键点建立一套相互牵制、相互稽查、相互监督的内部控制体系,是企业内部控制制度的重要环节,其根本目的在于规范担保行为,防范担保风险。通常而言,企业应针对一定的对象提供担保并遵循一定的原则。

(一)被担保对象

担保对象通常主要包括公司子公司、合营企业、联营公司;公司主要供应商、主要客户;与本公司经济利益有密切关系的其他企业。但对公司股东、股东的控股子公司、股东的附属企业以及个人债务,公司一般不能为其提供担保。

(二)被担保对象(被担保人)的条件

被担保人应具有良好的发展前景;良好的经营业绩和管理水平;财务状况良好,资产负债率一般不能过高;近两年财务无虚假记载;近两年内无违法行为记录或恶意损害股东、债权人及其他利益的记录。当被担保人出现下列情形之一的,企业不得提供担保:

第十七章 担保业务的内部控制

（1）担保项目不符合国家法律法规和政策规定。
（2）已进入重组、托管、兼并或破产清算程序的。
（3）财务状况恶化、经营风险较大的。
（4）管理混乱、经营风险较大的。
（5）与其他企业出现较大经营纠纷、经济纠纷，面临法律诉讼且可能承担较大赔偿责任的。
（6）与企业集团就过去已经发生的担保事项发生纠纷，或不能及时交纳担保费的。

（三）担保业务控制要求

企业应制定担保业务流程，明确担保业务的评估、审批、执行等环节的内部控制要求，并设置相应记录，如实记载各环节业务开展情况，确保担保业务全过程得到有效控制。其中，至少应强化对以下关键方面或者关键环节的风险控制，并采取相应控制措施：

（1）权责分配和职责分工应当明确，机构设置和人员配备应当科学合理。
（2）担保的对象、范围、条件、程序、限额和禁止担保的事项应当明确。
（3）担保评估应科学严密，担保审批权限、程序与责任应当明确。
（4）担保执行环节的控制措施应当充分有效，担保合同的签订应当经过严格的审批，担保业务的执行过程应有跟踪监测，凡担保财产与有关权利凭证的管理应当有效，办理终结担保手续应当及时。
（5）对外担保应明确责任主体，因担保造成重大失误和损失的，应追究相关责任人的责任。

二、企业实行担保业务应关注的风险

担保风险是风险的一种具体表现形式，是指信用担保机构在担保业务运作过程中，由于各种不确定性因素（主观的和客观的）的影响而遭受损失的可能性，担保风险可以从不同的角度进行分类。

按引发风险因素的层次性分类，担保风险可以分为系统性担保风险和非系统性担保风险。国家宏观经济政策变动等因素引发的风险属于系统性风险，而由担保机构决策失误、违规操作等微观因素引起的风险为非系统性风险。

按风险暴露的程度分类，担保风险可分为隐形担保风险和显性担保风险。还没有暴露，处于潜伏期的风险称为隐性担保风险，如担保业务操作中，规章制度不严格或者违规操作，即便暂时可以保证项目的如期进行，但是潜在风险很大，随时都有可能出现问题。已经出现的预警信号，风险征兆较明显的称为显性担保风险，如已经发生代偿的担保等。

按风险的可控制程度分类，担保风险可分为完全不可控制风险、部分可控制风险和基本可控制风险。完全不可控制风险是指由于完全无法预测的因素变动，且对这些因素变动事先无法有效防范所引起的风险，如环境风险等。部分不可控制风险是指那些事先通过采取措施，在一定程度上可以控制的风险，如信用风险等。基本可以控制风险是制那些通过制定和实施科学严密的操作规程、管理措施、内部控制制度与监督措施后可以基本控制的风险，如操作风险等。

三、担保业务主要流程及其内部控制

（一）担保业务的受理

受理担保业务时，要求被担保企业提供的完整资料包括：①被担保企业出具的担保申请书；②被担保事项的经济合同、协议及相关文件资料；③有关反担保的资料。在担保业务的受理阶段，企业对担保业务材料审查的主要内容包括：①完整性，主要审查被担保企业提交的文件、资料种类是否完整、齐全；②合法性，审查担保企业提交的文件、资料以及申请的担保事项是否真实、合法、有效；③条件性，主要审查被担保企业是否符合企业规定的担保原则、标准和条件。

（二）调查了解被担保企业的经营和财务状况

企业可以被担保企业经会计师事务所审计的财务报表为基础，通过调查被担保企业财务部门和主要管理者，必要时向被担保企业的商业往来客户、供货商和其他债权人询问被担保企业的情况，核对财务报表和主要凭证，查看库存，了解和掌握被担保企业的动态情况以及走访外部管理部门，了解其对被担保企业的评价，核实有关情况，获取第一手材料。

（三）担保业务的审批

担保业务审查人员通过对调查审批报告及相关材料的审查，分析被担保企业的履约能力、反担保情况及本企业相关利益，对照本企业的担保责任、担保标准和条件等政策规定，决定是否办理该担保业务。

（四）签订担保合同

根据调查、了解被担保企业的财务与经营情况和企业界的担保原则、担保标准与条件，经审批后，与被担保企业签订担保合同。担保合同一般一式3份，一份交受益人，一份由会计部门作表外或表内科目登记的附件，一份由经办部门存查。担保合同签订后，担保经办人员应及时登记担保业务台账。

（五）担保检查

在担保有效期内，担保业务经办人员应对被担保企业资格、经营管理和担保等事项进行检查,并了解担保事项的进展情况,促使被担保企业按时履约,或在本企业履行担保责任垫付款项后能及时得到追偿。企业可以规定检查的时限,如担保期在 1 年以内或风险较大的担保业务,担保业务经办人员需每月进行一次跟踪检查;担保期在 1 年以上的担保业务,至少每季度进行一次跟踪检查。

（六）担保合同的履行

担保合同的履行是指担保合同签订后,企业应被担保企业和受益人的要求对担保合同进行修改或应受益人的要求履行担保责任,或在保证期满担保合同注销的过程,具体包括修改、展期、终止、垫款、收回垫付款项等环节。①担保合同的修改。担保期间,被担保企业和受益人因合同条款发生变更需要修改担保合同内容,应按要求办理。例如,对增大担保范围或延长担保期间或者因变更、增大担保责任的,按拟重新签订的担保合同的审批权限报有权审批部门审批。其中,经办部门应就担保合同的变更内容进行审查后,形成调查报告,同时要求被担保企业提出修改担保合同的意向文件。经批准的,经办部门再重新与被担保企业签订担保合同。②担保合同的展期。对于担保合同的展期,应视担保业务进行审批,重新签订担保合同。③担保合同的终止和注销。当出现以下情况时,担保业务经办部门要及时通知被担保企业,担保合同终止：担保有效期届满；修改担保合同；被担保企业和受益人要求终止担保合同；本企业替被担保企业垫付款项。企业已经承担担保责任的,在垫付款项未获全部清偿前,经办部门不得注销担保合同,并要向被担保企业和反担保企业发送催收通知书,通知被担保企业还款。

（七）垫付款项及其催收

①担保业务垫付款项的前提条件和内部批准手续。担保期间,担保业务执行部门收到受益人的书面索赔通知后,核对书面索赔通知是否有有效签字、盖章,索赔是否在担保规定的有效期内,索赔金额、索赔证据是否与担保合同的规定一致等内容。核对无误后,经有权签字人同意后对外支付垫付款项。②垫付款项的催收和处理。担保业务经办人员要在垫款当日或第 2 个工作日内,向被担保企业发出垫款通知书,向反担保企业发送《履行担保责任通知书》并加大检查的力度,以便及时、全额收回垫付款项。

四、担保业务调查评估

企业应建立担保业务的岗位责任制,明确相关部门和岗位的职责权限,确保办理担保业务的不相容岗位相互分离、制约和监督，不得由同一个人办理担保业务的全过程。

（一）不相容岗位分离

（1）担保业务的评估与审批分离。

（2）担保业务的审批、执行与监督分离。

（3）担保业务的执行和核对分离。

（4）担保业务的相关财产保管和担保业务记录分离。

（二）人员素质要求

评估人员企业应配备合格的人员办理担保业务。办理担保业务的人员应具备良好的职业道德和较强的风险意识，熟悉担保业务，掌握与担保相关的专业知识和法律法规。

（三）业务归口办理

企业所有对外担保事项由财务部门统一归口管理，其他部门或人员未经授权，严禁办理担保业务。内设机构和分支机构不得对外提供担保。

（四）权责划分

（1）股东大会审批以下担保事项：为某一被担保人提供担保金额达到或超过公司净资产20%的担保事项；公司用主要资产抵押；为关联方提供债务担保金额达到或超过公司净资产10%的担保事项。

（2）董事会：对除了须报股东大会批准的担保事项进行审批或授权董事长、总经理审批；对报股东大会审批的担保事项，事先提出预案，经董事会决议通过后，报股东大会审批；董事会在决定为他人提供担保之前，须组织财务部门等相关部门对被担保人进行评估，并形成评估报告；担保事项经股东大会或董事长批准后，董事长或授权总经理代表公司与被担保人签订担保协议。

（3）董事长、总经理：董事长决定是否受理担保申请；董事长、总经理在未经过股东大会、董事会决议通过前，不得擅自代表公司签订担保合同；董事长、总经理定期听取财务部门对被担保人财务状况的汇报，对被担保人财务状况出现异常情况及时研究对策。

（4）财务部门：公司所有对外担保事项由财务部门统一归口管理，其他部门无权受理担保申请资料和承办担保具体事项；在提供担保之前会同相关部门对被担保人进行评估，向董事会提出评估报告；审查申请担保单位提供的资料和文件；担保合同生效后，要求被担保企业定期提供财务报表并对其进行分析；在担保期间不定期对被担保企业的经营管理、财务状况和偿债能力进行调查；督促被担保人及时履行合同；及时了解债权人与债务人的合同变更情况；定期与被担保人保持联系，及时了解被担保人法定住所的变动情况等；每半年向总经理、董事长报送被担保企业财务状况分析报告；被担保企业出现破产、清算、债权人主张公司履行担保义务等情况时，及时向总经理、董事长报告；债务履行期届满，被担保企业不履行被担保债务，由公司承担责任的，根据公司授权及时向被担保单位主张权利。

五、担保业务的授权审批

企业应建立担保授权制度和审核批准制度，明确审批人对担保业务的授权批准方式、权限、程序、责任和相关控制措施，规定经办人办理担保业务的职责范围和工作要求，并按照规定的权限和程序办理担保业务。严禁未经授权的机构和人员办理担保业务。

（一）授权方式

公司对董事会的授权由公司章程规定和股东大会决议；公司对董事长和总经理的授权，由公司董事会决定；总经理以下人员，无权对担保事项进行审批。

（二）审批权限

（1）按股东大会和董事会的权责划分审批。

（2）董事长和总经理依据董事会授权审批。

（三）批准和越权批准处理

审批人根据担保业务授权批准制度的规定，在授权范围内进行审批，不得超越审批权限；经办人在职责范围内，按照审批人的批准意见办理担保业务；对于审批人超越授权范围审批的担保业务，经办人有权拒绝办理，并及时向审批人的上级报告。

（四）建立担保业务责任追究制度

对在担保中出现重要决策失误、未履行集体审批程序擅自越权签订担保合同或不按规定执行担保业务的部门及人员，应当严格追究责任人的责任。企业对外部强制力强令的担保事项，有权拒绝办理。未拒绝办理的，因该担保事项引发的法律后果和责任，由作出担保决策的人员承担。

六、担保业务评估与审批控制

企业应对担保业务进行风险评估，确保担保业务符合国家法律法规和企业的担保政策，防范担保业务风险。在提供担保业务前，应由相关部门或人员对申请担保人的资格、申请担保事项的合法性是否符合担保政策进行审查；对符合企业担保政策的申请担保人，企业可自行或委托中介机构对其资产质量、经营情况、行业前景、偿债能力、信用状况、申请担保人担保和第三方担保的不动产、动产及其权利归属等进行全面评估，形成书面评估报告；评估报告应全面反映评估人员的意见，并经评估人员签章。要求申请担保人提供反担保的，企业还应对与反担保有关的资产进行评估，且申请和评估应当分离。

（一）担保申请单位必须提供的资料和文件

申请单位盖章和法定代表人签字的担保申请书；申请人营业执照复印件；申请单位与债权人之间合法有效的合同或证明有债权债务关系的其他凭证；最近两年经审计的年度和近期月（季）财务报表；担保合同和其他担保资料；用作反担保抵押或质押物的有效凭证和单据；根据每项担保申请的具体情况，要求提供的其他资料和文件；属于提供借款担保，担保申请单位还必须提供以下资料和文件：申请报告、借款用途和可行性分析报告、还款计划；申请企业贷款证复印件；借款合同；申请企业董事会签署或授权签署的"声明与保证"；根据每项担保申请的具体情况，要求提供的其他资料和文件。

（二）评估人员组成

评估人员由财务部门组织，会同公司法律顾问等相关人员参加。当企业为关联方提供担保时，与关联方存在经济利益或近亲属关系的有关人员在评估与审批环节应予以回避。

（三）评估要素

评估要素包括申请担保单位主体的资格；申请担保项目的合法性；申请担保单位的资产质量、财务状况、经营情况、行业前景和信用状况；申请担保单位反担保和第三方担保的不动产、动产和权力归属；其他要素内容。

（四）重新评估

被担保人要求变更担保事项的，企业应重新履行评估和审批程序。

（五）审批控制

企业应按照确定的权限对担保业务进行严格审批。重大担保业务，应当报经董事会或者企业章程规定的类似决策机构批准。对于上市公司而言，须经股东大会审核批准的对外担保业务包括但不限于以下情形：

（1）上市公司及其控股子公司的对外担保总额，超过最近一期经审计净资产50%以后提供的任何担保。

（2）为资产负债率超过70%的担保对象提供的担保。

（3）单笔担保额超过最近一期经审计净资产10%的担保。

（4）对股东、实际控制人及其关联方提供的担保。

七、担保业务的执行

（一）担保合同管理

企业有关部门或人员应根据职责权限，按规定的程序订立担保合同，对担保期限及担保收费等作出明确约定。申请担保人同时向多方申请担保的，企业应与其在担保合同中明确约定本企业的担保份额，并落实担保责任。企业应在担保合同中明确要求被担保人定期提供财务报告和有关资料，并及时报告担保事项的实施情况。

（1）保证合同至少包括以下内容：保证的主债权种类、数额；债务人履行债务的期限；保证的方式；保证担保的范围；双方认为需要约定的其他事项。

（2）抵押担保合同至少包括以下内容：被担保的主债权种类、数额；债务人履行债务的期限；抵押物的名称、数量、质量、状况、所有权权属或者使用权权属；抵押担保的范围；双方认为需要约定的其他事项。

（3）质押担保合同至少包括以下内容：担保的主债权种类、数额；债务人履行债务的期限；质押物的名称、数量、质量、状况；质押担保的范围；质押物和质押权利移交的时间；双方认为需要约定的其他事项。

（4）合同管理。企业应加强对担保合同的管理，指定专门部门和人员妥善保管担保合同、与担保合同相关的主合同、反担保函或反担保合同，以及抵押、质押权利凭证和有关的原始资料，保证担保项目档案完整、准确和担保财产的安全，并定期进行检查。通常担保合同正本应有公司档案室保存，副本由财务部门及相关部门保存。

（二）反担保

企业要求申请担保人提供反担保的，还应当对与反担保有关的资产进行评估，且申请和评估应当分离。反担保可采用的形式通常有动产、不动产抵押；动产抵押和权利质押；保证。反担保中的保证应为连带责任保证。

（1）下列财产或权利可以作为反担保的抵押物或质押物：

1）抵押物：抵押人所有的房屋和其他地上定着物；所有的机器、交通运输工具和其他财产；抵押人依法有权处分的国有土地使用权、房屋和其他地上定着物；依法可以抵押的其他财产。

2）质押物：依法可以质押的财产；汇票、支票、本票、债券、存款单、仓单、提单；依法可以转让的股票、股权；依法可以转让的商标专用权、专利权、著作权中的财产权；依法可以质押的其他权利。

（2）公司不接受下列财产作为反担保的抵押物或质押物：土地所有权；所有权、使用权不明或有争议的财产；依法被查封、扣押监管的财产；依法不得抵押或质押的财产。

（3）接受抵押或质押方式的担保。企业必须依法办理抵押或质押登记手续，所发生的登记费、手续费用由申请担保人或第三人承担。未办理完反担保有关工作，不签订担保协议；被担保人的一方，其股东或财产作为反担保抵押物或质押物时，须按法律程序办理；反担保人用已出租的财产作为反担保抵押时，应书面告知承租人。

（4）抵押或质押物的价值应经评估机构评估，其价值应达到公司规定的要求。

（5）反担保人以他人共有财产作为抵押或质押物，遵守以下原则：

1）共同拥有的财产，应征得共有人的同意。

2）按份共有的财产，以担保人所拥有的份额为限。

3）反担保人作为反担保抵押的实物必须投保并妥善保管，不得遗失或损坏，债务清偿完毕前未经公司同意，不得将抵押实物出租、出售、转让、再抵押或以其他方式处理。

4）反担保义务履行，根据《担保法》有关保证、抵押、质押权利实现的条款，公司有权向反担保人追偿。

（三）担保财产管理和记录

（1）企业应建立担保事项台账，详细记录担保对象、金额、期限、用于抵押和质押的物品、权利和其他有关事项，并妥善管理有关担保财产和权力证明，定期对财产的存续状况和价值进行复核，发现问题及时处理。

（2）企业应加强对反担保财产的管理，妥善保管被担保人用于反担保的财产和权力凭证，定期核实财产的存续状况和价值，发现问题及时处理，确保反担保财产安全完整。

（3）企业应在担保合同到期时全面清理用于担保的财产、权利凭证，按照合同约定及时终止担保关系。

（4）对外提供担保预计很可能承担连带赔偿责任的，还应按照国家统一的会计制度的规定对或有事项的规定进行确认、计量、记录和报告。

八、担保业务监测

担保合同生效后，企业应指定专门部门（如财务部）和人员，定期监测被担保人的经营情况和财务状况，定期对担保项目进行跟踪和监督，了解担保项目的执行、资金的使用、贷款的归还、财务运行及风险等方面的情况，定期出具监测报告。对于异常情况和问题，应当做到早发现、早预警、早报告；对于重大问题和特殊情况，应当及时向企业管理层或者董事会报告。公司总经理、董事长接到异常情况报告后，及时组织有关会议研究对策并实施，以化解担保风险。对于被担保单位，被担保项目进行监测可采取以下方式：

（1）参加被担保单位与被担保项目有关会议、会谈和会晤。

（2）对被担保工程项目的施工进度和财务进行审核。

（3）派员进驻担保单位工作，被担保单位有责任提供方便和支持。

被担保人必须定期向公司（担保人）提供其真实完整的经营状况，公司有权随时查询被担保人的财务状况；被担保人在担保债务到期前1个月，必须向公司（担保人）提供偿还债务情况报表或计划及相关财务报表；被担保人每次归还债务必须向公司（担保人）书面报告，并提供有效凭证，债务全部清偿之后，必须通知公司（担保人），并提交有关归还债务凭证的复印件；债务履行期届满，被担保人不履行债务，由公司承担担保责任、履行担保义务后，在有效期限内及时向被担保人主张权利，确保公司财产不受损失。

九、担保业务的监督检查

（一）监督检查主体

（1）监事会：依据公司章程对公司对外担保管理进行检查监督。

（2）审计部门：依据公司授权和部门职能描述，对公司担保业务进行审计监督。

（3）上级对下级进行日常工作监督检查。

（二）监督检查内容

（1）担保业务相关岗位及人员的设置情况。重点检查是否存在担保业务不相容职务混岗的现象。

（2）担保业务授权批准制度执行情况。重点检查担保对象是否符合规定，担保业务评估是否科学合理，担保业务的审批手续是否符合规定，是否存在越权审批的行为。

（3）担保业务监测报告制度的落实情况。重点检查是否对被担保单位、被担保项目资金流向进行日常监测，是否定期了解被担保单位的经营管理情况并形成报告。

（4）担保财产保管和担保业务记录制度落实情况，重点检查有关财产和权利证明得到妥善的保管，担保业务的记录和档案文件是否完整。

（三）监督检查结果处理

对监督检查过程中发现的担保内部控制中的薄弱环节，负债监督检查的部门应当告知有关部门，公司有关部门应当及时采取措施，加以纠正和完善；公司监督检查部门应当按照内部管理权限向上级有关部门报告担保内部控制监督情况和有关部门的整改情况。

第三节　企业内部控制应用指引
——担保业务的案例

【案例 17-1】

ZKZ 担保集团概况

一、ZKZ 担保集团概况

ZKZ 担保集团是中国最大规模的民营商业担保集团，成立于 2004 年 9 月，是一家立足中国市场、专业为中小企业及个人提供商业担保及增值服务的大型担保集团公司，目前控股公司有 15 家具有独立法人资格的担保公司。其中，深圳担保公司不仅是中国第一家民营商业担保机构，也是中华人民共和国商务部批准设立的第一家中外合资担保公司。2004 年 6 月，深圳公司成为世界保理协会（IFG）在中国的第一个会员机构。集团通过持续地在业务拓展、风险管理、人才培养、产品开发等方面提升核心竞争力，取得了巨大的社会和经济效益，推动了所在区域社会经济的发展。截至 2007 年 12 月底，集团合并净资产超过 22 亿元；截至 2008 年 3 月，ZKZ 累计担保金额超过 621.03 亿元，合计为 6 万多家客户提供融资服务。ZKZ 集团已成为中国商业担保第一品牌，并继续致力于成为"一体化融资服务提供商"，更好地服务于中小企业及国民，为构建和谐社会、推动社会经济发展贡献力量。

ZKZ 担保集团所涉及的业务主要分为个人融资担保业务、企业融资担保业务和履约担保三大板块。个人融资担保业务包括：个人房产类担保、个人信用担保业务、汽车贷款担保业务；企业融资担保业务包括：企业流动资金贷款担保、企业固定资产投资贷款担保、授信额度贷款担保、货押贷款担保；履约担保包括：工程投标担保、承包商履约担保、预付款担保、业主支付担保和诉讼保全担保。

公司坚持国际视野与中国实际相结合的人才理念，运用与国际接轨的激励机制，组建了一支本土人才与海归人才相结合的高素质经营团队，具有雄厚的理论功底和丰富的实践经验，独特的"四四二"复合型人才配置结构——40% 的金融背景人才、40% 的产业背景人才、20% 的专业背景人才，组成了 ZKZ 特色的人才团队。

二、ZKZ 担保集团的组织架构、业务流程及业务规范

ZKZ 担保集团具有相对完善的现代管理体系和公司治理结构，部门设置和职责分工都基于相互约束和监督的机制，风险管理制度覆盖担保项目的评估、审查、审批、追偿等全过程，能有效地规避担保风险。

管理架构分为两层：集团管理架构（图 17-1）和运营公司管理架构（图 17-2）。

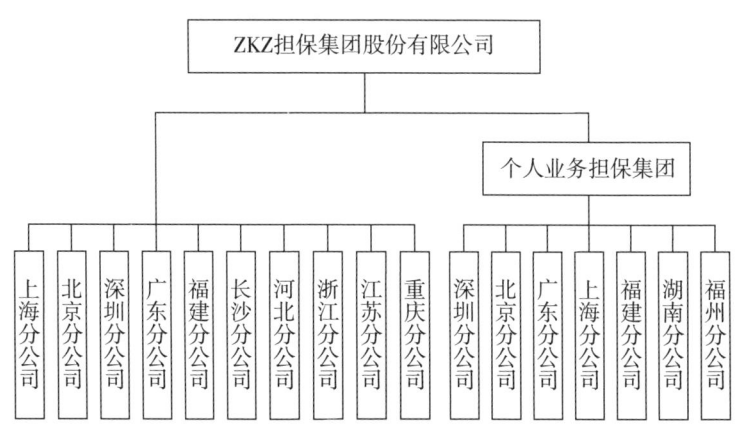

图 17-1　ZKZ 担保集团组织架构图

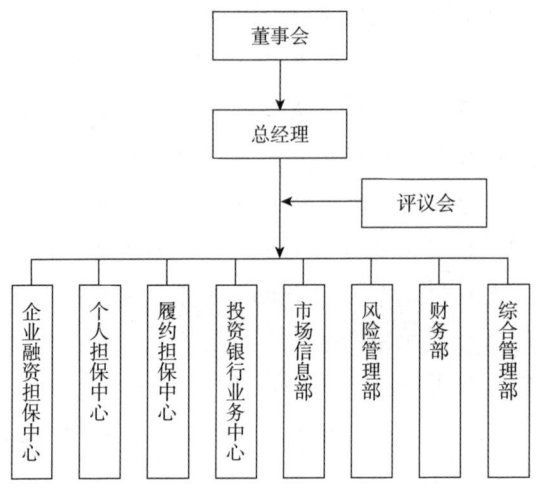

图 17-2 运营公司组织架构

业务流程分为客户咨询、担保部门受理申请、担保部门进行调查和资料核实,出具调查报告等 8 个环节,如图 17-3 所示。

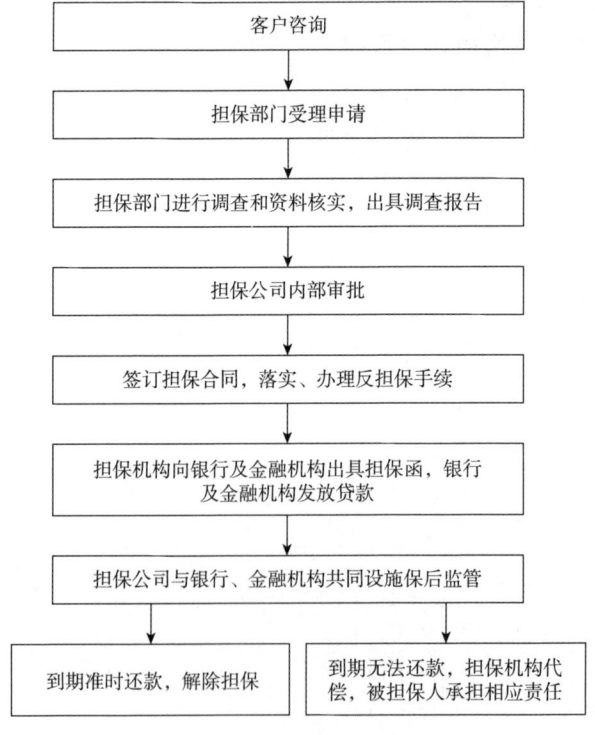

图 17-3 ZKZ 担保集团业务流程

第十七章 担保业务的内部控制

(一) 部门职责

综合部：根据公司战略规划，组织人员配置、招聘、培训、绩效管理、薪酬管理等人力资源管理各项工作，提高人力资源效率；负责公司行政管理事务，提高工作效率；履行本职位管理职责，承担部门的管理责任；推进企业文化建设工作，管理员工关系，增强企业凝聚力；协调公司内部各部门关系，促进业务开展；建立与维护非业务公共关系，维护公司品牌与形象；负责本单位的人才培养、学习发展、团队建设工作；上级交办的工作任务。

业务部：制定营销战略，促进业务拓展；完成公司下达的各项考核指标；负责部门营销项目的监管，保障项目的安全性。

风控部：根据风险管理控制体系要求，完善、执行风险管理措施；组织、参与担保项目资料的审核，根据项目情况提出风险防范建议；负责督促检查在保项目监管情况，提出风险预警，控制项目风险；指导、协助客户经理控制项目风险；根据评议（审）会相关决议，落实、监督担保项目的反担保手续；负责法律文件的管理；负责组织、协调、推进资产保全工作；审核资产保全方案，监控保全过程。

市场部：负责制订、策划、组织和实施公司在当地的市场营销计划及品牌推广工作；协助公司负责人拓展业务合作渠道，对重点合作渠道实施日常维护性管理，定期向业务部门提供合作银行业务政策信息，确保业务的正常运作；负责建立、维护公司与当地政府、各类行业协会、媒体的关系；负责公司的业务信息统计管理，定期编制业务分析报告及建议；负责公司产品研发工作的日常管理，推动集团产品研发工作的顺利实施；负责业务受理登记，实施客户服务管理，督导内部业务流程执行情况；负责对公司当地的银行、担保公司、行业协会、企业客户等市场情况实施调研，定期收集、反馈市场信息；协助公司负责人编制年度经营工作计划；协助集团经营管理中心工作。

总经理／常务副总经理：全面负责运营公司的经营管理工作。根据集团的经营发展战略，利用平衡计分卡原理，制定并实施公司的持续发展策略；拟定公司绩效计划，率领团队在控制项目风险的前提下完成既定绩效目标；拟定公司内部管理机构设置方案，制定公司各项管理制度；负责建立、完善风险控制体系和内部管理体系，配合集团资本运作；组织统筹和负责公司市场开拓、品牌营销工作。

财务部：执行、落实集团的各项财务方面的政策、制度，对相关制度和流程提出建议，完善内部控制管理；协同行政部门对公司所有财产进行有效使用、管理；负责组织及办理会计和内部核算，进行全盘账务处理，审核各项费用支出；负责全盘财税工作；实施财务管理职能，提供财务分析报告；参与公司重大决策；对资金进行合理计划、筹措、调拨和使用。

（二）审批权限

ZKZ担保集团区别担保项目的大小和性质，实行6个层级的审批权力人，如表17-1所示。

表17-1 审批权力人层级表

层级	审批权力人
第一层级	公司总经理
第二层级	公司评议会、区域评审官、公司总经理
第三层级	公司评议会、公司总经理、区域评审官、授权专职评委
第四层级	担保集团评审会、CCO
第五层级	COO
第六层级	CEO

每个层级的老总具有相应的审核权限，运营公司老总根据其所在公司的风险评级而得到相应的授权权限，各分子公司风险管理能力分为1~5级，5级为最低等级，1级为最高等级。

（三）合作银行

ZKZ担保集团采用各分支机构立足当地，在当地选择地方性金融机构进行合作。

（四）计提风险准备金

ZKZ担保集团为巩固承担风险的能力，除不断争取外资增加资本金外，根据申请担保企业的得分定级的结果，提取相应的专项准备金。具体的计提标准为：以担保项目的担保余额或委贷项目的委贷余额为基数乘以该项目评级对应的准备金计提比率。

三、ZKZ担保集团业务风险内部管理控制体系分析

ZKZ担保集团的风险内部管理控制体系主要包括集团直线领导和部分授

权的职业经理人管理体系，其风险控制体系如图 17-4 所示。

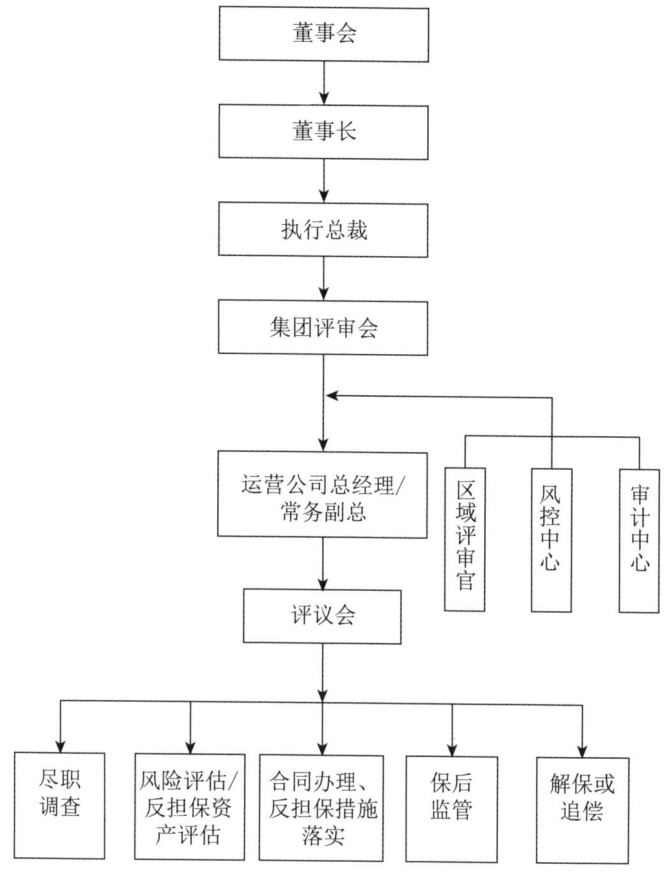

图 17-4 ZKZ 担保集团风险控制体系

（一）尽职调查

担保项目调查实行双人落实制度，即 A 角和风险管理部风险经理（B 角）根据各自的岗位工作职责共同开展担保项目调查。受理担保项目后，A 角向风险管理部申请 B 角，风险管理部经理指定 B 角后，B 角报备市场部并和 A 角商讨调查工作。A 角依据担保客户基本情况和担保集团尽职调查手册拟定《担保项目调查提纲》，邀请 B 角、区域评审官等相关人员到担保客户现场开展调查、收集资料。在现场调查、担保客户提供资料齐全以及取得评估师《资产评估报告书》或反担保资产估值后，完成《担保项目调查报告》并签字转交 B 角。B 角根据岗位工作职责，对担保项目开展调查和审核工作，撰写《担保项目审核报告》并提交风险管理部经理。风险管理部经理对担保项目操作流程表中签署意见,判断是否符合担保公司评议会条件等。

(二)项目评审

项目评审分为两级:运营公司评议会和集团评审会。在担保符合评议会条件后,风险管理部负责评议会组织工作,将《担保项目调查报告》《担保项目调查提纲》《担保项目审核报告》等资料以及评议会时间安排递交各评议会委员。评议会委员根据《担保公司评议会工作条例》和评级系统对项目进行评议,评议完毕,由风险管理部递交评议会评议表及项目相关资料报送集团评审会,评审会再根据《担保集团评审会工作条例》,对担保项目进行评审,独立出具评审意见,最终形成担保项目评审会决议。

(三)十五级评级系统

ZKZ担保集团采用的是十五级分类评级系统,ZKZ最初使用的是十级评级系统,但经过实践检验,十级评级系统存在评价缺陷,无法全面反映受保企业所有风险点。在结合实际工作总结和听取专家意见后,改良为十五级评级系统(见表17-2)。

表17-2 ZKZ担保集团十五级分类评级系统

指标分类	指标名称	计算标准及分值					系数	指标值	客户信用得分A
		5	4	3	2	1			
财务结构	债务权益比	<0.5	<1	<1.5	<2	<2.5	1		
	流动比率	>2	>1.6	>1.2	>0.8	>0.4	1		
	速动比率	>1	>0.75	>0.5	>0.25	>0.1	1		
	总负债对销售额比	<20%	<30%	<40%	<50%	<60%	2		
偿债能力	经营净现金流对债务覆盖比	>2	>1.6	>1.2	>1	>0.8	3		
	销售现金流对债务覆盖比	>6	>5	>4	>3	>2	3		
运营效率	总资产周转比率	>2	>1.6	>1.2	>0.8	>0.4	1		
盈利能力	销售净利润率	>10%	>8%	>6%	>3%	>1.5%	1		
	总资产收益率	>9%	>7%	>5%	>3%	>1%	1		
	销售增长比率	>15%	>10%	>8%	>5%	>3%	2		

第十七章 担保业务的内部控制

（续表）

指标分类	指标名称	计算标准及分值					系数	指标值	客户信用得分A
		5	4	3	2	1			
经营能力	竞争力	优秀	良好	一般	较差	极差	0.8		
		优秀	良好	一般	较差	极差	0.8		
		优秀	良好	一般	较差	极差	0.8		
		优秀	良好	一般	较差	极差	0.8		
信用记录	—	优秀	良好	一般	较差	极差	0.8		
客户信用合计得分A		—	—	—	—	—	—		

评估工作程序：

（1）担保项目A角介绍项目尽职调查情况。担保业务部门经理对项目尽职调查情况作必要的补充。

（2）风险管理部B角介绍项目审核情况。风险管理部经理对项目的审核情况作必要的补充，并表明部门对项目审核的结论性意见。

（3）各评委自主陈述对项目和审核中不明的情况进行提问，分别由担保业务部和风险管理部相关人员作出解答。

（4）评委进行书面表决。

（四）保后监管

保后监管工作，ZKZ担保集团有两种模式：一是以A角为主负责，即业务部门承担担保后监管的具体实施责任，对应的岗位责任人为项目A角，风险管理部承担组织监督和审核的责任，对应的岗位责任人为项目B角。A角为保后监管主责任人、B角为保后监管审核人。二是风险管理部承担保后监管的组织和具体实施责任，B角为保后监管主责任人、A角为保后监管协办人。

保后监管的主要内容：

1. 对担保贷款的用途、还息及纳税检查

这部分内容主要检查客户是否按合同规定用途使用贷款，有无挪用；有无以流动资金贷款从事股本权益性投资、固定资产投资、其他投资等；固定资产贷款的使用是否与申贷项目建设进度同步；保证金是否足额，有无挪用；

是否按时足额付息、纳税。

2. 对财务状况检查

公司通过测算与比较上期与当期资产负债表、损益表、现金流量表及主要财务比率的变化，动态地评价企业的经济实力、资产负债结构、变现能力、现金流量情况；分析判断企业贷后经营情况有无异常、是否与项目调查阶段的预测相符，是否具备可靠的还款来源。

3. 对投资项目完成情况的检查

该项内容主要检查项目投资和建设进度，项目施工设计方案及项目投资预算是否变更；项目自筹资金和其他银行借款是否到位；项目建设与生产条件是否变化；配套项目建设是否同步；项目是否与有关经济政策，法律相抵触；有无其他重大投资项目。

4. 反担保措施检查

（1）对抵（质）押物状况检查：抵（质）押物形态是否完好，金额是否足值，权属是否完整等。

（2）对反担保企业的检查：主要检测其资产情况、信用记录、生产经营情况、财务状况外界评价，有无卷入经济、刑事诉讼等。

（3）对反担保个人检查：主要检查其有无卷入大的经济、刑事诉讼，大额财产有无变化。

（4）对股权反担保的检查：主要检查股权权属及比重是否发生变化。

（5）对保证金的检查：主要检查保证金有无挪用、是否足额。

（6）对过程控制的检查：主要检查是否严格按照评审会决议要求的过程控制操作，在实际操作中设定的过程控制有无缺陷而存在较大的风险隐患。

（7）对其他反担保措施的检查：还贷情况的检查，包括到期一次性还款项目检查和分期还款项目检查。

四、ZKZ担保集团存在的问题

（一）人力资源管理存在的问题

对于担保企业，从风险防范与风险控制视角来认定，项目客户经理、风险管理人员、财务人员等的素质要求是担保企业人力资源配置的一个重点环节。

（1）客户经理素质要求：要求金融、财会、经济等相关专业，本科以上学历，具有3年以上工作经验，具有较强的沟通能力、协调能力以及发现和分析问题的能力。

（2）风险管理部经理：要求审计、金融、财会、经济等相关专业，本科以上学历，具有5年以上财务、审计或金融信贷风险管理等相关经验，并有1年以上担保业务管理经验；需要有团队整合、系统思维以及全局观念。

（3）风险经理：在教育知识、工作经验方面的要求同风险管理部经理基本一致，要求有2年以上风险经理经验，具有很强的分析判断、风险控制和应变能力。

（4）财务经理：要求财务、会计等相关专业，本科以上学历，具有会计师以上资格，5年以上相关工作经验，3年以上财务管理工作经验，具有全局观念，责任心强，有专业化的分析、思考能力。

（二）尽职调查环节设计存在的问题

（1）现行A角与B角的尽职调查中，没有在制度上规定A角、B角的禁止行为。

（2）项目前期考察，没有明确规定总经理、风险管理部门经理以及区域评审官是否需要参与，以及在什么时间点介入是合适的。

（3）多数公司，参与项目考察人员较多，存在引发道德风险的可能，并影响业务效率。

（4）业务部门和风控部门的定位矛盾问题导致在尽职调查中，A角和B角的配合不协调，相互指责，业务部门定位为开展业务，完成公司规定的业绩，而风控部门定位不清晰，有点纯以风险控制的角度对A角进行监督，而A角在业绩的压力下，对申请担保的企业处于偏袒的地位，导致业务部门和风控部门存在很大的矛盾。

（三）评议会评委的责、权、利匹配问题

（1）评议会成员是非专职评委，尤其是少数公司的评议会评委构成中，有平时不从事风险管理的人员，不利于风险的把控。

（2）对评议会评委缺乏有效的激励机制，评委承担项目决策责任，但对项目评议具有投票表决权，而没有风险项目操作成功带来的直接利益，则权利不对等，不利于风险防范与业务效率的提升。

（3）在评议会中，部分公司的评委出具意见不明确，评议书质量不高，使得公司评议会对项目风险的把控流于形式。

（四）保后监管存在的问题

根据保后监管制度的规定，运营公司在保后监管方面，有两种不同的方式，即专职保后监管人员负责每个项目的监管；由项目经理A角负责具体实施，风险管理部负责监督和审核。在被调研的7家运营公司中，5家采用专职保后监管人员的方式，2家采用以A角具体实施，风险管理部进行监督和审核的方式。

（1）保后监管中，责任人的确定不够清晰。

（2）部分运营公司的保后监管，没有确实按相关规定执行，监管工作流于形式，按流程上报监管报告等信息资料，但监管过程缺乏有效控制。

（五）审计稽核体系存在的问题

目前，ZKZ担保集团的审计工作由集团内审中心根据批准的年度审计计划或集团董事会的专项要求，对运营公司的日常运作、经营管理、业务操作等工作实施具体审计工作。审计内容包括：员工离职审计，担保业务的申请与受理审计，担保业务的尽职调查审计，担保业务的审批审计，落实反担保条款的审计，担保手续办理的审计，担保项目保后监管的审计，资产保全和担保追偿的审计，担保项目的档案管理和信息统计审计。审计工作是担保风险控制的最后屏障，在人员监控、业务审批等环节都失去作用的时候，审计是集团把控风险的最后手段。由于对运营公司实行授权经营模式，在授权范围内，集团对运营公司的控制能力降低，这时审计工作就显得尤其重要，而目前ZKZ担保集团实行的审计模式存在下面的问题：

（1）由于审计部门在集团公司，对运营公司的日常审计工作略微滞后，不利于监控。

（2）审计力度小。由于审计只设在集团公司，只根据集团公司审计计划和特殊项目进行审计，从人员的配置和时间上来衡量评价，其审计工作力度较小。

（六）风险部门的定位问题

当前，ZKZ担保集团旗下运营公司在风险控制的前提下，以业务发展为中心的运作机制与以条线纵向进行风险控制或以制约为主的组织体系模式之间所产生的矛盾日益突出：

（1）在以条线纵向进行风险控制或以制约为主的模式下，运营公司产生强烈的业务发展与集团掌控最终风险控制权之间的矛盾对自身业务发展不利的感受，但其无法在较短时间内改变这一现实，继而导致其放宽评议会的风控尺度，将风控把关的责任干脆全都交给集团风控中心的评审会，这就可能造成运营公司的评议会几乎形同虚设。

（2）在以条线纵向进行风险控制或以制约为主的模式下，进一步强化了各运营公司对集团对项目风险控制的依赖性，更加疏于自身风控能力的建设，其结果是进一步弱化了自身的风控能力。

因此，在以条线纵向进行风险防范与控制为主的模式中，以条线为主管控的运营公司的风险管理部，以及集团委派的区域评审官、集团风控中心这三大节点中，风控部的角色定位、区域评审官的角色定位，需要进一步完善，以解决运营公司风险防范、控制与业务发展的矛盾，运营公司风险控制与集团风控中心风险控制的矛盾。

第十八章

业务外包的内部控制

第一节　企业内部控制应用指引
——业务外包的基本内容

第一章　总　　则

第一条　为了加强业务外包管理，规范业务外包行为，防范业务外包风险，根据有关法律法规和《企业内部控制基本规范》，制定本指引。

第二条　本指引所称业务外包，是指企业利用专业化分工优势，将日常经营中的部分业务委托给本企业以外的专业服务机构或其他经济组织（以下简称承包方）完成的经营行为。

本指引不涉及工程项目外包。

第三条　企业应当对外包业务实施分类管理，通常划分为重大外包业务和一般外包业务。重大外包业务是指对企业生产经营有重大影响的外包业务。

外包业务通常包括：研发、资信调查、可行性研究、委托加工、物业管理、客户服务、IT 服务等。

第四条　企业的业务外包至少应当关注下列风险：

（一）外包范围和价格确定不合理，承包方选择不当，可能导致企业遭受损失。

（二）业务外包监控不严、服务质量低劣，可能导致企业难以发挥业务外包的优势。

（三）业务外包存在商业贿赂等舞弊行为，可能导致企业相关人员涉案。

第五条 企业应当建立和完善业务外包管理制度，规定业务外包的范围、方式、条件、程序和实施等相关内容，明确相关部门和岗位的职责权限，强化业务外包全过程的监控，防范外包风险，充分发挥业务外包的优势。

企业应当权衡利弊，避免核心业务外包。

第二章　承包方选择

第六条 企业应当根据年度生产经营计划和业务外包管理制度，结合确定的业务外包范围，拟定实施方案，按照规定的权限和程序审核批准。

总会计师或分管会计工作的负责人应当参与重大业务外包的决策。

重大业务外包方案应当提交董事会或类似权力机构审批。

第七条 企业应当按照批准的业务外包实施方案选择承包方。承包方至少应当具备下列条件：

（一）承包方是依法成立和合法经营的专业服务机构或其他经济组织，具有相应的经营范围和固定的办公场所。

（二）承包方应当具备相应的专业资质，其从业人员符合岗位要求和任职条件，并具有相应的专业技术资格。

（三）承包方的技术及经验水平符合本企业业务外包的要求。

第八条 企业应当综合考虑内外部因素，合理确定外包价格，严格控制业务外包成本，切实做到符合成本效益原则。

第九条 企业应当引入竞争机制，遵循公开、公平、公正的原则，采用适当方式，择优选择外包业务的承包方。采用招标方式选择承包方的，应当符合招投标法的相关规定。

企业及相关人员在选择承包方的过程中，不得收受贿赂、回扣或者索取其他好处。承包方及其工作人员不得利用向企业及其工作人员行贿、提供回扣或者给予其他好处等不正当手段承揽业务。

第十条 企业应当按照规定的权限和程序从候选承包方中确定最终承包方，并签订业务外包合同。业务外包合同内容主要包括：外包业务的内容和范围，双方权利和义务，服务和质量标准，保密事项，费用结算标准和违约责任等事项。

第十一条　企业外包业务需要保密的,应当在业务外包合同或者另行签订的保密协议中明确规定承包方的保密义务和责任,要求承包方向其从业人员提示保密要求和应承担的责任。

第三章　业务外包实施

第十二条　企业应当加强业务外包实施的管理,严格按照业务外包制度、工作流程和相关要求,组织开展业务外包,并采取有效的控制措施,确保承包方严格履行业务外包合同。

第十三条　企业应当做好与承包方的对接工作,加强与承包方的沟通与协调,及时搜集相关信息,发现和解决外包业务日常管理中存在的问题。对重大业务外包,企业应当密切关注承包方的履约能力,建立相应的应急机制,避免业务外包失败造成本企业生产经营活动中断。

第十四条　企业应当根据国家统一的会计准则制度,加强对外包业务的核算与监督,做好业务外包费用结算工作。

第十五条　企业应当对承包方的履约能力进行持续评估,有确凿证据表明承包方存在重大违约行为,导致业务外包合同无法履行的,应当及时终止合同。

承包方违约并造成企业损失的,企业应当按照合同对承包方进行索赔,并追究责任人的责任。

第十六条　业务外包合同执行完成后需要验收的,企业应当组织相关部门或人员对完成的业务外包合同进行验收,出具验收证明。验收过程中发现异常情况,应当立即报告,查明原因,及时处理。

第二节　企业内部控制应用指引
——业务外包的解读

一、业务外包概述及背景

20世纪90年代,关于企业竞争力的研究转移到企业核心竞争力领域。

第十八章 业务外包的内部控制

核心竞争力理论推崇的理念是，从长远看，企业竞争力优势来源于以比对手更低的成本、更快的速度去发展自己的能力；来源于能够产生更高的、具有强大竞争力的核心能力。任何企业拥有的资源都是有限的，不可能在所有的业务领域都取得竞争优势，因而必须将有限的资源集中在核心业务和发展核心能力上。对核心竞争力的注重必然要求企业将其他非核心竞争力业务外包给其他企业，这就是所谓的外包战略。外包（outsourcing）是指企业整合利用外部的专业化资源，将企业内部的某项职能或某项任务分包给其他企业或组织来完成，从而达到降低成本、提高效率、最大限度地发挥本企业的核心优势，提高对外界环境应变能力的一种管理模式。如 Boeing——世界最大的飞机制造公司，却只生产座舱和翼尖；Nike——全球最大的运动鞋制造公司，却从未生产过一双鞋，等等。

（1）业务外包是集团实现企业战略转型的一项重要内容，集团公司将竞争对手之间、价值链之间、产业之间的合作策略，加强对外合作是企业不断扩大自身优势的必然选择。

（2）市场竞争日趋激烈，各竞争对手大力发展社会代办力量，在很大程度上制约了公司的业务发展，传统的自营模式已不能适应发展的需要。

（3）公司上市后，成本压力较大，并且随着公司内部控制体系建设的深入推进，对业务成本的管理，包括成本预算、可控的要求更为规范、严格。

（4）人力资源用工风险和人工成本压力。人力资源结构性矛盾日趋突出，随着业务的快速发展，人员增长需求压力过大，用工总量过大，使人力资源管理成本加大，影响了企业效益，同时用工不规范和事实用工的存在，使得企业用工风险加大。

二、业务外包的类型

根据不同的标准，可以将业务外包划分为不同种类，如整体外包和部分外包，生产外包、销售外包、研发外包、人力资源外包，以及无中介的外包和利用中介服务的外包等。

首先，根据业务活动的完整性可以将业务外包分为整体外包和部分外包。所谓部分外包是指企业根据需要将业务各组成部分分别外包给该领域优秀的服务供应商，如企业的人力资源部分外包，企业根据需要将劳资关系、员工聘用、培训和解聘等分别外包给不同的外部供应商。一般来说，部分外包主要是与核心业务无关的辅助性活动，如临时性服务等。当企业的业务量突然增大，现有流程和资源不能完全满足业务的快速扩张时，可以通过部分外包，利用外部资源，不仅获得规模经济优势，提高工作效率，而且可以尽快解决企业业务活动的弹性需求。而整体外包时，企业将业务的所有流程，从计划、安排、执行以及业务分析全部外包，由外部供应商管理整个业务流程，并根据企业的需要进行调整。在这种外包模式下，企业必须与承包商签订合同，合约内容应包括产品质量、交货期、技术变动，以及相关设备性能指标的要求。整体外包强调企业之间的长期合作，长期合作关系将在很大程度上抑制机会主义行为的产生，因为一次性的背叛和欺诈在长期合作中将导致针锋相对的报复和惩罚。外包伙伴可能会失去相关业务，因此，这种合作关系会使因机会主义而产生的交易费用降到最低限度。

其次，根据业务职能可以将业务外包划分为生产外包、销售外包、供应外包、人力资源外包、信息技术服务外包，以及研发外包。业务外包理论强调企业专注于自己的核心能力部分，如果某一业务职能不是市场上最有效率的，并且该业务职能又不是企业的核心能力，那么就应该把它外包给外部效率更高的专业化厂商去做。根据核心能力观点，企业应集中有限资源强化其核心业务，对于其他非核心职能部门则应该实行外购或外包。

再次，根据合作伙伴之间的组织形式可以将业务外包分为无中介服务的外包和利用中介服务的外包。在有中介的外包模式中，厂商和外包供应商并不直接接触，双方与中介服务组织签订契约，由中介服务机构去匹配交易信息，中介组织通过收取佣金获利。这种利用中介组织的外包模式可以大大降低厂商和外包供应商的搜索成本，提高交易的效率，如麦当劳在我国许多城市的员工雇佣就是采用这种模式。而在无中介的外包模式中，厂商和外包供应商可以借助于互联网络进行，如美国CISCO公司将80%的产品生产和配送业务通过其"生产在线"网站实行外包，获得CISCO授权的供应商可以进入CISCO数据库，得到承包供货的信息。

业务外包的主要方式有：

（1）研发外包。研发外包是利用外部资源弥补自己开发能力的不足。

（2）生产外包。生产外包是企业将自己的资源专注在新产品的开发、设计和销售上,企业不再拥有自己的生产厂房和设备,而将生产及生产过程的相关研究"外包"给其他的合同生产企业。

(3) 物流外包。物流外包是企业将物流活动"外包"给专业的物流公司来完成。

(4) 除核心业务外的完全业务外包,即非核心业务全部"外包",本企业只从事具有竞争优势的核心业务。

(5) 全球范围业务外包。在世界经济范围内竞争,企业必须在全球范围内寻求业务外包。

三、业务外包的风险

(1) 业务外包可以减少企业对业务的监控,但它可能增加企业责任外移的可能性。外包服务提供商在从事承包业务时所产生的一切结果都直接影响发包方,如果外包服务提供商的服务未能达到服务标准,给客户造成一定影响或损害,虽然发包方可以在承包协议中约定相应的责任由外包服务提供商承担,不但信誉要受到一定的影响,而且其业务的发展将可能会受到一定的影响。同时,业务外包还有可能降低企业对业务的控制和对市场的洞察能力。

(2) 业务外包可能降低员工对企业的信心,导致企业业绩水平和生产率的下降、专业人士和骨干力量的流失。业务的外包,必然会在员工之间产生一定的思想波动,他们会担心自己工作的失去,导致他们职业道德、业绩的下降,从而直接影响了企业的业绩。

(3) 业务发包方与外包服务提供商在文化、理念上的差距太大,会导致双方在沟通协作上产生障碍。由于外包服务提供商是独立的民事主体,在法律地位上与发包方是平等的,相互独立的,经济利益的获取是它的合作动力,一旦经济利益纽带断裂,或更大的经济利益驱动,外包服务提供商极有可能成为我们隐性的竞争对手,或者同时为我们的竞争对手服务。

(4) 业务外包可能导致企业的秘密和客户信息的外泄。外包需要将企业的一些保密性数据、客户资料等交由第三人接触,而外包机构及其雇员都有可能违反保密协议,泄露保密信息,导致法律、信誉方面的危机,引发客户的投诉。

(5) 外包业务范围的界定不准确,导致企业竞争力下降和业务流失。如果在操作中由于范围界定不准确,将企业的核心业务外包,有可能造成发包方反受制于外包方,其竞争优势也将失去,企业竞争力可能下降。

四、业务外包承包方的选择

(一)业务外包承包方的基本参考条件

(1)已经办理工商营业执照。

(2)与公司有较长的合作历史,忠诚度较高,具备独立承担民事责任的经济组织或法人。

(3)对一些未与公司合作过,但经济实力雄厚的外包方可以采取交纳加盟保证金的形式进行合作,利益共享,风险共担。

(4)只合作经营公司业务,不与其他竞争对手发生合作关系的外包方。

(5)熟悉公司业务,具备丰富的社会资源和运营经验。

(6)遵守国家法律法规,遵守与公司签订的合作协议。

(7)外包方技术、人才、财务状况等满足运营要求。

(二)建立业务外包承包方资质审核、遴选制度和竞争机制

企业应当建立承包方资质审核和遴选制度,确保引入合格的外包合作伙伴。承包方的遴选一般应当考虑下列因素:①承包方的服务能力、资格认证和信誉;②承包方与本企业是否存在直接竞争或潜在竞争关系;③承包方就知识产权保护方面的力度和效果。企业应当引入承包方竞争机制。发包方可以选择多家企业作为业务承包方,以促进承包方不断改进服务能力,并降低一方服务失败可能给企业带来的损失。企业作出了外包的决定之后,接下来的工作就是找一个合适的承包商。企业一方面要充分了解承包方的情况,另一方面要向承包方坦诚地提出自己的所有要求。并不是说不能尝试选择新的承包商,他们往往刚进入市场,价格比较便宜,为了树立品牌,也会注重服务品质。发包方在不是充分确信的情况下,可以先小范围地尝试一下,把业务流程的一小部分外包给他们做,如果效果好的话再逐步增加分量,以降低风险。至于外包时选择单一的承包商,还是选择几家承包商,各有利弊。

(三)建立外包合同协议管理制度

企业应当建立规范的外包合同协议管理制度。企业应当根据外包业务性质的不同,及时与承包方签订不同形式的合同协议文本,包括:技术协议书、外包加工协议、规划试验大纲、咨询合同协议等。外包合同协议的订立、履

行流程及其控制应符合《企业内部控制应用指引第 16 号——合同管理》的有关规定。除合同协议约定的保密事项外，企业应当根据业务外包项目实施情况和外界环境的变化，不断更新、修正保密条款，必要时可与承包方补签保密协议。在价格方面，发包方要清楚自己的底价。每一年都要回顾上一年的价格，并和当前的情况相比，通过科学计算，看是否和预测的指数一致。如果不一致的话就进行相应的调整，而不是基于大概的猜测。

五、业务外包的执行和实施

企业在业务外包管理中可能存在着业务外包违反国家法律法规，可能遭受外部处罚、经济损失和信誉损失；业务外包未经适当审核或超越授权审批，可能因重大差错、舞弊、欺诈而导致损失；业务外包策略不科学、承包方选择不合理，可能导致企业核心资产遭受损失；业务外包流程未恰当履行或监控不当，可能导致企业外包战略失败或经营效率低下；业务外包信息保护措施不当，可能导致企业商业秘密泄露；业务外包会计处理不当，可能导致财务报告信息失真等方面的风险。因此，企业在建立与实施业务外包内部控制中，至少应当强化对下列关键方面或者关键环节的控制。

（一）职责分工与授权批准

企业职责分工应当合理明确，授权审核制度和外包业务归口管理制度应当规范。具体控制政策和措施包括以下内容：

（1）企业应当建立业务外包的岗位责任制，明确相关部门和岗位的职责权限，确保办理业务外包的不相容岗位相互分离、制约和监督。业务外包的不相容岗位（或职责）至少包括：业务外包的申请与审批；业务外包的审批与执行；外包合同协议的订立与审核；业务外包的执行与相关会计记录；付款的申请、审批与执行。

（2）企业应当建立业务外包的授权制度和审核批准制度，明确企业内部各单位、各部门授权范围、授权内容、授权期间和被授权人条件等。企业重大或核心业务外包，应当提交董事会及其审计委员会审议通过后方可实施。非核心业务或涉及金额较小的业务外包，应当由相关部门在授权范围内提出申请，报董事长、总经理审核通过后实施。

（3）企业应当实行业务外包归口管理制度。企业应当根据外包业务职能的不同，指定外包业务归口管理部门，负责对外包业务的管理工作进行规范。

(二)外包策略及承包方选择控制

企业外包策略应当科学合理,承包方的选择依据应当充分,外包合同协议应当规范,具体控制政策和措施包括以下内容:

(1)企业应当制定科学合理的业务外包策略,根据外部环境要求和中长期发展战略需要,合理确定业务外包内容,避免将核心业务外包。常见的外包业务包括:采购、设计、加工、销售、营销、物流、资产管理、人力资源、客户服务等。

(2)企业应当指定相关职能部门编制外包项目计划书,具体阐述业务外包背景、外包内容、实施程序、主要风险和预期收益等信息,经本部门负责人审核后,提交董事长、总经理审议。必要时,还应提交董事会及其审计委员会讨论审议。

(3)企业应当建立承包方资质审核和遴选制度,确保引入合格的外包合作伙伴。承包方的遴选一般应当考虑下列因素:承包方的服务能力、资格认证和信誉;承包方与本企业是否存在直接竞争或潜在竞争关系;承包方就知识产权保护方面的力度和效果。

(4)企业应当引入承包方竞争机制。发包方可以选择多家企业作为业务承包方,以促进承包方不断提高服务能力,并降低一方服务失败可能给企业带来的损失。

(5)企业应当建立规范的外包合同协议管理制度。企业应当根据外包业务性质的不同,及时与承包方签订不同形式的合同协议文本,合同协议文本包括:技术协议书、外包加工协议、规划试验大纲、咨询合同协议等。

(6)企业应当在外包合同协议中具体约定下列事项:对于涉及本企业机密的业务和事项,承包方有责任履行保密义务;企业有权获得和评估业务外包项目的实施情况和效果,获得具体的数据和信息,督促承包方改进服务流程和方法;承包方有责任按照合同协议规定的方式和频度,将外包实施的进度和现状告知企业,并对存在问题进行有效沟通。除合同协议约定的保密事项外,企业应当根据业务外包项目实施情况和外界环境的变化,不断更新、修正保密条款,必要时可与承包方补签保密协议。

(三)外包业务流程控制

企业外包业务流程应有明确规定,固定资产使用应有授权,外部存货管理应当规范,外包业务会计处理应当符合有关规定,具体控制政策和措施包括以下内容：

（1）企业应当建立外包业务流程管理制度，明确外包业务流程、外包业务参与人员的主要职责、资产管理政策、流程中断应急措施等内容，报业务主管部门负责人、企业总经理审批通过后执行。

（2）企业应当对所有涉及外包业务流程的员工进行培训，确保员工正确理解和掌握外包业务管理制度。外包业务归口管理部门应当指定专人跟踪监督外包业务流程管理制度的执行情况。

（3）企业应当将本单位与承包方在外包业务执行过程中有关利益冲突、商务往来等方面的政策及时以明确方式告知承包方。外包业务归口管理部门应当指定专人定期检查和评价与承包方的关系，确保外包业务流程能顺利执行。

（4）企业应当建立外包业务固定资产管理制度。对于企业所有或有优先购买权的固定资产，如因业务需要交由承包方使用，企业有权要求承包方按照发包方固定资产管理制度要求使用和管理固定资产。企业应当定期审查承包方使用和管理固定资产的情况。交由承包方使用但所有权在本企业的资产，只能用于外包业务活动。未经发包方书面同意，承包方不得将固定资产用作其他用途。

（5）企业应当建立外包业务流动资产管理制度。业务外包过程中形成的原材料、产成品等流动资产，企业应当建立明确的防火、防盗、防未经授权接触和未经批准转移等政策，并有权要求承包方遵循。由于承包方责任造成的流动资产损失，企业有权要求承包方赔偿。业务外包过程中形成的商业信息资料（如有关咨询材料）等，承包方有责任保密，并防止企业竞争对手获取同样信息。

（6）企业应当建立外购存货授权管理制度。对于因业务外包需要由承包方购进的存货，承包方只能接受经发包方授权批准的存货订单，并代表发包方检验存货的数量和质量。外购存货信息应当准确、及时地在企业存货系统中加以记录和反映。

（7）企业应当建立自销存货管理制度。因业务外包需要由发包方销售给承包方的存货，承包方只能将其用于外包活动，不得另作他用。存货销售收入应当按照国家统一的会计准则制度的规定加以确认和计量。

（8）企业应当加强对企业所有、交由承包方使用的存货的管理。企业应当定期对承包方处的存货进行盘点，盘点频率由企业根据实际情况确定。

对于盘盈盘亏的存货,应当经企业总会计师审批后方可进行会计处理。

（9）企业应当建立外部存货库存管理制度。对于企业所有的、在承包方（或分包方）储存的存货,承包方应当按照发包方存货库存管理制度要求对库存存货进行管理。企业应当指定专人定期对库存存货进行检查。检查中发现的次品、损坏品或过期存货,应当及时予以确认、分离和保护。

（10）企业应当建立存货补偿制度。企业应当指定专人追踪、调查外部存货的一切变动,查明原因,报存货归口管理部门审核后处理。对于承包方无正当原因过度使用存货,造成企业生产成本的上升,企业有权要求承包方进行补偿。

（11）企业应当建立外包业务产品验收制度。承包方最终提供的产品（或服务）应当与外包合同协议约定一致。业务外包归口管理部门应当对所有产品差异予以确认,并及时告知承包方进行调整。

（12）企业应当加强对外包业务的索赔管理。对于因承包方原因导致的外包合同协议未完整履行,企业有权要求承包方索赔。对于承包方认可的赔款事项,企业应当指定专人进行跟踪、报告,及时收回赔款,并追究责任人的责任。对于长期未决赔款,企业可以通过法律手段予以解决。终止对承包方的索赔,应当由业务外包归口管理部门提出申请,详细说明终止索赔理由,报企业总经理审批后执行并备案。

（13）业务外包过程中所有涉及企业资产存量和增量的变动,应当保有其书面凭证,财会部门据此作适当的会计处理。相关会计处理应当及时报财会部门负责人审核。

（14）企业应当设置承包方使用本企业数据的访问权限。数据的授权和访问流程及其控制应当符合《企业内部控制应用指引第18号——信息系统》有关规定。

（15）企业应当制订合理的业务可持续计划,避免外包业务失败造成企业商业活动的中断。企业应当定期对所有重要承包方的履约能力进行评估,据此确定业务可持续能力等级,并制定相应的应急方案。业务可持续计划评估报告应当及时提交企业总经理审阅。

六、企业实施业务外包应注意的问题

目前中国的业务外包总体上还处于初级形式:从发包方角度来看,对业务外包的管理还不规范;从承包商角度来看,所能提供的服务和用户的需求相差较远。

在企业业务外包管理中,发包方应加强对外包的质量监控与管理,这将督促承包方提高外包服务的质量,最终提高外包效果。业务外包管理过程的诸多因素,如协作沟通、目标考核、合作管理、公平政策都会影响企业的创新能力,同时目标考核、公平政策有助于降低外包运作的风险,并增强发包方的谈判能力,所以外包双方应重视沟通交流等管理工作,以提高企业创新能力。发包方应建立明晰的外包管理规范和制度,明确合作的目标与职责,同时围绕合作目标建立绩效评价的方式,并把承包方的酬金与考核成绩挂钩。在实际操作过程中,发包方应该主动协助承包方分析情况并改进问题,指导承包方建立质量保证体系。另外,在制定外包政策的时候,发包方必须考虑如何维系与承包方的关系以及维持承包方之间的公平。

业务外包管理过程还发现,承包方较少参与公司的发展计划,发包方和承包方间的联系较薄弱,需要加强沟通。双方在合作过程中存在一个磨合的阶段,沟通有助于承包方了解企业的真正需要,并让双方对各自的企业文化、办事方式互相适应和包容。沟通方式可以包括定期会议、双方项目负责人保持紧密关系等。

此外,业务外包后公司在原有业务上的技术能力、管理经验都会下降,但是不同的外包类型对技术能力、管理经验变化的影响程度有差异,通常一般供应类的外包效果相对较好,所以发包方进行外包决策时应正确认识外包的业务类型,在企业中的地位以及未来可能的变化,并结合自己的战略发展计划,作出正确的决定。

第三节 企业内部控制应用指引
——业务外包的案例

【案例 18-1】

海信、科龙"并非外包的外包"[①]

一、案例简介

海信集团参与对科龙电器"二次重组",社会各界给予了极大的关注,

---

① 资料来源:http://cdkj.ck100.com/cware/qynbkz/kcjy/qynbkz1802.html。

多数期望两者能够上演更为精彩的"新鸳鸯蝴蝶梦"。

可以说,海信集团老板周厚健是家电江湖中极具"老谋深算"的。在没有摸清楚科龙电器存在或者说格林柯尔系为科龙造出多大的"财务黑洞"之前,加之国家相关部门法律程序待批状态因素,周厚健采取了海信集团与科龙电器之间的"销售代理"的托管模式,海信所有人员可以全面入主,尽职调查按流程照常进行,而同时又可以保持两者在财务系统上"井水不犯河水",从而在最大限度上确保了准新东家海信集团的安全,将收购风险降到了最低。

海信与科龙的"销售代理"协议是这样操作的:海信集团通过旗下子公司海信营销公司与科龙电器签署"销售代理"协议,科龙的冰箱、空调等产品先销售给海信营销公司,然后由海信营销公司再销售给全国的科龙或者海信及第三方的各级代理商或者零售商。

2006年1月,被海信接管3个多月后,科龙电器披露了企业经营情况,2005年中国市场第四季度冰箱的销量、回款分别比2004年同期增长41.21%和19.11%,比处于旺季的第三季度分别增长80%和119%,产量增长117%;空调的销量、回款分别比2004年同期增长5.31%和29.73%,比第三季度分别增长198%和80%,产量增长330%。第四季度的海外销售亦非常喜人:冰冷产品每个月份比9月份都增长97%以上;空调产品出口10月、11月、12月份分别比9月增长33%、145%、483%。海信所取得的阶段性成果,为后期对科龙的顺利重组打下了不错的基础。

二、案例分析

自海信入主科龙电器之后,社会各界都投入了较多的关注目光,尤其对两者签署的"销售代理"模式,不少媒体和业内人士甚至将其理解为科龙电器的"营销外包""销售外包"甚至直接叫作"业务外包"。其实,这是对"业务外包"的一种误解,混淆了业务外包和销售代理的概念,也忽略了海信和科龙之间的主客体关系及其所属的环境等。

业务外包的本质是把自己做不了、做不好、不愿做的或别人做得更好、更全、更能够节省成本的事交由别人去做。准确一点来讲,企业业务外包是一种经营管理策略,它是某一公司(称为发包方),通过与外部其他企业(称为承包方)签订契约,将一些传统上由公司内部人员负责的业务或机能外包给更专业、更高效的服务提供商的经营方式。一般而言,企业选择进行业务

第十八章 业务外包的内部控制

外包是基于自身能力以及业务对企业所做的贡献率而定的。当某个业务的贡献率较低而耗费的精力较大、企业的投入与产出不能成正比，同时该业务又非企业的核心业务或者业务外包不会削弱企业的核心竞争力的时候，企业即可以选择合适的对象，主动进行业务调整和外包。这与传统企业的"纵向一体化"控制上下游产业链条，或者企业横向把所有机构都建立完整，即一个企业"包治百病"般地完成所有业务的做法有很大的不同。业务外包的范畴也非常广泛，比如企业营销体系外包、人力资源外包、IT 外包、物流外包、生产制造外包、行政外包、财务管理外包等。目前，业务外包在国内外企业中已经普遍地存在着，是一种常态，比如日本尼康公司将物流业务外包给 UPS 公司，爱立信手机生产外包、宝洁公司 IT 部门外包，众多刚创业的公司财务外包代账管理等。

根据以上分析，科龙电器与海信集团的"销售代理"模式，并非实质意义上的营销外包或者业务外包，因为科龙是被动的，而海信之所以选择此种操作方式，也只是暂时的，是基于全面收购的目的，在全面摸清科龙财务详情、等待国资委批准，同时规避并购风险给自己"留有退路"的一个权宜之计。而真实的业务外包应该包括在甲、乙双方完全认同的基础上的企业自身业务链条的某一个或者少数几个环节进行外包，甲方的主体业务还是存在并得以加强的，而且双方是通力合作的。随着顾雏军"东窗事发"，海信进驻科龙则是全方位接管的，无论生产、财务、销售还是采购或人事，科龙已经没有自身运作的主体，是被全面接管或者处于"准收购"状态之下的。

在这里，我们也看到在海信接管科龙 3 个月后，取得了所谓"不俗的战绩"，但是数据多是与科龙面临顾雏军入狱前后最艰苦的月份，生产经营基本处于停滞状态下的境况作对比，从而形成了业绩的巨大反差，而且这个成绩还只能说是暂时的。显然，科龙的经营业绩具有明显的"人为操作"的痕迹，只要海信营销公司"吃货"就算科龙电器的销售业绩，即更多的是海信把科龙的产品通过"销售代理协议"的方式购买到海信的仓库里或者压到通过海信所接管的原来科龙的渠道体系和新建立的渠道体系中。换言之，产品并没有完全被消费者购买，只是在渠道商的仓库中，处于"压库"的状态，更多地完成了"一次销售"，对于"二次销售"还需要做大量的工作，需要桥梁的支撑。因此，对科龙的下一步发展，还需要跟踪和观察，能否在海信怀抱中最终走向完美的婚姻殿堂，取决于双方的合作进展以及海信下一步市场操控能力。

不过反过来看,当一个收购者介入被收购企业后,最紧迫的,同时也是给合作者和投资者一个积极信号的就只有经营业绩的稳定和提升。我们从科龙公布的"业绩"可以看出,海信是聪明的,初步抓住了科龙问题的要害(哪怕海信所取得的销售代理的价格是经过"人为操控"的),协同相关政府部门一起在稳定产业链条的良性运转并在销售业绩上有了一个不错的开端,为下一步的购并整合打下了信任的基础。

第十九章

财务报告的内部控制

第一节 企业内部控制应用指引
——财务报告的基本内容

第一章 总 则

第一条 为了规范企业财务报告，保证财务报告的真实、完整，根据《中华人民共和国会计法》等有关法律法规和《企业内部控制基本规范》，制定本指引。

第二条 本指引所称财务报告，是指反映企业某一特定日期财务状况和某一会计期间经营成果、现金流量的文件。

第三条 企业编制、对外提供和分析利用财务报告，至少应当关注下列风险：

（一）编制财务报告违反会计法律法规和国家统一的会计准则制度，可能导致企业承担法律责任和声誉受损。

（二）提供虚假财务报告，误导财务报告使用者，造成决策失误，干扰市场秩序。

（三）不能有效利用财务报告，难以及时发现企业经营管理中存在的问题，可能导致企业财务和经营风险失控。

第四条 企业应当严格执行会计法律法规和国家统一的会计准则制度，加强对财务报告编制、对外提供和分析利用全过程的管理，明确相关工作流程和要求，落实责任制，确保财务报告合法合规、真实完整和有效利用。

总会计师或分管会计工作的负责人负责组织领导财务报告的编制、对外提供和分析利用等相关工作。

企业负责人对财务报告的真实性、完整性负责。

第二章 财务报告的编制

第五条 企业编制财务报告，应当重点关注会计政策和会计估计，对财务报告产生重大影响的交易或事项的处理应当按照规定的权限和程序进行审批。

企业在编制年度财务报告前，应当进行必要的资产清查、减值测试和债权债务核实。

第六条 企业应当按照国家统一的会计准则制度规定，根据登记完整、核对无误的会计账簿记录和其他有关资料编制财务报告，做到内容完整、数字真实、计算准确，不得漏报或者随意进行取舍。

第七条 企业财务报告列示的资产、负债、所有者权益金额应当真实可靠。

各项资产计价方法不得随意变更，如有减值，应当合理计提减值准备，严禁虚增或虚减资产。

各项负债应当反映企业的现时义务，不得提前、推迟或不确认负债，严禁虚增或虚减负债。

所有者权益应当反映企业资产扣除负债后由所有者享有的剩余权益，由实收资本、资本公积、留存收益等构成。企业应当做好所有者权益保值增值工作，严禁虚假出资、抽逃出资、资本不实。

第八条 企业财务报告应当如实列示当期收入、费用和利润。

各项收入的确认应当遵循规定的标准，不得虚列或者隐瞒收入，推迟或提前确认收入。

各项费用、成本的确认应当符合规定，不得随意改变费用、成本的确认标准或计量方法，虚列、多列、不列或者少列费用、成本。

利润由收入减去费用后的净额、直接计入当期利润的利得和损失等构成。不得随意调整利润的计算、分配方法，编造虚假利润。

第九条 企业财务报告列示的各种现金流量由经营活动、投资活动和筹资活动的现金流量构成，应当按照规定划清各类交易或事项的现金流量的界限。

第十条 附注是财务报告的重要组成部分，对反映企业财务状况、经营成果、现金流量的报表中需要说明的事项，作出真实、完整、清晰的说明。

企业应当按照国家统一的会计准则制度编制附注。

第十一条 企业集团应当编制合并财务报表，明确合并财务报表的合并范围和合并方法，如实反映企业集团的财务状况、经营成果和现金流量。

第十二条 企业编制财务报告，应当充分利用信息技术，提高工作效率和工作质量，减少或避免编制差错和人为调整因素。

第三章　财务报告的对外提供

第十三条 企业应当依照法律法规和国家统一的会计准则制度的规定，及时对外提供财务报告。

第十四条 企业财务报告编制完成后，应当装订成册，加盖公章，由企业负责人、总会计师或分管会计工作的负责人、财会部门负责人签名并盖章。

第十五条 财务报告须经注册会计师审计的，注册会计师及其所在的事务所出具的审计报告，应当随同财务报告一并提供。

企业对外提供的财务报告应当及时整理归档，并按有关规定妥善保存。

第四章　财务报告的分析利用

第十六条 企业应当重视财务报告分析工作，定期召开财务分析会议，充分利用财务报告反映的综合信息，全面分析企业的经营管理状况和存在的问题，不断提高经营管理水平。

企业财务分析会议应吸收有关部门负责人参加。总会计师或分管会计工作的负责人应当在财务分析和利用工作中发挥主导作用。

第十七条　企业应当分析企业的资产分布、负债水平和所有者权益结构，通过资产负债率、流动比率、资产周转率等指标分析企业的偿债能力和营运能力，分析企业净资产的增减变化，了解和掌握企业规模和净资产的不断变化过程。

第十八条　企业应当分析各项收入、费用的构成及其增减变动情况，通过净资产收益率、每股收益等指标，分析企业的盈利能力和发展能力，了解和掌握当期利润增减变化的原因和未来发展趋势。

第十九条　企业应当分析经营活动、投资活动、筹资活动现金流量的运转情况，重点关注现金流量能否保证生产经营过程的正常运行，防止现金短缺或闲置。

第二十条　企业定期的财务分析应当形成分析报告，构成内部报告的组成部分。

财务分析报告结果应当及时传递给企业内部有关管理层级，充分发挥财务报告在企业生产经营管理中的重要作用。

第二节　企业内部控制应用指引
——财务报告解读

一、财务报告内部控制的概述

财务报告是指企业对外提供的、反映企业某一特定日期财务状况和某一会计期间经营成果、现金流量等会计信息的文件。财务报告包括财务报表及其附注和其他应当在财务报告中披露的相关信息和资料；财务报表至少应当包括资产负债表、利润表、现金流量表等报表；附注是对在资产负债表、利润表、现金流量表和所有者权益变动表等报表中列示项目的文字描述或明细资料，以及对未能在这些报表中列示项目的说明等。附注应当披露财务报表的编制基础，相关信息应当与资产负债表、利润表、现金流量表和所有者权益变动表等报表中列示的项目相互参照。

作为综合反映组织经营效果和效率的文件，财务报告是其他内部控制制度是否有效运行的综合体现,财务报告的编制和披露内控制度是会计信息准确、有用、及时、完整的重要保证,也是组织风险控制的重要依据。财务报告的不真实、不完整往往是组织的重要风险之源。对管理层或董事会而言,内部控制提供的只是合理的保证,而不是绝对的保证。内部控制措施,无论设计得多么完美、运行得多么好,组织目标实现的可能性都会受到内部控制制度固有局限性的影响。内部控制也仅能为董事会和管理部门实现组织目标提供合理的保证。

内部控制的运营效率和效果、财务报告的可靠性、遵守适用的法律和规章情况是财务报告的内部控制的组成部分,都会对财务报告产生重大的影响。

在公司内部建立一个基本的内部控制框架,作为管理层评估财务报告内部控制的基准,是公司发展到一定程度在管理方面的必然要求,它受公司治理、价值创造、风险和机会、管制、企业文化、技术发展及受托责任等各方面的影响。

二、财务报告内部控制的目标

(1)保护企业资产的安全、完整及对其的有效使用,使企业各项生产和经营活动有秩序、有效地进行,避免可能遭受的经济损失。

(2)保证会计信息及其他各种管理信息的真实、可靠和及时提供,避免因虚假记载、误导性陈述、重大遗漏和未按规定及时披露导致损失。

(3)保证企业管理层制定的各项经营方针、管理制度和措施的贯彻执行。

(4)尽量压缩和控制成本、费用,减少不必要的成本、费用,以求企业达到更大的盈利目标。

(5)预防和控制且尽早、尽快查明各种错误和弊端,以及及时、准确地制定和采取纠正措施,避免因重大差错、舞弊、欺诈而导致损失。

三、财务报告内部控制的内容

(一)岗位分工与职责安排

企业应当建立财务报告编制与披露的岗位责任制,明确相关部门和岗位在编制财务报告与披露过程中的职责和权限,确保财务报告的编制与披露和审核的岗位相互分离、制约和监督，并由全体董事、监事和高级管理人员对企业财务报告的真实性和完整性承担责任。

（二）财务报告编制准备及其控制

企业必须在会计期末编制报表前进行结账，为财务报告的编制做准备，不得为赶编财务报表而提前结账，更不得预先编制财务报表后结账。其基本要求是：

（1）企业财会部门应当制定年度财务报告编制方案，明确年度财务报告编制方法、年度财务报告会计调整政策、披露政策及报告的时间要求等。

（2）企业应当制定对财务报表可能产生重大影响的交易或事项的判断标准，明确相应的报批程序。

（3）企业不得随意变更会计政策，调整会计估计事项。

（4）企业应当建立规范的账务调节制度和各项财产物资和结算款项的清查制度，明确相关责任人及相应的处理程序，避免发生账证不符、账账不符、账实不符的情形。

（5）企业为避免出现漏记或多记、提前确认或推迟确认报告期内发生的交易或事项的情形，对交易或事项所属的会计期间实施有效控制。

（三）财务报告编制及其控制

企业可以通过人工分析或利用计算机信息系统自动检查财务报表之间、财务报表各项目之间的勾稽关系是否正确，重点对下列项目进行校验：

（1）财务报表内有关项目的对应关系。

（2）财务报表中本期与上期有关数字的衔接关系。

（3）财务报表与附表之间的平衡及勾稽关系。

企业应当真实、完整地在财务报表附注和财务情况说明书中说明需要说明的事项。财会部门应将会计处理方法及其对财务报告的影响及时提交董事会及其审计委员会审议。

需要编制合并财务报表的企业集团，应当按照国家统一的会计准则制度的规定，明确合并财务报表的编制范围，不得随意调整合并报表的编制范围。财会部门应将确定合并财务报表编制范围的方法以及发生变更的情况及时提交董事会及其审计委员会审议。

（四）财务报告的报送与披露及其控制

企业应当建立财务报告报送与披露的管理制度，确保在规定的时间，按照规定的方式，向内部相关负责人及其外部使用者及时报送财务报告。负有履行信息披露责任的企业应当根据国家法律法规及部门规章的规定，及时披露相关信息，确保所有财务报告使用者同时、同质、公平地获取财务报告信息，确保信息披露的真实和完整。

第三节　企业内部控制应用指引
——财务报告的案例

【案例 19-1】

中国石油独立编制财务报告体系建设

一、案例简介

中国石油天然气股份有限公司（以下简称中国石油）于 1999 年 11 月由中国石油天然气集团公司作为独家发起人注册成立，并分别于 2000 年 4 月、2007 年 11 月在纽约证券交易所、香港联交所及上海证券交易所挂牌上市。作为上下游一体化的综合性石油公司，中国石油是中国油气行业最大的油气生产商和销售商，也是全球最大的一体化油气公司之一。目前经营分为勘探与生产、炼油与化工、销售、天然气与管道四大业务板块，生产运营遍布全国各地及海外十几个国家和地区，直接合并报表单位 100 多家。中国石油在编制财务报告体系建设中主要采取以下做法。

（一）建立组织保障体系

2005 年，中国石油提出了"实现财务报告独立编制"的工作目标，将其界定为一项战略性基础工程。明确独立编制财务报告体系建设符合"财务工作服从和服务于生产经营和资本市场"的战略定位，符合中国石油"一流的财务管理体制和运行机制，一流的财务管理队伍"两个"一流"的财务管理战略目标。

独立编制财务报告体系建设是一项复杂的系统工程，涉及总部及分、子公司财务系统和几千名财务人员、业务人员，需要调动企业外部律师、审计师以及内部 4 个业务板块、海内外各方面的力量，由财务部和内控部、信息部等多个部门共同完成。

为了有效开展工作，中国石油建立自上而下、自下而上的独立编制财务报告组织保障体系，由公司领导主抓，财务系统内会计专家及信息技术专家全程参与，并在全公司范围内设置财务报告编制岗位、配备财务报告编制人员。

（二）融合不同会计准则

建立科学、统一、规范的独立编制财务报告体系，需要协同不同的准则和制度，充分考虑各个上市地的监管要求和石油行业的特殊性及特殊披露规定。为此，中国石油编制了统一的财务报告手册，建立编制财务报告的规则体系。通过对中国企业会计准则及国际财务报告准则进行深入系统的分析与研究，摘录了两个准则共80余项具体与中国石油会计业务处理相关的准则要点。

就每个准则的适用范围和披露要点进行具体归纳，重点分析了中国企业会计准则与国际财务报告准则在具体规定上的差异以及对中国石油的影响，形成适用于中国石油财务报告编制的准则基础。在此基础上，结合企业会计业务实际和行业特点，秉承"简洁实用、可操作、兼顾发展"的原则，编写中国石油《财务报告手册》，全方位界定中国石油独立编制财务报告应遵循的规则。

（三）协同不同披露需求

由于中国石油在上海、香港、纽约三地上市，财务报告披露信息需要遵循不同会计准则、多个上市地的监管规则。在会计准则方面，需要满足中国企业会计准则、国际财务报告准则及美国公认会计准则的信息披露要求；在监管规则方面，需要满足上海证券交易所、香港联交所及纽约证券交易所的各项上市规则、披露制度及管理条例等。

为此，中国石油对会计准则、监管规则及信息披露要求进行了全面梳理，以客观反映、充分披露为原则，建立并固化完整的财务报告体系。该报告体系突破了单一会计报表的概念，超越了单一财务数据的范围，涵盖中国石油财务管理的重要方面，包括中国准则财务报告、国际准则财务报告以及美国准则财务报告三个子体系。

（四）优化独立编制流程

为保证独立编制财务报告工作的科学组织运行，中国石油重塑和优化全公司财务报告编制流程，设计适用于上、中、下游业务，满足总部及所有分、子公司的标准数据字典，设计统一的数据析取模式，建立起独立编制财务报

第十九章 财务报告的内部控制

告流程体系,并对财务报告流程设计了关键控制点,提高数据收集、处理和分析能力。

自主开发信息系统是财务报告标准化体系的载体,也是实施独立编制财务报告的必要保证。中国石油一直非常重视财务管理信息系统的建设与应用。

为有效整合内外部资源,中国石油设计开发了财务报告信息系统。该系统坚持"自主开发"理念,依托中国石油会计一级集中核算,在充分利用内部已有信息的基础上,设计同时满足内外部报告的流程方案,以建设国际一流的财务管理体系为根本宗旨,满足中国石油总部及全部分、子公司财务报告数据的自动归集、报表的自动析取、报告的自动生成,全面解决不同准则间的会计差异处理问题。信息系统的设计、网络、硬件、数据库软件、应用软件等,坚持先进适用、科学高效。

(五)建立控制体系

为保持独立编制后的财务报告客观公正,中国石油建立了严格的财务报告控制体系。

一是依托会计一级集中核算账务系统,实现财务报告基础数据自动生成,杜绝人为调节现象的发生。同时,按照业务类型,设计严密的析取公式、计算公式和校验公式,确保财务报告基础信息准确完整。

二是在企业内部控制系统内,新设了针对财务报告客观性、公允性的内控测试流程,详细描述财务报告内部控制程序,设计内部控制标准,设置独立编制的关键控制点,明确测试频率,并就测试结果与内控审计师定期沟通,以有效的风险控制手段确保财务报告客观公正。

三是建立配合外部审计师进行定期报告审计的工作机制,形成上下结合的外部审计配合团队。

中国石油于2008年全面实现了独立编制财务报告的目标。从2008年季度、半年度、年度以及2009年季度、半年度财务报告编制情况看,财务报告独立编制实际运行情况良好,达到了预期目标。中国石油独立编制财务报告体系建设获得了资本市场的高度肯定。在2009年度《投资者关系》杂志评选中,中国石油的2008年年报获得了中国区域"最佳年报/正式披露奖"提名。

二、案例分析

财务报告是资本市场了解上市公司的最重要窗口,也是投资者进行投资决策的最重要依据，特别是随着经济全球化，财务报告信息已经成为在资本市场上流动的风向标。同时，高质量的财务报告有助于上市公司规避披露风险，树立良好形象，提升品牌价值。近年来，国际大型上市公司都非常注重向资本市场提供高质量的财务报告，并致力于独立开展财务报告编制工作。所谓独立编制财务报告，是指为防止财务欺诈、明确上市公司管理层与外部审计师各自应承担的责任，按照美国国会2002年颁布的《萨班斯·奥克斯利法案》要求，由上市公司根据会计准则及监管规定独立编制，并提交外部审计师审计的对外披露财务报告。上市公司负责编制财务报告，并对财务报告的真实性、准确性、完整性负责，外部审计师的责任是对财务报告发表审计意见。

然而，实现独立编制财务报告并非易事，这是因为编制财务报告需要准确把握和及时跟进国内外繁杂的会计准则和监管机构的详细规定，需要协同不同会计准则和监管制度之间的差异，需要对所在行业具备很高的职业判断水平和丰富的会计处理经验，需要收集审核大量的基础数据。目前，国内大型跨国上市公司尚未能全面实现独立编制财务报告。中国石油基于国际大型石油公司财务管理发展趋势和提升管理水平、推进国际化发展等多方面的考虑，强化独立编制财务报告体系建设，并作为战略性基础工程，为我们总结了一套可供借鉴的经验和提供了一个成功的范例。

【案例19-2】

菲尔房地产开发有限公司关联方披露

一、案例简介

菲尔房地产开发有限公司是一家国有控股的企业，公司于2003年承建"祥瑞家园"商品房开发项目。项目正在轰轰烈烈地建设时，相关部门接到群众的举报，发现该公司多处房屋重复销售。市审计局接受该案的调查工作，经过一年的调查，发现该公司在项目中利用虚假的商品房买卖合同将同一处房屋重复对外销售，最多达四次，销售一次，向信用社抵押贷款一次，向个人高息融资一次，对外抵债一次，累计数额达3 000多万元。

该公司的总经理和副总经理辩称不是虚假的买卖合同，而是利用签订商品房的买卖合同融资，解决资金的短缺问题。但经过审计发现，该公司的内部控制制度形同虚设，一片混乱，最终导致企业的资金短缺，不得不采用上述虚假的手段筹集资金。同时我们也注意到，从建委、国资委、银行等部门取得的财务报告都显示企业的财务状况良好，甚至财务报告经过了会计师事务所的审计，并出具了无保留意见报告。深入究其原因，外部政府部门的监管不到位是一方面，但是内部管理混乱，缺乏一个健全有效的内部控制体系是其根本原因。下面主要从内控制度的几个侧面分析：

（1）建筑材料的采购和付款由一个副经理一手经办，没有执行材料采购的采购和付款相分离的内部控制制度，由该副经理个人的公司向公司供应，材料的价格高于市场的售价，导致资金大量外流，造成资金短缺。

（2）另一个副经理向公司借款100万元，后用两辆价值40万元轿车抵债，套取公司的现金。这一交易在会计处理上是资产形态的转变，资产的总额没有变化，如果在报表的附注中进行披露，报表的使用者是不能了解这个信息的。

二、案例分析

通过上述的几个事件说明菲尔公司的内控制度存在严重的缺陷。事项（1）、事项（2）在财务报表的附注中没有披露这一关联方，及其关联方的交易定价和交易的数量。

该公司没有一个行之有效的内部控制系统，存在虚假记载，误导性陈述、重大差错、舞弊、欺诈而导致财务报告编制与披露违反国家法律法规，由此在资金的管理、采购的管理、工程项目的管理、筹资的管理等环节严重失真，编制的财务报表是虚假的报告，最终使企业遭受严重的损失，责任者将接受法律的制裁。

第二十章

全面预算的内部控制

第一节 企业内部控制应用指引
——全面预算的基本内容

第一章 总 则

第一条 为了促进企业实现发展战略，发挥全面预算管理作用，根据有关法律法规和《企业内部控制基本规范》，制定本指引。

第二条 本指引所称全面预算，是指企业对一定期间经营活动、投资活动、财务活动等作出的预算安排。

第三条 企业实行全面预算管理，至少应当关注下列风险：

（一）不编制预算或预算不健全，可能导致企业经营缺乏约束或盲目经营。

（二）预算目标不合理、编制不科学，可能导致企业资源浪费或发展战略难以实现。

（三）预算缺乏刚性、执行不力、考核不严，可能导致预算管理流于形式。

第四条 企业应当加强全面预算工作的组织领导，明确预算管理体制以及各预算执行单位的职责权限、授权批准程序和工作协调机制。

企业应当设立预算管理委员会履行全面预算管理职责，其成员由企业负责人及内部相关部门负责人组成。

预算管理委员会主要负责拟定预算目标和预算政策，制定预算管理的具体措施和办法，组织编制、平衡预算草案，下达经批准的预算，协调解决预算编制和执行中的问题，考核预算执行情况，督促完成预算目标。预算管理委员会下设预算管理工作机构，由其履行日常管理职责。预算管理工作机构一般设在财会部门。

总会计师或分管会计工作的负责人应当协助企业负责人负责企业全面预算管理工作的组织领导。

第二章　预算编制

第五条　企业应当建立和完善预算编制工作制度，明确编制依据、编制程序、编制方法等内容，确保预算编制依据合理、程序适当、方法科学，避免预算指标过高或过低。

企业应当在预算年度开始前完成全面预算草案的编制工作。

第六条　企业应当根据发展战略和年度生产经营计划，综合考虑预算期内经济政策、市场环境等因素，按照上下结合、分级编制、逐级汇总的程序，编制年度全面预算。

企业可以选择或综合运用固定预算、弹性预算、滚动预算等方法编制预算。

第七条　企业预算管理委员会应当对预算管理工作机构在综合平衡基础上提交的预算方案进行研究论证，从企业发展全局角度提出建议，形成全面预算草案，并提交董事会。

第八条　企业董事会审核全面预算草案，应当重点关注预算科学性和可行性，确保全面预算与企业发展战略、年度生产经营计划相协调。

企业全面预算应当按照相关法律法规及企业章程的规定报经审议批准。批准后，应当以文件形式下达执行。

第三章　预算执行

第九条　企业应当加强对预算执行的管理，明确预算指标分解方式、预算执行审批权限和要求、预算执行情况报告等，落实预算执行责任制，确保预算刚性，严格预算执行。

第十条　企业全面预算一经批准下达，各预算执行单位应当认真组织实施，将预算指标层层分解，从横向和纵向落实到内部各部门、各环节和各岗位，形成全方位的预算执行责任体系。

企业应当以年度预算作为组织、协调各项生产经营活动的基本依据，将年度预算细分为季度、月度预算，通过实施分期预算控制，实现年度预算目标。

第十一条 企业应当根据全面预算管理要求，组织各项生产经营活动和投融资活动，严格预算执行和控制。

企业应当加强资金收付业务的预算控制，及时组织资金收入，严格控制资金支付，调节资金收付平衡，防范支付风险。对于超预算或预算外的资金支付，应当实行严格的审批制度。

企业办理采购与付款、销售与收款、成本费用、工程项目、对外投融资、研究与开发、信息系统、人力资源、安全环保、资产购置与维护等业务和事项，均应符合预算要求。涉及生产过程和成本费用的，还应执行相关计划、定额、定率标准。

对于工程项目、对外投融资等重大预算项目，企业应当密切跟踪其实施进度和完成情况，实行严格监控。

第十二条 企业预算管理工作机构应当加强与各预算执行单位的沟通，运用财务信息和其他相关资料监控预算执行情况，采用恰当方式及时向决策机构和各预算执行单位报告、反馈预算执行进度、执行差异及其对预算目标的影响，促进企业全面预算目标的实现。

第十三条 企业预算管理工作机构和各预算执行单位应当建立预算执行情况分析制度，定期召开预算执行分析会议，通报预算执行情况，研究、解决预算执行中存在的问题，提出改进措施。

企业分析预算执行情况，应当充分收集有关财务、业务、市场、技术、政策、法律等方面的信息资料，根据不同情况分别采用比率分析、比较分析、因素分析等方法，从定量与定性两个层面充分反映预算执行单位的现状、发展趋势及其存在的潜力。

第十四条 企业批准下达的预算应当保持稳定，不得随意调整。由于市场环境、国家政策或不可抗力等客观因素，导致预算执行发生重大差异确需调整预算的，应当履行严格的审批程序。

第四章 预算考核

第十五条 企业应当建立严格的预算执行考核制度，对各预算执行单位和个人进行考核，切实做到有奖有惩、奖惩分明。

第十六条 企业预算管理委员会应当定期组织预算执行情况考核，将各预算执行单位负责人签字上报的预算执行报告和已掌握的动态监控信息进行核对，确认各执行单位预算完成情况。必要时，实行预算执行情况内部审计制度。

第十七条 企业预算执行情况考核工作，应当坚持公开、公平、公正的原则，考核过程及结果应有完整的记录。

第二节 企业内部控制应用指引
——全面预算解读

一、全面预算概述

全面预算是指企业对一定期间经营活动、投资活动、财务活动等作出的预算安排。对企业生产经营活动进行全面预算是战略管理必不可少的部分，其作用主要体现在以下几个方面。

（1）全面预算是企业战略目标的具体化过程。企业编制预算，可以将企业的总目标分解成各级部门的具体目标，将战略与企业具体生产经营与业务活动紧密联系起来，可以使得企业各级部门都明确自己应该达到的水平，并据此安排自己所负责范围的经济业务活动，确保完成企业总的战略目标，减少经营风险与财务风险。

（2）全面预算是协调企业各部门的重要手段。企业各部门的经济活动之间，存在着局部优化和整体优化的关系问题。从全局来看，局部计划的最优化并不能使全局计划合理。因此，企业整个预算计划并不是各部门最优化方案的简单结合，企业通过全面预算的编制，可以使各部门的计划得到最好的协调，使企业整个计划体系相互衔接、完整且切合实际。

（3）全面预算是控制企业各部门活动的工具。全面预算一经制定就要付诸执行，管理工作的重心转入控制，即设法使经济活动按计划进行。在执行预算中，各部门可以通过计量、计算、对比和分析，寻找预算与实际执行中发生的差异，分析原因，并立即采取必要的措施纠正差异，使日常经济活动能有效地控制在预算范围之内。

（4）全面预算是考核企业各部门业绩的标准。全面预算是对企业计划的数量化和货币化的表现，一方面通过对企业各部门及其员工日常活动的规范，使经营活动有目标可循、有制度可依；另一方面为企业各部门的业绩评价提供了标准，方便了对企业各部门员工的激励与控制。

全面预算的内容主要包括业务预算、财务预算和专项预算三大类。业务预算主要反映企业在计划期间日常发生的各项具有实质性的基本活动的预算，主要包括销售预算、生产预算、采购预算、费用预算等。财务预算是指企业在计划期内反映有关现金收支、经营成果和财务状况的预算，主要包括现金预算、预计收益表和预计资产负债表等。专项预算是指企业为不经常发生的长期投资项目或筹资项目所编制的预算，通常包括资本支出预算和筹资预算等。

二、实行全面预算管理应当关注的风险

（1）企业实行全面预算管理，应当关注预算目标的设定。全面预算是企业战略目标的具体化过程，企业通过全面预算管理，将长期的战略方向选择在日常的生产经营与业务活动中逐步得到体现，并最终体现为战略的落实。如果预算目标不合理、编制不科学，可能导致企业资源的浪费或发展战略难以实现。

（2）企业实行全面预算管理，应当关注预算风险控制体系的建立。管理者可以通过全面预算管理具备的战略管理特征预先发现企业面临的机会、风险以及内外环境的变化，也可以通过一个良好的内部控制系统对企业生产经营与业务活动中的关键控制点加以严密控制。预算管理与风险控制的结合，对企业内部控制中全面预算管理作用的发挥具有极大的促进作用。相反，如果企业不编制预算或预算不健全，可能导致企业经营缺乏约束或盲目经营。

（3）企业实行全面预算管理，应当关注预算的具体执行和考核。预算一旦编制完成，便进入执行阶段。预算执行是预算控制的核心环节，执行过程将直接影响预算目标的实现。企业在预算执行过程中，一方面必须充分调动每个员工的积极性，强化其责任意识；另一方面需要定期对预算执行情况进行分析，对企业的生产经营与业务活动进行及时的调整和控制。预算的考核将预算执行情况与责任单位和员工的经济利益挂钩，奖惩分明，从而使员工与企业形成责、权、利相统一的共同体，最大限度地调动每个员工的积极性和创造性。相反，如果预算缺乏刚性、执行不力、考核不严，可能导致预

算管理流于形式。

三、全面预算的工作组织

为了保障全面预算的有效性，企业应当加强全面预算工作的组织领导。全面预算的工作组织通常由预算管理委员会、预算管理工作机构和各预算执行单位构成。预算管理委员会是预算管理的中枢，预算管理工作机构是企业预算管理委员会的下设机构，各预算执行单位是预算管理的实施主体。

（1）预算管理委员会。预算管理委员会一般由企业的董事长或总经理担任主任委员，吸纳企业内各相关部门的主管（如主管销售的副总经理、主管生产的副总经理、主管财务的副总经理以及各责任中心的主管等人员）为成员。预算管理委员会是企业预算管理的最高管理机构，其主要职责是：拟定预算目标和预算政策，制定预算管理的具体措施和办法，组织编制、平衡预算草案，下达经批准的预算，协调解决预算编制和执行中的问题，考核预算执行情况，督促完成预算目标。预算管理委员会主持召开的预算会议，由各部门主管参加，是确定预算目标、对预算进行调整的主要形式。

（2）预算管理工作机构。预算管理工作机构是预算管理委员会的下设机构，一般设在企业的财会部门，处理与预算相关的日常事务、执行日常管理职能。由于预算管理委员会的成员大部分由企业内各部门的主管兼任，预算草案由各相关部门分别提供，获准付诸执行的预算方案是企业的一个全面性生产经营计划，预算管理委员会在预算会议上所确定的预算方案绝不是预算草案的简单汇总，这就需要在确定、提交之前对各部门提供的草案进行必要的初步审查、协调与综合平衡。为避免出现部门满意但对企业整体来说不是最优的预算执行结果，预算的执行控制、差异分析、业绩考核等环节也不能由企业各部门或预算管理委员会单独完成，需要彼此之间的沟通协调。因此，预算管理工作机构的主要职责是具体负责预算的汇总编制，在预算管理委员会和各部门之间进行沟通协调平衡，处理预算管理的日常事务。

（3）各预算执行单位。预算管理涉及企业的方方面面，预算的编制、执行、控制和考核等需要企业的生产、经营、财务、管理等各部门的参与，并承担相应的职责。企业内部各预算执行单位的主要职责是：各部门主管参与企业预算管理工作，各部门具体负责本部门业务预算编制、执行、控制、分析等工作，配合预算管理部门做好企业总预算的综合平衡、控制、分析、考核等工作,部门与部门之间通过相互沟通和联系,确保相关业务预算执行情况能够相互印证、相互监督。

四、全面预算的编制程序

企业全面预算的编制一般应按照"上下结合、分级编制、逐级汇总"的程序进行。

(1)下达目标。企业决策机构根据企业发展战略,在对预算期经济形势作出初步预测和决策的基础上,一般于每年9月底以前提出下一年度预算目标,包括销售目标、成本费用目标、利润目标和现金流量目标等,并确定预算编制政策,由预算管理部门下达各预算执行单位。

(2)编制上报。企业所属各预算执行单位,按照企业预算管理部门下达的预算目标和政策,结合自身特点和预测的执行条件,提出本部门预算的具体方案,经本部门负责人签章确认后,于每年10月底以前上报企业预算管理部门。企业预算管理部门在预算编制各个环节中,应当加强对企业内部预算执行单位的指导、监督和服务,对于预算编制不及时或编制质量不高的单位,应当及时向预算管理部门报告,采取相应措施,以免影响企业预算汇总时间和编制质量。

(3)审查平衡。企业预算管理部门对各预算执行单位上报的预算方案进行审查、汇总,提出综合平衡的建议。在审查、平衡过程中,企业预算管理部门应进行充分协调,对发现的问题提出初步调整的意见,并反馈给有关预算执行单位予以修正。

(4)审议批准。企业预算管理部门在有关预算执行单位修正调整的基础上,编制出企业年度预算初步方案,经过进一步修订、调整后,正式编制年度预算草案,提交企业决策机构审议,最终形成年度预算方案,并报企业最高权力机构批准。企业每个年度的预算方案,一般应在上年度12月31日之前审批完毕。

(5)下达执行。企业年度预算经过批准后,由预算管理部门组织逐级下达各预算执行单位执行。

五、全面预算的编制方法

企业可以根据自身经济业务特点和经济活动规律,区别不同预算项目的性质,选择或综合运用固定预算、弹性预算、定期预算、滚动预算、增量预算及零基预算等方法编制预算。

（1）固定预算又称为静态预算，是指按固定业务量编制的预算，一般按预算期的可实现水平编制。这种方法的基本特征在于不考虑预算期内业务活动水平可能发生的变动，只按照预算期内计划预定的某一共同的业务活动水平为基础确定相应的数据；将实际执行结果与预算期内计划预定的某一共同的活动水平所确定的预算数进行比较分析，并据以进行业绩评价和考核。然而，如果企业的实际执行结果与预期业务活动水平相距甚远，固定预算就难以为控制服务。因此，固定预算的方法适用于那些业务水平较为稳定的企业或非营利组织，或固定费用及数额比较稳定的预算项目。

（2）弹性预算又称为变动预算，指一种具有伸缩性的、能够适用于一系列业务量变化的预算，为克服固定预算方法的缺点而设计。这种方法的优点在于：比固定预算运用范围广泛，使预算与实际具有可比基础，预算控制和差异分析更具意义和说服力，编制完成后，只要各项消耗标准和价格等依据不发生变化，可连续使用，从而大大减少预算编制的工作量。

（3）定期预算，是指在编制预算时以不变的会计期间（如日历年度）作为预算期的一种编制方法。这种方法的优点在于能够使预算期间与会计年度相配合，便于考核和评价预算执行业绩。其缺点在于：第一，盲目性，由于定期预算往往是在年初甚至提前两三个月编制的，对整个预算年度的生产经营活动很难作出准确的预计，尤其是对预算后期的预算只能是笼统的估算，数据含糊，缺乏远期指导性，给预算的执行带来很多困难，不利于对生产经营与业务活动进行客观的考核和评价；第二，滞后性，由于定期预算不能随情况的变化及时调整，当预算中所规划的各种生产经营与业务活动在预算期内发生重大变化时（如预算期内临时调整业务活动），就会导致预算滞后过时，成为一纸空文；第三，间断性，受预算期间的影响，管理当局的决策视野局限于本期规划的生产经营与业务活动之中，通常不考虑下期。

（4）滚动预算又称为连续预算或永续预算，是预算随着时间的推移而自动递补，使其始终保持一定期限（通常为一年）的一种预算编制方法。滚动预算又分为逐月滚动预算和逐季滚动预算，前者是以月份为单位进行滚动编制，后者是以季度为单位进行滚动编制。具体做法是：每过1个月份（或季度），立即根据前1个月份（或季度）的预算执行情况，对以后月份（或季度）进行修订，并增加1个月份（或季度）的预算。这种方法的优点在于：

第一，透明度高，滚动预算不再是预算年度开始之前几个月的事情，而是实现了与日常经营管理的紧密衔接，使管理人员始终能够从动态的角度把握企业近期的规划目标和远期的战略布局，使预算具有较高的透明度；第二，及时性强，滚动预算能根据前期预算的执行情况，结合各种因素的变化影响，及时调整和修订近期预算，从而使预算更加切合实际，充分发挥指导和控制作用；第三，连续性、完整性和稳定性强，滚动预算在时间上不再受日历年度的限制，能够连续不断地规划未来的生产经营与业务活动，不会造成预算的人为间断，同时可以使企业管理人员了解未来12个月内企业的总体规划与近期预算目标，确保企业管理工作的完整性与稳定性。但这种预算编制方法的唯一缺点是预算工作量大。

（5）增量预算，是指以基期各项指标的实际水平为基础，结合预算期业务量水平及有关增产节约措施，通过调整有关原有指标水平而编制预算的一种方法。这种方法以过去的经验为基础，实际上是承认过去所发生的一切都是合理的，主张不需要在预算内容上作较大改进，而是因循沿袭以往的预算项目。其缺点在于：第一，受原有指标项目的限制，可能导致落后；第二，滋长预算中的"平均主义"和"简单化"倾向；第三，不利于单位的未来发展。

（6）零基预算，是指为克服增量预算方法的不足而设计的，对于任何一个预算期或预算项目，都不以现有的预算数为基数，而是从零开始，完全按照有关部门的职责范围和经营需要来安排有关项目的预算数额的方法。这种方法的基本特点是完全排除前期有关因素对编制本期预算的影响，只从现实考虑业务量、费用开支及收益的必要性和规模，对企业的每一项独立的生产经营与业务活动进行客观描述，其优点在于：第一，不仅能压缩费用的开支，而且能够切实做到有限的费用用在最需要的地方；第二，成本费用核定不受过去老框框的制约，能够充分发挥各级管理人员的积极性和创造性，促进各预算执行单位精打细算，量力而行，量入为出，合理使用资金、费用，提高经济效益。

六、全面预算的执行控制

企业全面预算一经批准下达，各预算执行单位应当认真组织实施，将预算指标层层分解，从横向和纵向落实到内部各部门、各环节和各岗位。为了配合预算指标的执行控制，保证预算指标如期落实，企业必须建立一套完善的预算执行制度,并采取相应措施。

(1)完善管理制度,健全凭证记录,严格执行生产经营与业务活动月度计划和成本费用的定额、定律标准,并加强监控。企业办理采购与付款、销售与收款、成本费用、工程项目、对外投融资、研究与开发、信息系统、人力资源、安全环保、资产购置与维护等业务和事项,均应当严格执行预算标准。

(2)建立预算执行情况的内部报告制度,要求各预算执行单位定期报告财务预算的执行情况,及时掌握预算的执行动态及结果。对预算执行中发生的新情况、新问题及出现较大偏差的重大项目,预算管理部门应当责成有关预算执行单位查找原因,提出改进经营管理的措施和建议。内部报告制度应当规定报告的种类、形式、格式、内容以及报送的时间和部门。

(3)预算管理部门应当运用财务会计报告和其他会计资料监控预算执行情况,及时向企业决策机构和各预算执行单位报告或反馈预算执行进度、执行差异及其对企业预算目标的影响,促进企业预算目标的实现。

(4)建立预算执行情况预警机制,通过科学选择预警指标,合理确定预警范围,及时发出预警信号,积极采取应对措施。预警指标的选择及预警范围应当根据企业的生产经营与业务活动的特点、企业的规模大小等而确定。

(5)建立预算执行结果质询制度,要求预算执行单位对预算指标与实际结果之间的重大差异进行解释和答辩。

七、全面预算的分析控制

全面预算的分析控制是在预算分析控制制度的基础上对预算执行情况所进行的控制。

(一)建立预算执行情况分析制度

企业应当建立预算执行情况分析制度,预算分析制度可以包括以下基本内容:

(1)建立定期会议分析制度。预算分析会议制度应当明确分析的时间、内容、方法及参加人员等。预算管理部门及各预算执行单位应当定期召开预算执行分析会议,全面掌握预算执行情况,研究、解决预算执行中存在的问题,提出改进措施。

（2）企业预算管理部门和各预算执行单位应当充分收集有关财务、业务、市场、技术、政策、法律等方面的信息资料，根据不同情况分别采用比率分析、比较分析、因素分析等方法，从定量与定性两个层面充分反映预算执行单位的现状、发展趋势及其存在的潜力。

（3）对于预算执行差异，应当客观分析产生的原因，提出解决措施或建议，提交企业决策机构研究决定。

（4）建立预算执行情况审计制度，通过定期或不定期地实施审计监督，及时发现和纠正执行中存在的问题，维护预算的严肃性。

（二）预算执行情况的分析方法

1. 比率分析法

通过计算和对比经济指标的比率进行数量分析，确定经济活动变动程度的方法。比率分析法的具体形式有以下几种：

（1）相关指标比率分析。将两个性质不同但又相关的数据进行对比，求出比率，然后再将实际数与预算数进行对比分析，以便从经济活动的客观联系中更深入地认识企业的生产经营状况。例如，将反映企业财务状况的净资产额同反映经营成果的净利润额进行对比，得出净资产利润率，再通过对比实际和预算的净资产利润率了解企业当期的预算完成情况。

（2）构成比率分析。某项经济指标的各个组成部分占总体的比重。例如将构成产品成本的各个费用项目同成本总额相比，计算其占总成本的比重，确定成本的构成比率，再将实际的构成比率和预算构成比率进行对比，通过观察成本构成的变化，掌握企业实际生产经营的情况，找出超标成本和节约成本，并分析原因。

（3）动态比率分析。将不同时期同类指标的数值进行对比，求出比率，进行动态比较，据以分析该项指标的增减变动和变动趋势，从而发现企业在实际经营中的成功与不足。

2. 比较分析法

通过指标对比，从数量上确定差异，主要作用在于揭示客观上存在的差距。在预算执行中，一般是通过实际与预算之间的比较来揭示实际与预算之间的数量关系和差异，分析预算执行过程中存在的问题和差距，为进一步分析原因指明方向。比较分析法主要是绝对额的比较，即对实际情况和预算目标进行数量、金额的比较，例如实际产量与预算产量的比较、实际利润额与预算利润额的比较等。

3. 因素分析法

通过分析一种影响因素、计算各种因素影响程度的分析方法。因素分析法根据计算方法和程序的不同，主要有以下三种：

（1）差额分析法。这种方法是对实际值和预算值之间的差异进行分析，找出原因。例如，生产成本中折旧费用增加的原因分析，可以分解为计提折旧的固定资产数量增加和单台固定资产计提折旧额增加两部分，考察两部分对总折旧差额的不同影响以及总影响。

（2）指标分解法。这种方法要求将一个综合指标细分成几个具体指标，以便分析和查找原因。例如，杜邦分析体系将权益净利率分解为销售净利率、资产周转率和权益乘数等指标的乘积，将企业总的经营情况向下追溯，以针对不同指标的影响采取不同措施。

（3）连环替代法。这是用来计算几个相互联系的因素对预算差异影响程度的一种分析方法。在计算中，先以预算数作为计算基础，然后按照公式中所列因素的同一顺序，依次以实际值替代预算值，测定各因素对相关预算指标的影响。

（三）预算差异分析的步骤

预算差异的分析主要是分析实际和预算的差异，可以作为预算执行过程中的参考。对差异分析的步骤，可以由具体人员根据具体情况具体设计，下面列出的简单步骤仅供参考。

（1）明确分析的目的。差异分析中的各种运算并不是目的，不能为了分析而分析。从企业总体来看，应该将预算差异分析与整个企业的生产经营目标乃至发展战略联系起来；从各部门来看，不同部门的差异分析也有各自的具体目标，应该和各部门的生产或业务目标相结合。

（2）收集有关的信息。在预算管理中，整个企业就是一个信息库，随时有更新和变化。进行预算差异分析时，需要的信息不是信息库中所有的内容，而是有所取舍选择的，一般只需要预算编制的结果以及与这些结果对应的实际数据。

（3）对比实际业绩和预算目标，找出差异。在预算执行中，需要对预算完成情况随时记录，并定期编制预算控制报告，将这些报告中的企业业务实际完成情况与预算目标进行对比，发现对应的项目、数据之间的差异。这时可以用到上述的比率分析法、比较分析法和因素分析法等。

（4）分析出现差异的原因。预算执行中的差异是必然存在的，而且有可能会产生各种各样的差异。面对大量差异，不可能对所有差异都深入细致地分析，而应该有针对性。在调查差异发生的原因时，应该着重考察原因不明确的差异和重大差异。需要特别注意，并非所有低于预算目标的结果都是不利的，也并非所有超过预算目标的结果都是有利的，因此在分析差异时，要结合当时的具体环境，动态地看待问题，具体问题具体分析。

（5）提出恰当的应对措施。差异确定并分析出原因之后，就要分别采取相应的处理措施，解决发现的问题，杜绝再次发生，使企业生产经营顺利进行。对影响企业的外部因素，应区分对企业的有利影响和不利影响，以便制定适应外部因素变化的措施，扩大有利因素的影响，限制不利因素的影响。对企业的内部因素，能确定责任部门或人员的差异，应按责权利对等原则给予相应的奖惩；不能确定责任归属的差异，应由相关部门或人员按照受益比例划分责任，作为奖惩的依据。

八、全面预算的考核控制

企业应当建立严格的预算执行考核制度，对各预算执行单位和个人进行考核，切实做到有奖有惩、奖惩分明。预算考核制度应当明确预算考核执行机构、考核原则、考核标准和依据以及考核程序等。

（1）预算考核执行机构。预算考核通常由预算管理委员会定期组织，对各预算执行单位负责人签字上报的预算执行报告和已掌握的动态监控信息进行核对，确认各执行单位预算完成情况。

（2）预算考核的原则。预算执行情况考核工作，应当坚持公开、公平、公正的原则，并对考核结果进行完整的记录。

（3）预算考核的标准和依据。预算执行情况考核，应以企业正式下达的预算方案为标准，以经过注册会计师或上级部门审定的年度财务报告信息为依据。实行中期考核的企业，应以企业中期预算为标准，以中期财务报告为依据。

（4）预算考核的程序。预算执行情况考核，依照预算执行单位上报预算执行报告、预算管理委员会审查核实、企业决策机构批准的程序进行。企业内部预算执行单位上报的预算执行报告，需经本部门负责人签章确认，方能有效。

第三节　企业内部控制应用指引
——全面预算的案例

【案例 20-1】

苏州新苏纶纺织有限公司预算管理模式分析[①]

为实现以成本费用为中心的预算管理模式，苏州新苏纶纺织有限公司设计了预算管理框架，其预算管理流程如图 20-1 所示。

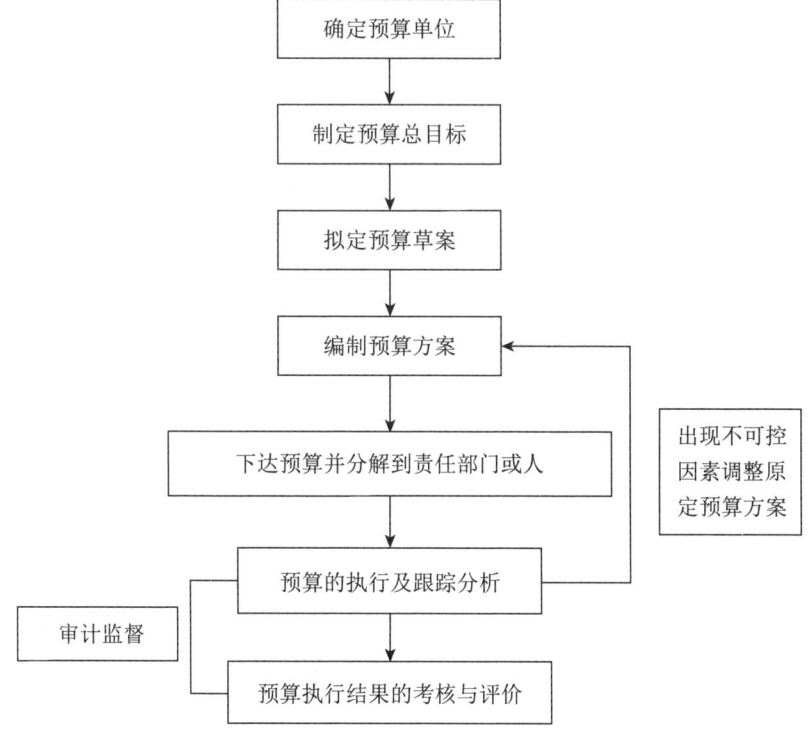

图 20-1　苏州新苏纶纺织有限公司的预算管理框架

一、预算的编制

苏州新苏纶纺织有限公司采用零基预算的方法，每月由各部门对其资金

---

① 张瑞君. e 时代财务管理 [M]. 北京：中国人民大学出版社, 2004.

收支情况进行预算，总会计师和总经理确认预算合理以后，财务部门将全企业的预算进行汇总，形成全企业的月份资金使用总预算。各部门预算申报表如表20-1所示。

表20-1　月度资金费用收支申报表

申报部门：　　　　　　　　　　　　　　　　　　申报时间：

收支时间	收入项目内容及金额	支出项目内容及金额

预算是建立在对企业业务情况的一定假设基础上的，而企业的实际业务情况不一定能在假设范围内，因此各部门有时需要根据业务发展态势调整本月预算。出现这种情况时，要求追加用款的部门填写"月度用款追加计划申请表"，说明申请追加用款的理由和金额，总经理审批通过后，方可加入预算范围内。月度用款追加计划申请表格式如表20-2所示。

表20-2　月度用款追加计划申请表

申报部门：　　　　　　　　　　　　　　　　　　申报时间：

申请追加用款理由	申请追加用款金额	申请用款时间	申请人	总经理审批签字

二、预算的执行和控制

该公司对预算的执行情况采用双轨制进行记录，即对每一笔支出，需要财务人员填制凭证，在总账子系统中自动登记总账和明细账；同时，经手人都必须填写"申请领用支票及申请付款工作联系单"，并在"限额费用使用手册"上进行登记，控制成本费用的发生。限额费用使用手册类似于为预算管理所设计的责任会计账（如表20-3和表20-4所示）。

表20-3　申请领用支票及申请付款工作联系单

供货单位全称：　　　　　　　　　　　供货单位开户行及账号：

申请内容	申请领用、付款日期	年　月　日
	申请人签字	

第二十章 全面预算的内部控制

（续表）

申请内容	申请部门负责人签字	
	公司主管副总审批	
	公司总经理审批	
计划申请金额	财务主管资金计划核实及资金调度意见	

表20-4 限额费用使用手册

年	月	日	支出内容	支出金额	累计支出金额	支付形式	经手人

三、预算的考评

月末对限额费用使用手册进行汇总，得到资金费用使用汇总表，随后将汇总表和预算进行比较，找出两者之间的差异，并进一步分析差异形成的原因（如表20-5所示）。

表20-5 资金使用差异分析表

部门	费用项目	本月完成	本月预算	完成		本年累计完成	全年预算	完成全年预算	
				差额	百分比			差额	百分比

新苏纶纺织有限公司对各部门的费用支出在预算的基础上进行了有效的控制，对整个企业的成本费用控制确实起了非常好的监控作用，而且事后的差异分析为各部门的业绩考核提供了依据，企业的奖惩制度有了实行的基础。

【案例 20-2】

山东华乐集团全面预算的编制[①]

山东乐华集团自 1988 年开始探索、实行全面预算管理模式,当年实现利税 240 万元,比 1987 年增长了 60%。1989 年,企业开始推行全面预算管理模式,当年实现利税 550 万元,比 1988 年翻了一番。在以后的全面预算实践中,华乐集团一方面优化措施,加大力度,推行和完善全面预算管理制度;另一方面不断总结全面预算管理模式的运行经验,并从管理学角度进行深入探讨,将其上升到理论的高度。经过 10 多年的不断探索、归纳,总结出一套适合我国国情的企业全面预算管理模式。随着全面预算管理模式的推行,集团的经济效益一直保持稳步增长,销售收入、利税连年平均以 34%、40% 的幅度稳步递增,1999 年创出了万锭利税 700 万元的全国领先水平(不包括深加工)。集团公司 2000 年的预算目标是实现销售收入 3.1 亿元,利润 2 796 万元(综合预算数),利润增长幅度为 52.3%。

一、目标利润的确定

华乐集团实行以目标利润为导向的全面预算,包括两层含义:一是预算的编制以目标利润为导向;二是分厂、部门的预算确定后,目标利润成为整个企业管理的导向,企业的一切生产经营管理活动都围绕完成或超额完成目标利润而展开。

通过 1999 年实现的实际利润和对未来市场的预测,集团公司的目标利润定在 2 690.186 2 万元(如表 20-6 所示)。

表 20-6　华乐集团 2000 年目标利润预测表　　金额单位:万元

分厂	1999 年实际收益	利润增长额	利润增长率	目标利润	结构占比
棉纺厂	1 757.707 8	135.353 0		1 893.060 8	70.37%
帆布厂	60.869 8	9.130 4		70.000 0	2.60%
针织厂	7.321 8	0.732 2		8.054 0	0.30%
制线厂	3.733 3	1.866 7		5.600 0	0.21%
印染厂	6.672 0	3.336 0		10.008 0	0.37%

---

① 潘爱香,高晨. 全面预算管理:整合"四流",创造"一流"[M]. 杭州:浙江人民出版社,2001.

（续表）

分厂	1999年实际收益	利润增长额	利润增长率	目标利润	结构占比
热电厂		380.000 0		380.000 0	14.13%
资本运营收益		323.463 4		323.463 4	12.02%
合计	1 836.314 5	853.881 7	46.50%	2 690.186 2	100.00%

二、销售预算

各分厂目标利润确定以后，就进入了销售预算的编制和责任落实程序。预算期销售量是结合市场需求情况和企业的生产能力确定的，销售预算如表20-7所示。

表20-7 棉纺厂2000年销售预算表

产品	单价（万元）	第一季度		第二季度	
		数量（吨）	金额（万元）	数量（吨）	金额（万元）
40s	2.79	556.271	1 551.996	1 149.885	3 208.179
32s	2.477 1	325.828	807.094 9	518.416	1 284.147
10s	1.3	230.67	299.871	252.649	328.443 7
合计		1 112.769	2 658.962 9	1 920.25	4 820.769 7

产品	单价（万元）	第三季度		第四季度	
		数量（吨）	金额（万元）	数量（吨）	金额（万元）
40s	2.79	1 268.627	3 539.469	1 254.838	3 500.998
32s	2.477 1	518.416	1 284.147	511.703	1 267.518
10s	1.3	252.649	328.443 7	249.905	324.876 5
合计		2 039.692	5 152.06	2 016.446	5 093.393

三、生产预算

下面是棉纺厂产品产量、库存预算及生产成本预算，生产成本预算包括直接材料预算、直接人工预算、直接动力预算及制造费用预算。其中，棉纺厂产品产量、库存预算,如表20-8所示。直接材料预算,如表20-9所示。直接动力预算,如表20-10所示。直接人工预算,如表20-11所示。制造费用预算,如表20-12所示。单位产品成本预算,如表20-13所示。

表20-8 棉纺厂2000年产量、库存预算表 单位:吨

产品	项目	第一季度	第二季度	第三季度	第四季度	合计
40s	期初库存	110.385	110.385	110.385	110.385	110.385
	本期产销量	556.271	1 149.885	1 268.627	110.385	4 229.621
	期末库存	110.385	110.385	110.385	110.385	110.385
32s	期初库存	69.287	69.287	69.287	69.287	69.287
	本期产销量	325.828	518.416	518.416	511.703	1 874.363
	期末库存	69.287	69.287	69.287	69.287	69.287
10s	期初库存	31.258	31.258	31.258	31.258	31.258
	本期产销量	230.67	252.649	252.649	249.905	985.873
	期末库存	31.258	31.258	31.258	31.258	31.258

表20-9 棉纺厂2000年直接材料预算表

产品	单位用棉量(千克)	原料单价(元/吨)	单位原料成本(元/吨)	总产量(吨)	总材料成本(万元)
(1)	(2)	(3)	(4)=(2)×(3)	(5)	(6)=(5)×(4)
40s	1 368	12 682.1	17 349.11	4 229.621	7 338.017
32s	1 168	10 852.21	12 675.38	1 874.363	2 375.826
10s	1 050	3 867.096	4 060.451	985.873	400.308 9
合计				7 089.857	10 114.15

第二十章 全面预算的内部控制

表 20-10 棉纺厂 2000 年直接动力预算表

产品	标准纱用电量（千瓦·时）	电费单价（元）	吨纱标准21s吨数（吨）	动力单位成本（元）	产品产量（吨）	总动力成本（万元）
（1）	（2）	（3）	（4）	(5)=(4)×(2)×(3)	（6）	(7)=(6)×(5)
40s	1 400	0.598	2.180 6	1 825.598	4 229.621	772.158 9
32s	1 400	0.598	1.683 1	1 409.091	1 874.363	264.114 9
10s	1 400	0.598	0.414 8	347.270 6	985.873	34.236 47
合计					7 089.85	1 070.51

表 20-11 棉纺厂 2000 年直接人工预算表

产品	吨纱产品用工（人）	吨纱产品用工工资标准（元）	吨纱人工成本（元）	总产量（吨）	人工总成本（万元）
（1）	（2）	（3）	(4)=(2)×(3)	（5）	(6)=(5)×(4)
40s	75.896 4	15.241 4	1 156.767	4 229.621	489.268 8
32s	55.46	15.241 4	845.288	1 874.363	158.437 7
10s	17.763 1	15.241 4	270.734 5	985.873	26.690 98
合计				7 089.857	674.397 4

表 20-12 棉纺厂 2000 年制造费用预算表   单位：万元

项　　目	年预算金额	月预算金额
机物料	69.999 9	5.833 3
大修理	129.6	10.8
包装料	223.002	18.583 5
水暖	78.787 7	6.565 6
外修	15	1.25

(续表)

项目	年预算金额	月预算金额
计量器具鉴定	0.6	0.05
技术比武运动会	18.849 6	1.57
合　计	535.839 2	44.652 4

表20-13　棉纺厂2000年单位产品成本预算表　　单位：元

项目	产品		
	40s	32s	10s
直接材料	17 349.11	12 675.38	4 060.451
直接人工	1 156.767	845.288	270.734 5
直接动力	1 825.598	1 409.091	347.270 6
制造费用	919.142 6	671.528 4	215.118
合　计	21 250.62	15 601.28	4 893.574

四、费用预算

在华乐集团，各分厂的销售活动和管理活动由分厂独立核算，棉纺厂的管理和销售费用预算的编制如表20-14、表20-15所示。

表20-14　棉纺厂2000年管理费用预算表

项目	年预算金额（万元）	月预算金额（万元）
销售折扣	55.324 1	4.610 3
差旅费	11.453 1	0.954 4
运杂费	113.219 7	9.435
通信费	4	0.333 3
合　计	183.996 9	15.333

第二十章 全面预算的内部控制

表 20-15 棉纺厂 2000 年销售费用预算表

项　　目	年预算金额（万元）	月预算金额（万元）
差旅费	1.2	0.1
办公费	2.7	0.225
培训费	1.8	0.15
年终奖	56.000 4	4.666 7
咨询费	36.46	3.038 3
微机	1	0.083 3
节日补助	2.8	0.233 3
会务费	0.9	0.075
免检费	0.5	0.041 7
车辆	11.177 8	0.931 5
认证费	1.4	0.116 7
技术革新奖励基金	0.84	0.07
其他	15.8	1.316 7
合　　计	132.578 2	11.048 2

五、预算现金流量表

预算现金流量表，如表 20-16 所示。

表 20-16 棉纺厂 2000 年现金流量表预算表　　　　单位：元

项　　目	现金流入	现金支出	现金净额
期初			
上期赊销本期现收额			
本期现金收入			
直接材料		10 114.15	1 200
直接动力	200	1 070.51	

（续表）

项　目	现金流入	现金支出	现金净额
直接人工	17 525.18	674.397 4	
制造费用		535.839 2	
销售费用		183.996 9	
管理费用		132.578 2	
上缴税金		1 114.649	
上交总公司固定费用	2 006		
上交总公司利润		1 893.061	
小　计		177 725.2	
期　末			1 200

六、预算利润表

预算利润表，如表20-17所示。

表20-17 棉纺厂2000年预算利润表

项　目	单位	第一季度	第二季度	第三季度	第四季度	全年合计
一、产品产销量	吨	1 112.769	1 920.95	2 039.692	2 016.446	7 089.857
40s	吨	556.271	1 149.885	1 268.627	1 254.838	4 229.621
32s	吨	325.828	518.416	518.416	511.703	1 874.363
10s	万元	230.67	252.649	252.649	249.905	985.873
二、销售额	万元	2 658.962	4 820.769 4	5 152.059 5	5 093.392 5	17 725.183 4
三、总变动成本	万元	1 911.907 9	3 359.250 8	3 582.308 5	3 541.431 2	12 394.898 4
直接材料成本	万元	1 504.582 4	2 753.125 6	2 949.095 4	2 907.348 1	10 114.151 5
直接动力成本	万元	168.028 1	290.063 4	307.993 4	304.425 4	1 070.510 3
直接人工成本	万元	157.819 2	172.860 4	172.855 0	170.862 8	674.397 4

（续表）

项　　目	单位	第一季度	第二季度	第三季度	第四季度	全年合计
制造费用	万元	81.478 2	143.201 4	152.364 7	158.794 9	535.839 2
四、销售费用	万元	27.838 3	47.704 8	54.542 2	53.911 6	183.996 9
五、固定成本	万元	334.421 3	574.859 1	610.720 9	618.576 9	2 138.578 2
管理费用	万元	30.166 7	30.609 9	28.816 2	42.985 4	132.578 2
分摊总公司固定成本	万元	304.254 6	544.249 2	581.904 7	575.591 5	2 006.000 0
六、税金	万元	99.192 5	324.414 3	354.910 7	336.131 6	1 114.649 1
七、利润吨		285.602 0	514.540 4	549.577 2	543.341 2	1 893.060 8

第二十一章

合同管理的内部控制

第一节　企业内部控制应用指引
——合同管理的基本内容

第一章　总　　则

第一条　为了促进企业加强合同管理，维护企业合法权益，根据《中华人民共和国合同法》等有关法律法规和《企业内部控制基本规范》，制定本指引。

第二条　本指引所称合同，是指企业与自然人、法人及其他组织等平等主体之间设立、变更、终止民事权利义务关系的协议。

企业与职工签订的劳动合同，不适用本指引。

第三条　企业合同管理至少应当关注下列风险：

（一）未订立合同、未经授权对外订立合同、合同对方主体资格未达要求、合同内容存在重大疏漏和欺诈，可能导致企业合法权益受到侵害。

（二）合同未全面履行或监控不当，可能导致企业诉讼失败、经济利益受损。

（三）合同纠纷处理不当，可能损害企业利益、信誉和形象。

第四条 企业应当加强合同管理,确定合同归口管理部门,明确合同拟定、审批、执行等环节的程序和要求,定期检查和评价合同管理中的薄弱环节,采取相应控制措施,促进合同有效履行,切实维护企业的合法权益。

第二章 合同的订立

第五条 企业对外发生经济行为,除即时结清方式外,应当订立书面合同。合同订立前,应当充分了解合同对方的主体资格、信用状况等有关内容,确保对方当事人具备履约能力。

对影响重大、涉及较高专业技术或法律关系复杂的合同,应当组织法律、技术、财会等专业人员参与谈判,必要时可聘请外部专家参与相关工作。谈判过程中的重要事项和参与谈判人员的主要意见,应当予以记录并妥善保存。

第六条 企业应当根据协商、谈判等的结果,拟订合同文本,按照自愿、公平原则,明确双方的权利义务和违约责任,做到条款内容完整,表述严谨准确,相关手续齐备,避免出现重大疏漏。

合同文本一般由业务承办部门起草、法律部门审核。重大合同或法律关系复杂的特殊合同应当由法律部门参与起草。国家或行业有合同示范文本的,可以优先选用,但对涉及权利义务关系的条款应当进行认真审查,并根据实际情况进行适当修改。

合同文本须报经国家有关主管部门审查或备案的,应当履行相应程序。

第七条 企业应当对合同文本进行严格审核,重点关注合同的主体、内容和形式是否合法,合同内容是否符合企业的经济利益,对方当事人是否具有履约能力,合同权利和义务、违约责任和争议解决条款是否明确等。

企业对影响重大或法律关系复杂的合同文本,应当组织内部相关部门进行审核。相关部门提出不同意见的,应当认真分析研究,慎重对待,并准确无误地加以记录;必要时应对合同条款作出修改。内部相关部门应当认真履行职责。

第八条 企业应当按照规定的权限和程序与对方当事人签署合同。正式对外订立的合同,应当由企业法定代表人或由其授权的代理人签名或加盖有关印章。授权签署合同的,应当签署授权委托书。

属于上级管理权限的合同,下级单位不得签署。下级单位认为确有需要签署涉及上级管理权限的合同,应当提出申请,并经上级合同管理机构批准后办理。上级单位应当加强对下级单位合同订立、履行情况的监督检查。

第九条　企业应当建立合同专用章保管制度。合同经编号、审批及企业法定代表人或由其授权的代理人签署后，方可加盖合同专用章。

第十条　企业应当加强合同信息安全保密工作，未经批准，不得以任何形式泄露合同订立与履行过程中涉及的商业秘密或国家机密。

第三章　合同的履行

第十一条　企业应当遵循诚实信用原则严格履行合同，对合同履行实施有效监控，强化对合同履行情况及效果的检查、分析和验收，确保合同全面有效履行。

合同生效后，企业就质量、价款、履行地点等内容与合同对方没有约定或者约定不明确的，可以协议补充；不能达成补充协议的，按照国家相关法律法规、合同有关条款或者交易习惯确定。

第十二条　在合同履行过程中发现有显失公平、条款有误或对方有欺诈行为等情形，或因政策调整、市场变化等客观因素，已经或可能导致企业利益受损，应当按规定程序及时报告，并经双方协商一致，按照规定权限和程序办理合同变更或解除事宜。

第十三条　企业应当加强合同纠纷管理，在履行合同过程中发生纠纷的，应当依据国家相关法律法规，在规定时效内与对方当事人协商并按规定权限和程序及时报告。

合同纠纷经协商一致的，双方应当签订书面协议。合同纠纷经协商无法解决的，应当根据合同约定选择仲裁或诉讼方式解决。

企业内部授权处理合同纠纷的，应当签署授权委托书。纠纷处理过程中，未经授权批准，相关经办人员不得向对方当事人作出实质性答复或承诺。

第十四条　企业财会部门应当根据合同条款审核后办理结算业务。未按合同条款履约的，或应签订书面合同而未签订的，财会部门有权拒绝付款，并及时向企业有关负责人报告。

第十五条　合同管理部门应当加强合同登记管理，充分利用信息化手段，定期对合同进行统计、分类和归档，详细登记合同的订立、履行和变更等情况，实行合同的全过程封闭管理。

第十六条　企业应当建立合同履行情况评估制度，至少于每年年末对合同履行的总体情况和重大合同履行的具体情况进行分析评估，对分析评估中发现合同履行中存在的不足，应当及时加以改进。

企业应当健全合同管理考核与责任追究制度。对合同订立、履行过程中出现的违法违规行为，应当追究有关机构或人员的责任。

第二节 企业内部控制应用指引
——合同管理解读

一、合同管理概述

合同管理全过程就是由洽谈、草拟、签订、生效开始，直至合同失效为止。对于合同管理，不仅要重视签订前的管理，更要重视签订后的管理。要注意把握合同管理中的系统性和动态性。所谓系统性就是指凡涉及合同条款内容的各部门都要一起来管理；动态性则要求注重履约全过程的情况变化，特别要掌握对自己不利的变化，及时对合同进行修改、变更、补充或中止和终止。

本指引中第二部分合同的订立实际上可分离为合同的起草和谈判两部分，起草部分是对内性质的，要求内部达成一致；而合同谈判则要求在对内形成一致意见的基础上就合同所涉及本方的利益（包括权利和义务）与合同订立方展开博弈，以期达到双赢的目的。

第三部分合同的履行则是对合同订立后的执行情况作出规范，指导企业避免因执行过程中发生不当而导致企业经济利益受到损失。企业应该本着诚实守信的原则，认真履行好属于自己的应尽的责任和义务；对于合同履行过程中出现的摩擦和纠纷，企业应当本着互谅互信的原则，在问题出现的初始时刻及时与合同的订立方沟通交流，向对方说明情况，彼此之间做到谅解，不因一些小事和不应有的误会断送了彼此之间相互的合作和长远发展的可能。这对于一个企业树立良好的形象、维护企业的信誉、支持企业的长期发展都是大有裨益的。

合同管理当中的合同订立和合同履行是相辅相成的，两者不可偏废。合同订立是合同履行的前提和基础，而合同履行则是合同订立之后发挥功效的保障。

二、企业实行合同管理应关注的风险

企业合同管理当中的风险主要集中于合同的订立、执行两个方面，具体包括：企业在合同管理中存在着合同协议行为违反国家法律法规，可能遭受

外部处罚、经济损失和信誉损失；合同协议未经适当审核或超越授权审批，可能因重大差错、舞弊、欺诈而导致损失；合同协议内容不完整、权利和义务不明确或未签订书面合同协议，可能导致企业资产或股东权益遭受损失；合同协议条款未恰当履行或监控不当，可能导致违约损失；合同协议信息安全措施不当，可能导致商业秘密泄露；合同协议纠纷处理不当，可能导致企业权益受损。这些都是企业合同管理中应当关注的风险所在，是企业管理当局尽量规避和防范的。

三、企业实行合同管理的组织领导

企业在建立与实施合同管理的内部控制过程中，应当强化合同管理的组织领导，具体而言则要求做到职责分工与授权批准控制。企业合同协议应实行分级授权，归口管理，具体的控制政策和措施包括以下内容：

企业应当建立合同管理的岗位责任制，明确相关部门和岗位的职责权限，确保合同管理的不相容岗位相互分离、制约和监督。合同管理的不相容岗位至少包括合同的拟定与审批、合同的审批与执行。

企业应当建立合同订立权限分级授予制度，明确企业内部相关单位、部门和岗位的授权范围、授权期间、授权条件等。

企业应当实行合同归口管理制度。企业可以根据合同管理需要和部门职责范围，指定合同归口管理部门，对合同实施统一规范管理。归口管理部门可以设立法律事务岗位，配备具有法律专业资格的人员。

企业应当根据本单位的业务性质、机构设置和管理层级，建立合同分级管理制度。属于上级合同管理单位权限的合同协议，下级单位不得签订。如下级单位认为确有需要签订超越权限的合同协议，应当提出申请，经上级合同管理单位批准后，依授权或委托签订。下级合同归口管理部门应当定期对合同进行统计、归集，并编制合同报表，报上级合同归口管理部门，由上级对下级合同订立情况进行检查。

四、合同管理当中的合同订立

合同的订立是合同管理的计划阶段，是合同管理的第一步，也是至关重要的一步。在合同订立前，企业应当对合同订立方有比较充分的了解，对于对方的企业性质、资信情况、经营范围和状况等基本方面有详尽的调查，以便企业与合同订立方签订合约时做到知己知彼，使信息不对称造成的对企业的不利影响降低到最低程度。同时，应当按照指引中关于合同订立的有关要求建立一套合同订立的制度，对合同订立作出规范，具体而言包括如下几方面。

（一）合同的编制与审核控制

签约主体资格及合同订立的程序、形式、内容等应当合法合规。相关控制政策和措施包括以下内容：

（1）企业建立相应的制度，规范合同协议正式订立前的资格审查、内容谈判、文本拟定等流程，确保合同协议的签订符合国家及行业有关规定和企业自身利益，防范合同协议签订过程中的舞弊、欺诈等风险。

（2）企业应当根据合同协议内容对标的物的生产商、价格及变化趋势、质量、供货期和市场分布等方面进行综合分析论证，掌握市场情况，合理选择合同协议方。

（3）重大合同协议或法律关系复杂的合同协议，应当指定法律、技术、财会、审计等专业人员参加谈判，必要时可以聘请外部专家参与。对于谈判过程中的重要事项应当予以记录。

（4）企业应当对拟签约对象的民事主体资格、注册资本、资金运营、技术和质量指标保证能力、市场信誉、产品质量等方面进行资格审查，以确定其是否具有对合同协议的履约能力和独立承担民事责任的能力，并查证对方签约人的合法身份和法律资格。

（5）企业应当指定专人负责拟定合同协议文本。合同协议文本原则上由承办部门起草，重大合同协议或特殊合同协议应当由企业的法律部门参与起草，必要时可以聘请外部专家参与起草。由对方起草合同协议，应当进行认真审查，确保合同协议内容准确反映企业诉求。国家或行业有示范合同协议文本的，企业可以优先选用，但在选用时，对涉及权利和义务关系的条款应当进行认真审查，并根据企业的实际需要进行修改。

（6）企业应当建立合同协议会审制度。合同协议承办部门应当将起草的合同协议文本交由合同协议关键条款涉及的其他专业部门和法律部门会同审核并出具书面意见。会同审核的重点主要包括以下几方面：

1）经济性。合同协议内容符合企业的经济利益。

2）可行性。签约方资信可靠，有履约能力，具备签约资格；资金来源合法，担保方式可靠，担保资产权属明确。

3）严密性。合同协议条款齐备、完整，文字表述准确，附加条件适当、合法；合同协议约定的权利和义务明确，数量、价款、金额等标示准确；合同协议有关附件齐备，手续完备。

4）合法性。合同协议的主体、内容和形式合法；合同协议订立的程序符合规定，会审意见齐备；资金的来源、使用及结算方式合法，资产动用的审批手续齐备。

企业针对主营业务拟定格式合同协议的，应当根据格式合同法律义务的特殊性及对企业经营的影响程度，履行更加严格的审查程序。未经授权，签约人员不得擅自更改合同协议内容。按照规定应当报经国家有关主管部门审查或备案的格式合同协议，企业应及时报请审批或备案。

（二）合同订立的控制

企业合同履行、变更或解除应当得到有效监控。具体控制政策和措施包括以下内容：

经审核同意签订的合同协议，应当由印章管理部门统一进行分类连续编号。

企业应当建立合同专用章由专人保管和收回制度。印章管理部门（或岗位）不得对未经编号或缺少合同协议审核、报签文件以及代签而缺少授权委托书的合同协议用印。合同协议用印后，应当及时收回合同协议专用章并妥善保管。

企业对于重要合同协议，原则上应当与合同协议对方当事人当面签订。对于确需企业先行签字并盖章，然后寄送对方签字并盖章的，应当采用在合同协议各页码之间加盖骑缝章、使用防伪印记等方法对合同协议文书加以控制。

正式订立的合同协议，除即时清结外，应当采用书面形式，包括合同协议书、补充协议、公文信件、数据电文等。因情况紧急或条件限制等未能及时签订书面形式合同协议的，应当在事后采取相关补签手续。

合同协议订立后，合同协议副本及相关审核资料应交由档案管理部门归档，合同协议正本由合同协议归口管理部门负责保管和履行。

国家有关法律、行政法规规定应当办理批准、登记等手续生效的合同协议，企业应当及时按规定办理批准、登记等手续。

企业应当按照信息安全内部控制的相关规定做好合同协议保密工作。任何人不得以任何形式泄露合同协议在订立和履行过程中涉及的商业秘密和技术秘密。

五、合同管理当中的合同履行

合同履行是合同管理的执行阶段，是衡量相关经济利益能否顺利流入企业、相关经济责任和义务是否妥善履行和合同订立方合作关系能否持续开展的关键阶段。此阶段，企业面临合同违约风险，应当及时识别和有效处理。按照指引的要求，制定具体控制政策和措施。

企业应当监控合同的履行情况，如指引中关于合同履行部分所论述的，在合同履行过程中，如对方可能发生违约、不能履约、延迟履约等行为的，或企业自身可能无法履行或延迟履行合同的，应当及时采取应对措施，并向企业有关负责人汇报。合同到期时，应及时与对方办理相关清结手续，了结权利和义务关系。

对合同已订立，但发现有显失公平、条款有误或对方有欺诈行为等情形，已经或可能导致企业利益严重受损，合同归口管理部门应当及时向企业有关负责人报告，并采取合法有效措施，制止危害行为的发生或扩大。必要时可以请求仲裁机构或法院对原合同协议予以变更或解除。

变更或解除合同协议应当由合同协议双方达成书面协议。变更或解除合同协议的审核程序与合同协议订立前的审核程序相同；解除合同协议还应当报有关部门办理注销手续。

企业应当建立严格的合同协议履行结果验收制度。企业应当按照相关内部控制规定成立或指定独立的合同协议验收职能部门，确保合同协议有效履行。

企业财务部门应当根据合同协议条款审核执行结算业务。凡未按合同协议条款履约的，或应签订书面合同协议而未签订的，或验收未通过的业务，财务部门有权拒绝付款。

企业应当建立合同协议违约处理制度。对方违约的情形，应当按合同协议条款约定收取违约金；违约金不足以弥补企业损失时，应当要求对方赔偿损失，必要时应采取相应的保全措施。企业自身违约的情形，应当由合同协议承办部门以书面形式报告企业有关负责人，经批准后履行相应赔偿责任。

企业应当建立合同协议纠纷处理制度。合同协议在履行过程中发生纠纷的，应当依据国家相关法律法规，在规定时效内与对方协商谈判并向企业有关负责人报告。经双方协商达成一致意见的合同协议纠纷解决方法，应当签订书面协议，由双方法定代表人或其授权人签章并加盖单位印章后生效。合同协议纠纷经协商无法解决的，应向企业有关负责人报告，并依合同协议约定选择仲裁或诉讼方式解决。法律部门会同有关部门研究仲裁或诉讼方案，报企业有关负责人批准后实施。在纠纷处理过程中，任何单位或个人未经授权，不得向合同协议对方作出实质性答复或承诺。

六、合同管理的考核

根据基本指引合同管理部分第三章第十六条的要求：企业应当建立合同履行情况评估制度，至少于每年年末对合同履行的总体情况和重大合同履行的具体情况进行分析评估，对分析评估中发现合同履行中存在的不足，应当及时加以改进。企业应当健全合同管理考核与责任追究制度。对合同订立、履行过程中出现的违法违规行为，应当追究有关机构或人员的责任，即要求对合同管理进行考核。考核应该考虑的是由谁来考核、如何考核。

（一）明确由谁考核，也就是考核的部门

企业应当实行合同归口管理制度。企业可以根据合同管理需要和部门职责范围，指定合同归口管理部门，对合同实施统一规范管理。明确合同管理的考核部门，对具体考核办法的制定、实施就有了着落。

（二）如何考核

考核不仅要进行定性分析，而且要能够量化到具体的数值上。合同管理部门在进行考核时，可以以本年度内执行完毕的合同数量为考核的基本依据（包括以前年度签署、本年度执行完毕的合同），根据合同执行的质量情况确定合同管理是否妥当完善。要细分分类标准，通过打分的方式加总确定合同管理的优劣。顺利完成的合同，得分最高。所谓顺利，是指圆满完成了合同的各项内容，达到企业预期所要实现的目标。在合同订立和履行过程中发生摩擦和纠纷的，首先应分清摩擦和纠纷是否由己方引致，若确定是己方原因所致，则应该视其严重程度酌情打分。对一些十分重要的合同，则应当加大它们的权重，采用加权的方式确定分数。根据得分确定当年合同管理的优劣，同时通过参考打分情况，提出合同管理的改进意见。最后应当明确的是，这一最后的打分结果应该上报公司管理层，管理层对其进行评估，确定合同归口管理部门在其中的表现。

七、合同管理中的注意事项

随着市场竞争的加剧，企业经济合同管理的问题日益突出并受到关注。因为任何一个经济合同对当事人来说，都有一个约定权利和义务—履行义务—取得权利，即签约—生产（作为、服务）—清结的过程。只要这个过程的任何一环出了问题，又不能及时发现和解决，就不可避免地要发生纠纷。企业在合同管理中应该把握现阶段合同管理当中存在的问题及其产生的原因由何而来,同时对这些问题解决有自己一定的思路和方法。

（一）目前企业经济合同管理中存在的主要问题及原因

当前,在企业经济合同管理中存在着不少问题,归纳起来主要表现在以下几个方面。

（1）经济合同管理机构、人员、制度不落实,主要是流于形式,应付检查,并没有把经济合同管理工作落到实处,也没有把经济合同管理作为一项重要的企业管理工作来抓,致使经济合同管理工作无法渗透到企业生产—销售全过程中去。

（2）经济合同签约率不高。有的认为是老关系,碍于情面搞口头的"君子协议",而不签订书面经济合同；有的怕麻烦,图简单或只签内容条款不全的合同；有的则为偷逃税款（如印花税）,故意不签书面合同。

（3）经济合同签订把关不严,签约随便,解约自由。视经济合同为儿戏,不依法签订经济合同,高兴就履约,不高兴就不履约。需要变更或解除的经济合同,不按法定条件、法定期限和法定形式办理,打个电话或口头打个招呼,简单了事,造成经济合同纠纷的隐患很大。

（4）不懂法,不依法办事,违约不究,自我保护能力差。

存在的上述经济合同管理问题,究其原因主要如下：

（1）企业领导对经济合同管理的重要性认识不足,经济合同法律意识淡化。只关注企业经济效益,忽视了市场经济是法治经济、契约经济、合同经济,忽视了经济合同管理的重要性。尤其是对市场与合同、合同与合同管理、合同与合同法律这三对关系缺乏认识。

（2）外部经济、法治环境不完善,影响企业经济合同管理工作的开展。长期的计划价格制度使得不少企业时至今日仍对市场销势、市场价格缺乏应有的敏感与准确判断,不适应突然出现在经济关系中的市场价格波动与变化,更难形成根据市价变动而及时调整经营计划的能力。这就导致经济合同的订立、履行受制于市场销势和价格,合同纠纷大量产生,合同管理难度大。

我国原先的计划经济体制下的生产力结构,使有些领域形成了人为的行业垄断。不少大中型企业对某些行业的生产、经营存在着实际上的封锁、垄断,支配着其他企业的生产与经营,垄断的结果必然导致地区封锁,商品流通不畅,经济合同无法签订、履行,纠纷难以解决。

合同仲裁委员会和法院在处理契约纠纷时,普遍存在两种倾向：一是在计算违约金与赔偿金时忽视间接损失,违约方只承担有限的直接损失责任；二是过分强调调解结案,而大量的调解以和稀泥式的折中调和为特点,其后果不仅使一方的合法权益得不到保护，更严重的是使违约人的违约心理得不到应有的警示，进而产生进一步违约的潜在侥幸心理，有时候，即便是公平合理的判决书、调解书，其实际执行也是多费周折，极不容易。这些有法不依、有法难依的现象，无疑挫伤了企业合同管理的积极性。另外，印花税的实施也给企业的签约率带来一定的影响。

（3）多层次的经济合同管理网络尚未形成，使企业经济合同管理缺乏推动力。工商行政管理部门、业务主管部门、金融机构还没有形成在各司其职的同时又相互配合的多层次经济合同管理网络，使企业缺乏外部推动力。

（4）企业经济合同管理缺乏激励机制。现在除了工商行政管理机关大面积推行"重合同、守信用"活动以外，基本上没有什么明确有力的奖惩措施。

（二）加强企业经济合同管理的对策

（1）企业领导应充分认识到企业合同管理是市场经济条件下企业管理的一项核心内容。企业管理的方方面面都应围绕着这个核心而开展，只有正确地处理好市场与合同、合同与合同管理、合同与合同法律这三对关系，合同管理才能真正到位，履行责任才能真正落实。

企业领导要熟悉经济合同法律知识。为此，要对在职的企业领导，有计划、分期、分批地进行培训，要把经济合同管理列为企业领导任期目标责任制，使企业树立起以依法签约、依法履行为前导的依法经营思想，把抓经济合同管理放到同企业抓质量管理和产品开发一样的重要位置上，把经济合同管理列入企业管理的议事日程中。

（2）建立、健全经济合同管理体系。现代企业的生产经营活动是一个极其复杂的过程，不能无章可循，否则，就会使经济合同管理处于自流失控的状态。企业经济合同管理必须结合自身的实际，制订具体、明确、切实可行的合同管理体系，这是企业经济合同管理中的一项基础工作，是搞好企业经济合同管理的保证和前提。企业经济合同管理体系包括合同管理的组织网络和制度网络。

组织网络是指企业要由上而下地建立和健全合同的管理机构（包括专职机构和兼职机构），使合同管理覆盖企业的每个层次，延伸到各个角落。大中型企业，一般来说，由于经济业务往来多，且数额大，应建立有权威的合同管理小组（或委员会），其成员可由供、产、销、技术、财务负责人、法律顾问以及分管经营的企业负责人或企业法定代表人组成，由企业的主要领导担任组长。合同管理领导小组（或委员会）还应设立具体的日常办事机构——合同管理办公室，统一管理企业日常的经济合同管理工作。经济合同管理体系在运作管理过程中要做到人员落实，应配有经济合同管理员，这是企业经济合同管理的主要力量。经济合同管理员的配置，必须结合企业自身的管理体制来进行：一般除在公司一级配置外，各职能科室部门，根据经济业务往来的需要，也应配备本部门的经济合同管理员，负责本部门的经济合同管理工作。公司一级的合同管理员，以专职为好，否则就没有时间和精力扎扎实实地做好合同管理工作。大型企业还可以对合同管理工作进行分工，由几名合同管理员分别管理各类合同管理中某一类或某一方面的工作。作为科室职能部门一级的合同管理员，因经济业务往来少，可兼职。凡是新从事经济合同管理工作和合同签订的承办人员必须事前接受严格的培训，经考核合格后方可上岗试用。

企业设立二级合同管理员，专兼职结合，条块相连，就能形成完整的合同管理体系，使企业在各个方面、各个部门、各个层次上的合同都有人把关，使各类合同处在有序的监控管理范围内。

制度网络，一是指企业要就合同管理全过程的每个环节，建立和健全具体的可操作的制度，使合同管理有章可循；二是指企业各层次都应有自己的合同管理制度。

合同管理全过程的每个环节包括合同审查会签制度：明确经济合同的签约权，即洽谈权、审查权、会签权、批准权，并划为四道关口，由四种人员分别行使这四项权能；授权委托制度，由于法定代表人不可能参与企业的每一项经营活动、签订每一份合同，因而企业必须建立这一制度，使业务承办人取得签订合同的合法资格，在授权范围和期限内依法签订合同。

函电登记回复制度：来函、来电往往涉及合同具体实质性的内容，甚至引起合同权利和义务的变化转移，如不建立这一制度，就有可能在合同发生纠纷后变为被动，甚至败诉；资信调查制度，也就是在正式签订合同前，由合同承办人就对方当事人的资金信用、主体资格、权利能力、履行偿付能力等情况进行全面的调查；合同变更、解除制度，如企业不依法变更或解除原订合同，就会导致违约而承担违约责任，合同变更、解除必须以书面形式，并在法律规定的期限内作出；合同台账登记、统计制度，是指企业对经济合同的签订、履行、变更、解除等情况单独设立账簿，进行系统、全面、连续的记载和汇总，以反映合同履行过程的全貌；印鉴保管制度，加盖企业合同专用章、法人公章的空白合同文本以及法人授权委托书是企业借以对外签订合同时代表企业、具有法律效力的凭证，因此不能滥用，必须由合同管理员统一编号、保管、使用；合同档案保管制度，对已生效的合同文本、变更、解除或修改后的协议、洽谈纪要、往来书信电函、邮寄凭证、货单、运单、产品说明书、质保书、合格证，以及其他各种相关的凭证、原件或复印件等资料进行全面搜集、汇总，统一保管，切实做到"一份合同，一份档案"；合同传递制度，其目的是使合同规定的内容能及时、准确地传递到需要履行合同义务的有关职能部门，以便各部门密切配合、通力协作，及时、实际、全面地履行合同；合同自查制度，企业必须对各部门签订的合同进行必要的检查，可定期与不定期结合开展，以便及时发现和纠正合同在履行过程中的问题；奖惩考核制度，合同的奖惩制度必须与内部经济责任制相挂钩，凡忠于职守，认真工作，严格执行各项合同管理制度，取得显著成绩的，应及时表彰，予以奖励，反之，则根据情节轻重、责任大小和后果，分别给予处罚。

同时在运作过程中也应对合同管理体系进行动态控制，检查该体系是否适应合同管理的需要和市场需要，对不适应部分应进行及时调整，不断完善。

（3）把好经济合同的签订关和审查关。在经济合同的管理中，把好经济合同的签订关和审查关是一个关键问题，它是提高经济合同履约率的重要保证，应对合同业务人员提出"六要""六防"的签约要求。

六要：主要条款要完备，合同内容要合法，权利和义务要对等，经济责任要明确，文字表达要清楚，签约手续要齐全。

六防：防止草率签约，不订"扯皮合同"；防止强加于人，不订"霸王合同"；防止越权代理，不订"衙门合同"；防止资信不明，不订"空头合同"；防止不正之风，不订"后门合同"；防止投机钻营，不订"违法合同"。

企业经济合同的审查部门和企业法律顾问在审查经济合同中，应从合同当事人的资格合格性、意思表示真实性、合同内容合法性三个方面进行审查，以确保经济合同符合法律要求，减少纠纷和避免不必要的经济损失。

当事人的资格合法性是指签订合同的人必须具有法律规定的权利能力和行为能力，超越法人权限或者违反核准登记的业务范围签订的经济合同，法律不予保护。

意思表示真实性是指当事人为实现自己的经济目的，出于自己的真实意志，愿意同对方签订合同的一种表示。如果当事人在危难之中，受胁迫，欺

第二十一章 合同管理的内部控制

诈，不能表示自己的真实意志，在这种情况下签订的合同法律将不予保护。

合同内容合法性是指双方当事人达成的协议，合同的各项条款，符合法律、行政法规和现行政策的规定，不违背社会公共利益，不侵害他人的利益。

（4）积极参加工商行政管理部门组织的"重合同、守信用"单位命名活动。从经济活动的角度来看，企业在签订合同、履行合同中是否"重合同、守信用"，是企业能否在激烈的市场竞争中赖以生存并得以发展的重要前提，直接关系到企业的经济效益和社会效益；从法律角度来看，依法签约和依法履约是法律要求企业所必须承担的法定义务，是企业依法从事生产经营活动的综合反映。所以，我们应当围绕"重合同、守信用"和提高履约率开展经济合同管理工作。企业应当自觉地参加这项活动，接受合同管理机关的检查和考核，争创"重合同、守信用"单位的荣誉。

（5）有条件的企业要加快企业局域网建设，创造良好的信息共享平台，以努力推进管理手段现代化。一些合同尤其是需要民主管理和民主监督的合同，可以在局域网内实现信息资源共享，以监督合同的时效性和履约率。

（6）要为企业创造良好的外部环境。近几年颁布和修订的一些重要的关于商品经济与市场的立法，如《中华人民共和国民法典》《中华人民共和国公司法》等法律尽管对于我国的改革开放、市场经济发展起了极为重要的作用，但其立法宗旨、立法内容之弊端与缺陷也是非常明显的。而很多有关市场秩序和市场培育的立法目前还是空白，如民法中的物权法、担保法等，商法中的公司法、信托法、合伙法等，经济行政法中的反垄断法、反不正当竞争法等。这些立法的滞后与不严密、执法的随意与不严肃的现象在一定程度上加剧了经济合同纠纷的产生，导致了经济合同管理困难重重。

各专业银行要通过信贷管理和结算管理，加强对企业经济合同管理的监督，要避免不正当的竞争，杜绝企业多头开户；对企业间的托收承付，必须审查合同，以免乱拒付、乱支持，给企业造成不应有的损失。要实行"倾斜"政策，对"重合同、守信用"的单位，给予优先贷款，优惠利率。

（7）工商行政管理部门要强化企业经济合同管理工作。工商行政管理部门要进一步增强为企业服务意识，宣传经济合同法，定期培训企业领导、专兼职经济合同管理员和业务人员，要帮助企业搞好经济合同管理"三落实"，搞好经济合同法律咨询服务工作，为企业排忧解难。

（8）依靠法律保障经济合同的履行。作为市场运行秩序基础的法律尊严和契约约束力的强化，是通过处理和解决合同纠纷而实现的。因此，执法部门必须加强执法,真正做到"有法必依,违法必究,执法必严",保护和支持企业依法办事,起到法律为企业依法生产和经营护航的作用,促进企业经济合同履行率的提高。

第三节 企业内部控制应用指引
——合同管理的案例

【案例 21-1】
某毛纺厂建设工程合同签订案例

某毛纺厂建设工程,是由英国某纺织企业出资85%、中国某省纺织工业总公司出资15%成立的合资企业(以下简称A方),总投资约为1 800万美元,总建筑面积22 610平方米,其中土建总投资为3 000多万元人民币。该厂位于丘陵地区,原有许多农田及藕塘,高低起伏不平,近旁有一国道。土方工作量很大,厂房基础采用搅拌桩和振动桩约8 000多根,主厂房主体结构为钢结构,生产工艺设备和钢结构由英国进口,设计单位为某省纺织工业设计院。

一、土建工程招标及合同签订过程

土建工程包括生活区4栋宿舍、生产厂房(不包括钢结构安装)、办公楼、污水处理站、油罐区、锅炉房等共15个单项工程。业主希望及早投产并实现效益。土方工程先招标,土建工程第二次招标,限定总工期为半年,共27周,跨越一个夏季和冬季。

由于工期紧,招标过程很短,从发标书到收标仅10天时间。招标图纸设计较粗,没有施工详图,钢筋混凝土结构没有配筋图。

工程量表由业主提出目录,工作量由投标人计算并报单价,最终评标核定总价。合同采用固定总价合同形式,要求报价中的材料价格调整独立计算。

共有10家国内建筑公司参加投标,第一次收到投标书后,发现各企业都用国内的概预算定额分项和计算价格,未按照招标文件要求报出完全单价,也未按招标文件的要求编制投标书,使投标文件的分析十分困难。故业主退回投标文件,要求重新报价。这时有5家退出竞争。这样经过4次反复退回投标文件重新做标报价,才勉强符合要求。A方最终决定由我国某承包公司B(以下简称B方)中标。

本工程采用固定总价合同，合同总价为 17 518 563 元（其中包括不可预见风险费 1 200 000 元）。

二、合同条件分析

本工程合同条件选择是在投标报价之后，由 A 方与 B 方议定。A 方坚持用 ICE，即英国土木工程师学会和土木工程承包商联合会颁布的标准土木工程施工合同文本，而 B 方坚持使用我国的示范文本。但 A 方认为示范文本不完备，不符合国际惯例，可执行性差。最后由 A 方起草合同文本，基本上采用 ICE 的内容，增加了示范文本的几个条款。1995 年 6 月 23 日，A 方提出合同条件，6 月 24 日双方签订合同。合同条件相关的内容如下：

（一）合同在中国实施，以中华人民共和国的法律作为合同的法律基础。

（二）合同文本用英文编写，并翻译成中文，双方同意两种文本具有相同的权威性。

（三）A 方的责任和权力

（1）A 方任命 A 方的现场经理和代表负责工程管理工作。

（2）B 方的设备一经进入施工现场即被认为是本工程专用。没有 A 方代表的同意，B 方不得将它们移出工地。

（3）A 方负责提供道路、场地，并将水电管路接到工地。A 方提供 2 个 75 千伏安发电机供 B 方在本工程中使用，提供方式由 B 方购买，A 方负责费用。发电机的运行费用由 B 方承担。施工用水电费用由 B 方承担，按照实际使用量和规定的单价在工程款中扣除。

（4）合同价格的调整必须在 A 方代表签字的书面变更指令作出后才有效。增加和减少工作量必须按照投标报价所确定的费率和价格计算。

如果变更指令会引起合同价格的增加或减少，或造成工程竣工期的拖延，则 B 方在接到变更指令后 7 天内书面通知 A 方代表，由 A 方代表作出确认，并且在双方商讨变更的价格和工期拖延量后才能实施变更，否则 A 方对变更不予付款。

（5）如果发现有因 B 方负责的材料、设备、工艺所引起的质量缺陷，A 方发出指令，B 方应尽快按合同修正这些缺陷，并承担费用。

（6）本工程执行英国规范，由 A 方提供一本相关的英国规范给 B 方。A 方及 A 方代表出于任何考虑都有权指令 B 方保证工程质量达到合同所规定的标准。

（四）B 方的责任和权力

（1）若发现施工详图中的任何错误和异常应及时通知 A 方，但 B 方不能修改任何由 A 方提供的图纸和文件，否则将承担由此造成的全部损失费用。

（2）B 方负责现场以外的场地、道路的许可证及相关费用。（其他略）

（五）合同价格

（1）本合同采用固定总价方式，总造价为 17 518 563 元，它已包括 B 方在工程施工的所有花费和应由 B 方承担的不可预见的风险费用。

（2）付款方式：

1）签订合同时，A 方付给 B 方 400 万元备料款。

2）每月按当月工程进度付款。在每月的最后一个星期五，B 方提交本月的已完成工程量的款额账单。在接到 B 方账单后，A 方代表 7 天内作出审查并支付。

3）A 方保留合同价的 5% 作为保留金。在工程竣工验收合格后 A 方将其中的一半支付给 B 方，待保修期结束且没有工程缺陷后，再支付另外的一半。

（六）合同工期

（1）合同工期共 27 周，从 1995 年 7 月 17 日至 1996 年 1 月 20 日。

（2）若工程在合同规定时间内竣工，A 方向 B 方奖励 20 万元，另外每提前 1 天再奖励 1 万元。若不能在合同规定时间内竣工，拖延的第一周违约金为 20 万元，在合同规定竣工日期一周以后，每超过 1 天，B 方赔偿 5 000 元。

（3）若在施工期间发生超过 14 天的阴雨或冰冻天气，或由于 A 方责任引起的干扰，A 方给予 B 方以延长工期的权力。若发生地震等 B 方不能控制的事件导致工期延误，B 方应立即通知 A 方代表，提出工期顺延要求，A 方应根据实际情况顺延工期。

（七）违约责任和解除合同

（1）若 B 方未在合同规定时间内完成工程或违反合同有关规定，A 方有权指令 B 方在规定时间内完成合同责任。若 B 方未履行，A 方可以雇用另一承包商完成工程，全部费用由 B 方承担。

（2）如果 B 方破产，不能支付到期的债务，发生财务危机，A 方有权解除合同。

（3）A 方认为 B 方不能安全、正确地履行合同责任，或已无力胜任本工程的合同任务或公然忽视履行合同，则可指令 B 方停工，并由 B 方承担停工责任。若 B 方拒不执行 A 方指令，则 A 方有权终止对 B 方的雇用。

（八）争执的解决

本合同的争执应首先以友好协商的方式解决，若不能达成一致，任何一

方都有权力提请仲裁。若 A 方提请仲裁，则仲裁地点在上海；若 B 方提请仲裁，则仲裁地点在新加坡。（其他略）

三、合同实施状况

本工程土方工程从 1995 年 5 月 11 日开始，7 月中旬结束，则土建施工队伍 7 月份就进场（比土建施工合同进场日期提前）。但在施工过程中由于①在当年 8 月份出现较长时间的阴雨天气，②A 方发出许多工程变更指令，③B 方施工组织失误、资金投入不够、工程难度超过预先的设想，④B 方施工质量差被业主代表指令停工返工等素用，出现了施工进度拖延、工程质量问题和施工现场的混乱。

原计划工程于 1996 年 1 月结束并投入使用，但实际上，至 1996 年 2 月下旬，即工程开工后的 31 周，还有大量的合同工作量没有完成。此时业主以如下理由终止了和 B 方的原合同关系：

（1）B 方施工质量太差，不符合合同规定，又无力整改。

（2）工期拖延而又无力弥补。

（3）使用过多无资历的分包商，而且施工现场出现多级分包。

A 方将原属于 B 方工程范围内的一些未开始的分项工程删除，并另发包给其他承包商，并催促 B 方尽快施工，完成剩余工程。

1996 年 5 月，工程仍未竣工，A 方仍以上面三个理由指令 B 方停止合同工作，终止合同工程，由其他承包商完成。

在工程过程中 B 方提出近 1 200 万元的索赔要求，在工程过程中一直没有得到解决。而双方经过几轮会谈，在 10 个月后，最终业主仅赔偿 B 方 30 万元。

本工程无论从 A 方还是 B 方的角度都不算成功的工程，都有许多经验教训值得吸取。

四、B 方的教训

在本工程中，B 方受到很大损失，不仅经济上亏损很大，而且工期拖延，被 A 方逐出现场，对企业形象有很大的影响。这个工程的教训是深刻的。

（一）从根本上说，本工程采用固定总价合同，招标图纸比较粗略，做标期短，地形和地质条件复杂，所使用的合同条件和规范是承包商所不熟悉的

对 B 方来说，以下这几个重大风险集中起来，失败的可能性是很大的，承包商的损失是不可避免的。1996 年 7 月，工程结束时 B 方提出实际工程量的决算价格为 1 882 万元（不包括许多索赔）。经过长达近 10 个月的商谈，

A方最终认可的实际工程量决算价格为1 416万元人民币。双方结算的差异主要在于以下几点:

(1) 本工程招标图纸较粗略,而A方在招标文件中没有给出工作量,由B方计算工程量,而B方计算的数字都很低。例如,图纸缺少钢筋配筋图,承包商报价时预算402吨钢筋,而按后来颁发的详细的施工图核算应为约720吨。在工程中,由于工程变更又增加了290吨,即整个实际用量约为1 010吨。由于是固定总价合同,A方认为详细的施工图用量与B方报价之差318吨(720-402),合计100多万元是B方报价的失误,或B方为获得工程而作出的让步,在任何情况下不予补偿。

(2) B方在工程管理上的失误。例如,在工程施工中B方现场人员发现缺少住宅楼的基础图纸,再审查报价发现漏报了住宅楼的基础价格约30万元。分析责任时,B方的预算员坚持认为,在招标文件中A方漏发了基础图,而A方代表坚持是B方的预算师把基础图弄丢了。由于采用了固定总价合同,B方最终承担了这个损失。这个问题实质上是B方自己的责任,它应该:在接到招标文件后对招标文件的完备性进行审查,将图纸和图纸目录进行校对,如果发现有缺少,应要求A方补充;在制定施工方案或作报价时仍能发现图纸缺少,这时仍可以向业主索要,或自己出钱复印,这样可以避免损失。

(二) 报价的失误

B方报价按照我国国内的定额和取费标准,但没有考虑到合同的具体要求、合同条件对B方责任的规定,以及英国规范对工程质量、安全的要求。例如:

(1) 开工后,A方代表指令B方按照工程规范的要求为A方的现场管理人员建造临时设施。办公室地面要有防潮层和地砖,厕所按现场人数设位,要有高位水箱、化粪池,并贴瓷砖,这大大超出了B方的预算。

(2) A方要求B方有安全措施,包括设立急救室、医务设备,施工人员在工地上应配备专用防钉鞋、防灰镜、防雨具,这方面的花费都在报价中没有考虑到。

(3) 由于施工工地在一个国道西侧,弃土须堆到国道东侧,这样必须切断该国道。在这个过程中发生了申请切断国道许可、设告示栏、运土过程中安全措施、施工后修复国道等各种费用,而B方在报价中并未考虑到这些费用。B方向A方提出索赔,遭到A方反驳,因为合同已规定这是B方责任,应由B方支付费用。

当然，在本工程中，A方在招标文件中没有提出合同条件，而在确定承包商中标后才提出合同条件。这是不对的，违反惯例。这也容易造成承包商报价的失误。

（三）工程管理中合同管理过于薄弱，施工人员没有合同的概念，不了解国际工程的惯例和合同的要求，仍按照国内通常的方法施工、处理与业主的关系

（1）对A方代表的指令不积极执行，作"冷处理"，造成英方代表许多误解，导致双方关系紧张。例如，B方按图纸规定对内墙用纸筋灰粉刷，A方代表（英国人）到现场一看，认为用草和石灰粉刷，质量不能保证，指令暂停工程。B方代表及A方的其他中方管理人员向他说明纸筋灰在中国用得较多，质量能保证。A方代表要求暂停粉刷，先粉刷一间，让他确认一下，如果确实可行，再继续施工。但B方对A方代表的指令没有贯彻，粉刷工程小组虽然已经听到A方代表的指令，仍按原计划继续粉刷纸筋灰。几天后粉刷工程即将结束，A方代表到现场一看，发现自己的指令未得到贯彻，非常生气，拒绝接收纸筋灰粉刷工程，要求全部铲除，重粉水泥砂浆。因为图纸规定使用纸筋灰，B方就此提出费用索赔，包括：① 粉好的纸筋灰工程的费用；② 返工清理；③ 两种粉刷价差索赔。但A方代表仅认可两种粉刷的价差索赔，而对返工造成的损失不予认可，因为他已下达停工指令，继续施工的损失应由B方承担。而且A方代表感到B方代表对他不尊重，所以导致后期在很多方面双方关系非常紧张。

（2）施工现场几乎没有书面记录。本工程变更很多，由于缺少记录，许多工程款无法如数索赔。例如，在施工现场有三个很大的水塘，设计前勘察人员未走到水塘处，地形图上有明显的等高线，但未注明是水塘。承包商现场考察时也未注意到水塘。施工后发现水塘，按工程要求必须清除淤泥，并要回填，B方提出6 600立方米的淤泥外运量、费用133 000元的索赔要求，认为招标文件中未标明水塘，则应作为新增工程分项处理。A方工程师认为，对此合同双方都有责任：A方未在图上标明，提供了不详细的信息；而B方未认真考察现场。最终A方还是同意这项补偿。但B方在施工现场没有任何记录、照片，没有任何经A方代表认可的证明材料，例如土方外运多少、运到何处、回填多少、从何处取土。最终A方仅承认60 000元的赔偿。

（3）B方的工程报价及结算人员与施工现场脱节，现场没有估价师，每月B方派工作量统计员到现场与业主结算，他只按图纸和原工程量清单

结算,而忽视现场的记录和工程变更,与现场B方代表较少沟通。

(4)合同规定,A的任何变更指令必须再次由A方代表书面确认,双方商谈价格后再执行,承包商才能获得付款。而在现场,承包商为业主完成了许多额外工作和工程变更,但没有注意到业主的书面确认,也没有和业主商谈补偿费用,也没有现场的任何书面记录,导致许多附加工程款项无法获得补偿。A方代表对他的同事说:"中国人怎么只知干活不要钱?""结算师每月进入现场一次,像郊游似的,工程怎么能盈利呢?"

(5)业主出于安全的考虑,要求承包商在工程四周增加围墙。当然这是合同内的附加工程。业主提出了基本要求:围墙高2米,上部为压顶,花墙,下部为实心一砖墙,再下面为条形大放脚基础,再下为道渣垫层。业主要求承包商以延长米报价,所报单价包括所有材料、土方工程。承包商的估算师未到现场详细调查,仅按照正常的地平以上2米高,下为大放脚和道渣,正常土质的挖基槽计算费用,而忽视了当地为丘陵地带,而且有许多藕塘和稻田,淤泥很多,施工难度极大。结果实际土方量、道渣的用量和砌砖工程量都大大超过预算。由于按延长米报价,业主不予补偿。

(6)由于本工程仓促上马,所以变更很多。业主代表为了控制投资,在开工后再次强调,承包商收到变更指令或变更图纸,必须在7天内报业主批准(即为确认),并双方商定变更价格,达成一致后再进行变更,否则业主对变更不予支付。这一条应该说对承包商是有利的。但施工中B方代表在收到书面指令后不去让业主确认、不去谈价格(因为预算员不在施工现场),而本工程的变更又特别多,所以大量的工程变更费用都未能拿到。

(四)承包商工程质量差,工作不努力、拖拉,缺少责任心,使A方代表对B方失去信任和信心

例如开工后,像我国许多国内工程一样,施工现场出现了许多未经业主代表批准的分包商,以及多级分包现象。这些分包商分包关系复杂,A方代表甚至B方代表都难以控制。他们工作没有热情,施工质量差,工地上协调困难,造成混乱。这在任何国际工程中都是不能允许的。

在相当一部分墙体工程中,由于施工质量太差,高低不平,无法通过验收。A方代表指令加厚粉刷,为了保证质量,要求B方在墙面上加钢丝网,而不给B方以费用补偿。这不仅大大增加了B方的开支,而且A方对工程不满意。

投标前A方提供了一本适用于本工程的英国规范,但B方工程人员从未读过,施工后这本规范找不到了,而B方人员根深蒂固的概念是按图施工,结

果造成许多返工。

例如,在施工图上将消防管道与电线管道放于同一管道沟中,中间没有任何隔离,B方按图施工完成后,A方代表拒绝验收,因为:①这样做极不安全,违反了A方所提供的工程规范。②即使施工图上是两管放在一起,是错的,但合同规定,承包商若发现施工图中的任何错误和异常,应及时通知A方。作为一个有经验的承包商应能够发现这个常识性的错误。所以,A方代表指令B方返工,将两管隔离,而不给B方任何的补偿。

五、A方的教训

在本工程中A方也受到很大损失,表现在以下几点:

(1)工期拖延。原合同工期27周,从1995年7月17日至1996年1月20日,但实际工程到1996年9月仍未完成,严重影响了A方投资计划的实现。双方就工程款的结算工作一直拖到1997年4月。

(2)质量很差。例如,主厂房地坑防水砂浆粉刷后漏水;许多地方混凝土工程跑模;混凝土板浇捣不密实出现孔洞,柱子倾斜;内墙砌筑不平,造成粉刷太厚,表面开裂等。

(3)由于承包商未能按质按量完成工程,业主不得不终止与B方的合同,而将剩余的工程再发包,请另外的承包商来完成。这给业主带来很大的麻烦,对工程施工现场造成很大的混乱。

(4)A方的合同管理也有许多教训值得吸取,具体如下:

1)本工程初期,A方的总经理制定项目总目标,作合同总策划,但他是搞经营出身的,没有工程背景,仅按市场状况作计划,急切地想上马这个项目,想压缩工期,所以将计划期、做标期、设计期、施工准备期缩短,这是违反客观规律的,结果欲速则不达,不仅未提前,反而大大地延长了工期。

2)由于项目仓促上马,设计和计划不完备,工程中业主的指令所造成的变更太多,地质条件又十分复杂,不应该用固定总价合同。这个合同的选型出错,打倒了承包商,也损害了工程的整体目标。

3)如果要尽快上马这个项目,应采用承包商所熟悉的合同条件。而本工程采用承包商不熟悉的英文合同文本、英国规范,对承包商风险太大,工程不可能顺利。

4)采用固定总价合同,则业主不仅应给承包商提供完备图纸、合同条件,而且应给承包商合理的做标期、施工准备期等,还应帮助承包商理解合同条件,双方及时沟通。但在本工程中,业主及业主代表未能做好这些工作。

5）业主及业主代表对承包商的施工力量、管理水平、工程习惯等了解太少，授标后也没有给承包商以帮助。

【案例21-2】

某综合楼桩基础工程施工合同纠纷引起的工程造价司法鉴定

一、工程基本情况

该工程为某综合楼挖孔桩基础，原告为承包商，被告为发包方。原告、被告双方于1999年7月经协商签订了施工合同，合同约定工程价款为320万元，工期为60天。合同对计价原则进行了明确约定，结算工程量为审定预算工程量加设计变更。该工程开工日期为1999年7月25日，工程多次停工（停工责任未确定），且未办理竣工验收。原告以被告至今未办理计算为由，向法院提起诉讼。

二、委托鉴定内容及鉴定资料

法院委托鉴定机构对该工程造价进行鉴定。送鉴定资料：委托书、施工合同、起诉状、答辩状、桩基础施工图、开工报告、挖孔桩隐蔽工程验收记录、现场鉴证等。

三、双方计价争议焦点

原告、被告双方对工程量的确定存在争议，被告认为工程结算价应为合同加设计变更及鉴证，原告认为结算应按实计算；双方对停工、窝工损失及合同违约金的计算产生争议。

四、鉴定说明

工程量计算：依据法院提交的施工合同、施工图、挖孔桩隐蔽验收记录、现场鉴证按实计算工程量。停工、窝工损失费用因停工责任未认定，鉴定人无法出具鉴定意见，由法院庭审后酌情处理。

五、案例评述

（一）计价争议产生的原因

（1）预算未经审定，原告实际完成工程在被告现场工程师已确认的挖孔桩隐蔽验收记录已反映。

（2）停工、窝工损失费用因原告未按合同约定办理停工、窝工报告，鉴定人依据资料无法确认违约方不能出具鉴定意见。

（二）评述

（1）承、发包方双方应根据工程的特性对合同结算价进行约定。

（2）停工、窝工在施工合同纠纷案件中很普遍，停工、窝工费用的索赔及违约金的请求能否得到支持，主要看索赔事件的证据是否完整。当索赔事件发生或一方违约时，索赔方应根据合同约定的索赔程序将索赔报告及时送达被索赔方。

（3）原告承包方对于预知可能存在的损失风险估计和准备不足，没有进行细致的合同履行管理，从而在诉讼中对属于自己应得到的损失补偿部分并不能十分顺利地拿到，耗费了时间、精力和资金。

【案例21-3】
某分局合同管理考核评价办法和评分标准

该案例描述的是一家工程单位关于合同管理考核评价办法和具体考核评价指标，由量化到具体分数的各个子项目汇总评分方式确定该企业的合同管理是否适当有效。具体案例如下。

一、××分局××××年合同管理考核评价办法

依据分局《××××年生产经营责任目标考核办法》文件的有关规定，特制定本办法。

（1）本办法所称"合同管理"是指广义的合同管理，考核评价涵盖项目经营管理工作各个方面，包括生产经营计划、统计、合同管理、分包管理、市场开发、内部经营管理制度的建立、工程局和分局内经济政策的执行等内容。

（2）分局成立考核考评小组，按照评分标准有关规定对项目进行考核考评。

（3）考核考评时间：与生产经营责任目标主要指标的考核时间同步进行。

（4）考核考评方法：根据考核内容按百分制逐项打分。累计扣分以本栏设定分值为限，扣完为止，不出现负分。

（5）指标考核评定：

项目责任人合同管理指标考核（元）= 2 000（元）× 考核得分 ÷ 100

（6）考核评价结果依据分局《××××年生产经营责任目标考核办法》规定兑现。

（7）本考核评价办法自发文之日起执行，由分局合同管理办公室负责解释。

二、××分局××××年合同管理考核评分标准

××分局××××年合同管理考核评分标准见表21-1。

表21-1　合同管理考核评分标准

项目	分项	分值	考核内容	评分标准	考评得分
一、经营管理制度的建立及实施情况考核	岗位职责；经营管理制度；内部经济政策、实施办法	15	经营管理各岗位职责；计划、统计、经营结算、调价补差（索赔）、分包管理、产品服务回访等管理制度；按分局下达的目标责任书制定实施办法，并落实职责	没有建立不得分，缺1项扣2分；不符合工程局程序文件和管理文件规定、不完善的酌情扣分	
二、合同执行情况考核	工程价款结算；统计报表制度；经济活动分析；工程项目服务回访	15	工程合同价款结算；合同外（新增合同）、调价补差、索赔；统计报表质量和报送时间；经济活动分析报告。业主业绩证明	工程合同价款结算每滞后1个月扣2分；合同外（新增合同）、调价补差、索赔未按规定办理扣2分；统计报表弄虚作假、严重错误扣4分。不完善的扣1分；统计报表迟报1天扣1分。经济活动分析未报送、分析不真实扣4分，分析不完全酌情扣分；已回访的项目没有取得业绩证明扣4分	
三、统计台账情况考核	承包合同、工程分包、劳务分包、局内分包等台账	15	符合工程局管理程序文件及相关管理文件的规定。建立健全各项台账	没有建立不得分，每缺1项扣4分。台账记录不符合规定的酌情扣分	
四、调价补差工作开展情况考核	保证措施、计划、跟踪、相关资料情况	15	成立专门领导小组，项目责任人挂帅落实激励措施。拟报项目及工作计划。对申报项目有跟踪负责人。对项目的索赔报告等资料整理归档齐全	没有成立调价补差领导小组或项目责任人没有挂帅扣2分；没有计划、计划不全扣2分；没有明确跟踪负责人扣2分；资料收集不齐全、整理归档不好扣1分	

第二十一章 合同管理的内部控制

（续表）

项目	分项	分值	考核内容	评分标准	考评得分
五、工程分包、劳务分包管理情况考核	工程分包、劳务分包、分包合同文件、分包结算	20	工程分包、劳务分包严格执行工程局管理程序文件及相关管理文件的规定；工程分包、劳务分包合同条款符合相关要求；分包结算不违反工程局工程分包结算程序	项目单个分包项目没有分包人资格资料、资料不符、无分包审批、没有签订分包合同等情况扣2分。三个以上不得分。单个分包项目无比价议价、单价或工程量倒挂、出现超付扣2分，没有考核业绩扣1分，没有使用合格分包人名单库中的分包人扣1分；分包合同条款不齐或不准确扣1分；不符合结算规定程序扣2分，没有采取民工工资控制措施扣1分；其他不符合要求每项扣1分	
六、经营管理人员继续教育、培训情况考核	继续教育、业务培训	5	组织项目经营管理人员进行职业道德、工程局和分局新的管理文件学习；积极选送项目经营管理人员参加各级业务培训	未组织继续教育、未按规定选送人员培训的不得分；不完善的酌情扣分	
七、经营资料管理情况考核	经营管理资料	5	各项经营管理资料，做到表格规范、资料齐全、分类存档、装订整齐、查阅调用方便	每缺1项资料扣1分，未分类存档管理扣1分，装订整理不好扣1分	
八、市场开发情况考核	市场开发	10	立足项目、辐射周边市场、广交各界朋友、搜集招标信息、积极主动开拓、为分局承揽更多的工程项目	其他视市场开发情况及结果酌情打分	

项目责任人合同管理指标考核总分（一至八项合计）

【案例 21-4】

某企业合同管理制度

一、总则

（一）为了实现依法治理企业，规范经济活动行为，促进公司对外经济活动的开展，提高经济效益，防止不必要的经济损失，根据《中华人民共和国合同法》及其他有关法律法规的规定，结合公司的实际情况，制定本制度。

（二）凡以公司名义对外发生经济活动的，应当签订经济合同。合同包括买卖合同、借款合同、租赁合同、建设工程合同、加工承揽合同、运输合同、资产转让合同、仓储合同、服务合同、保险合同、咨询审计等方面的合同，不包括劳动合同。

（三）对外签订合同由总经理或总经理授权，执行部门负责合同订立、履行管理、指导、监督等工作。

二、合同的签订

（四）签订经济合同，必须遵守《中华人民共和国合同法》及国家的其他法律法规、政策及有关规定。

（五）对外签订经济合同，除法定代表人外，必须是持有法人委托书的法人委托人。法人委托人必须对本企业负责，对本职工作负责，在授权范围内行使签约权。超越代理权限和非法委托人均无权对外签约，但经总经理特别授权并发给委托证明书的例外。

（六）签约人在签订经济合同之前，必须认真了解对方当事人的情况。包括：对方单位是否具有法人资格、是否有经营权、是否有履约能力及其资信情况，对方签约人是否是法定代表人或法人委托人。做到既要考虑本方的经济效益，又要考虑对方的条件和实际能力，防止上当受骗，防止签订无效的经济合同，确保所签合同有效、有利。

（七）签订经济合同，必须贯彻"平等互利、协商一致、等价有偿"的原则和"价廉物美、择优签约"的原则。

（八）签订经济合同，如涉及公司内部其他单位的，应事先在内部进行协商，统一平衡，然后签约。

（九）经济合同除即时清结者，一律采用书面格式，国家规定采用标准合同文本的则必须采用标准文本。

（十）合同的内容要齐全。

1. 部首部分：注明供需双方的全称、签约时间和签约地点。

2. 合同标的：合同标的应具有唯一性、准确性，买卖合同应详细约定规格、型号、商标、产地、等级等内容；服务合同应约定详细的服务内容和要求；对合同标的无法以文字描述的应将图纸作为合同的附件。

3. 数量：合同应采用国家标准的计量单位，一般应约定标的物数量、计量单位、计量方法、合理误差及自然损耗率等。

4. 质量：有国家标准、部门行业标准或企业标准的，应约定所采用标准的代号；化工产品等可以用指标描述的产品应约定主要指标要求（标准已涵盖的除外）；凭样品支付的应约定样品的产生方式及样品存放地点。

5. 价款或报酬：价款或者报酬应在合同中明确，价款、运费及支付方式应具体明确；包装、运输方式应具体明确，提供发票种类要详细、明确；价款或报酬的支付期限应具体明确。

6. 履行期限、地点和方式：履行期限应具体明确，无法约定具体时间的，应在合同中约定履行期间的方式；交（提）货期限、地点及验收方法应明确。

7. 违约责任：有法定违约金的按规定写明，法律没规定或规定不具体的，应具体写明约定的违约金数额、比例及计算方法。

8. 解决争议的方法要明确。

9. 结尾部分：注明双方单位名称、地址、电话、银行及账号，由双方代表人签字。双方都必须使用合同专用章，原则上不使用公章，严禁使用财务章或业务章，注明合同有效期限。

10. 当事人的名称、住所，合同抬头、落款、公章以及对方当事人提供的资信情况载明的当事人的名称、住所应保持一致。

11. 对工程建设合同、大宗材料、大型设备的采购合同，必须进行公开招标。通过考察综合评选，采用相对价格较低、保证质量的材料和设备。

12. 如签订工程建设合同，内容包括工程范围、建设工期，开工和竣工时间，工程质量、工程造价、技术资料、交付期间、材料和设备供应责任，付款和结算、竣工验收、质量保修范围和质量保证期、质保金、代扣代缴税金、双方相互协作等条款。

（十一）对外订立的经济合同，严禁在空白文本上盖章，并且原则上先由对方签字盖章后我方才予以签字盖章，严禁我方签字后以传真、信函的形式交对方签字盖章；如有例外需要，须总经理特批。

（十二）单份合同文本达两页以上的须加盖骑缝章。

（十三）合同盖章生效后，应交由办公室合同管理员按公司确定的规范对合同进行编号并登记。编码由两个英文字母和12位阿拉伯数字组成，其中前一个英文字母为公司代码（J），第二位英文字母为部门代码，第一至第八位阿拉伯数字为年、月、日，最后四位阿拉伯数字为顺序号。

（十四）合同文本原则上我方至少应持三份，合同文本及复印件由办公室、财务部、具体业务部门等各存一份。

（十五）签订经济合同，除合同履行地在我驻地外，签约时应力争协议合同由我方所在区、县人民法院管辖。

（十六）任何人对外签订合同，都必须以维护本公司合法权益和提高公司经济效益为宗旨，绝不允许在签订经济合同时假公济私、损公肥私、牟取私利，违者依法严惩。

三、合同的审查批准

（十七）经济合同在正式签订前，必须按规定上报领导审查批准后，方能正式签订。

（十八）经济合同审批权限如下：

1.公司各部门对外签订的经济合同，要按规定上报公司总经理、合同评审小组、董事长进行审批。

2.新增固定资产及固定资产的安装等合同须首先完成公司新增固定资产申请手续，由公司总经理审批。

生产经营类合同标的额在500万元以内的由总经理审批。超出500万元以上的合同由董事长审批。

其他类合同（如广告、技术咨询、管理咨询等）标的额超过50万元的由董事长审批，否则由总经理审批。

3.下列合同由公司合同评审小组审批：标的额超过50万元的；有预付定金或预付货款的；联营、合资、合作合同；重大涉外或有不能确定、非标性合同；董事会、总经理委托评审的合同；内容复杂、较难掌握，各部门要求提供法律帮助的合同。公司合同评审小组主要负责评审合同条款、内容的合法性、严密性、可行性，提出意见、决策合同签订。

（十九）经济合同审查的要点如下：

1. 合同的合法性，包括：当事人有无签订、履行该合同的权利能力和行为能力；合同内容是否符合国家法律、政策和本《制度》规定；当事人的意思表达是否真实、一致，权利、义务是否平等；订约程序是否符合法律规定。

2. 合同的严密性，包括：合同应具备的条款是否齐全；当事人双方的权利、义务是否具体、明确；文字表述是否确切无误。

3. 合同的可行性，包括：当事人双方特别是对方是否具备履行合同的能力、条件；预计取得的经济效益和可能承担的风险；合同非正常履行时可能受到的经济损失。

（二十）根据法律规定或实际需要，经济合同还应当或报工商行政管理部门鉴证，或请公证处公证。

四、合同的履行

（二十一）经济合同依法成立，即具有法律约束力。一切与合同有关的部门、人员都必须本着"重合同、守信誉"的原则，严格执行合同所规定的义务，确保合同的实际履行或全面履行。

（二十二）有关部门在合同履行中遇履约困难或违约等情况应及时向公司总经理汇报。

（二十三）财务部门依据合同履行情况做好收付款工作，对具有下列情形的业务财务部门拒绝付款：

1. 应当订立书面合同而未订立书面合同。
2. 收款单位与合同对方当事人名称不一致的。
3. 未按合同约定付款或未能达到付款要求的。

（二十四）在合同履行过程中，合同对方所开具的发票必须先由具体经办人员审核签字认可，经审批程序，再转到财务审核付款。

（二十五）合同履行过程中有关人员应妥善管理合同资料，对工程合同的有关技术资料、图表等重要原始资料应建立出借、领用制度，以保证合同的完整性。

（二十六）合同履行完毕的标准，应以合同条款或法律规定为准。没有合同条款或法律规定的，一般应以物资交清，工程竣工并验收合格、价款结清、无遗留交涉手续为准。

（二十七）各部门领导及签约人应随时了解、掌握经济合同的履行情况，发现问题及时处理汇报。否则，造成经济合同不能履行、不能完全履行的，要追究有关人员的责任。

五、合同的变更、解除

（二十八）在经济合同履行过程中碰到困难的，各部门首先应尽一切努力克服困难，尽力保障合同的履行。如实际履行或适当履行确有不可克服的困难而需要变更、解除合同时，应在法律规定或合理期限内与对方当事人进行协商。

（二十九）对主当事人提出变更、解除合同的，应从维护本企业合法权益出发，从严控制。

（三十）变更、解除经济合同，必须符合《经济合同法》的规定，并应在公司内办理有关手续。

（三十一）变更、解除经济合同，一律必须采用书面形式（包括当事人双方的信件、函电、电传等），口头形式一律作废。

（三十二）变更、解除经济合同的协议在未达成或未批准之前，原合同仍有效，仍应履行。但特殊情况经双方一致同意的例外。

（三十三）因变更、解除合同而使当事人的利益遭受损失的，除法律允许免负责任的以外，均应承担相应的责任，并在变更、解除合同的协议书中明确规定。

（三十四）以变更、解除合同为名，行以权谋私、假公济私之实，损公肥私的，一经发现，从严惩处。

六、合同纠纷的处理

（三十五）合同在履行过程中如与对方当事人发生纠纷的，应按《经济合同法》等有关法规和本《制度》规定妥善处理。

（三十六）合同纠纷由签约部门负责处理。

（三十七）处理合同纠纷的原则如下：

1. 坚持以事实为依据、以法律为准绳，法律没有规定的，以国家政策或合同条款为准。

2. 以双方协商解决为基本办法。纠纷发生后，应及时与对方当事人友好协商，在既维护本企业合法权益，又不侵犯对方合法权益的基础上，互谅互让，达成协议，解决纠纷。

3.因对方责任引起的纠纷，应坚持原则，保障我方合法权益不受侵犯；因我方责任引起的纠纷，应尊重对方的合法权益，主动承担责任，并尽量采取补救措施，减少我方损失；因双方责任引起的纠纷，应实事求是，分清主次，合情合理解决。

（三十八）各部门在处理纠纷时，应加强联系，及时通气，积极主动地做好应做的工作，不互相推诿、指责、埋怨，统一意见，统一行动，一致对外。

（三十九）对于经济合同纠纷经双方协商达成一致意见的，应签订书面协议，由双方代表签字并加盖双方法人公章或合同专用章。

（四十）对方当事人逾期不履行已经发生法律效力的调解书、仲裁决定书或判决书的，由办公室配合各部门向人民法院申请执行。执行中若达成和解协议的，应制作协议书并按协议书规定办理。

（四十一）合同纠纷处理或执行完毕的，应及时通知有关部门，并将有关资料汇总、归档，以备查考。

七、合同的管理

（四十二）本公司对合同实行二级管理、专业归口制度。

本公司合同管理制度具体如下：

1.公司由办公室总负责，归口管理为公司各部门；各部门具体负责各自授权范围内的合同谈判、拟稿及履行工作。

2.公司所有合同均由办公室统一登记编号、经办人签名后，按审批权限分别由总经理或其他书面授权人签署。

（四十三）办公室会同有关部门认真做好合同管理的基础工作。具体如下：

1.建立合同档案。每一份合同都必须有一个编号，不得重复或遗漏。每一份合同包括合同正本、副本及附件，合同文本的签收记录，合同分批履行的情况记录，变更、解除合同的协议（包括文书、电传等），均应妥善保管。

2.建立合同管理台账。各企业应根据合同的不同种类，建立经济合同的分类台账和总台账。每个企业必须设一个总台账。其主要内容包括：序号、合同号、经手人、签约日期、合同标的、价金、对方单位、履行情况及备注等。台账应逐日填写，做到准确、及时、完整。

3.填写"经济合同情况月报表"。各部门应在月初将上月月报表填好后报送总经理办公室，同时抄报财务部。

××有限公司
财务部
××××年×月×日

第二十二章

内部信息传递的内部控制

第一节 企业内部控制应用指引
——内部信息传递的基本内容

第一章 总 则

第一条 为了促进企业生产经营管理信息在内部各管理层级之间的有效沟通和充分利用,根据《企业内部控制基本规范》,制定本指引。

第二条 本指引所称内部信息传递,是指企业内部各管理层级之间通过内部报告形式传递生产经营管理信息的过程。

第三条 企业内部信息传递至少应当关注下列风险:

(一)内部报告系统缺失、功能不健全、内容不完整,可能影响生产经营有序运行。

(二)内部信息传递不通畅、不及时,可能导致决策失误、相关政策措施难以落实。

(三)内部信息传递中泄露商业秘密,可能削弱企业核心竞争力。

第四条 企业应当加强内部报告管理,全面梳理内部信息传递过程中的薄弱环节,建立科学的内部信息传递机制,明确内部信息传递的内容、保密要求及密级分类、传递方式、传递范围以及各管理层级的职责权限等,促进内部报告的有效利用,充分发挥内部报告的作用。

第二章 内部报告的形成

第五条 企业应当根据发展战略、风险控制和业绩考核要求,科学规范不同级次内部报告的指标体系,采用经营快报等多种形式,全面反映与企业生产经营管理相关的各种内外部信息。

内部报告指标体系的设计应当与全面预算管理相结合,并随着环境和业务的变化不断进行修订和完善。设计内部报告指标体系时,应当关注企业成本费用预算的执行情况。

内部报告应当简洁明了、通俗易懂、传递及时,便于企业各管理层级和全体员工掌握相关信息,正确履行职责。

第六条 企业应当制定严密的内部报告流程,充分利用信息技术,强化内部报告信息集成和共享,将内部报告纳入企业统一信息平台,构建科学的内部报告网络体系。

企业内部各管理层级均应当指定专人负责内部报告工作,重要信息应及时上报,并可以直接报告高级管理人员。

企业应当建立内部报告审核制度,确保内部报告信息质量。

第七条 企业应当关注市场环境、政策变化等外部信息对企业生产经营管理的影响,广泛收集、分析、整理外部信息,并通过内部报告传递到企业内部相关管理层级,以便采取应对策略。

第八条 企业应当拓宽内部报告渠道,通过落实奖励措施等多种有效方式,广泛收集合理化建议。

企业应当重视和加强反舞弊机制建设,通过设立员工信箱、投诉热线等方式,鼓励员工及企业利益相关方举报和投诉企业内部的违法违规、舞弊和其他有损企业形象的行为。

第三章 内部报告的使用

第九条 企业各级管理人员应当充分利用内部报告管理和指导企业的生产经营活动,及时反映全面预算执行情况,协调企业内部相关部门和各单位的运营进度,严格绩效考核和责任追究,确保企业实现发展目标。

第十条 企业应当有效利用内部报告进行风险评估,准确识别和系统分析企业生产经营活动中的内外部风险,确定风险应对策略,实现对风险的有效控制。

企业对于内部报告反映出的问题应当及时解决；涉及突出问题和重大风险的，应当启动应急预案。

第十一条　企业应当制定严格的内部报告保密制度，明确保密内容、保密措施、密级程度和传递范围，防止泄露商业秘密。

第十二条　企业应当建立内部报告的评估制度，定期对内部报告的形成和使用进行全面评估，重点关注内部报告的及时性、安全性和有效性。

第二节　企业内部控制应用指引
——内部信息传递解读

一、内部信息传递的理解

内部信息传递是企业内部各管理层级之间通过内部报告形式传递生产经营管理信息的过程。《企业内部控制基本规范》十分重视信息与沟通这一控制要素，多次强调内部信息传递的重要性。

内部信息传递主要存在以下重要风险：一是如果企业内部报告系统缺失、功能不健全，内容不完整，可能会影响生产经营有序运行；二是如果内部信息传递不通畅、不及时，则可能导致企业决策失误、相关政策措施难以落实，三是如果内部信息传递中泄露商业秘密，则会削弱企业核心竞争力。

针对这些重要风险，内部信息传递应用指引要求企业建立科学的内部信息传递机制，明确内部信息传递的内容、保密要求、传递方式以及各管理层级的职责权限等，促进内部报告的有效利用，充分发挥内部报告的作用。一是企业应当根据发展战略、风险控制和业绩考核要求，科学规范不同级次内部报告的指标体系，采用经营快报等多种形式，全面反映与企业生产经营管理相关的各种内外部信息；二是企业应当制定严密的内部报告流程，充分利用信息技术，强化内部报告信息集成和共享，将内部报告纳入企业统一信息平台，构建科学的内部报告网络体系；三是企业应当拓宽内部报告的渠道，通过落实奖惩措施等多种有效方式，广泛收集合理化建议；四是企业应当重视内部报告的使用，企业各级管理人员应当充分利用内部报告管理和指导企业的生产经营活动，及时反映全面预算执行情况，协调企业内部相关部门和各单位的运营进度，企业应当有效利用内部报告进行风险评估，准确识别和系统分析企业生产经营活动中的内外部风险，确定风险应对策略。

二、企业内部信息的主要形式

企业内部的信息到底是什么？目前还没有统一的定论。从不同的侧面分析，其描述也不同。信息主要是为消除不确定东西而存在，因此，对于企业内部的信息来说，主要有以下几种来源方式。

（1）公司主业务管理运营所产生的信息。企业的运作是从企业定位开始的，通过定位企业战略和发展方向，分解成结构化的目标体系，然后通过企业内部运营体系完成企业目标的实现。在这个过程中，所有的程序文件（不管是流程或是其他形式）、作业指导书、工作记录、外来协助文件等，都是信息的一个重要组成部分。

（2）公司主业务监控所产生的信息。公司运行出现闭环，除了严密的程序，更需要进行监督与控制，通过对公司目标和计划的跟踪监督和控制，实现程序的有效运行，是企业执行监控线的一种体现。企业管理者必须注重这些过程所产生的信息。

（3）重大评审或不确定评审所产生的信息。企业发展是具有实控性的，对于目标实现的重大指导原则，必须定期或不定期评审，这些数据是企业可以自动改进和持续改进的一个重要方法或手段，也是对解决问题的一种支持，所以该类信息必须加以共享和控制。

（4）公司重大决策或决定所产生的信息。企业运行就是通过不断地发现和决策来完成的，决策产生的结论是需要企业运作来实现，同样企业运作需要决策作支持。

（5）重大失误或突发事件所产生的信息。企业内部管理运营中出现的重大不合格，不符合国家的有关法律法规的相关规定，必须及时反馈和加以共享。一次工作失误、一次工作事故，或者一个小小的错误，都有可能影响企业管理运营的方法。

三、企业内部信息有效应具备的特点

（1）完整性。完整是有效信息的第一个关键因素，信息表达完整有利于企业更好地把握这些信息，一个不完整的信息可能会使企业走入歧途，使得企业决策风险增大。一个完整的信息最基本的应该包括：人、时间、事件等。

（2）简单性。一个有效的信息必须是具有良好的可读性的，再好的信息，失去了可读性也是虚无的，实际意义不是太大。所以说，现在社会上有诸如用演示说话、用数据说话、用图表说话等，都是为了可读。

（3）结构性。企业内部有很多问题，首先需要结构化；企业内部众多目标的达成，也是结构化，没有结构化的信息就是"眉毛胡子一把抓"。

（4）一致性。不同的岗位需要不同的信息，不同的事件需要的也是不同的信息，所以一个有效信息，不仅仅要看是不是公司的有效信息，而是对个体来讲是不失有效信息。因为信息具有结构性，不同层次的信息，其支持的目标是不同的。

四、建立信息收集、加工机制

企业应当对收集的各种内部信息和外部信息进行合理筛选、核对、整合，增强信息的有用性。从内部信息来讲，要求企业根据经营目标等建立与其经营活动相适应的信息系统，持续性地收集经营活动所生成的各种信息。企业应当通过财务会计资料、经营管理资料、调研报告、专项信息、内部刊物、办公网络等渠道获取内部信息。从外部信息来讲，要求企业通过行业协会组织、社会中介机构、业务往来单位、市场调查、来信来访、网络媒体以及有关监管部门等渠道获取外部信息。由于所收集的各种信息来自不同的渠道和信息源，属于零散的、非系统的，必须对所收集信息进行必要的筛选、整理和加工，以提供给有关方面。

五、信息传递方式

企业内部信息传递方式主要有三种：

（1）由上而下。对于由上而下，多数采用任务和发布的方式。

（2）由下而上。对于由下而上，多数采用汇报和投诉。

（3）横向传递。对于横向传递，多数采用等级传递，也就是不同部门职别雷同的岗位进行传递。

六、完善信息传递机制

信息的最终目标在于使用，为企业经营目标的实现服务，处于内部控制之中的信息则必须服务于内部控制，服务于内部控制的有效性。为了增强内部控制的有效性，必须做到以下两个方面：

（1）企业应当将相关信息在企业内部各管理级次、责任单位、业务环节之间进行内部传递。内部信息传递，一方面要完善信息向下传递机制，使企业内部参与经营活动各个方面和全体人员了解企业实现经营目标方面的信息,明确各自职责,了解自身在内部控制体系中的地位和作用;另一方面要完善信息向上传递机制,使企业员工能够及时将其在企业经营活动中所了解的重要信息向管理层及董事会等方面传递。此外,还须建立信息横向传递机制,特别是要使信息在管理层与企业董事会及其委员会之间进行沟通。

(2)企业应当建立良好的外部沟通渠道,加强与外部投资者、客户、供应商、中介机构和监管部门等有关方面之间的沟通和反馈。外部沟通应重点关注以下几方面:

1)加强与投资者之间的沟通,根据有关法律、行政法规和企业章程,建立本企业的信息披露政策与程序,及时、公平地向投资者披露企业的战略规划、经营成果、投融资计划、年度预算、重大财务担保、合并分立、资产重组、财务状况、经营成果、利润分配方案等方面的信息。

2)加强与客户的沟通,通过座谈会、走访等形式,采集客户对消费偏好、销售政策、产品质量、售后服务、货款结算等方面的意见和建议,及时发现并处理存在的问题。

3)加强与供应商的沟通,通过供需见面会、订货会、业务洽谈会等与供应商就供货渠道、产品质量、技术性能、交易价格、信用政策、结算方式等问题进行沟通,及时发现并处理存在的问题。

4)加强与监管机构的沟通和协调,及时了解监管要求,积极反映诉求和建议。

5)加强与注册会计师的沟通和协调,听取注册会计师对内部控制等方面的建议,保证内部控制的有效运行。

6)企业应当根据有关法律、行政法规要求和管理需要,与律师保持有效沟通。

七、加强信息技术的运用

随着信息技术的发展,新技术在信息系统中得到越来越广泛的运用。在建立内部信息系统时,企业应当利用信息技术促进信息的集成与共享,充分发挥信息技术在信息与沟通中的作用;根据企业经营目标、内部控制目标以及经营活动的特点,建立自身的信息系统。企业的信息系统在内部控制体系中发挥控制活动的作用。但另一方面,由于信息系统在内部控制中的重要性,其本身又是内部控制的对象,企业应当加强对信息系统的开发与维护、访问与变更、数据输入与输出、文件储存与保管、网络安全等方面的控制,保证信息系统安全、稳定地运行。

八、建立投诉制度

投诉是信息沟通的重要手段之一，是信息自下而上沟通的重要形式。企业员工处于经营活动的第一线，能够及时发现经营活动和内部控制实施过程中存在的不足、问题和缺陷以及舞弊行为，并能就完善内部控制体系提出合理化建议和改进意见。为此，企业应当建立举报投诉制度，设置举报专线，明确举报投诉处理程序、办理时限和办结要求，确保举报、投诉成为企业有效掌握信息的重要途径。

第三节 企业内部控制应用指引
——内部信息传递的案例

【案例 22-1】

唐山冀东水泥股份有限公司
内部信息对外部报送和使用管理分析

唐山冀东水泥股份有限公司制定了公司内部信息对外报送和使用管理制度，对企业内部信息的披露、信息保密以及违反保密规定的相应处罚措施。

一、企业内部信息披露的主体

公司的董事、监事和高级管理人员应当遵守信息披露内控制度的要求，对公司定期报告和重大事项履行必要的传递、审核和披露流程。

二、企业内部信息保密规定

（1）公司的董事、监事和高级管理人员及其他相关涉密人员在定期报告编制、公司重大事项筹划期间，负有保密义务。定期报告、临时报告公布前，公司涉密人员不得以任何形式、任何途径向外界或特定人员泄露定期报告、临时报告的内容，包括但不限于业绩座谈会、分析师会议、接受投资者调研座谈等方式。

（2）对无法律法规依据的外部单位对年度统计报表等有报送要求，公司应拒绝报送。

（3）公司依据法律法规的要求应当报送的，需要将报送的外部单位相关人员作为内幕知情人登记在案备查。

（4）公司应将报送的相关信息作为内幕信息，并书面提醒报送的外部单位相关人员履行保密义务。

（5）公司依据法律法规向特定外部信息使用人报送年报相关信息的，提供时间不得早于公司业绩快报的披露时间，业绩快报的披露内容不得少于向外部信息使用人提供的信息内容。

（6）外部单位或个人不得泄露依据法律法规报送的本公司未公开重大信息，不得利用所获取的未公开重大信息买卖本公司证券或建议他人买卖本公司证券。

（7）外部单位或个人及其工作人员因保密不当致使前述重大信息被泄露，应立即通知公司，公司应在第一时间向深圳证券交易所报告并公告。

（8）外部单位或个人在相关文件中不得使用公司报送的未公开重大信息，除非与公司同时披露该信息。

三、违反内部信息披露、保密规定的相关处理

（1）外部单位或个人应该严守上述条款，如违反本制度及相关规定使用公司报送的信息，致使公司遭受经济损失的，公司将依法要求其承担赔偿责任。

（2）如利用所获取的未公开重大信息买卖公司证券或建议他人买卖公司证券的，公司将依法收回其所得的收益；涉嫌犯罪的，应当将案件移送司法机关处理。

（3）报告期内若公司存在对外报送信息、内幕信息知情人违法违规买卖公司股票或非经营性资金占用的情况，应在公司披露年报后10个工作日内向证券交易所和上市公司所在地证监局进行备案。

（4）公司报告期内存在对外报送信息的，应将报送依据、报送对象、报送信息的类别、报送时间、业绩快报披露情况、对外部信息使用人保密义务的书面提醒情况、登记备案情况等进行报备。

（5）公司报告期内存在内幕信息知情人违规买卖公司股票行为的，应将具体情况、对相关人员采取的问责措施、违规收益追缴情况、董事会秘书督导责任的履行情况以及公司采取的防范措施等进行报备。

（6）公司报告期内发生非经营性资金占用的，应将公司对相关责任人的处罚问责措施和结果进行报备。

【案例 22-2】

中国科健股份有限公司内部报告制度建设案例

一、中国科健《重大信息内部报告制度》条文

第一章 总 则

第一条 为规范中国科健股份有限公司（以下简称"公司"）的重大信息内部报告工作，保证公司内部重大信息的快速传递、归集和有效管理，及时、准确、全面、完整地披露信息，维护投资者的合法权益，根据《中华人民共和国公司法》《中华人民共和国证券法》《深圳证券交易所股票上市规则》等法律法规和公司章程的规定，结合本公司的实际情况，制定本制度。

第二条 本制度适用于公司董事、监事、高级管理人员及公司各部门，各子公司。

第二章 重大信息的内容

第三条 公司重大信息包括但不限于以下内容：

（一）拟提交公司董事会审议的事项。

（二）拟提交公司监事会审议的事项。

（三）发生或拟发生以下重大交易或事项，包括：购买或出售资产；对外投资（含委托理财、委托贷款等）；提供财务资助；提供担保；租入或租出资产；签订管理方面的合同（含委托经营、受托经营等）；赠与或受赠资产；债权或债务重组；研究与开发项目的转移；签订许可协议；其他的重要交易。

（四）发生或拟发生以下关联交易或事项，包括：前款所述交易或事项；购买原材料、燃料、动力；销售产品、商品；提供或接受劳务；委托或受托销售；与关联人共同投资；其他通过约定可能发生资源或义务转移的事项。

（五）重大诉讼仲裁事项。

（六）拟变更募集资金投资项目，基建或技改项目的立项、变更及相关事项。

（七）业绩预告和业绩预告的修正事项。

（八）利润分配和资本公积金转增股本事项。

（九）公司股票交易的异常波动事项。

（十）公司回购股份相关事项。

（十一）公司发行可转换公司债券事项。

（十二）公司及公司股东发生承诺事项。

（十三）公司出现下列使公司面临重大风险情形的：发生重大亏损或者遭受重大损失；重大债务、未清偿到期重大债务或重大债权到期未获清偿；可能依法承担的重大违约责任或大额赔偿责任；计提大额资产减值准备；公司决定解散或者被有权机关依法责令关闭；公司预计出现资不抵债（一般指净资产为负值）；主要债务人出现资不抵债或进入破产程序，公司对相应债权未提取足额坏账准备；主要资产被查封、扣押、冻结或被抵押、质押；主要或全部业务陷入停顿；公司因涉嫌违法违规被有权机关调查或受到重大行政、刑事处罚；公司董事、监事、高级管理人员因涉嫌违法违规被有权机关调查或采取强制措施及出现其他无法履行职责的情况。

（十四）公司出现下列情形之一的：变更公司名称、公司章程、股票简称、注册资本、注册地址、办公地址和联系电话等；经营方针和经营范围发生重大变化；变更会计政策、会计估计；董事会通过发行新股或其他融资方案；中国证监会发行审核委员会对公司发行新股或者其他再融资申请提出相应的审核意见；持有公司5%以上股份的股东或实际控制人持股情况或控制公司的情况发生或拟发生变更；公司董事长、总裁、董事（含独立董事）或三分之一以上的监事提出辞职或发生变动；生产经营情况、外部条件或生产环境发生重大变化（包括产品价格、原材料采购、销售方式发生重大变化等）；订立重要合同，可能对公司的资产、负债、权益或经营成果产生重大影响；新颁布的法律、行政法规、部门规章、政策可能对公司经营产生重大影响；聘任、解聘为公司审计的会计师事务所；法院裁定禁止控股股东转让其所持股份；任一股东所持公司5%以上的股份被质押、冻结、司法拍卖、托管或者设定信托；获得大额政府补贴等额外收益、转回大额资产减值准备或者发生可能对上市公司的资产、负债、权益或经营成果产生重大影响的其他事项。

第四条 发生前条所列重要事项时，重大信息内部报告责任人应提供的材料包括（但不限于）：

（一）重大信息内部报告，包括发生重要事项的原因，各方基本情况，重要事项内容，对公司经营的影响等。

（二）重要事项所涉及的协议书或意向书（如有）。

（三）重要事项所涉及的政府批文或法律文书（如有）。

（四）中介机构关于重要事项所出具的意见书（如有）。

第三章　重大信息内部报告的管理

第五条　公司重大信息实时报告制度。

第六条　公司董事、监事、高级管理人员及公司各部门负责人，各子公司的总经理为重大信息内部报告责任人，子公司的办公室主任为联络人（由联络人具体负责信息的收集、整理工作，并在第一责任人签字后立即上报）。其职责包括：

（一）负责并敦促相关工作人员做好对重大信息的收集、整理。

（二）组织编写重大信息内部报告，并提交报告。

（三）对报告的真实性、准确性和完整性进行审核。

（四）及时学习和了解法律、行政法规、部门规章对重大信息的有关规定。

（五）负责做好与公司重大信息内部报告有关的保密工作。

第七条　重大信息内部报告的传递程序。

（一）公司各部门、各子公司知道或应该知道重要事项的具体业务经办人员，于确定事项发生或拟发生当日向相关重大信息内部报告责任人报告。

（二）相关重大信息内部报告责任人实时组织编写重大信息内部报告，准备相关材料，并对报告和材料的真实性、准确性和完整性进行审核。

（三）相关重大信息内部报告责任人将重大信息内部报告及相关资料提交董事会秘书进行审核、评估。

（四）相关重大信息内部报告责任人将重大信息内部报告及相关资料提交分管领导、总裁审签，或根据公司行政办公会议管理规定，按实际需要提交相应的行政办公会议研究、审核。

（五）董事会秘书组织将确定需要履行信息披露义务的重大信息内部报告及相关资料提交董事长审定，对确定需要提交董事会审批的重要事项，提交董事会会议审批。

第八条　当本制度第三条所列事项触及下列时点时，重大信息内部报告责任人应及时向董事会秘书进行书面报告，并保证报告的真实、准确、完整：

（一）公司各部门或子公司拟将重要事项提交董事会或监事会审议时。

（二）有关各方拟就该重要事项进行协商或谈判时。

（三）重大信息内部报告责任人及其他知情人员知道或应该知道该重要事项时。

第九条　重大信息内部报告责任人应及时向董事会秘书报告已披露重要事项的进展情况，包括：

（一）董事会决议、监事会决议和股东大会决议的执行情况。

（二）就已披露的重要事项与当事人签署意向书或协议书的，应及时报告意向书或协议书的主要内容，或者已签署的意向书或协议书发生重大变更甚至被解除、终止的，应及时报告相关情况及原因。

（三）重要事项被有关部门批准或否决的。

（四）重要事项及主要标的逾期未完成的。

第十条　重大信息内部报告责任人及其他知情人员在信息披露前，应当将该信息的知情者控制在最小范围内，不得泄露公司的内幕信息，不得进行内幕交易或配合他人操纵股票及其衍生品种交易价格。公司在其他公共传媒披露的信息不得先于指定媒体，不得以新闻发布或答记者问等其他形式代替公司公告。

第十一条　对因瞒报、漏报、误报导致重大事项未及时上报或报告失实的，公司追究相关责任人的责任。

第十二条　董事会秘书处建立重大信息内部报告档案，作为对重大信息内部报告责任人考核的依据。

第四章　附　　则

第十三条　本制度之修订及解释权属于公司董事会。

第十四条　本制度自董事会通过之日起实施。

××××年××月××日

二、对中国科健《重大信息内部报告制度》的剖析

该公司制定的内部报告制度分为四个部分：第一部分，规定了该制度的宗旨以及权限，明确了适用的范围；第二部分，明确了重大信息的定义；第三部分，介绍了重大信息内部报告的管理，这一部分才是这个制度中的精华，明确了内部报告责任人、联系人及其职责，规定了内部报告的传递程序；

第四部分，是本制度的有关附则。

从该公司的重大信息内部报告制度，可以看出内部报告管理中的几点不足：①没有说明内部报告形式；②没有说明内部报告的时间以及时限；③对于不履行信息报告义务的情形没有说明。

建议在该制度中添加这部分内容：

（1）内部信息报告形式包括但不限于：①书面形式；②电话形式；③电子邮件形式；4.口头形式；5.会议纪要或决议形式。

（2）内部报告有定期报告和非定期报告两种。报告义务人应将重大信息及时报告董事会秘书，董事会秘书认为有必要时，报告义务人应在2个工作日内提交进一步的相关资料，包括合同、政府批文、法院裁定或判决等。

（3）不履行信息报告义务包括但不限于下列情形：①不向公司董事会办公室报告信息或提供相关文件资料；②未及时向公司董事会办公室报告信息或提供相关文件资料；③因故意或过失致使报告的信息或提供的文件资料存在重大隐瞒、虚假陈述或引人重大误解之处；④拒绝答复董事会秘书对相关问题的询问；⑤其他不适当履行信息报告义务的情形。

第二十三章

信息系统的内部控制

第一节 企业内部控制应用指引
——信息系统的基本内容

第一章 总 则

第一条 为了促进企业有效实施内部控制,提高企业现代化管理水平,减少人为因素,根据有关法律法规和《企业内部控制基本规范》,制定本指引。

第二条 本指引所称信息系统,是指企业利用计算机和通信技术,对内部控制进行集成、转化和提升所形成的信息化管理平台。

第三条 企业利用信息系统实施内部控制至少应当关注下列风险:

(一)信息系统缺乏或规划不合理,可能造成信息孤岛或重复建设,导致企业经营管理效率低下。

(二)系统开发不符合内部控制要求,授权管理不当,可能导致无法利用信息技术实施有效控制。

(三)系统运行维护和安全措施不到位,可能导致信息泄露或毁损,系统无法正常运行。

第四条 企业应当重视信息系统在内部控制中的作用,根据内部控制要求,结合组织架构、业务范围、地域分布、技术能力等因素,制定信息系统建设整体规划,加大投入力度,有序组织信息系统开发、运行与维护,优化管理流程,防范经营风险,全面提升企业现代化管理水平。

企业应当指定专门机构对信息系统建设实施归口管理,明确相关单位的职责权限,建立有效工作机制。企业可委托专业机构从事信息系统的开发、运行和维护工作。

企业负责人对信息系统建设工作负责。

第二章 信息系统的开发

第五条 企业应当根据信息系统建设整体规划提出项目建设方案,明确建设目标、人员配备、职责分工、经费保障和进度安排等相关内容,按照规定的权限和程序审批后实施。

企业信息系统归口管理部门应当组织内部各单位提出开发需求和关键控制点,规范开发流程,明确系统设计、编程、安装调试、验收、上线等全过程的管理要求,严格按照建设方案、开发流程和相关要求组织开发工作。

企业开发信息系统,可以采取自行开发、外购调试、业务外包等方式。选定外购调试或业务外包方式的,应当采用公开招标等形式择优确定供应商或开发单位。

第六条 企业开发信息系统,应当将生产经营管理业务流程、关键控制点和处理规则嵌入系统程序,实现手工环境下难以实现的控制功能。

企业在系统开发过程中,应当按照不同业务的控制要求,通过信息系统中的权限管理功能控制用户的操作权限,避免将不相容职责的处理权限授予同一用户。

企业应当针对不同数据的输入方式,考虑对进入系统数据的检查和校验功能。对于必需的后台操作,应当加强管理,建立规范的流程制度,对操作情况进行监控或者审计。

企业应当在信息系统中设置操作日志功能,确保操作的可审计性。对异常的或者违背内部控制要求的交易和数据,应当设计由系统自动报告并设置跟踪处理机制。

第七条 企业信息系统归口管理部门应当加强信息系统开发全过程的跟踪管理,组织开发单位与内部各单位的日常沟通和协调,督促开发单位按照建设方案、计划进度和质量要求完成编程工作,对配备的硬件设备和系统软件进行检查验收，组织系统上线运行等。

第八条 企业应当组织独立于开发单位的专业机构对开发完成的信息系统进行验收测试，确保在功能、性能、控制要求和安全性等方面符合开发需求。

第九条 企业应当切实做好信息系统上线的各项准备工作，培训业务操作和系统管理人员，制定科学的上线计划和新旧系统转换方案，考虑应急预案，确保新旧系统顺利切换和平稳衔接。系统上线涉及数据迁移的，还应制定详细的数据迁移计划。

第三章 信息系统的运行与维护

第十条 企业应当加强信息系统运行与维护的管理，制定信息系统工作程序、信息管理制度以及各模块子系统的具体操作规范，及时跟踪、发现和解决系统运行中存在的问题，确保信息系统按照规定的程序、制度和操作规范持续稳定运行。

企业应当建立信息系统变更管理流程，信息系统变更应当严格遵照管理流程进行操作。信息系统操作人员不得擅自进行系统软件的删除、修改等操作；不得擅自升级、改变系统软件版本；不得擅自改变软件系统环境配置。

第十一条 企业应当根据业务性质、重要性程度、涉密情况等确定信息系统的安全等级，建立不同等级信息的授权使用制度，采用相应技术手段保证信息系统运行安全有序。

企业应当建立信息系统安全保密和泄密责任追究制度。委托专业机构进行系统运行与维护管理的，应当审查该机构的资质，并与其签订服务合同和保密协议。

企业应当采取安装安全软件等措施防范信息系统受到病毒等恶意软件的感染和破坏。

第十二条 企业应当建立用户管理制度，加强对重要业务系统的访问权限管理，定期审阅系统账号，避免授权不当或存在非授权账号，禁止不相容职务用户账号的交叉操作。

第十三条 企业应当综合利用防火墙、路由器等网络设备，漏洞扫描、入侵检测等软件技术以及远程访问安全策略等手段，加强网络安全，防范来自网络的攻击和非法侵入。

企业对于通过网络传输的涉密或关键数据，应当采取加密措施，确保信息传递的保密性、准确性和完整性。

第十四条 企业应当建立系统数据定期备份制度，明确备份范围、频度、方法、责任人、存放地点、有效性检查等内容。

第十五条 企业应当加强服务器等关键信息设备的管理，建立良好的物理环境，指定专人负责检查，及时处理异常情况。未经授权，任何人不得接触关键信息设备。

第二节　企业内部控制应用指引
——信息系统解读

一、信息系统概述

（一）信息系统的概念

信息系统是由计算机硬件、网络和通信设备、计算机软件、信息资源、信息用户和规章制度组成的以处理信息流为目的的人机一体化系统。简单地说，信息系统就是输入数据/信息，通过加工处理产生信息的系统。

一般来说，信息系统具有如下几个概念：

信息系统是任何组织中都有的一个子系统，是为了生产和管理服务的。对从事物质生产及具体工作的部门来说，它总是管理或控制系统中的一部分。

信息系统有别于其他子系统，像人的神经系统分布于全身每一个器官一样，信息系统也渗透到组织中的每一个部门中。

信息系统的作用与其他系统有些不同，它不从事某一具体的实物性工作，而是关系全局的协调一致，因而组织越大，改进信息系统所带来的经济效益也就越大。信息系统的运转情况与整个组织的效率密切相关。

（二）信息系统的发展

信息系统从概念上讲，在计算机问世之前就已经存在，但它的加速发展和日益为人瞩目却是在计算机和网络广泛应用之后。自20世纪初泰罗创立科学管理理论以来，管理科学与方法技术得到迅速发展。在与统计理论和方法、计算机技术、通信技术等相互渗透、相互促进的发展过程中，信息系统作为一个专门领域迅速形成。

作为用计算机处理信息的人—机系统的信息系统，它在近半个世纪中得到迅猛发展。

电子数据处理系统（electronic data processing systems，EDPS）：电子数据处理系统使用计算机代替以往人工进行事务性数据处理的系统，所以也有人称其为事务处理系统（transaction processing systems，TPS）。这一阶段从20世纪50年代初，商界第一次用计算机处理工资单、财务报表和账单等开始。电子数据处理系统有一些缺陷，如受限于当时计算机的能力和人们对计算机的认知，完全模拟人工系统，数据收集因为速度慢且容易出错，成为该系统最薄弱的环节。

管理信息系统（management information systems，MIS）：管理信息系统是在事务处理系统基础上发展起来的第二代信息系统，但两者有显著的区别。事务处理系统是处理和获取数据，仅涉及一个部门内的操作性活动；管理信息系统则为管理提供信息，是一个部门的管理工具，它强调管理方法和技术的应用，强调把信息处理的速度和质量扩大到组织机构的所有部门，从而提高组织机构中各职能部门的管理效率和能力。

决策支持系统（decision support systems，DSS）：决策支持系统的概念是美国学者莫顿（S.Morton）于20世纪70年代首次明确提出的，是辅助决策工作的一种信息系统，其重点在"支持"而非决策工作的自动化。

办公自动化系统（office automation systems，OAS）和多媒体信息系统（multimedia information systems，MMIS）：严格来说，办公自动化系统和多媒体信息系统只是前文所述的电子数据处理系统（或事务处理系统）、管理信息系统和决策支持系统等几类信息系统的一种综合应用，不可简单地把这两者称为新型的信息系统。但是，正是办公自动化系统在20世纪80年代的广泛应用以及多媒体信息系统在20世纪90年代的蓬勃发展，才使信息系统这一领域更加引人注意，而多媒体信息系统自身也成为各类信息系统应用的方向。

（三）信息系统的结构

信息系统是为管理决策服务的，而管理是分层的，因此信息系统也可以分解为若干个子系统，如销售与市场子系统、生产子系统、财务子系统和其他子系统等。每个子系统又支持从业务处理到高层战略计划的不同层次的管理需求。

从信息用户的角度来看，信息系统应该支持整个组织在不同层次上的各种功能。这些具有不同功能的各个组成部分是一个有机的整体，构成了系统的功能结构。下面以COPICS（COPICS——面向通信的生产信息控制系统）

为例讲述信息系统的功能结构。COPICS 是由美国 IBM 公司于 20 世纪 70 年代末研制出来的,适用于制造型工厂的信息系统。它能归纳出标准的管理规程,设计出良好的模型,然后采用数据库技术和计算机网络技术实现该系统。它将终端设置在企业的各个科室,实地收集和提供信息,同时依据各类信息实施生产、管理和控制。COPICS 从功能上将整个系统划分为 12 个子系统:设计与生产数据管理子系统;用户订货服务子系统(合同管理);预测子系统;生产调度计划子系统;库存资产管理子系统;生产作业计划子系统;开发工作子系统;工厂监控子系统和工厂维护子系统等。

二、信息系统的 COBIT 模型

COBIT(control objectives for information and related technology)最初是于 1996 年由信息系统审计与控制协会(ISACA)下属 IT 治理研究所(ITGI)提出的 IT 治理框架模型,它是一个用来管理企业内部控制和 IT 安全等级的参考框架,是目前在国际上已经被广泛承认和接受的 IT 内部控制开放性标准。该框架目前在世界 100 多个国家的重要组织与企业中运用,指导这些组织有效利用信息资源,有效地管理与信息相关的风险。

COBIT 框架内容的开发和形成接受 COBIT 指导委员会的监督,该指导委员会由来自产业界、学术界、政府及 IT 治理、认证、控制和安全职业界的国际性代表组成,以便 ITGI 发布的报告和提供的指南经专家核查从而保证指南的质量。该框架制定了一系列被广泛接受的能够帮助企业最大化 IT 应用的控制目标来进行 IT 治理和实施控制。

这个框架的应用之所以能够支持 IT 治理是通过保证:① IT 和企业目标一致;② IT 能够帮助企业运营和最大化收益;③ IT 资源被负责地运用;④ IT 风险被适当地管理。同时,COBIT 框架采纳的是 COSO 框架关于内部控制的定义,但与 COSO 框架和 Turnbull 框架不同的是,它的重点集中于利用信息技术来达到企业的目标和实施内部控制。因此,这对 COSO 框架和 Turnbull 框架等传统的内部控制框架起了补充和发展作用,成为我们借鉴的重点。

COBIT 2019 是国际 IT 治理机构在 2019 年年末发布的 COBIT 框架的最新版本,它强调了企业内部控制的合规性,通过实现 IT 目标来满足商业的要求,除此之外,它还将重点放在企业从 IT 的应用中获得增值,并使 IT 运营和企业的运营一致这个方面。COBIT 框架建立了 4 个域,识别了 34 个 IT 流程,并细化发展了 318 个控制目标,具体的结构框架和内容如下。

（一）COBIT 的组成结构

COBIT 的组成结构如图 23-1 所示。

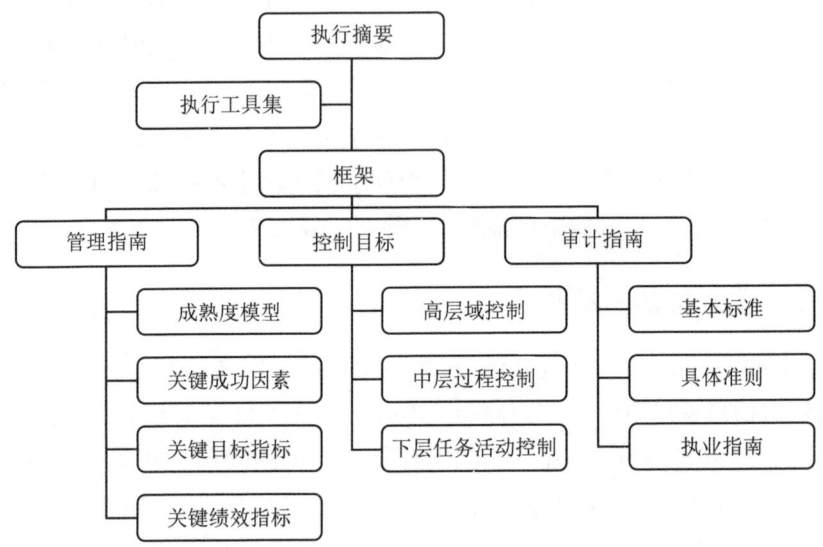

图 23-1　COBIT 的整体组成结构

（二）COBIT 框架的主要特点和控制过程

COBIT 框架具有以下特点：商业导向、过程导向、以控制为基础、计量驱动。

1. 商业导向

COBIT 框架不仅为 IT 服务提供者、使用者、审计者使用，更为重要的是其为管理层及为达到商业目标提供综合指引。为实现公司战略，应制定具体的商业目标，在当今信息技术已渗入企业经营活动的各个环节和领域的情况下，若能正确规划企业 IT 架构和投资，将为企业插上成功的翅膀，否则，可能会适得其反。因此，只有按照企业的商业目标和方向明确 IT 目标，并以此为依据建设和完善 IT 架构、配置 IT 资源，才会使企业的 IT 治理与企业目标融为一体，如图 23-2 所示。

为了使企业的 IT 投资和架构有助于上述目标的实现，COBIT 框架对企业的信息系统及与此相关的 IT 基础设施所提供的信息提出了以下标准：

（1）有效性——提供的信息要与商业过程相关，并以及时、正确、一致、可使用的方式传递。

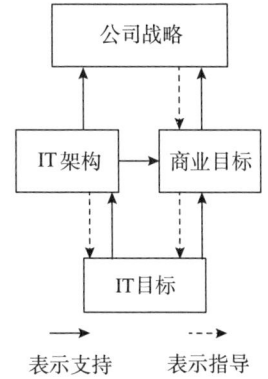

图 23-2 公司战略与 IT 目标

（2）效率性——通过最佳使用资源的方式提供信息。

（3）保密性——保护未经授权披露的敏感信息。

（4）真实性——信息的准确性、完整性以及与商业价值及期望相一致的有效性。

（5）可获得性——现在及将来在商业加工需要时即可获得相应信息，还包括必要资源及与之相关能力的保护。

（6）遵循性——包括遵循企业内外部的法律法规、规章、商业标准及内部政策。

（7）可靠性——所提供的信息能有助于管理层履行其受托及治理责任。

2. 过程导向

COBIT 框架分别从规划与组织（PO）、获取与实施（AI）、传递与支持（DS）、监督与评价（ME）四个领域界定把 IT 活动的基本过程细分为 34 个程序，以便对与 IT 有关的活动进行管理、控制和评价。例如，在监督与评价方面应从以下 4 个程序进行关注和评价：① IT 运作时能否在问题发生前甄别；②管理层能否确保与 IT 有关的内控的效果和效率；③ IT 运作能否支持企业商业目标的实现；④与 IT 有关的风险、控制、遵循、业绩能否衡量和报告。

3. 以控制为基础

过程需要控制才能合理管理风险。控制被定义为"设计用于提供合理保证以达到企业目标或不期望的事项被预防、识别、改正的一系列政策、程序、做法和组织结构"。IT 的控制目标就是在某一具体的 IT 活动中通过实施控制程序要达到的企业目标和期望的结果。COBIT 提供了一个普通的过程模型，这个模型表示 IT 部门应能正常发现的所有过程，以便为 IT 运作及业务经理提供一个便于理解的普通参考模型。为达到有效治理，控制需由经理在明确的 IT 过程控制框架下实施。因为 COBIT 的 IT 控制目标是由 IT 过程组织的，所以，框架提供了 IT 治理要求、IT 过程和 IT 控制之间清晰的连结（见图 23-3）。

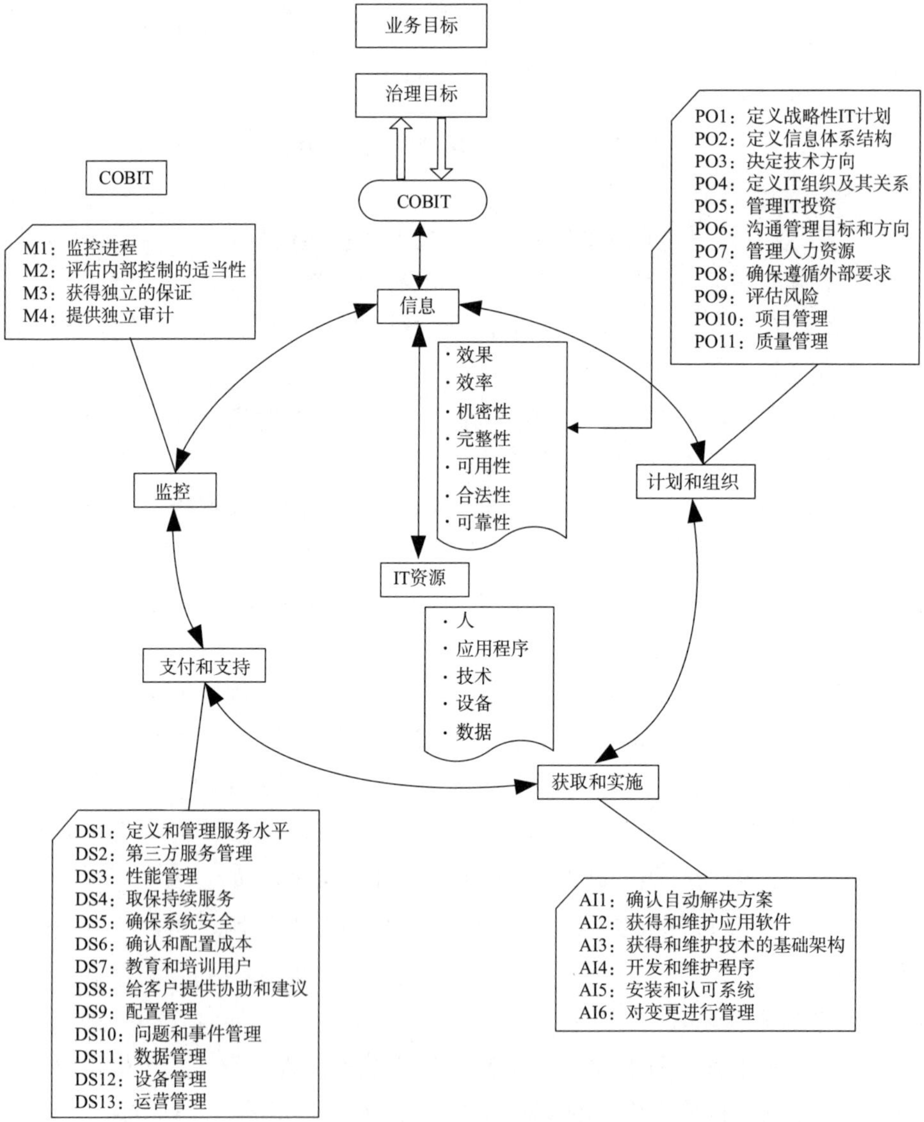

图 23-3　COBIT 的 IT 控制过程图

（三）利用COBIT框架发展内部控制模型的思考

COBIT框架模型的架构和控制流程将企业的内部控制和信息技术的应用融为一体，通过IT目标的实现为达到组织的目标提供合理保证。如果参照其框架的控制流程、控制目标，还有COSO内部控制框架的内容，传统基础上的内部控制模型可以作出以下改变：①经营、报告、合规性目标不变；②保留COSO中控制环境和风险评估两个内部控制要素，而控制活动、信息与沟通、监控三个要素替换成COBIT框架中计划与组织、获取和实施、支持和支付与监控4个要素，这4个要素的有效实施则可以根据其控制目标的实现来达到。

三、信息技术环境下内部控制框架的构建

在高度发展信息技术环境下，由于信息和沟通在客观上具备了在全公司范围内的畅通，不再是实施控制活动中约束和必须解决的瓶颈，而借助于信息技术可以实现信息流、实物流、资金流的实时和同步，事后的监督也将蕴含在"控制活动"要素之中。因此，在信息集成环境下内部控制框架的构成要素必然会发生一些变化，如图23-4所示。

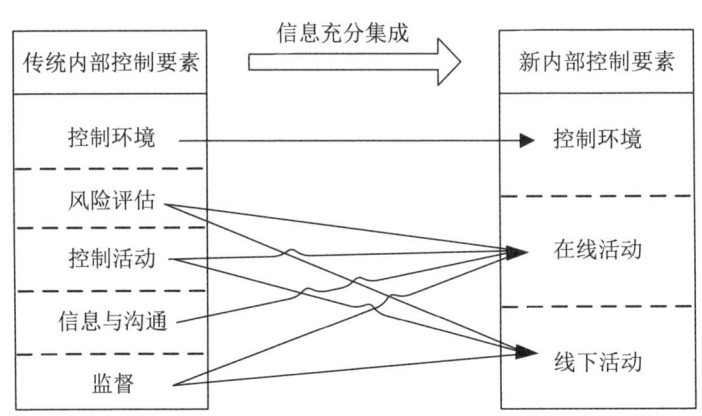

图23-4 内部控制要素的变化

（一）控制环境

信息技术环境下的控制环境要素并没有较大的改变，但信息技术改变了企业运作的基本模式，因而也对传统的控制环境造成一些影响。

首先，企业的组织结构将趋于扁平化。传统的企业组织是在大规模制造的背景下发展起来的，普遍地呈现出金字塔式的组织结构。信息层层进行传递的方式在企业内形成了大量中层管理人员，而他们也因为拥有较多的信息而被视作具有决策信息优势的群体，并在企业管理的实践中享有较多的决策权。信息技术改变了企业内部信息按管理层级流动的状态，实现了可定制信息的实时采集与更新。因此，企业高级管理层可以详细了解基层业务执行情况，中层决策信息的优势不再存在，信息化的组织形态存在扁平化的可能。另一方面，信息时代高速变化的市场需求要求企业能够快速作出反应，这就需要组织内的信息能实现高效快速的沟通。这对组织形态也提出了精简的要求。以上两个方面因素的作用使得当代企业日益呈现扁平化的特征。在这种组织形态下，决策者和执行者能够快速地进行信息沟通，从而赢得时间这一信息时代企业经营管理重要的竞争变量。与此同时，组织运作方式也发生改变。在传统环境下，支持传统运作的知识主要分布在企业高层，为了实现企业的目标，往往采用"行政命令"式的组织方式，将高层知识向基层进行灌输，因此采用了部门化的组织运作方式。而信息集成后的组织中，知识主要集中在基层，为了更好地实现企业经营目标，企业应充分集中基层员工的知识能力，传统的为了方便业务指导和指令传达的部门化运作方式已不适应新型管理模式的要求。采用工作小组的组织运作方式，可以有效地支持企业核心业务从串行方式向并行方式发展，提供专家能力发挥的最大空间，适应了信息时代的变革要求，因此越来越受到理论界和实务界的广泛重视。

其次，信息技术在引发组织结构变动的同时，也改变了管理者经营管理的理念和方式。在传统环境下，由于信息的高度不对称，管理层更偏向于强制性的控制方式来进行日常管理，意在防止企业低效益和低效率地使用资源、防止会计差错和舞弊以及预防企业出现违法行为。而在信息技术环境下，关于责任主体行为及其结果的信息可以在组织内部实现实时、全面的共享和沟通，信息不对称问题得到解决，因此，纠错防弊不再是企业管理层主要关注的内容。管理者应该采用柔性化的管理方式，在把握公司整体趋势的前提下充分地放权，使企业的业务流程具有灵活性、敏捷性和自我控制的能力。在鼓励创造性和自主性的信息化企业内部，责任应由每一名组织成员来承担，这样传统组织的领导关系应相应改变，打破原来单方面划分责任和权力归属的状况，通过不断进行的讨论结合组织成员的能力来划分责任归属，并赋予组织成员恰当的权力和相应的激励措施鼓励其承担责任。这样的转变，有助于充分调动员工的积极性，从而适应外界复杂多变的环境的要求。

（二）在线活动

在线活动是指管理当局利用计算机系统针对实现组织目标所涉及的风险而采取的必要防范或减少损失的措施，它涵盖了企业内所有利用信息技术的控制行为。在线活动是信息集成环境下新兴的内部控制要素之一，但是并不是凭空出世，它主要对应于COSO报告内部控制基本要素中的风险评估、控制活动、信息沟通以及检查监督等要素中利用计算机系统进行的那部分。在信息充分集成后，企业的风险评估很大程度上基于信息系统完成，企业的信息沟通会因为借助了能实时反映的计算机网络而不再成为一个单独的问题，企业事后的检查监督也随着业务流、实物流和信息流的统一而并入业务的事前和事中控制活动中，再加上原有控制活动中一部分利用计算机系统的控制活动，共同构成了在线活动这一新的要素。

信息技术环境下，在线活动的内部控制的实施有赖于以下三个方面：第一，制定完善的内部控制制度，这个制度将成为内部控制的基本依据；第二，将内部控制的制度固化到软件中去，从而设计出完善的内部控制软件系统，能够完全体现完善内部控制制度的软件也将成为完善的软件系统；第三，保证完善的软件系统在企业内能够得以实施。如果上述三个步骤都能够得到很好的实施，在线活动的内部控制也就得到了实现。

1. 内控制度设计的控制

虽然传统手工环境下与信息集成环境下都需要对内部控制制度进行设计，但是设计的方式和设计的效果有很大的区别。

过去，由于企业的数据存在大量冗余、不一致以及分散等问题，要筛选有价值的信息来建立内部控制制度较为不易。因此，内部控制制度的制定大多还是靠少数人"靠经验、拍脑袋"，这使制定出来的内部控制制度不一定符合企业的实际情况。另外，现在企业面临的环境复杂多变，企业内的组织结构和业务流程也会随着不断变化。当内部控制环境的改变导致内部控制制度不再适应企业现有的生产条件的时候，内部控制制度常常需要很长一段时间内才能作出变更。而这种时滞也会给企业的风险管理过程带来潜在的危机。

现在，信息技术改变了这一切，一种新的理念正在颠覆着企业的内部控制制定机制。商务智能通过对数据的收集、管理、分析以及转化，使数据成为可用的信息，从而获得必要的洞察力和理解力，更好地辅助决策和指导行动。商业智能的手段主要集中于三个方面：①数据收集，基于数据仓库技术，将各业务部门的信息进行筛选、抽取，使独立的信息共享度得以提升，改变了过去由于应用深度不一、应用平台不一，甚至单个部门行为造成的信息隔离的局面；②数据分析，将海量数据进行有效的组织与管理，根据各种分析需求目标，建立各种分析模型，在数据仓库的基础上，提取有效数据，将企业各部门环节的营运脉络清晰、全面地展示在管理者的眼前；③数据挖掘，在将提取的重要数据汇总反馈的基础上，对分析模型进一步改造，使之能够根据业务特征把握关键控制点，有针对性地制定企业的内部控制制度。故在信息技术环境下，管理层可以考虑到很多原来难以量化的信息，综合各方面因素对企业现有业务活动进行客观分析、全面把握，从而制定出更加理性的决策。

2. 软件设计的控制

信息系统在开发时要对电算化系统处理程序编制工作进行控制。处理程序是信息系统开发最重要的环节之一，因为它需要将很多内部控制制度和业务流程规范内置到信息系统中，保证信息系统对业务的控制能够顺利地进行，而且信息系统一旦正式投入使用，要想对它进行修改也是十分困难的，要耗费较长的时间和较高的成本。因此，对系统的开发必须进行控制，以保证开发出来的系统能够满足用户的需要，具有及时发现和修正错误的功能。此外，信息系统投入使用后，还应当定期对信息系统运行进行监督和审查，避免由于人对系统的依赖性以及程序运行的重复性，使失效控制长期不被发现。对系统运行的控制是企业开展正常的生产经营活动的前提和保障。

有效的信息系统控制是技术与制度相结合的体系，绝不仅仅是一个技术问题，不能仅由技术人员负责，而应当受到企业最高管理层的高度重视。内部审计机构是信息系统运行控制最重要的执行者之一。内部审计机构在信息系统的开发、实施、维护和操作过程中应当进行严格的独立审查，并定期对信息系统加以检查，以保证信息系统的正确性、完整性和安全性。内部审计机构应当将发现的问题及时报告给企业管理当局，提高管理当局对信息系统控制的重视程度，帮助管理当局弥补信息系统控制中的缺陷。有条件的企业还应当实施信息系统审计。信息系统审计是独立信息系统审计师，为了信息系统的安全、可靠与有效，以第三方的客观立场对以计算机为核心的信息系统进行综合检查与评价，向被审计单位的最高管理当局，提出问题与建议的一系列活动。

3. 软件应用的控制

自动化业务流程就是以信息技术为实现手段的传统控制活动。它的控制目标和控制对象与传统的控制活动相一致，但它的存在形式和控制手段发生了很大的变化，它主要以计算机程序的形式嵌入企业信息系统，对业务的控制由计算机自动完成，因此控制手段更具有高效性和灵活性，更加强了内部控制的预防、检查和纠正功能。

信息技术环境下，由于信息在系统内能够充分、及时地共享，企业的控制活动由原来事后的检查监督转变为事前的预测防范和实时的监督控制。基于数据的实时反映，管理部门可和相关检查部门及其人员通过掌握企业动态变化的第一手信息，对业务人员的行为实现实时监督，有利于及时发现目标及制度实行过程中的各种偏差。同时，企业已经把政策、程序通过软件的形式固化到信息系统，客观上要求业务流程的办理必须按照企业的相关规定一步一步地进行。在信息系统内，每一位业务人员都拥有自己的账户，对应着自己的权限，他们必须办理自己权限内需要自己参与的事务，任何人都无权让业务流程的办理绕开他们而继续进行；而他们也只能在自己的权限内办理业务，任何人都没有机会越权行事。这样，企业的制度得到了自动地执行，控制也更加有效。信息集成后，企业能够实现制度控制、程序控制和结果控制的统一，实现这种分层递进控制、财务部门最后把关的思路，即使出现问题也容易被发现，并且便于及时地追踪出制度、程序、结果究竟哪个层面出现了问题，因此控制更加有效。

（三）线下活动

即使在信息技术环境下，企业内部仍会存在一部分业务需要人工来办理，即线下活动，例如，企业日常经营过程中的一部分生产、销售和采购，等等。线下活动所产生的信息和数据进入信息系统后的处理、传输等活动的控制则属于在线活动的控制范畴中。

对线下活动的控制主要包括对线下活动的风险评估、控制活动和检查监督，这与 COSO 报告中提到的三个要素有很大的相似之处。毕竟无论企业信息化发展到什么程度，仍有一部分活动由人工来完成，而这些活动就不可避免地会存在风险，需要进行风险管理。线下控制的活动与 COSO 报告中提到的控制活动方式大致相同，主要包括职责分工、授权审批、业绩指标的考核、实物盘点等。最后，在这些人工活动完成后，也需要像传统内部控制理论所要求的那样进行检查监督。由于这部分与以往传统内部控制的控制活动有很大的相似之处，在这里我们就不再占用过多的篇幅进行介绍。尤其需要注意的是，对线下活动信息进入信息系统部分的控制。信息一旦进入信息系统，在制度流程固化和程度安全性得到有效控制的情况下，信息的真实、可靠、及时性是能得到极好的保障的。但这要建立在初始信息输入的基础上，因此，这一环节显得尤为重要，一旦出错，在线活动的全过程都将受到严重的影响，对这一环节进行控制即要保证信息输入准确、及时。

四、信息系统的开发步骤

从系统观点出发，将"三维结构"体系用于信息系统开发过程中，可将系统开发分为以下几个阶段来进行。

（一）可行性分析阶段

可行性分析也称可行性研究，其主要内容是分析经济效益。在现代化管理中，经济效益评价是决策的重要依据。在采取一项重大的改革和投资行动之前，首先关心的是它能取得多大的效益。目前，可行性研究已被广泛应用于新产品开发、基建、工业企业、交通运输、商业设施等项目投资的各种领域。新的信息系统开发是一项耗资多、耗时长、风险大的工程项目。在进行大规模系统开发之前，要从有益性、可能性和必要性三个方面进行初步分析，目的是避免盲目投资，减少不必要的损失。这一阶段的总结性成果是可行性报告。报告中所阐述的可行性分析内容要经过充分论证正确之后方可进行下一阶段的工作。

（二）信息系统规划阶段

在企业或组织中，来源于企业或组织内外的信息源很多，如何从大量的信息源中收集、整理、加工，使这些信息发挥信息的整体效益，以满足各类管理不同层次的需要，显然不是分散、局部考虑所能解决的问题，必须经过来自高层的、统一的、全局的规划。

系统规划阶段的任务就是要在全局的角度，对系统中的信息进行统一的、总体的考虑。另外，信息系统的开发需要经过开发人员长时间的努力，需要相应的开发资金，因而在开发之前要确定开发顺序，合理安排人力、物力和财力，这些问题也必须通过系统规划来解决。具体地说，系统规划是在可行性分析论证之后，从总体的角度来规划系统应该由哪些部分组成，在这些组成部分中有哪些数据库（这里所规划的数据库是被系统各个模块所公用的主题数据库），它们之间的信息交换关系是如何通过数据库来实现的，并根据信息与功能需求提出计算机系统硬件网络配置方案。同时，根据管理需求确定这些模块的开发优先顺序，制订出开发计划，根据开发计划合理调配人员、物资和资金。这一阶段的总结性成果是系统规划报告，这个报告要在管理人员特别是高层管理人员、系统开发人员的共同参与下进行论证。

（三）信息系统分析阶段

信息系统分析阶段的任务是按照总体规划的要求，逐一对系统规划中所确定的各组成部分进行详细的分析。其分析包含两个方面的内容：一是分析每部分内部的信息需求，除了要分析内部对主题数据库的需求，还要分析为实现最终用户（即管理人员）的特定的功能需求而必须建立的一些专用数据库的需求；二是进行功能分析，即详细分析各部分如何对信息进行加工处理，实现最终用户的功能需求。在对系统的各个组成部分进行详尽的分析之后要利用适当的工具将分析结果表达出来，与用户进行充分的交流和验证，检验正确后可进入下一阶段的工作。

（四）信息系统设计阶段

信息系统设计阶段的任务是根据系统分析的结果，结合计算机的具体实现，设计各个组成部分在计算机系统上的结构，即采用一定的标准和准则，对信息系统的总体架构和模块之间的联系进行设计，对信息系统中的信息进行分类编码设计及输入/输出方式设计等。

（五）信息系统开发实施阶段

信息系统开发实施阶段的任务有两个方面：一方面是系统硬件设备的购置和安装，另一方面是应用软件的程序设计。程序设计必须遵循一定的设计原则来进行，最终的成果是大量的程序清单和系统使用说明书。

（六）信息系统测试阶段

程序设计工作的完成并不意味着系统开发的结束，还需要对应用程序进行充分的调试和测试。在调试和测试过程中往往需要使用一些试验数据，为此需要精心选择一些贴近实际的信息加载到系统中进行测试。系统测试是从总体出发，测试系统应用软件的总体效益及系统各个组成部分的功能完成情况，测试系统的运行效率和系统的可靠性等。

（七）信息系统安装调试阶段

信息系统测试工作的结束表明信息系统的开发已粗具规模，这时必须投入大量的人力从事系统安装、数据加载等系统运行前的一些新旧系统的转换工作。一旦转换结束便可对计算机硬件和软件系统进行系统的联合调试。

（八）信息系统试运行阶段

系统调试结束便可进入系统运行阶段。一般来说，在系统正式运行之前都要经过一定时间的试运行。因为信息系统是整个企业或组织的协调系统，如果不经过一段时间的实际检验就将系统投入运行状态，一旦出现问题可能会导致整个系统的瘫痪，风险极大，所以最好的方法是将新开发出的系统与原来旧系统并行运转一段时间，对系统进行全方位的检验。新旧系统给出的并行运行可以大大降低系统的风险，但是由于两套系统同时运作使投资加大，因此可以根据实际运行情况适当缩短试运行的时间。

（九）信息系统运行维护阶段

在完成系统开发的各项工作准备正式进行之前，除了要做好管理员的培训工作，还要制定一系列管理规则和制度。在这些规则和制度的约束下实施新系统的运行操作，如系统的备份、数据库的回复、运行日志的建立、系统功能的修改与增加、数据库操作权限的更改，同时要定期对系统进行评审，经过评审后一旦认为这个信息系统已经不能继续满足管理的需求，则应该考虑进入下一个阶段。

（十）信息系统更新阶段

该阶段的主要任务就是在上一阶段提出更新需求后，对信息系统进行充分的评估和论证，提出信息系统的建设目标和功能需求，准备进入信息系统的一个崭新的开发周期。

在整个系统开发过程中，为了使开发的信息系统成为一个成功的系统，避免出现前面所述的各类问题，除了每个阶段的工作要在正确的方法指导下进行之外，还要利用一系列的计算机辅助系统工程工具（Computer Aided Systems Engineering，CASE 工具）来从事系统开发工作。

信息系统的开发是一项长期而艰巨的系统工程，整个开发过程必须严格区分工作阶段，每个阶段都要有阶段性的成果。10 个阶段性的成果分别为：可行性报告、总体规划方案报告、系统分析报告、系统设计报告、系统使用说明书、系统测试报告、系统安装验收报告、系统试运行总结报告、系统运行审计报告。与这些阶段性总结报告相伴的是一系列与之配套的文档资料。每个报告的完成标志着系统开发阶段工作的基本完成,对每个阶段工作的质量和阶段性成果的检验可以通过评审来进行。通过评审的文档是该阶段的"里程碑",未通过评审则要考虑对该阶段工作的修正。这就相当于产品生产的每道工序的质量检查一样,只有保证即将进入下一道的半成品是合格的,最终才能生产出合格的产品。

五、信息系统开发中常见的一些问题

(一)信息系统开发人员对需求的理解出现偏差

信息系统开发的基本过程是:首先,各层管理人员即最终用户提出信息处理需求,系统分析员在充分理解这些需求的基础上进行系统分析,产生信息系统的逻辑结构,系统设计人员依据这个逻辑结构进行系统设计,最后由程序设计人员按照设计方案进行程序设计和编程产生一个新的信息系统。系统分析员是在理解用户需求的基础上开展工作的,是否能真正理解用户的需求在很大程度上取决于分析员的基本技能和工作经验;系统设计的工作也是在理解系统分析结果的基础上进行的;程序设计工作仍然是在充分理解分析、设计的结果的基础上开展工作的。可见理解需求、理解前一阶段的工作成果是各个阶段开发人员的工作基础,但是这种理解往往受到人员对知识的掌握程度、开发经验、头脑反应程度等条件的限制而出现偏差,进而产生的问题是最后所开发的信息系统与用户的需求相差甚远,最终导致系统开发的失败。

(二)"堆栈"现象

信息系统的开发过程是分阶段进行的,每个阶段都有可能因理解诸多因素而引入错误。经验表明,在系统开发的不同阶段所引入的错误"潜伏期"是不同的,越早潜入的错误越晚发现,类似堆栈规律。

(三)重编程,轻规划,轻分析

信息系统的建设有其自身的发展规律,最初计算机作为信息处理工具往往被用在小型的、单项系统中,这些小型系统需要简单、功能单一,并且在开发过程中可以较少地考虑与外界的信息交换问题,因此系统开发人员很快就能进入程序设计阶段,开发出信息系统。在小型信息系统开发过程中积累了一定的开发经验,形成了一定的工作方法,这些经验和方法使得一些系统开发人员习惯于在接受任务后就"急功近利"地开始编制程序,并为自己的工作"沾沾自喜"。但是随着信息系统开发的不断深入,当需要将所开发出的单项系统连接起来发挥整体效益的时候，他们又会很快陷入深深的绝望之中，不知道如何来协调各个单项系统之间的关系。

（四）当信息系统开发进度减缓时，采用增加人员的方式来加快速度

信息系统开发过程有别于其他类型的工程，需要循序渐进的过程，大部分的工作室开发人员头脑思维的结果，对于一项拖延了时间的开发工作，增加人员不但不能加快开发步伐，反而更加拖延时间，同时为协调这些人员之间的工作增大难度。

（五）过低估计信息系统的投资而使开发工作夭折

信息系统的投资有些是可见的，例如系统的硬件投资、系统软件的投资、应用系统的开发投资等；有些是不可见的，例如在系统开发过程中管理需求发生变化所带来的修改费用，系统运行过程中为了满足不断变化的需求所必需的系统维护费用，以及管理方式的变化所必需的投资等。有人用"冰山"来比喻这一问题：露出水面的冰山显而易见，犹如可以预见的投资，而在水面下还有相当大的冰块客观存在，这些不可预见的投资有时比可预见的投资还大。如果过低估计系统投资就有可能使信息系统在其开发过程中夭折，所造成的损失则是巨大的。

由此人们围绕着信息系统开发方法、质量、进度管理、成本控制以及信息系统的适应性、融合性等一系列问题进行深入的思考，把注意力从过去单纯对软件开发的研究扩展到从客观现实出发，对信息系统关于客观对象的融合性方面的研究；以客观现实与软件关系的认知为指导，对软件结构的研究；以开发阶段和开发内容为基础，对信息系统开发过程的研究。再有就是对"方法"本身进行深入的思考，认为在重视信息系统开发基础科学理论的研究（方法论）的同时，也应该注重开发工具和语言的研究，使开发方法和开发技术在有效的工具和合适的语言支持下得到更好、更有效的贯彻实施。

六、信息系统安全

信息系统安全是指信息系统包含的所有硬件、软件和数据受到保护，不因偶然和恶意的原因而遭到破坏、更改和泄露，信息系统连续正常运行。

信息系统本身存在着来自人文环境、技术环境和物理自然环境的安全风险，其安全威胁无时无处不在。对大型企业信息系统的安全问题而言，不可能单凭利用一些集成了信息安全技术的安全产品来解决，而必须考虑技术、

管理和制度的因素，全方位地、综合解决系统安全问题，建立企业的信息系统安全保障体系。

（一）企业管理信息系统安全存在的普遍问题分析

随着信息科技的发展，计算机技术越来越普遍地被应用于企业，而企业的信息系统普遍经历了由点及面、由弱渐强的发展过程，并在企业内形成了较为系统的信息一体化应用。随着企业信息系统建设的全面开展以及各种业务系统的逐步深入，企业的经营管理等对信息系统的依赖性也越来越强，甚至成了企业生存发展的基础和保证。因此，企业信息系统的安全可靠性越来越重要，信息系统安全成为企业迫切需要解决的问题。因为信息专业人员面对的是一个复杂多变的系统环境，如：设备分布物理范围大，设备种类繁多；大部分最终用户信息安全意识贫乏；系统管理员对用户的行为缺乏有效的监管手段；少数用户恶意或非恶意滥用系统资源；基于系统性的缺陷或漏洞无法避免；各种计算机病毒层出不穷等。这一系列的问题都严重地威胁着信息系统的安全。因此，如何构建完善的信息系统安全防范体系，以保障企业信息系统的安全运行成为企业信息化建设过程中必须面对并急需解决的课题。

（二）对信息系统安全的几个认识上的问题

（1）解决信息系统的安全问题要有系统的观念。解决信息系统的安全问题必须是系统性的，不能指望只从任何一方面来解决。从系统的角度来看，信息系统由计算机系统和用户组成，因此信息系统安全包括人和技术的因素。

（2）信息系统的安全问题是动态的、变化的。

（3）信息系统的安全是相对的。

（4）信息安全是一项长期的工作，需要制定长效的机制来保障，不能期望一劳永逸。

企业信息系统安全所采取的策略：根据以上的分析，结合多年的实际系统管理经验，笔者认为企业信息系统安全管理就是一个在充分分析影响信息系统安全的因素的基础上，通过制定系统完备的安全策略并采取先进、科学、适用的安全技术对信息系统实施安全监控和防护，使系统具有灵敏、迅速地恢复响应和动态调整功能的智能型系统安全体系，其模型可用公式表示为：系统安全＝风险评估＋安全策略＋防御体系＋实时检测＋数据恢复＋安全跟踪＋动态调整。其中，风险评估是指经过充分的分析找出可能影响信息系统安全的各种因素（包括技术的和管理的因素），以及这些因素可能对信息系统安全产生的风险。对存在的安全风险及可能影响信息系统安全的各种因素进行的分析和报告，是安全策略制定的依据；安全策略是系统安全的总体规划和具体措施，是整个安全保障体系的核心和纲要；防御体系是根据系统存在的各种安全漏洞和安全威胁所采用的相应的技术防护措施，是安全保障体系的重心所在；实时检测是随时监测系统的运行情况，及时发现和制止对系统进行的各种攻击；数据恢复是在安全防护机制失效的情况下，进行应急处理和响应，及时地恢复信息，减少被攻击的破坏程度，包括备份、自动恢复、确保恢复、快速恢复等；安全跟踪是指记录和分析安全审计数据，检查系统中出现的违规行为，判断是否违反企业信息系统安全保障体系的目标；动态调整旨在为改善系统性能而引入的智能反馈机制，使系统表现出动态免疫力，取得较好的安全防护效果。在此安全体系模型中，风险评估＋安全策略体现了管理因素，防御体系＋实时检测＋数据恢复体现了技术因素，安全跟踪则体现了制度因素，并且系统还具备动态调整的反馈功能，使得该体系模型能够适应系统的动态性，支持信息系统安全性的动态提升。

（三）信息安全管理中管理因素的应用

在安全保障体系中，"风险评估＋安全策略"体现了管理因素。

（1）为保障企业信息系统的安全，企业必须成立专门的信息系统安全管理组织，由企业主要领导负责，通过信息安全领导小组对企业的信息安全实行总体规划和管理，具体的实施由企业的信息主管部门负责。

（2）企业应该出台关于保证信息系统安全的管理标准。标准中应该规定信息系统各类型用户的权限和职责、用户在操作系统过程中必须遵守的规范、信息安全事件的报告和处理流程、信息保密；系统的账号和密码管理、信息安全工作检查与评估、数据的管理、中心机房管理等信息安全相关的标准，而且在系统运行管理过程中应该根据发展的需要不断地补充及完善。

（3）积极开展信息风险评估工作。定期对系统进行安全评估工作，主动发现系统的安全问题，评估工作包括：信息网的网络基础设施（拓扑、网络设备、安全设备等）；信息网络中的关键主机、应用系统及安全管理；当前的威胁形势和控制措施。

通过对企业信息网内支撑主要应用系统的IT资产进行调查，对存在的技术和管理弱点进行识别，全面评估企业的信息安全现状，得出企业当前的全面风险视图，为下一步的安全建设提供参考和指导方向，为企业信息安全建设打下扎实的基础。

（4）加强信息系统（设备）的运维管理，包括以下几方面的措施：建立完善的设备、系统的电子台账，包括设备的软件、硬件配置以及其他相关的技术文档；规范系统管理的日常各项工作，包括设备安装、系统安装以及各项操作都进行闭环管理；建立完善的工作日志，日常的各项操作、系统运行等都必须有记录；规范普通用户的行为，只分配给各种用户足够应用需要的资源、权限。

（四）信息安全管理系统技术应用

在安全保障体系中，"防御体系+实时检测+数据恢复"体现了技术因素。在信息安全保障体系建设过程中，需从多个方面，多个角度综合考虑，采用分步实施、逐步实现的方法。多年来在信息安全方面采取的技术手段如下：

（1）关键的系统采取冗余的配置，以增强系统的安全性，如对核心交换机、中心数据库系统、数据中心的存储系统、关键应用系统的服务器，可以采取双机甚至群集的配置以避免重要系统的单点故障；加强对网络系统的管理。网络系统是企业信息系统安全的最核心内容之一，也是影响系统安全因素最多的，很多系统安全的风险首先都是由于网络系统的不安全引起的。在网络安全方面需采取的技术手段如下：

加强网络的接入管理。这是网络安全的最基础工作，与公用网络系统不同，企业的网络系统是企业专有的网络，系统只允许规定的用户接入，因此必须实现接入管理。在实际的工作中采取边缘认证的方式。在笔者的实际工作中，通过对所在公司的网络系统进行改造后实现了支持基于MAC地址或802.1X两种方式的安全认证，实现企业内网络系统的安全接入管理，使所有的工作站设备从网络端口接入网络系统时必须经过安全认证，从而保证只有授权的、登记在册的设备才能接入企业的网络系统以保证系统的安全。

利用VLAN技术根据物理分布和应用情况适当划分系统子网。这样有多方面的好处：首先，对网络广播流量进行了隔离，避免人为或系统故障引起的网络风暴影响整个系统；其次，增强系统的可管理性，通过子网的划分可以实现对不同的子网采取不同的安全策略、将故障定位在更小的范围内等；再次，可以根据应用的需要实现某些应用系统的相对隔离。

加强对网络出口的管理。如在企业内部网络与Internet（或其他不可信任的网络）连接的边界架设防火墙作为安全网关，并制定安全的访问策略；架设防病毒网关，尽可能地将计算机病毒堵在企业内部网络之外。

采用网络运维管理网管平台，实现对企业网络系统监控、IP地址与服务分布查询定位、网络数据流异动报警功能。

在系统上部署网络入侵和安全审计系统，如采用旁路方式接入网络，对网络内部和外部的用户活动进行监控，侦察系统中存在的现有和潜在的安全威胁，对与安全有关的活动信息进行识别、记录、存贮和分析。

（2）通过桌面管理系统实现对企业的PC等外围以及终端用户的行为进行集中的管理。数据表明企业的系统安全事件大部分来自企业内部网络。如何实现对内部用户的有效管理，防止用户有意或无意地滥用系统资源而对整个信息系统造成危害是企业信息系统安全急需解决的重要问题。根据笔者的经验，在边缘认证系统的支持下对PC等外围设备进行集中的监控和管理，对用户行为能有效管理、跟踪是最有效的方法。而桌面管理系统能帮助系统管理人员实现这些目标。通过该系统对企业的IT资源进行动态的跟踪收集，动态生成最新的IT资源清单；对设备异动进行报告，实现硬件、软件资源的远程维护和管理，主动地基于系统的安全漏洞的扫描功能，实现快速的系统安全评估及系统补丁的自动分发，提高IT资源的有效使用率。

（3）选择合适的防病毒产品，部署安全而又适用的防病毒系统。计算机病毒近年来是威胁信息系统安全的重要因素，层出不穷的计算机病毒严重威胁着企业的信息系统。根据应用的不同选择合适的防病毒产品来部署企业的防病毒系统是非常重要的。以笔者的经验，根据应用系统的安全等级要求不同可以采取多种防病毒产品，对不同的应用系统采取不同的查、杀、拦截策略，如对服务器、重要的系统就应当采取以保护系统的数据安全、系统运行的稳定性为前提的病毒防护策略，而对PC等终端设备则要采取以不能因它而威胁整个系统安全为原则的病毒防护策略；相反，一台工作站的连续运行能力就不是要重点考虑的，如最好能实现PC等工作站的防病毒软件是否安全使用与边缘认证结合起来，不安全的工作站不能接入系统，从而保证系统的安全。

第三节 企业内部控制应用指引
——信息系统的案例

【案例 23-1】

广东联通信息系统结构

一、广东联通信息系统结构

广东联通信息系统主要包括三大系统域：运营支撑系统域（OSS）、业务支撑系统域（BSS）和管理支撑系统域（MSS）。其中，运营支撑系统域属于生产管理系统，面向服务和资源，为综合运营提供支持，主要包括集成订单管理系统、服务开通管理系统、综合资源管理系统、综合生产调度系统、动力监控系统等；业务支撑系统域属于业务管理系统，为市场营销、客户服务等企业经营活动提供全面支撑，主要包括外部门户系统、CRM（客户关系管理）系统、合作伙伴管理系统、经营分析系统、综合计费账务系统、综合结算系统和综合采集系统等；管理支撑系统域属于管理支持系统，为企业管理活动提供有力的支撑和保障，主要包括内部门户系统、企业决策支持系统、ERP（企业资源计划）系统、OA（办公自动化）系统等。ERP系统又包括会计信息系统、采购管理、库存管理、人力资源管理等子系统。

二、广东联通信息系统内部控制状况分析

信息系统内部控制是广东联通内部控制的重要组成部分，包括信息系统一般控制和信息系统应用控制。在内部控制建设过程中，广东联通对2 200多个风险点（其中信息系统关键控制点349个）进行了详细分析，制定了相应的控制措施。

（一）广东联通信息系统一般控制

信息系统的一般控制是指对信息系统的开发和应用环境进行的控制，主要包括信息系统控制环境管理、系统开发管理、系统变更管理、日常运行维护管理、系统安全管理等内容。广东联通强调信息系统全生命周期管理，明确了信息系统各阶段的风险控制点。为了加强信息系统一般控制，中国联通及广东联通还制定了一系列制度，包括《中国联通广东分公司信息系统项目建设规程》《中国联通信息系统管理规范订立及修改细则》等。

（二）广东联通信息系统应用控制

信息系统应用控制是指利用信息系统对业务处理实施的控制。根据业务处理环节划分，信息系统应用控制包括输入控制、处理控制和输出控制等内容。广东联通信息化程度较高，公司生产经营完全依赖信息系统的支持。因此，信息系统应用控制与公司的生产经营业务密不可分。广东联通通过梳理业务流程，强化职责分工，实现不相容职务相互分离等手段加强信息系统应用控制。

三、广东联通信息系统内部控制的特点

（一）信息系统内部控制风险大

广东联通的信息系统非常庞大，信息系统的数量多达20多个，涵盖了运营、业务和管理三大领域。公司高度重视信息系统的建设，利用信息系统来支持公司的业务发展。随着新产品的不断推出，需要不断增加新的信息系统，旧的信息系统不断进行升级变更。信息系统的故障将直接影响服务的提供，因此，广东联通信息系统内部控制风险较大。

（二）信息系统控制力度大、控制点多

一般执行《萨班斯—奥克斯利法案》的企业，其信息系统控制点只有几十个，而广东联通有300多个信息系统关键控制点。信息系统控制点多，管理不断细化。

（三）实行信息系统生命周期全过程管理

广东联通既强调信息系统一般控制，又重视信息系统应用控制。其信息系统内部控制包括信息系统控制环境管理、系统开发管理、系统变更管理、系统安全管理、系统运行维护管理以及与业务密切联系的信息系统应用管理，涵盖了系统规划、需求分析、系统设计、系统实施、系统运行维护、系统评价等整个信息系统生命周期。

（四）提倡系统控制，减少人工控制

系统控制效率高、风险小，而人工控制成本高、风险大。因此，广东联通在信息系统开发过程中，充分利用信息技术优势，优化流程，完善控制点，将业务处理规则嵌入系统程序中，减少人工控制，增加系统控制，并实现手工处理环境下难以实现的控制功能,以更加高效地预防、发现和纠正错误和舞弊。

(五)重视企业全面风险管理

广东联通内部控制的建设不仅仅是为了应对审计,更重要的是为了强化公司管理,加强全面风险管理。公司以全面风险评估为基础,加强了业务管理、费用规范管理、信息系统及电子表格控制管理、会计与业务核对、套餐审批及信用额度管理、工程物资、存货及固定资产管理、财务关账控制、公司层面控制等方面的风险识别和风险分析,评估现有的控制措施设计的完整性和执行的有效性,持续维护和完善内部控制制度,确保涵盖所有重大经营风险。

四、广东联通案例对加强信息系统内部控制建设的启示

(一)信息系统相关部门的积极参与是做好信息系统内部控制工作的基础

信息系统内部控制建设不仅仅是公司信息化管理部门的工作职责,而且需要信息系统应用部门的积极参与和配合。信息系统内部控制建设工作涉及与信息系统有关的每个岗位、每个人员,信息系统内部控制制度的有效执行,离不开企业的各级管理者和员工的积极参与。广东联通经过大力宣传与贯彻,使内部控制管理理念深入人心,通过编制流程岗位对应表和岗位流程对应表,将每个流程落实到在岗的员工。每位在岗的员工通过切实执行内部控制制度,逐步加强基础管理工作,有力推动了公司的内部控制建设工作。

(二)信息系统内部控制工作要与生产经营活动紧密结合

内部控制工作是否有效取决于流程和制度是否得到了有效的执行,而内部控制制度规范是否被有效执行,又取决于流程和制度是否符合生产经营活动的实际情况。因此,只有结合实际工作制定具体风险问题的防范措施,将信息系统内部控制工作从流程设计、制度制定、措施贯彻等各个环节与生产经营紧密结合,才能让企业员工易于理解和接受,才能更好地发挥其作用。

(三)从公司战略角度建立信息系统

针对信息系统的开发和变更,以及各子系统之间的整合问题,应该站在战略的角度建立公司的信息系统。根据公司战略发展的需要,构建信息系统大平台,建立相应的信息系统模块与流程,及时更新系统以便适应公司业务

流程的变化和各子系统之间的整合。

（四）信息系统内部控制工作要建立长效机制、常抓不懈

内部控制工作是一项长期的任务，复杂而艰巨。信息系统的开发和变更、业务处理流程的变化等都会改变风险问题，必须适时修正控制流程和控制措施，完善内部控制制度规范，保证制度规范的健全性。通过建立检查督导制度，巩固已经整改的成果，防止死灰复燃，建立健全长效机制，常抓不懈，避免出现前清后乱、工作反复的弊病。

第三部分

企业内部控制评价指引解读及案例分析

第二十四章

企业内部控制评价

第一节 企业内部控制评价指引基本内容

第一章 总 则

第一条 为了促进企业全面评价内部控制的设计与运行情况，规范内部控制评价程序和评价报告，揭示和防范风险，根据有关法律法规和《企业内部控制基本规范》，制定本指引。

第二条 本指引所称内部控制评价，是指企业董事会或类似权力机构对内部控制的有效性进行全面评价、形成评价结论、出具评价报告的过程。

第三条 企业实施内部控制评价至少应当遵循下列原则：

（一）全面性原则。评价工作应当包括内部控制的设计与运行，涵盖企业及其所属单位的各种业务和事项。

（二）重要性原则。评价工作应当在全面评价的基础上，关注重要业务单位、重大业务事项和高风险领域。

（三）客观性原则。评价工作应当准确地揭示经营管理的风险状况，如实反映内部控制设计与运行的有效性。

第四条 企业应当根据本评价指引，结合内部控制设计与运行的实际情况，制定具体的内部控制评价办法，规定评价的原则、内容、程序、方法和报告形式等，明确相关机构或岗位的职责权限，落实责任制，按照规定的办法、程序和要求，有序开展内部控制评价工作。

企业董事会应当对内部控制评价报告的真实性负责。

第二章 内部控制评价的内容

第五条 企业应当根据《企业内部控制基本规范》、应用指引以及本企业的内部控制制度，围绕内部环境、风险评估、控制活动、信息与沟通、内部监督等要素，确定内部控制评价的具体内容，对内部控制设计与运行情况进行全面评价。

第六条 企业组织开展内部环境评价，应当以组织架构、发展战略、人力资源、企业文化、社会责任等应用指引为依据，结合本企业的内部控制制度，对内部环境的设计及实际运行情况进行认定和评价。

第七条 企业组织开展风险评估机制评价，应当以《企业内部控制基本规范》有关风险评估的要求，以及各项应用指引中所列主要风险为依据，结合本企业的内部控制制度，对日常经营管理过程中的风险识别、风险分析、应对策略等进行认定和评价。

第八条 企业组织开展控制活动评价，应当以《企业内部控制基本规范》和各项应用指引中的控制措施为依据，结合本企业的内部控制制度，对相关控制措施的设计和运行情况进行认定和评价。

第九条 企业组织开展信息与沟通评价，应当以内部信息传递、财务报告、信息系统等相关应用指引为依据，结合本企业的内部控制制度，对信息收集、处理和传递的及时性、反舞弊机制的健全性、财务报告的真实性、信息系统的安全性，以及利用信息系统实施内部控制的有效性等进行认定和评价。

第十条 企业组织开展内部监督评价，应当以《企业内部控制基本规范》有关内部监督的要求，以及各项应用指引中有关日常管控的规定为依据，结合本企业的内部控制制度，对内部监督机制的有效性进行认定和评价，重点关注监事会、审计委员会、内部审计机构等是否在内部控制设计和运行中有效发挥监督作用。

第十一条 内部控制评价工作应当形成工作底稿，详细记录企业执行评价工作的内容，包括评价要素、主要风险点、采取的控制措施、有关证据资料以及认定结果等。

评价工作底稿应当设计合理、证据充分、简便易行、便于操作。

第三章 内部控制评价的程序

第十二条 企业应当按照内部控制评价办法规定的程序，有序开展内部控制评价工作。

内部控制评价程序一般包括：制定评价工作方案、组成评价工作组、实施现场测试、认定控制缺陷、汇总评价结果、编报评价报告等环节。

企业可以授权内部审计部门或专门机构（以下简称内部控制评价部门）负责内部控制评价的具体组织实施工作。

第十三条 企业内部控制评价部门应当拟订评价工作方案，明确评价范围、工作任务、人员组织、进度安排和费用预算等相关内容，报经董事会或其授权机构审批后实施。

第十四条 企业内部控制评价部门应当根据经批准的评价方案，组成内部控制评价工作组，具体实施内部控制评价工作。评价工作组应当吸收企业内部相关机构熟悉情况的业务骨干参加。评价工作组成员对本部门的内部控制评价工作应当实行回避制度。

企业可以委托中介机构实施内部控制评价。为企业提供内部控制审计服务的会计师事务所，不得同时为同一企业提供内部控制评价服务。

第十五条 内部控制评价工作组应当对被评价单位进行现场测试，综合运用个别访谈、调查问卷、专题讨论、穿行测试、实地查验、抽样和比较分析等方法，充分收集被评价单位内部控制设计和运行是否有效的证据，按照评价的具体内容，如实填写评价工作底稿，研究分析内部控制缺陷。

第四章 内部控制缺陷的认定

第十六条 内部控制缺陷包括设计缺陷和运行缺陷。企业对内部控制缺陷的认定，应当以日常监督和专项监督为基础，结合年度内部控制评价，由内部控制评价部门进行综合分析后提出认定意见，按照规定的权限和程序进行审核后予以最终认定。

第十七条　企业在日常监督、专项监督和年度评价工作中，应当充分发挥内部控制评价工作组的作用。内部控制评价工作组应当根据现场测试获取的证据，对内部控制缺陷进行初步认定，并按其影响程度分为重大缺陷、重要缺陷和一般缺陷。

重大缺陷，是指一个或多个控制缺陷的组合，可能导致企业严重偏离控制目标。

重要缺陷，是指一个或多个控制缺陷的组合，其严重程度和经济后果低于重大缺陷，但仍有可能导致企业偏离控制目标。

一般缺陷，是指除重大缺陷、重要缺陷之外的其他缺陷。

重大缺陷、重要缺陷和一般缺陷的具体认定标准，由企业根据上述要求自行确定。

第十八条　企业内部控制评价工作组应当建立评价质量交叉复核制度，评价工作组负责人应当对评价工作底稿进行严格审核，并对所认定的评价结果签字确认后，提交企业内部控制评价部门。

第十九条　企业内部控制评价部门应当编制内部控制缺陷认定汇总表，结合日常监督和专项监督发现的内部控制缺陷及其持续改进情况，对内部控制缺陷及其成因、表现形式和影响程度进行综合分析和全面复核，提出认定意见，并以适当的形式向董事会、监事会或者经理层报告。重大缺陷应当由董事会予以最终认定。

企业对于认定的重大缺陷，应当及时采取应对策略，切实将风险控制在可承受度之内，并追究有关部门或相关人员的责任。

第五章　内部控制评价报告

第二十条　企业应当根据《企业内部控制基本规范》、应用指引和本指引，设计内部控制评价报告的种类、格式和内容，明确内部控制评价报告编制程序和要求，按照规定的权限报经批准后对外报出。

第二十一条　内部控制评价报告应当分别内部环境、风险评估、控制活动、信息与沟通、内部监督等要素进行设计，对内部控制评价过程、内部控制缺陷认定及整改情况、内部控制有效性的结论等相关内容作出披露。

第二十二条 内部控制评价报告至少应当披露下列内容：

（一）董事会对内部控制报告真实性的声明。

（二）内部控制评价工作的总体情况。

（三）内部控制评价的依据。

（四）内部控制评价的范围。

（五）内部控制评价的程序和方法。

（六）内部控制缺陷及其认定情况。

（七）内部控制缺陷的整改情况及重大缺陷拟采取的整改措施。

（八）内部控制有效性的结论。

第二十三条 企业应当根据年度内部控制评价结果，结合内部控制评价工作底稿和内部控制缺陷汇总表等资料，按照规定的程序和要求，及时编制内部控制评价报告。

第二十四条 内部控制评价报告应当报经董事会或类似权力机构批准后对外披露或报送相关部门。

企业内部控制评价部门应当关注自内部控制评价报告基准日至内部控制评价报告发出日之间是否发生影响内部控制有效性的因素，并根据其性质和影响程度对评价结论进行相应调整。

第二十五条 企业内部控制审计报告应当与内部控制评价报告时对外披露或报送。

第二十六条 企业应当以12月31日作为年度内部控制评价报告的基准日。

内部控制评价报告应于基准日后4个月内报出。

第二十七条 企业应当建立内部控制评价工作档案管理制度。内部控制评价的有关文件资料、工作底稿和证明材料等应当妥善保管。

第二节 企业内部控制评价指引解读

一、内部控制评价概述

（一）内部控制评价的定义

《评价指引》第二条规定，内部控制评价是指企业董事会或类似权力机构对内部控制的有效性进行全面评价、形成评价结论、出具评价报告的过程。

理解内部控制评价的定义应注意以下几点：

（1）该定义明确了企业内部控制建设的责任主体，即董事会（或类似权力机构）是建立健全和实施内部控制评价工作的主要责任方。

（2）该定义明确了内部控制评价的评价内容与评价要求。评价内容为内部控制的有效性，包括财务报告内部控制有效性和非财务报告内部控制有效性。内部控制评价要具有全面性，要求企业的评价工作包括内部控制的设计与运行及涵盖企业及其所属单位的业务和事项，并在此评价的基础上，关注主要业务单位、重大业务事项和高风险领域。

（3）执行《基本规范》及企业内部控制配套指引的企业对内部控制的有效性进行自我评价后，必须按照规定的要求披露年度自我评价报告。

（二）内部控制评价的目标

企业实施内部控制评价工作，对揭示、防范和管理企业风险，实现企业经营目标和发展战略具有重大意义。内部控制评价通过评价企业内部控制体系的充分性、合规性、有效性和适宜性，促使企业切实加强内部控制体系的建设并认真执行。内部控制评价的目标应该是从内部控制的目标出发，对内部控制的设计和执行进行评价，考核内部控制所规定的目标实现与否，具体评价目标如下：

（1）建立健全内部控制机制，保障内部控制体系有效实施。

（2）确保企业经营业务的合法合规性。

（3）保障企业资产的安全完整性。

（4）增强企业财务信息和管理信息的真实完整性。

（5）为企业提高风险管理水平提供信息服务和决策支持。

（6）提高企业经营效率和效果，促进企业实现发展战略。

（三）内部控制评价原则

《评价指引》第三条规定，企业实施内部控制评价至少应当遵循下列原则：

（1）全面性原则。评价工作应当包括内部控制的设计与运行，涵盖企业及其所属单位的各种业务和事项。

（2）重要性原则。评价工作应当在全面评价的基础上，关注重要业务单位、重大业务事项和高风险领域。

（3）客观性原则。评价工作应当准确地揭示经营管理的风险状况，如实反映内部控制设计与运行的有效性。

应该注意的是，以上是企业实施内部控制评价工作时遵循的三项最基本的原则。同时，企业应根据评价工作目标与企业自身的特点，补充参考以下原则：

（1）风险导向原则。内部控制评价应当以风险评估为基础，根据风险发生的可能性和对企业单个或整体控制目标造成的影响程度来确定需要评价的重点业务单元、重要业务领域或流程环节。

（2）独立性原则。内部控制评价机构的确定及评价工作的组织实施应当保持相应的独立性。

（3）成本效益原则。内部控制评价应当以适当的成本实现科学有效的评价。

（四）内部控制评价的组织体系

1.内部标准评价的组织制度

内部控制评价工作能否有效实施，很大程度上取决于企业是否具备强有力的组织领导体制。《评价指引》中有关内部控制评价组织的规定如下：

（1）《评价指引》第一条规定，本指引所称内部控制评价，是指企业董事会或类似权力机构对内部控制的有效性进行全面评价、形成评价结论、出具评价报告的过程。

（2）《评价指引》第十二条规定，企业可以授权内部审计部门或专门机构（以下简称内部控制评价部门）负责内部控制评价的具体组织实施工作。

（3）《评价指引》第十四条规定，企业内部控制评价部门应当根据经批准的评价方案,组成内部控制评价工作组,具体实施内部控制评价工作。评价工作组应当吸收企业内部相关机构熟悉情况的业务骨干参加。评价工作组成员对本部门的内部控制评价工作应当实行回避制度。企业也可以委托中介机构实施内部控制评价。为企业提供内部控制审计服务的会计师事务所,不得同时为同一企业提供内部控制评价服务。

从以上规定中可以总结出企业实行内部控制评价的组织架构,即实行董事会(或类似权力机构)领导负责、内部审计部门组织实施、评价工作组(可以委托中介机构)具体执行的内部控制评价组织制度。

2. 内部控制评价部门的设置条件

依据《评价指引》,企业可以授权内部控制评价部门负责内部控制评价的具体组织实施工作。为了确保内部控制评价机构职能的有效发挥,内部控制评价机构的设置必须具备一定的条件:

(1)能够独立行使对内部控制系统建立与运行过程及结果进行监督的权力。

(2)具备与监督和评价内部控制系统相适应的专业胜任能力和职业道德素养。

(3)与企业其他职能机构就监督与评价内部控制系统方面应当保持协调一致,在工作中相互配合、相互制约,在效率上满足企业对内部控制系统进行监督与评价所提出的有关要求。

(4)能够得到企业董事会和经理层的支持,通常直接接受董事会及其审计委员会的领导和监事会的监督,有足够的权威性来保证内部控制评价工作的顺利开展。

3. 评价工作组

评价工作组具体负责执行内部控制评价工作,接受内部控制评价机构的领导。内部控制评价机构根据评价方案的内容与性质设置评价工作组。评价工作组一般由具备独立性、业务胜任能力、职业道德素养的业务骨干组成。评价工作组成员对本部门的内部控制评价工作应当实行回避制度。企业也可以委托中介机构作为评价工作组实施内部控制评价,但为企业提供内部控制审计服务的会计师事务所,不得同时为同一企业提供内部控制评价服务。

二、内部控制评价的内容

内部控制评价要结合内部控制的五大要素来对被评价单位内部控制系统

的总体情况进行评估，它们来源于管理当局经营企业的方式，并与管理过程整合在一起。各个要素之间是一个多方向、反复的过程，每一个要素都能够影响其他构成要素，最终影响企业内部控制系统运行的有效性。以下列示了这五大要素及其包含的重点评价内容。

（一）内部环境

内部环境是企业实施内部控制的基础，支配着企业全体员工的内控意识，影响着全体员工实施控制活动和履行控制责任的态度、认识和行为。内部环境类应用指引有 5 项，包括组织架构、发展战略、人力资源、企业文化和社会责任等指引。与以上 5 项应用指引相对应，控制环境评价主要关注点包括如下几点。

1. 诚信道德与企业价值观

（1）是否存在行为准则及商业行为、利益冲突、伦理等方面的道德标准，并有效执行。

（2）是否树立了明确的管理风格，包括明确的道德指导和在公司范围内进行沟通指导的程度。

（3）与员工、供应商、客户、投资人、债权人、保险人、竞争对象和审计师等的关系如何。

（4）针对违反政策和道德准则的情况是否采取了适当的措施，采取的措施是否在公司范围内进行了沟通。

（5）管理层对干预或逾越既定控制制度的态度。

（6）是否存在不切实际的目标压力（特别是那些短期目标压力），企业薪酬在多大程度上基于业绩目标的实现。

2. 胜任能力

（1）公司是否存在正式和非正式的工作描述或其他能说明具体工作任务和责任的方式。

（2）公司是否存在对胜任工作所需要知识和技能的分析。

3. 董事会

（1）董事会或审计委员会是否独立于管理层。

（2）必要时是否建立了董事会专门委员会，以特别关注和处理相关重要事件。

（3）董事的知识和经验如何。

（4）董事会（或审计委员会）与首席财务官、会计人员、内部审计和外部审计人员会面的频率和时间。

（5）企业为董事会或专门委员会委员提供信息的及时性和充分性。

（6）董事会如何聘用和终止高级管理人员，是否监督高级管理人员的薪酬问题。

（7）董事会对"高级管理层基调"的态度和举措。

（8）董事会或审计委员会是否对其所发现的问题采取了相应的行动，包括特殊调查等。

4. 公司治理层的管理理念和经营风格

（1）管理层对待风险的态度，如管理层是否经常介入特别高风险的管理业务，还是在接受风险方面非常保守。

（2）公司关键职能部门（如经营、会计、数据处理、内部审计等部门）的人员流动情况。

（3）管理层对财务等重要职能的态度，以及对财务报告可靠性和资产安全性的关切程度。

（4）公司高级管理层和业务部门管理层相互交流的频率，特别是双方处于不同地域时的交流频率。

（5）管理层对财务报告的态度和行动，包括对会计处理争议所持的态度和采取的行动。

5. 公司组织机构

（1）组织结构的适当性，以及其提供管理活动必要信息流的能力。

（2）关键管理者的职责定义，以及他们对自身职责的理解。

（3）关键管理者是否充分具备与履行其相关职责的知识和经验。

（4）组织内部报告关系的适当性。

（5）公司的组织结构如何随环境的变化而变化。

（6）公司员工数量的合理性，特别是管理和监督人员的数量合理性。

6. 权力和责任的分配

（1）公司如何根据目标、经营职能和监管要求分配责任和授权，包括信息系统的责任和授权的变化。

（2）公司与控制相关的标准、程序的适当性，包括员工职责描述。

（3）职员数量的适当性，特别是数据处理和会计职能，这些职员应具备与企业规模、业务活动和系统相适应的技能水平。

（4）授权和所分配的责任是否相吻合。

7. 人力资源政策及实施情况

（1）企业招聘、培训、晋升、薪酬等政策和程序的恰当性。

（2）员工是否意识到他们的工作职责和公司对他们的期望。

（3）对背离既定政策和程序的行为所采取的补救措施的适当性。

（4）应征员工背景调查的适当性。

（5）人力政策与相应的道德标准是否一致。

（6）员工留任和晋升标准的适当性。

（二）风险评估

企业组织开展风险评估机制评价，应从公司层面目标的制定、业务活动层次目标的制定、风险分析及系统应对变化的能力三方面展开，具体评价的主要关注点如下。

1. 公司层面目标

（1）公司总体目标设置的合理性、充分性、与公司愿景和期望的相关性。

（2）公司总体目标沟通与传递方式的有效性。

（3）公司总体目标与战略计划的关联性和一致性。

（4）商业计划、预算与公司目标、战略计划及当前情况的一致性。

2. 业务活动层次目标

（1）业务活动层次的目标与公司目标及战略计划的一致性。

（2）业务活动层次的目标与其他活动的一致性。

（3）业务流程与业务活动层次目标的相关性。

（4）业务活动层次目标的具体性。

（5）资源充足性。

（6）是否明确企业整体目标实现的关键成功因素。

（7）管理层参与制定企业目标以及他们对目标负责的程度。

3. 风险分析及系统应对变化的能力

（1）企业识别外部风险的机制是否健全。

（2）企业识别内部风险的机制是否健全。

（3）企业是否为业务活动层次的每一个重要目标实现识别相关的重要风险。

（4）风险分析程序的全面性和相关性，包括估计风险因素的重要程度、评估风险发生的可能性以及决定应采取的行动。

（5）对于那些影响企业或业务活动目标实现的事件和活动，企业是否存在一种预见和识别机制，并及时作出适当的反应。

（6）是否存在一种机制识别和处理那些对企业有深远影响的变革，高级管理层是否高度关注。

（三）控制活动

控制活动是企业为保障管理层的指令有效实施和实现企业目标而建立的政策和程序。各控制活动的评价标准依不同的业务类型而不尽相同，但评价企业控制活动一般应考虑以下因素：控制活动的类型，包括人工控制和自动控制、预防性控制和发现性控制等；控制活动的复杂性，通常与企业的组织机构、市场环境、经营规模、员工素质等相关；实施控制活动需要的职业判断程度；控制活动所针对的风险事项及其重要性；该控制活动对其他控制活动有效性的依赖程度。评价控制活动的主要关注点如下。

（1）企业针对每一项业务活动是否都制定了恰当的控制政策和程序。

（2）已确定的控制政策和程序是否得到持续和恰当的执行。

（四）信息与沟通

信息与沟通是及时、准确、完整地收集与企业经营管理相关的各种信息，并使这些信息以适当的方式在企业有关层级之间进行及时传递、有效沟通和正确应用的过程，是实施内部控制的重要条件。信息与沟通的评价工作主要集中在信息收集处理和传递的及时性、反舞弊机制的健全性、财务报告的真实性、信息系统的安全性，以及利用信息系统实施内部控制的有效性等方面。评价工作的主要关注点如下。

1. 信息系统

（1）企业是否有效地获取内部信息和外部信息以向管理层报告企业既定目标的实现情况。

（2）是否及时向适当的人员汇报足够的信息以便他们有效地履行其职责。

（3）信息系统的建立或修改是否基于对信息系统的战略规划并着眼于实现企业各个层次的目标。

（4）管理层是否通过承诺适当的资源，表现出对发展必要的信息系统的支持态度。

2.沟通

（1）向员工传达其职责和控制责任的有效性。

（2）是否建立了适当的沟通渠道供员工反映他们注意到的可疑问题。

（3）管理层对于员工提出的提高生产效率、质量的建议或其他改进建议的接受能力。

（4）整个企业内部是否充分交流、信息是否完整和及时、信息是否足够满足相关人员有效地履行职责的需要。

（5）是否存在开放、有效的渠道与客户、供应商和外部其他方面经常交流不断变化的客户需求。

（6）外部相关方了解企业道德标准的程度。

（7）在收到客户、供应商、监管者和其他外部人员反映的情况后，管理层是否采取了及时、适当的应对措施。

（五）监督

《基本规范》第四十四条将内部监督分为日常监督和专项监督。日常监督是指企业对建立与实施内部控制的情况进行常规、持续的监督检查；专项监督是指在企业发展战略、组织结构、经营活动、业务流程、关键岗位员工等发生较大调整或变化的情况下，对内部控制的某一或者某些方面进行有针对性的监督检查。监督要素还应包括向相关管理人员和董事会上报内控缺陷并采取相关的改进措施。相应地，监督评价主要的关注点如下。

1.日常监督

（1）员工在从事日常活动时，在多大程度上能获知有关内控系统是否正常运作的信息。

（2）外部反映的情况证实内部信息或揭露问题的程度。

（3）企业是否定期将会计系统的记录结果与实物进行核对。

（4）企业是否对内部和外部审计师提出的加强内控措施方面的建议作出响应。

（5）公司培训、筹备会议和其他会议向管理层就内控有效性进行反馈的程度。

（6）是否要求员工定期声明他们是否理解并遵守了企业的行为准则，并且定期执行了重要的控制活动。

（7）公司内部审计活动的有效性。

2.专项监督

（1）企业对内控系统进行独立评估的范围和频率。

（2）用于评估自身内部控制系统的方法是否合理、恰当。

（3）文档记录的水平的适当性。

3.缺陷报告

（1）企业是否存在适当的机制汇集并报告发现的内控缺陷。

（2）汇报程序是否恰当。

（3）跟踪追查行动是否适当。

三、内部控制评价的程序

《评价指引》第十二条规定，企业应当按照内部控制评价办法规定的程序，有序开展内部控制评价工作。内部控制评价程序可以按以下阶段进行：

（一）准备阶段

该阶段的主要任务是制定内部控制评价工作方案，组成内部控制评价工作组。工作方案主要包括评价范围、工作任务、人员组织、进度安排和费用预算等相关内容。企业内部控制评价部门应当根据经批准的评价方案，组成内部控制评价工作组，具体实施内部控制评价工作。评价工作组应当吸收企业内部相关机构熟悉情况的业务骨干参加。评价工作组成员对本部门的内部控制评价工作应当实行回避制度。企业也可以委托中介机构实施内部控制评价，但为企业提供内部控制审计服务的会计师事务所，不得同时为同一企业提供内部控制评价服务。

（二）实施阶段

评价人员根据审批后评价方案实施具体测试评价工作。在评价实施中应就评价工作组成员之间以及评价工作组成员与被评价部门之间的沟通作出正式合理的安排，通过适当的方法充分收集被评价单位内部控制设计和运行是否有效的证据，对评价项目与有关数据如实确认和分析。

内部控制评价工作组对被评价单位进行现场测试，充分收集被评价单位内部控制设计和运行是否有效的证据时，可以综合运用以下方法：

（1）个别访谈法，是指调查员单独与被调查对象进行的访谈活动，具有保密性强，访谈形式灵活，调查结果准确，访问表回收率高等优点。根据访谈内容的不同，个别访谈又可以分成两种：标准化访问法和非标准化访问法。

（2）调查问卷法，是指企业设置问卷调查表，分别对不同层次的员工进行问卷调查，根据调查结果对相关项目作出评价。

（3）专题讨论会法，是指通过召集与业务流程相关的管理人员就业务流程的特定项目或具体问题进行讨论和评估的一种方法。

（4）穿行测试法，是指通过抽取一份全过程的文件，来了解整个业务流程执行情况的评估评价方法。

（5）实地查验法，是指企业对财产进行盘点、清查，以及对存货出、入库等控制环节进行现场查验。

（6）抽样法，是指企业针对具体的内部控制业务流程，按照业务发生频率和固有风险的高低，从确定的抽样总体中抽取一定比例的业务样本，对业务样本的符合性进行判断，进而对业务流程控制运行的有效性作出评价。

（7）比较分析法，是指通过分析、比较数据间的关系、趋势或比率来取得评价证据的方法。

（三）汇总评价成果、编制评价报告阶段

评价工作组全面复核和确认检查出来的各种问题，分析汇总评价结果，提出认定意见并编制评价报告。详细内容参见内部控制缺陷的认定和内部控制评价报告部分。

（四）报告反馈与跟踪阶段

内部控制是一个持续改进的动态过程。对评价中认定的内部控制缺陷要采取应对策略实施整改工作。整改后的内部控制运行一段时间之后，企业应就整改工作的效果和新的内部控制运行的有效性进行核查，确保整改成功。

四、内部控制缺陷的认定

（一）内部控制缺陷的分类

内部控制缺陷，是指当内部控制的设计或运行不允许管理层或雇员实施他们的职能来及时防止错误与舞弊的发生，从而发生了内部控制缺陷。内部控制缺陷一般可分为设计缺陷和运行缺陷。

设计缺陷，是指缺少为实现控制目标所必需的控制，或现存控制设计不适当，即使正常运行也难以实现控制目标。

运行缺陷，是指现存设计完好的控制没有按设计意图运行，或执行者没有获得必要授权或缺乏胜任能力以有效地实施控制。

（二）内部控制缺陷的认定流程

根据《评价指引》第四章内部控制缺陷的认定的有关规定，可以总结得出企业内部控制缺陷的认定流程，具体如下。

1. 评价工作组初步认定阶段

该阶段，内部控制评价工作组根据现场测试获取的证据，对内部控制缺陷进行初步认定，并按其影响程度分为重大缺陷、重要缺陷和一般缺陷。

2. 工作组负责人审核阶段

首先，企业内部控制评价工作组依据评价质量交叉复核制度对评价结果进行复核；其次，评价工作组负责人对评价工作底稿进行严格审核，并对所认定的评价结果签字确认后，提交企业内部控制评价部门。

3. 内部控制评价部门综合分析全面复核阶段

该阶段，企业内部控制评价部门应当编制内部控制缺陷认定汇总表，结合日常监督和专项监督发现的内部控制缺陷及其持续改进情况，对内部控制缺陷及其成因、表现形式和影响程度进行综合分析和全面复核，提出认定意见，并以适当的形式向董事会、监事会或者经理层报告。重大缺陷应当由董事会予以最终认定。企业对认定的重大缺陷，应当及时采取应对策略，切实将风险控制在可承受度之内，并追究有关部门或相关人员的责任。

（三）内部控制缺陷的认定标准

企业对内部控制评价过程中发现的问题，应当从定量和定性等方面进行衡量，判断是否构成内部控制缺陷。根据内部控制缺陷影响整体控制目标实现的严重程度，将内部控制缺陷分为重大缺陷、重要缺陷和一般缺陷。

重大缺陷，是指一个或多个控制缺陷的组合，可能导致企业严重偏离控制目标。

重要缺陷，是指一个或多个控制缺陷的组合，其严重程度和经济后果低于重大缺陷，但仍有可能导致企业偏离控制目标。

一般缺陷，是指除重大缺陷、重要缺陷之外的其他缺陷。

内部控制缺陷的认定，特别是非财务报告内部控制缺陷的认定，还缺乏一个统一的数量标准。《评价指引》第十七条规定，重大缺陷、重要缺陷和一般缺陷的具体认定标准，由企业根据上述要求自行确定，但对缺陷的严重性评估应当包括定量分析和定性分析两个方面。

定性分析就是对评价对象从总体上运用归纳和演绎、分析与综合以及抽象与概括等方法进行"质"的方面的分析与把握,以确定内部控制缺陷的程度。

根据各类缺陷的定义,以及国际上对各种可能性的规定,表25-1简单列示了三种类型缺陷的定性分类标准。

表 25-1 三种类型缺陷的定性认定标准

缺陷分类	影响内部控制的可能性	且/或	影响的严重程度
重大缺陷	可能或很可能	且	严重影响
主要缺陷	可能或很可能	且	介于重大缺陷与一般缺陷之间
一般缺陷	极小可能	或	一般

定量分析就是对评价对象进行量化处理与分析。例如,对于财务报告内部控制缺陷,可由该缺陷可能导致财务报表错报的重要程度来确定。这种重要程度主要取决于两方面因素:一是该缺陷是否具备合理可能性导致内部控制不能及时防止、发现并纠正财务报表错报;二是该缺陷单独或连同其他缺陷可能导致的潜在错报金额的大小。错报的量化工作,即错报的概率可以借鉴我国《企业会计准则第13号——或有事项》应用指南中的规定:"基本确定"为大于95%但小于100%;"很可能"为大于50%但小于等于95%;"可能"为大于5%但小于或等于50%;"极小可能"为大于0但小于等于5%。错报金额大小的量化方法可以借鉴《中国注册会计师审计准则第1221号——重要性》的规定,根据以下参考数值,确定重要性水平:①对于以盈利为目的的企业,来自经常性业务的税前利润或税后净利润的5%,或总收入的0.5%;②对于非营利组织,费用总额或总收入的0.5%;③对于共同基金公司,净资产的0.5%。

(四)内部控制缺陷的整改

《评价指引》第十九条规定,企业对于认定的重大缺陷,应当及时采取应对策略,切实将风险控制在可承受度之内,并追究有关部门或相关人员的责任。企业应将执行的程序和评价的结果形成文件,就发现的全部缺陷汇总、分析缺陷产生的原因并提出改进建议,对重要控制弱点采取对策,实施整改工作。整改后的内部控制运行一段时间之后,企业应就整改工作的效果和新的内部控制运行的有效性进行核查,确保整改成功。

五、内部控制评价报告

内部控制评价报告是内部控制评价工作的重要组成部分。内部控制评价报告就是企业董事会或类似权力机构以报告的形式对内部控制评价状况出具评价意见,并提供给相关信息使用者的一种书面文件。

(一)内部控制评价报告的质量特征

为了更好地发挥内部控制评价报告的作用,有效揭示和防范企业风险,内部控制评价报告应具备一些基本的质量特征。这些质量特征主要从内容质量和表述质量等方面对评价报告作出了规定与要求,主要质量特征如下。

1. 相关性

信息的价值在于与决策相关,满足不同信息使用者的决策需要。相关的内部控制信息不仅应该反映公司内部控制的建立和执行情况,还要针对公司内部控制的缺陷提出可行的改进建议,以发挥其对提高内部控制、改善经营管理、提高经济效益的作用,促进组织目标的实现。如果内部控制信息提供以后,没有满足外部信息使用者的需要,对投资者的决策没有什么作用,就不具有相关性。

2. 可靠性

内部控制评价报告应该实事求是,既不夸大,也不缩小,客观公正地反映公司内部控制的情况。报告所描述的内容都应该以充分的事实为依据,根据内部控制评价的标准作出;报告所作出的意见都应该是符合客观实际的,没有出于个人的好恶而作出有失公正的结论;报告应对评价过程中所发现的业绩如实地加以反映,所发现的问题要揭示其真相,分析其原因。当信息没有重要错误或偏向,并且能够如实反映其拟反映或该反映的情况 1% 供使用者作依据时,信息就具备了可靠性。

3. 可比性

公司提供的内部控制报告应当按照国家相关部门制定的内部控制评价标准进行评价,并按照规定的统一格式进行披露,以便于不同公司之间信息的可比和同一公司在不同时期信息的可比。

4. 清晰性

它要求内部控制报告易于理解和富有逻辑性。在报告中,力求语言清晰、观点清楚,尽量避免使用不必要的技术术语,各段内容要层次分明,有逻辑联系。报告既要简明扼要、文字简练，又要完整地表达公司管理当局的观点，防止空泛的议论和对琐事进行阐述，力避行文冗长费解。

5. 完整性

它要求管理当局不得在内部控制报告中故意隐瞒或有重大遗漏的事项。公司不仅要按照规定的格式编制内部控制报告，做到要素齐全、格式规范，而且披露的信息不应遗漏。按照规定必须列报的所有项目，尽可能地披露对信息使用者决策有用的、并非法定披露的其他事项和情况，充分评价公司内部控制的完整性、合理性和有效性。

6. 重要性

它是指当一项信息被遗漏或错误地表达时，可能影响依赖该信息的人所作出的判断。如果该项内部控制信息的重要性强到足以影响投资者决策，那么公司应当对其进行披露。内部控制报告披露的内容应当充分考虑对公司内部控制的重要性和风险水平。

（二）内部控制评价报告的披露内容

《评价指引》第二十二条规定，内部控制评价报告至少应当披露下列内容：

（1）董事会对内部控制报告真实性的声明。

（2）内部控制评价工作的总体情况。

（3）内部控制评价的依据。

（4）内部控制评价的范围。

（5）内部控制评价的程序和方法。

（6）内部控制缺陷及其认定情况。

（7）内部控制缺陷的整改情况及重大缺陷拟采取的整改措施。

（8）内部控制有效性的结论。

（三）内部控制评价报告对外披露的注意事项

（1）内部控制评价报告应当报经董事会或类似权力机构批准后对外披露或报送相关部门。年度内部控制评价报告的基准日为12月31日，评价报告应于基准日后4个月内与内部控制评价报告同时对外披露或报送。

（2）企业内部控制评价部门应当关注自内部控制评价报告基准日至评价报告发出日之间是否发生影响内部控制有效性的因素，并根据其性质和影响程度对评价结论进行相应调整。

第三节 企业内部控制评价指引的案例

【案例 24-1】

内部控制评价在宝钢国际的应用[①]

一、案例背景

上海宝钢国际经济贸易有限公司（简称宝钢国际）于1993年成立，是宝山钢铁股份有限公司的全资子公司，现注册资本为22.49亿元。宝钢国际作为宝钢集团的三大产业支柱之一，负责宝钢股份和集团内其他公司的购销、进出口业务，是钢铁产业链中重要的一环。公司现已建立了覆盖全国和全球10多个国家和地区的营销网络，并利用自身及宝钢集团的技术、产品、服务和大规模国际采购与销售的优势，与客户建立了长期、广泛的经营合作关系和战略伙伴关系，是一家集矿业、钢材贸易、加工配送、金属资源业、设备工程业、钢制品业、物流业、电子商务业和汽车贸易于一体的综合性贸易公司。

宝钢国际管理层在对企业内部控制评价进行深入研讨后认为，提高管理水平，完善内部控制制度是公司发展和治理的需要。而且，完善的内部控制是ERP实施和业务流程优化的保证。宝钢国际自成立以来一直在推进ERP的实施和完善，提出"所有的权力在系统中实现，所有的交易在系统中运行，所有的资源在系统中受控"。公司的业务流程优化也备受关注，作为一个既有内贸又有外贸，拥有40余家子公司的大型贸易公司，业务流程的优化是一项持续的工作，而内部控制可作为ERP和流程优化的保证。缺少了内部控制，这两项工作将成为空中楼阁。所以，对内部控制状况展开全面、系统的评价就成为当务之急。还有，宝钢国际作为市场化运作的企业，面临各类经营风险，必须对风险进行管理和控制。内部控制的评价工作的内容之一是对

---

① 张谏忠, 吴轶伦. 内部控制自我评价在宝钢的运用 [J]. 会计研究, 2005 (2).

风险的识别和管理,这为公司在经营领域开展全面风险管理作了前期工作,可视为风险管理工作的序曲。

同时,从宝钢国际的组织发展来看,其实施内部控制评价工作有一定的必然性。一方面,宝钢国际拥有6个事业部,经营的业务涵盖钢铁、矿石、汽车、成套设备贸易,废钢加工回收业务,招标,电子商务及物流服务等。这正如内部控制评价在西方国家诞生时的组织背景。由于业务复杂多变,受人力资本和工作时间的限制,完全依赖少量的审计人员实施完整有效的审计监督十分困难,宝钢国际目前的经营风险比以往任何时候都大。另一方面,宝钢国际采取事业部制,使在此组织机构下职能部门和业务单元的冲突无法避免,而以监督和检查为天职的内部审计部门首当其冲。

二、实施过程

在对内部控制评价进行前期了解后,宝钢国际决定进行内部控制评价项目试点工作,实施主体是设备工程事业部下的3个业务单元(物资贸易部、备件贸易部和设备工程贸易部)。由审计部人员与被评估业务单元的管理人员共同组成内部控制评价项目工作小组,在外部咨询顾问——德勤会计师事务所的指导下,协同事业部、管理部,从内部控制特别是控制环境和业务流程入手关注岗位设置有无牵制、业务模式有无缺陷、执行者是否了解遵循制度、有没有超越授权范围、有没有不在会计报告和公开的业务台账上反映的违规违法业务等高风险环节,帮助各业务单元自发提出切实可行的改善建议,并明确责任人和改善时间。宝钢国际是按以下步骤实施内部控制自我评价的。

(1)前期计划工作。在取得管理层的支持后,公司选择了德勤会计师事务所的风险管理部作为合作方,由其在工作方法和智库方面提供帮助,组织了评价小组,并对事业部中高级管理者和评价小组成员作了讲解和培训。

(2)风险初步确定。通过访谈和穿行测试,确定了内部控制评价范围,设计并发放调查问卷。通过反馈的问卷,分析内部控制的薄弱环节,列入研讨会的讨论重点。

(3)研讨会的组织与召开。确定参加人员和会议时间,提前通知参加人员并提供讨论大纲。使用独立的会议室,使用电子投票设备或其他匿名投票方式,以最大限度地保证与会人员的意见不受他人影响。每次研讨会,评价小组都指定一位会议主席，主持研讨会，并安排书记员及时记录。所提的问题和讨论应紧紧围绕高风险的内部控制的薄弱环节。会议主席应激发所有与会人员充分发表意见，独立思考，并针对内部控制的缺失提出建设性的改善建议。会议主席还应控制会议进程，避免跑题和陷入互相指责、争吵的混乱局面。

（4）出具内部控制自我评估报告。评价小组把讨论的问题归类整理，认真分析，并作出客观公允的评价结论。我们运用热力图的方式表达各个具体评价对象的风险程度。如在采购环节中"采购价格"是5分（风险最高，用红色表示），"供应商资信"是4分（风险较高，用黄色表示），而"票据结算"是1分（风险最低，用白色表示）。更重要的是，在每个高风险点后都应有集体讨论后提出的内部控制完善措施和责任人、完成时间。对此，我们运用了风险控制矩阵（risk control matrix，RCM）。RCM是一个矩阵式的表单，包括流程环节、控制点、控制措施、风险程度、改善措施、责任人、完成时间。经过持续完善后的RCM可作为公司内部管理手册和风险控制的模板。

（5）落实整改措施。落实整改是内部控制持续完善的关键一步，也是开展内部控制评价的最终目的。

审计部在业务人员实施整改后安排后续追踪。同时，运用调查问卷的方法了解员工对内部控制评价的认知度，以及对本次内控评价的看法和建议，以便在下次评价活动中进一步完善工作方法。

项目小组充分利用内部审计人员的专长，设计了内部控制评价的专用工作手册。同时，研讨会是本次内部控制评价工作中最具特色的一种方法，其特色主要体现在以下三个方面。首先，研讨会的讨论内容以风险为导向（特别是控制环境和控制活动中的软控制）。研讨会召开之前，评价小组通过前期的访谈和问卷调查就控制环境和业务流程中影响公司目标实现的风险达成一致，并决定研讨会的特定议程和问题。研讨会上，主持人引导与会者就目前的业务操作严格围绕所列问题积极讨论其所涉及的风险、风险发生原因和可能造成的后果，并归纳整理出相应的控制措施。其次，研讨会是一个发现问题、分析问题、解决问题和共同分享信息的双向沟通过程。在研讨会上，一方面通过主持人的提问引出适合会议目标的业务、数据和改善方案，另一方面每一个与会者能看到其他人员所关注的问题，这样就把信息和思想在与会者之间进行传递沟通，帮助达成统一共识，使研讨会达到和谐并取得最佳预期效果。这个过程不仅有助于管理人员进一步发现经营过程中那些容易发生错弊而需要加以控制的关键环节，也有利于管理层推行改进后统一的管理方法。最后，对于所有与会者来说，研讨会也是一次很好的跨专业领域的学习机会。对业务部门的员工来说，研讨会加深了他们内部控制和风险防范的意识，帮助他们在今后的业务操作过程中自发地进行规范化操作和风险的事前、事中控制，也便于他们接受研讨会后以管理文件、公司制度形式落实下来的管理规范。此外，通过研讨会的前期准备和举办，审计部人员深入业务部门，了解部门职能、人员职责和业务流程，为今后客座审计等工作的开展奠定基础。

在具体实施中，评价小组根据内部控制组成要素分析设计了评价中涉及的问题，具体见表26-1。

表 26-1 评价中涉及的问题

要素	问题
控制环境	我的上司/公司高级管理层在工作中展现了高度的职业操守
	我的上司/公司高级管理层在工作中严格遵循国家法律和公司规章
	我的绩效目标/公司的绩效目标是实际的，而且是可达成的
	我的同事或下属具有专门的知识技能来完成他们的工作
	我的同事或下属具有从错误中学习、改进的能力
	诚信是公司经营政策优先考虑的
	我和我的同事被一视同仁地对待，大家都有职业发展机会
风险评估	我能自主制定我的工作目标
	我有充足的资源来实现我的工作目标，公司一定会支持我
	在我的部门，工作流程的重大改变都被适当地管理
	在制订计划时，我们充分考虑了影响计划实现的因素
控制活动	公司现行的管理制度和作业流程能让我有效地完成工作
	员工的舞弊行为将被公司发现
	员工违反国家法律法规、公司规章将受到严厉的处罚

(续表)

要素	问题
信息沟通	公司的信息系统能定期向不同的管理层提供详略得当的信息
	我与我的上司以及公司高级管理层能对大部分管理事项达成共识
	跨部门之间的横向沟通是有效的
	我的上司或公司的高级管理层了解我的实际业绩
监督	我们有足够的信息来监督供应商的合同执行情况
	我们有足够的信息来了解用户对我们的满意度
	我或我的部门的绩效可以明确地衡量
	我和同事们对绩效实现的差异能进行分析并提出改进措施
	我的上司和我会定期审查工作成果

三、工作成果

内部控制评价试点项目通过在宝钢国际设备工程事业部若干业务单元的尝试，取得了预期的效果，三个业务单元分别在采购询价和比价、规范合同文本、供应商的选择和信息维护等方面针对各自的业务特点总结出了相应的风险热力图、关键流程风险认定和改进建议并落实了具体的责任人和改善时间。

【案例 24-2】

内部控制评价在 TL 石油服务公司的应用[①]

一、背景介绍

TL 石油服务公司，是我国一家大型石油企业的下属子公司，成立于 1997 年，经过 10 多年的不断努力，已发展成为一家具有丰富作业经验的石油服务公司。公司的服务涉及石油及天然气勘探、开发及生产的各个阶段，从最初的主要为集团内其他石油公司提供设备租赁和技术服务业务，发展到与国内其他石油服务企业竞标项目、独立经营、自负盈亏，其业务分为钻井

---

① 李娜. 内部控制自我评价系统研究 [D]. 天津：天津财经大学，2009.

服务、油井技术服务、船舶服务、物探勘察服务四大板块,业务范围遍及全国各地。

目前公司具有一套内部质量控制制度,其内部控制制度为公司成立之初,参照集团公司的内部控制制度制定,其操作规程都较为粗放,缺乏详尽的、具有很强操作性的岗位操作流程。在进行此次内部控制自我评价之前,公司的内部控制是由集团公司的内审人员与本公司内审人员,于每年年末评价一次。

随着公司的业务开展,公司规模不断地发展壮大,负责的项目也越来越多。公司管理层逐渐认识到:提高管理水平,发现内部控制中的不足,改善内部控制制度是公司发展和治理的需要。

TL石油服务公司由于业务的特殊性,面临的经营风险和操作风险也比较大,企业的风险意识并没有提到应有的高度,缺乏有效的风险管理机制,因此,对风险进行管理和控制是至关重要的。公司管理层决定在2008年3月份,对内部控制进行一次全面系统的自我评价。

二、实施过程

首先,由公司的高层管理人员同外部审计顾问共同研究,设计了一份内部控制调查问卷。问卷的第一部分主要围绕公司的控制环境、风险评价、控制活动、信息与沟通、监督等5个方面;第二部分是有针对性地对不同部门提出问题。在公司的各个部门下发,问卷的问题较为简单,要求员工按自己的观察和了解回答"是""否""有""无"即可,公司有将近70%的人员完成并提交了问卷。

注册会计师对公司的财务记账流程、资产管理流程、人员服务流程等进行了穿行测试,公司管理层和审计人员根据收集到的问卷和穿行测试的结果,确定了本次需要重点评价的部门——工程服务部、财务部和人力资源部。

评价小组由审计顾问、公司高层管理人员、关键控制点的工作人员组成,工作人员中有半数以上来自本次需要重点评价的三个部门。考虑到初次实施内部控制自我评价,在召开研讨会前,审计顾问对评价小组的其他成员召开了一次培训会议,主要讲解内部控制评价方法的理念、实施过程、需要注意的问题及在实施过程中各成员应积极参与的重要作用,管理人员在会议上也明确表示,希望大家能够积极配合,各抒己见,切实发挥本次自我评价的作用,及时发现问题,并找到解决问题的方案。

研讨会由审计顾问担当引导，在每次召开研讨会前，都会向参加人员提供本次讨论需要关注的重要问题，同时审计顾问和管理人员根据本次会议讨论发现的问题，对下次的讨论计划作适当调整。会议安排专人进行记录，首先由审计顾问发言，介绍本次会议的讨论方向和关注点，引导小组成员进行讨论。讨论后，每位成员就讨论的问题进行一次总结发言，为避免某些敏感问题小组成员不敢提出或发现问题的成员没有机会参加研讨会，公司在会议室外设了一个意见箱，员工可以用匿名的方式反映所发现的问题。

本次研讨会中重点关注两个层次的问题：一个是控制层面的，一个是业务流程层面的。大家针对高风险区域和控制的薄弱环节展开讨论，在讨论过程中，小组成员就自己所熟悉的业务、发现的问题进行了相互交流，并对某些问题提出了看法和解决方案，这不仅是一个发现问题、解决问题的过程，也是一个大家学习的过程。通过讨论，小组成员对企业的控制及业务流程方面更加熟悉，也有利于管理者对以后改进措施以及推广实施。企业在实施内部控制自我评价的过程中，充分尊重员工的意见，调动了大家的积极性，员工的归属感大大增强。

研讨会结束后，评价小组根据讨论的情况出具了内部控制自我评价报告，将风险分为"A""B""C""D""E"5个等级，"A"为最高风险等级，"E"为最低风险等级，评价小组针对讨论的几个方面分别划分了适当的风险等级，并将讨论的改进措施落实到具体的责任人和整改时间。

整改措施的落实是企业实行内部控制自我评价的最终意义所在，为促进整改措施的落实，审计人员会对以后的落实情况进行追踪调查，同时企业也保留了意见箱，鼓励公司员工积极反映工作中发现的问题，并为完善企业的制度措施献计献策。

三、工作成果

企业通过实施内部控制自我评价，确实发现了很多内控的不足，经过讨论，评价小组修改和健全了企业内部控制制度，并针对发现的问题提出了解决方案。如公司目前没有独立的审计部门，内审人员隶属财务部，甚至兼任财务工作，内部审计人员的独立性较差，随着企业的壮大，迫切需要建立一个独立的内部审计部门，内部审计部门独立于管理层，归公司董事会直接领导。财务部门从企业成立之初，除人员变动外，没有实行过轮岗制度，目前公司在保证岗位牵制和不相容岗位分离的前提下，在财务部有计划地实行轮岗制度并安排好财务人员的培训。工程服务部的人员也提出了不少问题，如在交接岗位时，后接班的人员对工作进展情况缺少了解，进展情况一般是工作人员之间的口头传达，仪器设备的调整变更情况不能及时传达给全部的工作人员，这会导致操作风险加大，解决方案是取消口头传达，工作人员在交接时要填写操作情况报告，仪器设备的调整要记录在案并及时更新，变动要通知到所有有关的工作人员。人力资源部与工程部合作，派有经验的工程师参与新入职工人员的培训工作，同时为了确保安全，工作经验不满两年的新人佩戴橙色安全帽，区别于工程师的红色安全帽。

【案例 24-3】

企业内部控制评价体系的构建[①]

该案例将介绍亚新科总部如何设计和应用内控评价体系对安徽子公司进行内部控制评价工作。

一、亚新科企业概况

（一）亚新科工业技术有限公司

亚新科工业技术有限公司是一家独立的、中国最大的汽车零部件制造集团之一，其总部位于中国北京，辐射全球，由一支国际化的管理团队和经验丰富的本地经理队伍共同管理。亚新科在国内拥有 13 家制造企业，36 个销售中心，并在美国拥有 2 家制造企业和 1 家销售服务公司。

亚新科工业技术有限公司的发展战略是以中国作为其发展的中心，面向国际市场，其经营战略目标是在其所有的产品领域内被公认为世界的领导者。这一发展战略与其他大型跨国公司在中国的投资项目完全不同。其他大型跨国公司通常只是将亚洲或中国作为其全球发展战略的一部分，如美国的通用汽车、德尔福汽车零部件公司等。因为这一重大差异，亚新科公司高层确定了公司独特的经营战略，即建立一个真正的全球性公司。

---

① 于增彪，王竞达，瞿卫菁.企业内部控制评价体系的构建［J］.审计研究，2007（3）.

其独特之处在于它能够将中国与世界的精华融为一体，创建世界一流的汽车零部件公司。

亚新科作为一家外商投资企业，自1993年进入中国以来，由于不熟悉中国国情和当地文化历史背景而遇到许多挫折。1999年，公司股东和高层及时根据中国实际经营环境的变化，果断决定将公司从过去的纯投资型企业转变为基于技术领先的集团化经营管理型企业。公司积极采用各种现代企业管理手段，强化了对所属企业的经营管理指导和服务，公司业绩稳步上升，发展前景光明。

（二）亚新科安徽子公司

亚新科安徽子公司是由亚新科工业技术有限公司在宁国投资的外商独资企业，是亚新科零部件集团重要的成员之一。公司在总经理领导下分设行政人事部、财务部、销售部、信用管理部、采购部、物流部、信息工程部、投资部。行政人事部除了负责日常行政事务、招聘、考核、薪酬外，还负责公司内部控制管理、保安、法律事务等。信用管理部负责客户资信调查、日常销售业务信用审核等，其余部门业务和一般生产企业基本相同。

亚新科安徽子公司下设模具厂、橡塑制品厂、炼胶厂和液压工具厂4个分厂。公司主要产品是汽车、摩托车、家电、工业工程等行业配套用的橡塑件、模具、各式修车工具产品和五金产品。亚新科安徽子公司已经成为博世、日立、松下、三菱、德尔福、Dana、Honeywell、DRA、Maytag等世界一流公司的供应商，产品远销欧美、东南亚等国家和地区。

二、亚新科工业技术有限公司内部控制评价体系的设计思路

亚新科建立了一套完整的内控制度即《亚新科集团内控管理程序》（AMP），共分3册88个项目，每个项目基本上由5部分组成，即目的、要求、职责图、文件与记录、参考资料。

作为《亚新科集团内控管理程序》的配套项目，为了对企业内控制度和管理风险进行有效评价，以便量化反映各下属企业的实际内控管理情况，使内控制度更好地发挥功效，亚新科总部又建立了内控评价体系。该评价体系是根据企业的主要业务循环并结合内控五要素对经营风险防范的相关要求，依据国家相关的法律法规及亚新科集团内控管理程序（AMP）建立的。

具体而言，亚新科的内控评价体系是通过建立一套内控审计评分系统来实施的，即通过一定的审计方法对内控项目进行审计，对每一个内控项目按五要素进行分类，将审计中发现的问题归到每一个内控项目，再按照一定的评分方法得出内控的总体得分情况，以反映企业内控管理水平和管理风险的高低。亚新科工业技术有限公司内控评价体系的设计方法如下。

（一）内控审计评价范围和内容

在进行内控审计时，亚新科根据本单位及下属企业实际的业务内容并结合内控管理对经营风险防范的相关要求，确定内控审计的评价范围是企业构建的全套内控制度，并将上文提及的88个内控项目按照大类划分为13个业务循环，即综合项目、环保与职工健康安全、内部控制、信用管理、财务报告、销售和收款、采购和付款、生产和物流、法律事务、IT安全、安全保卫、投资管理和人力资源。

内控审计评价的内容是对内控制度的执行有效性进行评价。针对这一目标，对每一个项目首先按照内部控制的五要素（控制环境、风险评估、控制活动、信息与交流和监督检查）进行分解，然后将每一个要素分解为具体的评分内容，采用具体的内控审计方法对其进行评价。具体而言，对一个内控项目的审计评价内容主要包括该项管理业务的管理程序建设、人员培训、风险评估、实际风险控制活动的开展情况、文档资料的收集保管、与其他部门的交流等方面，力争全面涵盖该项业务中可能存在的主要风险控制点。

（二）内控审计评价标准和方法

在对内控制度进行评价时，确定适当的评价标准非常重要。实务中有几种内控评价标准模式被采用。第一种是COSO报告中的5个要素标准，即将内控项目按COSO 5个要素进行细分，再按照COSO中每一要素的必要条款确定评价标准；第二种是采用一般标准和具体标准作为评价标准，其中的一般标准主要指内控制度的完整、合理和有效性，而具体标准又可以划分为要素标准和作业标准；第三种模式是结果评价标准和过程评价标准，其中结果评价标准主要是考核内控目标的达到程度，而过程评价标准主要是指内控执行过程中的有效程度如何。亚新科在选用内控评价标准时，采用的是以COSO报告的5个要素所要求具备的基本条款作为评价标准。

在对内控项目进行审计时，以现场抽样调查为主，辅以访谈、计算核实、观察、检查等手段。实际工作时将根据具体的审计项目和内容确定。

（三）内控审计评分标准

在确定内控审计评分标准和方法时，考虑到内控评价需要定期进行，并且与前期评价相关，亚新科首先确定整体内控审计评分由三部分构成：基本项目、以前审计中发现的问题纠正情况、本次审计中发现的新问题及审计师综合印象。然后按照每一部分的具体内容确定相应的评分标准和方法。

第一部分：基本项目（该部分满分为70分）。

基本项目内审评分是指内控审计人员依据内控审计项目评分和各项目权重加权得出的审计评分，是评分审计的主体。由于内控审计项目中各个具体评分内容所包含的风险不同，对每一个具体评分内容，将根据其风险大小分为高、中、低三级；同时，为了体现不同风险等级问题分值的区别，使高风险问题在整个项目值中占较大比例，低风险问题占较小比例，给每个风险等级赋予了一个权重，分别设为5、3、1。权重间距越大，不同风险等级问题的区别会体现得越明显。这样每一个具体的评分内容的分数将根据该审计项目的总分及其风险等级来确定（即按权重分配，当审计内容增加时，在总分内容一定的情况下，会自动减少每一项审计内容的分值分配情况）。

为有效凸显企业管理水平，将企业的每个具体评分项目所对应的业务完成程度分为五级（如表26-2所示）。

$$每个审计项目的得分 = \sum (该审计项目中每个评分项目的权重 \times 完成程度)$$

$$基本项目得分 = \sum 审计项目分值 \times 70\%$$

表26-2 具体评分项目业务完成程度分级

完成程度	具体含义
100%	全部完成（或做到）。程序非常完善，完全按照程序实施
75%	完成（或做到）大部分，或基本完成（做到）。有程序，但不很完善；基本按照程序实施

（续表）

完成程度	具体含义
50%	完成（或做到）一部分。包括有一定的程序，但程序极不完善，也未完全按程序实施
20%	完成程度很低，大部分风险未能得到有效控制。没有书面程序，但有一定的习惯做法；完全凭习惯或主管领导指示办事。有少量的风险控制意识
0	完全未做，与该业务相关风险没有任何防范措施。没有书面程序，也没有具有控制意识的习惯做法；办事随意，各行其是，根本没有风险控制意识

第二部分：以前审计中发现问题纠正情况得分（该部分满分为20分）。

这是为了跟踪运营公司及时解决已经发现的内控薄弱环节情况而进行的评价，该项得分和内控薄弱环节跟踪改进完成程度直接相关。

$$第二部分项目得分 = \frac{20\% \times 已经改进完成的问题数}{上年审计师提出的薄弱问题数}$$

第三部分：外部审计师管理建议落实情况（该部分满分为10分）。

该部分是指企业的外部审计师在进行年度审计后，针对企业存在的管理风险提出的改进建议。这些管理建议是否得到了被审计企业的重视并被贯彻落实的情况需要进行检查评价。

第三部分项目得分的计算公式如下：

$$第三部分项目得分 = \frac{10\% \times 已经完成整改数}{上年度外部审计师提出的整改数}$$

需要明确的一点是，基本项目得分、以前审计中发现问题纠正情况得分、外部审计师管理建议整改得分三个部分的得分分别占总分的70%，20%，10%。在按照上述做法得到每个部分的分值之后，三个部分得分总和即为各运营公司的内控得分。

（四）内控评价等级评定

在采用一定的内控审计方法和内控评分方法得到总体内控得分后，需要对企业的内控制度进行一个总体评价。亚新科内控评分审计采用的是百分制，审计等级按五级确定，如表26-3所示。

表26-3　审计等级

级别	分值	优良程度
第一级	90分以上	优
第二级	71~89分	良好
第三级	60~70分	合格但不足
第四级	40~59分	不合格
第五级	40分以下	差或极差

如果内控审计后得到的内控得分是90分以上，则可以认为该企业的内控执行有效性评价结果为优；如果得分是71~89分，则可以认为该企业的内控执行有效性评价结果为良好，其余结果可依此类推。

三、亚新科公司内控评分审计系统具体操作

以下我们就以亚新科工业技术有限公司对安徽子公司进行的评分审计为例，说明其内控审计评分系统的具体操作过程。

（一）按照内控项目进行分类，确定每一个内控基本项目的分值

如前所述，亚新科工业技术公司的内控项目可以划分为13个业务循环，也可以称为基本项目。在内控评价体系的设计过程中，考虑到每个业务循环的风险等级和重要性不同，企业可以按照风险等级，赋予每个业务循环以不同权重，其具体权重划分如表26-4所示。

表26-4　内控项目与权重表

内控制度项目	目标值（权重）
综合项目	5.00
环保与职工健康安全	5.00
内部控制	5.00
信用管理	5.00
财务报告	20.00
销售和收款	12.00
采购和付款	10.00

第二十四章 企业内部控制评价

（续表）

内控制度项目	目标值（权重）
生产和物流	8.00
信息安全	5.00
法律事务	5.00
安全保卫	5.00
投资管理	10.00
人力资源	5.00
小　　计	100.00

（二）明确内控评价标准、评价方法和权重

对于内控基本项目的评价按照COSO报告中的内部控制五要素（控制环境、风险评估、控制活动、信息与交流和监督检查）展开，再将每一要素按照关键控制点拆分成更为具体的内控评价指标或标准进行评价，明确其风险等级评价方法以及权重。我们以销售和收款项目评价为例（如表26-5所示）。

表26-5　内控项目评价标准表

内控项目	内控要素	内控评价项目	风险等级	评价方法	权重
销售管理	控制环境	公司是否建立了与亚新科内控管理程序相一致的销售管理程序	M	询问检查	3
		是否对全体销售人员进行了必要的销售管理程序培训	M	询问检查	3
		公司是否与所有销售人员签订了保密协议书	M	检查	3
		是否有完整的驻外销售分支机构管理程序	H	询问检查	5
	风险评估	销售部是否对本部门存在的高风险领域进行过评估？对相应的高风险领域是否提出了相应的控制办法	H	询问检查	5

（续表）

内控项目	内控要素	内控评价项目	风险等级	评价方法	权重
销售管理	控制活动	公司是否定期编制各类销售计划	M	询问检查	3
		是否对所有重要客户定期进行信用调查	H	询问检查	5
		销售合同的签订是否经过评审并按授权获得了相应的批准	M	询问检查	3
		销售人员是否定期与客户对账？对重要客户是否每月至少对账一次？与财务账的对账差异是否能得到及时处理	H	询问检查	5
		销售人员是否不准收取客户现金付款	H	询问测试	5
		销售部门是否不直接控制公司的外埠仓库	M	询问	3
		是否与财务、内控人员共同对寄存客户方的产品进行定期盘点	H	询问	5
		所有销售发货是否都经过信用部和财务部批准	M	询问检查	3
		发货单是否严格根据客户采购合同或采购订单签发	M	检查测试	3
		公司以货抵款交易是否严格按照内部审批控制程序执行	H	询问检查	5
		销售折扣和降价销售是否严格按照内部授权审批进行	H	检查	5
		销售人员是否严格按照有关规定登记工作日志	M	检查	3
		销售人员部分或全部收入是否与销售回款、销售额等有关指标挂钩	M	询问检查	3
		是否定期对销售人员进行利益冲突调查	M	询问检查	3

(续表)

内控项目	内控要素	内控评价项目	风险等级	评价方法	权重
销售管理	信息与沟通	销售资料的管理是否符合公司档案管理的规定并及时归档	H	询问检查	5
		公司销售部是否定期与财务、物流等部门进行应收账款等核对	H	询问检查	5
		销售退货是否有完整的记录	M	检查	3
		销售分支机构或销售分部掌握的公司客户档案是否及时得到更新并归入母公司客户档案内	M	询问检查	3
		销售人员是否按公司要求建立销售台账	M	询问检查	3
	监督与检查	内控部、财务部是否定期派人对销售部及驻外销售分支机构进行业务检查	H	询问检查	5
		公司是否对销售计划的准确性进行考核	L	检查	1
		公司内控经理和财务部是否按期对销售部及驻外销售机构的工作进行检查监督	M	询问检查	3

（三）根据基本项目得分、以前评价中发现问题纠正情况得分、本次评价中发现的新问题和外部审计师管理建议整改得分三项综合得出内控评分数额（如表26-6所示）。

表26-6 亚新科安徽子公司内控审计评分表

内 控 制 度	目标值	实际值	比率
1.基本项目			
综合项目	5.00	4.79	95.76
环保与职工健康安全	5.00	2.85	56.92

（续表）

内　控　制　度	目标值	实际值	比率
内部控制	5.00	5.00	100.00
信用管理	5.00	4.04	80.73
财务报告	20.00	18.73	93.67
销售和收款	12.00	10.53	87.73
采购和付款	10.00	9.13	91.33
生产和物流	8.00	7.01	87.64
信息安全	5.00	4.95	98.93
法律事务	5.00	3.88	77.63
安全保卫	5.00	4.30	85.98
投资管理	10.00	8.75	87.50
人力资源	5.00	4.90	97.92
小　　计	100.00	88.85	88.85
基本项目实际权重及得分	70%	62.19	
2. 以前测试中发现问题的纠正情况得分	20%	13.01	
3. 外部审计师管理建议整改得分	10%	5.62	
小　　计	100%	80.83	

【案例24-4】

上市公司内控自我评价实施案例和启示

AB公司是一家在上海证券交易所上市的集团股份有限公司，2011年度被当地证监局列为内控试点单位。为做好内控自我评价工作，AB公司从以下几个方面着手，顺利完成年度内控自评工作。

一、完善制度建设

公司依据《企业内控基本规范》等法律法规,制定并实施了《董事会审计委员会工作细则》《内控评价实施细则》等规章制度,建立和完善了内部控制检查和监督体系,明确了内控部、审计部和其他内部机构在内控检查和监督中的职责权限,规范了内部检查和监督的程序、方法和要求,使公司形成了多层次的内控检查和监督体系,并在咨询中介机构协助下制定了内控自我评价底稿。

二、明确组织机构和职责

AB公司内控自我评价由董事会、监事会、审计委员会、内控部、审计部和财务部在分工与协调基础上进行。董事会总体负责内部控制的评价,监事会对内部控制自我评价过程实施监督,审计委员会按董事会要求落实内部控制自我评价,并就相应事项与内控部、审计部沟通,内控部负责牵头组织内部控制自我评价并做好相关的协调工作,审计部按照规定的程序与方法进行内控评价,财务部协助审计部做好对总部及下属各子公司的内控评价工作。

三、组织实施内控自我评价

AB公司的内部控制制度是以财政部等五部委发布的《企业内部控制基本规范》及配套指引为依据制定的,公司的内部控制评价工作以公司制定的内部控制制度为主要依据。公司内控自我评价的主要程序如下:

第一步:明确内控评价工作范围,制订工作计划。在确定工作范围的时候必须细化到不同层级(各分支机构/部门),并通过工作计划明确各项任务、责任部门、人员安排和完成时间节点。

第二步:设计调查问卷和问题清单。内控部必须负责设计调查问卷用于记录公司部门或分支机构在各关键控制领域具体执行情况与评价过程。

第三步:下发和初步填制调查问卷。在下发调查问卷的同时,公司编制调查问卷填写指引,以明确调查问卷每项内容的填写要求,规范各部门填写调查问卷,保证填写的质量,同时方便内控评价人员对填写的问卷进行审阅。

第四步:进行内控测试和评价,获取并审阅支持性文档。在调查问卷基础上,由审计人员采取管理层访谈、获取并审阅相关文档和抽样测试等方法进行内控测评,测试过程记入评价底稿。对各业务循环,公司从内部控制设计有效性和执行有效性角度进行内控评价。

第五步：汇总并确认发现问题，并与各部门及子公司进行沟通。对问卷填写与控制测试中发现的所有问题，都必须再一次和相关人员核实并予以确认，然后进行编号与汇总。在控制描述中已经涉及了某些支持性文档记录，而在测试时无法获得，需要相关部门负责人解释原因，并考虑是否需要作为缺陷识别出来。如果支持性文档不能体现相应控制内容，需要获得另外的支持性文档；如果所提供的文档记录不能充分证明控制内容存在或者有效，要再次与访谈对象确认并考虑是否需要将该问题作为缺陷识别出来。

第六步：内控缺陷的评价和报告。企业需要从定性和定量两方面进行衡量，判断是否构成内部控制缺陷。如果存在下列情况之一，则可认定内部控制存在设计或运行缺陷：①未实现规定的控制目标；②未执行规定的控制活动；③突破规定的权限；④不能及时提供控制运行有效的相关证据。

公司根据内部控制缺陷影响整体控制目标实现的严重程度，将内部控制缺陷分为一般缺陷、重要缺陷和重大缺陷。

针对每一个控制缺陷，审计部会同相关部门提出整改建议。

整改建议由问卷和测试的填写人与执行人在问卷和测试填写完成后与相关部门管理层讨论后拟定完成；整改建议必须内容具体，切实可行。同时，审计部还对各职能部门及子公司的内部控制予以综合评分，评分结果将与相关负责人的绩效考核挂钩。

第七步：完成董事会内部控制自我评价报告，撰写对外披露的内部控制自我评价报告，并报董事会予以审议定稿后对外披露发布。

四、内控启示

由于我国上市公司内部控制制度建设刚刚起步，相关法规要求也是最近几年提出的，很多上市公司内控自我评价工作也尚处于尝试探索阶段，从AB公司的实践来看，有以下几个方面的启示：

（1）内控评价工作应获得公司所有阶层/级别支持，高层领导必须重视该项工作。

（2）内控评价过程中要注意有效沟通。有效沟通，不仅包括公司内部与管理层的沟通，公司内部各个部门之间的沟通，还包括与独立审计师的沟通，了解整个项目范围及工作方式，对项目的重要、潜在的问题及时交流。

（3）注意文档记录的保管。由于内控评价的过程都要留下文档记录，作为所做工作的证据，以便日后外部审计人员的审核评价以及明确责任，对所做评价的记录必须十分谨慎，尤其要注意避免在缺少对风险进行有效评估的情况下记录内控缺陷。

（4）要建立相应的内控评价制度，并指定特定机构、人员负责并监督制度的贯彻实施，评价结果要与相关人员的绩效考核挂钩。

（5）安排适当培训，加强有关人员对内部控制的认识与控制负责人的责任意识，确保知识与技术的传递；要学会利用适当的工具，以确保内控评价工作系统有效地进行。

第四部分

企业内部控制审计指引
解读及案例分析

第二十五章

企业内部控制审计指引解读及案例分析

第一节 企业内部控制审计指引的基本内容

企业内部控制审计指引的基本内容如下所示。

第一章 总　　则

第一条 为了规范注册会计师执行企业内部控制审计业务，明确工作要求，保证执业质量，根据《企业内部控制基本规范》《中国注册会计师鉴证业务基本准则》及相关执业准则，制定本指引。

第二条 本指引所称内部控制审计，是指会计师事务所接受委托，对特定基准日内部控制设计与运行的有效性进行审计。

第三条 建立健全和有效实施内部控制，评价内部控制的有效性是企业董事会的责任。按照本指引的要求，在实施审计工作的基础上对内部控制的有效性发表审计意见，是注册会计师的责任。

第四条 注册会计师执行内部控制审计工作，应当获取充分、适当的证据，为发表内部控制审计意见提供合理保证。

注册会计师应当对财务报告内部控制的有效性发表审计意见，并对内部控制审计过程中注意到的非财务报告内部控制的重大缺陷，在内部控制审计报告中增加"非财务报告内部控制重大缺陷描述段"予以披露。

第五条 注册会计师可以单独进行内部控制审计，也可将内部控制审计与财务报表审计整合进行（以下简称整合审计）。

在整合审计中，注册会计师应当对内部控制设计和运行的有效性进行测试，以同时实现下列目标：

（一）获取充分、适当的证据，支持其在内部控制审计中对内部控制有效性发表的意见；

（二）获取充分、适当的证据，支持其在财务报表审计中对控制风险的评估结果。

第二章 计划审计工作

第六条 注册会计师应当恰当地计划内部控制审计工作，配备具有专业胜任能力的项目组，并对助理人员进行适当的督导。

第七条 在计划审计工作时，注册会计师应当评价下列事项对内部控制、财务报表以及审计工作的影响：

（一）与企业相关的风险。

（二）相关法律法规和行业概况。

（三）企业组织结构、经营特点和资本结构等相关重要事项。

（四）企业内部控制最近发生变化的程度。

（五）与企业沟通过的内部控制缺陷。

（六）重要性、风险等与确定内部控制重大缺陷相关的因素。

（七）对内部控制有效性的初步判断。

（八）可获取的、与内部控制有效性相关的证据的类型和范围。

第八条 注册会计师应当以风险评估为基础，选择拟测试的控制，确定测试所需收集的证据。

内部控制的特定领域存在重大缺陷的风险越高，给予该领域的审计关注就越多。

第九条 注册会计师应当对企业内部控制自我评价工作进行评估，判断是否利用企业内部审计人员、内部控制评价人员和其他相关人员的工作以及利用的程度，相应减少可能本应由注册会计师执行的工作。

注册会计师利用企业内部审计人员、内部控制评价人员和其他相关人员的工作，应当对其专业胜任能力和客观性进行充分评价。

与某项控制相关的风险越高，可利用程度就越低，注册会计师应当更多地对该项控制亲自进行测试。

注册会计师应当对发表的审计意见独立承担责任，其责任不因为利用企业内部审计人员、内部控制评价人员和其他相关人员的工作而减轻。

第三章 实施审计工作

第十条 注册会计师应当按照自上而下的方法实施审计工作。自上而下的方法是注册会计师识别风险、选择拟测试控制的基本思路。注册会计师在实施审计工作时，可以将企业层面控制和业务层面控制的测试结合进行。

第十一条 注册会计师测试企业层面控制，应当把握重要性原则，至少应当关注：

（一）与内部环境相关的控制。

（二）针对董事会、管理层凌驾于控制之上的风险而设计的控制。

（三）企业的风险评估过程。

（四）对内部信息传递和财务报告流程的控制。

（五）对控制有效性的内部监督和自我评价。

第十二条 注册会计师测试业务层面控制，应当把握重要性原则，结合企业实际、企业内部控制各项应用指引的要求和企业层面控制的测试情况，重点对企业生产经营活动中的重要业务与事项的控制进行测试。

注册会计师应当关注信息系统对内部控制及风险评估的影响。

第十三条 注册会计师在测试企业层面控制和业务层面控制时，应当评价内部控制是否足以应对舞弊风险。

第十四条 注册会计师应当测试内部控制设计与运行的有效性。

如果某项控制由拥有必要授权和专业胜任能力的人员按照规定的程序与要求执行，能够实现控制目标，表明该项控制的设计是有效的。

如果某项控制正在按照设计运行，执行人员拥有必要授权和专业胜任能力，能够实现控制目标，表明该项控制的运行是有效的。

第十五条 注册会计师应当根据与内部控制相关的风险，确定拟实施审计程序的性质、时间安排和范围，获取充分、适当的证据。与内部控制相关的风险越高，注册会计师需要获取的证据应越多。

第十六条 注册会计师在测试控制设计与运行的有效性时，应当综合运用询问适当人员、观察经营活动、检查相关文件、穿行测试和重新执行等方法。

询问本身并不足以提供充分适当的证据。

第十七条 注册会计师在确定测试的时间安排时，应当在下列两个因素

之间作出平衡,以获取充分、适当的证据:

（一）尽量在接近企业内部控制自我评价基准日实施测试;

（二）实施的测试需要涵盖足够长的期间。

第十八条 注册会计师对于内部控制运行偏离设计的情况（即控制偏差）,应当确定该偏差对相关风险评估、需要获取的证据以及控制运行有效性结论的影响。

第十九条 在连续审计中,注册会计师在确定测试的性质、时间安排和范围时,应当考虑以前年度执行内部控制审计时了解的情况。

第四章 评价控制缺陷

第二十条 内部控制缺陷按其成因分为设计缺陷和运行缺陷,按其影响程度分为重大缺陷、重要缺陷和一般缺陷。

注册会计师应当评价其识别的各项内部控制缺陷的严重程度,以确定这些缺陷单独或组合起来,是否构成重大缺陷。

第二十一条 在确定一项内部控制缺陷或多项内部控制缺陷的组合是否构成重大缺陷时,注册会计师应当评价补偿性控制（替代性控制）的影响。企业执行的补偿性控制应当具有同样的效果。

第二十二条 表明内部控制可能存在重大缺陷的迹象,主要包括:

（一）注册会计师发现董事、监事和高级管理人员舞弊。

（二）企业更正已经公布的财务报表。

（三）注册会计师发现当期财务报表存在重大错报,而内部控制在运行过程中未能发现该错报。

（四）企业审计委员会和内部审计机构对内部控制的监督无效。

第五章 完成审计工作

第二十三条 注册会计师完成审计工作后,应当取得经企业签署的书面声明。书面声明应当包括下列内容:

（一）企业董事会认可其对建立健全和有效实施内部控制负责。

（二）企业已对内部控制的有效性作出自我评价,并说明评价时采用的标准以及得出的结论。

（三）企业没有利用注册会计师执行的审计程序及其结果作为自我评价的基础。

（四）企业已向注册会计师披露识别出的所有内部控制缺陷，并单独披露其中的重大缺陷和重要缺陷。

（五）企业对注册会计师在以前年度审计中识别的重大缺陷和重要缺陷，是否已经采取措施予以解决。

（六）企业在内部控制自我评价基准日后，内部控制是否发生重大变化，或者存在对内部控制具有重要影响的其他因素。

第二十四条 企业如果拒绝提供或以其他不当理由回避书面声明，注册会计师应当将其视为审计范围受到限制，解除业务约定或出具无法表示意见的内部控制审计报告。

第二十五条 注册会计师应当与企业沟通审计过程中识别的所有控制缺陷。对于其中的重大缺陷和重要缺陷，应当以书面形式与董事会和经理层沟通。

注册会计师认为审计委员会和内部审计机构对内部控制的监督无效的，应当就此以书面形式直接与董事会和经理层沟通。

书面沟通应当在注册会计师出具内部控制审计报告之前进行。

第二十六条 注册会计师应当对获取的证据进行评价，形成对内部控制有效性的意见。

第六章　出具审计报告

第二十七条 注册会计师在完成内部控制审计工作后，应当出具内部控制审计报告。标准内部控制审计报告应当包括下列要素：

（一）标题。

（二）收件人。

（三）引言段。

（四）企业对内部控制的责任段。

（五）注册会计师的责任段。

（六）内部控制固有局限性的说明段。

（七）财务报告内部控制审计意见段。

（八）非财务报告内部控制重大缺陷描述段。

（九）注册会计师的签名和盖章。

（十）会计师事务所的名称、地址及盖章。

（十一）报告日期。

第二十八条 符合下列所有条件的，注册会计师应当对财务报告内部控制出具无保留意见的内部控制审计报告：

（一）企业按照《企业内部控制基本规范》《企业内部控制应用指引》《企业内部控制评价指引》以及企业自身内部控制制度的要求，在所有重大方面保持了有效的内部控制。

（二）注册会计师已经按照《企业内部控制审计指引》的要求计划和实施审计工作，在审计过程中未受到限制。

第二十九条 注册会计师认为财务报告内部控制虽不存在重大缺陷，但仍有一项或者多项重大事项需要提请内部控制审计报告使用者注意的，应当在内部控制审计报告中增加强调事项段予以说明。

注册会计师应当在强调事项段中指明，该段内容仅用于提醒内部控制审计报告使用者关注，并不影响对财务报告内部控制发表的审计意见。

第三十条 注册会计师认为财务报告内部控制存在一项或多项重大缺陷的，除非审计范围受到限制，应当对财务报告内部控制发表否定意见。

注册会计师出具否定意见的内部控制审计报告，还应当包括下列内容：

（一）重大缺陷的定义。

（二）重大缺陷的性质及其对财务报告内部控制的影响程度。

第三十一条 注册会计师审计范围受到限制的，应当解除业务约定或出具无法表示意见的内部控制审计报告，并就审计范围受到限制的情况，以书面形式与董事会进行沟通。

注册会计师在出具无法表示意见的内部控制审计报告时，应当在内部控制审计报告中指明审计范围受到限制，无法对内部控制的有效性发表意见。

注册会计师在已执行的有限程序中发现财务报告内部控制存在重大缺陷的，应当在内部控制审计报告中对重大缺陷作出详细说明。

第三十二条 注册会计师对在审计过程中注意到的非财务报告内部控制缺陷，应当区别具体情况予以处理：

（一）注册会计师认为非财务报告内部控制缺陷为一般缺陷的，应当与企业进行沟通，提醒企业加以改进，但无需在内部控制审计报告中说明。

（二）注册会计师认为非财务报告内部控制缺陷为重要缺陷的，应当以书面形式与企业董事会和经理层沟通，提醒企业加以改进，但无需在内部控制审计报告中说明。

（三）注册会计师认为非财务报告内部控制缺陷为重大缺陷的，应当以书面形式与企业董事会和经理层沟通，提醒企业加以改进；同时应当在内部控制审计报告中增加非财务报告内部控制重大缺陷描述段，对重大缺陷的性质及其对实现相关控制目标的影响程度进行披露,提示内部控制审计报告使用者注意相关风险。

第三十三条 在企业内部控制自我评价基准日并不存在,但在该基准日之后至审计报告日之前(以下简称期后期间)内部控制可能发生变化,或出现其他可能对内部控制产生重要影响的因素,注册会计师应当询问是否存在这类变化或影响因素,并获取企业关于这些情况的书面声明。

注册会计师知悉对企业内部控制自我评价基准日内部控制有效性有重大负面影响的期后事项的,应当对财务报告内部控制发表否定意见。

注册会计师不能确定期后事项对内部控制有效性的影响程度的,应当出具无法表示意见的内部控制审计报告。

第七章 记录审计工作

第三十四条 注册会计师应当按照《中国注册会计师审计准则第1131号——审计工作底稿》的规定,编制内部控制审计工作底稿,完整记录审计工作情况。

第三十五条 注册会计师应当在审计工作底稿中记录下列内容:

(一)内部控制审计计划及重大修改情况。
(二)相关风险评估和选择拟测试的内部控制的主要过程及结果。
(三)测试内部控制设计与运行有效性的程序及结果。
(四)对识别的控制缺陷的评价。
(五)形成的审计结论和意见。
(六)其他重要事项。

附录 内部控制审计报告的参考格式

1. 标准内部控制审计报告

内部控制审计报告

××股份有限公司全体股东:

按照《企业内部控制审计指引》及中国注册会计师执业准则的相关要求,我们审计了××股份有限公司(以下简称××公司)××××年×月×日的财务报告内部控制的有效性。

一、企业对内部控制的责任

按照《企业内部控制基本规范》《企业内部控制应用指引》《企业内部控制评价指引》的规定，建立健全和有效实施内部控制，并评价其有效性是企业董事会的责任。

二、注册会计师的责任

我们的责任是在实施审计工作的基础上，对财务报告内部控制的有效性发表审计意见，并对注意到的非财务报告内部控制的重大缺陷进行披露。

三、内部控制的固有局限性

内部控制具有固有局限性，存在不能防止和发现错报的可能性。此外，由于情况的变化可能导致内部控制变得不恰当，或对控制政策和程序遵循的程度降低，根据内部控制审计结果推测未来内部控制的有效性具有一定风险。

四、财务报告内部控制审计意见

我们认为，××公司按照《企业内部控制基本规范》和相关规定在所有重大方面保持了有效的财务报告内部控制。

五、非财务报告内部控制的重大缺陷

在内部控制审计过程中，我们注意到××公司的非财务报告内部控制存在重大缺陷［描述该缺陷的性质及其对实现相关控制目标的影响程度］。由于存在上述重大缺陷，我们提醒本报告使用者注意相关风险。需要指出的是，我们并不对××公司的非财务报告内部控制发表意见或提供保证。本段内容不影响对财务报告内部控制有效性发表的审计意见。

××会计师事务所	中国注册会计师：×××
（盖章）	（签名并盖章）
	中国注册会计师：×××
	（签名并盖章）
	中国××市
	二〇××年×月×日

2. 带强调事项段的无保留意见内部控制审计报告

内部控制审计报告

××股份有限公司全体股东：

按照《企业内部控制审计指引》及中国注册会计师执业准则的相关要求，我们审计了××股份有限公司（以下简称××公司）××××年×月×日的财务报告内部控制的有效性。

［"一、企业对内部控制的责任"至"五、非财务报告内部控制的重大缺陷"参见标准内部控制审计报告相关段落表述。］

六、强调事项

我们提醒内部控制审计报告使用者关注（描述强调事项的性质及其对内部控制的重大影响）。本段内容不影响已对财务报告内部控制发表的审计意见。

××会计师事务所　　　　　　　中国注册会计师：×××
　（盖章）　　　　　　　　　　　　（签名并盖章）

　　　　　　　　　　　　　　　　中国注册会计师：×××
　　　　　　　　　　　　　　　　　（签名并盖章）

　　　　　　　　　　　　　　　　　　　中国××市
　　　　　　　　　　　　　　　　二〇××年×月×日

3. 否定意见内部控制审计报告

内部控制审计报告

××股份有限公司全体股东：

按照《企业内部控制审计指引》及中国注册会计师执业准则的相关要求，我们审计了××股份有限公司（以下简称××公司）××××年×月×日的财务报告内部控制的有效性。

["一、企业对内部控制的责任"至"三、内部控制的固有局限性"参见标准内部控制审计报告相关段落表述]

四、导致否定意见的事项

重大缺陷,是指一个或多个控制缺陷的组合,可能导致企业严重偏离控制目标。

[指出注册会计师已识别出的重大缺陷,并说明重大缺陷的性质及其对财务报告内部控制的影响程度]

有效的内部控制能够为财务报告及相关信息的真实完整提供合理保证,而上述重大缺陷使××公司内部控制失去这一功能。

五、财务报告内部控制审计意见

我们认为,由于存在上述重大缺陷及其对实现控制目标的影响,××公司未能按照《企业内部控制基本规范》和相关规定在所有重大方面保持有效的财务报告内部控制。

六、非财务报告内部控制的重大缺陷

[参见标准内部控制审计报告相关段落表述]

××会计师事务所	中国注册会计师:×××
（盖章）	（签名并盖章）
	中国注册会计师:×××
	（签名并盖章）
	中国××市
	二〇××年×月×日

4．无法表示意见内部控制审计报告

内部控制审计报告

××股份有限公司全体股东：

我们接受委托,对××股份有限公司（以下简称××公司）××××年×月×日的财务报告内部控制进行审计。

第二十五章 企业内部控制审计指引解读及案例分析

［删除注册会计师的责任段，"一、企业对内部控制的责任"和"二、内部控制的固有局限性"参见标准内部控制审计报告相关段落表述］

三、导致无法表示意见的事项

［描述审计范围受到限制的具体情况］

四、财务报告内部控制审计意见

由于审计范围受到上述限制，我们未能实施必要的审计程序以获取发表意见所需的充分、适当证据，因此，我们无法对××公司财务报告内部控制的有效性发表意见。

五、识别的财务报告内部控制重大缺陷（如在审计范围受到限制前，执行有限程序未能识别出重大缺陷，则应删除本段）

重大缺陷，是指一个或多个控制缺陷的组合，可能导致企业严重偏离控制目标。

尽管我们无法对××公司财务报告内部控制的有效性发表意见，但在我们实施的有限程序的过程中，发现了以下重大缺陷：

［指出注册会计师已识别出的重大缺陷，并说明重大缺陷的性质及其对财务报告内部控制的影响程度］

有效的内部控制能够为财务报告及相关信息的真实完整提供合理保证，而上述重大缺陷使××公司内部控制失去这一功能。

六、非财务报告内部控制的重大缺陷

［参见标准内部控制审计报告相关段落表述］

××会计师事务所　　　　　　　　中国注册会计师：×××
（盖章）　　　　　　　　　　　　（签名并盖章）
　　　　　　　　　　　　　　　　中国注册会计师：×××
　　　　　　　　　　　　　　　　（签名并盖章）

　　　　　　　　　　　　　　　　中国××市
　　　　　　　　　　　　　　　　二〇××年×月×日

第二节　企业内部控制审计指引解读

一、内部控制审计的含义

根据本指引第二条，内部控制审计，是指会计师事务所接受委托，对特定基准日内部控制设计与运行的有效性进行审计并发表审计意见。这里面包含了五层意思：

（一）实施内部控制审计的主体是会计师事务所和注册会计师

这与美国所要求的由专门机构认证的独立审计师执业有一定差异，主要的原因有：一是内部控制以及内部控制审计在我国还处在起步阶段，还没有成立专门的内部控制审计机构，也就无法由专门的机构进行认证，主要还是由注册会计师在对企业的财务报告进行审计的同时整体地对报告中相应的内容进行评价；二是注册会计师长期进行审计业务，熟练地掌握财务理论与实务，还要进行定期的后续教育，使注册会计师成为既具有专业知识，又熟知审计程序的一个团体，内部控制审计过程中很多部分需要审计师运用职业判断，无疑，注册会计师在我国是最佳的人选；三是由于在一般情况下，内部控制审计与财务报告审计是同时进行的，我国企业的内部控制报告也都包含在企业财务报告之中，因此由注册会计师一同进行审核，可以减少两者的成本，提高两者的质量。整合财务报告审计与内部控制的有效性审计的整体审计也是国际上的一个大趋势。

（二）内部控制审计的对象是"控制文件与控制信息资料"

"控制文件与控制信息资料"是经济组织设计和执行内部控制过程中所形成所有资料，其中"控制文件"是针对内部控制设计来说的，是设计内部控制形成的文件，包括预算制度、审批制度、内部报告制度等各种管理制度和业务程序手册与岗位说明书等。"控制信息资料"则是针对内部控制执行来说的，是执行内部控制过程中形成的记录控制信息的资料，不仅包括账簿凭证报表、订货单、销货单等会计资料和与会计有关的资料，还包括各类内部分析报告、重大决策过程记录等记录控制信息的资料。"控制文件与控制信息资料"实际上是内部控制系统运行过程中形成的各种文件和信息资料。

（三）内部控制审计的目标是保证企业的内部控制的有效性

内部控制的重要性不言而喻，但是如何能够保证企业的内部控制符合规范，怎样证明公司出具的内部控制报告的真实性，即如何做好内部控制工作呢？内部控制审计的概念随着越来越多的企业内部舞弊而渐渐浮出水面。内部控制审计的直接目的就是保证企业内部控制的有效性，对企业出具的内部控制报告以及内部控制的有效性进行鉴证，从而保证企业出具的财务报告的可靠性。

（四）注册会计师是对特定基准日的内部控制进行审计

财务报告的可靠性并不能过分依赖内部控制的外部审计来完成，更多的责任仍在于企业管理层建立健全内部控制并努力实现其有效执行，而且对整个年度的内部控制作出评价，其成本是极其昂贵的，也是无法实现的。同时，考虑到企业内部控制制度具有一定的持续性，并不是经常变化，从会计期末的内部控制也可以大概了解企业整个期间的内部控制情况。综合以上分析，对某个时点的内部控制发表意见是不错的选择。

（五）建立健全和有效实施内部控制，评价内部控制的有效性是企业管理层的责任，具体来讲是董事会的责任。而注册会计师的责任是在实施审计工作的基础上对内部控制的有效性发表审计意见。

二、财务报告内部控制与非财务报告内部控制

内部控制涉及企业的方方面面，针对财务报告的可靠性而设计和实施的内部控制是财务报告内部控制，其他的则为非财务报告内部控制。根据COSO报告对内部控制的定义，内部控制包含三个方面的目标，而财务报告内部控制只包含了与财务报告可靠性目标相关的部分，不包括与公司经营活动的效率和效果方面的目标；在遵循性方面，也只保留了如何遵循SEC关于财务报告要求这类与财务报告编制直接相关的法律法规。根据本指引，注册会计师应当对财务报告内部控制的有效性发表意见。而对于非财务报告内部控制，只有在内部控制审计过程中注意到的有重大缺陷的，才需要在内部控制审计报告中增加"非财务报告内部控制重大缺陷描述段"予以披露。

三、内部控制审计与财务报表审计的整合（整合审计）

根据本指引第五条，注册会计师可以单独进行内部控制审计，也可以将内部控制审计与财务报表审计整合进行（简称整合审计）。

当前主流的财务报表审计方法是风险导向审计，它要求注册会计师在实施进一步审计程序之前，要了解被审计单位及其环境，其中包括内部控制，亦即实施风险评估程序。注册会计师根据在风险评估阶段了解到的被审计单位内部控制的设计情况和是否得到执行决定进一步的审计程序。如果被审计单位的内部控制本身的设计是合理的，且得到执行，则注册会计师就要测试内部控制运行的有效性，并据此决定实质性程序的性质、时间和范围，否则注册会计师会直接实施实质性程序。由此可见，对内部控制的了解和评价是财务报表审计的一个必要阶段，也是对被审计单位内部控制审计必须实施的程序。因此，内部控制审计中获取的证据可以用于财务报表审计，同样财务报表审计中发现的问题可以为内部控制审计提供审计证据的线索，同一审计证据可以在两种审计中加以利用。这样做也有利于提高审计的效率和质量。

本指引第五条进一步指出，在整合审计中，注册会计师应当对内部控制设计与运行的有效性进行测试，获取充分、适当的证据，支持其在内部控制审计中对内部控制有效性发表的意见，同时支持其在财务报表审计中对控制风险的评估结果。

四、内部控制审计的计划工作

凡事预则立，不预则废。高质量的审计计划有助于注册会计师恰当地组织和管理审计资源，提高审计效率和效果，顺利完成审计工作并与客户保持良好的工作关系。注册会计师应当计划内部控制审计工作，配备具有专业胜任能力的项目组，并对助理人员进行适当的监督。

在计划审计工作时，注册会计师应当评价下列事项对内部控制、财务报表以及审计工作的影响。

（一）与企业相关的风险。一方面，与企业相关的风险越高，内部控制存在缺陷的可能性就越大；另一方面，根据与企业相关的风险，也可以确定重要的审计领域,例如,资金结算频繁的企业通常要给予货币资金的内部控制以重点关注。

(二)相关法律法规和行业概况。通常企业都会有相应的内部控制程序,使企业遵循相关的法律法规,这些都应该成为注册会计师关注的领域。行业性质、行业状况等也会影响企业内部控制以及审计工作。

(三)企业组织结构、经营特点和资本结构等相关重要事项。

(四)企业内部控制最近发生变化的程度。注册会计师应该对最近发生变化的企业内部控制给予足够的重视。

(五)与企业沟通的内部控制缺陷。

(六)重要性、风险等与确定内部控制重大缺陷相关的因素。

(七)对内部控制有效性的初步判断。

(八)可获取的、与内部控制有效性相关的证据的类型和范围。所获取的证据越可靠、范围越广,所作出的内部控制有效性判断就越准确。

注册会计师应当以风险评估为基础,选择拟测试的控制,确定测试所需收集的证据。内部控制的特定领域存在重大缺陷的风险越高,给予该领域的审计关注就越多。

五、对企业内部审计工作的利用

注册会计师可以利用内部审计工作,但是应当对企业内部控制自我评价工作进行评估,判断是否利用企业内部审计人员、内部控制评价人员和其他相关人员的工作以及可利用的程度。注册会计师利用企业内部审计人员、内部控制评价人员和其他相关人员的工作,应当对其专业胜任能力和客观性进行充分评价。与某项控制相关的风险越高,可利用程度就越低,注册会计师应当更多地对该项控制亲自进行测试。注册会计师应当对发表的审计意见独立承担责任,其责任不因为利用企业内部审计人员、内部控制评价人员和其他相关人员的工作而减轻。

六、自上而下的审计方法

注册会计师应当按照自上而下的方法开展审计工作。自上而下的方法是注册会计师识别风险、选择拟测试控制的基本思路。自上而下的方法就是要求审计师首先将注意力集中于公司层面的控制，然后是重大账户，以引导审计师关注重大处理过程，最后，关注过程中交易或应用层次的具体控制。每一步获得的了解指导审计师关注下一控制层次内的高风险领域，通过这种方法来完成任务，自然可以引导审计师关注高风险领域。

重大控制的缺陷可能存在于公司控制某一特定领域的风险程度与审计人员应对这一领域投入的关注直接相关。公司控制某一特定领域的重大控制缺陷的风险程度越高，审计人员应对这一领域投入的精力越多；反之，可相应减少投入精力。根据风险导向审计的要求，内部控制审计主要应分为5个部分：了解内部控制设计、制定内部控制审计方案、测试内部控制执行情况、发现内部控制缺陷、出具内部控制审计意见。

七、两个层面的内部控制测试

注册会计师测试内部控制的执行可以从两个层面着手：第一个层面是企业层面的控制，第二个层面是业务层面的控制。

注册会计师测试企业层面控制，应当把握重要性原则，至少应当关注：

（1）与内部环境相关的控制。

（2）针对董事会、管理层凌驾于控制之上的风险而设计的控制。

（3）企业的风险评估过程。

（4）对内部信息传递和财务报告流程的控制。

（5）对控制有效性的内部监督和自我评价。

注册会计师测试业务层面控制，应当把握重要性原则，结合企业实际，企业内部控制各项应用指引的要求和企业层面控制的测试情况，重点对企业生产经营活动中的重要业务与事项的控制进行测试。

注册会计师在实施审计工作时，可以将企业层面控制和业务层面控制的测试结合进行。

八、内部控制测试的方法

内部控制测试的主要方法包括：

（1）询问法。审计人员为了解被审计单位各项业务操作是否符合控制要求，而向有关人员询问某些内部控制和业务执行情况。例如，审计人员通过询问计算机管理人员，就可以知道未经授权的人员是否接触计算机文件。

（2）观察法。审计人员亲临被审计单位的工作现场，实地观察有关人员的实际工作情况，以确定既定控制措施是否得到严格执行，如审计人员亲自到现场观察材料验收和入库情况，就可知道材料是否严格验收并及时入库，库存材料是否有序摆放，是否安全存放。

（3）证据检查法。审计人员抽取一定数量的账表、凭证等书面证据和其他有关证据，检查是否认真执行相关控制制度，以判断内部控制是否得到有效贯彻执行，如检查货款的支付是否有相关责任人和经办人的批准和签字，来判断实际工作中是否执行了批准控制程序。

（4）穿行测试。审计人员追踪交易在财务报告信息系统中的处理过程。

（5）重复执行法。审计人员就某项内部控制制度来按照被审计单位的业务程序全部或部分重做一次，以验证既定的控制措施是否被贯彻执行。

注册会计师在测试控制设计与运行的有效性时，应当综合运用询问适当人员、观察经营活动、检查相关文件、穿行测试和重新执行等方法。询问本身并不足以提供充分、适当的证据。

九、测试运行有效性

审计人员应当通过确定控制执行是否符合设计、执行人员是否拥有必要授权和有效执行控制的胜任能力，来测试控制运行的有效性。

如果某项控制由拥有必要授权和专业胜任能力的人员按照规定的程序与要求执行，能够实现控制目标，表明该项控制的设计是有效的。如果某项控制正在按照设计运行，执行人员拥有必要授权和专业胜任能力，能够实现控制目标，表明该项控制的运行是有效的。

十、评价内部控制缺陷

内部控制缺陷按其成因分为设计缺陷和运行缺陷，按其影响程度分为重大缺陷、重要缺陷和一般缺陷。重要缺陷和一般缺陷又统称为重要不足。

如果一个控制缺陷可能导致的错报或漏报对财务报表没有明显的实质性影响，不足以改变使用者的决策，这种控制缺陷就不具有重要性；相反，如果一个控制缺陷可能导致的错报或漏报能够改变报表使用者的决策，这样的控制缺陷对于报表使用者来说就具有重要性。注册会计师应当评价其识别的各项内部控制缺陷的严重程度,以确定这些缺陷单独或组合起来是否构成重大缺陷。

在确定一项内部控制缺陷或多项内部控制缺陷的组合是否构成重大缺陷时,注册会计师应当评价补偿性控制(替代性控制)的影响。企业执行的补偿性控制应当具有同样的效果。

内部控制可能存在重大缺陷的迹象,主要包括:

(1)注册会计师发现董事、监事和高级管理人员舞弊现象。

(2)企业更正已经公布的财务报表。

(3)注册会计师发现当期财务报表存在重大错报,而内部控制在运行过程中未能发现该错报。

(4)企业审计委员会和内部审计机构对内部控制的监督无效。

十一、对内部控制缺陷的处理

注册会计师应当与企业沟通审计过程中识别的所有控制缺陷。对其中的重大缺陷和重要缺陷,应当以书面形式与董事会和经理层沟通。注册会计师认为审计委员会和内部审计机构对内部控制的监督无效的,应当就此以书面形式直接与董事会和经理层沟通。书面沟通应当在注册会计师出具内部控制审计报告之前进行。

十二、取得企业签署的书面声明

注册会计师完成审计工作后,应当取得经企业签署的书面声明。书面声明应当包括下列内容:

(1)企业董事会认可其对建立健全和有效实施内部控制负责。

(2)企业已对内部控制的有效性作出自我评价,并说明评价时采用的标准以及得出的结论。

(3)企业没有利用注册会计师执行的审计程序及其结果作为自我评价的基础。

(4)企业已向注册会计师披露识别出的所有内部控制缺陷,并单独披露其中的重大缺陷和重要缺陷。

(5)企业对于注册会计师在以前年度审计中识别的重大缺陷和重要缺

陷，是否已经采取措施予以解决。

（6）企业在内部控制自我评价基准日后，内部控制是否发生重大变化，或者存在对内部控制具有重要影响的其他因素。

企业如果拒绝提供或以其他不当理由回避书面声明，注册会计师应当将其视为审计范围受到限制，解除业务约定或出具无法表示意见的内部控制审计报告。

十三、内部控制审计报告的类型

内部控制审计报告的类型包括无保留意见的审计报告、否定意见的审计报告和无法表示意见的审计报告。

符合下列所有条件的，注册会计师应当对财务报告内部控制出具无保留意见的内部控制审计报告：

（1）企业按照《企业内部控制基本规范》《企业内部控制应用指引》《企业内部控制评价指引》以及企业自身内部控制制度的要求，在所有重大方面保持了有效的内部控制。

（2）注册会计师已经按照《企业内部控制审计指引》的要求计划和实施审计工作，在审计过程中未受到限制。

注册会计师认为财务报告内部控制虽不存在重大缺陷，但仍有一项或者多项重大事项需要提请内部控制审计报告使用者注意的，应当在内部控制审计报告中增加强调事项段予以说明。注册会计师应当在强调事项段中指明，该段内容仅用于提醒内部控制审计报告使用者关注，并不影响对财务报告内部控制发表的审计意见。

注册会计师认为财务报告内部控制存在一项或多项重大缺陷的，除非审计范围受到限制，应当对财务报告内部控制发表否定意见。注册会计师出具否定意见的内部控制审计报告，还应当包括下列内容：

（1）重大缺陷的定义。

（2）重大缺陷的性质及其对财务报告内部控制的影响程度。

注册会计师审计范围受到限制的，应当解除业务约定或出具无法表示意见的内部控制审计报告，并就审计范围受到限制的情况，以书面形式与董事会进行沟通。注册会计师在出具无法表示意见的内部控制审计报告时，应当在内部控制审计报告中指明审计范围受到限制，无法对内部控制的有效性发表意见。注册会计师在已执行的有限程序中发现财务报告内部控制存在重大缺陷的,应当在内部控制审计报告中对重大缺陷作出详细说明。

十四、对非财务报告内部控制缺陷的处理

注册会计师对在审计过程中注意到的非财务报告内部控制缺陷,应当区别具体情况予以处理:

(1) 注册会计师认为非财务报告内部控制缺陷为一般缺陷的,应当与企业进行沟通,提醒企业加以改进,但无需在内部控制审计报告中说明。

(2) 注册会计师认为非财务报告内部控制缺陷为重要缺陷的,应当以书面形式与企业董事会和经理层沟通,提醒企业加以改进,但无需在内部控制审计报告中说明。

(3) 注册会计师认为非财务报告内部控制缺陷为重大缺陷的,应当以书面形式与企业董事会和经理层沟通,提醒企业加以改进;同时应当在内部控制审计报告中增加非财务报告内部控制重大缺陷描述段,对重大缺陷的性质及其对实现相关控制目标的影响程度进行披露,提示内部控制审计报告使用者注意相关风险。

十五、期后事项

在企业内部控制自我评价基准日并不存在,但在该基准日之后至审计报告日之前(以下简称期后期间)内部控制可能发生变化,或出现其他可能对内部控制产生重要影响的因素,注册会计师应当询问是否存在这类变化或影响因素,并获取企业关于这些情况的书面声明。

注册会计师知悉对企业内部控制自我评价基准日内部控制有效性有重大负面影响的期后事项的,应当对财务报告内部控制发表否定意见。

注册会计师不能确定期后事项对内部控制有效性的影响程度的,应当出具无法表示意见的内部控制审计报告。

十六、编制审计工作底稿

注册会计师应当按照《中国注册会计师审计准则第1131号——审计工作底稿》的规定,编制内部控制审计工作底稿,完整记录审计工作情况。

注册会计师应当在审计工作底稿中记录下列内容:

（1）内部控制审计计划及重大修改情况。
（2）相关风险评估和选择拟测试的内部控制的主要过程及结果。
（3）测试内部控制设计与运行有效性的程序及结果。
（4）对识别的控制缺陷的评价。
（5）形成的审计结论和意见。
（6）其他重要事项。

第三节 企业内部控制审计指引的案例

【案例 25-1】

对新知公司的内部控制审计

新知公司是某集团下属经营单位，独立法人，主营商品批发零售。2009年，集团审计部对新知公司进行了内部控制审计，审计的时间范围是2008年度，对重要事项可追溯至以前年度。因为是内部审计，审计人员对审计公司的基本情况和业务内容比较熟悉，所以把审计的重点放在了审查评价公司相关控制活动上。

首先，审计组根据年度工作计划编制了审计工作方案，明确了审计的目的、审计的时间、审计的范围、审计的方式、审计的内容和人员的分工等。

然后，向新知公司下发审计通知书，并附《需提供的资料清单》，资料包括公司营业执照、公司章程、公司基本情况开户许可证、企业法人代码证书、公司在银行和非银行金融机构设立的全部账户（包括已经注销的账户）、公司内部组织结构图、公司内部部门和岗位职责资料、公司内部各部门、各项业务流程资料、公司内部管理制度汇编、公司内部控制手册、近年的公司财务报表、审计报告及有关资料、公司重大决策会议纪要、公司发展战略有关资料、近三年预算报告及执行情况、近三年绩效考核指标情况和其他有关资料。内部控制审计小组进驻现场后，即召开审计进点会，向被审计单位说明审计的任务，提出具体要求，并听取公司管理层有关情况汇报。通过审阅公司提供的相关资料，结合进点会情况，审计人员了解到该公司领导班子非常重视制度建设，借鉴集团制度并结合公司经营特点制定了一套较为完整的管理制度。审计人员针对该公司的管理制度，结合专业判断，确定了需重点审查的内容。

在审计过程中，审计人员综合运用文本阅读法看完整性、协调性、真实性、有效性；运用实地观察法查存在性、完整性、足值性、权属性；运用询问法探问、疑问、质问等审计方法按照业务循环进行符合性测试，对重点业务循环还进行了穿行测试，认真编制工作底稿，发现如下问题：

一、组织结构

该公司仓储部门隶属于采购部门，有违不相容岗位必须分开的原则。仓储部门在公司管理体系中承担着检查核实供应商提供的物资在数量、外观质量等方面是否符合核定的采购订单要求，和评估供应商售后服务质量的职责。仓储部门隶属于采购部门，客观上会削弱对采购业务的监督。

二、采购付款业务

在内部控制的符合方面：①该公司存在供应商变动无审核标准的问题。该公司的采购流程规定，由采购部根据经营销售的实际情况选择所需商品的供应商，报主管采购的副总经理批准后确定供应商。此项制度没有规定采购部根据什么标准选择供应商、副总经理根据什么条件批准供应商、在什么情况下应变更供应商。由于没有标准，该公司在供应商的选择和变更方面存在很大的随意性，也没有必要的监督，采购部经常受到以权谋私的指责，虽然这些指责大多没有确切的证据，但该公司在各个方面包括采购部对供应商选择的随意性的不满是很明显的。②已报销入账的单据文件没有核销处理制度。该公司的采购与付款循环流程中规定，物资采购业务结束后，财务部应依据有关单据的文件记录应付账款明细账。但是，没有规定已报销入账的单据文件必须进行核销。这样，就存在已报销入账的单据文件重复入账、欠款重复支付的风险。产生这个问题的原因是财务部对此问题的重视程度不足，认为只要认真检查，是不会出现问题的，他们也从没有在这方面发生过错误。在内部控制的遵循方面：已验收入库物资暂估入库制度执行不力。该公司制度规定，对于已验收入库但由于单据文件不完整的业务，不得按正常的方式报销入账，必须按估定的价格作暂估入库处理。但在审计检查中发现，2008年，该公司共发生此类业务104笔，审计人员按统计抽样的要求检查了15笔（可靠程度95%），发现有3笔没有办理暂估入库手续，占所抽查业务的20%，其金额合计为784 329元。这种情况的发生，严重影响了库存物资核算的准确性，导致库存物资信息失真，损害管理层决策的准确性。产生这个问题的原因是，仓储部有些工作人员认为，这些物资入库单据文件不完整是暂时的，所短缺的单据文件很快就会补齐，没有必要劳神费力去办理暂估入库手续，其后，所短缺的单据文件由于种种原因没有补齐，他们因忙于其他事务而忘记了办理暂估入库手续。

三、销售收款业务

在内部控制的符合方面，销售佣金制度设计有缺陷。该公司对营销部员工按销售订货金额和销售回款金额的计算提取销售佣金，这本是促进营销工作的一项激励措施，是合理的，但是，这项制度在设计时，没有考虑销货退回及折让因素，一旦发生，就会导致销售佣金隐性提高。长此以往，还可能出现虚假销售问题，给公司造成更大的损失。在内部控制遵循方面，该公司客户往来对账流于形式。公司制度规定，财务部会计员应于每季度终了后10天内向往来客户寄发并核对往来账目对账单，如发现不符应在3天内查出原因予以解决。但据审计检查发现，2008年第一季度和第三季度没有发出往来账目调节表，第四季度的往来账目调节表不相符但没有原因说明和处理意见。至2008年12月31日，客户往来账目金额与客户认可往来金额相差2 150 336元（客户认可金额高于该公司账簿金额的项目为379 624元，客户认可金额少于贵公司往来账面金额的项目为2 529 960元）。产生这个问题的原因是财务部人员不足，规定的对账调节期又与会计工作高峰期相冲突，财务部有关人员认为此项工作不属于自己的工作范围，有关部门的督促监督不力等。在核对往来账目时，审计人员发现，有一笔30万元的应收款已挂账5年，其间没有任何变动。经调阅款项发生年度的会计凭证，查出这是一笔外单位借款，凭证后只有一张借条，借条上签批人为该公司上任总经理林某，没有相关会议记录，借款原因不详。这违反了重大经济事项公司领导班子集体决定的规定，也违反了领导干部离任须办理财物交接的规定。

四、货币资金业务

该公司员工占用公司资金过多，现金管理制度没有被认真执行。制度规定，员工个人因出差等公事需要，经批准可以向公司财务部借款，但在与借款相关的事务结束后，应立即办理报销结账手续，否则应从其工资中扣除。据审计人员检查发现，该公司个人欠款已达24万元，产生的原因多数都与报销不及时而扣款政策未执行有关。另外，公司制度规定，公司所有的固定资产支出等大额资产性开支都必须取得董事会的书面指令。但在该公司2008年发生的75笔此类支出中，有27笔没有董事会的书面指令，总金额达56万元。

五、固定资产业务

检查固定资产账时，审计人员发现公司账面有车辆5辆，但到车库盘点时发现有6辆，其中1辆别克车并未在账，并且在凭证中有该车的保险单、汽油费报销的记录。经询问财务人员，该车是上级公司下拨的车辆，使用两年了，未及时办理资产转移登记手续，违反了固定资产管理规定。

审计工作完成后，审计人员梳理、复核工作底稿，形成审计报告，将被审计单位的内部控制中存在的问题进行汇总，具体分析这些问题产生的原因和可能带来的后果，并进一步提出可采取的改进措施，与被审计单位沟通后上报集团领导。

【案例25-2】

通用公司内部审计成功案例分析

一、美国通用电气公司（GE)的内部审计

GE公司是美国最大的产业公司之一，也是世界上最大的电气公司。该公司有12大类产品和服务项目，包括家用电器、广播设备、航空机械、科技新产品开发、销售服务等。

（一）GE内部审计目标与内容

GE为其公司审计署规定了即使在美国公司中也可以说是标新立异的工作目标：超越账本、深入业务。这一措施的运用使得他们在检查和改善下属单位的经营状况、保证投资效果符合公司的总体战略目标和培养企业管理人才方面提供了极为成功的范例。

GE的内部审计包括两类：首先是下属企业财务部门自己的审计，重点审查其自身经营情况和财务活动是否符合总公司的规定；其次是总公司一级的审计。最能代表GE特色的是其公司审计署的审计。

（二）GE内部审计的特色

GE认为，要做好审计工作，有两个关键性的因素必须解决：一个是共同接受的会计标准和原则;另一个是双重报告系统。

总公司财务部保存有一套国家出版的会计标准和原则,每级财务部门的职责就是坚持贯彻这些原则。公司的财务部提供了一个基本的会计结构,各个企业围绕此结构运行。此结构有助于坚持共同的会计标准和原则,审计主要监督的就是各下属企业是否认真遵守了这些标准和原则。

处理审计工作的另一个重要问题是双重报告原则。每个产业集团的财务负责人既要向本企业的负责人报告,又直接向总公司的财务副总裁报告。

在审计工作中,审计人员首先从查账入手,但绝不止步于单纯的查账,而是要花费更多的时间和精力去研究可能有问题的业务,包括业务流程和有关策略、措施,意在从中能发现经营效果、公司内部资源的开发利用、产品质量和服务等各个方面有无可以改进之处。他们对于风险大、一般利益也大的方面尤其需要注意。因为人们习惯于在风险面前明哲保身,往往出现低效率、浪费、不求进取等种种弊端。而这些领域又恰好是审计人员应当关注的重点。

(三)GE内部审计的人员结构

GE内部审计人员绝大多数是工作过几年的年轻人,其中大约80%的人有财会方面的学历;15%的人有相关产业知识背景和管理等方面的经验;5%的人是搞信息处理的。公司每年从几百个报名者中精心挑选几十名进入审计署,同时从审计署中输送同样数量的人去充实GE各业务集团的管理干部队伍。包括副总裁在内的各级管理干部中有相当数量的人有审计工作经历,整个GE中级以上财会管理人员中有60%~70%是由公司审计署输送的。每年离开审计署的人员中,约有40%可以直接提升为中级以上管理人员。

(四)GE内部审计工作过程

在审计工作开始之前,审计小组要做的工作是了解和研究情况,倾听其他有经验成员的各种想法和建议,他们形象地把这种调查研究称为对自己大脑的一次知识和概念的"轰炸",在此之后才确定本次审计的目标。

在审计中,审计小组对整个审计工作负有全权,召开调查会、进行个别谈话、收集情况和资料等活动都由他们自主安排。在这之后是分析情况、厘清头绪,衡量各种问题间的相互影响。为了实现审计目标,他们可以做他们认为需要做的任何工作,目的只有一个:找出问题的解决方案。

即便找到了解决办法，事情也远未结束。实施方案的具体建议一般由审计小组提出，而且他们总是要把新方案变成一种日常工作，具体落实后才肯罢手，以便在他们离开后能够坚持下去。在这一过程中，审计小组要与被审计部门的领导和业务人员打无数次交道。

总的来说，GE 公司内部审计已经远远不是我们一般人所认为的审计概念了（一般人可能认为审计往往带有事后性质，而且只是财务性质的），它成了 GE 对下属企业进行强有力控制的最有效工具，也是 GE 对其下属企业所有权的具体体现和保证。

二、GE 内部审计特点分析

（一）具有独立性和权威性

公司内部审计部门直接向 GE 总公司的"第三把手"报告，增大了内部审计机构意见的分量和权威性，内部审计人员自己也觉得"说话的声音格外响"，审计工作也往往因此更能得到被审计部门领导的积极配合。

（二）内部审计人员的选用严格、组成结构合理

GE 选用内部审计人员时，并不过多考虑审计人员原先所学的专业，而注重人的素质和才能。他们要求每个新人能给审计部门带来他人所没有的或无法做到的新贡献、新思想。进入审计署的人员有着各种各样的学历背景，而且见解往往与众不同。不同的经历和见解有助于问题的发现和解决。有幸入选的审计人员大多能保持这一机构传统的献身精神。他们工作专注，有极高的自觉性、积极性和创造性，而不知疲倦。

（三）在审计工作安排上独具匠心

平均每 3 个月，审计人员便接受一项新使命，每次都是不同的审计对象，不同的组成人员，不同类型的业务问题。审计人员互相吸收营养，往往在对比中发现问题。在设计解决方案时，自然又会将其他审计对象的好经验融入方案，无形中提高了内部审计的效率和效果，促进了内部审计价值的实现。

GE 的这些做法表面上看起来很奇怪，但内部审计的内容被他们创造性地加以发挥并由此获益。GE 的经验告诉我们，企业再大也是可以控制的，关键是要找到一个既符合现代企业管理精神又切实可行的办法，强化内部审计职能，提升内部审计价值就是不错的一个选择。

三、对我国企业内部审计的思考

借鉴 GE 内部审计的经验,笔者认为应当从以下几个方面来加强内部审计的职能,促进内部审计价值实现。

（一）加强独立性

领导者要在组织上赋予内部审计机构和人员独立性或相对独立性,更要创造条件引进独立的审计委员会制度,为内部审计发挥管理和控制风险职能打好组织基础。内部审计机构和人员要吸收国际先进的内部审计理论,注重提高专业素质,探索风险管理审计,强化管理和控制风险的职能。

（二）严格实行审计回避制度

内部审计人员不直接参加企业经营管理活动,与被审计单位有亲属关系或经济利益关系的,要主动地回避。

（三）有预防性

现代企业要生存、要发展,要在激烈的市场竞争中立于不败之地,必须建立严密的、完善的控制系统,严格的、科学的管理制度和有效的、畅通的运行机制。只有这样,才能保证经营目标的实现。内部审计着重研究和评价内部控制系统严密性、完善性,管理规章制度科学性、完整性,方法措施适应性、有效性。通过检查分析可以及时发现经营管理中的薄弱环节和存在的漏洞,及早提醒经营管理者采取措施加以改进,起到标本兼治,防患于未然的作用。

（四）注重效益性。内部审计要以促进管理提高效益为重点,一方面开展投资项目可行性评估、经营风险预测审计和生产技术工艺审计,为促进经济效益的提高发挥作用;另一方面开展成本费用和内控制度审计,为堵塞漏洞、降低成本、减少损失贡献力量。

（五）定位于"服务"。内部审计由过去查错防弊到现在主要从事评价内部控制系统;由检查营私舞弊风险到评估投资风险、经营风险;由过去的"警察"形象转变为"顾问",重点是为被审计单位或部门服务,其目的是协助管理者顺利完成生产经营任务,实现经营目标。

（六）不断更新观念,研究新方法、采用新技术。内审工作在企业经营环境和生存发展条件不断变化的情况下,也要在不断变化中发展。在观念上,把审计对象看作服务对象;在方法上,比较广泛应用复杂风险评估技术,提高审计效率和效果;在环节上,主要精力放在计划和决策阶段,及早确认风险;在目标上,更注重寻求避免或减少风险的方法和途径;在技术上,熟练掌握和使用现代化工具,如计算机审计;在素质上,既要求具有高等教育专业水平和具有一定企业经营管理的实际工作经验,又要求取得审计专业任职资格,如注册会计师、注册内部审计师。

(七)内审工作应不断地由事后审计向事前审计、预防性审计发展,注重趋势和风险分析。

附录

关于印发企业内部控制规范体系实施中相关问题解释第 1 号的通知

关于印发企业内部控制规范体系实施中相关问题解释第 1 号的通知

财会〔2012〕3 号

中共中央直属机关事务管理局,铁道部、国务院机关事务管理局,解放军总后勤部、武警部队后勤部,各省、自治区、直辖市、计划单列市财政厅(局),新疆生产建设兵团财务局,各中央管理企业、上市公司:

《企业内部控制基本规范》(财会〔2008〕7 号)及其配套指引已于 2011 年 1 月 1 日起在境内外同时上市的公司和部分在境内主板上市的公司实施和试点。具体执行过程中,企业反映了一些问题,我部会同证监会、审计署、银监会、保监会对这些问题进行了研究,并征求了有关上市公司、咨询公司等单位的意见,在此基础上制定了《企业内部控制规范体系实施中相关问题解释第 1 号》。经会签证监会、审计署、银监会、保监会,现予印发。

附件:企业内部控制规范体系实施中相关问题解释第 1 号

财政部
二〇一二年二月二十三日

附件

企业内部控制规范体系实施中相关问题解释第1号

根据财政部等五部委的要求,《企业内部控制基本规范》(财会〔2008〕7号)及其配套指引已于2011年1月1日起在境内外同时上市的69家公司实施。同时,财政部、证监会又选择了200多家在境内主板上市的公司进行试点。实施一年总体进展顺利,但也存在一定问题。为推动《企业内部控制基本规范》及其配套指引的顺利实施,现对有关问题解释如下:

1. 如何把握企业内部控制规范体系的强制性与指导性的关系?

答:在实施试点中,一些企业反映,《企业内部控制基本规范》及其配套指引的规定是否需要逐条执行。

《企业内部控制基本规范》是内部控制建设与实施应该遵循的基本原则和总体要求,具有强制性,纳入实施范围的企业应当遵照执行。《企业内部控制配套指引》(财会〔2010〕11号,包括18个应用指引、1个评价指引和1个审计指引)是对《企业内部控制基本规范》相关规定的进一步补充和说明,具有指导性和示范性,纳入实施范围的企业可以结合所在行业要求和企业自身特点,参照配套指引的规定开展内部控制建设与实施工作。

2. 已经完全按照境外监管机构要求建设与实施内部控制的境内外同时上市的公司,是否需要执行我国的企业内部控制规范体系?

答:目前,许多国家和地区对公众公司内部控制都有相关的规定和要求。我国企业内部控制规范体系在充分借鉴国际上先进经验和做法的同时,更多地适应了我国国情,尤其是充分考虑了我国目前法律法规体系、公司治理结构、企业管理体制、风险管控实务等具体情况,提出了内部控制的目标、原则、要素等,且不局限于财务报告内部控制,更多突出全面内部控制的要求。因此,境内外同时上市的公司应当在满足境外监管机构要求的基础上,对照我国企业内部控制规范体系,特别是应当围绕《企业内部控制基本规范》提

关于印发企业内部控制规范体系实施中相关问题解释第 1 号的通知

出的内部控制五目标，对相关控制措施进行适当调整或补充完善。

3. 企业按照企业内部控制规范体系建设与实施内部控制，是否还需要遵守我国行业主管部门和市场监管部门对内部控制的有关要求？

答：《企业内部控制基本规范》及其配套指引是对不同行业、各类企业提出的一般性要求，具有普适性。行业主管或监管部门对所辖企业的内部控制管理规定，是不同行业内部控制的特殊要求，也是《企业内部控制基本规范》的重要补充。企业应当按照《企业内部控制基本规范》及其配套指引规定和行业管理、市场监管的要求，建设与实施内部控制。

4. 如何协调好内部控制与风险管理的关系？

答：《企业内部控制基本规范》及其配套指引，充分吸收了全面风险管理的理念和方法，强调了内部控制与风险管理的统一。内部控制的目标就是防范和控制风险，促进企业实现发展战略，风险管理的目标也是促进企业实现发展战略，二者都要求将风险控制在可承受的范围之内。因此，内部控制与风险管理两者不是对立的，而是协调统一的整体。

在实际工作中，一些企业的内部控制和风险管理工作由不同机构负责。对此，企业可以对有关机构和业务进行整合，从工作内容、目标、要求以及具体工作执行的方法、程序等方面，将内部控制建设和风险管理工作有机结合起来，避免职能交叉、资源浪费、重复劳动，降低企业管理成本，提高工作效率和效果。

5. 对于《企业内部控制配套指引》尚未规范的领域，应如何处理？

答：由于企业所面临的客观环境和自身的经营管理活动比较复杂，目前的《企业内部控制配套指引》仅对企业常见的、一般性生产经营过程的主要方面和环节进行了规范。在建设与实施内部控制的过程中，对于《企业内部控制配套指引》尚未规范的业务领域，企业应当遵循《企业内部控制基本规范》的原则和要求，按照内部控制建设与实施的基本原理和一般方法，从企业经营目标出发，识别和评估相关风险，梳理关键业务流程，根据风险评估的结果，制定和执行相应控制措施。

6. 如何权衡内部控制的实施成本与预期效益？

答：企业按照《企业内部控制基本规范》及其配套指引的要求建设与实施内部控制，必然需要支付一定的成本，可能会发生内部控制制度和流程的设计与实施费用、聘请专业机构提供咨询服务费用、建立融入内部控制要求的信息系统费用、聘请会计师事务所开展内部控制审计费用，等等。建设与实施内部控制应当从提高企业长期效益出发，从促进企业可持续发展出发，将内部控制作为一项常规性工作，贯穿于企业管理之中，加大投入。同时，应当按照重要性原则，关注重要业务事项和高风险领域，抓住关键风险控制点。集团性企业可以采取分类试点、逐步推广的方式，选择下属不同类型的企业试点，形成范本，减少重复建设。

聘请会计师事务所开展内部控制审计是建设与实施内部控制的重要环节，是检验内部控制有效性的重要手段和有力保证。内部控制审计费用是企业实施内部控制规范体系应当承担的成本，企业应安排相应经费确保审计工作的及时、有效开展。内部控制审计是一项区别于财务报告审计的独立业务，企业应就该项业务与会计师事务所签订单独的业务约定书。同时，企业也应权衡审计成本与审计效益，在业务约定书中明确有关费用标准，并对会计师事务所审计资源的投入和审计质量提出明确要求。

7. 如何协调好内部控制与其他管理体系的关系？

答：内部控制贯穿于整个企业管理，与其他管理体系相辅相成、密不可分，是企业管理的重要组成部分。企业现有管理体系的设计、运行以及审核认证需要遵循已经发布的国家标准或行业标准。这些标准与企业内部控制规范体系的原则和要求并不矛盾。在实际工作中，个别企业的内部控制体系建设与管理体系运行发生冲突，原因可能是企业采用的方式方法出现了偏差，如简单照搬内部控制应用指引的规定，没有考虑企业的实际情况，为控制而控制，导致控制设计不合理，出现控制过度或控制冗余；也可能是企业经营管理部门对内部控制的重要性认识不足，不愿意受到更多的牵制和监督，从而以影响经营效率和目标为借口，拒绝必要的内部控制等。对此，企业应当立足管理现状，全面梳理各项管理制度和管理体系，从管理体制、机制以及落实各级权利责任等方面，将内部控制的要求融入各项管理体系中，形成内部控制的长效机制,使内部控制真正为经营管理服务;应当从总体目标出发,通过培训教育提高企业经营管理人员对内部控制的理解和认识,将内部控制的要求纳入绩效考核体系以加强执行;可以利用信息技术固化业务流程,提高业务处理效率和信息共享水平,从而尽可能地减少内部控制与其他经营管理体系的冲突。

8. 企业如何确定内部控制缺陷的认定标准?

答:查找并纠正企业内部控制设计和运行中的缺陷,是开展企业内部控制评价的一项重要工作,是不断完善企业内部控制的重要手段。由于企业所处行业、经营规模、发展阶段、风险偏好等存在差异,《企业内部控制基本规范》及其配套指引没有对内部控制缺陷的认定标准进行统一规定。企业可以根据《企业内部基本规范》及其配套指引,结合企业规模、行业特征、风险水平等因素,研究确定适合本企业的内部控制重大缺陷、重要缺陷和一般缺陷的具体认定标准。企业确定的内部控制缺陷标准应当从定性和定量的角度综合考虑,并保持相对稳定。通过不断的实践,总结经验,形成一套行之有效的内部控制缺陷认定方法。

企业在开展内部控制监督检查中,对发现的内部控制缺陷,应当及时分析缺陷性质和产生原因,并提出整改方案,采取适当形式向董事会、监事会或者管理层报告。对重大缺陷,企业应当在内部控制评价报告中进行披露。

财政部将会同证监会、审计署、银监会、保监会等有关部门,根据首次执行和试点情况,分行业、分类型总结企业的内部控制缺陷认定标准,供参考。

9. 实施《企业内部控制基本规范》及其配套指引的企业,是否需要设置专门的内部控制机构?

答:根据《企业内部控制基本规范》的规定,企业董事会负责内部控制的建立健全和有效实施。为便于董事会履行好企业内部控制规范体系的设计、建立、运行与改进方面的职责,董事会应当指定专门委员会负责指导内部控制建设与实施工作。一般情况下企业应当成立专门机构负责组织协调内部控制的建立实施及日常工作。

对于少数企业受制于岗位编制、专业人员等条件的限制，目前尚不具备成立专门的内部控制管理机构的，可暂将内部控制管理职能划归现有机构。随着企业内部控制建设的持续深入和相关条件的不断成熟，企业应考虑成立专门机构，保证有足够的资源支持和协调内部控制工作的开展，确保内部控制工作的相对独立性。

10. 如何编制和披露企业内部控制评价报告？

企业内部控制评价是企业董事会对内部控制有效性进行全面评价、形成评价结论、出具评价报告的过程。开展内部控制评价，可以及时发现和纠正企业内部控制建设与实施中存在的问题，并持续自我完善。企业可以独立开展内部控制评价工作，也可以委托不承担本企业内部控制审计的中介机构协助开展内部控制评价工作。

根据《企业内部控制基本规范》《企业内部控制评价指引》的要求，我们制定了企业内部控制评价报告的格式，供企业编制评价报告时作为参考，企业也可以根据实际情况对具体的报告方式作适当调整，但有关内容原则上应体现在年度报告中。

附　××公司20××年度内部控制评价报告

附

××公司20××年度内部控制评价报告

××公司全体股东：

根据《企业内部控制基本规范》及其配套指引的规定和要求，结合本公司（以下简称公司）内部控制制度和评价办法，在内部控制日常监督和专项监督的基础上，我们对公司内部控制的有效性进行了自我评价。

一、董事会声明

公司董事会及全体董事保证本报告内容不存在任何虚假记载、误导性陈述或重大遗漏，并对报告内容的真实性、准确性和完整性承担个别及连带责任。

建立健全并有效实施内部控制是公司董事会的责任；监事会对董事会建立与实施内部控制进行监督；经理层负责组织领导公司内部控制的日常运行。

公司内部控制的目标是：〔一般包括合理保证经营合法合规、资产安全、财务报告及相关信息真实完整，提高经营效率和效果，促进实现发展战略〕。由于内部控制存在固有局限性，故仅能对实现上述目标提供合理保证。

二、内部控制评价工作的总体情况

公司董事会授权内部审计机构〔或其他专门机构〕负责内部控制评价的具体组织实施工作，对纳入评价范围的高风险领域和单位进行评价〔描述评价工作的组织领导体制，一般包括评价工作组织结构图、主要负责人及汇报途径等〕。

公司〔是/否〕聘请了专业机构〔中介机构名称〕提供内部控制咨询服务；公司〔是/否〕聘请了专业机构〔中介机构名称〕协助开展内部控制评价工作；公司〔是/否〕聘请会计师事务所〔会计师事务所名称〕对公司内部控制进行独立审计。

三、内部控制评价的范围

内部控制评价的范围涵盖了公司及其所属单位的主要业务和事项〔列

明评价范围占公司总资产比例或占公司收入比例等〕，重点关注下列高风险领域：

〔列示公司根据风险评估结果确定的内部控制前"十大"主要风险〕

纳入评价范围的单位包括：

〔无需罗列单位名称，而是描述纳入评价范围单位的行业性质、层级等〕

纳入评价范围的业务和事项包括（根据实际情况调整，未尽事项可以充实）：

（一）组织架构

（二）发展战略

（三）人力资源

（四）社会责任

（五）企业文化

（六）资金活动

（七）采购业务

（八）资产管理

（九）销售业务

（十）研究与开发

（十一）工程项目

（十二）担保业务

（十三）业务外包

（十四）财务报告

（十五）全面预算

（十六）合同管理

（十七）内部信息传递

（十八）信息系统

上述业务和事项的内部控制涵盖了公司经营管理的主要方面，不存在重大遗漏。

（如存在重大遗漏）公司本年度未能对以下构成内部控制重要方面的单位或业务（事项）进行内部控制评价：

〔逐条说明未纳入评价范围的重要单位或业务（事项），包括单位或业务（事项）描述、未纳入的原因、对内部控制评价报告真实完整性产生的重大影响等〕。

四、内部控制评价的程序和方法

内部控制评价工作严格遵循基本规范、评价指引及公司内部控制评价办法规定的程序执行〔描述公司开展内部控制检查评价工作的基本流程〕。

评价过程中，我们采用了（个别访谈、调查问题、专题讨论、穿行测试、实地查验、抽样和比较分析等）适当方法，广泛收集公司内部控制设计和运行是否有效的证据，如实填写评价工作底稿，分析、识别内部控制缺陷〔说明评价方法的适当性及证据的充分性〕。

五、内部控制缺陷及其认定

公司董事会根据基本规范、评价指引对重大缺陷、重要缺陷和一般缺陷的认定要求，结合公司规模、行业特征、风险偏好和风险承受度等因素，研究确定了适用本公司的内部控制缺陷具体认定标准，并与以前年度保持了一致〔描述公司内部控制缺陷的定性及定量标准〕，或作出了调整〔描述具体调整标准及原因〕。

根据上述认定标准，结合日常监督和专项监督情况，我们发现报告期内存在〔数量〕个缺陷，其中重大缺陷〔数量〕个，重要缺陷〔数量〕个。重大缺陷分别为：〔对重大缺陷进行描述，并说明其对实现相关控制目标的影响程度〕。

六、内部控制缺陷的整改情况

针对报告期内发现的内部控制缺陷（含上一期间未完成整改的内部控制缺陷），公司采取了相应的整改措施〔描述整改措施的具体内容和实际效果〕。对于整改完成的重大缺陷，公司有足够的测试样本显示，与重大缺陷〔描述该重大缺陷〕相关的内部控制设计且运行有效（运行有效的结论需提供 90 天内有效运行的证据）。

经过整改，公司在报告期末仍存在〔数量〕个缺陷，其中重大缺陷〔数量〕个，重要缺陷〔数量〕个。重大缺陷分别为：〔对重大缺陷进行描述〕。

针对报告期末未完成整改的重大缺陷，公司拟进一步采取相应措施加以整改〔描述整改措施的具体内容及预期达到的效果〕。

七、内部控制有效性的结论

公司已经根据基本规范、评价指引及其他相关法律法规的要求，对公司截至20××年12月31日的内部控制设计与运行的有效性进行了自我评价。

（存在重大缺陷的情形）报告期内，公司在内部控制设计与运行方面存在尚未完成整改的重大缺陷〔描述该缺陷的性质及其对实现相关控制目标的影响程度〕。由于存在上述缺陷，可能会给公司未来生产经营带来相关风险〔描述该风险〕。

（不存在重大缺陷的情形）报告期内，公司对纳入评价范围的业务与事项均已建立了内部控制，并得以有效执行，达到了公司内部控制的目标，不存在重大缺陷。

自内部控制评价报告基准日至内部控制评价报告发出日之间〔是/否〕发生对评价结论产生实质性影响的内部控制的重大变化。〔如存在，描述该事项对评价结论的影响及董事会拟采取的应对措施〕。

我们注意到，内部控制应当与公司经营规模、业务范围、竞争状况和风险水平等相适应，并随着情况的变化及时加以调整〔简要描述下一年度内部控制工作计划〕。未来，公司将继续完善内部控制制度，规范内部控制制度执行，强化内部控制监督检查，促进公司健康、可持续发展。

董事长：〔签名〕
××公司
20××年××月××日

关于印发企业内部控制规范体系实施中相关问题解释第 2 号的通知

财会〔2012〕18 号

中共中央直属机关事务管理局、铁道部、国务院机关事务管理局，解放军总后勤部、武警部队后勤部，各省、自治区、直辖市、计划单列市财政厅（局），新疆生产建设兵团财务局，各中央管理企业、上市公司：

《企业内部控制基本规范》（财会〔2008〕7 号）和《企业内部控制配套指引》（财会〔2010〕11 号）已于 2011 年在境内外同时上市的公司平稳实施。对实施中出现的问题，2012 年 2 月我部会同相关部门通过印发《企业内部控制规范体系实施中相关问题解释第 1 号》（财会〔2012〕3 号）加以明确，对推动企业内部控制规范体系有效实施发挥了积极的作用。随着境内主板上市公司 2012 年正式实施内部控制规范体系，也出现了一些新情况、新问题，如内控组织实施、内控实施的进度与重点、内控人才队伍培养、小型企业内控建设等，需要研究解决。为此，我部会同证监会、审计署、银监会、保监会、国资委，对这些新情况、新问题进行了认真研究，并征求了有关上市公司、咨询机构和有关部门的意见，形成了《企业内部控制规范体系实施中相关问题解释第 2 号》。经会签证监会、审计署、银监会、保监会、国资委，现予印发。

附件：企业内部控制规范体系实施中相关问题解释第 2 号

财政部
2012 年 9 月 24 日

附件

企业内部控制规范体系实施中相关问题解释第 2 号

企业内部控制规范体系正式实施一年多来,总体平稳,但在具体实施过程中,部分企业还存在理解认识上的不到位和实际执行上的偏差。为了稳步推进企业内部控制规范体系贯彻实施,经研究,现就有关问题解释如下:

1. 企业应如何正确把握内部控制的组织实施工作?

答:企业在开始实施内部控制时,应当按照《企业内部控制基本规范》(财会〔2008〕7 号)(以下简称基本规范)确定的内部控制目标、要素、原则和具体要求开展工作,强化组织领导,夯实内部控制基础。董事会负责内部控制的建立健全和有效实施,监事会对董事会建立与实施内部控制进行监督,经理层负责组织领导企业内部控制的日常运行,全体员工广泛参与内部控制的具体实施。企业的内部控制部门应结合实际,制定内部控制体系建设的分阶段目标,围绕内部控制的五个要素扎实开展工作,深入宣传、认真执行、严格监督、严肃考核,保证企业经营管理合法合规、资产安全、财务报告及相关信息真实完整,提高经营效率和效果,规避生产经营风险。随着实施工作的不断深入,企业应当加强内部控制全员、全面、全过程管理,进一步推动管理创新,不断提升管理水平,有效防控经营风险,保证实现价值目标,最终促进企业实现发展战略。

企业应当结合所在行业要求和自身特点,按照基本规范的要求,参照《企业内部控制配套指引》(财会〔2010〕11 号)(以下简称配套指引)的规定开展内部控制实施工作。目前配套指引针对企业一般性的业务和重点环节制定了原则性的要求,未涵盖行业特点突出的具体业务。在实施过程中,企业应当全面执行基本规范,以配套指引为参考,结合行业管理要求,从自身经营管理的实际出发,识别和评估相关风险,加强对关键和重点业务的控制,保持信息沟通的顺畅,对实施效果做好监督评价,努力构建一套符合实际、业务规范、控制合理、管理有效的内部控制体系。

2. 不同的企业应如何把握好内部控制实施工作的进度和重点？

答：对于即将启动或刚刚启动内部控制实施工作的上市公司、国有企业和集团企业，应按照相关业务主管部门、监管部门等的要求加快推动，并根据企业实际全面实施；对于已经在部分下属分公司和子公司建立了较为完善的内部控制体系的企业，应当总结和借鉴已经开展内部控制建设的分公司和子公司的经验和做法，将其推广至全公司范围；对于已经在全公司范围内建立起覆盖全过程、各层级内部控制体系的企业，应将工作重心放在内部控制的持续改进上，充分运用内部控制自我评价的方法和手段，按照有关要求对实施情况进行常规、持续的监督检查，查找实施中的缺陷与不足，促进内部控制的持续改进和不断优化。

对于非上市的企业或企业集团，应从实际情况出发，根据下属公司的经营性质、业务规模等特点制定切实可行的内部控制实施方案，分类分步推进，全面启动内部控制建设与实施工作。企业集团也可以根据业务板块、管理特点等，先在部分企业建立起较为完善的内部控制体系，再逐步建立覆盖企业集团的内部控制体系，体现集团管控的要求。

3. 企业应如何改善内部控制专业人才缺乏的状况？

答：为解决企业内部控制专业人才紧缺状况，企业可以抽调财会、审计和生产管理等业务骨干开展内部控制管理工作，同时应当有计划地培养内部控制专业人才。一是通过参加政府部门、中介机构、企业内部举办的培训学习等，促使内控人员掌握相关知识；二是让从事内部控制的专业人员，在工作实践中不断探索学习，以内部控制基础理论、基本规范及配套指引为指针，借鉴其他企业的经验，结合实际，自我学习、自我积累，探索创新，不断提升个人的业务能力和企业的内控管理水平；三是在聘请中介机构开展内部控制咨询、审计服务时，充分利用中介机构的专业力量，通过业务沟通交流和参与实际运作来锻炼培养企业专业人才队伍。

企业领导要高度重视内部控制专业人才队伍建设，在强调全员参与内部控制的基础上，采取多种措施，建立激励机制，鼓励从事内部控制的专业人员岗位成才。对于为企业内部控制建设作出贡献的专业人员应当给予奖励，以调动内部控制专业人才队伍的工作积极性。

4. 集团性企业应如何确定内部控制评价的范围？

答：集团性企业在确认内部控制评价范围时，应当遵循全面性、重要性、客观性原则，在对集团总部及下属不同业务类型、不同规模的企业进行全面、客观评价的基础上，关注重要业务单位、重大事项和高风险业务。

重要业务单位一般以资产、收入、利润等作为判定标准。包括集团总部、资产占合并资产总额比例较高的分公司和子公司，营业收入占合并营业收入比例较高的分公司和子公司以及利润占合并利润比例较高的分公司和子公司等。

重大事项一般是指重大投资决策项目，兼并重组、资产调整、产权转让项目，期权、期货等金融衍生业务，融资、担保项目，重大的生产经营安排，重要设备和技术引进，采购大宗物资和购买服务，重大工程建设项目，年度预算内大额度资金调动和使用，以及其他大额度资金运作事项等。

高风险业务一般是指经过风险评估后确定为较高或高风险的业务，也包括特殊行业及特殊业务，国家法律法规有特殊管制或监管要求的业务等。

5. 企业在选择中介机构协助开展内部控制体系建设与实施工作时，应重点考虑哪些因素？

答：企业建设与实施内部控制，应当按照基本规范及配套指引的要求，原则上要立足于行业特点和企业实际，倡导自上而下、自主开展内部控制建设与实施工作。

如果企业确有需要选择中介机构协助开展工作，可重点考虑以下几个因素：一是中介机构的专业性，如内控咨询团队的专业知识及项目管理经验等；二是服务内容与企业需求的匹配程度，如实施方案是否符合企业实际情况等；三是团队的配置水平，如人员数量是否适当、团队的整体知识结构、过去的成功案例情况及客户评价等；四是服务报价合理性等，企业对收费明显偏离合理性的中介机构，应防范服务质量风险。

企业在聘请中介机构协助开展内部控制体系建设与实施工作中，应当采取有效的方式保护企业核心商业秘密和国家机密，防范泄密风险。

6. 企业应采用何种组织形式开展内部控制评价工作？

答：内部控制评价是指企业董事会或类似权力机构对内部控制的有效性

进行全面评价、形成评价结论、出具评价报告的过程，同时也是企业内部涉及业务面广、专业性强的工作，包括日常检查评价和专项检查评价。

企业可以授权内部审计机构具体实施内部控制有效性的定期评价工作。由于内部审计机构在企业内部处于相对独立的地位，该机构的工作内容、性质和人员的业务专长与内部控制评价工作有着密切的关联，因此内部审计机构可以负责内部控制评价的具体实施工作。

成立专门的内部控制机构的企业，由内部控制机构负责组织协调内部控制的建立实施及日常管理工作，其工作直接向董事会或类似权力机构负责。企业的内部控制机构可以组织实施内部控制评价工作。内部控制机构可以组织审计、财务、生产管理等专业人员，对内部控制全面或某一方面进行日常和专项检查评价，也可以对认定的重大风险进行专项监督，定期出具内部控制评价报告，报董事会或类似权力机构审核。

企业也可以根据自身特点，成立内部控制评价工作的非常设机构，比如，抽调内部审计、内部控制等相关机构的人员组成内部控制评价小组，具体组织实施内部控制评价工作。

此外，企业可以委托中介机构实施内部控制评价。

7. 企业应如何对待内部控制评价中发现的缺陷？

答：内部控制缺陷按照成因分为设计缺陷和运行缺陷。对于设计缺陷，应从企业内部的管理制度入手查找原因，需要更新、调整、废止的制度要及时进行处理，并同时改进内部控制体系的设计，弥补设计缺陷的漏洞。对于运行缺陷，则应分析出现的原因，查清责任人，并有针对性地进行整改。

内部控制缺陷按照影响程度分为重大缺陷、重要缺陷和一般缺陷。对于重大缺陷，应当由董事会予以最终认定，企业要及时采取应对策略，切实将风险控制在可承受度之内。对于重要缺陷和一般缺陷，企业应当及时采取措施，避免发生损失。

企业应当编制内部控制缺陷认定汇总表，结合实际情况对内部控制缺陷的成因、表现形式和影响程度进行综合分析和全面复核，提出认定意见和改进建议，确保整改到位，并以适当形式向董事会、监事会或者经理层报告。

对于因内部控制缺陷造成经济损失的，企业应当查明原因，追究相关部门和人员的责任。

8. 如果会计师事务所将其内部控制咨询业务和内部控制审计业务进行分离后，是否可以为同一企业提供内部控制审计和咨询服务？

答：基本规范及配套指引的发布实施，拓宽了会计师事务所的业务领域。随着 2012 年国内主板上市公司分类分批实施，内部控制咨询、内部控制评价、内部控制审计的需求会很大。当前，我国会计师事务所在内部控制咨询和内部控制审计方面的专业人才和技术力量有限。据了解，很多会计师事务所为了执行基本规范第十条的规定，主动开展了内部体制机制整合。

会计师事务所在受聘为企业提供有关内部控制咨询或审计服务时，应坚持独立性原则，严格遵守《中国注册会计师职业道德守则》要求，不得与具有网络关系的中介机构同时为同一企业提供内部控制咨询和审计服务。

有的会计师事务所采取内部隔离方式，即在内部成立咨询部门和审计部门，两个部门之间相互独立，人员不交叉使用，在形式上建立了内部的"防火墙"。这种方式难以有效地将内部控制咨询和内部控制审计业务进行分离，不符合独立性要求。

也有会计师事务所新设立了具有法人资格的咨询机构，如果新设立的咨询机构与原事务所构成网络关系，则违反独立性原则，也不能同时为同一家企业提供内控咨询和审计服务。

9. 注册会计师在开展内部控制审计时应如何安排时间？

答：按照配套指引中《企业内部控制审计指引》的要求，注册会计师在确定测试的时间安排时，应当尽量在接近企业内部控制自我评价基准日实施测试，实施的测试需要涵盖足够长的时间。

企业应按照要求及时委托会计师事务所开展内部控制审计业务，保证按期对外披露或报送内部控制审计报告。首次进行内部控制审计时，企业和注册会计师应当在当期会计年度的上半年即开始准备该年度的内部控制审计工作，从而保证整改后的控制运行有足够长的时间。对于认定为缺陷的业务，如果企业在基准日前对其进行了整改，但整改后的业务控制尚没有运行足够长的时间，注册会计师应当将其认定为内部控制在审计基准日存在缺陷。注册会计师在接受或开展内部控制审计业务时，应当尽早与企业沟通内部控制审计计划，并合理安排内部控制测试的时间。

在连续进行内部控制审计的过程中，注册会计师应当考虑以前年度执行内部控制审计时所了解的情况以及当年企业发生的相关变化，在此基础上确定适当的内部控制审计工作方案和时间安排。

10. 与大、中型企业相比，小型企业在实施内部控制时应有哪些特殊的考虑？

答：小型企业通常是指具有业务比较单一、所有权和管理权集中、管理层级较少、部门设置简单等特征的企业。小型企业根据基本规范及配套指引实施内部控制时，在保证有效性的基础上，可结合企业特点进行适当调整。

小型企业的管理层级一般较少，所有权、决策权和管理权较为集中，治理层通常密切参与公司日常经营及管理活动，使企业的控制力和执行力得到了提高，但也容易导致决策失误或舞弊风险，因此要提高董事会的集体决策能力，加强企业决策过程的控制。

小型企业应明确内部控制目标，准确评估经营风险，建立健全各项制度，将决策过程和各项业务流程制度化、规范化；明确不同层级部门和人员的权限和职责，强化岗位制衡，做到适度授权和分权；重点关注与企业资金、资产、资本、财务报告等关键业务有关的风险的控制。

小型企业应提高财务、会计和审计人员的素质，培养和聘用内部控制专业人才，加强对财务会计工作和财务报告的重视程度。小型企业的机构设置简单，管理资源易于整合，可以根据企业所面临的主要风险和相关控制的效果，适当简化内部控制体系建设，灵活设计、选择控制流程和控制活动，达到有效地控制风险和防范舞弊的目的。

基于效率的考虑，小型企业应当提高信息技术的应用，结合业务风险和信息系统风险评估，加强信息系统控制的应用，采取手工控制与自动控制相结合的方式，将风险控制在可承受度之内。

附 录

小型企业应建立健全内部控制的监督机制,持续监控和定期评价内部控制的有效性,尤其要对会计信息、资金运转、资产安全、采购及销售等方面加强监控,及时发现和纠正缺陷,确保内部控制在企业不同成长阶段、不同环境下持续有效的改进。